中国经济学40年

（1978—2018）

张卓元 等著

中国社会科学出版社

图书在版编目（CIP）数据

中国经济学 40 年：1978－2018/张卓元等著 .—北京：中国社会科学出版社，2018.12
　ISBN 978－7－5203－3721－2

　Ⅰ.①中… Ⅱ.①张… Ⅲ.①中国经济—经济发展—概况—中国—1978－2018 Ⅳ.①F124

中国版本图书馆 CIP 数据核字（2018）第 289200 号

出 版 人	赵剑英	
责任编辑	王　曦　李庆红　刘晓红　谢欣露　车文娇	
责任校对	李　莉	
责任印制	王　超	

出　　版	中国社会科学出版社	
社　　址	北京鼓楼西大街甲 158 号	
邮　　编	100720	
网　　址	http://www.csspw.cn	
发 行 部	010－84083685	
门 市 部	010－84029450	
经　　销	新华书店及其他书店	
印　　刷	北京明恒达印务有限公司	
装　　订	廊坊市广阳区广增装订厂	
版　　次	2018 年 12 月第 1 版	
印　　次	2018 年 12 月第 1 次印刷	
开　　本	710×1000　1/16	
印　　张	39.25	
插　　页	2	
字　　数	647 千字	
定　　价	160.00 元	

凡购买中国社会科学出版社图书，如有质量问题请与本社营销中心联系调换
电话：010－84083683
版权所有　侵权必究

前　言

在赵剑英社长和卢小生编审的倡议与支持下，我们将2008年出版的《中国经济学30年》一书，经过深入研究后增订出版，书名改为《中国经济学40年》。增订版主要是努力体现2008—2018年中国经济改革和发展的非凡业绩，以及反映这一非凡业绩的经济学研究的巨大进展。这表现在：

第一，每一章几乎都有重大的修改和补充，特别是着重增加了党的十八大以来经济改革发展的新的重大进展，和相应的经济学研究的重要成果。中共十八届三中全会决定把市场在资源配置中的基础性作用提升为决定性作用后，市场化改革在经济各领域都在以更大力度向前推进，势不可当。市场化改革理论也相应地得到进一步的丰富和发展。2017年党的十九大报告对新时代深化经济体制改革作了许多新的部署，也必须在增订本上得到充分的反映。又如，2018年11月1日习近平总书记在民营企业座谈会上的讲话，是对社会主义基本经济制度理论的重大发展，是党的重大政策调整和完善，也是需要补充进去的。

第二，最近十年，由邓小平开创的中国特色社会主义事业继续阔步向前，中国经济的快速列车也继续飞驰前进，继续创造令世人瞩目的奇迹，2013年以来，中国经济增长对世界经济增长的贡献率，一直超过30%，是名副其实的世界经济增长的最强有力的引擎。因此，本书增订时特地加了一章，系统介绍中国特有的经济发展理论，包括从发展是硬道理、发展是党执政兴国的第一要务、科学发展观到创新协调绿色开放共享五大发展理念，不断创造经济发展新的辉煌，并正在有力地引导中国快速走向现代化，实现中华民族伟大复兴。还有，自从2005年中共十六届五中全会建议重提转变经济增长方式和2007年党的十七大提出转变经济发展方式后，转向创新驱动发展、推进供给侧结构性改革、实现高质量发展，不但在实际经济工作中，而且在经济学家研究中，都越来越受到高度重视并结出丰硕成果。为此，本书增订时，专门加上这方面内容。

第三，2012年党的十八大以后不久，习近平总书记提出了构建中国特色社会主义政治经济学的历史任务，并发表了一系列讲话，对如何构建中国特色社会主义政治经济学做了深刻的论述。这引起了经济学界的热烈响应。这几年，经济学界对中国特色社会主义政治经济学的对象、方法、起点、逻辑、学科体系、主题主线、范畴规律等，进行了许多有益的探索和讨论。尽管到目前为止，我国的社会主义市场经济体制还不够成熟、定型，在生产力发展水平方面，也还没有进入高收入国家行列和尚未基本实现现代化，中国特色社会主义市场经济的规律性尚未充分显现，因此还难以构建完整的中国特色社会主义政治经济学学科体系。但是，改革开放40年极为丰富的实践经验，已经为我们构建中国特色社会主义政治经济学"四梁八柱"提供了充分的材料，社会各界包括经济学界也已作出了一系列相关的研究成果，需要我们更好地疏理、提炼、概括。为此，本书增订时，专门列一章介绍有关构建中国特色社会主义政治经济学的研究和讨论状况。

本书增订时，对一些章节进行了一些调整。除上面讲到的根据近十年经济改革发展伟大实践和经济学研究成果而增加的几章外；原第十七章《改革开放30年西方经济学在中国经济理论发展中的影响和作用》，由于执笔人黄范章教授已经去世且找不到合适的作者，只能忍痛割爱了；原第十一章《收入分配理论创新与发展》，由于执笔人张问敏研究员病重，只好改请胡家勇教授承担；等等。

本书增订过程中，尽管我们这些执笔人都努力了，但是限于水平，书中定有不全面甚至不妥切之处，敬请读者不吝指正！

张卓元

二〇一八年十二月五日

目 录

总论 中国经济理论研究的探索与创新
　　——以《经济研究》的知识图谱分析 …………… 1
　第一节　中国经济理论研究的演进 ………………………… 2
　第二节　社会主义市场经济理论的确立 …………………… 14
　第三节　渐进改革、增长奇迹和宏观稳定 ………………… 20
　第四节　中国开放理论 ……………………………………… 29
　第五节　40 年中国经济理论研究的小结和展望 …………… 33

第一章　社会主义市场经济论的创建与发展 …………… 38
　第一节　改革开放初期在经济活动中引入市场机制，确认
　　　　　商品经济属性
　　　　　——走向社会主义市场经济论的第一步 ………… 39
　第二节　1992 年党的十四大确立社会主义市场经济论 …… 44
　第三节　社会主义市场经济论的确立推动改革大步向前 …… 49
　第四节　中共十八届三中全会《决定》对经济改革理论的发展 … 54
　第五节　党的十九大报告进一步提出加快完善社会主义
　　　　　市场经济体制，推动经济高质量发展 …………… 65
　第六节　社会主义市场经济的若干规律 …………………… 67

第二章　社会主义初级阶段理论的确立 ………………… 71
　第一节　社会主义初级阶段理论的形成和发展 …………… 71
　第二节　社会主义初级阶段理论的科学内涵 ……………… 76
　第三节　社会主义初级阶段理论与我国经济理论界的
　　　　　相关研究 …………………………………………… 84

第三章　社会主义基本经济制度理论的确立与发展 …… 92

第一节　打破公有制一统天下局面，允许非公经济
存在和发展 …… 92

第二节　社会主义基本经济制度的建立 …… 101

第三节　基本经济制度的巩固和完善 …… 107

第四节　如何理解公有制为主体 …… 113

第四章　企业理论创新与发展 …… 117

第一节　1979—1992年探索国有企业改革的正确方向 …… 118

第二节　1993—2012年国有企业大力推进公司制股份制改革，
健全法人治理结构 …… 121

第三节　2013年以来国资改革带动深化国有企业改革 …… 127

第四节　从战略上调整国有经济的布局和结构，抓好大的，
放开搞活中小企业 …… 131

第五节　改革国有资产管理体制，真正实现政企分开、
政资分开 …… 136

第六节　积极推进混合所有制改革，发展混合所有制经济 …… 140

第五章　社会主义市场体系建设及其理论创新 …… 146

第一节　改革开放后中国市场体系发育四阶段 …… 147

第二节　现代市场体系建设过程中若干理论问题讨论与
突破 …… 162

第三节　加快完善现代市场体系是使市场在资源配置中
起决定性作用的最重要条件 …… 168

第四节　完善金融市场体系，建立城乡统一的建设
用地市场 …… 174

第六章　价格改革的成功实践与理论创新相互促进 …… 179

第一节　价格改革取得实质性进展，商品与服务价格市场化
程度超过97% …… 179

第二节　商品与服务价格改革和相关理论研讨的主要历程 …… 183

第三节 20世纪80年代的价格改革目标讨论，确认市场
价格体制 192
第四节 推进价格改革需要排除通货膨胀的干扰 194
第五节 价格改革的若干规律性和基本经验探索 196
第六节 中国价格改革展望 201

第七章 产业结构与产业组织理论 207
第一节 改革开放到20世纪90年代初的研究进展 209
第二节 20世纪90年代的研究进展 216
第三节 21世纪以来的研究进展 225
第四节 迈入新时代的探索 232
第五节 若干评论 242

第八章 中国特色宏观经济管理理论研究与创新 245
第一节 1985年"巴山轮"会议开启了宏观经济管理及其
研究的新阶段 245
第二节 确立社会主义市场经济体制改革目标后宏观经济
管理问题的研究与进展 248
第三节 关于通货膨胀问题的研究和讨论 253
第四节 党的十八大以来宏观经济调控理论与政策新发展 ... 258

第九章 中国的财税体制改革之路 262
第一节 改革的五个阶段：一个大致的勾勒 263
第二节 从构建公共财政体制到建立现代财政制度 273
第三节 改革的未来走向：加快建立现代财政制度 282
第四节 主要结论与启示 287

第十章 中国金融理论创新与发展 290
第一节 动员性货币金融体制的形成与中国经济起飞 290
第二节 动员性货币金融体制与中国经济增长方式
转变的冲突 302
第三节 中国金融市场化改革面临的难题 323

　　　　第四节　结论 ………………………………………………… 328

第十一章　收入分配理论创新与发展 ………………………………… 337
　　　　第一节　改革开放初期肯定物质利益原则和回归
　　　　　　　　"按劳分配"原则 ……………………………………… 337
　　　　第二节　社会主义基本收入分配制度的确立 …………………… 341
　　　　第三节　新时代收入分配理论的进一步发展 …………………… 350
　　　　第四节　总结 …………………………………………………… 355

第十二章　从发展是硬道理、科学发展观到新发展理念 …………… 358
　　　　第一节　发展才是硬道理 ……………………………………… 358
　　　　第二节　中国经济增长奇迹的源泉 …………………………… 361
　　　　第三节　科学发展观 …………………………………………… 368
　　　　第四节　新发展理念 …………………………………………… 372

第十三章　中国市场化经济改革中的"三农"问题 ………………… 382
　　　　第一节　中国市场化经济改革初期的"三农"问题 ………… 383
　　　　第二节　深化中国市场化经济改革中的"三农"问题 ……… 402
　　　　第三节　中国市场化经济改革新时期的"三农"问题 ……… 435

第十四章　区域经济理论研究主要进展与创新 ……………………… 460
　　　　第一节　关于区域经济学的研究对象 ………………………… 461
　　　　第二节　关于区域经济发展战略 ……………………………… 462
　　　　第三节　关于我国城市发展道路的争论 ……………………… 478
　　　　第四节　我国区域经济发展战略的创新 ……………………… 483

第十五章　自然资源经济学探索与发展 ……………………………… 498
　　　　第一节　自然资源经济学的起始 ……………………………… 498
　　　　第二节　自然资源经济学学科体系在中国的发展 …………… 502
　　　　第三节　自然资源经济学的主要分支 ………………………… 505
　　　　第四节　自然资源经济学的重要研究领域 …………………… 511

第十六章　经济增长方式转变与供给侧结构性改革 ………………… 525
　　　　第一节　我国经济增长方式转变的政策实施 ………………… 526

第二节　经济增长方式转变的研究脉络……………………531
　　第三节　一些评论与展望……………………………………544

第十七章　对外开放理论发展与回顾………………………………546
　　第一节　外贸理论……………………………………………548
　　第二节　外资理论……………………………………………563
　　第三节　外汇理论……………………………………………572
　　第四节　关于区域开放理论…………………………………579
　　第五节　关于涉外经济法制建设……………………………586
　　第六节　入世以来中国对外开放取得积极进展……………588
　　第七节　简短的结论…………………………………………592

第十八章　构建中国特色社会主义政治经济学……………………599
　　第一节　中国特色社会主义政治经济学是中国特色社会主义
　　　　　　理论体系的重要组成部分…………………………599
　　第二节　成熟的中国特色社会主义政治经济学源于成熟的
　　　　　　中国特色社会主义经济制度和基本实现现代化……603
　　第三节　寻找中国特色社会主义政治经济学的主线………608
　　第四节　探索中国特色社会主义经济的基本规律…………612

后　记……………………………………………………………………618

总论　中国经济理论研究的探索与创新

——以《经济研究》的知识图谱分析

改革开放 40 年来，中国特色社会主义事业取得了举世瞩目的成就。与此相适应，中国特色社会主义经济理论也取得了大发展、大繁荣。值此中国改革开放 40 周年之际，我们对改革开放以来中国特色社会主义经济理论的探索、发展和创新做一个简要的回顾，展望未来的发展。

40 年来，在中国特色社会主义经济理论的探索、发展和创新的过程中，中国的经济研究工作者把握住了四个要领。一是坚持马克思主义基本原理，坚持正确的政治方向，以发展的、中国化的马克思主义指导经济理论研究；二是热情投入和紧密联系中国改革开放与社会主义现代化建设的伟大实践，立足国情，立足当代，围绕经济发展这一中心，服务大局，以深入研究重大现实问题为主攻方向，在新的探索中积极推进理论突破、实践和创新；三是结合中国国情，吸收和借鉴人类社会创造的一切文明成果，和当今世界各国的一切反映现代社会化生产规律和市场经济运行规律的有用成果和方法；四是为世界增加新道路选择和中国发展的智慧。

从中国改革开放 40 年的学术历程看，中国经济理论包括学术思维范式、概念体系、学科分工、方法论更新和政策逻辑全面转型，有力地服务于经济建设和经济学自身的发展。中国经济理论逐步与国际接轨，国际规范经济研究的方法不断推动中国经济理论研究和教育融入全球化，以中国为对象和中国籍作者的国际化发表呈现了指数化的增长，为国际经济学界增添了中国经济理论的智慧。

结合中国经济发展、改革开放的历程和《经济研究》的文本分析，可探寻中国经济学理论 40 年随时代的研究主题、学科、方法拓展和理论范式的转变。中国的改革开放一般分四大阶段,第一阶段1978—1991年以农村家庭联产承包责任制为改革突破口,从计划经济转型商品经济的改革探索阶段;第二阶段1992—2002年,中国市场经济体制框架确立、现代宏观调控体系建立和加入WTO并进的大转型时期;第三阶段2003—2012年为市场经济体系完善阶段,中国经济高速增长,特别是在2008年国际金融危机冲击下中国经济呈现出一枝独秀的经济增长,彻底改变了中国在全球的经济地位,成为世界经济体系中的第二大经济体;第四阶段2013—2018年,新时代中国经济供给侧结构性改革期,这一过程仍在继续。中国经济理论的主题也随时代而变,如第一阶段农村经济研究是主题;第二阶段体制改革、宏观稳定和对外开放是重点;第三阶段中国经济增长是主题;第四阶段,供给侧结构性改革和建设中国特色的社会主义政治经济学是重要的研究领域。

中国改革开放为世界提供了一个发展和体制双重转型的快速增长的典范。中国的改革、发展和开放的实践,都离不开理论的归纳、总结和提炼。改革由理论上的重大创新和观念突破开启。而大量的理论创新都离不开中国经济实践活动和政治智慧,理论的演进是知与行的统一和互动过程。中国的经济研究工作者和实践者在探索中国特色社会主义道路中,以开放的心态吸纳了人类发展进步过程中的精华,服务于中国的改革和发展,在理论和实践上不断互动改进,在思想上不断创新,为世界增添了中国模式和中国智慧。40年,在中国经济改革、开放和发展过程中的经济理论研究,充满了知与行互动的探索和开放性的思想创新。

第一节 中国经济理论研究的演进

40年中国特色社会主义经济理论的探索、发展和繁荣的演进过程,我们以改革开放和社会主义现代化建设的实践进程为依托,以1978—2018年《经济研究》杂志的学科分类作为学科基础,特别是针对2000年前学科分类的分析价值很高,2001年后学科分析已经不足。我们以知网上的《经济研究》所有文献数据，剔除了广告和公告，共计6750条文献。时间跨度为1978年年初至2018年第9期。文献数据包括作者、单位、文章题目、年份、期数、页数、关键词、英文关键词、摘要等重要信息，运用文献计量的软件CiteSpaceV，进行作者和机构的合作网络分析、主题词和关键词的共词分析，提取了40年的作者群和2002年后论文主题，结合中国经济改革与发展的阶段，给出40年理论和实践互动，以及理论自身发展演进的基本图示。

中国经济理论的新思想提出和知识累积都是同中国的改革、开放和发展的实践密不可分的，与中央决策的政治智慧高度统一的，是一个"摸着石头过河"的探索过程，可谓行难知亦难，知的突破才能有行的大踏步向前。

从经济发展的实践和理论研究的演进过程上可以看出大致分为四个阶段，每个阶段中仍包含小的阶段。

一 社会主义经济理论探索的继承与突破（1978—1991年）

中国改革开放始于中国经济理论的大辩论，理论从反思苏联教科书式的思想范式开始的，自我探索适合中国发展道路的社会主义政治经济理论，即社会主义商品经济理论；理论更来自中国经济现实的实践，解决中国吃饭和发展的问题，农村承包制是改革实践的发端。

（一）从《经济研究》的分析看包括两个小阶段，第一阶段是1978—1984年的研究范式的转变和农村问题的现实挑战

1. 对改革前社会主义经济理论探索的继承

按这一阶段《经济研究》杂志每年汇总的所登文章的内容分类看，包括三大方面：一是直接对马恩列斯经典著作、毛泽东著作进行考证、辨义、阐释和解读，拨乱反正，正本清源；二是政治经济学，包括32个分类，图0-1中按1、2、3……进行分类；三是部门经济学，图0-1中以Ⅰ、Ⅱ……进行分类，如农业经济。这三大方面的分类与"文化大革命"前的《经济研究》学科分类是一致的，代表了思想方法的继承与连续。

1978—1982年集中在拨乱反正，继承20世纪五六十年经济学家关于商品、货币、价值规律、经济核算、扩大企业自主权和发展生产力问

题的讨论。1983年加入了计划经济和商品经济结合的大讨论，1984年受委托中国社会科学院组织经济学家为中共十二届三中全会提供了"有计划的商品经济"的理论依据，是实践、理论和政治智慧最典型的互动和统一的案例①。在理论上突破了计划经济和商品经济的对立。

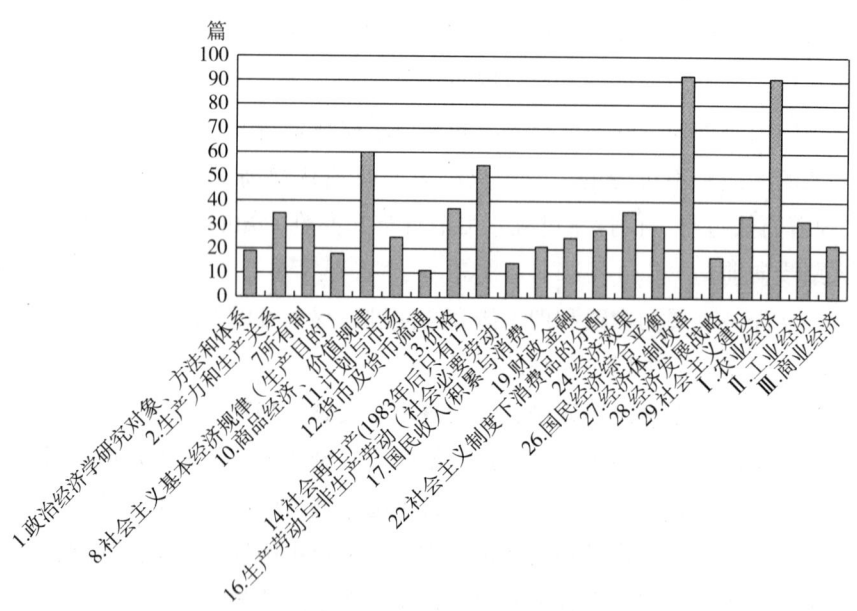

图0-1　1978—1984年《经济研究》总目录论文分布

注：（1）主要包括政治经济学部分和部门经济学部分，有很多学科由于发表文章过少，在这里就没有列出；（2）该分类为《经济研究》杂志总目录的分类，根据分类进行统计。

资料来源：《经济研究》历年光盘。

2. 现实问题研究

农业经济和体制改革发表量最多的，是从实际出发撰写的文章。中国的现实需要：一是商品经济、价值规律、计划与市场、货币、价格等问题，寻求在理论上创新；二是经济体制改革，谋求找到新的中国特色

---

① 见张卓元主编《论争与发展：中国经济理论50年》，云南人民出版社1999年版，第116页。

的改革道路；三是农业经济研究，体现中国农村改革的突破性实践对理论工作者的新要求。

3. 在社会主义的改革开放实践过程中的新理论探索

1983年农村、企业的调查研究报告开始作为探索性分析文章发表，把中国现实问题直接归纳呈现出来；发表了计量经济学的文章，并且开始考察东欧改革经验。1984年莫干山会议更是激发了年轻经济学人的智慧。

这一时期中国的改革和发展的实践包括：（1）1978年的中共十一届三中全会，决定把全党的工作重点转到社会主义现代化建设上来，并确定了改革开放的大政方针。（2）1979年是奠定全面开放和发展的布局年，1月中共中央将《关于加快农业发展若干问题的决定（草案）》发给各地试行；同年宏观政策提出了"调整、改革、整顿、提高"方针，并提高了利率，设立了外汇管理局和中国银行，进行四大特区试点，开始对外开放；国务院将《关于发展社队企业若干问题的规定（草案）》下发试行，并下发《关于扩大国有工业企业经营管理自主权的若干规定》和一系列相关试点。（3）1982年党的十二大开幕。邓小平提出了建设有中国特色的社会主义，奠定了中国改革实践和理论探索的基础，而后1984年中共十二届三中全会通过《中共中央关于经济体制改革的决定》，提出：社会主义经济是在公有制基础上的有计划的商品经济；增强企业活力，特别是全民所有制大中型企业的活力，是以城市为重点的整个经济体制改革的中心环节。

改革从农村开始，农村实行联产承包制，以"放"冲击传统的体制，对国有企业放权让利，同时也通过农村的发展加快了所有制结构的调整，试点性的创办特区对外开放，宏观管理开始"利改税"（1983年2月）和"拨改贷"（1984年12月）的改革实施，完成了理论上的计划经济与商品经济的融合，突破了社会主义的传统理论，迈出了中国社会主义经济理论创新的第一步。

在农村经济复兴和发展的带动下，经济增长很快，1978—1984年年均经济增长9.6%。1984年出现了较高的通货膨胀，宏观问题也突出出来。仅有微观的放权，没有宏观的约束，国民经济难以健康运行。微观放权的"冲",冲出了宏观经济稳定的问题,改革面临着新的战略选择。

(二)中国特色社会主义经济的理论创新和改革战略的争论(1985—1991年)

1985年以后,我国经济理论界对探索中国特色社会主义经济的理论和发展道路方面可谓进步巨大。(1)从《经济研究》总目录的文章分类来看,探索中国特色社会主义经济的改革和发展的理论体系逐步建立,经济体制改革方面发表的论文在1985年成为第一大讨论的热点,发表论文最多(见表0-1)。宏观经济问题与所有制结构、国有企业改革形成了这一阶段研究的三大支柱。到了1990年、1991年热点开始调整到更具体的财政、金融和宏观调控领域,也意味着一个理论讨论和实践阶段的结束。(2)新的改革理论开始引入,一是"巴山轮"会议引入东欧的对传统社会主义经济体制反思理论,最为重要的就是科尔奈的"短缺经济"概念,对社会主义经济体制的微观和宏观层面有了比较好的描述范式,更为重要的是提出了改革的目标模式,即所谓IIB模式,也就是有计划的市场协调,改革战略因此而进入了深层次的讨论,也引入了市场经济的概念;二是1985年《经济研究》发表了"农村发展新阶段"和"改革与挑战"等系列报告,引入发展经济学和大型调研实证的经济学分析,开拓了一条针对中国现实问题进行经济学分析和实证的路子;三是经济学科的大发展,出现了很多专业学科。(3)改革战略大讨论,主要包括整体改革战略、所有制改革为中心战略、"稳中求进"的改革发展战略,改革战略的争论贯穿于这个时期,在思想创新上开始探索"改革的道路"(张卓元,1997)。

表0-1　　　　1985—1991年《经济研究》论文分类

年份	1985	1986	1987	1988	1989	1990	1991
经济体制改革	39	23	34	20	23	3	18
所有制结构	1	18	13	13		6	9
经济机制·经济杠杆		9					
国民经济综合问题	17	25	16		16	16	

续表

年份	1985	1986	1987	1988	1989	1990	1991
商品、价值、价格、成本	27	13					
宏观经济（1987年后开始分类）			29	24	6	15	22
再生产	5	6					
企业问题（1987年后为国有企业改革）			8	18	9	11	8
农村经济	14	15	18	14	16	10	7
财政、金融、贸易	20	19	14	8	12	18	29
劳动、就业、工资（收入消费就业）	7	7	5	6	10		6
产业结构与市场（1991年分类）							16
对外经济关系			7	4	5		
社会主义经济基本理论				8	11	3	

资料来源：《经济研究》历年光盘，依据历年12期的学术目录分类统计，但有些年份学科分类进行调整，如1987年、1991年都进行了调整。

1985年经济研究的学科分类方式发生比较大的变化，传统政治经济学和部门分类方式隐去了，而逐步依据理论和实践脉络进行了新的学术分类。老的概念逐步被新的规范学术词汇所替代，如国民经济综合问题、再生产被宏观经济替代。新的分类如国企改革、产业等学科逐步浮现。

这一时期，改革的理论和实践活动密切相关，特别是价格改革和企业活力改革方面更是相互争论和相互推动。1985年价格改革方面发布了《关于放开工业生产资料超产自销产品价格的通知》，开始实行生产资料价格"双轨制"；企业方面1987年制定了《中华人民共和国企业破产法（试行）》和《中华人民共和国全民所有制工业企业法》，国务院发布了《关于深化企业改革增强企业活力的若干规定》，1990年通过《中华人民共和国中外合资经营企业法》；而在农村改革、住房改革、金融改革和开放方面也进行了试点实验，为日后改革的理论探索和实践打下了基础。

改革过程并非一帆风顺，1988年出现了两位数通货膨胀，经济增长在1989年陷入低迷状态，需要在政治、经济和思想上对改革道路和成本进行新的反思。中国改革实践尽管有时有所调整，但一直没有停顿。1991年完成了粮油价格改革的重要一步，从暗补转向明补，同年也稳定了农村的承包联产责任制体制。理论界逐步重新探索改革的方向，1991年增加了更多的金融、财政、产业等问题的研究，配合了当时经济调整的需要。

二 中国特色社会主义市场经济理论的确立、宏观经济体系建立和加入世界贸易组织（1992—2002年）

邓小平"南方谈话"后，1992年党的十四大召开，明确了建立中国特色的社会主义市场经济理论，改革全面展开。中国1992—2002年，可谓做了三大攻坚战，第一是确立了社会主义市场经济的体制框架；第二是稳定了宏观框架，抵御了亚洲金融危机，彻底克服了通货膨胀，实现了中央财政的集中，中国走向了稳定经济增长的道路；第三是实现了人民币汇率并轨，推动了中国出口导向型发展，2001年加入世界贸易组织（WTO），迈出了中国改革、开放最关键的一步（张卓元，2008）。

我们从《经济研究》总目录上看到：（1）社会主义市场经济理论的突破。这一时期最为重要的是"社会主义市场经济体制"改革目标的确立。这一改革目标及其理论体系在前一阶段已经有了很多的理论探索，但1992年写入党的十四大报告，是使理论和实践结合的重要例证。社会主义市场经济理论的确认，推动了中国经济改革实践和社会主义市场经济理论的全面展开，也奠定了中国改革开放成功的基础。（2）紧贴现实的中国经济学理论研究形成热潮，这一时期的研究基本上进入当代经济学的体系中，在改革的议题中加入了发展；经济运行框架中宏观、财税、汇率等论题成为经济学研究的主要议题；在微观论题上国有企业改革、所有制和产权制度改革在1995年成为第一大热点，这是宏观管理框架改革后的又一大改革的领域。（3）中国的经济理论更多地直面当代经济问题，亚洲金融危机的冲击，中国加入WTO，社会主义市场经济理论确立，中国的经济工作者和学者必须直面当代市场经济的运行规律，加大理论的开放性，理论方法上开始直接跟踪国际前沿，更多地引入制度经济学、现代宏观经济学、发展经济学等，实证方法也日趋成熟，对西方现代的学说的介绍频率加快，结合当代市场经济探索中国特色社会主义市场经济的理论建设逐步加强。(4)经济理论研究对象逐步扩展，经济发展的挑战逐步成为经济科学研究的又一大现实关注对象，如通货膨胀、通货紧缩、"软着陆"、周期波动、宏观形势分析、积极财政政策、抵御金融危机、汇率并轨、金融市场、公司治理等很多经济增长与运行问题成为经济学研究的前沿对象，因此这一时期经济研究的热点从直接为体制改革目标和方案设计服务扩展为"改革与发展"的紧密结合，而后转向了更为具体的基本经济理论的探索，制度经济学快速发展，以中国为对象的过渡经济研究也成为经济理论研究的热点（见表0-2）。

表0-2　1992—2000年《经济研究》学科分类和发表论文　　单位：篇

学科目录＼年份	1992	1993	1994	1995	1996	1997	1998	1999	2000
改革与发展	12	14	9	13	17	12	11	7	
所有制和产权制度	11	12	13	17	15	7	6		
宏观经济	16	7	20	17	16	11	8	28	
国有企业	16	5	16	28	19	14	21	14	18
农村经济	10	9	12	12	13	10	4		4
财政、金融、贸易（1995年与金融分开）	16	13	20	14	14	9	7		7
劳动、就业、工资（收入消费就业）	12	11	11	10		6	8	8	8
开放经济				9	8	9	10	11	4
社会主义经济基本理论（理论经济学，含制度经济学）	15	9	9	9	8	6	6	8	32
产业结构	8	5	5						
市场问题	5	5	5						
金融市场					14	14	22	27	32

注：《经济研究》2000年后学科目录做了比较重大的变化。

进入 21 世纪,《经济研究》再次调整学科分类,理论经济学、宏观经济研究、金融市场和公司财务、公共财政与收入分配、国际经济与贸易、微观经济和产业组织、市场体系与区域经济学、农业和自然资源,学科分类越来越粗,需要通过主题词才能获得研究的真实意义。可以说到 2002 年学科分类逐步稳定,与 2017 年的目录相差无几(见表 0-3),更为偏向理论,应用经济学进一步下降,发表论文趋于均衡。经济理论的研究范式从探索转向成熟,与国际上的研究逐步接轨。

表 0-3 2001 年、2002 年新调整学科目录与 2017 年学科目录对比

新调整学科目录	2001 年	2002 年	2017 年学科目录	2017 年
理论经济学	22	23	政治经济学	15
宏观经济研究	24	17	宏观、货币与增长	21
金融市场和公司财务	35	37	金融和证券市场	23
公共财政与收入分配	7	14	财税和地方政府	20
国际经济与贸易	2	9	国际经济与贸易	14
微观经济与产业组织	33	17	行业与产业	23
市场体系与区域经济学	5	—	企业和公司治理	20
农业和自然资源	4	5	劳动、就业和福利	20

资料来源:《经济研究》历年光盘。

三 完善社会主义市场经济体制,中国进入高速增长时期(2003—2012 年)

2003 年召开了中共十六届三中全会,将完善社会主义市场经济体制作为今后一段时期的主要工作目标。经济理论越来越多地吸纳了当代经济理论,服务于中国融入世界的经济生活,完善中国特色社会主义市场经济体制和完善经济理论是这一时期理论研究的总趋向。从理论研究上看,中国经济研究的第一主题是增长,经济增长成为这一时期国内和国际上最为瞩目的研究主题。

从主题词看,经济增长已经成为这一时期主流的研究主题,公司治理、人力资本、货币政策等也是重要的研究主题。新的研究主题不断体

现，经济转型、收入分配、金融危机、信息不对称、消费金融、人民币汇率等主题逐步显现（见图0-2），2008年国际金融危机爆发后，有关金融危机研究已经开始，但持续讨论并不多。这一时期的研究在方法论上进展很快。

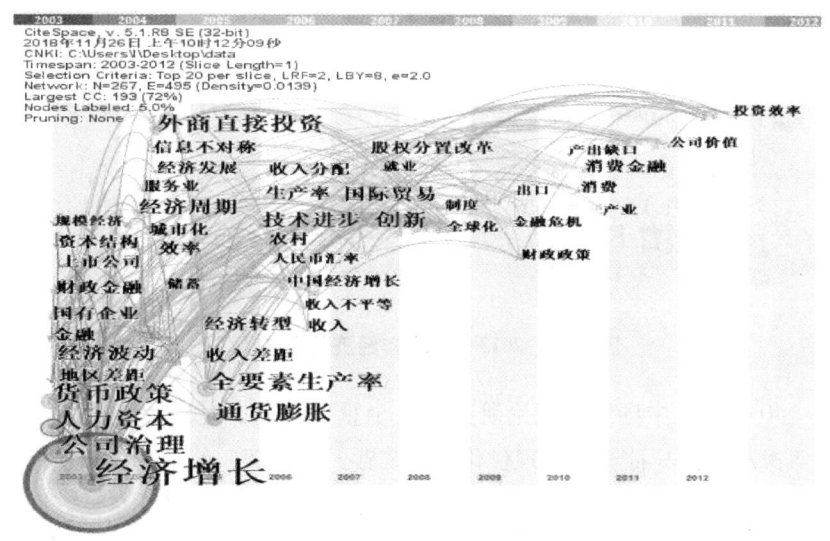

图0-2　2003—2012年主题研究

资料来源：知网网站。

四　2013—2018年新时代的供给侧结构性改革和中国特色的社会主义政治经济学的建设

2013年中国经济进入新常态，经济增长研究仍然是第一位，而且更多地研究了全要素生产率、创新，可以说是经济增长的更为深化的研究，也意味着中国经济逐步转向内生发展的道路。中等收入陷阱、金融危机、货币政策也是重要的研究领域；2015年，经济新常态、"一带一路"、市场经济体制研究成为突出的研究主题词（见图0-3），2016年、2017年、2018年，一方面是供给侧结构性改革为主题，另一方面是中国特色社会主义政治经济学，在学科体系上建立中国经济学话语体系，但这一系列研究刚刚起步，未来会有更多的中国智慧探索。

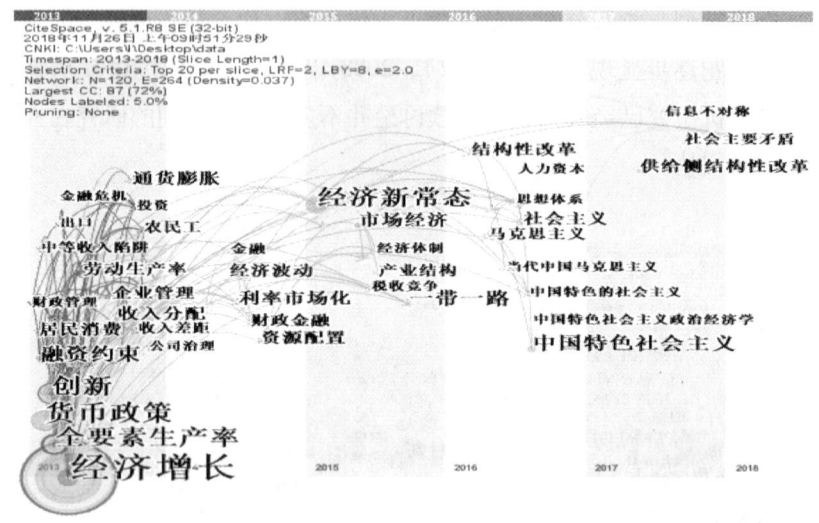

图 0-3　2013—2018 年经济研究主题词

　　40 年来，中国经济理论研究的一个重要特点，是广泛参与和紧密联系改革开放与社会主义现代化建设实践。一方面，改革开放和现代化建设的迅速开展，迫切需要经济理论研究的支持和提供咨询意见，许多经济学家直接参与改革方案的设计与论证，参加重要改革开放和现代化建设文件的起草工作。另一方面，改革开放和现代化建设的丰富实践，为经济理论研究提供了前所未有的宝贵材料。从传统的计划经济，转向社会主义市场经济，这一过渡经济学或转型经济学，是全世界经济学家都很有兴趣的新的重大课题。中国经济学家责无旁贷，正在从多方面进行探索，对大量的实践经验进行理论概括，努力寻找这一领域的客观规律性。随着社会主义市场经济体制的初步确立，经济研究本身的完善也开始提上议程。

　　经济理论研究紧密联系实际的另一突出表现，是各种应用经济学得到空前的繁荣与发展。这也是实践的需要和市场的巨大需求。应用经济学的主要学科，包括国民经济管理学、产业经济学、财政学、金融学、国际贸易学、劳动经济学、人口学、环境经济学、区域经济学、统计学、数量经济学、国防经济学等，都有很大的发展，论著甚丰，学者日众。还有，各种经济管理学科，包括工商管理（内含会计学、企业管理、旅游管理、技术经济及管理)、农林经济管理、公共管理(内含教育经济与管理、社会保障、土地资源管理)等,也成为研究和学习的热门,吸引着越来越多有志于经济学研究和学习者。

经济理论研究离不开统计资料和数量分析。从概念到概念,没有数据的文章,很难成为经济科学论文。过去,我国经济理论研究比较注重对生产关系及其变革的研究,对数量分析不够重视。改革开放以后,经济学界不仅重视生产关系问题的研究,而且重视生产力问题和具体经济问题(包括政策问题)的研究,这就要求有充分的数据支持自己的结论或政策建议。在这种情况下,数量经济学迅速发展,对经济运行进行数量分析的文章和运用数学模型分析经济学问题的文章越来越多。应当说,这是一个好现象,有助于打破人们对经济学是不是一门比较精密的科学的怀疑。

实证研究的流行也是 40 年经济理论研究的重要特点。经济理论研究既要进行规范分析,也要进行实证分析。过去,我国经济学论著不少属于概念之争和政策注释,因而偏重于规范分析,实证分析较少。这显然影响我们对未知的客观经济规律的探索和认识,影响经济研究的创造思维。实证分析主要对经济过程和经济现象进行客观的如实的描绘,而不对其作价值判断,也不必提出必须如何、要求怎样等。实证分析特别是其中的案例分析,类似于毛主席倡导的"解剖麻雀",有助于经济研究从具体的典型入手,掌握信息,寻找内在的本质的联系,并通过多个案例的比较,发现一些重复出现的共同的东西,使理论研究不至于脱离实际,违背认识的规律。这些年来,许多经济学论文,都进行了实证分析,并且取得了可喜的成果,案例研究也不仅见之于实证分析的论著中,而且出版了专门的案例研究论著,在理论界产生了好的影响。

充分吸收当代经济学的研究成果,使 40 年来中国经济理论研究呈现新的活力。科学是人类文明的成果。马克思主义"绝不是离开世界文明发展大道而产生的一种故步自封、僵化不变的学说。"[①] 马克思主义是发展的,是不断吸收各方面的文明成果而丰富自己的。马克思主义

---

① 《列宁选集》第二卷,人民出版社 1995 年版,第 309 页。

经济学也要吸收当代经济学研究的成果，不断丰富和发展自己。应当看到，西方经济学在研究资本主义市场经济的发展规律方面，有许多成果是值得我们吸收和借鉴的。这些年来，我们引进了当代经济学的一些概念作为分析工具，实践证明是有益的。许多概念我们已经常用，包括：宏观经济、微观经济、机会成本、比较成本、全要素生产率、影子价格、生产函数、消费者主权、交易成本、有效竞争、规模经济、经济外在性、市场失效、政府失效、帕累托最优、恩格尔系数、基尼系数、金融深化、期权、互换、第一二三产业、国民生产总值、国内生产总值、购买力平价、内部人控制、市场风险、金融风险、"寻租"、公司治理结构等。有些经济理论，也被借用来分析中国的经济问题，并提出相应的对策。它们中有：产业组织理论、公共选择理论、二元经济结构理论、非均衡发展理论、成本效益分析理论、制度（体制）效率理论、现代公司理论、厂商理论、短缺经济理论、分权模式理论、市场社会主义理论等。虽然在引进当代经济学概念和原理中，存在一些生搬硬套的问题，但总的来说，成效是主要的，大部分能为我所用。任务就在于努力使这种吸收用来丰富和发展以马克思主义为指导的我国经济科学，增强其科学性、适用性，更好地为我国的改革开放和现代化建设事业服务。

第二节　社会主义市场经济理论的确立

　　中国从改革开放的实践探索，直至确立了社会主义市场经济论，突破"社会主义与市场经济关系"这个世界性和世纪性难题，终于走出了一条中国特色的社会主义道路，创造了中国经济增长的奇迹。
　　从马克思的科学社会主义到苏联的社会主义实践，直到中国改革开放前的实践，在实践和理论上构造了一个基本的社会主义经济体制和特征的命题：公有制＋计划经济＋按劳分配，这是一个统领了20世纪80年代前全世界社会主义国家实践的社会主义理论与实践的世界性和世纪性的命题。不突破这个理论体系，就无法开启新的社会主义道路的认知和实践。中国的改革开放正是从中国的实际出发，突破了传统社会主义经济理论的束缚，开启中国的社会主义市场经济道路，这是理论、实践和政治智慧的结晶。

一 计划经济、商品经济、市场经济到完善社会主义市场经济体制

传统社会主义经济理论认定，社会主义是同商品货币关系相排斥的、同市场经济不相容的。计划经济是社会主义的基本特征，市场经济是资本主义的专有物。改革开放以前，我国社会主义经济体制就是按照这样的理论框架建立和运行的。但是，长期的实践告诉我们，排斥商品货币关系和市场经济，使社会主义经济活动缺乏生机和活力，不能充分和合理地利用现有的经济资源，不能很好地持续地提高效率，从而逐步拉大了同经济发达国家在经济上和科技上的差距。这就很自然地引起经济学家们思考，是不是我们对社会主义本质和社会主义经济运动规律性的认识有不够全面之处？

一切经济问题的核心在于如何充分而合理地配置现有的资源，提高资源的利用效率。过去人们常以为，用计划这只看得见的手配置资源是最有效率的，可以克服资本主义市场经济的无政府状态和周期性危机。但是，且不说无论是中国，还是其他原来的社会主义国家，其生产力发展水平远未达到能在全社会范围内实行计划生产的程度，更为现实的是，进入20世纪以后，由于社会生产力的巨大发展，科技革命浪潮一个接着一个，生产技术日新月异，产品种类呈几何级数增长，人们的生产和消费需求日益复杂与多变，使得运用计划手段无法做到社会生产和社会需求（消费）的有效连接，从而必然造成资源配置失当和严重浪费。迄今为止的经济实践和经济资料都表明，市场依然是资源配置的最有效手段。在范围广泛的竞争性部门，市场机制自动引导着资源从效益低的部门流向效益高的部门，实现资源的优化配置。就是那些自然垄断部门和提供重要公共产品的部门，一旦在适用范围内引入市场机制，其效率也能明显提高。市场经济的生命力正在于此。从计划经济体制转向市场经济体制的必要性和根源正在于此。

中国经济理论的发展离不开政治智慧的贡献。邓小平同志在1979年就明确提出，"社会主义为什么不可以搞市场经济"，"社会主义也可以搞市场经济"。1984年，中共十二届三中全会提出了社会主义经济是

"公有制基础上的有计划的商品经济"的论断,邓小平同志高度评价当时的决定是"马克思主义基本原理和中国社会主义实践相结合的政治经济学"。1992年年初,邓小平同志在"南方谈话"中,更加明确地指出,"计划经济不等于社会主义,资本主义也有计划;市场经济不等于资本主义,社会主义也有市场",① 从而为1992年党的十四大确定把社会主义市场经济体制作为我国经济改革的目标模式,奠定了坚实的理论基础。

党的十二大提出"计划经济为主、市场调节为辅"的改革原则,认定市场对计划的"补充"作用,打破了长期以来将计划和市场视为水火不相容的传统观念,推动了农副产品市场和价格的逐步放开,并为随后展开的整个改革铺平了道路。中共十二届三中全会提出社会主义经济是"有计划的商品经济",首次在经济体制改革基本目标上实现了一次重大的理论突破,它促使城市改革全面推开。党的十三大(1987年)进一步提出,在社会主义的有计划商品经济中要建立"国家调节市场,市场引导企业"的新型经济运行机制,从而进一步在认识上提升了市场机制的地位。1992年邓小平同志的"南方谈话"深刻地澄清了许多长期束缚人们思想的重大认识问题,并最终解决了市场经济并非资本主义专有属性这样一个带有根本性的理论问题。在此基础上,党的十四大(1992年)明确提出,中国经济体制改革的目标是建立社会主义市场经济体制,将经济改革导入了全面制度创新的阶段。党的十五大(1997年)在社会主义市场经济条件下的所有制结构和分配制度等重要问题上大胆创新,作出了"公有制实现形式可以而且应当多样化""按劳分配和按生产要素分配相结合""非公有制经济是我国社会主义市场经济的重要组成部分"等重要论断,为进一步深化国有企业改革、加快推进国有经济战略性调整、大力发展非公有制经济、重新塑造市场主体和微观基础提供了新的动力。进入21世纪后,党的十六大(2002年)提出21世纪头20年建成完善的社会主义市场经济体制和更具活力、更加开放的经济体系的基本任务,旨在为全面建设小康社会提供强有力的体

---

① 《邓小平文选》第三卷,人民出版社1993年版,第373页。

制保障。中共十六届三中全会（2003年）提出以人为本、全面协调可持续的科学发展观，中共十六届五中全会（2005年）提出加快行政管理体制改革是全面深化改革和提高对外开放水平的关键，中共十六届六中全会（2006年）提出社会和谐是中国特色社会主义的本质属性。党的十七大（2007年）提出高举中国特色社会主义伟大旗帜，坚持走中国特色社会主义道路，坚持中国特色社会主义理论体系。所有这些都为加快改革开放，全面推进社会主义经济建设、政治建设、文化建设、社会建设注入了强大动力。

2013年中共十八届三中全会《决定》提出："使市场在资源配置中起决定性作用"，成为全面深化改革的重心。中共十八届五中全会强调到2020年全面建成小康社会是"两个一百年"奋斗目标的第一个百年目标。2015年中央经济工作会议强调要着力推进供给侧改革，推动持续健康发展。以供给侧改革引领经济新常态等经济政策性思想。2017年党的十九大提出了新时代新的社会主要矛盾的判断，对于中国未来发展给出了现代化的定位，同时提出了新发展理念，在理论上强调了中国特色社会主义的政治经济学建设。

二 社会主义初级阶段所有制与分配理论创新

中国许多有识之士通过冷静地分析中国国情，提出社会主义初级阶段理论，使人们对如何建设社会主义从长期在幻想中漫游回到现实中来。我国学术界对中国社会性质、过渡时期的理论和路线等作了讨论。中共十一届三中全会前后我国经济学界对于中国社会主义处于何种阶段进行了理论探索，1979—1981年的讨论是由社会主义理论的拨乱反正所引起的。第二次研讨热潮是在1986—1988年，集中在生产力标准和阶段划分、初级阶段的经济基本特征和历史长期性等问题。理论的讨论逐步形成了共识：大力发展生产力和寻找与生产力相匹配的生产关系和经济体制。

20世纪70年代末80年代初，理论界就提出了中国社会主义处于初级阶段即不发达阶段的论点，并且产生重大社会影响。1981年，在邓小平同志主持起草的《关于建国以来党的若干历史问题的决议》中明确提出：我们的社会主义制度还处于初级阶段。党的十三大系统地论述了社会主义初级阶段的理论，并逐渐成为人们的共识。这就使我们找到了一条在中国建设社会主义的现实可行的路子。

从传统的计划经济体制转变为社会主义市场经济体制，难点首先在于市场经济和公有制相结合。市场经济并不只限于在私有制条件下才能运行和发展。市场经济也可以同公有制包括社会主义国有制相结合。中国国有企业和集体企业逐步走向市场成为市场竞争主体的实践，证明了这一点。与此同时，也要看到，要使公有制同市场经济相结合，需要改革公有制和国有制的实现形式，寻找能促进生产力发展的公有制和国有制的实现形式。这中间，最突出的是如何使国有企业成为自主经营、自负盈亏的法人实体和市场主体。根据多年的探索，我们已确定把建立现代企业制度作为国有企业改革的方向。现代企业制度的特点是"产权清晰、权责明确、政企分开、管理科学"。根据建立现代企业制度的要求，国有大中型企业要进行公司制改组。除极少数生产特殊产品或提供特殊服务的企业可以由国家独资外，一般都要求投资主体多元化，成为股份公司以利于政企分开和转换经营机制，健全公司治理结构。在这里，出资人和作为法人实体的企业的权责关系是明确的。国家等出资人享有所有者的权益，即资本受益、重大决策和选择管理者的权利，并只以投入企业的资本额对企业的债务负有限责任。企业享有民事权利，承担民事责任，按市场需求组织生产和经营，以赢利为目的，照章纳税，对出资者承担资本保值增值责任，政府不再直接干预企业的生产经营活动。这样就能改变国有资本无人负责的状况，企业不再吃国家的大锅饭，也不搞"内部人控制"，损害所有者权益；同时能真正实现政企分开，国家不再对企业的债务承担无限责任。对于大量的国有中小企业，则可以采取多种形式，包括租赁、承包、兼并、合资和转为股份合作制或出售等，放开放活。从各地实践看，转为以劳动者的劳动、资本联合为主带有一定公有性的股份合作制，对大量国有小企业也是可行的。相信经过一段时间的努力，我国多数国有大中型企业能够逐步建立起现代企业制度，从而可以使公有制同市场经济的结合取得实质性进展。

理论界突破了市场经济与公有制不能结合的难题后，进而从所有制关系入手探索按劳分配的实现形式，认为中国处于社会主义初级阶段，所有制形态就是以公有制为主体、多种经济形态并存，而分配则是这种所有制形态的反映，即按劳分配为主、多种分配形式并存，不能离开所有权形态谈分配。此外大量学者对社会主义"按劳分配"理论和现实分配问题进行新的理论探索，集中在："劳动是价值的唯一源泉"和要素参与分配的理论讨论上；也有学者从现实出发，认为当前中国正处在社会主义初级阶段，经济是市场经济，在社会主义市场经济条件下，需要发挥市场对资源配置的基础性作用，因此也需要按资源贡献进行分配，从而形成现有体制下多种多样的分配形态。

党的十五大提出了公有制为主体、多种所有制经济共同发展是社会主义初级阶段的基本经济制度。党的十六大更是明确指出了："根据解放和发展生产力的要求，坚持和完善公有制为主体、多种所有制经济共同发展的基本经济制度"，使我们深化了对基本经济制度的认识：（1）我国的基本经济制度是由我国的基本国情决定的，我国的基本国情是我国现在处于并长期处于社会主义初级阶段；（2）基本经济制度是由生产关系适应产力发展要求的客观规律决定的，因此生产力发展水平决定着所有制的具体结构。党的十六大还提出，要"确立劳动、资本、技术和管理等生产要素按贡献参与分配原则，完善按劳分配为主体、多种分配方式并存的分配制度"。

社会主义初级阶段论和社会主义市场经济论一起，成为中国改革开放以来经济理论研究最重要、最突出的成果，是当代中国社会主义政治经济学的两大支柱，这两大支柱突破了传统的"公有制＋计划经济＋按劳分配"的理论范式，是近三十年中国经济学界对马克思主义经济学和科学社会主义理论的重大贡献和发展。

中国向市场经济体制转轨的特点和优点，是在保留和实行社会主义基本制度下转向市场经济，即在以公有制为主体和以共同富裕为目标下转向市场经济，实行公有制与市场经济相结合。所谓以公有制为主体，要点有三。一是公有资本在社会总资本中占优势；二是国有经济控制关系国民经济命脉的重要行业和关键领域，在国民经济中起主导作用；三是不同地区、不同行业，可以有所差别。公有制为主体，能有效防止私有制市场经济必然带来的两极分化，走劳动者共同富裕的道路。

进入 20 世纪 90 年代中后期，现实生活中所有制和分配仍有大量需要学者思考和解决的问题。进入新世纪以后，有关所有制和分配问题的讨论又转向公有制的多种实现形式、国有资产管理体制、垄断行业改革、现代产权制度的建立等更为深入的领域，而分配问题转到对"公平与效率"和"缩小收入差距"等新的现实挑战的讨论。

需要指出的是，为了实现公有制与市场经济相结合，防止两极分化，都涉及改革的成败，关系到社会主义市场经济体制能否真正确立。正因为如此，中国目前正在推进的国有企业改革和政府改革、缩小收入分配差距、和谐社会建设、走科学发展道路等，已经引起世界上越来越多的关注。

国内关注分配研究包括多方面，国家近来积极推进全面小康，是改善收入分配的根本之举。强调以"人民为中心"推进民生建设。中国近年来收入差距逐步稳定，基尼系数超过 0.4，收入差距依然较大。近年房价上涨，财产收入差距更大。收入分配的理论、实证研究依托 CHIPS 数据不断深入，国家政策关注度也越来越强。

第三节　渐进改革、增长奇迹和宏观稳定

中国的改革开放实践不仅在基本理论上取得了突破，指导了中国改革、开放实践的大发展，同时我们还找到了符合中国实际的具体改革道路，即渐进式改革道路，成为国际上社会主义经济改革实践和理论的典范。平稳的改革道路奠定了中国经济增长奇迹，取得了世界瞩目的成就。平稳高速的增长同宏观管理体制改革和调控政策不断成熟密不可分，中国经济增长从大的波动走向了微波化，保持了经济持续平稳的高增长。渐进式改革、高增长和宏观稳定形成了中国经济走向现代化的最佳路径。

一　渐进式改革道路

1976 年粉碎"四人帮"后开始"拨乱反正"，20 世纪 70 年代末开始改革开放。改革从农村开始，不久，1980 年 9 月中共中央《关于进

一步加强完善农业生产责任制的几个问题》，允许农民自愿实行家庭联产承包制，此后两年家庭联产承包制就在全国绝大多数地区普及了，农业经济气象万新，在此基础上，农村集体所有制为主的乡镇企业也快速发展起来了，体制外的探索改革道路取得了重大进展。农村改革开始不久，大多数学者和经济工作的领导人都认同著名经济学家孙冶方的经济思想，把扩大企业经营自主权和提高企业活力放在改革和发展的中心地位，并且当时受到了南斯拉夫的"自治企业"制度的影响，有的学者提出了更为理论化的微观改革方式，如蒋一苇的"企业本位论"①，四川开始进行了"扩大企业自主权"这一放权让利的改革，首钢成为承包的典型，企业积极性空前。但很快这种做法的局限性就表现出来了，出现了宏观经济如何平衡协调的问题。

体制增量的改革在农村改革成功的基础上全面推开。1984年，农村改革已经大有起色，城市改革尚举步维艰。人们走得小心翼翼，怕踩雷，怕前功尽弃。9月的莫干山会议是由《经济学周报》、《经济日报》、中央人民广播电台、《世界经济导报》、《中国青年报》、《中国青年》杂志、《中国村镇百业信息报》、《经济效益报》、浙江省社会科学院、浙江省经济研究中心联合发起召开的，以朱嘉明、黄江南等一批青年经济学家为主，推动了中国价格双轨制的讨论深入，成为价格双轨制理论和价格改革的重要突破的会议。1984年中共十二届三中全会通过了《中共中央关于经济体制改革的决定》，提出，"加快以城市为重点的整个经济体制的改革的步伐"，"发展社会主义商品经济"；强调"要建立合理的价格体系"，"价格体系的改革是整个经济体制改革成败的关键"；提出了"增强企业活力，特别增强全民所有制的大、中型企业的活力，是以城市为重点的整个经济体制改革的中心环节"；指出"要积极发展多种经济形式和多种经营方式"。经济体制改革开始了所谓"体制外市场化"阶段，该阶段主要采取了以下几个大的步骤：（1）调整所有制结构；（2）沿海开放试点；（3）建立改革试验区，推动地区发展战略；（4）市场体制改革上采取了"双轨制"；（5）宏观调控变

---

① 蒋一苇：《企业本位论》，《中国社会科学》1980年第1期。

指令型计划向以间接调控为主的调控方式转变。

1985年,中国经济发展走到一个关键点,何去何从,面临新的抉择。而由数十位国内外顶尖经济专家参与的"巴山轮"会议,给中国经济发展间接地提出了治理方向,让中国人初次知道了市场化改革的目标,理解了宏观经济管理,明白了什么是中国眼前该做的事情。"巴山轮"会议召开的一个背景是,1984年第四季度中国发生银行信贷失控,投资猛增,消费增长过快,物价上涨幅度达到10%。如何看待未来的改革和宏观框架设立,这次会议为20世纪90年代提出市场经济和宏观管理体系建立了至关重要的学术基础。1992年党的十四大确定了建立社会主义市场经济体制的改革目标,1993年中共十四届三中全会又作出了《中共中央关于建立社会主义市场经济体制若干问题的决定》,提出了新体制的基本框架,要求"整体改革和重点突破相结合",要求在20世纪末初步建立社会主义市场经济体制。该决定为社会主义市场经济的财税、金融、外汇管理、企业制度、社会保障制度等重点方面的改革提出了目标,此后不久,拟定了改革方案。财政体制将原来的行政包干改造为合理划分中央政府与地方政府职权基础上的"分税制";在金融—银行体系方面建立了在中央政府领导下独立执行货币政策的中央银行体制;实现现有银行的商业化经营,并组建政策性银行承担原国有银行的政策性任务,1995年全国人大通过了《中华人民共和国中国人民银行法》。在国有企业改革上进一步提出了"进一步转换国有企业经营机制,建立适应市场经济要求,产权清晰、责权明确、政企分开、管理科学的现代企业制度",据此全国人大通过了《中华人民共和国公司法》。社会主义市场经济体制逐步建立,并纳入法律管理的框架。

1997年党的十五大又有了历史性的突破,依据"三个有利于"(有利于发展社会主义生产力、有利于增强社会主义国家的综合国力、有利于提高人民生活水平)的原则,提出了一些新的内容:缩小国有经济的范围,国有资本要逐步从非国民经济命脉的领域退出;寻找能够促进生产力发展的多种公有制实现形式,发展多种形式的公有制;鼓励个体私营等非公有经济的发展,使之成为社会主义市场经济的重要组成部分。

中国的渐进式改革道路从所有制结构调整开始,发展了非公有制经济,而后推进了"双轨制"的经济运行体系的调整,再到财税联动的宏观管理框架改革,最后用更大的精力推进国有企业的改革(1999年中共十五届四中全会对国有企业改革和发展专门作了决定)。进入21世纪特别是2002年党的十六大以后,则着力完善市场经济体制,建立国有资产管理体制,建立健全社会保障体系,完善收入分配调节机制,保护环境,等等。渐进式改革道路可以说是理论和实践的互动产物,其中增量改革、试点推广、改革和开放互相推进都具有开拓性,这一过程的理论归纳在国内和国际理论界引起了很多的讨论,如国内和国际上关于"大爆炸"与"渐进式改革"的比较研究等。

二 中国经济增长奇迹

中国经济增长的奇迹是一个不断被改写纪录的奇迹。中国的高速经济增长历程都是在一个"次优的体制安排"下取得的,边发展边调整体制安排,使中国经济从一个高度集中的计划经济体制逐步转向了一个现代市场经济体制,进入了一个准现代化的经济增长结构中。这一经济增长道路是非常不容易的。

中国的经济增长问题直接就是探索中国经济发展的道路问题。中国计划经济时期,经济学家和经济工作者集中讨论的是两大部类和农轻重的相互关系问题,战略分歧明显,一个强调"优先发展重工业",另一个强调平衡发展,但两者的管理框架则是一样的,即计划安排和综合平衡。改革开放后,从国民经济结构调整入手,探索中国经济发展、结构变革、运行机制和宏观调控,并引入了大量的发展经济学和东欧的改革理论,形成了一个流派纷呈的20世纪80年代关于中国经济发展、运行机制和宏观调控问题的讨论。

发展战略理论上,从1981年2月开始,北京部分理论工作者每两个月举行一次战略座谈会,直到1989年3月共举办了49次,这对中国经济战略的制定产生了重大影响。学术界的战略讨论影响到了国家的政策决策,1982年的党的十二大,提出了1981—2000年,在不断提高经济效益的前提下,使工农业生产总值翻两番,人民物质文化生活达到小康水平的发展战略目标。党的十三大确立了邓小平提出的分"三步走"

基本实现现代化的战略构想。1992年，邓小平提出著名的"发展才是硬道理"的重要思想。① 这样，推动经济发展成为"重大的政治问题"，全国各地加快建设步伐。而在理论界也出现了"战略热"，但"战略热"没有引入更多新的经济学方法论，而是从现实出发，对经济增长方式转变给出更为完善的反思和探索。

很多学者继续探索了实现战略的前提是"不断提高经济效益"。"三步走"的战略步骤也促进了理论工作者对现代发展战略进行更多的研究，并积极进入到产业结构、区域布局、环境经济等的研究中。这些理论研究到了20世纪90年代后期逐步被新的经济理论框架所包含，如发展经济学中的"结构模型""比较优势""干中学"等理论，突破了传统两大部类模型，直接为中国现实的经济增长与结构调整服务。中国的结构调整特别是农业发展和轻工业发展取得了很大的进展，而后利用"比较优势"和"干中学"的技术进步方式在制造业方面取得了全面的发展。

中国经济增长呈现了较大的三次飞跃，20世纪80年代是以农业和乡镇工业发展为主；20世纪90年代中期开始则是靠出口导向带动制造业大发展，第三次是城市化和工业化双重带动，1997年推出针对家庭的住房按揭贷款，2002年土地"招拍挂"，土地要素供给需求完成循环，中国进入快速城市化阶段，2018年中国城市化率接近60%，中国彻底从农业国转向了城市为主体的现代化国家。中国改革开放以来，经济增长保持了近10%的增速，1978—2002年，前二十五年GDP平均增长率为9.7%，其间经历了中国改革开放的探索期，1978—1984年的拨乱反正和农村土地承包制，1985—1988年的乡镇企业带动期，1989—1991年的经济调整期。1992年邓小平"南方谈话"迎来了中国全面对外开放的新历史时期，1994年中共十四届三中全会奠定了社会主义市场经济理论，其间经历了1997年亚洲金融危机的冲击，2001年互联网泡沫破灭冲击，2001年12月11日中国成为WTO成员。中国改革开放从探索到成熟，中国坚定而又自信地走向了具有中国特色的社会主义市场经济的道路，改革开放的伟大成绩深入人心。2003年中国经济开始

---

① 《邓小平文选》第三卷，人民出版社1993年版，第377页。

从工业化、对外开放的新起点向着工业化和城市化快速转变，2011年中国城市化率超过50%，中国经济从农业人口占优的农业国转变为以城市人口占优的现代经济体。2012年服务业超过工业，成为经济发展的新引擎，中国经济结构服务化进程开启，中国经济增长逐步从高速增长转向中高速增长（见表0-4）。

表0-4　　　　　　　中国经济增长与国际比较　　　　　　单位:%

	GDP增长率		人均GDP增长率	
	1978—2002年	2003—2016年	1978—2002年	2003—2016年
中国	9.70	9.59	8.37	9.01
美国	3.17	1.85	2.08	1.01
英国	2.58	1.63	2.36	0.90
德国	2.14	1.25	1.92	1.24
法国	2.33	1.09	1.83	0.52
日本	2.96	0.86	2.50	0.89
韩国	7.98	3.59	6.82	3.05
新加坡	7.25	5.60	4.76	3.42
马来西亚	6.48	5.10	3.80	3.21
泰国	6.19	3.89	4.64	3.36
印度尼西亚	5.12	5.49	3.20	4.12
菲律宾	2.78	5.56	0.25	3.77

资料来源：张平、楠玉（2018）。

40年来，中国经济增长从各个阶段上看均为世界经济增长的领头羊，中国到2017年对世界经济的贡献高达40%（见表0-5）。

表0-5　　　　　　中国经济整体在国际上的地位　　　　　　单位:%

指标	1952年	1978年	2016年
占世界GDP的比重	4.6	4.9	14.84
占世界人口的比重	22.5	22.3	18.82

续表

指标	1952年	1978年	2016年
较世界平均水平相比的人均GDP	23.8	22.1	88.3
在世界各国GDP的排名	3	4	2
占世界出口额的比重	1.0	0.8	13.2

资料来源：张平、楠玉（2018）。

经济增长理论，特别是内生增长理论发展迅速，中国从发展经济学研究范式转向经济增长范式本身包含了太多的理论和现实意义。"事实上，我猜想我们之所以将'增长'和'发展'视为不同领域，是因为增长理论被界定为经济增长中我们已有所理解的方面，而发展理论被界定为我们尚未理解的方面。"（卢卡斯，2004）中国经济是从多重转换过程逐步发展到经济平稳和体制定型，经济增长的事实明朗化，中国高速增长为全球所瞩目，是可理解的发展之路了（张平，2007）。中国经济可用内生增长模型来解释，并指导转型。靠创新发展经济的新阶段逐步替代"结构性"扭曲和干预的数量发展阶段，干预政策都要让位市场配置，激励全要素生产率增长（张平，2011）。中国特殊的增长道路也为很多学者所总结，如经济增长的"联邦主义""地方竞标""地方竞争中性"等与地方分权激励的模型在国际上有广泛的影响。

三 转型过程中的整体改革和宏观经济稳定

理论界的另一个大讨论就是，激活微观和整体改革的探索。中国的经济体制改革率先从微观层面起步，首先需要解决的是吃饱饭的问题。无论是农村还是城市，农业、工业还是城市企业，都采用微观刺激的方法来提高生产力。农村是家庭联产承包制、城市中厂长负责制、企业承包，允许私人（私营）发展、地方财政包干制，形成一套普遍适用于农民、企业和政府的激励方法。1978—1984年，家庭联产承包责任制取代人民公社体制，粮食产量迅猛增长。在此基础上，农村集体所有制为主的乡镇企业迅速崛起，形成了乡镇集体所有制企业，为多种所有制探索了改革道路。1985年城市经济体制改革也采用了企业承包制，微观的改革释放了生产力。微观的改革也引起了无序竞争，造成了资源浪费、物价大幅度波动,中央财政捉襟见肘。微观层面释放出的生产活力导致宏观不稳定,也较为简单地归结到物价改革不到位上。1988年"物价闯关",引起了18.5%的通货膨胀,国家采取管制措施,经济在1989年开始衰退。同期很多学者就已经认识到微观和宏观改革这两条主线必须加以兼顾,否则难以推进。

中国经济仍然处于随时被通货膨胀威胁的状态,一放就乱的问题没有解决。以吴敬琏教授为首的经济学者探索了"整体改革"思路,强调了宏观调控和市场体系的建立;很多学者强调微观改革,如厉以宁教授推崇的"股份制改革"思路。中国社会科学院学者提出了"双向协同,稳中求进"的思路,要求企业改革和价格改革双线推进,以平衡经济改革与社会稳定。

整体改革推进宏观体系建设不仅仅是理论探索也是现实的选择,1992年邓小平"南方谈话"后,政治方向确立,但通货膨胀卷土重来,1993年PPI创新高,1994年通货膨胀高达24%;而对外开放依然是连年赤字,走私猖獗,如果不能有效实施宏观整体改革,就会失去大好的改革开放机会。

1. 汇率并轨改革

1994年的汇率制度改革,不只是中国出口盈余的开始,更是建构中国整体宏观管理制度的开端。中国在20世纪80年代实施汇率双轨制,人民币汇率存在计划内价格、调剂用外汇券和黑市价格三种形式。1994年1月1日中国正式取消了双重汇率制度,人民币官方汇率与市场汇率并轨,1994年人民币与美元汇率从1美元兑换5.8元人民币并轨到1美元兑换8.7元人民币。在1994年以前,中国的贸易没有盈余,汇率并轨后,中国比较优势得到了充分体现,贸易盈余不断增加。

中国外汇储备快速增加成为全球最高外汇储备国家。贸易顺差和外汇储备持续增加,中国央行开启了基于外汇占款释放货币的货币供给体系,该体系一直运行到现在。

2. 分税制改革

分税制不仅有利于维护国家统一,也让中央政府拥有了雄厚的财力基础。1994年开展财税体制改革,将原来的行政包干改革为划分中央政府和地方事权与财权的"分税制"。分税制管住了强势的地方力量，使得财力集中在中央，同时又兼顾了地方竞争。分税制成为中国在处理央地关系上的重要理论与制度贡献。但分税制的问题是中央与地方在事权与财权上不对等：中央集中了财权，但财政支出的事权大部分交给地方。随着城市化快速发展，地方支出责任加大，而财政收入弥补不足，导致在21世纪中国发生了地方财政危机。2002年开始，中国开启了土地的"招拍挂"制度，土地出让金弥补了地方财政的亏空和推动了地方政府城市化的发展，"土地财政"横空出世。

3. 现代银行金融体系建立

1995年中国通过商业银行法，完成了中国商业银行向现代商业银行的转变，并积极推动了银行资产的重组，部分不良资产拨付给资产管理公司，银行进行现代股份制改造，完成了银行在中国内地和香港的上市，增补了股本金。以商业银行为依托建立了现代金融体系。

中国的宏观经济学的认知基本上以主流宏观经济学为主，并在引进宏观经济理论的基础上开展银行制度改革、公司治理改革、金融市场改革，但这一系列改革始终伴随着一个核心发展脉络，即以出口导向型工业化为基础。中国的宏观理论边学习边实践建立了中国的宏观调控体系，从1995年后中国再也没有过恶性通货膨胀了，宏观经济理论在这一时期取得大幅度的进展，推动中国经济增长转向平稳（见图0-4）。2012年后中国城市化率超过50%，服务业比例快速提高，中国人均GDP水平达到了"中等偏上"，中国经济总量居世界第二位。在总量发展到新高度的同时也面临着"结构性减速"、创新不足、生态恶化、高杠杆等一系列问题。中央审时度势，用"新常态"概括了中国经济增长新阶段，推出了供给侧结构性改革的治国方略，提出了新的发展理念和降低杠杆等新举措。中国宏观经济管理框架从理论到实践都再次进入新的改革和调整建设中。

中国的经济发展即将进入一个新的阶段。我们以城市化率作为参照。中国的城市化进程与出口导向型的工业化建设息息相关——工业化带动了城市化，大量农村剩余劳动力进入现代化生产部门，到了2011年城市化率突破50%后，城市经济成为中国经济的主流。预计到2019

年,中国城市化率达到60%,2023年达到65%,中国将转变为一个以城市为主的国家,而依靠城市化带动的建设周期则渐行渐远。这意味着我们必须调整基于出口导向型的工业化为基础建立的宏观管理框架,转变为以城市化经济为基准的宏观管理框架(张平,2018)。

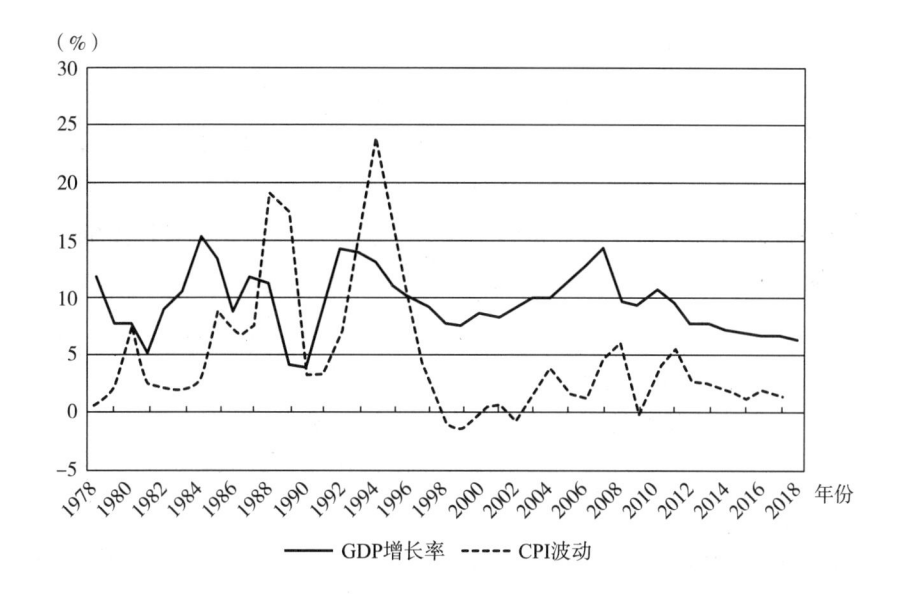

图0-4 中国经济增长与物价波动

资料来源:《中国统计年鉴(2018)》。

第四节 中国开放理论

改革和开放是一个相联结的过程,改革的同时启动了开放,改革和开放相互促进,具有互动的"一致性"特征。经过40年的开放,中国成为经济全球化的受益者,开放极大地促进了中国的经济发展,2001年中国加入世界贸易组织,标志着中国经济正在进入一个全面开放、融入世界经济的新阶段。这意味着,在当代,我们研究经济问题,哪怕是国内经济问题,都要有开放的眼光、世界的眼光,特别重视国际经济走势的影响和外国的经验教训。

坚定不移地实行对外开放是邓小平理论的重要组成部分，体现了政治智慧的伟大。对外开放是我国实现社会主义现代化的一项基本国策。对外开放理论表现为：一是摒弃封闭半封闭发展模式，经济发展由内向经济转为外向经济。二是探索开放过程中的"渐进式道路"，即通过发展经济特区开始进行空间推移的渐进式开放道路的探索直至全方位开放。三是确立对外开放基本国策，建立开放型经济体制，开放极大地促进了体制的改革和深化，直至推动了很多政府行为规范与国际接轨，构造经济行政管理新体制。四是充分利用国际国内两种资源、两个市场，积极引进外资，大力发展进出口贸易，"走出去"和开始对外投资等。中国的国际地位上升，意味着必须以"大国模型"看待中国，人民币国际化、"一带一路"倡议、探索创建人类命运共同体等都是中国现阶段发展的重要使命。

一　发展战略的转型：从内向型向外向型转变

从经济发展的角度看，一个国家可采取内向型战略和外向型战略，中国在20世纪80年代推行了"进口替代"的内向型开放战略，外债的压力很大。到了中共十四届三中全会，提出了要深化对外经济体制改革，包括外贸体制改革，外资、外企、外汇、涉外税收和法律法规等改革，推进了全面外向型发展。1994年扩大对外开放后，中国才开始实施"出口导向"的外向型战略，并取得了巨大的效益。这一战略转型把中国经济和体制带入一个新阶段。

改革开放前，对外贸易的作用被简单化为互通有无、调剂余缺。改革开放后，学者们迅速地从国际分工、比较成本等新的国际经济学的理论范式入手，提出了国际分工的必然性。20世纪80年代随着国际贸易理论的不断引入，特别是将发展经济学中的进出口战略与国家发展战略相联系，形成了贸易和增长的一套理论分析框架。80年代中后期，对外贸易不断地促进了经济增长，特别是沿海地区出现了进口替代和出口导向的一系列活动。"大循环理论"强调了利用国际市场的转换机制，通过出口导向发展劳动密集型产业，换取资金支持重工业的发展，重工业反过来支持轻工业和农业，带动经济的长期增长。当时也有人认为需要出口导向和进口替代相结合的战略等。20世纪90年代中期政府提出了"大经贸战略",将对外贸易同国内生产和生产支持体系如金融都纳入外经贸发展战略。

中国的外向型发展离不开汇率定价,1992年邓小平"南方谈话"后,中国开启了开放之路,但很多特区并不是外向发展,贸易逆差增大。1994年汇率并轨后中国经济才从进口替代转型出口导向。

中国对外贸易快速发展的同时,中国外资引进工作也在加快进行。从理论范式上看主要包括发展经济学的一整套贸易—资金理论,如"双缺口"理论、跨国公司理论、保护幼稚工业理论和产业转移理论等,这些理论为外资进入中国以及可能造成的影响提供了理论的研究范式,也为政策制定提供了模拟的依据。

由于中国有大量的剩余劳动力需要外部的需求才能得到充分的利用,而且中国长期外汇储备较低,对外出口和引进外资都采取了非常积极的激励政策。政府采取了"外贸和外资"的双重补贴,1994年汇率改革,加速了"外资和外贸"的快速发展。在20世纪90年代中后期,对外贸易成为拉动经济的重要因素,对外贸易依存度大幅度提高,外汇储备快速增加,中国逐渐形成了一个外向型的经济体系。

2001年加入WTO意味着中国进入了全面开放时期,党的十六大提出"走出去"的发展战略,党的十八大提出推进"一带一路"建设,形成了中国基于大陆发展框架的国际秩序新战略,提出了"人类命运共同体"等新型中国的国际经济合作新思路。2016年人民币加入SDR,货币定价逐步透明化。人民币纳入国际体系提出了新的战略安排,这是中国外向型经济发展的又一大举措。经济国际化的进程既有难得机遇也充满了挑战。

开放战略中最具有中国特色的开放道路是区域开放。早期开放广东、福建等四个经济特区时就引起了学术界关于特区性质的争论,随后又开放了14个沿海开放城市,中国的区域开放道路全面展开。特区的发展引起了区域发展的不平衡,形成了区域发展的不同流派,如"梯度发展战略派"等。20世纪90年代后实行全面开放,但区域的空间试点拓展仍不失为中国开放的一大特色。党的十八大以来随着中国全面开放，自贸区在中国全面展开，中国沿着"一带一路"继续拓展中国的国际空间合作和共赢发展的道路。

二 开放型体制：改革与开放的互动一致性

中国改革开放的经验已表明，打破旧体制和形成新体制需要开放的推动，没有开放的推动，旧体制的打破很困难，因为开放给了新体制以"增量"的回报，成为打破旧体制的连续的力量。

体制改革的目的是为了发展，是为了建立一个有效率的、能在竞争中立足于世界的新经济体制，因此也就需要一个开放的体制，而不是一个封闭的体制，它要吸收人类的先进文明，并与其他国家进行竞争，发展成为一个现代化的发达国家。这是中华复兴的必由之路。

对外开放也会在国际市场上（包括商品市场和金融市场上）出现一种不利于发展中国家的"不平等竞争"情况，出现外部冲击，产生风险，如东亚金融危机，因此在开放问题上以我国为主是大国开放的重要战略，能够降低国际化带来的风险。

三 中国大国模型

中国一直以来是以出口为基准的"小国模型"为开放基准，是价格、规则的接收者，而当今的中国是全球第二大经济主体，进入"大国模型"，即本国的行为将影响全球的价格、货币财政政策、金融稳定、价值链分工和规则制定。此前中国的对外出口不影响产品在国际市场上的价格，因此海外也不关心中国在经济社会方面的变化。例如1994年中国汇率改革，全世界并不关心，因为中国的贸易份额占世界不足1%。但2015年8月11日汇率改革则是按市场透明规则定价，2017年正式加入IMF的SDR，人民币参与到国际化进程中，并参与到国际治理体系的建设中。中国任何的汇率变动、价格变动、国家政策变动都会影响世界，中国已经是影响世界的大国，不再单单是世界价格的接受者，而是积极的参与者和主动的行动者。全世界不仅关注中国的经济增长的外溢性，也关心中国在国家治理层面的现代化转型，中国自己道路的选择已经影响了全球的政治经济格局。以"大国模型"研究中国经济的内外影响，成为中国经济理论绕不开的前提了。

第五节　40年中国经济理论研究的小结和展望

中国作为一个拥有十三亿人口的发展中大国，目前正在中国特色社会主义理论指引下，深入贯彻落实科学发展观，以经济建设为中心，力争在21世纪中叶基本实现现代化，跻身于世界强国的行列。这一前无古人的伟大实践，为中国经济理论研究，提供了十分广阔的前景。

一　1978—1988年《经济研究》的主题群、作者群和国际发表量

我们再回顾一下我国改革开放40年的主要研究主题、作者群落和国际化进展。以《经济研究》的数据为基准我们可以看出主题的变化：(1) 经济增长是中国40年发展的主题，也是研究的主题，2002年这一主题更深化向全要素生产率的提升，说明中国经济增长逐步转向内生增长的态势；(2) 改革和宏观管理一直是经济建设的动力来源和保驾护航、稳定发展的根本，这方面研究非常丰富；(3) 企业管理成为中国经济理论和建设的一个最为重要的方面，企业管理成就了中国工业化的进程；(4) 2017年后的中国特色社会主义理论讨论逐步总结中国的发展道路（见图0-5）。

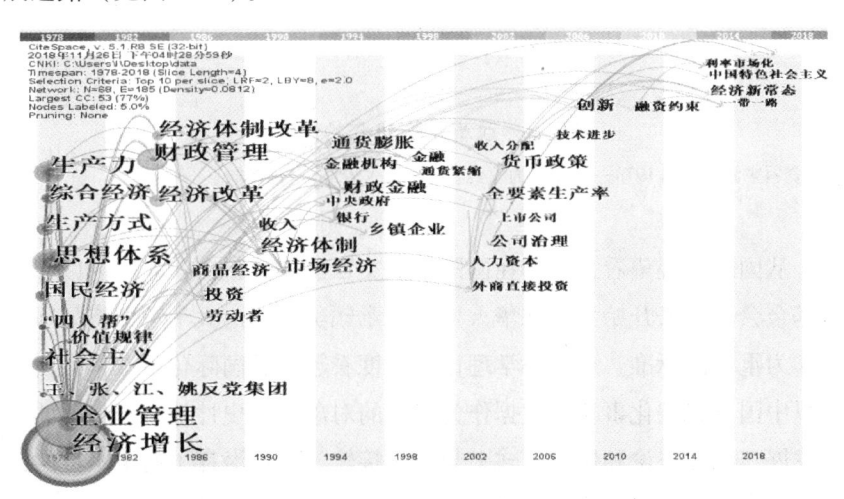

图0-5　改革开放40年的主题群

资料来源：知网1978—2018年的《经济研究》文章。

从作者群看：我们可以看出一个大致的轮廓，作者群比较集中于原中国社科院经济所体系，有发表文章的得天独厚的优势，但更重要的是经济所长期持经济学研究之牛耳。从动态看，很多作者已经离开经济所，当前作者群其实更为分散和均等，而发表文章的经济所作者人数下降。研究成果的另一个变化就是集体研究更多让位于个人研究（见图0-6）。

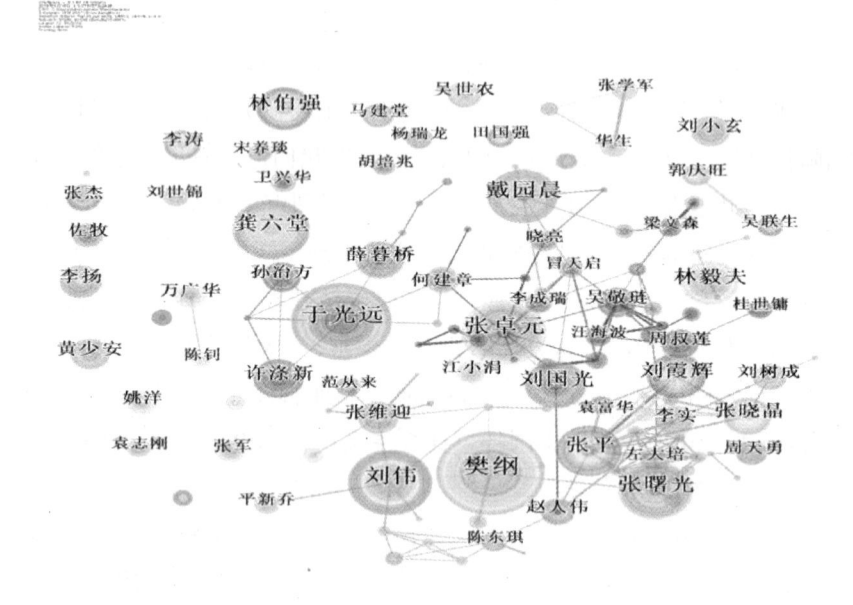

图0-6 改革开放40年的作者群

资料来源：知网1978—2018年的《经济研究》文章。

从国际化展望看，中国在国际发表文章成指数趋向，而国内以孙冶方基金会为代表开始为全球华人发表文章颁奖。国内大学考评将国际发表作为重要的标准。从经济学理论的角度看越来越国际化了，很多研究都以中国的典型化事实和数据作为研究的对象，历史性地解释中国的道路发展。从方法论和研究范式上与国际接轨，但也潜存了两个不良的倾向，第一是实证研究离现实越来越远，因为数据不足难以支撑，而在实证方法要求严格的条件下，中国现实探索越来越少，案例、田间调研等探索的方式发表量也很少,实证的事实离当今的经济社会很远,大家似乎都在做一篇计量作业,数据库成为关键因素;第二是理论研究过度细分化和形式化,与现实脱节,很多小概念话题和过度的形式化推理成为一种为发表而发表的知识生产体系,而在理论形式化上又是相互模仿,如 DSGE 模型就曾被过度模仿,而参数校准等都是反模仿而来,不是来自现实,只为模型自洽而做,甚至大量数据造假,理论研究脱离现实。为发表而生产的经济学知识的模式偏离了理论服务现实的大道。

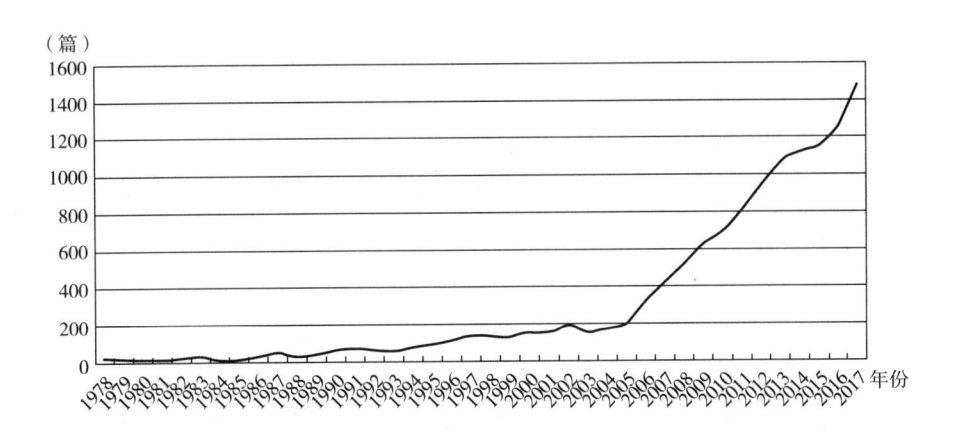

图 0-7 改革开放 40 年中国作者的国际发表量

资料来源:转引自魏众、蒋颖《中国经济问题研究国际论文的几个特征事实——基于 SSCI 的分析》,《经济学动态》2018 年第 10 期。

二 中国道路与中国特色社会主义政治经济学

从中国走社会主义的道路过程看,马克思主义与中国实践的结合是中国革命和经济发展的重要保证。因此在完善社会主义市场经济体制的同时,要加强新时代中国特色社会主义道路的政治经济学建设,探索中国道路是未来最重要的学科建设。

这方面任重而道远,从学术理论上总结中国道路和中国体制的演进,既要总结历史和我们已经取得的成绩,又要积极地以中国两个百年目标为情景反推中国当前的体制设计和发展路径,从而为中国发展的可持续和为世界发展增添中国发展的经验和智慧总结。

参考文献

《邓小平文选》第三卷,人民出版社 1993 年版。

《经济研究》编辑部编:《建国以来社会主义经济理论问题争鸣(1949—1984)》,中国财政经济出版社 1985 年版。

陈东琪主编:《中国经济学史纲(1900—2000)》,中国青年出版社 2004 年版。

逄锦聚主编:《政治经济学热点难点争鸣》,高等教育出版社 2004 年版。

高尚全:《中国改革开放四十年》,人民出版社 2018 年版。

国家体改委综合司编:《中国改革大思路》,沈阳出版社 1988 年版。

林毅夫、蔡昉、李周:《中国的奇迹:发展战略与经济改革》,上海三联书店 1994 年版。

吴敬琏:《当代中国经济改革》,上海远东出版社 2004 年版。

习近平:《习近平谈治国理政》第二卷,外文出版社 2017 年版。

叶远胜主编:《中国经济改革理论流派》,河南人民出版社 1994 年版。

于光远主编:《中国理论经济学史(1949—1989)》,河南人民出版社 1996 年版。

张平:《从"摸着石头过河"到"大国模型"——改革开放四十年与未来中国经济增长模式》,《文化纵横》2018 年 12 月号(总期 62 期)。

张平:《增长与分享:居民收入分配理论和实证》,社会科学文献出版社 2003 年版。

张平、楠玉:《改革开放 40 年中国经济增长与结构变革》,《中国经济学人》2018 年第 1 期。

张平等主笔:《经济增长前沿 II》,中国社会科学出版社 2011 年版。

张平主编:《中国经济增长前沿》,社会科学文献出版社 2007 年版。

张卓元:《改革开放以来我国经济理论研究的回顾与展望》,《经济研究》1997 年第 6 期。

张卓元等:《中国经济学 30 年(1978—2008)》,中国社会科学出版社

2008年版。

张卓元等:《中国经济学史纲(1949—2011)》,中国社会科学出版社2012年版。

张卓元主编:《争论与发展:中国经济理论50年》,云南人民出版社1999年版。

第一章 社会主义市场经济论的创建与发展

中国在 40 年改革开放的伟大实践中，积累了十分丰富的经验，并在马克思主义指导下总结了一系列的理论成果。就经济领域来说，包括社会主义初级阶段理论，社会主义市场经济论，社会主义基本经济制度理论，社会主义基本分配制度理论，从发展是硬道理、科学发展观到创新、协调、绿色、开放、共享五大发展理念的发展理论，对外开放理论，中国经济进入新常态理论，供给侧结构性改革理论，推动新型工业化、信息化、城镇化、农业现代化相互协调理论，建设现代化经济体系理论，等等。这其中，最主要的，应是社会主义市场经济论。社会主义市场经济论，既是中国 40 年改革开放的主要理论成果，也是中国特色社会主义经济理论的主要支柱。

这是因为：第一，中国改革开放是首先在社会经济活动中引入市场机制、尊重价值规律的作用开始的，从而不断增强经济活力。第二，经济体制改革的核心问题是要处理好政府与市场的关系，而社会主义市场经济论科学地回答了这一重大问题。1992 年党的十四大报告指出，"我们要建立的社会主义市场经济体制，就是要使市场在社会主义国家宏观调控下对资源配置起基础性作用，使经济活动遵循价值规律的要求，适应供求关系的变化；通过价格杠杆和竞争机制的功能，把资源配置到效益较好的环节中去，并给企业以压力和动力，实现优胜劣汰；运用市场对各种信号反应比较灵敏的优点，促进生产和需求的及时协调。同时也要看到市场有其自身的弱点和消极方面，必须加强和改善国家对经济的宏观调控"。2013 年，中共十八届三中全会决定进一步指出，"经济体制改革是全面深化改革的重点，核心问题是处理好政府和市场的关系，使市场在资源配置中起决定性作用和更好地发挥政府作用。市场决定资源配置是市场经济的一般规律，健全社会主义市场经济体制必须遵循这条规律，着力解决市场体系不完善、政府干预过多和监管不到位问题"。第三，正是由于改革开放以来坚持了市场化改革，才使我国经济迅速起飞，连续40年以年均9.5%的速度增长，国家的经济实力和影响力、人民大众的生活水平，以人们难以想象的速度大幅上升，目前正在从世界经济大国向经济强国阔步迈进！第四，从经济思想史角度看，一个拥有十几亿人口的大国，在社会主义条件下发展市场经济，实现社会主义与市场经济的结合、公有制与市场经济的结合，是人类社会历史的伟大创举，是西方主流经济学一直认为不可能的。中国发展社会主义市场经济的成功实践，并在此基础上概括出的社会主义市场经济理论，颠覆了西方经济学家长期占统治地位的论断，是中国共产党人和马克思主义经济学家对科学社会主义和政治经济学的最突出的划时代的贡献！

第一节　改革开放初期在经济活动中引入市场机制，确认商品经济属性
——走向社会主义市场经济论的第一步

社会主义市场经济论是在中国改革开放大潮中逐步形成的。其前期准备阶段有："文化大革命"前少数经济学家的大胆设想，改革开放初期引入市场机制，确认社会主义经济具有商品经济属性。

一　"文化大革命"前的理论准备

1949年中华人民共和国成立后，直到"文化大革命"，中国经济学界曾多次热烈讨论社会主义经济中计划与市场的关系、社会主义商品生产、价值规律在社会主义经济中的作用等问题。其中对社会主义市场经济论形成有突出贡献的如下。

1956年，孙冶方提出了把计划和统计放在价值规律基础上的著名观点。其认为，价值规律的基本内容和作用，即通过由社会平均必要劳动量决定价值来推动社会生产力的发展，以及调节社会生产或分配社会

生产力等，在社会主义和共产主义社会都是存在的。① 1964 年，孙冶方进一步提出，千规律、万规律，价值规律第一条。孙冶方 1963 年在一篇研究报告中还说，利润的多少是反映企业技术水平和经营管理好坏的最综合的指标。社会平均资金利润率是每个企业必须达到的水平，超过平均资金利润率水平的就是先进企业，达不到这一水平的就是落后企业。②

1957 年，顾准发表文章提出，社会主义经济是计划经济与经济核算的矛盾统一体，价值规律是通过经济核算调节社会生产的。这种调节的最高限度的做法是："使劳动者的物质报酬与企业盈亏发生程度极为紧密的联系，使价格成为调节生产的主要工具。因为企业会自发地追求价格有利的生产，价格也会发生自发的涨落，这种涨落就实际上在调节着生产。同时全社会还有一个统一的经济计划，不过这个计划是'某些预见，不是个别计划的综合'，因此它更富于弹性，更偏向于规定一些重要的经济指标，以减少它对于企业经济活动的具体规定。"③ 顾准实际上是主张充分利用价值规律对社会主义生产的调节作用，而通过价格的自发涨落调节生产，这正是社会主义市场经济的本质要素，在这个意义上，可以说，顾准是我国主张社会主义市场经济论的第一人。

当然，由于"文化大革命"前实行的是传统的社会主义计划经济体制，传统社会主义经济理论占据主流地位，因此上述孙冶方和顾准的观点与主张在当时特别是在"文化大革命"中受到严厉的批判。

二 改革开放初期在社会经济活动中引入市场机制

1978 年 12 月，具有伟大历史意义的中共十一届三中全会开启了改革开放建设中国特色社会主义的新时期。全会否定"以阶级斗争为纲"的错误理论和实践，作出了把党和国家的工作中心转移到经济建设上来、实行改革开放的历史性决策。全会公报指出："现在我国经济管理体制的一个严重缺点是权力过于集中，应该有领导地大胆下放，让地方

---

① 孙冶方：《把计划和统计放在价值规律的基础上》，《经济研究》1956 年第 6 期。
② 孙冶方：《社会主义计划经济管理体制中的利润指标》，载《孙冶方全集》（第二卷），山西经济出版社 1998 年版。
③ 顾准：《试论社会主义制度下的商品生产和价值规律》，《经济研究》1957 年第 3 期。

和工农企业在国家统一计划的指导下有更多的经营管理自主权。""应该坚决实行按经济规律办事,重视价值规律的作用,注意把思想政治工作和经济手段结合起来,充分调动干部和劳动者的生产积极性。"

从20世纪70年代末到80年代初,我国在广大农村地区逐步实行家庭联产承包责任制即包产到户,尊重农民的生产经营自主权,尊重农民的独立商品生产者地位;放开小商品和一部分农副土特产品价格;允许个体经济的存在和发展;建立经济特区,积极利用外资;扩大国有企业生产经营自主权;等等。这些引入市场机制的改革开放举措,使我国国民经济迅速活跃起来,产出和财富快速增长,市场开始繁荣,广大干部和群众都亲身体会到市场机制的神奇作用。

经济学家也在改革实践的鼓舞下行动起来。在党的解放思想、实事求是的思想路线指引下,1979年4月在江苏无锡市举行了全国第二次经济理论研讨会,主题是社会主义制度下价值规律的作用。参加研讨会的有300多人,我国最负盛名的经济学家薛暮桥、孙冶方参加了这次会议并作大会发言。会议收到论文上百篇,提出了许多具有深远影响和超前的理论观点,包括:肯定社会主义经济也是一种商品经济,肯定社会主义经济中市场调节的作用和竞争机制的作用。① 有的学者提出,企业是独立的或相对独立的商品生产者和经营者,主张逐步扩大企业自主权。1980年1月,蒋一苇进一步提出著名的企业本位论。② 对现有不合理的价格体系和管理体制需进行改革,逐步缩小工农业产品价格剪刀差等。③ 现在看来,1979年的经济理论研讨会对中国改革实践起着一定的先导作用。

三 确立社会主义商品经济论的过程中出现尖锐的思想交锋

确立社会主义商品经济论是迈向社会主义市场经济论的重大步骤。在20世纪70年代末80年代初,包括1979年的全国第二次经济理论研

---

① 参见中国社会科学院经济研究所资料室等编《社会主义经济中计划与市场的关系》(上、下),中国社会科学出版社1980年版。
② 蒋一苇:《企业本位论》,《中国社会科学》1980年第1期。
③ 参见中国社会科学院经济研究所资料室等编《社会主义制度下价格形成问题》,中国社会科学出版社1980年版。

讨会，我国经济学界就有不少人发表文章认为社会主义经济也是一种商品经济，价值规律在社会经济活动中起调节作用。但是，也有一些经济学家对此持反对态度，并一度引起激烈的争论。其中最突出的是，1982年，在党的十二大报告起草过程中，参加起草工作的林涧青、袁木等五位同志给当时主管意识形态工作的胡乔木同志写了一封信，信中针对近几年在经济理论界占主流地位的强调市场机制的作用、认为社会主义经济也是一种商品经济的主张提出批评。信中说，"在我国，尽管还存在商品生产和商品交换，但是绝不能把我们的经济概括为商品经济。如果作这样的概括，那就会把社会主义条件下人们之间的共同占有、联合劳动的关系，说成是商品等价物交换的关系；就会认定支配我们经济活动的，主要是价值规律，而不是社会主义的基本经济规律和有计划发展规律。这样就势必模糊有计划发展的社会主义经济和无政府状态的资本主义之间的界限，模糊社会主义经济和资本主义经济的本质区别"。①1982年8月，胡乔木批转了这封信件。自那以后，大概有一年左右的时间，在国内论坛上出现了不少批判社会主义经济是商品经济的文章，而主张社会主义经济也是一种商品经济的文章则销声匿迹。但是，阻挡改革大潮的声音是注定要被冲垮的。经济体制改革的逐步展开、市场机制带来的经济活力有力地冲击着传统的经济理论的框框。从1983年开始，社会主义商品经济论，以其更强烈的现实背景、更充分的理论论证，重新登上中国的论坛，吸引着社会各界的关注和支持。特别是，1984年10月20日中央十二届三中全会作出了《中共中央关于经济体制改革的决定》，肯定了我国社会主义经济是公有制基础上的有计划商品经济，以党的文件方式对经济学界这几年的争论作了总结。决定说，"改革计划体制，首先要突破把计划经济同商品经济对立起来的传统观念，明确认识社会主义计划经济必须自觉依据和运用价值规律，是在公有制基础上的有计划的商品经济。商品经济的充分发展，是社会经济发展的不可逾越的阶段，是实现我国经济现代化的必要条件。只有充分发

---

① 彭森、陈立等：《中国经济体制改革重大事件》（上），中国人民大学出版社2008年版，第120页。

展商品经济,才能把经济真正搞活,促使各个企业提高效率,灵活经营,灵敏地适应复杂多变的社会需求,而这是单纯依靠行政手段和指令性计划所不能做到的"。从此以后,经济学界对我国社会主义经济具有商品经济的属性逐渐取得共识。

需要指出,中共十二届三中全会的决定,也有经济学界的一份"功劳"。中共十二届三中全会文件,从1984年6月份开始起草,用了一个多月时间提出了一个提纲,但这个提纲没有脱离原来的"计划经济为主,市场调节为辅"的调子,当时的中共中央总书记胡耀邦对此很不满意,因此,重新调整了文件起草班子。正在这个时候,时任中国社会科学院院长的马洪,受命组织院内几位专家撰写了《关于社会主义制度下我国商品经济的再探索》的文章,为商品经济论翻案。该文提出,在肯定社会主义经济是计划经济时,不要"否定社会主义经济同时也具有商品经济的属性。商品经济的对立物不是计划经济,而是自然经济",不能把计划经济同商品经济"对立起来"。文章重新肯定此前被否定的"社会主义经济是有计划商品经济"的提法。马洪院长把这篇文章送给了一些老一辈革命家征求意见,结果文章不但没有招来批评,还得到了王震等同志的称赞。这样,时任国务院领导就在9月9日给中共中央政治局其他常委的题为"关于经济体制改革中三个问题的意见"的信中,论述了"社会主义经济是以公有制为基础的有计划的商品经济。计划要通过价值规律来实现,要运用价值规律为计划服务"。邓小平、陈云分别在9月11日和12日批示同意。从此,中共十二届三中全会文件起草工作,就在新的方针指导下进行了。[①]

与此同时,国家体改委高尚全同志于1984年9月初在北京西苑饭店召开了一次关于社会主义商品经济的理论研讨会,有近20位专家参加。会议很快取得共识,提出了一些突破性观点,"商品经济是个必然的途径和资本主义制度并无必然的联系,不是资本主义特有的范畴","商品经济是社会主义经济发展的一个必经阶段","商品经济同计划经

[①] 参见吴敬琏、张问敏《社会主义市场经济理论》,载张卓元主编《论争与发展:中国经济理论50年》,云南人民出版社1999年版。

济不是对立的"。高尚全等把讨论的结果给中央写了报告,时任国务院总理阅后批示给起草小组。并说马洪同志也有这个意见。①

邓小平对三中全会决定给予很高的评价。他在决定通过的第三天,即10月22日在中央顾问委员会第三次全体会议上说:"前天中央委员会通过这个决定的时候我讲了几句话,我说我的印象是写出了一个政治经济学的初稿,是马克思主义基本原理和中国社会主义实践相结合的政治经济学,我是这么个评价。""这次经济体制改革的文件好,就是解释了什么是社会主义,有些是我们老祖宗没有说过的话,有些新话。我看讲清楚了。过去我们不可能写出这样的文件,没有前几年的实践不可能写出这样的文件。写出来,也很不容易通过,会被看作'异端'。我们用自己的实践回答了新情况下出现的一些新问题。"②

这次三中全会决定也有认识不足之处,写了一句被后来改革实践超越的观点,这就是:"在我国社会主义条件下,劳动力不是商品,土地、矿山、银行、铁路等等一切国有的企业和资源也都不是商品。"

第二节　1992年党的十四大确立社会主义市场经济论

社会主义商品经济论确立后,市场化改革继续推进,个体私营经济快速发展,国有企业放权让利改革进一步推进,乡镇企业异军突起,经济运行机制改革特别是价格改革走在前列,带动商品和服务市场日益繁荣和发展,要素市场也开始建立,宏观经济管理从直接管理向间接管理转变,实行全方位对外开放,积极参与国际市场竞争,等等。1987年,国家体改委组织中央和地方八个单位制订中期(三年、五年和八年)改革规划纲要,各家方案较一致的看法是:中期改革的目标,应该是通

---

① 高尚全:《中国改革开放四十年回顾与思考》(上),人民出版社2018年版,第270页。
② 《邓小平文选》第三卷,人民出版社1993年版,第83、91页。

过新旧体制的转换，确立社会主义商品经济新体制的主导地位。这种新体制的基本框架是"政府调控市场，市场引导企业"，它包括相互联系的三个方面内容，即"经济运行的市场化，企业形态的公司化，宏观调控的间接化"。① 还要指出，有的课题组还明确指出，"有计划的商品经济体制，即有宏观管理的市场经济体制"。②

1987年，党的十三大报告指出："社会主义有计划商品经济的体制，应该是计划与市场内在统一的体制。""计划与市场的作用范围都是覆盖全社会的。新的经济运行机制，总体上来说应当是'国家调节市场，市场引导企业'的机制。国家运用经济手段、法律手段和必要的行政手段，调节市场供求关系，创造适宜的经济和社会环境，以此引导企业正确地进行经营决策。"

党的十三大以后，中国市场化改革继续深入开展，1988年还试图价格改革闯关，大量放开价格，但因受到通货膨胀的干扰未成。在论坛上，主张社会主义经济就是市场经济的文章逐渐多了起来，认为由市场配置资源比由计划配置资源更有效率。但是这个势头因1989年出现的那场风波而受阻。当时有的经济学家对这几年的市场取向改革表示怀疑或否定，比如有人批判说："他们把商品经济关系，说成是社会主义生产关系的基础，鼓吹我们要建立的就是与商品经济相适应的经济体制。"③ "只强调商品经济，用这只看不见的手调节一切，这样计划经济可以休矣。"④ 他们还把"怀疑社会主义计划经济的可能性和必要性，崇尚市场调节的作用"列为"资产阶级自由化的第八个表现"。⑤

---

① 国家经济体制改革委员会综合规划司编：《中国改革大思路》，沈阳出版社1988年版，第2页。
② 吴敬琏课题组：《经济体制中期改革规划纲要》，载国家经济体制改革委员会综合规划司编《中国改革大思路》，沈阳出版社1988年版，第199页。
③ 《反对资产阶级自由化，提高政治经济学教学思想水平》（陈益寿发言），《理论信息报》1989年8月14日。
④ 《社会主义公有制不容否定》，《理论信息报》1989年8月14日。
⑤ 王一夫：《经济领域资产阶级自由化的十二个表现》，《理论信息报》1989年8月7日。

有人断言，市场经济"只能是资本主义经济"。① 还有人说，"市场经济，就是取消公有制，这就是说，是否定共产党的领导，否定社会主义制度，搞资本主义"。② 也有人说，在经济上讲"市场化"，就是"自由化"。③

当然，坚持市场化改革和社会主义市场经济论的学者也大有人在。这里要特别提出的是，在反驳"计划取向派"的文章中，颇有影响的皇甫平的几篇文章。先说说背景。1991年春节前夕，邓小平在上海视察。他语重心长地对上海市的负责人说："改革开放还要讲，我们的党还要讲几十年。……光我一个人说话还不够，我们党要说话，要说几十年。当然，太着急也不行，要用事实来证明。当时提出农村实行家庭联产承包，有许多人不同意，家庭承包还算社会主义吗？嘴里不说，心里想不通，行动上就拖，有的顶了两年，我们等待。""不要以为，一说计划经济就是社会主义，一说市场经济就是资本主义，不是那么回事，两者都是手段，市场也可以为社会主义服务。""希望上海人民思想更解放一点，胆子更大一点，步子更快一点。"④ 时任中共上海市委书记朱镕基在市委常委会上传达了邓小平讲话精神后，上海《解放日报》社党委书记周瑞金与报社评论部负责人凌河、中共上海市委政策研究室施芝鸿三人，以"皇甫平"为笔名，写了四篇系列评论文章，在2月15日至4月22日期间相继发表在《解放日报》上。其中，3月2日发表的第二篇评论《改革开放要有新思路》，提出要防止陷入某种"新的思想僵滞"，批评"有些同志总是习惯于把计划经济等同于社会主义，把市场经济等同于资本主义，认为在市场经济背后必然隐藏着资本主义的幽灵"。其明确提出，"资本主义有计划，社会主义有市场"，并说，"这种科学认识的获得，正是我们在社会主义商品经济问题上又一次更大的思想解放"。文章认为，不能把发展社会主义商品经济和社会主义

---

① 有林：《坚持计划经济和市场调节相结合》，载《改革的目标》，经济日报出版社1990年版。
② 高荻：《社会主义必定代替资本主义》，《人民日报》1990年12月17日。
③ 《为什么必须坚持不懈地反对资产阶级自由化》，《当代思潮》1991年第2期。
④ 《邓小平文选》第三卷，人民出版社1993年版，第367页。

市场，同资本主义简单等同起来；不能把利用外资同自力更生对立起来；不能把深化改革同治理整顿对立起来；不能把持续稳定发展经济、不急于求成同紧迫感对立起来。"总之，进一步解放思想，是保证我们完成第二步战略目标的必要条件。""皇甫平"第三篇评论《扩大开放的意识要更强些》登在3月22日的《解放日报》上，认为："如果我们仍然囿于'姓社还是姓资'的诘难，那就只能坐失良机。""如果我们还是陷在'新上海还是旧上海'的迷惘之中，那也只能趑趄不前，难以办成大事。"

"皇甫平"的文章也遭到一些人的批评。1991年4月20日，《当代思潮》就发表文章《改革开放可以不问姓"社"姓"资"吗?》，文章认为：在自由化思潮严重泛滥的日子里，曾有过一个时髦的口号，叫做不问姓"社"姓"资"。结果呢? 在不问姓"社"姓"资"的排斥下，有人确实把改革开放引向了资本主义化的邪路；不问姓"社"姓"资"，必然会把改革开放引向资本主义道路而断送社会主义事业。《真理的追求》杂志1991年第7期也发表《重提姓"社"与姓"资"》一文，认为所谓改革不要问姓"社"姓"资"本来是"精英"们为了暗度陈仓而施放的烟幕弹。北京的大报和杂志也进行了类似的批评。①

在改革争论的关键时刻，邓小平讲话了。1992年春，邓小平在"南方谈话"中，更加直截了当地说："计划多一点还是市场多一点，不是社会主义与资本主义的本质区别。计划经济不等于社会主义，资本主义也有计划；市场经济不等于资本主义，社会主义也有市场。计划和市场都是经济手段。"②"特区姓'社'不姓'资'。"③ 邓小平的讲话反映了我国改革实践的呼声，得到广大干部和群众以及许多经济学家的拥护和热烈响应。1992年3月，中共中央政治局会议明确提出，"计划和市场，都是经济手段。要善于运用这些手段，加快发展社会主义商品经济"。

---

① 彭森、陈立等：《中国经济体制改革重大事件》（上），中国人民大学出版社2008年版，第375—376页。
② 《邓小平文选》第三卷，人民出版社1993年版，第373页。
③ 同上书，第372页。

在这之前不久，1991年10—12月，时任中共中央总书记江泽民同志主持召开了十一次专家座谈会（每次半天），参加这十一次座谈会的专家大部分是经济学家，其中有中国社会科学院的刘国光、蒋一苇、李琮、张卓元、陈东琪，国务院发展研究中心的吴敬琏、王慧炯、林毅夫，国家体改委的杨启先、傅丰祥、江春泽，中国银行的周小川，国家计划委员会的郭树清，以及外交部、安全部、中联部的有关专家，总共不到20人。座谈会讨论了三个问题。一是分析资本主义为什么"垂而不死"，二是对苏联和东欧剧变进行分析，三是对我国如何进一步推进改革开放的重大问题进行研讨，目的是为次年党的十四大有关经济体制改革和政策纲领提法进行酝酿。每次会议均由江泽民同志主持。在座谈会上，一些专家建议实行社会主义市场经济体制，因为迄今为止世界各国经济发展的实践表明，市场配置资源的效率比计划配置资源的效率高。这个意见获得到会专家的普遍赞同。因此，座谈会的最主要成果是酝酿了"社会主义市场经济体制"的倾向性提法，同时还对这一重要提法给出两点解释，一是市场在资源配置中发挥基础性作用，二是市场是有国家宏观调控而不是放任自流的。这样就为江泽民总书记1992年6月9日在中央党校的讲话和1992年党的十四大确立社会主义市场经济体制改革的目标提供了重要的理论准备。①

现在看来，正是邓小平1992年年初的"南方谈话"和江泽民总书记1991年年底主持召开的座谈会，对社会主义市场经济论的形成，奠定了坚实的基础。

1992年10月，党的十四大正式宣布，"我国经济体制改革的目标是建立社会主义市场经济体制"，并明确指出，"社会主义市场经济体制，就是要使市场在社会主义国家宏观调控下对资源配置起基础性作用"。这就意味着长达十几年的关于计划与市场的争论、计划经济与市场经济的争论，基本上打了一个句号，社会主义市场经济论确立起来了。

---

① 陈君、洪南编：《江泽民与社会主义市场经济体制的提出——社会主义市场经济20年回顾》，中央文献出版社2012年版。

1993年，中共十四届三中全会作出了《中共中央关于建立社会主义市场经济体制若干问题的决定》，对党的十四大确立的社会主义市场经济体制改革目标进行了具体化。决定进一步确定了社会主义市场经济体制的基本框架，这就是："建立社会主义市场经济体制，就是要使市场在国家宏观调控下对资源配置起基础性作用。为实现这个目标，必须坚持以公有制为主体、多种经济成分共同发展的方针，进一步转换国有企业经营机制，建立适应市场经济要求，产权清晰、权责明确、政企分开、管理科学的现代企业制度；建立全国统一开放的市场体系，实现城乡市场紧密结合，国内市场与国际市场相互衔接，促进资源的优化配置；转变政府管理经济的职能，建立以间接手段为主的完善的宏观调控体系，保证国民经济的健康运行；建立以按劳分配为主体，效率优先、兼顾公平的收入分配制度，鼓励一部分地区一部分人先富起来，走共同富裕的道路；建立多层次的社会保障制度，为城乡居民提供同我国国情相适应的社会保障，促进经济发展和社会稳定。这些主要环节是相互联系和相互制约的有机整体，构成社会主义市场经济体制的基本框架。"以上几条，就是中国社会主义市场经济体制的"四梁八柱"，也是社会主义市场经济理论的基本内容。

第三节　社会主义市场经济论的确立推动改革大步向前

1992年社会主义市场经济体制改革目标确立后，中国的市场化改革大步推进，并于20世纪末初步建立起社会主义市场经济体制，社会主义经济运行从计划主导型转为市场主导型。

1994年，经过多方谈判协调，实现了用市场经济国家通行的分税制代替原来落后的地方财政包干制，使中央财政收入占整个财政收入的比重逐步达到50%左右，从而增强了中央政府用财政政策调控宏观经济的能力。在分税制中，增值税是最大的税种，实行中央与地方分成，中央得75%，地方得25%，消费税则全归中央，增值税和消费税比上年增长的部分以 1∶0.3 比例返还地方。这一改革一方面促进了财政收入的迅速增长，1993 年全国财政收入 4348.95 亿元，而到 2007 年，全国财政收入跃增至 51304.03 亿元，增长（名义增长）了 10.8 倍；另一方面是中央财政收入所占的比重迅速提高，1993 年中央财政收入占全国财政收入的比重为 22%，而到 2007 年，这一比重提高到 54.1%，此后一直稳定在 50% 左右。

个体私营经济快速发展，逐步打破公有制一统天下的局面，以公有制为主体、多种所有制经济共同发展的基本经济制度建立起来。私营经济户数 1993 年、1994 年、1995 年增幅均达 50% 以上，1996—2002 年年增幅也达 15% 以上。全国个体私营经济发展状况请看表 1-1 和表 1-2。

表 1-1　　1992、2002、2012 年全国个体经济发展状况

年份	户数（万户）	人数（万人）	注册资金（亿元）
1992	1534	2468	601
2002	2377	4743	3782
2012	4059	8000	19800

表 1-2　　1992、2002、2012 年全国私营经济发展状况

年份	户数（万户）	人数（万人）	注册资金（亿元）
1992	14	232	221
2002	243	3409	24756
2012	1086	12000	310000

资料来源：《〈中共中央关于完善社会主义市场经济体制若干问题的决定〉辅导读本》，人民出版社 2003 年版；《〈中共中央关于全面深化改革若干重大问题的决定〉辅导读本》，人民出版社 2013 年版。

改革开放后，我国开始利用外资。1992 年确立社会主义市场经济体制改革目标和 2001 年加入世界贸易组织，使中国吸收和利用外资走上快车道。情况见表 1-3。

表1-3　　　　　　中国一些年份实际使用外资概况　　　　　单位：亿美元

年份	总金额	外商直接投资额	外商其他投资额
1991	115.54	43.66	3.00
1992	192.03	110.08	2.84
2002	550.11	527.43	22.68
2012	1132.94	1117.16	15.78

资料来源：《中国统计年鉴（2013）》，中国统计出版社2013年版。

到2012年年底，全国外商投资企业共计达440609家，投资总额32610亿美元，注册资本18814亿美元，其中外方为14903亿美元。中国吸引的外商投资中，有60%左右投向制造业。

由于个体、私营和外资企业的不断发展，到2012年，我国非公有制经济对GDP的贡献已超过60%，对就业岗位的贡献已超过80%，对促进经济增长、活跃经济生活、满足人民群众多方面的需要，起着不可替代的作用。

国有企业公司制股份制改革逐步推进。随着市场化改革的深入，大量国有企业由于机制缺陷，不能适应市场而陷入困境。1997年，党和政府提出帮助国有企业脱困的任务，其目标是，从1998年起，用三年左右的时间，使大多数国有大中型亏损企业摆脱困境，力争到20世纪末，大多数国有大中型骨干企业建立现代企业制度。到2000年年底，这一目标已基本实现。1997年年底，国有及国有控股大中型企业为16874户，其中亏损的为6599户，占39.1%；到2000年，亏损户减为1800户，减少近75%。在帮助国有大中型企业脱困的同时，进行现代企业制度试点，逐步推行公司制股份制，努力使国有企业成为适应社会主义市场经济发展的市场主体和法人实体。改革使国有企业逐步适应市场经济的发展。请看表1-4。

经济运行机制也在加快转换，市场在资源配置中逐渐起基础性作用。1992年以后，价格改革的重点逐步转向资源产品和生产要素价格的市场化。到20世纪末，我国商品和服务价格已基本上放开由市场调节，统一开放、竞争有序的市场体系已初步建立，我国经济市场化程度一般估计已达70%以上，市场格局也发生重大变化，买方市场已取代连续近半个世纪困扰中国人民的卖方市场。中国国内贸易局1995年以来对600余种主要商品供求状况的调查结果显示，从1995年供过于求的迹象已开始显现。在大部分商品供求平衡的基础上，供过于求商品的比重已经开始超过供不应求商品。到1998年上半年，中国消费品零售市场上已经没有供不应求的商品，而供过于求的商品的比例已占25.8%。①

表1-4　　　　　　　　　中国国有企业发展状况

项目	1998年	2003年	2012年
国有企业户数（万户）	23.8	14.6	14.5
资产（万亿元）	14.87	19.78	85.37
营业收入（万亿元）		10.73	42.38
利润总额（亿元）	213.7	3202	16100
上缴税金（亿元）		8362	33500
中央企业数（户）		196	116
央企利润总额（亿元）		3006	11315
央企税金总额（亿元）		3563	14058

注：表中央企2012年利润总额和税金总额均为2011年数字。

资料来源：邵宁主编：《国有企业改革实录（1998—2008）》，经济科学出版社2014年版；《党的十八届三中全会〈决定〉学习辅导百问》，党建出版社、学习出版社2013年版；迟福林主编：《市场决定》，中国经济出版社2014年版。

进入21世纪后，中国积极推进资源产品价格形成机制改革，坚持市场化方向，提高市场化程度。首先是放开煤炭价格由市场调节。深化成品油价格改革，到2012年我国成品油价格已与国际市场原油价格间接接轨，2013年3月又将调价周期由原来的22个工作日缩短至10个工作日，并取消调整幅度限制，但设置了成品油价格调控的上下限（上限为每桶130美元，下限为每桶40美元）。深化天然气价格改革，建立

---

① 刘国光主编：《中国十个五年计划研究报告》，人民出版社2006年版，第613页。

天然气价格与可替代能源价格挂钩的动态调整机制，实现了非居民用天然气存量气与增量气价格并轨。放开直供用户天然气价格后，占消费总量 80% 的非居民用气门站价格已由市场主导形成。逐步提高一直严重偏低的水价，调整水资源费、排污费和污水处理费。各地还逐步对居民实施阶梯水价、电价、气价，鼓励节约资源，效果显著。

生产要素价格市场化改革也逐步推进。劳动力市场中农民工工资已由市场形成。利率市场化程度不断提高，先放开贷款利率，后放开存款利率包括上浮幅度。人民币汇率也逐步放开，经常账户汇率早在 20 世纪末就已由市场形成，资本项目可兑换也在逐步推进。土地市场和价格也在逐步提高市场化程度。

2001 年 11 月加入世界贸易组织，这是顺应经济全球化的重大举措，具有里程碑式的意义。加入 WTO，表明中国对外开放进入新的阶段。在加入 WTO 谈判的过程中，许多人忧心忡忡，认为这会影响国家经济安全，包括金融业、商业、农业、信息业等许多产业会受到很大冲击。但实践证明，加入 WTO 对中国利大于弊，原来的许多担心都没有出现。加入 WTO 后，中国对外经济贸易关系获得大发展，提高了我国开放型经济水平。据世界贸易组织统计，2002—2012 年，我国出口总额年均增速达到 21.3%，在全球的位次由第六位升至第一位。2012 年我国货物出口占全球比重达到 11.2%；货物贸易进出口总额 38670 亿美元，居世界第二位；我国服务贸易进出口总额 4710 亿美元，居世界第三位，其中服务出口居全球第五位。从对外投资看，2012 年我国对外直接投资额为 878 亿美元，居世界第三位。①

2003—2012 年，中国经济在高速发展过程中改革有所放慢，但还是在继续推进改革，并且取得一定成效。这包括，2005 年以来上市公司股权分置改革、四大国有商业银行整体上市、2006 年起取消农业税、集体林权制度改革、2005 年人民币汇率形成机制改革、成品油价格形成机制改革、增值税转型、企业和个人所得税改革、资源税费改革、房

---

① 高虎城：《加快培育参与和引领国际经济合作竞争新优势》，载《〈中共中央关于全面深化改革若干重大问题的决定〉辅导读本》，人民出版社 2013 年版，第 197—198 页。

地产税改革试点、文化体制改革、医疗卫生体制改革、以全覆盖为目标的社会保障体系建设等。另外，也要承认，这几年的确没有特别重要和关键环节以带动全局的改革。这对深化社会主义市场经济论的认识也带来一定的影响。

第四节　中共十八届三中全会《决定》对经济改革理论的发展

2013年，中共十八届三中全会作出了《中共中央关于全面深化改革若干重大问题的决定》（以下简称《决定》），吹响了全面深化改革的号角，重启了全面深化改革的新征程。经济体制改革是全面深化改革的重点。《决定》中经济体制改革部分有许多亮点，不仅有力地推动了市场化改革的深化，而且是对社会主义市场经济论的重大发展，对深化社会主义市场经济论的认识有重要意义。

（1）《决定》的第一个大亮点，是用市场在资源配置中起决定性作用的提法，代替已沿用21年的市场在资源配置中起基础性作用的提法。

《决定》说，"经济体制改革是全面深化改革的重点，核心问题是处理好政府和市场的关系，使市场在资源配置中起决定性作用和更好发挥政府作用"，"紧紧围绕使市场在资源配置中起决定性作用深化经济体制改革"。"决定性"和"基础性"只有两字之差，但含义却有相当大的区别。决定性作用能够更加确切和鲜明地表达市场机制对资源配置的支配作用，更好地反映市场经济的基本规律即价值规律的内在要求。提出市场在资源配置中起决定性作用，主要指向有三点。

第一，解决政府对资源配置干预过多问题。直到2012年，中国经济体制存在的最突出的问题是政府对资源的直接配置过多，一些地方政府公司化倾向严重，追求本地区短期GDP增幅最大化，为此不惜拼资源拼环境，大量资源被低效利用，浪费严重，同时造成环境污染和生态损害，债台高筑，对民生问题不够重视，老百姓对此怨言不少。一些中央部门则热衷于维持审批体制，追求部门利益，有些官员甚至搞权钱交易，违法谋取私利。与此同时，政府在向老百姓提供基本公共服务、维护公平竞争市场环境、监管食品药品安全及治理环境污染等方面又做得很不到位。所以，这次《决定》指出，"必须积极稳妥从广度和深度上推进市场化改革，大幅度减少政府对资源的直接配置，推动资源配置依据市场规则、市场价格、市场竞争实现效益最大化和效率最优化"。可以看出，政府改革、政府职能转变是这轮深化改革的关键，也是落实市场在资源配置中起决定性作用的关键。此后，国务院持续推进简政放权、放管结合、优化服务改革。相对而言，地方政府改革力度需要加大一些。地方政府如何大幅度减少对资源的直接配置，如何逐步摆脱对土地财政的依赖，如何硬化财政约束和不再无序扩张债务，如何更好地加强地方政府公共服务、市场监管、社会管理、环境保护等职责，有待交出更好的答卷。

第二，解决市场体系不健全、真正形成公平竞争的市场环境问题。要使市场在资源配置中起决定性作用，需要有全国统一开放的市场体系和公平竞争的环境。正如《决定》指出的，"建设统一开放、竞争有序的市场体系，是使市场在资源配置中起决定性作用的基础。必须加快形成企业自主经营、公平竞争，消费者自由选择、自主消费，商品和要素自由流动、平等交换的现代市场体系，着力消除市场壁垒，提高资源配置效率和公平性"。直到2012年，我国的市场体系还不够完善，主要表现在生产要素和资源产品价格市场化程度还不够高，存在不同程度的扭曲，这同政府不当干预过多有关，也同市场发育不够成熟有关；市场公平竞争环境也不健全，有的地方政府搞市场封锁，对外地产品和流向外地原材料搞价格歧视；搞行政垄断和经济垄断，滥用市场支配地位，妨碍竞争，谋求不正当利益；为鼓励本地区高耗能产品生产的发展，不顾国家禁令实行优惠电价，违规实行低地价零地价招商引资，放纵排污和税收优惠等；假冒伪劣产品也时有出现，冲击市场，坑害消费者。《决定》公布后，现代市场体系建设进程明显加快。商事制度便利化改革促进了市场主体的发展，日均新登记企业近三年都在万户以上，2017年更达1.66万户，有力地推动了创业和增加了就业岗位。深化价格改革取得新进展，截至2016年，97%以上的商品和服务价格已由市场形成，一些重要领域如电力、成品油、天然气、铁路运输等领域的价格市场化程度显著提高。金融体制改革亦有新的突破，金融监管逐步加强和完善，2017年中央金融工作会议确定成立国务院金融稳定委员会，主要任务是防止发生系统性金融风险。放宽市场准入，对外资实行负面清单管理。2017年6月28日，国家发改委、商务部发布了《外商投资产业指导目录（2017年修订）》，新版目录进一步放宽了服务业、制造业和采矿业的外资准入。国家发改委有关负责人指出，从条目来看，在2015年版减少约一半限制性措施的基础上，本次修订再次推进大幅放开外资准入。2017年版目录的限制性措施共63条，比2015年版的93条限制性措施减少了30条。① 随着农村改革的深化，从两权分离即农村集体土地所有权和农户土地承包权的分离，发展为三权分离即农村集体土地所有权、农户土地承包权、农村土地经营权的分离，到2017年年底，确权面积超过80%，发展土地承包经营权流转市场，发展多种形式的适度规模经营，等等。

第三，解决对非公有制经济的歧视性规定，包括消除各种隐性壁垒设置等问题。直到2012年，无论是理论界还是经济界，总是有人认为非公有制经济是陈旧的、落后的生产方式，对非公有制经济在社会主义市场经济中的地位和作用估计不足，不承认非公有制经济同公有制经济一样都是我国经济社会的基础。《决定》第一次明确指出，"公有制经济和非公有制经济都是社会主义市场经济的重要组成部分，都是我国经济社会发展的重要基础"。这也是《决定》的一个亮点。一个时期以来，由于认识的不足，有的也是为了维护既得利益，导致在政策和行动上对非公有制经济设置和实施了一些歧视性规定与举措，在市场准入方面设置"玻璃门""弹簧门"等，限制竞争，在贷款方面的歧视致使许多民营企业融资成本很高。党和政府一直努力采取措施解决这些问题。这次《决定》明确指出，"支持非公有制经济健康发展。非公有制经济在支撑增长、促进创新、扩大就业、增加税收等方面具有重要作用。坚持权利平等、机会平等、规则平等，废除对非公有制经济各种形式的不

---

① 参见《经济参考报》2017年6月29日。

合理规定，消除各种隐性壁垒，制定非公有制企业进入特许经营领域具体办法。鼓励非公有制企业参与国有企业改革，鼓励发展非公有资本控股的混合所有制企业，鼓励有条件的私营企业建立现代企业制度"。此后，通过改善营商环境、积极发展混合所有制经济、鼓励社会资本参与各地基础设施建设（据财政部统计，截至2017年6月，全国政府和社会资本合作即PPP入库项目为13554项、总投资额达16万亿元）、鼓励和规范对外投资等，促进非公有制经济健康发展。

（2）《决定》的第二个重要亮点，是国资监管机构从以管企业为主到以管资本为主转变。

《决定》说，"完善国有资产管理体制，以管资本为主加强国有资产监管，改革国有资本授权经营体制，组建若干国有资本运营公司，支持有条件的国有企业改组为国有资本投资公司。国有资本投资运营要服务于国家战略目标，更多投向关系国家安全、国民经济命脉的重要行业和关键领域，重点提供公共服务、发展重要前瞻性战略性产业、保护生态环境、支持科技进步、保障国家安全"。2015年8月24日《中共中央 国务院关于深化国有企业改革的指导意见》指出，"以管资本为主推进国有资产监管机构职能转变。国有资产监管机构要准确把握依法履行出资人职责的定位，科学界定国有资产出资人监管的边界，建立监管权力清单和责任清单，实现以管企业为主向以管资本为主的转变"。

2002年党的十六大确立管资产和管人管事相结合的国有资产管理体制，国家、省、市（地级）成立国资委，结束了多年来"九龙治水"的弊端，但是始终解决不好国资委既当"老板"又当"婆婆"的问题，从而也很难解决政企分开的问题。这次从"以管企业为主"到"以管资本为主"的国有资产监管机构的改革，既是深化国企改革的重大举措，也是经济改革理论的重大创新。这意味着：

第一，国资委不再是国有企业事事都要向其请示的顶头上司。在"以管企业为主"的体制下，国有企业即使进行了公司制改革，成立了董事会，但是这个董事会却无法履行《公司法》赋予它的权力，不能独立地对公司的重大问题进行决策，因为几乎所有重大问题都必须向国资委请示后才能作出决定。也就是说，公司连自主经营决策权都没有，更谈不上成为独立的市场主体。这样，市场在资源配置中起决定性作用，在国有企业这样的微观层面也落实不了。现在要转变为"以管资本为主"，除个别例外，国资委就真的是只当"老板"，给出资公司派股东代表和董事，让公司董事会真正履行《公司法》规定的权责。2017年7月，国务院出台《中央企业公司制改制实施方案》，要求2017年年底前，按照1988年制定的《全民所有制工业企业法》登记，国资委监管的中央企业（不含中央金融、文化企业）要全部改制为按照《公司法》登记的有限责任公司或股份有限公司，加快形成有效制衡的公司法人治理结构和灵活高效的市场化经营机制。此次改革涉及将要转制的69户央企集团公司总部（央企总共101户）资产近8万亿元、3200余户央企子企业资产5.66万亿元。① 此项拖了二十多年的改革终于在2017年年底落地了，这既是深化国企改革的迫切需要，也是落实"以管资本为主"的重要条件，因为只有上述69户央企及三千多户子企业转为公司制后，国资委才有可能不去直接管这些企业，逐渐转向"以管资本为主"。

第二，组建或改组资本运营公司和投资公司，作为国有资本市场化运作的专业平台。国资委要做到"以管资本为主"，就要组建或改组国有资本运营公司和投资公司，国有资产监管机构依法对国有资本投资和运营公司和其他极少数监管的企业履行出资人职责，并授权国有资本投资、运营公司对授权范围内的国有资本履行出资人职责。因此，以后一般国有企业就是与国有资本投资运营公司打交道，国有资本投资运营公司是被国资委授权的国有企业的出资人即"老板"。从2014年起，国务院国资委即进行国有资本投资运营公司试点，到2017年，已有中粮集团、国投公司、神华集团、中国五矿、宝武集团等10家公司试点。试点主要从三方面进行探索，首先是发展国有资本专业化运营，同时探索有效的投资运营模式；其次是探索国资委与企业的关系，完善国有资产监管模式；最后是推进国有资本投资运营公司内部改革，探索市场化

---

① 参见《经济参考报》2017年7月27日。

的企业经营机制。①

第三，国资委的主要职责，是更好地服务于国家战略目标，优化国有资本配置，提高国有资本运作效率，提高国有资本的流动性。按照《决定》指出的，今后国有资本投资重点主要有以下五项：提供公共服务、发展重要前瞻性战略性产业、保护生态环境、支持科技进步、保障国家安全。这一规定，比1999年中共十五届四中全会《决定》的论述更为具体和明确。中共十五届四中全会提出的国有经济需要控制的行业和领域包括：涉及国家安全的行业、自然垄断的行业、提供重要公共产品和服务的行业，以及支柱产业和高新技术产业中的重要骨干企业。这次《决定》则不再笼统地提控制自然垄断的行业，而是指出，国有资本继续控股经营的自然垄断行业，根据不同行业特点实行网运分开、放开竞争性业务。还把保护生态环境列为国有资本投资的重点领域之一，比1999年的四大领域有进一步扩展。直到2017年，国有资本还未很好地做到集中于关系国家安全、国民经济命脉的重要行业和关键领域，仍有大量国有资本存在于一般竞争性产业，包括大部分央企热衷于投资房地产业（不含保障房）。今后需要进行有进有退的调整，争取到2020年前后80%以上的国有资本集中在《决定》指出的五个重点领域。

第四，国资委将专注于提高国有资本运作效率，实现保值增值。在"以管企业为主"条件下，国资委要管一百家左右央企，管理的战线太长，与管理学原理一般直接管理三十户左右比较有效率的要求相悖，更何况央企下面还有五六个层级最多的达十个层级的子公司、孙子公司、曾孙公司等，国资委更是鞭长莫及。这就影响国资委专注于提高整个国有资本的效率，也不利于国有资本的保值增值。一个时期以来，一些国有企业内部管理混乱，因侵吞贪污、关联交易、利益输送、违规决策等导致国有资产流失现象时有发生。如2015年中央巡视组发现，在中国石化、中国海运、中船集团、神华集团、东风公司等央企，都不同程度

---

① 参见《经济参考报》2017年8月9日。

存在搞利益输送和交换、关联交易谋利等突出问题。①造成这一弊端的原因很多，但与"以管企业为主"的体制机制有一定关系。今后，国资委"以管资本为主"，可以集中精力管好国有资本，专心致志做好国有资本保值增值工作。

（3）提出混合所有制经济是基本经济制度的重要实现形式，这是《决定》的又一亮点。

《决定》说，"积极发展混合所有制经济。国有资本、集体资本、非公有资本等交叉持股、相互融合的混合所有制经济，是基本经济制度的重要实现形式，有利于国有资本放大功能、保值增值、提高竞争力，有利于各种所有制资本取长补短、相互促进、共同发展。允许更多国有经济和其他所有制经济发展成为混合所有制经济。国有资本投资项目允许非国有资本参股。允许混合所有制经济实行企业员工持股，形成资本所有者和劳动者利益共同体"。这段话对改革理论和实践都有重要意义。

第一，积极发展混合所有制经济，是坚持和完善公有制为主体、多种所有制经济共同发展的基本经济制度的重大举措。改革开放以来，随着经济的腾飞，国有资产和资本、民间资本、外商直接投资均有巨大增长。到2016年年底，全国国资监管系统企业资产总额已达144.1万亿元，私营资本30万亿元以上，2010年以来，每年实际使用外商直接投资均在1000亿美元以上，社会资本投资已占全部固定资产投资总额的60%以上。因此，从社会层面看，中国经济已经是混合经济了。这次《决定》所指的发展混合所有制经济，主要是指微观层面的，即要积极发展国有资本、集体资本、非公有资本等交叉持股、相互融合的混合所有制企业，这样一方面有利于国有资本放大功能、保值增值；另一方面有利于各种所有制资本取长补短、相互促进、共同发展。混合所有制经济还允许员工持股，具有一种新的激励机制。党的十五大报告提出，股份制是公有制的实现形式。中共十六届三中全会《决定》进一步提出，

---

① 陈治治：《关联交易是痼疾，顶风违纪仍频发》，《中国纪检监察报》2015年2月7日。

股份制是公有制的主要实现形式。这次《决定》更进一步提出，混合所有制经济是基本经济制度的重要实现形式。长时期的改革实践告诉我们，公司制可以是国有独资公司，股份制也可以是几个国企入股的股份公司，而发达国家的股份公司一般都是私人资本持股的，只有混合所有制经济才是真正投资主体多元化的经济实体，而投资主体多元化正是国企公司制股份制改革，以克服原来国有制弊端和提高效率的重要要求。在这个意义上可以说，混合所有制是股份制的发展形态和升级版。

第二，积极发展混合所有制经济也有重要的指向。其一是充分调动各种所有制资本的积极性，发挥它们各自的优势，这种优势不要只限于独自发挥，而要通过交叉持股互相融合作为整体发挥出来。比如，为了加快具有正外部性的基础设施建设，就可以考虑吸收社会资本参与，并因此推动其提高效率，缩短回收期限，做到社会效益与经济效益相结合。其二是为国有自然垄断行业改革打开通道。这次《决定》提出，国有资本继续控股经营的自然垄断行业，要根据不同行业特点实行网运分开、放开竞争性业务。自然垄断行业有大量竞争性业务需要放开，怎样放开？最佳选择就是搞混合所有制改革，吸收非国有资本参与。这样，可以把多年垄断经营的竞争性业务，放开竞争，从而优化资源配置，提高效率。与此同时，国有自然垄断企业可以通过出售部分竞争性业务股份，筹集资金，加大科技投入等，改善自然垄断环节业务。我们看到，在《决定》出来以前，处于一般竞争性行业的国企，基本上都已实行公司制股份制改革，实现投资主体多元化，改革比较滞后的是垄断行业，因此，这次提出积极发展混合所有制经济，针对性最强的，可以认为就是为了更好地推动自然垄断行业的改革。

第三，《决定》出来后，混合所有制经济迅速发展起来，有些地区还把发展混合所有制经济作为深化国企改革的重点。李克强总理在2014年《政府工作报告》中提出，制定非国有资本参与中央企业投资项目的办法，在金融、石油、电力、铁路、电信、资源开发、公用事业等领域，向非国有资本推出一批投资项目。2014年7月15日国务院国资委在中央企业启动混合所有制经济试点，并确定中国医药集团总公司、中国建筑材料集团公司为试点单位。试点的目的有六个方面，一是探索建立混合所有制企业有效制衡、平等保护的治理结构；二是探索职业经理人制度和市场化劳动用工制度；三是探索市场化激励和约束机制；四是探索混合所有制企业员工持股制度；五是探索对混合所有制企业的有效监管机制以及防止国有资产流失的方法和途径；六是探索在混合所有制企业开展党建工作的有效机制。[①] 一些省市也纷纷出台发展混合所有制经济的政策和措施。据不完全统计，2015—2017 年，中央企业新增近千户实行混合所有制的子企业，其中 2017 年就新增混合所有制企业 700 多户，通过资本市场引入社会资本 3386 亿元。截至 2017 年，我国已有超过 2/3 的中央企业引进了各类社会资本，半数以上的国有资本集中在公众化的上市公司，3 家中央企业成为集团层面的混合所有制企业，中央企业二级子企业以下混合所有制企业户数占比超过 50%。[②] 但是，总的来说，混合所有制改革进展仍然不够快，试点企业的经验至今未见披露，有的央企混合所有制改革审批协调程序相当复杂。混合所有制改革涉及比较大的问题是股权比例安排和国有资产估价，这也有待逐步取得共识、周到协调和公开透明操作。

（4）加快完善现代市场体系，使市场在资源配置中的决定性作用更好发挥出来。

《决定》指出，"建设统一开放、竞争有序的市场体系，是使市场在资源配置中起决定性作用的基础。必须加快形成企业自主经营、公平竞争，消费者自由选择、自主消费，商品和要素自由流动、平等交换的现代市场体系，着力消除市场壁垒，提高资源配置效率和公平性"。并就如何建设现代市场体系说了五条，现择要阐述如下。

第一，建立公平开放透明的市场规则。《决定》首次在党的文件中提出实行负面清单管理模式，提出，"实行统一的市场准入制度，在制定负面清单基础上，各类市场主体可依法平等进入清单之外领域。探索对外商投资实行准入前国民待遇加负面清单的管理模式"。此前我国一直实行正面清单管理模式，而发达的市场经济国家通行的是负面清单管

---

① 参见《人民日报》2014 年 7 月 16 日。
② 参见《人民日报》2018 年 2 月 7 日。

理模式。经过几年的努力，2017年6月28日，国家发改委、商务部发布了《外商投资产业指导目录（2017年修订）》，列入负面清单中的限制、禁止类内容共计63条，比2015年版减少了30条。新版目录明确提出外商投资准入特别管理措施（外商投资准入负面清单），这标志着我国外商投资管理体制开启了新的时代。①

《决定》说，"推进工商注册制度便利化，削减资质认定项目，由先证后照改为先照后证，把注册资本实缴登记制逐步改为认缴登记制。推进国内贸易流通体制改革，建设法治化营商环境"。此后三年中国营商环境大为改善。营商环境的优化，充分激发了我国市场活力和创造力。2014年起，全国平均每天新设企业都在万户以上，2017年达1.66万户，而商事制度改革前的2013年每天新设企业为6900户。世界银行发布的《2017年全球营商环境报告》显示，中国营商便利度近三年来在全球跃升了18位，平均每年向前跨升6位。②

第二，完善主要由市场决定价格的机制。《决定》指出，"凡是能由市场形成价格的都交给市场，政府不进行不当干预。推进水、石油、天然气、电力、交通、电信等领域价格改革，放开竞争性环节价格。政府定价范围主要限定在重要公用事业、公益性服务、网络型自然垄断环节，提高透明度，接受社会监督。完善农产品价格形成机制，注重发挥市场形成价格作用"。《决定》作出后，价格改革迈出较大步伐，取得了明显进展。首先是政府定价项目列入清单。2015年10月下旬，国家发改委发布了新修订的《中央定价目录》，定价范围大幅缩减，种类由13种（类）减少到7种（类），减少46%。具体定价项目由100项左右减少到20项，减少80%。与此同时，地方具体定价目录平均减少约50%。在完善农产品价格形成机制方面，2014年，政府实施了放开烟叶和桑蚕茧收购价格的改革，标志着农产品价格全部由市场形成。2016年，推进玉米收储制度改革，建立玉米生产者补贴制度。新疆棉花、东北和内蒙古大豆目标价格改革试点总体顺利，国内外市场价差缩小。在

---

① 参见《经济参考报》2017年6月29日。
② 参见《人民日报》2017年8月17日。

深化能源价格改革方面，输配电价改革 2014 年年底首先在深圳电网和内蒙古电网破冰，到 2017 年 6 月底，实现了省级电网全覆盖。2015 年放开了跨省电能交易价格，由送受双方协定。同年，实施煤电价格联动机制。2016 年 1 月，国家发改委根据煤炭价格下降幅度，下调燃煤机组上网电价每千瓦时 3 分钱，并同幅度下调一般工商业销售电价，每年可减少企业用电支出约 225 亿元。到 2015 年，全国 40% 以上天然气价格已经放开。2013 年 3 月，国家发改委将汽油柴油零售价格调价周期由 22 个工作日缩短为 10 个工作日，取消国际原油市场油价变动 4% 才能调价的限制。稳步推行居民用水用气用电阶梯价格制度。截至 2015 年，31 个省（区市）中，除青海、西藏以外的 29 个省份已经建立城镇居民阶梯水价制度；已通气的 30 个省（区市）中，除重庆、新疆外的 28 个省份均已建立阶梯气价制度。阶梯电价制度自 2012 年试行以来运行平稳，除新疆、西藏外，其他省区市已全面实施居民阶梯电价制度。①

第三，建立城乡统一的建设用地市场。《决定》提出，"在符合规划和用途管制前提下，允许农村集体经营性建设用地出让、租赁、入股，实行与国有土地同等入市、同权同价"。此后，又进一步明确，要从两权分离即农村集体土地所有权和农户土地承包权的分离，发展为农村集体土地所有权、农户土地承包权、农村土地经营权的分离，发展土地承包经营权流转市场，发展多种形式的适度规模经营。

第四，完善金融市场体系。《决定》说："扩大金融对内对外开放，在加强监管前提下，允许具备条件的民间资本依法发起设立中小型银行等金融机构。""完善人民币汇率市场化形成机制，加快推进利率市场化，健全反映市场供求关系的国债收益率曲线。"此后，17 家由民间资本发起设立的民营银行相继营业。随着人民币储蓄存款利率上限被取消，利率市场化已基本实现。国务院已于 2015 年 4 月公布《存款保险条例》，自 2015 年 5 月 1 日起施行，条例规定了 50 万元的最高偿付限

---

① 许光建、丁悦玮：《深入推进价格改革着力提升"放管服"水平》，《价格理论与实践》2017 年第 5 期。

额，表明存款保险制度已经建立起来。

第五，深化科技体制改革，发展技术市场。《决定》提出，"建立健全鼓励原始创新、集成创新、引进消化吸收再创新的体制机制，健全技术创新市场导向机制，发挥市场对技术研发方向、路线选择、要素价格、各类创新要素配置的导向作用"。接着，2015年中共十八届五中全会《中共中央关于制定国民经济和社会发展第十三个五年规划的建议》提出，要完善发展理念，牢固树立创新、协调、绿色、开放、共享发展理念，指出，"创新是引领发展的第一推动力。必须把创新摆在国家发展全局的核心位置，不断推进理论创新、制度创新、科技创新、文化创新等各方面创新，让创新贯穿党和国家一切工作，让创新在全社会蔚然成风"。在党和政府强化创新驱动发展战略的推动下，技术市场迅速发展。2015年共签订技术合同30.7万项，技术合同成交额9835亿元，比上年增长14.7%。2016年，全年共签订技术合同32万项，技术合同成交额11407亿元，比上年增长16%。2017年，全年共签订技术合同36.8万项，技术合同成交额13424亿元，比上年增长17.7%。

第五节 党的十九大报告进一步提出加快完善社会主义市场经济体制，推动经济高质量发展

2017年10月，党的十九大胜利召开，习近平总书记作了《决胜全面建成小康社会 夺取新时代中国特色社会主义伟大胜利》的报告。报告指出："经过长期努力，中国特色社会主义进入了新时代，这是我国发展新的历史方位。""中国特色社会主义进入新时代，我国社会主要矛盾已经转化为人民日益增长的美好生活需要和不平衡不充分的发展之间的矛盾。""我国经济已由高速增长阶段转向高质量发展阶段，正处在转变发展方式、优化经济结构、转换增长动力的攻坚期，建设现代化经济体系是跨越关口的迫切要求和我国发展的战略目标。"党的十九大报告对深化市场化改革和深化社会主义市场经济论作出了一系列论述

与部署。

第一，明确提出坚持社会主义市场经济改革方向，加快完善社会主义市场经济体制，着力构建市场机制有效、微观主体有活力、宏观调控有度的经济体制。宏观调控有度是首次使用的，主要指发挥宏观调控熨平经济波动的作用，既不能放任自流，也不能过度，适时适度调控，为经济健康运行创造良好的宏观经济环境。

第二，明确经济体制改革必须以完善产权制度和要素市场化配置为重点，实现产权有效激励、要素自由流动、价格反应灵活、竞争公平有序、企业优胜劣汰。这比中共十八届三中全会《决定》更加重视产权制度改革。中共十八届三中全会《决定》强调完善产权保护制度，这次提出要完善整个产权制度，实现产权有效激励。此前有一段时间，由于对民营企业家产权保护不够，影响了他们多投资的积极性。2016年民间资本对全国固定资产投资增速只有3.2%，大大低于过去（过去年增速都在两位数或以上，2015年增速为10%），采取各种保护产权措施后，2017年民间资本对全国固定资产投资增速已回升到6%。当前完善产权制度还有一个重点是要加强对知识产权的保护和激励等。这次还专门提出要加快要素价格市场化改革，这是要素市场化配置的重要条件，也是使市场在资源配置中起决定性作用的重要条件。

第三，提出推动国有资本做强做优做大。这比中共十八届三中全会《决定》提出国资监管机构"以管资本为主"又进了一步。国资监管机构应主要关注国有资本而非国有资产，因为国有资产是由负债和所有者权益组成的。如果资产负债率超过百分之百，所有者权益就是负数了，像一些僵尸企业那样。还有，推动国有资本做强做优做大，比1999年中共十五届四中全会提出着眼于搞好整个国有经济也进了一步，因为国有经济中有一些公益性、福利性单位，它们的任务主要是搞好服务，而不一定要做强做优做大。

第四，支持民营企业发展，激发各类市场主体活力，打破行政垄断，防止市场垄断。激发和保护企业家精神，鼓励更多社会主体投身创新创业。这是在党的重要文件中第一次提民营企业，中共十八届三中全会《决定》还是用非公有制企业的提法。民营企业更通俗和直白，大家一看就懂。提出支持民营企业发展，激发和保护企业家精神，是为了更好调动民营经济的积极性，充分发挥它们在支撑增长、促进创新、扩大就业、增加税收等方面的重要作用。防止市场垄断也是首次出现在党的文件中，表明打破垄断、鼓励竞争的决心。

第五，提出健全货币政策和宏观审慎政策双支柱调控框架，深化利率和汇率市场化改革。双支柱调控框架意味着金融监管机构不能只关注物价稳定，还要关注资产价格变动、住房金融活动、表外金融活动和跨境资本流动等。

第六，提出高质量发展阶段要转换增长动力，推动动力变革。这至少包括以下四方面内容。一是强调创新是引领发展的第一动力，并以科技创新带领全面创新，这是建设现代化经济体系的战略支撑。二是深化供给侧结构性改革，加快建设制造强国，加快发展先进制造业，推动互联网、大数据、人工智能和实体经济深度融合，在中高端消费、创新引领、绿色低碳、共享经济、现代供应链、人力资本服务等领域培育新增长点，形成新动能。三是开放促改革和发展，无论是"一带一路"建设，还是拓展对外贸易，实行高水平的贸易和投资自由化便利化，优化区域开放布局，探索建设自由贸易港，创新对外投资方式，都能推动经济的高质量发展。四是加快完善新体制，不断增强我国经济创新力和竞争力。动力变革是一篇大文章，有待在今后实践中不断探索和发展。中国（海南）改革发展研究院迟福林院长主编了一本《动力变革》专著，45万字，由中国工人出版社2018年出版，系统地论述了新时代动力变革的含义、对推动高质量发展的重大意义等。

第六节 社会主义市场经济的若干规律

中共十八届三中全会决定指出，"市场决定资源配置是市场经济的一般规律"。经过40年的改革开放，我们对社会主义市场经济的规律已开始有一些研究及其成果。

第一，市场在资源配置中发挥决定性作用，价值规律调节社会生产和流通。中外实践表明，由市场配置资源是最有效率的，比由计划配置资源更有效率。这也是我国改革开放后选择社会主义市场经济体制，并在改革开放后经济迅速腾飞的重要原因。市场的决定性作用主要是在经济领域，价值规律起着促进生产力发展的革命作用。在其他领域，比如在文化、教育、医疗等社会民生领域，也要利用市场机制，但不会在整个领域起决定性作用。各种基本公共服务如义务教育、基本医疗服务、最低生活保障、保护环境等均是政府义不容辞的职责。

第二，企业是市场经济活动的主体，政企分开、政资分开。在社会主义市场经济条件下，企业不再像计划经济时期那样是上级主管部门的附属物，而是独立的、自主经营自负盈亏的经济主体。市场对资源配置起决定性作用，是通过一个个最主要的微观经济主体即企业的活动实现的。企业根据市场信号主要是价格变动，决定生产什么和多少产品，提供什么和多少服务，使有限的资源得到优化配置。为使企业成为真正的市场主体和法人实体，就必须政企分开、政资分开。中共十八届三中全会决定提出国资监管机构以"管资本为主"，就是要以国资改革带动国企改革，使国资委从"以管企业为主"转变为"以管资本为主"，特别是要使企业（公司）董事会真正行使《公司法》赋予的重大决策权。

第三，社会主义市场经济是有国家宏观调控的而不是放任自流的。中共十八届三中全会决定提出，宏观调控的主要任务是保持经济总量平衡，促进重大经济结构协调和生产力布局优化，减缓经济周期波动影响，防范区域性、系统性风险，稳定市场预期，实现经济持续健康发展。改革开放40年，中国的宏观经济调控是成功的。这表现在，40年来每年经济都是正增长的，没有出现负增长的年份，而且增长最慢的1991年经济增长率仍达3.9%。改革开放40年，中国年均增速高达9.5%，而年均通胀率不到5%。这样的搭配在世界经济发展史上是绝无仅有的奇迹。

第四，社会主义市场经济的法治化。现代市场经济是法制经济。市场经济只有在法制轨道上运行，才能有效发挥其积极作用，减轻因其自发调节带来的种种消极作用。1997年，党的十五大确定了依法治国的方略。这标志着我国从人治转向法治的重大转变。2014年,中共十八届四中全会又进一步作出了《中共中央关于全面推进依法治国若干重大问题的决定》,指出,社会主义市场经济本质上是法治经济。使市场在资源配置中起决定性作用和更好发挥政府作用,必须以保护产权、维护契约、统一市场、平等交换、公平竞争、有效监管为基本导向,完善社会主义市场经济法律制度。一些学者也呼吁市场经济法治化,以好的法律制度保证社会主义市场经济健康运行。[①]

第五,社会主义市场经济发展的目的是:共享成果、共同富裕。资本主义生产的目的是追求剩余价值和利润最大化。社会主义市场经济的主体也要追求利润、增加利润,其中国有企业的利润是归社会的,民营企业的利润虽归民营企业主所有,但是,由于社会主义基本经济制度是公有制为主体、多种所有制经济共同发展,由于社会主义国家是共产党领导的,政府的政策是通过税收、转移支付、提供公共产品和服务、健全社会保障体系等手段,不断强化对财产和收入进行调节,此外还鼓励企业、社会组织和公民个人热心慈善捐助救济事业,以避免两极分化,逐步缩小财富和收入差距,努力做到人人共享发展成果,走向共同富裕。中共十八届五中全会指出,"共享是中国特色社会主义的本质要求。必须坚持发展为了人民、发展依靠人民、发展成果由人民共享,作出更有效的制度安排,使全体人民在共建共享发展中有更多获得感,增强发展动力,增进人民团结,朝着共同富裕方向稳步推进"。

第六,社会主义市场经济的发展应是科学发展,创新、协调、绿色、开放、共享发展。中国实行改革开放后,蕴藏在广大干部群众的积极性被调动起来,经济迅速起飞。1992年,邓小平提出发展是硬道理的著名论断。进入21世纪后,原来粗放式发展使资源环境瓶颈约束突出起来。2005年,中共十六届五中全会提出了转变经济增长方式的任务。2007年,党的十七大要求实现科学发展,加快转变经济发展方式。2015年,中共十八届五中全会进一步提出创新、协调、绿色、开放、共享的新发展理念。这些表明,我们对社会主义市场经济发展规律性的

---

① 吴敬琏:《呼唤法治的市场经济》,生活·读书·新知三联书店2007年版。

认识是不断深化的。

参考文献

《党的十九大报告辅导读本》，人民出版社2017年版。

《邓小平文选》第三卷，人民出版社1993年版。

陈君洪南编：《江泽民与社会主义市场经济体制的提出——社会主义市场经济20年回顾》，中央文献出版社2012年版。

成致平：《价格改革三十年（1977—2006）》，中国市场出版社2006年版。

迟福林主编：《动力变革》，中国工人出版社2018年版。

国家经济体制改革委员会综合规划司编：《中国改革大思路》，沈阳出版社1988年版。

胡锦涛：《在纪念党的十一届三中全会召开30周年大会上的讲话》，《人民日报》2008年12月19日。

彭森、陈立等：《经济体制改革重大事件》（上、下），中国人民大学出版社2008年版。

孙冶方：《社会主义经济的若干理论问题》，人民出版社1979年版。

吴敬琏：《呼唤法治的市场经济》，生活·读书·新知三联书店2007年版。

习近平：《决胜全面建成小康社会　夺取新时代中国特色社会主义伟大胜利——在中国共产党第十九次全国代表大会上的报告》，人民出版社2017年版。

张卓元：《经济改革新征程》，社会科学文献出版社2014年版。

张卓元等：《新中国经济学史纲（1949—2011）》，中国社会科学出版社2011年版。

中共中央文献研究室编：《习近平关于社会主义经济建设论述摘编》，中央文献出版社2017年版。

中华人民共和国国家统计局编：《2017中国统计摘要》，中国统计出版社2017年版。

第二章　社会主义初级阶段理论的确立

改革开放给中国带来了翻天覆地的变化。中共十一届三中全会以来，中国的社会生产力迅速发展，综合实力不断增强，人民收入水平和生活质量日益提高，在世界经济和全球治理中的重要性和影响力也在与日俱增。中国之所以能够取得举世瞩目的伟大成就，其基本经验在于，我们党在总结我国社会主义建设经验教训的基础上，清晰地认识并准确地把握了中国的国情，逐步形成和发展了社会主义初级阶段理论，作出了中国正处于并将长期处于社会主义初级阶段的科学论断，并根据这个基本国情持续推进经济建设和改革开放。社会主义初级阶段理论是对中国国情的准确概括，是建设中国特色社会主义必须遵循的基本前提。

在社会主义初级阶段理论的形成和发展过程中，经济理论界功不可没。在改革开放之初，一些经济学家突破传统理论的藩篱，开展了大胆的理论探索，形成了若干重要的理论突破，对社会主义初级阶段理论的形成作出了重要贡献。中国经济学界从社会主义初级阶段这个基本前提出发，深入研究了社会主义经济体制及其运行机制，取得了丰硕的理论成果，不仅为中国的经济发展提供了重要的理论支持，而且丰富了社会主义初级阶段理论的内涵，并有力地推动了中国特色社会主义政治经济学体系的建设。

第一节　社会主义初级阶段理论的形成和发展

社会主义初级阶段理论是在改革开放新的历史条件下形成和发展的。在这个理论形成的过程中，邓小平起到了极为重要的作用。他通过深刻反思中华人民共和国成立后中国社会主义建设的历史经验，认识到中国的社会主义建设不能脱离国情，不能超越阶段。他曾指出："要充分研究如何搞社会主义建设的问题。现在我们正在总结建国三十年的经验。总起来说，第一，不要离开现实和超越阶段采取一些'左'的办法，这样是搞不成社会主义的。我们过去就是吃'左'的亏。第二，不管你搞什么，一定要有利于发展生产力。"[1] 在这一思想的指导下，中共十一届六中全会第一次提出了中国处在社会主义初级阶段的基本论断，并在党的十二大和中共十二届六中全会上多次进行了强调。为了更好地指导改革开放和现代化建设，党的十三大报告起草小组准备以"中国正处在社会主义初级阶段"这一科学论断作为立论的基础，报告的整体设计思路被汇报给邓小平后，他批示"这个设计好"。在党的十三大前夕，他在接见外国客人时指出："我们党的十三大要阐述中国社会主义是处在一个什么阶段，就是处在初级阶段，是初级阶段的社会主义。社会主义本身就是共产主义的初级阶段，而我们中国又处在社会主义的初级阶段，就是不发达阶段。一切都要从这个实际出发，根据这个实际来制定规划"[2]。他的这个思想在党的十三大报告中得到全面阐述，成为党的十三大报告立论的基础。党的十三大结束后，他在评价党的十三大报告的时候指出，党的十三大报告的一个重要特点，就是阐述了社会主义初级阶段理论，在这个理论的指导下，坚定地贯彻了中共十一届三中全会以来的路线方针政策[3]。在1992年的"南方谈话"中，他又一次谈到了社会主义初级阶段，"我们搞社会主义才几十年，还处在初级阶段。巩固和发展社会主义制度，还需要一个很长的历史阶段，需要我们几代人、十几代人，甚至几十代人坚持不懈地努力奋斗，决不能掉以轻心"[4]。他强调了初级阶段的长期性，告诫全党在建设社会主义的道路上要继续艰苦奋斗。在改革开放和社会主义建设新的历史时期，邓小平提出了一系列对社会主义及其发展阶段的新认识、新见解，既继承

---

[1] 《邓小平文选》第二卷，人民出版社1994年版，第312页。
[2] 《邓小平文选》第三卷，人民出版社1993年版，第252页。
[3] 同上书，第258页。
[4] 同上书，第379—380页。

前人又突破陈规，为社会主义初级阶段理论的形成做出了重大贡献。

中共十一届三中全会以来，我党恢复了解放思想、实事求是的思想路线，逐步摆脱了教条主义和"左"的思想的影响，通过对社会主义的再认识和对基本国情的正确分析，得出了我国还处于社会主义初级阶段的科学论断，在此基础上逐步形成了社会主义初级阶段理论。自20世纪80年代初期提出至今，社会主义初级阶段理论的发展大体上经历了三个阶段：

一 理论酝酿阶段（中共十一届三中全会到中共十二届六中全会）

1981年中共十一届六中全会通过了《关于建国以来党的若干历史问题的决议》，第一次明确提出我国处于"社会主义初级阶段"的论断。指出：尽管我们的社会主义制度还是处于初级的阶段，但是毫无疑问，我国已经建立了社会主义制度，进入了社会主义社会，任何否认这个基本事实的观点都是错误的。这里虽然已经提出了我国的社会主义制度处于初级阶段，但联系上下文来看，这段话是批判那些对中国的社会主义制度持怀疑论者，强调的重点是我国已经建立了社会主义制度，已经进入了社会主义社会。对于社会主义初级阶段则没有展开更详细的论述。在党的十二大上，胡耀邦同志在大会报告中指出：我国的社会主义社会现在还处在初级发展阶段，物质文明还不发达。这里实际上已经描述了社会主义初级阶段的一个重要特征，就是物质文明不发达，但没有对此展开充分论述。1986年中共十二届六中全会通过的《中共中央关于社会主义精神文明建设指导方针的决议》，重申了我国正处于社会主义初级阶段，并简要概括了初级阶段的经济特征，阐述了初级阶段的精神文化状态，这表明我们党对于社会主义初级阶段的认识在进一步深化。但这份决议对于社会主义初级阶段的内涵仍然没有展开论述。

在这一时期，尽管我们党已经提出了我国正处于社会主义初级阶段的论断，并在党的若干重要文献中多次重申，对社会主义初级阶段的某些特征，特别是经济方面的特征也有了基本的认识，但这些判断和认识尚未上升到系统理论的高度。因此，这段时期只能说是社会主义初级阶段理论的酝酿时期。

二 系统形成阶段（中共十二届六中全会到党的十三大）

尽管我们党通过对历史经验的反思和总结，已经形成了社会主义初级阶段理论的基本思想，但这个重要问题当时尚未引起理论界的充分重视，围绕它的深入研究和探讨并不多见。党的十三大报告的起草工作大大推进了对社会主义初级阶段理论的研究进程。此后，理论界围绕社会主义初级阶段问题展开了热烈的讨论，并取得了一些成果。

党的十三大报告集中了全党的智慧，吸收了理论界的研究成果，第一次完整地阐述了社会主义初级阶段理论。党的十三大报告将我国还处在社会主义初级阶段作为理论基础，比较系统地阐述了社会主义初级阶段的基本含义、基本特征、主要矛盾和历史任务。报告指出，社会主义初级阶段是我国在生产力落后、商品经济不发达的条件下建设社会主义必然要经历的特定阶段。在这个阶段，我们所面临的主要矛盾，是人民日益增长的物质文化需要同落后的社会生产之间的矛盾。为了解决这个矛盾，就必须大力发展商品经济，提高劳动生产率，逐步实现工业、农业、国防和科学技术的现代化，同时还需要改革生产关系和上层建筑中不适应生产力发展的部分。在此基础上，报告阐明了党在社会主义初级阶段的基本路线和奋斗目标："领导和团结全国各族人民，以经济建设为中心，坚持四项基本原则，坚持改革开放，自力更生，艰苦创业，为把我国建设成为富强、民主、文明的社会主义现代化国家而奋斗。"报告还提出了"三步走"的经济社会发展战略。社会主义初级阶段理论的提出，是中国共产党对马克思主义的创造性贡献。在党的纲领中明确提出社会主义初级阶段的科学概念，这在马克思主义历史上是第一次。

三 发展完善阶段（党的十三大后到现在）

自从党的十三大确立社会主义初级阶段理论以来，我们党在建设中国特色社会主义的伟大实践中，不断地总结新的实践经验、吸收新的理论成果，用新的思想和观点丰富和发展着社会主义初级阶段理论。

党的十四大报告指出，要想加快我国的经济发展，就必须进一步解放思想，加快改革开放的步伐，以利于进一步解放和发展生产力，而不要被一些姓"社"姓"资"的抽象争论束缚自己的思想和手脚。经济体制改革的目标模式是关系整个社会主义现代化建设全局的一个重大问题，党的十四大报告从社会主义初级阶段的实际出发，在计划与市场关系问题上的认识有了新的重大突破，明确提出我国经济体制改革的目标是建立社会主义市场经济体制。为了加速改革开放，推动经济发展和社会全面进步，报告还提出了必须努力实现的十个关系全局的主要任务。党的十五大报告再次集中论述了社会主义初级阶段理论，并首次提出了党在社会主义初级阶段的基本纲领。报告提出了"中国现在处于并将长时期处于社会主义初级阶段"的新论断，强调社会主义初级阶段是一个相当长的历史时期，要充分认识社会主义初级阶段的长期性和不可逾越性，从而树立起长期艰苦奋斗的思想。报告阐明了社会主义初级阶段的基本经济制度，提出了建设有中国特色社会主义的经济、政治、文化的基本目标和基本政策，这些基本目标和基本政策构成了党在社会主义初级阶段的基本纲领。基本纲领是党的基本路线在经济、政治、文化方面的具体展开，是改革开放以来最主要经验的总结。党的十六大报告对改革开放以来取得的成就进行了客观的评价，指出我国正处于并将长期处于社会主义初级阶段，虽然人民生活总体上达到了小康水平，但还是低水平的、不全面的、发展很不平衡的小康。在此基础上，报告系统地阐述了全面建设小康社会的构想。党的十七大报告专门论述了科学发展观，指出科学发展观"是立足社会主义初级阶段基本国情，总结我国发展实践，借鉴国外发展经验，适应新的发展要求提出来的"，是我国经济社会发展的重要指导思想，是发展中国特色社会主义必须坚持和贯彻的重大战略思想。报告还提出了全面建设小康社会奋斗目标的新要求，要将中国建设成为富强、民主、文明、和谐的社会主义现代化国家。坚持和发展中国特色社会主义是贯穿党的十八大报告的一条主线。党的十八大报告指出，"建设中国特色社会主义，总依据是社会主义初级阶段，总布局是五位一体，总任务是实现社会主义现代化和中华民族伟大复兴"。基于对国情的深刻了解，党的十八大报告既肯定了中国改革开放的伟大成就，也不回避中国在经济、社会等领域存在的诸多问题，强调中国仍处在社会主义初级阶段。只有从这一点出发，才能正确认识中国取得的成就、面临的挑战和未来的发展方向，才能真正做到既不妄自菲薄、也不妄自尊大，从而推动中国特色社会主义建设不断取得胜利。

国际金融危机以来，世界经济格局出现了重大的调整和变化，综合实力日益增强的中国也站在了新的历史起点上。面对新的挑战和机遇，党的十九大立足世情国情党情的变化，描绘了全面建设社会主义现代化国家的宏伟蓝图，并对决胜全面建成小康社会进行了战略部署。党的十九大报告指出，随着中国特色社会主义进入了新时代，我国社会主要矛盾也发生了变化，长期以来的人民日益增长的物质文化需要同落后的社会生产之间的矛盾，已经转化为人民日益增长的美好生活需要和不平衡不充分的发展之间的矛盾。我国社会主要矛盾的变化是关系全局的历史性变化，将会从各方面对中国特色社会主义建设产生深远的影响。党的十九大报告同时也强调，"我国社会主要矛盾的变化，没有改变我们对我国社会主义所处历史阶段的判断，我国仍处于并将长期处于社会主义初级阶段的基本国情没有变，我国是世界最大发展中国家的国际地位没有变"。报告要求全党"要牢牢把握社会主义初级阶段这个基本国情，牢牢立足社会主义初级阶段这个最大实际，牢牢坚持党的基本路线这个党和国家的生命线、人民的幸福线"，将我国建设成为富强民主文明和谐美丽的社会主义现代化强国。

社会主义初级阶段理论的形成和发展过程，表明我们党对中国国情的了解越来越全面，对社会主义本质的认识越来越深刻，对中国特色社会主义发展道路的探索越来越深入。改革开放和社会主义建设的伟大实践，还将继续赋予社会主义初级阶段理论以新的内涵。

第二节 社会主义初级阶段理论的科学内涵

一 社会主义初级阶段的基本特征

正确认识我国的基本国情和所处的历史阶段，是建设有中国特色的社会主义的首要问题，是我们党制定和执行正确的路线和政策的根本依据。党的十三大报告明确指出："我国正处在社会主义的初级阶段。这个论断，包括两层含义。第一，我国社会已经是社会主义社会。我们必须坚持而不能离开社会主义。第二，我国的社会主义社会还处在初级阶段。"我国社会主义的初级阶段不是泛指任何国家进入社会主义都会经历的起始阶段,而是特指我国在生产力落后、商品经济不发达条件下建设社会主义必然要经历的特定阶段。这个论断是对中国国情所作出的总体性、根本性的判断,它构成了建设有中国特色社会主义的重要前提。

我们党对于这个基本国情的认识经历了一个曲折的过程。在完成生产资料私有制的社会主义改造之后,我们党在探索社会主义建设的道路上,曾经脱离了中国的实际情况,忽视了中国生产力落后、商品经济不发达、社会发展不平衡的基本国情,采取了一系列超越历史发展阶段的错误路线和政策,过分强调"一大二公三纯",使生产关系和上层建筑与当时的生产力状况严重脱节,制约了经济的发展,使得生产力发展缓慢,人民生活水平没有大的提高。不仅如此,由于对社会主要矛盾的错误判断,阶级斗争论甚嚣尘上,最终导致了"文化大革命"的发生。中共十一届三中全会以来,我们党正确地分析国情,作出了我国正处于并将长期处于社会主义初级阶段的科学论断。这一论断既揭示了中国的社会性质,又阐明了中国目前所处的社会发展阶段,是对中国国情最简明、最准确的概括。

随着改革开放和社会主义建设实践的不断发展,我们党对于社会主义初级阶段的认识也越来越全面,越来越深刻。在党的十三大报告中,将社会主义初级阶段的基本特征归结为五个方面,即社会主义初级阶段是逐步摆脱贫穷、摆脱落后的阶段;是农业国逐步转变为工业国的阶段;是由自然经济半自然经济占很大比重的社会,转变为商品经济高度发达社会的阶段;是建立和发展社会主义经济、政治、文化体制的阶段;是全民奋起、艰苦创业,实现中华民族伟大复兴的阶段。党的十五大报告将它扩展到九个方面:由农业国逐步转变为工业化国家;由自然经济半自然经济占很大比重,逐步转变为市场经济国家;由人口素质较低的国家,逐步转变为科技教育文化比较发达的国家;由低收入国家逐步转变为全体人民比较富裕的国家;地区经济文化差距将会逐步缩小;社会主义市场经济体制、社会主义民主政治体制和其他方面体制将比较成熟和完善;在建设物质文明的同时努力建设精神文明;逐步缩小同世界先进水平的差距。这表明,我们党对社会主义初级阶段基本特征的认识，已经从经济发展、体制完善、民族复兴，扩展到了促进科教文卫、协调区域发展、提高人民收入、建设精神文明，涉及经济、政治、文化等各个方面，对初级阶段基本特征和发展进程的认识更加全面、更加具体。

社会主义初级阶段绝不是一个一蹴而就的短暂历史时期。党的十三大报告中曾经指出：我国从 50 年代生产资料私有制的社会主义改造基本完成，到社会主义现代化的基本实现，至少需要上百年时间，都属于社会主义初级阶段。改革开放以来，我国的社会生产力有了巨大发展，综合国力大幅增强，人民生活显著改善，实现了由解决温饱到总体达到小康的历史性跨越。但我们也要清楚地看到，现在达到的小康还是低水平的、不全面的、发展很不平衡的小康，我们现在仍然没有超出社会主义初级阶段。因此，从党的十五大以来的历次党代会报告反复强调"我国正处于并将长期处于社会主义初级阶段"。习近平同志进一步指出："不仅在经济建设中要始终立足初级阶段，而且在政治建设、文化建设、社会建设、生态文明建设中也要始终牢记初级阶段；不仅在经济总量低时要立足初级阶段，而且在经济总量提高后仍然要牢记初级阶段；不仅在谋划长远发展时要立足初级阶段，而且在日常工作中也要牢记初级阶段"①。这表明我党对社会主义初级阶段的长期性和艰巨性有了更加清醒的认识。

社会主义初级阶段是一个较长的历史过程，但在发展进程中必然还要经历若干具体的发展阶段，不同时期会显现出不同的阶段性特征。党的十七大报告从 8 个方面，将进入新世纪新阶段后，我国发展呈现的新的阶段性特征进行了概括：（1）经济实力显著增强，同时生产力水平总体上还不高，自主创新能力还不强，长期形成的结构性矛盾和粗放型增长方式尚未根本改变；（2）社会主义市场经济体制初步建立，同时影响发展的体制机制障碍依然存在，改革攻坚面临深层次矛盾和问题；（3）人民生活总体上达到小康水平，同时收入分配差距拉大趋势还未

---

① 习近平：《紧紧围绕坚持和发展中国特色社会主义，学习宣传贯彻党的十八大精神》，人民网，http://cpc.people.com.cn/n/2012/1119/c64094-19615998-2.html。

根本扭转，城乡贫困人口和低收入人口还有相当数量，统筹兼顾各方面利益难度加大；（4）协调发展取得显著成绩，同时农业基础薄弱、农村发展滞后的局面尚未改变，缩小城乡、区域发展差距和促进经济社会协调发展任务艰巨；（5）社会主义民主政治不断发展、依法治国基本方略扎实贯彻，同时民主法制建设与扩大人民民主和经济社会发展的要求还不完全适应，政治体制改革需要继续深化；（6）社会主义文化更加繁荣，同时人民精神文化需求日趋旺盛，人们思想活动的独立性、选择性、多变性、差异性明显增强，对发展社会主义先进文化提出了更高要求；（7）社会活力显著增强，同时社会结构、社会组织形式、社会利益格局发生深刻变化，社会建设和管理面临诸多新课题；（8）对外开放日益扩大，同时面临的国际竞争日趋激烈，发达国家在经济科技上占优势的压力长期存在，可以预见和难以预见的风险增多，统筹国内发展和对外开放要求更高。这些阶段性特征是社会主义初级阶段基本国情在新世纪新阶段的具体表现。随着中国经济进入新常态，我国发展的环境、条件、任务和要求都在发生新变化。要解决好新时期中国发展面临的新问题和新矛盾，就应该更加自觉地坚持新发展理念，走科学发展之路。党的十九大报告强调，"发展是解决我国一切问题的基础和关键，发展必须是科学发展，必须坚定不移贯彻创新、协调、绿色、开放、共享的发展理念"。新发展理念体现了我国在新时期的发展思路、发展方向和发展着力点，进一步深化了我们对社会主义初级阶段发展规律的认识。

二 社会主义初级阶段的主要矛盾

社会主义初级阶段是一个相当长的历史时期，这一时期各类经济社会矛盾异常复杂，只有透过纷繁芜杂的各类矛盾的表象，深刻认识和正确处理主要矛盾，我们才能确定社会主义初级阶段的主要问题和中心任务，才能认识和掌握社会主义初级阶段的发展规律，才能将中国特色的社会主义建设不断地推向前进。

我党对于社会主义初级阶段主要矛盾的认识经历过多次反复。在20世纪50年代中期，随着对农业、手工业、资本主义工商业的社会主义改造完成，我国已经基本建立了社会主义制度。通过对当时实际状况的深入分析，党的八大报告中指出：随着社会主义改造取得决定性的胜利，我国的无产阶级同资产阶级之间的矛盾已经基本上解决，几千年来的阶级剥削制度的历史已经基本上结束。我们国内的主要矛盾，已经是人民对于建立先进的工业国的要求同落后的农业国的现实之间的矛盾，是人民对于经济文化迅速发展的需要同当前经济文化不能满足人民需要的状况之间的矛盾。这一矛盾的实质，在我国社会主义制度已经建立的情况下，也就是先进的社会主义制度同落后的社会生产力之间的矛盾。党和全国人民的主要任务，就是要集中力量来解决这个矛盾，把我国尽快地从落后的农业国变为先进的工业国。即便从现在的眼光来看，八大关于社会主义制度建立后国内主要矛盾的分析仍然是比较客观的，是符合中国的实际情况的。但是，对中国社会主要矛盾的上述重要判断没有坚持下来并贯彻到实际工作中去，后来被"无产阶级和资产阶级的矛盾，社会主义道路和资本主义道路的矛盾，仍然是当前我国社会的主要矛盾"这个观点所替代。在此基础上形成的无产阶级专政下继续革命的理论，使我党的工作重点发生了重大的失误，最终导致了"文化大革命"，给中国的经济发展和社会主义建设带来了灾难性的后果。

中共十一届三中全会以后，我们党对于国内主要矛盾的认识重新回到了正确的轨道上来。邓小平在中共十二届四中全会上，对过去的经验教训进行了初步的总结："多少年来我们吃了一个大亏，社会主义改造基本完成了，还是'以阶级斗争为纲'，忽视发展生产力。'文化大革命'更走到了极端。十一届三中全会以来，全党把工作重点转移到社会主义现代化建设上来，在坚持四项基本原则的基础上，集中力量发展社会生产力。这是最根本的拨乱反正。不彻底纠正'左的'错误，坚决转移工作重点，就不会有今天的好形势"①。

党的十三大报告第一次对社会主义初级阶段的主要矛盾做了明确的表述，报告指出，我们在现阶段所面临的主要矛盾，是人民日益增长的物质文化需要同落后的社会生产之间的矛盾。阶级斗争在一定范围内还会长期存在，但已经不是主要矛盾。为了解决现阶段的主要矛盾，就必

---

① 《邓小平文选》第三卷，人民出版社1993年版，第141页。

须大力发展商品经济,提高劳动生产率,逐步实现工业、农业、国防和科学技术的现代化,并且为此而改革生产关系和上层建筑中不适应生产力发展的部分。但在党的十三大结束后不久,国内外出现了新的复杂形势,随着东欧巨变和苏联解体,国内也出现了一场政治风波。在这种错综复杂的情况下,是不是应当改变对主要矛盾的判断?在认真研究了新的形势和变化后,我们党认为没有必要改变对初级阶段主要矛盾分析的基本结论。党的十四大报告重申了党对初级阶段主要矛盾的基本判断。党的十五大报告的相关论述则更加透彻:我国经济、政治、文化和社会生活各方面存在着种种矛盾,阶级矛盾由于国际国内因素还将在一定范围内长期存在,但社会的主要矛盾是人民日益增长的物质文化需要同落后的社会生产之间的矛盾,这个主要矛盾贯穿我国社会主义初级阶段的整个过程和社会生活的各个方面。这就决定了我们必须把经济建设作为全党全国工作的中心,各项工作都要服从和服务于这个中心。从党的十六大报告到党的十八大报告都将主要矛盾放在社会主义初级阶段的整个历史过程中加以考察,认为我国仍处于并将长期处于社会主义初级阶段的基本国情没有变,人民日益增长的物质文化需要同落后的社会生产之间的矛盾这一社会主要矛盾没有变。

经过40年的改革开放,中国已经成为世界第二大经济体,社会生产力水平得到了很大的提高,人民群众基本的物质文化需求已经能够得到很好的满足。随着经济增长和居民收入的持续上升,社会需求也在发生新的变化,不仅在物质文化需求方面提出了更高的要求,而且在民主、法治、公平、正义、安全、环境等方面的新需求也在不断增加。尽管中国的经济社会已经发生了巨大的变化,但区域之间、城乡之间以及其他方面仍然存在着不平衡、不充分等问题,影响了人民群众对美好生活的进一步追求。随着中国特色社会主义建设进入新时代,"人民日益增长的物质文化需要同落后的社会生产之间的矛盾"已经不能准确地反映当前和未来一段时期中国社会的主要矛盾。经过全面观察和深入思考,党的十九大报告对我国社会主要矛盾的变化作出了新的重要判断:中国特色社会主义进入新时代,我国社会主要矛盾已经转化为人民日益增长的美好生活需要和不平衡不充分的发展之间的矛盾。我国社会主要矛盾的变化是关系全局的历史性变化，将对中国的发展全局产生深刻的影响。

既然社会生产力有了较大发展，社会主要矛盾也发生了转变，这是否意味着中国已经不再处于社会主义初级阶段？对此，党的十九大报告强调指出，我国社会主要矛盾的变化，没有改变我们对我国社会主义所处历史阶段的判断，我国仍处于并将长期处于社会主义初级阶段的基本国情没有变，我国是世界最大发展中国家的国际地位没有变。全党要牢牢把握社会主义初级阶段这个基本国情，牢牢立足社会主义初级阶段这个最大实际，牢牢坚持党的基本路线这个党和国家的生命线、人民的幸福线，领导和团结全国各族人民，以经济建设为中心，坚持四项基本原则，坚持改革开放，自力更生，艰苦创业，为把我国建设成为富强民主文明和谐美丽的社会主义现代化强国而奋斗。

初级阶段主要矛盾的问题是社会主义初级阶段理论的核心问题。我们党在总结进入社会主义初级阶段70年来经验教训的基础上，正确分析了初级阶段的主要矛盾，始终牢牢抓住了主要矛盾和工作中心，并在改革开放的实践中清醒地观察和把握社会矛盾的全局，在此基础上形成和完善了初级阶段的基本路线和基本纲领，使中国的改革开放不断深入，社会主义建设日新月异。

三 党在社会主义初级阶段的基本路线和基本纲领

从中国处在社会主义初级阶段这一基本前提出发，中国共产党率领全国人民开始了建设有中国特色社会主义的伟大探索。在这一过程中，邓小平以马克思主义的理论勇气、求实精神和远见卓识，对社会主义的本质进行了深入的思考，指出社会主义的本质是解放生产力，发展生产力，消灭剥削，消除两极分化，最终达到共同富裕。在社会主义初级阶段，为了摆脱贫穷和落后，尤其要把发展生产力作为全部工作的中心。在这一思想的指导下，党的十三大报告首次阐述了党在社会主义初级阶段的基本路线：领导和团结全国各族人民，以经济建设为中心，坚持四项基本原则，坚持改革开放，自力更生，艰苦创业，为把我国建设成为富强、民主、文明的社会主义现代化国家而奋斗。它又被概括为"一个中心、两个基本点"。"一个中心"是指经济建设为中心，两个基本点则是指坚持四项基本原则和坚持改革开放。党在社会主义初级阶段的基本路线的确立,对于中国在社会主义建设的伟大征程上阔步前进起到了极其重要的指引作用。正如党的十七大报告所指出:党的基本路线是党和国家的生命线,是实现科学发展的政治保证。以经济建设为中心是兴国之要,是我们党、我们国家兴旺发达和长治久安的根本要求;四项基本原则是立国之本,是我们党、我们国家生存发展的政治基石;改革开放是强国之路,是我们党、我们国家发展进步的活力源泉。要坚持把以经济建设为中心同四项基本原则、改革开放这两个基本点统一于发展中国特色社会主义的伟大实践,任何时候都不能动摇。

既然确立了党在社会主义初级阶段的基本路线,就应当在社会主义建设的伟大实践中毫不动摇地执行这个路线。为了更好地贯彻党的基本路线,党的十五大又提出了党在社会主义初级阶段的基本纲领,它由建设有中国特色社会主义的经济、政治和文化的基本目标和基本政策所构成,是党的基本路线在经济、政治、文化等方面的展开。随着这个基本纲领的全面执行,党在新世纪新阶段的战略目标正在顺利实现。中国通过渐进式改革,逐步营造了一个竞争性的市场环境,市场在国家宏观调控下对资源配置起到了决定性作用。中国的市场化改革极大地改善了中国的要素配置状况,提高了企业的效率,从而造就了中国的产业成长和经济发展,并一跃成为世界第二大经济体。随着经济发展水平的不断提高,整体推进政治、文化等其他领域建设的重要性也日益凸显。党的十六大确立的全面建设小康社会的目标,是中国特色社会主义经济建设、政治建设、文化建设"三位一体"全面发展的目标。党的十七大提出了要按照中国特色社会主义事业总体布局,全面推进经济建设、政治建设、文化建设、社会建设的"四位一体"建设。党的十八大报告对推进中国特色社会主义建设作出了"五位一体"的总体布局,中国特色社会主义道路,就是在中国共产党领导下,立足基本国情,以经济建设为中心,坚持四项基本原则,坚持改革开放,解放和发展社会生产力,建设社会主义市场经济、社会主义民主政治、社会主义先进文化、社会主义和谐社会、社会主义生态文明。党的十九大报告进一步明确中国特色社会主义事业总体布局是"五位一体"、战略布局是"四个全面"。

这表明，在社会主义初级阶段，既要通过经济建设来增加社会物质财富、不断改善人民生活，又要通过政治建设、文化建设、社会建设和生态文明建设发展来促进人的全面发展，逐步实现全体人民共同富裕，建设富强民主文明和谐美丽的社会主义现代化国家。这些理论深化将我们对社会主义初级阶段的认识不断向前推进，丰富和发展了社会主义初级阶段理论。

第三节　社会主义初级阶段理论与我国经济理论界的相关研究

中共十一届三中全会以来，在改革开放和社会主义现代化建设的实践中不断地产生新现象、提出新问题，迫切需要理论界提出新的观点、新的理论来解释现实，指导改革。随着解放思想、实事求是的思想路线的恢复，长期束缚理论界的"左"的思想和教条主义的影响被逐步清除，这为社会主义经济理论的创新和发展提供了巨大的空间。中国经济理论界以极大的热情，投入到对这场史无前例的制度变迁和经济发展的研究中去，产生了丰硕的理论成果。其中，围绕着社会主义初级阶段问题的研究，不仅极大地丰富了中国的经济学理论，不少重要的研究成果还被党中央和国务院所采纳，成为党和国家经济政策的组成部分。

早在20世纪70年代末，苏绍智和冯兰瑞就提出了无产阶级取得政权后的社会发展阶段问题[①]。他们认为，从资本主义社会到共产主义高级阶段，可以分为三个阶段：第一个阶段是从资本主义到社会主义的过渡阶段。它又分为两个时期：第一个时期就是从无产阶级革命胜利后到生产资料所有制的社会主义改造基本完成。这个时期的特点是还存在着多种经济成分，相应地存在着多个阶级，因而是进行激烈的、尖锐的阶级斗争的时期；生产资料所有制的社会主义改造基本完成以后，就进入

---

① 苏绍智、冯兰瑞：《无产阶级取得政权后的社会发展阶段问题》，《经济研究》1979年第5期。

第二个时期,即不发达的社会主义。第二个阶段是发达的社会主义。第三个阶段,即最后一个阶段才进入到共产主义阶段。他们指出,如果不分阶段、混淆阶段,就会把某一阶段存在的现象、因素,扩大成为社会主义几个发展阶段上都有的现象或因素,在理论上和实践中都会产生严重的消极后果。例如,如果不分阶段,把从资本主义到不发达的社会主义,从不发达的社会主义到发达的社会主义看做同一个历史时期,就会把过渡阶段第一个时期的无产阶级同资产阶级的矛盾、社会主义同资本主义的矛盾贯穿到整个的历史时期,就容易把阶级斗争扩大化。再如,如果把发达的社会主义阶段才应该做的事,拿到不发达社会主义阶段来做,就会导致过早地消灭个体经济,取消自留地和家庭副业,取消按劳分配、商品生产和商品交换,甚至急于向共产主义过渡。这篇文章认为:中国还处在不发达的社会主义社会,还处在社会主义的过渡时期,不能认为我们的经济制度已经是发达的或者完全的社会主义。朱述先则从另一个视角,对无产阶级取得政权后的社会发展阶段做出了新的划分:第一个阶段,从资本主义到社会主义的过渡时期;第二个阶段,共产主义第一阶段即社会主义,又分为两个时期:不发达的社会主义时期和发达的社会主义时期;第三个阶段,共产主义的高级阶段即共产主义。[①] 朱述先同意苏绍智和冯兰瑞关于中国还处在不发达社会主义时期的观点,但不赞成他们关于中国仍处在社会主义过渡阶段的论断,认为中国所处的阶段是社会主义阶段的不发达社会主义时期。经济理论界关于社会主义社会也应当分阶段以及我国社会主义还处在不发达阶段的观点,产生了非常重要的社会影响。在1981年,"我们的社会主义制度还是处于初级的阶段"的论断开始出现在党的中央文件中,最终在党的十三大上得到系统阐述并成为全党的共识。

改革开放以来,经济学界从现实经济发展状况出发,围绕着社会主义初级阶段的经济问题开展了大量的研究,不断突破传统理论的樊篱,提出了很多新观点和新思想,不仅深化了我们对于社会主义经济运行规

---

① 朱述先:《也谈无产阶级取得政权后的社会发展阶段问题——与苏绍智、冯兰瑞同志商榷》,《经济研究》1979年第8期。

律的认识，而且对于社会主义初级阶段理论的形成、发展和完善也起到了积极的作用。这在关于社会主义基本经济制度和收入分配制度的理论突破中表现得尤为明显。

传统的观点认为，社会主义所有制结构只能是又公又纯、越纯越好，个体经济每天都在不断地产生着资本主义，而私营经济则是资本主义的根源，是必须被消灭掉的。改革开放以后，一些经济学家开始提出社会主义所有制多样性的观点，主张在保持公有制占主导地位的条件下，发展包括多种个体、私营在内的非公有制经济。薛暮桥是最早主张发展多种经济成分的经济学家，他在1979年就提出，留一点个体经济和资本主义的尾巴可能利多害少。[1] 随着我国非公有制经济的迅速发展，经济学界对于初级阶段所有制结构的认识进一步深化。陈宗胜较早地将我国所有制改革的目标模式概括为一种"混合经济"，即公有制居于相对主体地位，私人经济、个体经济、国家资本主义经济等共同存在、融合生长。所谓共同存在，是指公有制与非公有制及其各种具体形式在整个国民经济范围内同时并存；所谓融合生长，是指各种所有制形式相互渗透、彼此交叉，在一个企业内部融合发展。他还强调指出，这种模式不是私有制居相对主体的混合经济，而是公有制居相对主体的混合经济[2]。社会主义所有制理论上的大胆创新逐渐得到认可。在党的十五大上，公有制为主体、多种所有制经济共同发展，被正式确认为社会主义初级阶段的基本经济制度，非公有制经济也被明确为我国社会主义市场经济的重要组成部分。党的十六大提出要"毫不动摇地巩固和发展公有制经济"，"毫不动摇地鼓励、支持和引导非公有制经济发展"。"两个毫不动摇"在此后历次党的代表大会上得到了反复强调，在党的十九大上被作为党和国家一项大政方针进一步确定下来。基本经济制度是中国特色社会主义制度的重要支柱，也是社会主义市场经济体制的根基。

传统的观点认为，全民所有制必须而且只能采取国家所有制的形

---

[1] 薛暮桥：《薛暮桥回忆录》，天津人民出版社1996年版。
[2] 陈宗胜：《论所有制改革的目标模式》，《南开经济研究》1987年第3期。

式，属于社会主义全民所有的生产资料，只能由社会主义国家代表全体劳动人民来占有，国家直接领导属于国家的企业，通过国家机关任命的企业领导人管理这些企业，国家机关直接计划这些企业的全部生产活动。改革开放之初，董辅礽就对这些观点进行了质疑，认为经济体制改革的实质是改革全民所有制的国家所有制形式。他提出了将国家行政组织和经济组织分开，经济活动由各种经济组织去进行，各种经济组织应该具有统一领导下的独立性，实行全面的独立的严格的经济核算，应该有自身的经济利益，负有法律规定的经济上的责任的主张。[①] 这篇文章拉开了关于国家所有制改革讨论的序幕。进入20世纪90年代以后，特别是邓小平"南方谈话"以后，经济理论界关于国有制改革问题的讨论空前活跃。周叔莲提出了"所有制是一种经济手段"的观点。[②] 他认为，所有制和计划一样，都是经济手段。建立国有制是为了促进生产力的发展，发展生产力才是目的，国有制只是一种经济手段。他批评一些人把国家所有制看成是社会主义的目的，对它产生了迷信，认为承认国有企业的产权就会改变国家所有制的性质，也就破坏了社会主义的经济基础。这种迷信实质上是传统的社会主义经济体制下的国家所有制，实质上是把所有制当成目的而不是当成手段。中共十六届三中全会肯定了明晰国有企业产权的重要性，强调建立"归属清晰、权责明确、保护严格、流转顺畅"的现代产权制度将有利于维护公有财产权，有利于巩固公有制经济的主体地位。中共十八届三中全会在强调"国有企业属于全民所有，是推进国家现代化、保障人民共同利益的重要力量"的同时，也要求进一步完善国有企业的现代企业制度，在对不同国有企业的功能进行准确界定的基础上，引导国有资本有序流动、合理配置。

传统的观点认为，只有全民所有制和集体所有制才是社会主义公有制的实现形式，全民所有制是社会主义所有制的高级形式，集体所有制

---

① 董辅礽：《关于我国社会主义所有制形式问题》，《经济研究》1979年第1期。
② 《所有制是一种经济手段——专访周叔莲教授》，《经济社会体制比较》1993年第5期。

则是其低级形式，集体所有制最终也将过渡到全民所有制。在20世纪80年代初，何伟就注意到，现实生活中已经出现一些公有制的新形式，他提出了应该根据实际经济生活中的变化，来重新研究社会主义生产资料所有制理论的主张。① 刘诗白认为，在不发达的社会主义社会，公有制是一个以全民所有制为主导，由集体所有制、联合所有制和其他公有制形式组成的多样性的复合结构。② 于光远的《中国社会主义初级阶段的经济》是国内第一本系统研究社会主义初级阶段经济问题的著作，曾被誉为"影响新中国经济建设的10本经济学著作"。在这本书中，于光远注意到我国已经出现了各种属于非基本形式的社会主义所有制新形式③，并预言，很可能在将来的某个时期，这种复合的社会主义所有制形式将会比非复合性的社会主义所有制形式占更重要的地位。在具体的改革思路上，厉以宁等一些学者认为股份制是公有制实现的较好的方式，并从很多方面对此进行了论证。党的十五大报告中认可了"公有制实现形式可以多样化"。中共十六届三中全会《中共中央关于完善社会主义市场经济体制若干问题的决定》则进一步提出"使股份制成为公有制的主要实现形式"，并要求"大力发展国有资本、集体资本和非公有资本等参股的混合所有制经济，实现投资主体多元化"。中共十八届三中全会《中共中央关于全面深化改革若干重大问题的决定》指出：国有资本、集体资本、非公有资本等交叉持股、相互融合的混合所有制经济，是基本经济制度的重要实现形式，有利于国有资本放大功能、保值增值、提高竞争力，有利于各种所有制资本取长补短、相互促进、共同发展。党的十九大也明确要求：深化国有企业改革，发展混合所有制经济，培育具有全球竞争力的世界一流企业。

传统的观点认为，生产资料公有制决定了只有按劳分配才是社会主

---

① 何伟：《社会主义公有制应当有多种形式》，《人民日报》1984年12月31日。
② 刘诗白：《社会主义所有制结构》，载《中国社会主义经济理论的回顾与展望》，经济日报出版社1986年版。
③ 在书中，基本形式或者非复合性的社会主义所有制形式是指传统的公有制形式，非基本形式或者复合性的社会主义所有制形式是指公有制企业之间通过横向联合或者集资而形成的股权多元的公有制企业。见于光远《中国社会主义初级阶段的经济》，中国财政经济出版社1988年版。

义的分配原则,土地、资本等要素参与分配则是资产阶级庸俗经济学的陈词滥调。谷书堂和蔡继明认为这种观点不适用于社会主义初级阶段。他们认为,由于社会主义初级阶段还存在着多种所有制,国家、企业和个人还具有相对独立的经济利益,企业和个人还都具有不同程度的收入分配和积累的自主权,所以还不能完全实行按劳分配。他们提出,社会主义初级阶段的分配原则是按贡献分配,也就是按各种生产要素在社会财富的创造中所作出的实际贡献进行分配。社会主义初级阶段的各种收入都是按贡献分配的形式,各种生产要素的贡献是由各生产要素的边际收益决定的。他们强调,在社会主义初级阶段,只有贯彻按贡献分配的原则,才能确保机会均等,提高效率,实现资源的最优配置,促进社会生产力的发展。① 他们的观点曾经引起了很大的争议,但改革实践的发展验证了这种观点的合理性。党的十六大明确提出:确立劳动、资本、技术和管理等生产要素按贡献参与分配的原则,完善按劳分配为主体、多种分配方式并存的分配制度,最终认可了按生产要素的贡献进行收入分配的合法性。党的十九大报告再一次强调:坚持按劳分配原则,完善按要素分配的体制机制,促进收入分配更合理、更有序。

不难看出,在社会主义初级阶段理论的形成和发展过程中,中国经济理论界作出了重要的贡献。随着改革开放和社会主义建设的不断发展,经济理论界对社会主义初级阶段经济问题的认识也将更加深入,必将进一步丰富和发展社会主义初级阶段理论。"社会主义初级阶段论和社会主义市场经济论一起,成为中国改革开放以来经济理论研究最重要、最突出的成果,是当代中国社会主义政治经济学的两大支柱。现阶段中国一切经济问题的研究,各项经济政策的制定,都要以这两大理论为依据、为指导。"② 立足于社会主义初级阶段这一科学论断,建设有中国特色社会主义的伟大实践正在不断推进,中国的经济、政治、文化、社会、生态文明等方面正在发生巨大而深刻的变化,到 21 世纪中

---

① 谷书堂、蔡继明:《按贡献分配是社会主义初级阶段的分配原则》,《经济学家》1989年第 2 期。

② 张卓元:《改革开放以来我国经济理论研究的回顾与展望》,载《张卓元文集》,上海辞书出版社 2005 年版,第 53 页。

叶，中国将成为一个富强民主文明和谐美丽的社会主义现代化强国。

参考文献

《党的十九大报告辅导读本》，人民出版社2017年版。

《邓小平文选》第二卷，人民出版社1994年版。

《邓小平文选》第三卷，人民出版社1993年版。

《列宁选集》第四卷，人民出版社1995年版。

《马克思恩格斯选集》第一、第三卷，人民出版社1995年版。

《毛泽东著作选读》（上、下册），人民出版社1986年版。

《所有制是一种经济手段——专访周叔莲教授》，《经济社会体制比较》1993年第5期。

薄一波：《若干重大决策与事件的回顾》，中共中央党校出版社1991年版。

陈宗胜：《论所有制改革的目标模式》，《南开经济研究》1987年第3期。

董辅礽：《关于我国社会主义所有制形式问题》，《经济研究》1979年第1期。

龚育之：《中国社会主义初级阶段的理论、路线和纲领》，《中共中央党校学报》1998年第1期。

龚育之等：《毛泽东的读书生活》，中央文献出版社2003年版。

谷书堂、蔡继明：《按贡献分配是社会主义初级阶段的分配原则》，《经济学家》1989年第2期。

何伟：《社会主义公有制应当有多种形式》，《人民日报》1984年12月31日。

刘诗白：《社会主义所有制结构》，载《中国社会主义经济理论的回顾与展望》，经济日报出版社1986年版。

冒天启：《50年巨变：由计划经济转向市场经济》，《兰州大学学报》（社会科学版）1999年第3期。

冒天启：《社会主义初级阶段理论》，载张卓元主编《论争与发展：新中国经济理论50年》，云南人民出版社1999年版。

沈宝祥：《毛泽东与中国社会主义》，江西人民出版社 1996 年版。

斯大林：《苏联社会主义经济问题》，人民出版社 1961 年版。

苏绍智、冯兰瑞：《无产阶级取得政权后的社会发展阶段问题》，《经济研究》1979 年第 5 期。

习近平：《紧紧围绕坚持和发展中国特色社会主义，学习宣传贯彻党的十八大精神》，人民网，http：//cpc. people. com. cn/n/2012/1119/c64094 - 19615998 - 2. html。

薛汉伟：《社会主义初级阶段与历史上的类似表述》，《理论前沿》1987 年第 4 期。

薛暮桥：《薛暮桥回忆录》，天津人民出版社 1996 年版。

于光远：《中国社会主义初级阶段的经济》，中国财政经济出版社 1988 年版。

张卓元：《改革开放以来我国经济理论研究的回顾与展望》，载《张卓元文集》，上海辞书出版社 2005 年版。

朱述先：《也谈无产阶级取得政权后的社会发展阶段问题——与苏绍智、冯兰瑞同志商榷》，《经济研究》1979 年第 8 期。

第三章　社会主义基本经济制度理论的确立与发展

　　公有制为主体、多种所有制经济共同发展，是我国的基本经济制度，也是我国社会主义市场经济的基础。由此可以看出社会主义基本经济制度理论在中国特色社会主义经济理论体系中的重要地位。改革开放后，随着大家对中国基本国情的认识逐步符合客观实际，明确我国仍处于社会主义初级阶段，公有制一统天下不利于社会生产力的发展，需要对所有制结构进行调整和改革，允许个体和私营经济的存在和发展，需要利用外资，从而开启建立社会主义基本经济制度的进程。1997年，党的十五大正式宣告公有制为主体、多种所有制经济共同发展是我国社会主义基本经济制度，从而正式确立社会主义基本经济制度理论。它同社会主义市场经济论、社会主义初级阶段理论一起，共同构成中国特色社会主义经济理论的三大支柱。随着改革开放的深化和发展，社会主义基本经济制度也在不断巩固和发展。

　　中国所有制结构的调整和改革、社会主义基本经济制度的确立，是同我们对社会主义初级阶段各种所有制的地位、作用的认识深化分不开的，也是同一系列有关所有制理论的探索和创新分不开的。

第一节　打破公有制一统天下局面，允许非公经济存在和发展

　　1979年开始的中国经济体制改革，是沿着两条主线向前推进的。一条是所有制结构的调整和改革，构造适应社会主义市场经济发展的所

有制基础包括微观经济主体，也就是构建中国特色社会主义社会发展的经济基础，包含三大块，一是公有制（国有制和集体所有制）的调整和改革，二是个体私营经济的重生和发展，三是外资经济的引入和发展。此外，还包含上述三大块在社会主义市场经济发展进程中的角色变化和定位，从而确立公有制为主体、多种所有制经济共同发展的社会主义基本经济制度及其理论。另一条是经济运行机制的改革，从计划主导型转变为市场主导型，放开价格，建设现代市场体系，市场在资源配置中起基础性和决定性作用，国家主要运用经济手段和法律手段调控宏观经济使其稳定健康运行。这两条主线是并行不悖、互相促进的。从中国40年经济改革实践看，经济运行机制的改革是走在前面的，所有制改革方面，民营经济和外资经济发展比较快，国有企业改革则困难重重进展不够快。一个最简单的例子是，1993年，当国有企业改革的方向经过多年争论终于确定为适应社会主义市场经济发展的现代企业制度即现代公司制时，70%以上商品和服务的价格已经放开由市场调节。直到2018年，一般认为，中国经济改革最大最难啃的硬骨头，仍然是国资国企改革。

一 个体经济的恢复和发展

我国在实行改革开放前是公有制一统天下的局面。1978年，城市是国有制经济，农村是集体所有制经济，私营经济在1957年社会主义改造完成后不久就被扫光，个体经济只在一些缝隙中留下一点点。据统计，改革开放前全国只留下个体经营14万户，从业人员15万人。

改革开放后最早打破公有制一统天下格局的动因是解决上千万人的就业问题。也有一个说法叫知青回城催生个体经济。"文化大革命"期间，我国经济社会发展缓慢，劳动就业问题已经比较尖锐，"文化大革命"结束后，大批返城知青和落实政策后的各阶层就业问题尤为突出。据统计，截至1979年上半年，全国要在城镇安排就业的人数高达2000万人，其中包括大专院校、技校毕业生和家在城市的复员转业军人105万人，按政策留城的知识青年320万人，插队知青700万人，城镇闲散劳动力230万人，反右派斗争和"文化大革命"中处理错了需要安置的85万人。① 如何增加劳动就业岗位成为党和政府最紧迫的问题。

1979年2月,国家工商行政管理局召开了"文化大革命"结束后第一次工商行政管理局长会议。面对大批知青返城、大量城镇积压待业人员的巨大压力,会议提出并经党中央国务院批转的报告指出,"各地可根据当地市场需要,在取得有关业务主管部门同意后,批准一些有正式户口的闲散劳动力从事修理、服务和手工业等个体劳动,但不准雇工"。尽管这个文件作了种种规定,尤其是规定不准雇工,但它毕竟为城市个体经济的发展开了"绿灯"。

1979年7月18日,我国著名经济学家薛暮桥在《北京日报》发表《关于城镇劳动就业问题的几点意见》一文,首提调整所有制结构问题。文章指出,老职工提前退休,子女顶替的办法不妥,解决就业问题的根本办法是发展生产,广开就业门路,改革劳动管理制度,丰富所有制结构和产业结构。薛暮桥认为,1958年把自负盈亏的公私合营商店和手工业合作社几乎一扫而光之后,一方面大量的社会迫切需要的工作没有人干,另一方面又有大量的劳动者找不到适当的工作。在运输业、建筑业、饮食业、修理业、服务业等当时城市非常需要,却又非常缺乏的行业,应改变过去有些人将其视为"资本主义漏洞"进行封堵的做法,允许发展集体企业甚至个体户。应鼓励回城青年自找就业门路,恢复传统小吃、小摊点等。这一观点后来被决策者概括为:"广开门路,三扇门(指国家、集体、个体)就业。"②

1979年9月29日,叶剑英委员长在国庆讲话中指出,我国的社会主义制度还处于"幼年时期","我国现在还是发展中的社会主义国家,社会主义制度还很不完善,经济和文化还很不发达"。他明确指出,"目前在有限范围内继续存在的城乡劳动者的个体经济,是社会主义公有制经济的附属和补充"。

1980年8月,中共中央在《进一步做好城镇劳动就业工作》的文

---

① 中共中央整党工作指导委员会编:《十一届三中全会以来重要文件简编》,人民出版社1983年版,第29页。

② 黄孟复主编:《中国民营经济史纪事本末》,中华工商联合出版社2010年版,第176页。

件中指出,"宪法明确规定,允许个体劳动者从事法律许可范围内的,不剥削他人的个体劳动。这种个体经济是社会主义公有制经济的不可缺少的补充,在今后一个相当长的历史时期都将发挥积极作用,应当适当发展。有关部门对个体经济要积极予以支持,不得刁难、歧视。一切守法的个体劳动者,应当受到社会的尊重"。

1980年12月11日,一个叫章华妹的19岁小姑娘从温州鼓楼工商所领到了"个体工商户营业执照"——工商证字第10101号。这一批共发出了1844户个体营业执照。当年年底,全国从事个体经济人数迅速达到81万人。从1981年开始,由于党和政府鼓励与扶持个体经济的各项政策陆续出台,我国城乡个体经济快速发展。请看表3-1。

表3-1　　1979—1985年城镇和农村个体经济从业人员情况　　单位:万人

年份	城镇从业人员	农村从业人员
1979	31.1	
1980	80.6	
1981	105.6	121.0
1982	135.8	184.0
1983	209.0	537.8
1984	291.0	1013.0
1985	1766.0(城乡共有数)	

资料来源:苏星:《新中国经济史》,中共中央党校出版社2007年版,第559页。

个体经济恢复和发展起来以后,除了解决了大批人的就业问题,一般认为,还在以下几个方面发挥了积极作用:一是发展了生产,特别是小商品生产,包括服装、纽扣、土特产加工、小农具的修造等。饮食业的一些风味小吃,多年没有人干,快要失传了,现在又恢复起来。二是搞活了一部分商品流通,繁荣了市场。广大的城乡都开展了集市贸易,有一些城市还搞了旧货市场。三是不花国家投资,不占劳动指标,大大增加了商业、饮食业、服务业网点。从中共十一届三中全会到1983年,全国增加了534.9万个网点,其中个体增加414.2万户,占增加总数的

87.7%。四是方便了人民的生活，部分地、不同程度地缓解了城乡居民的吃饭难、穿衣难、住店难、乘车难，农民卖难、买难的问题。五是扩大了就业门路。六是增加了税收。七是促进了竞争，有活力的个体工商户对国营和集体的商业、服务业是一个越来越大的竞争对手。[①] 以上这几方面的作用充分说明，个体经济确实是公有经济的必要的、有益的补充。

二 私营经济接踵而来

个体经济一发展，私营经济必然接踵而来，这是经济学的一般原理。个体经济发展以后，有些经营好的个体工商户就要求扩大经营规模和增加经营项目，就需要增加劳动力，需要雇工。而城乡都有相当数量的剩余劳动力等待解决就业问题，很容易找到雇工。这样，一些经营较好的个体工商户就出现了雇工经营。对于雇工，开始国家是有限制的。1981年7月7日，《国务院关于城镇非农业经济若干政策性规定》指出，"个体经营户，一般是一人经营或家庭经营；必要时，经工商行政管理部门批准，可以请一至两个帮手；技术性较强或者有特殊技术的，可以带两三个最多不超过五个学徒"。1983年1月，在中共中央印发的《当前农村经济政策的若干问题》（即第一个中央一号文件）中，政策有所放宽。文件将一定范围内的雇工或换工，界定为"均属群众之间的劳动互助或技术协作，都应当允许"。文件特别指出，"农村个体工商户和种养业的能手，请帮手、带徒弟，可参照《国务院关于城镇非农业个体经济若干政策性规定》执行。对超过上述规定雇请较多帮工的，不宜提倡，不要公开宣传，也不要急于取缔，而应因势利导，使之向不同形式的合作经济发展"。这实际上为雇工松了绑。接着争论的是雇工多少人算是超出了个体经济范畴？当时有的经济学家认为应该按照马克思《资本论》第一卷第三篇第九章《剩余价值率和剩余价值量》中提出的情况，雇工8人以下，自己也和工人一样直接参加生产劳动的，是"介于资本家和工人之间的中间人物"，也就是小业主；而超过8人的，则开始"占有工人的剩余价值"，是资本家。以此为依据，雇

[①] 苏星：《新中国经济史》，中共中央党校出版社2007年版，第560页。

工不到 8 人的，算个体工商户；雇工 8 人及以上的，就算是私营业主即私营经济了。此后一般以此作为划分个体经济和私营经济的标准。

1984 年 10 月 22 日，邓小平在听取有关方面负责人汇报当前经济形势时说，雇工问题，我的意见是放两年再看。1987 年 4 月 17 日，邓小平在会见香港地区的客人时说，"现在我们国内人们议论雇工问题，我和好多同志谈过，犯不着在这个问题上表现我们在'动'，可以再看几年。开始我说看两年，两年到了，我说再看看"，"要动也容易，但是一动就好像政策又在变了。动还是要动，因为我们不搞两极分化。但是，在什么时候动，用什么方法动，要研究。动也就是制约一下"。①

随着城乡私营企业的不断发展，雇工也逐渐普遍。有调查表明，到 1990 年，全国农村共有雇工 8 人以上的私营企业 6.04 万家，雇工 99.7 万人，每户平均雇工 16.5 人。在集体经济不强、商品经济发达的地区，雇工经营发展很快，所占比重也大。例如，浙江省温州市 1987 年有雇工 8 人以上的私营企业 1 万多家，产值占该市乡镇企业总产值的 70%。湖北省珍珠大王陆春明，1987 年拥有资产 700 多万元，雇工 300 多人，当时年均获利 100 万元以上。②

经过一段时间的观察和实践，大家对私营经济的认识逐渐明确。1987 年 10 月，党的十三大报告指出："社会主义初级阶段的所有制结构应以公有制为主体。目前全民所有制以外的其他经济成分，不是发展得太多了，而是还很不够。对于城乡合作经济、个体经济和私营经济，都要继续鼓励它们发展。""私营经济是存在雇佣劳动关系的经济成分。但在社会主义条件下，它必然同占优势的公有制经济相联系，并受公有制经济的巨大影响。实践证明，私营经济一定程度的发展，有利于促进生产，活跃市场，扩大就业，更好地满足人民多方面的生活需求，是公有制经济必要的和有益的补充。"1988 年 4 月，七届人大第一次会议通过的《中华人民共和国宪法修正案》规定："私营经济是社会主义公有

---

① 《邓小平文选》第三卷，人民出版社 1993 年版，第 216 页。
② 彭森、陈立等：《中国经济体制改革重大事件》（上），中国人民大学出版社 2008 年版，第 184—185 页。

制经济的补充。国家保护私营经济的合法的权利和利益,对私营经济实行引导、监督和管理。"1988年,各地工商行政管理机构开始办理私营企业的注册登记。从此,中国私营企业可以名正言顺发展了。1992年确立社会主义市场经济体制改革目标后,私营经济发展迅速。请看表3-2。

表3-2　　　　　1992—1997年全国私营经济发展状况

年份	户数(万户)	增幅(%)	人数(万人)	资本(亿元)
1992	13.9	28.8	231.9	221.2
1993	23.8	70.4	372.6	680.5
1994	43.2	81.7	648.4	1447.8
1995	65.5	51.4	956.0	2621.7
1996	81.9	25.2	1171.1	3752.4
1997	96.1	17.3	1349.3	5140.1

资料来源:国家统计局。

我国私营经济的发展,对我国发展社会主义市场经济起着积极的作用。第一,由于个体和私营经济的快速增长,它们对国内生产总值的贡献率已从1979年的不到1%增加到2001年的20%以上。第二,扩大了社会就业,20世纪90年代以来个体私营经济更是发展为新增就业的主渠道。1992—2000年,个体私营企业年均净增600万个工作岗位,提供的就业岗位占全社会新增就业岗位的四分之三。第三,带动了一批新兴产业发展,突出地表现在民营科技企业迅速发展上面。1992年到20世纪末,民营科技企业实现的技工贸总收入和上缴的税金平均以30%多的速度增长。到2001年,全国民营科技企业已发展到10多万户,企业长期员工644万人,企业资产总额超过24800亿元,出口创汇319亿美元。民营科技企业已成为我国国民经济中的一个显著亮点。第四,推进了所有制结构的调整和优化。个体私营经济的发展,为社会主义市场经济创造了一个多元市场主体互相竞争、充满活力的体制与市场环境,改变了公有制一统天下的局面,调动了广大群众的积极性,为加快经济增长共同出力。①

三　引进和利用外资

改革开放初期，对外开放主要是办经济特区和引进与利用外资。1980年8月26日，由叶剑英委员长主持的中华人民共和国第五次全国代表大会常务委员会第十五次会议，批准了国务院提出的《广东省经济特区条例》，正式宣告在广东省的深圳、珠海、汕头三个市设置经济特区。随后，全国人大常委会又批准了《福建省厦门经济特区条例》。1981年5—6月，《广东、福建两省和经济特区工作会议纪要》，为特区建设提出了一系列政策性意见。其中有：创办经济特区是为了吸收利用外资，引进先进技术，拓展对外贸易，加速经济发展，同时在实践中观察与研究当代资本主义经济，学习与提高参与国际交往的本领，进行经济体制改革试验。特区经济的所有制结构，为社会主义经济领导下的多种经济成分并存。在工业生产方面，外商企业所占比重可以大于内地。特区经济活动在社会主义计划指导下充分发挥市场调节作用。

兴办经济特区和利用外资，从一开始就有不同意见，主要是提出经济特区姓"资"还是姓"社"的诘难。在党中央和邓小平同志一直大力支持下，深圳特区头几年就出成绩，由于开始利用外资，特区工农业产值、财政收入增长幅度很大，特别是工业产值，1982年达到3.6亿元，1983年跃上7.2亿元。邓小平听到后，非常高兴。他在1984年1月26日考察深圳时，挥笔题写了："深圳的发展和经验证明，我们建立经济特区的政策是正确的。"

在中央和邓小平的支持与领导下，从经济特区到全国，利用外资逐步扩大，外商直接投资企业越来越多，外商投资企业逐渐成为我国市场主体的重要组成部分。表3-3是1979—2012年我国实际使用外资的概况。

---

① 《中共中央关于完善社会主义市场经济体制若干问题的决定辅导读本》，人民出版社2003年版，第44—45页。

表3-3　　　　　　　　中国实际使用外资概况　　　　　单位：亿美元

年份	总金额	外商直接投资额	外商其他投资额
1979—1984	141.87	41.04	10.42
1985	47.60	19.56	2.98
1986	76.28	22.44	3.70
1987	84.52	23.14	3.33
1988	102.26	31.94	5.45
1989	100.60	33.92	3.81
1990	102.89	34.87	2.68
1991	115.54	43.66	3.00
1992	192.03	110.08	2.84
1993	389.60	275.15	2.56
1994	432.13	337.67	1.79
1995	481.33	375.21	2.85
1996	548.05	417.26	4.10
1997	644.08	452.57	71.30
1998	585.57	454.63	20.94
1999	526.59	403.19	21.28
2000	593.56	407.15	86.41
2001	496.72	468.78	27.94
2002	550.11	527.43	22.68
2003	561.40	535.05	26.35
2004	640.72	606.30	34.42
2005	638.05	603.25	34.80
2006	670.76	630.21	40.55
2007	783.39	747.68	35.72
2008	952.53	923.95	28.58
2009	918.04	900.33	17.71
2010	1088.21	1057.35	30.86
2011	1176.98	1160.11	16.87
2012	1132.94	1117.16	15.78
1979—2012	14774.35	12761.08	581.70

资料来源：国家统计局。

到2012年年底，全国外商投资企业共计440609个，投资总额32610亿美元，注册资本18814亿美元，其中外方为14903亿美元。在中国吸引的外商直接投资中，有60%左右投向制造业。这使外商投资企业对工业增长的贡献相当突出。20世纪90年代以来中国出口的大幅度增长，很大程度上得益于外商投资企业出口的快速增长，外商投资企业的出口额从1991年的120亿美元上升到2014年的10747.34亿美元，占全国出口总额的比重从1991年的16.75%上升到2014年的45.9%。2011年，在工业部门总资产中，外资所占比重达23.97%。这些均表明，外商投资企业已是中国相当重要的市场主体，对经济和出口增长、增加就业、增加税收、引进先进技术和管理等，作出了重要贡献。

第二节　社会主义基本经济制度的建立

一　改革从农村起步，推行家庭联产承包责任制，实现农村土地集体所有权和承包经营权分离

中国经济体制改革是从农村实行家庭联产承包责任制开始的。1978年12月，安徽省凤阳县梨园公社小岗村18户农民，偷偷签订了"包干到户"的协议。小岗村和其他地方自发搞起来的包干到户或包产到户的星星之火，由于得到中央层面领导的支持，迅速成燎原之势在全国各地推开。1980年年底，全国实行包产到户和包干到户的生产队从年初的占生产队总数的1.1%上升到14.9%。1980年是中等年景，当年中国农村收获的情况是，仍然坚守在人民公社阵营里边的产量不增不减；实行包产到组的地方增产10%—20%；实行包产到户的地方增产30%—50%。事实证明，包产到户的责任制能大大解放生产力，这又反过来加速包产到户的推广。到1981年6月，全国实行家庭联产承包责任制的生产队已占生产队总数的86.7%。[①] 到1983年年底，全国98%

---

① 彭森、陈立等：《中国经济体制改革重大事件》（上），中国人民大学出版社2008年版，第72页。

的农村集体都实行了家庭联产承包责任制。可见，农村推行家庭联产承包责任制，尽管没有改变土地的集体所有制性质，但是实现了所有权和承包经营权的分离，从而调动了农民的生产积极性，有力地促进了农业生产的恢复和发展。请看表3-4。

表3-4　　　　　1979—1984年主要农产品产量增长情况　　　　单位：%

农产品名称	产量增长	年均增长
粮食	33.6	4.95
棉花	188.8	19.33
油料	128.2	14.75
肉类	79.9	10.28

资料来源：常修泽等：《所有制改革与创新——中国所有制结构改革40年》，广东经济出版社2018年版，第38页。

与此同时，乡镇企业异军突起。改革开放后，农村社队企业迅速发展。到1983年，社队企业职工人数达到3235万人，总产值1019亿元，利税总额177亿元，分别比1978年增长14.4%、104.5%和69%。1984年3月，中央批转了原农牧渔业部向中央呈报的《关于开创社队企业新局面的报告》，文件把社队企业正式更名为乡镇企业，其中包括由个体私人办的和联户办的企业。文件指出，乡镇企业是农业生产的重要支柱，是广大农民群众走向共同富裕的重要途径，是国家财政收入的重要来源，是国民经济的重要补充。此后乡镇企业发展迅速，到1988年，乡镇企业从业人员达到9495万人，总产值7018亿元，实现利税892亿元，分别比1978年增长2.36倍、13.24倍和7.1倍。1989—1991年，国家实行治理整顿政策，乡镇企业发展趋缓。1992—1996年，乡镇企业发展加快。1996年，乡镇企业从业人员达1.35亿人，增加值近1.8万亿元，利税总额6253亿元。[①] 当年集体工业产值占全国工业总产值的比重高达39.39%。

---

① 张卓元、胡家勇、刘学敏：《论中国所有制改革》，江苏人民出版社2001年版，第140—141页。

乡镇企业的崛起，既得益于较早形成了灵活的经营机制，也得益于产品短缺的外部经济环境。但是，随着我国改革开放的深化，特别是当整个经济由卖方市场于20世纪90年代中后期逐步转向买方市场后，市场体系逐步形成，市场机制作用增强，乡镇企业一些深层次问题逐渐暴露出来，政企不分、产权不明晰成为制约乡镇企业进一步发展的障碍。因此，从20世纪90年代中后期以来，乡镇企业逐步开展了以改变政企不分、明晰产权关系的改革。

苏南乡镇企业从1997年起进行两次改制，改制面达80%，使所有制结构出现了较大变化。以无锡市为例，2005年无锡市工业总产值所有制结构为：国有企业占5.4%，股份合作制企业占7.4%，股份制企业占22.8%，集体企业占29.2%，个体经营占1%，私营企业和联营企业占22.1%。这说明，改革后集体企业仍占一定比重，股份制企业、股份合作制企业、私营企业和联营企业则迅速发展起来了。改革促进了生产的发展和农民收入水平的提高。无锡市农村居民人均纯收入2004年为7115元，2005年为8004元，高于全国平均水平。[①] 另据农业部统计，到2006年，在中国168万家乡镇企业中，95%实行了各种形式的产权制度改革，其中20多万家转成了股份制和股份合作制企业，130万家转成了个体私营企业。[②]

二 国有企业改革从扩大企业自主权开始，1993年确定改革方向是建立现代企业制度

国有企业改革是中国经济体制改革的中心环节，也是最困难的改革。改革开放之初，四川省等开始选择一些国营企业扩大企业自主权试点，主要是给企业一定的利润留成。到1987年，还比较普遍地实行承包制。承包制最大的问题是政企不分、一对一谈判、内部人控制、没有转换体制机制，以致往往企业承包一轮国有资产流失一轮。直到1992年确立社会主义市场经济体制改革的目标后，才明确国有企业改革的方

[①] 范从来、孙覃玥：《新苏南模式所有制结构的共同富裕效应》，《南京大学学报》2007年第2期。

[②] 常修泽等：《所有制改革与创新——中国所有制结构改革40年》，广东经济出版社2018年版，第52页。

向是建立现代企业制度即现代公司制。而随着市场化改革的不断推进，大量国有企业由于没有很好地转换经营机制，不能适应市场经济的发展而陷入困境。1997年，党和政府提出帮助国有企业脱困的任务。其目标是，从1998年开始，用三年左右的时间，使大多数国有大中型亏损企业摆脱困境，力争到20世纪末，大多数国有大中型骨干企业建立现代企业制度。到2000年，这一目标已基本实现。此后，国有工商企业迅速发展壮大，总资产和净资产快速增加，税收和利润同步增长。2012年，已有64家国有企业进入《财富》发布的世界500强名单。国有经济仍牢牢控制着国民经济命脉的重要行业和关键领域。2012年年底，国有控股上市公司953家，占我国A股上市公司总量的38.5%，市值13.71万亿元，占A股上市公司总市值的51.4%。

三 十五大首次提出建立公有制为主体、多种所有制经济共同发展的基本经济制度

根据中国所有制结构的变化情况，1997年党的十五大报告首次提出建立社会主义基本经济制度的问题。其指出："公有制为主体、多种所有制经济共同发展，是我国社会主义初级阶段的一项基本经济制度。这一制度的确立，是由社会主义性质和初级阶段国情决定的：第一，我国是社会主义国家，必须坚持公有制作为社会主义经济制度的基础；第二，我国处在社会主义初级阶段，需要在公有制为主体的条件下发展多种所有制经济；第三，一切符合'三个有利于'的所有制形式都可以而且应该用来为社会主义服务。""十一届三中全会以来，我们党认真总结以往在所有制问题上的经验教训，制定以公有制为主体、多种经济成分共同发展的方针，逐步消除所有制结构不合理对生产力的羁绊，出现了公有制实现形式多样化和多种经济成分共同发展的局面。继续调整和完善所有制结构，进一步解放和发展生产力，是经济体制改革的重大任务。"这意味着又一次重大改革举措的出台和政策调整。因为既然是基本经济制度，就不只是一般的方针政策，更不是权宜之计，而是具有稳定性、长期性的制度安排。

公有制为主体、多种所有制经济共同发展的基本经济制度是我国处于社会主义初级阶段决定的。

由公有制经济一统天下转变为公有制为主体、多种所有制经济共同发展，是由于改革开放后大家认识到中国尚处于社会主义初级阶段的基本国情决定的。由于我国现阶段仍然处于社会主义初级阶段，生产力发展水平不高，生产的社会化程度远远没有达到能消灭私营经济取消个体经济、实现单一公有制的阶段。如果硬要这样做，就只能束缚和抑制社会生产力的发展。改革开放前城镇几千万人失业，农民生产积极性普遍不高，经济增速趋缓，说明一大二公的公有制经济严重束缚了生产力的发展。改革开放后，党和政府从中国处于社会主义初级阶段的基本国情出发，逐步采取支持鼓励和引导个体私营经济发展以及利用外资的政策，对公有制经济进行改革增强活力，有效地解放和发展了社会生产力，使中国经济迅速起飞，取得了让世人惊叹的高速增长奇迹。2010年以后，中国个体私营外资经济贡献的国内生产总值已占总量的60%多，贡献的就业岗位占全国城镇就业岗位的80%以上，贡献的固定资产投资占全社会固定资产投资的60%多，贡献的税收占全国税收的50%多。可见，改革开放后新成长的个体私营和外资经济对中国经济的快速增长起着多么重要的价用，可以说是中国经济增长的重要的不可替代的生产军。

也有学者提出，社会主义初级阶段的主要经济特征是生产力水平低、层次多、发展不平衡、商品经济不发达，这就决定了社会主义社会的所有制结构必然是以社会主义公有制经济为主体、多种所有制经济长期并存与共同发展的格局。这是我国社会主义初级阶段的基本经济制度。这一基本经济制度，是中国特色社会主义制度的重要支柱，也是社会主义市场经济体制的根基。①

中国经济体制改革的一个成功经验是，在体制内即公有制主要是国有经济改革因种种原因进展缓慢的情况下，在体制外即在公有制经济外面迅速成长出一块越来越大的非公有制经济，从而使整个国民经济活跃起来，推动经济快速增长，人民群众生活迅速改善，并且成为促进国有

---

① 胡乃武：《关于构建中国特色社会主义经济学话语体系的核心问题》，载张卓元主编《中国经济学成长之路》，中国社会科学出版社2015年版，第40页。

制经济改革的重要外在力量。

四 基本经济制度是社会主义市场经济体制的根基

中共十八届三中全会《决定》指出,"公有制为主体、多种所有制经济共同发展的基本经济制度,是中国特色社会主义制度的重要支柱,也是社会主义市场经济体制的根基"。

中国改革开放是从经济活动中引入市场机制开始的,1984年确认中国社会主义经济是公有制基础上的有计划的商品经济,1992年进一步确立社会主义市场经济体制改革目标,提出社会主义与市场经济相结合、公有制与市场经济相结合。在社会主义市场经济中,作为其重要组成部分的个体、私营、外商经济,由于它们从一开始就是独立的市场主体,它们同市场经济相结合是没有问题的。而传统的公有制特别是国有制,是很难同市场经济相结合的。因为传统的公有制特别是国有制是按照国家的指令性计划运行的。确立社会主义市场经济体制的改革目标后,要实现公有制和市场经济的结合,就要寻找能同市场经济相结合的公有制形式。1997年,党的十五大报告及时提出了寻找公有制实现形式和社会主义可以利用股份制的主张。其提出,"公有制实现形式可以而且应当多样化。一切反映社会化生产规律的经营方式和组织形式都可以大胆利用。要努力寻找能够极大促进生产力发展的公有制实现形式。股份制是现代企业的一种资本组织形式,有利于所有权和经营权的分离,有利于提高企业和资本的运作效率,资本主义可以用,社会主义也可以用。不能笼统地说股份制是公有还是私有,关键看控股权掌握在谁手中。国家和集体控股,具有明显的公有性,有利于扩大公有资本的支配范围,增强公有制的主体作用"。

2003年,中共十六届三中全会《决定》指出,要使股份制成为公有制的主要实现形式。决定说,"要适应经济市场化不断发展的趋势,进一步增强公有制经济的活力,大力发展国有资本、集体资本和非公有资本等参股的混合所有制经济,实现投资主体多元化,使股份制成为公有制的主要实现形式"。

20世纪90年代以来,中国国有企业特别是大中型企业,正是按照上述要求,不断推进和深化公司制股份制和混合所有制改革,使国有经济、公有制经济同市场经济有机结合,不断巩固公有制的主体地位和充分发挥国有经济在国民经济中的主导作用,不断巩固和完善社会主义基本经济制度,促进社会主义市场经济不断发展。

第三节 基本经济制度的巩固和完善

社会主义基本经济制度确立后,随着改革的深化和发展,基本经济制度及其理论也在不断巩固和完善。

一 提出了两个毫不动摇

党的十六大报告指出,"根据解放和发展生产力的要求,坚持和完善公有制为主体、多种所有制经济共同发展的基本经济制度。第一,必须毫不动摇地巩固和发展公有制经济。发展壮大国有经济,国有经济控制国民经济命脉,对于发挥社会主义制度的优越性,增强我国的经济实力、国防实力和民族凝聚力,具有关键性作用。集体经济是公有制经济的重要组成部分,对实现共同富裕具有重要作用。第二,必须毫不动摇地鼓励、支持和引导非公有制经济发展。个体、私营等各种形式的非公有制经济是社会主义市场经济的重要组成部分,对充分调动社会各方面的积极性、加快生产力发展具有重要作用。第三,坚持公有制为主体,促进非公有制经济发展,统一于社会主义现代化建设的进程中,不能把这两者对立起来。各种所有制经济完全可以在市场竞争中发挥各自优势,相互促进,共同发展"。两个毫不动摇是对基本经济制度认识的重大发展,可以做到 1 加 1 大于 2 的效果。一般认为,公有制经济特别是国有经济在投资大、建设周期长、回收较慢、规模效益比较显著的基础设施和某些高精尖技术领域有优势,而非公有制经济则在市场进入门槛低、竞争比较充分、生产经营灵活性强的一般竞争性领域有优势。在社会主义市场经济中,国有经济和非国有经济,都有自己大显身手用武之地。改革开放以来,东部一些地区的非公有制经济发展很快,给国有企业带来了好的市场环境,并为国有企业改革创造了有利条件,推动了国有经济的改革和发展,提高了国有经济增长的质量和效益,整个国民经济也获得了迅速发展，说明国有经济和非国有经济发展的互补性与互动性。

2007年，党的十七大重申两个毫不动摇，说，"坚持和完善公有制为主体、多种所有制经济共同发展的基本经济制度，毫不动摇地巩固和发展公有制经济，毫不动摇地鼓励、支持、引导非公有制经济发展，坚持平等保护物权，形成各种所有制经济平等竞争、相互促进新格局"。

2017年，党的十九大报告同样提出两个毫不动摇，报告说，"必须坚持和完善我国社会主义基本经济制度和分配制度，毫不动摇巩固和发展公有制经济，毫不动摇鼓励、支持、引导非公有制经济发展，使市场在资源配置中起决定性作用，更好发挥政府作用，推动新型工业化、信息化、城镇化、农业现代化同步发展，主动参与和推动经济全球化进程，发展更高层次的开放型经济，不断壮大我国经济实力和综合国力"。在当前，仍有人高喊要着手消灭私有制、剥夺民营企业家资产的时候，重申两个毫不动摇是很必要的，具有很强的针对性。

二 提出了混合所有制经济是基本经济制度的重要实现形式

2013年，中共十八届三中全会《决定》提出，"积极发展混合所有制经济。国有资本、集体资本、非公有资本等交叉持股、相互融合的混合所有制经济，是基本经济制度的重要实现形式，有利于国有资本放大功能、保值增值、提高竞争力，有利于各种所有制资本取长补短、相互促进、共同发展。允许更多国有经济和其他所有制经济发展成为混合所有制经济。国有资本投资项目允许非国有资本参股。允许混合所有制经济实行企业员工持股，形成资本所有者和劳动者利益共同体"。这是决定的一个亮点，具有重要的现实意义和理论意义。积极发展混合所有制经济，是今后完善我国基本经济制度的着力点。

改革开放以来，我们党一直在努力寻找公有制和基本经济制度有效的实现形式。1993年，中共十四届三中全会《决定》就提出，"随着产权的流动和重组，财产混合所有的经济单位越来越多，将会形成新的财产所有结构"。1997年，党的十五大报告指出："公有制实现形式可以而且应当多样化。""要努力寻找能够极大促进生产力发展的公有制实现形式。"1999年,中共十五届四中全会《决定》指出,"国有大中型企业尤其是优势企业,宜于实行股份制的,要通过规范上市、中外合资和企业相互参股等形式,改为股份制企业,发展混合所有制经济"。2002年,党的十六大报告指出,"除极少数必须由国家独资经营的企业外,积极推行股份制,发展混合所有制经济"。2003年,中共十六届三中全会《决定》提出,要"大力发展国有资本、集体资本和非公有资本等参股的混合所有制经济,实现投资主体多元化,使股份制成为公有制的主要实现形式"。中共十八届三中全会《决定》对发展混合所有制经济作用和意义的论断,是我们党以往有关论断的继承和发展,是我国改革发展实践和认识进一步深化的成果。

大力发展混合所有制经济,主要源于国有企业改革,源于寻找国有制同市场经济相结合的形式和途径。国有企业改革的方向是建立现代企业制度,即现代公司制,而规范的现代公司是股权多元化的,除了原有的国有资本,还要吸收其他非国有资本作为战略投资者,公司上市还会有大量的民营企业和股民持有公司股票。我国经济改革的实践证明,国有企业进行公司制股份制改革,可以实现国有制同市场经济的结合,使国有制找到了能有效促进生产力发展的实现形式。实际上,从20世纪90年代开始,我国实施允许国内民间资本和外资参与国有企业改组改革的政策,国有企业包括金融企业大量上市,大大促进了混合所有制经济的发展。根据历年《中国税务年鉴》材料,1999—2011年,混合所有制经济对全国税收的贡献率是逐年提高的,1999年占11.68%,2005年占36.57%,2011年占48.52%。中国建材集团是发展混合所有制经济的先进典型。该集团在著名企业家宋志平的带领下,2002年以后,通过重组民营企业逐步发展壮大。在水泥领域,中国建材从无到有、从小到大,重组900多家企业,形成四大水泥企业,产能达到4.5亿吨,跃居全球第一。截至2013年,集团所属企业达1113家。集团用220亿元国有权益控制了660亿元净资产,进而带动了超过3600亿元总资产。中国建材股份旗下混合所有制企业中国建材国际工程公司,其控股的子公司较早探索员工持股,十年来营业收入、利润总额均实现快速增长。

中国建材重组水泥企业的经验被选为哈佛案例。宋志平总结出一个公式:"央企的实力+民企的活力=企业的竞争力。"①

与此同时,也要看到,混合所有制改革发展是不平衡的。竞争性行业发展较快,垄断行业发展缓慢。中共十八届三中全会《决定》提出自然垄断行业要放开竞争性业务,发展混合所有制经济,正好为垄断行业放开竞争性业务、吸收社会资本,打开了一条宽阔的通道。据报道,2013—2016年,中央企业混合所有制企业占比由65.7%提高至68.9%,2017年以来又新增了900多户,引入社会资本超过4200亿元。重要领域混合所有制改革试点已分三批在50户企业开展,市场反应积极,产生了良好的社会影响。② 三批混合所有制改革试点示范项目,不仅涵盖了中央企业和部分地方企业,而且实现了电力、石油、天然气、铁路、民航、电信、军工七大重要领域全覆盖,并延伸到国有经济较为集中的一些重要行业。第二批混改试点企业中国联通,是首例垄断领域央企,共引进包括腾讯、百度、阿里巴巴、京东等民资在内的14家战略投资者,联通集团持股比例由62.7%降至36.7%,在最新的董事会换届中,8个非独立董事席位中,5位由引入的战略投资者担任。集团公司管理职能人员编制减少51.3%,31个省级分公司压减机构205个,集团二级机构正副职退出14人,省级分公司中层干部受聘平均退出率15%,实现了组织扁平高效、资源内耗大幅减少。同时,中国联通向7800余名核心员工授予占总股2.7%的限制性股票,调动了最核心要素的积极性。③

三 强调完善产权制度,弘扬企业家精神

2013年,中共十八届三中全会《决定》在论述坚持和完善基本经济制度部分时,头一条就提"完善产权保护制度",指出,"产权是所有制的核心。健全归属清晰、权责明确、保护严格、流转顺畅的现代产权制度。公有制经济财产权不可侵犯,非公有制经济财产权同样不可侵

---

① 晓甘主编:《国民共进——宋志平谈混合所有制》,企业管理出版社2014年版,第172—173、175页。
② 参见《经济参考报》2018年10月16日。
③ 参见《人民日报》2018年4月13日。

犯。国家保护各种所有制经济产权和合法利益，保证各种所有制经济依法平等使用生产要素、公开公平公正参与市场竞争、同等受到法律保护，依法监管各种所有制经济"。这些改革举措在此后两年落实得不够好，主要是对民营经济财产权保护不够有力，以至于2016年民间资本对全社会固定资产投资增长率出现较大幅度下降，降至3.2%，而一般年份增长率均达两位数（2015年为10%）。针对这种不正常情况，2016年和2017年，分别出台了《中共中央 国务院关于完善产权保护制度依法保护产权的意见》《中共中央 国务院关于营造企业家健康成长环境 弘扬优秀企业家精神更好发挥企业家作用的意见》。2017年，党的十九大报告明确提出："经济体制改革必须以完善产权制度和要素市场化配置为重点，实现产权有效激励、要素自由流动、价格反应灵活、竞争公平有序、企业优胜劣汰。""清理废除妨碍统一市场和公平竞争的各种规定和做法，支持民营企业发展，激发各类市场主体活力。""激发和保护企业家精神，鼓励更多社会主体投身创新创业。"由于开始落实上述方针政策，2017年，民间资本在全社会固定资产投资中的增速回升至6%，2018年发展势头也较好。

有专家指出，要破除传统观念，承认非公有制经济是中国特色社会主义市场经济发展的内在要求和必然规律。建设社会主义必须消灭私有制，这一传统观念至今仍深深影响着人们的价值判断与思维方式。这一观念不从根本上澄清，免除不了人们对民营经济的负面看法，也免除不了民营企业经营者对未来的担忧。现在，国家从法律法规与政策上已经完全承认并支持保护发展非公有经济，但这还不够，还要在理论分析、政治判断、道德价值、观念教育和社会舆论上，公开、明确阐述中国发展非公有经济绝不是权宜之计，而是发展中国特色社会主义市场经济的内在要求和必然规律。一定要在全社会上上下下形成一种共识，即在社会主义市场经济条件下，非公有经济与公有经济、民营企业与国有企业，不仅经济地位与法律地位是平等的，政治地位、社会地位、道德名声、价值评价也应是平等的，只有功能作用不同，无高下优劣之分。彻底消除传统观念与偏见，根本消除企业家的担忧，是中国民营企业继续稳定发展、整个国民经济持续健康发展的重要前提条件。①

需要指出，完善产权制度的一个重要方面是加强知识产权保护。我国要转向高质量发展，要突出创新发展，就必须加强知识产权保护，这是产权激励的最重要因素，是鼓励科技创新的最有效手段。正如有的专家指出的，创新是引领发展的第一动力，科技是第一生产力，要"强化知识产权创造、保护、运用，深化科技成果权益管理改革，完善科技成果转化激励评价制度，强化创新型国家在知识产权等方面的法治保障"。②

四　旗帜鲜明地提出大力支持民营企业发展壮大

2018年11月1日，习近平总书记主持召开民营企业座谈会，强调毫不动摇鼓励支持引导非公有制经济发展，支持民营企业发展并走向更加广阔的舞台。习近平在讲话中首先充分肯定我国民营经济的重要地位和作用。其指出，截至2017年，我国民营企业数量超过2700万家，个体工商户超过6500万户，注册资本超过165万亿元。概括起来说，民营经济具有"五六七八九"的特征，即贡献了50%以上的税收，60%以上的国内生产总值，70%以上的技术创新成果，80%以上的城镇劳动就业，90%以上的企业数量。在世界500强企业中，我国民营企业由2010年的1家增加到2018年的28家。

习近平总书记还说，一段时间以来，社会上有的人发表了一些否定、怀疑民营经济的言论。比如，有的人提出所谓"民营经济离场论"，说民营经济已经完成使命，要退出历史舞台；有的人提出所谓"新公私合营论"，把现在的混合所有制改革曲解为新一轮"公私合营"；有的人说加强企业党建和工会工作是要对民营企业进行控制，等等。这些说法是完全错误的，不符合党的大政方针。民营经济是我国经济制度的内在要素，民营企业和民营企业家是我们自己人。民营经济是社会主义市场经济发展的重要成果，是推动社会主义市场经济发展的重要力量，是推进供给侧结构性改革、推动高质量发展、建设现代化经济

---

① 常修泽等：《所有制改革与创新——中国所有制结构改革40年》，广东经济出版社2018年版，第237页。

② 《党的十九大报告辅导读本》，人民出版社2017年版，第208页。

体系的重要主体，也是我们党长期执政、团结带领全国人民实现"两个一百年"奋斗目标和中华民族伟大复兴中国梦的重要力量。在全面建成小康社会、进而全面建设社会主义现代化国家的新征程中，我国民营经济只能壮大、不能弱化，不仅不能"离场"，而且要走向更加广阔的舞台。

习近平总书记还指出，在我国经济发展进程中，我们要不断为民营经济营造更好发展环境，帮助民营经济解决发展中的困难，支持民营企业改革发展，变压力为动力，让民营经济创新源泉充分涌流，让民营经济创造活力充分迸发。为此，要抓好六个方面政策举措落实。第一，减轻企业税费负担。第二，解决民营企业融资难融资贵问题。第三，营造公平竞争环境。第四，完善政策执行方式。第五，构建亲清新型政商关系。第六，保护企业家人身和财产安全。[①] 总书记讲话后，各地各部门立即行动，采取前所未有的得力措施，积极支持民营经济发展。民营企业家也纷纷表示受到很大鼓舞，让他们干劲十足。相信这一重大政策举措，将对中国民营经济和社会主义市场经济发展，产生重大和深远影响。

第四节　如何理解公有制为主体

以公有制为主体，是社会主义市场经济的重要特征。为什么要以公有制为主体？这是因为，以公有制为主体有利于调动广大职工和人民群众的积极性，有利于广大群众走共同富裕的道路，从而有利于社会生产力的解放和发展。所以，坚持公有制为主体，是符合生产力标准的。在社会主义市场经济中，公有制不等于国有制，公有制经济不仅包括国有经济和集体经济，还包括混合所有制经济中的国有成分和集体（合作）成分。这是需要明确的。

关于社会主义基本经济制度中的公有制为主体，据笔者所知，从2013年开始起草中共十八届三中全会文件以来，在理论界、工商界对

---

① 参见《人民日报》2018年11月2日。

此就有两种差距很大的不同看法。有的理论界人士鉴于改革开放后非公有制经济的迅速增长，其对 GDP 的贡献率已超过 50% 甚至 60%，对全社会固定资产投资的比重也已超过 60%，对全社会新增就业岗位的贡献率超过 80% 甚至 90%，就惊呼公有制为主体已被突破，社会主义制度的根基受到动摇，主张限制非公有制经济的发展，有的甚至建议对财富积累特别多的富豪动手，实行再公有化。与此相反，另有理论界和工商界人士则认为，中国现实经济活动已经发展到实际上是民营经济为主体，如果继续坚持以公有制为主体，似乎名不副实，也不利于民营经济的发展。他们建议基本经济制度改为以国有经济为主导、多种所有制经济共同发展。我们认为，以上这两种认识都是不全面的，都是没有很好地认识公有制为主体的含义。

1997 年党的十五大报告在确立公有制为主体、多种所有制经济共同发展的基本经济制度时，对公有制为主体的含义，曾作出明确的规定："公有制的主体地位主要体现在：公有资产在社会总资产中占优势；国有经济控制国民经济命脉，对经济发展起主导作用。这是就全国而言，有的地方、有的产业可以有所差别。公有资产占优势，要有量的优势，更要注重质的提高。国有经济起主导作用，主要体现在控制力上。"从 1979 年改革开放到 2017 年，中国 GDP 增长了 33.5 倍，中国 GDP 占世界总量的比重也已从 1978 年的 1.8% 上升到 2017 年的 15.3%，国有经济、集体和合作经济、个体私营经济、外资经济以及不同所有制资本的混合所有制经济，都获得了巨大发展。在这种情况下，公有资产在社会总资产中占优势，国有经济控制国民经济命脉，对经济发展起主导作用，都没有发生根本性变化。

看看数据。有的专家对我国经营性资产进行估算，得出的结论是：截至 2012 年，我国三次产业经营性总资产约为 487.53 万亿元（含个体工商户资产），其中公有制经济的经营性资产规模是 258.39 万亿元，占 53%。[①] 如果加上非经营性资产如国有的自然资源资产，则公有资产在

---

① 裴长洪：《中国公有制主体地位的量化估算及其发展趋势》，《中国社会科学》2014 年第 1 期。

社会总资产中更是占绝对优势。根据财政部、国资委、国家统计局等部门公布的公开数据测算，截至 2015 年，我国经营性国有资产约为 34.46 万亿元，行政事业性国有资产约为 11.23 万亿元，金融业国有资产约为 53.41 万亿元，资源性国有资产约为 458 万亿元（其中约 43 万亿元可直接出售或交易），四项国有资产合计总值达 557.1 万亿元。这里说的国有资产指的是国有资产净值。① 以上可见，自然资源性国有资产占总资产的大头。至于国有经济控制国民经济命脉，对经济发展起主导作用，则至今没有人对此表示怀疑，这里就不再论证了。

总之，经过 40 年改革开放，各种所有制经济的资产都大幅增加，但公有资产在社会总资产中占优势并没有变，而且按照党的十五大对公有制为主体的规定，为各种所有制经济的共同发展提供了很大的空间。因此，今后必须继续坚持和完善公有制为主体、多种所有制经济共同发展的基本经济制度。

参考文献

《邓小平文选》第三卷，人民出版社 1993 年版。

常修泽等：《所有制改革与创新——中国所有制结构改革 40 年》，广东经济出版社 2018 年版。

江泽民：《高举邓小平理论伟大旗帜　把建设有中国特色社会主义事业全面推向二十一世纪——在中国共产党第十五次全国代表大会上的报告》，人民出版社 1997 年版。

江泽民：《加快改革开放和现代化建设步伐　夺取有中国特色社会主义事业的更大胜利——在中国共产党第十四次全国代表大会上的报告》，人民出版社 1992 年版。

彭森、陈立等：《中国经济体制改革重大事件》（上），中国人民大学出版社 2008 年版。

苏星：《新中国经济史》，中共中央党校出版社 2007 年版。

---

① 常修泽等：《所有制改革与创新——中国所有制结构改革 40 年》，广东经济出版社 2018 年版，第 18 页。

习近平：《决胜全面建成小康社会 夺取新时代中国特色社会主义伟大胜利——在中国共产党第十九次全国代表大会上的报告》，人民出版社2017年版。

习近平：《在民营企业座谈会上的讲话》（2018年11月1日），《人民日报》2018年11月2日。

晓甘主编：《国民共进——宋志平谈混合所有制》，企业管理出版社2014年版。

张卓元、房汉庭、程锦锥：《市场决定的历史突破——中国市场发育与现代市场体系建设40年》，广东经济出版社2017年版。

张卓元、胡家勇、刘学敏：《论中国所有制改革》，江苏人民出版社2001年版。

第四章　企业理论创新与发展

中国国有企业改革（本书所论述的国有企业专指国有工商企业），是中国经济体制改革最重要的领域，也是最困难和争议最多的改革。在传统的计划经济体制下，国有企业只是作为上级主管部门的附属物和"算盘珠"，按照国家的指令性计划进行生产和经营，利润全部或几乎全部上缴，职工工资由主管部门统一规定，企业吃"大锅饭"，职工捧"铁饭碗"，干多干少一个样，干好干坏一个样，严重束缚了企业和职工的积极性和创造性。1978 年年底实行改革开放后，国有企业改革经历了 40 年不断深化的历程。可以认为，国有企业改革最困难的阶段已经过去，国有企业微观经济基础再造的任务目前已初步实现，绝大多数国有企业已基本上成为同社会主义市场经济相适应的市场主体，自主经营、自负盈亏。国有经济继续有力地在国民经济中发挥着明显的主导作用。

中国国有企业改革可以分为以下三大阶段，第一阶段为 1979—1992 年，主要是探索改革的正确方向。第二阶段为 1993—2012 年，以建立现代企业制度为方向，积极推进国有大中型企业公司制股份制改革。第三阶段为 2013 年到现在，以国资改革带动深化国有企业改革。这三大阶段都有许多企业理论创新。

下面，让我们分别考察一下企业理论是怎样随着国有企业改革的深入开展、实践经验的积累而不断创新的，而创新的企业理论又是怎样有力地推动国有企业改革的深化并将指导今后新体制机制如何逐步完善的。

第一节 1979—1992年探索国有企业改革的正确方向

1978年10月，经国务院批准，四川省选择了重庆钢铁公司等6户地方国营工业企业，在全国率先进行"扩大企业自主权"试点，试点的主要内容是，逐户核定企业的利润指标，规定当年的增产增收指标，允许企业在年终完成计划后提留少量利润作为企业的基金，并允许企业给职工发放少量奖金。1979年1月，四川省把试点工业企业由6户增加到100户，同时在40户国营商业企业中也进行了扩大企业自主权的试点。1979年5月25日，国家经委、财政部等六部委联合发出通知，确定在首都钢铁公司等8户企业进行扩大经营管理自主权的改革试点。后来，国务院又于1984年5月颁布《关于进一步扩大国营工业企业自主权的暂行规定》，规定了扩大企业十个方面的自主权，即生产经营计划权、产品销售权、产品定价权、物资选购权、资金使用权、资产处置权、机构设置权、人事劳动权、工资奖金使用权、联合经营权。

1981年年初，山东省等地以及以首钢为代表的企业在扩大企业自主权的基础上实行了利润包干的经济责任制。之后，全国各地陆续实行了一些不同的包干办法。首都钢铁公司制定向国家上缴利润每年递增7.2%的"上缴利润递增包干"经济责任制方案，得到国务院领导批准。于是，以山东省和首钢为代表的经济责任制改革在全国广大国有企业中蓬勃开展起来。

在这期间，还实行了两步"利改税"方案。1983年2月28日，国务院批转财政部《关于国营企业"利改税"试点办法（草案）的报告》，决定从1983年1月1日开始，对国营企业实行"利改税"办法。具体做法是：国有企业保留原来（按销售收入计征）的工商税，把相当于基数利润的部分改为所得税，凡有盈利的国营大中型企业，按55%的税率计征所得税，所得税后的利润，一部分上缴国家，一定三年不变。剩余部分按照国家核定的留利水平留给企业。小型国营企业则实行利润按 8 级超额累进税率缴纳所得税，由企业自负盈亏。

1984 年 9 月 19 日，国务院批转了财政部《关于在国营企业推行"利改税"第二步改革的报告》，决定从 1984 年 9 月开始实施第二步"利改税"方案。主要内容一是改变企业利润上缴形式，国家对国营企业实现利润分别征收所得税和调节税，调节税后的剩余利润作为企业留利；二是允许企业在征收所得税前从利润中归还技措贷款；三是调节税采取一户一率的办法分别核定；四是放宽小型企业标准；五是亏损企业和微利企业继续实行盈亏包干；六是增加税源。

由于外部体制不配套，"调节税"鞭打快牛现象的出现以及当时历史条件的限制，利改税推行后国营企业利润连续 22 个月滑坡。利改税的作用尚未发挥就被承包制所取代，利改税改革事实上没有成功。

1987 年 3 月召开的六届人大五次会议明确肯定了承包制。会议通过的《政府工作报告》指出："今年改革的重点要放在完善企业经营机制上，根据所有权与经营权适当分离的原则，认真实行多种形式的承包经营责任制。"从 1987 年开始，全国掀起了第一次承包热潮。到 1987 年年底，全国预算内企业的承包面达 78%，其中大中型企业达 80%。1990 年，第一轮承包到期的预算内工业企业有 3.3 万多户，占承包总数的 90%。接着又开始第二轮承包。①

从扩大经营自主权到承包制的放权让利改革，使国营企业开始有一定的活力。但是，承包制也有重大缺陷，承包制"一对一"谈判强化了政企不分，只有激励没有约束，所有权经营权分离了，但所有者缺位，所有权不能约束经营权。经营者滥用经营自主权谋取私利或小集体利益，普遍出现"内部人控制"、短期行为，以致不少企业承包一轮，国有资产流失一轮，"富了和尚穷了庙"，后果严重。实践告诉我们，国有企业改革不能以承包制为方向，必须另找出路，实行制度创新。

早在 1980 年，经济学家蒋一苇就提出了著名的企业本位论。他认为，过去的经济体制是按"国家本位"来建立的。它把全国作为一个

---

① 参见张卓元、郑海航主编《中国国有企业改革 30 年回顾与展望》，人民出版社 2008 年版，第 31—34 页。

单一的经济组织，中央和地方政府作为这个单一而庞大经济组织内部的上层机构，对其直属的分支机构进行直接的指挥。他主张的"企业本位论"与"国家本位论"完全不同，主张以企业为基本经济单位，让企业在国家统一领导和监督下，实行"独立经营、独立核算"。企业是现代经济的基本单位，是一个能动的有机体，应当具有独立的经济利益，这种经济利益也就是促进企业发展的动力。国家对企业的管理要采取经济手段和实行经济立法等。① 蒋一苇的企业本位论得到许多经济学家和经济工作者的赞同，对此后的企业改革产生了重大影响。

1987年，国家体改委委托中央和地方八家单位做中期（1987—1995年）改革规划纲要时，北京大学课题组、中央党校课题组等都明确提出应以股份制和现代企业制度作为国有企业改革的目标模式，而承包制由于存在着种种难以克服的缺陷和矛盾，不可能成为国有企业改革的目标模式。国家体改委综合规划司在汇总各家改革纲要时说，各家方案较一致的看法是：中期改革的目标，应该是通过新旧体制的转换，确立社会主义商品经济新体制的主导地位。这种新经济体制的基本框架是：政府调控市场，市场引导企业，它包括相互联系的三个方面内容，即经济运行的市场化、企业形态的公司化、宏观调控的间接化。企业形态的公司化，就是要把竞争性行业的大中型国营企业改造成股份有限公司或有限责任公司，建立起真正的企业法人制度。② 中央党校课题组特别提出，下一步改革的中心任务是创建现代企业制度。指出，现代企业制度有两个最明显特征，一是企业法人财产制度，二是资产最终所有者、法人所有者和经营者以及生产者之间，形成相互依存、相互制约的经济关系和法律责任关系，并以此为基础构成企业的决策机构和经营管理机构以及监督机构，其典型形态是现代股份有限公司。现代企业制度是符合商品经济和社会化大生产发展需要的企业组织制度。现代企业制度的创建，也是我国经济体制改革深入发展提出的客观要求。还提出，

---

① 蒋一苇：《企业本位论》，《中国社会科学》1980年第1期。
② 国家经济体制改革委员会综合规划司编：《中国改革大思路》，沈阳出版社1988年版，第2页。

创建现代企业制度的重点是国营大中型企业。创建现代企业制度必须全面配套,分阶段推进。① 与此同时,有的经济学家也建议对国有大中型企业进行股份制改造。② 可见,中国有些经济学家在20世纪80年代中后期已建议把创建现代企业制度作为国有企业特别是大中型企业改革的方向,而对当时普遍实行承包制的做法是不赞成的,至少认为不能作为中国国有企业改革的目标模式。

第二节 1993—2012年国有企业大力推进公司制改革,健全法人治理结构

1992年,党的十四大报告确立社会主义市场经济体制改革目标,明确市场在国家宏观调控下对资源配置起基础性作用。1993年11月,中共十四届三中全会作出了《中共中央关于建立社会主义市场经济体制若干问题的决定》,在党的文件中第一次提出国有企业改革的方向是建立现代企业制度,并指出现代企业制度的特征是:产权清晰、权责明确、政企分开、管理科学。据我记忆,这四个特征是文件起草组反复研究和讨论,并专门请当时有关主管部门的负责人和专家一起经过多次会议商议后敲定的。现在看来,这四个特征的概括还是比较准确的。从此,中国国有企业改革进入制度创新阶段。这期间,有的经济学家也明确主张国有大中型企业应建立现代企业制度,取代承包制。③

在确立社会主义市场经济体制改革目标后,国有企业改革面临的一个难题是国有制和市场经济怎样结合?国有企业如何适应社会主义市场经济的发展?传统的政企不分的国有制是难以和市场经济结合的,改制前国有企业由于不适应市场经济逐步陷于困境。1997年,党的十五大

---

① 国家经济体制改革委员会综合规划司编:《中国改革大思路》,沈阳出版社1988年版,第129—134页。

② 厉以宁:《所有制改革和股份企业管理》,《中国经济体制改革》1986年第12期、1987年第1—2期。

③ 吴敬琏等:《大中型企业改革:建立现代企业制度》,天津人民出版社1993年版。

报告专门提出，要努力寻找能够极大促进生产力发展的公有制实现形式。股份制是现代企业的一种资本组织形式，有利于所有权和经营权的分离，有利于提高企业和资本的运作效率，资本主义可以用，社会主义也可以用。不能笼统地说股份制是公有还是私有，关键看控股权掌握在谁手中。国家和集体控股，具有明显的公有性，有利于扩大公有资本的支配范围，增强公有制的主体作用。还提出，要按照"产权清晰、权责明确、政企分开、管理科学"的要求，对国有大中型企业实行规范的公司制改革，使企业成为适应市场的法人实体和竞争主体。

经济学家也在改革开放后研究公有制实现形式多样化问题。20世纪80年代初，有经济学家提出，随着改革的推进，公有制将不只限于全民所有制和集体所有制两种形式，"社会主义公有制目前出现许多形式"，"我们应该根据实际经济生活中的变化来重新研究社会主义生产资料所有制的理论，而不能用现成的理论去套实际生活中的复杂情况"。[1] 也有经济学家提出，不发达的社会主义社会，公有制是一个多样性的复合结构，是一个以全民所有制为主导，由集体所有制、联合所有制和其他公有制形式组成的，公有化程度由高到低的多层次、多阶梯的占有关系体系。[2] 还有的经济学家在文章中列举改革开放以来除国有制和集体所有制外，提出和实践的公有制的新的实现形式有：股份合作制、社团所有制、租赁、委托经营、地方社团所有制、公有制控股的股份有限公司、乡镇村组所有制等。[3]

1999年，中共十五届四中全会专门针对国有企业改革和发展问题作出决定，这是改革开放以来针对国有企业改革和发展唯一的由中央全会专门作出的决定。1999年《中共中央关于国有企业改革和发展若干重大问题的决定》（简称中共十五届四中全会《决定》），对党的十五大报告关于国有企业改革和发展问题作了更为系统、深入和具体的阐述，

---

[1] 何伟：《社会主义公有制应当有多种形式》，《人民日报》1984年12月31日。
[2] 刘诗白：《社会主义所有制结构》，《中国社会主义经济理论的回顾与展望》，经济日报出版社1986年版。
[3] 魏杰：《公有制的多种实现形式：理论根据与观念创新》，载王珏主编《劳者有其股——所有制改革与中国经济论坛》，广西人民出版社1997年版。

具有重要的理论意义和现实意义。其中专门论述了从战略上调整国有经济布局、推进国有企业战略性改组、建立和完善现代企业制度等问题。对国有大中型企业实行规范的公司制改革作了新的完整的论述,特别提出了公司法人治理结构是公司制的核心。中共十五届四中全会《决定》指出,公司制是现代企业制度的一种有效组织形式。公司法人治理结构是公司制的核心。要明确股东会、董事会、监事会和经理层的职责,形成各负其责、协调运转、有效制衡的公司法人治理结构。所有者对企业拥有最终控制权。董事会要维护出资人权益,对股东会负责。董事会对公司的发展目标和重大经营活动作出决策,聘任经营者,并对经营者的业绩进行考核和评价。发挥监事会对企业财务和董事、经营者行为的监督作用。国有独资和国有控股公司的党委负责人可以通过法定程序进入董事会、监事会,董事会和监事会都要有职工代表参加;董事会、监事会、经理层及工会中的党员负责人,可以依照党章及有关规定进入党委会;党委书记和董事长可由一人担任,董事长、总经理原则上分设。充分发挥董事会对重大问题统一决策、监事会有效监督的作用。党组织按照党章、工会和职代会按照有关法律法规履行职责。股权多元化有利于形成规范的公司法人治理结构,除极少数必须由国家垄断经营的企业外,要积极发展多元投资主体的公司。可以看到,健全公司法人治理结构,在1997年党的十五大报告起草时已提出,但因认识不一致删掉了,事隔不到两年,公司法人治理结构已是公司制的核心写进中共十五届四中全会《决定》中,说明改革进展之迅速和人们对改革认识程度提高之快。

对于现代企业制度即现代公司制和公司法人治理结构,经济学家也在积极研究。有的指出,"现代公司是在市场经济四百年的发展过程中历尽坎坷,反复改进而逐渐形成的一种企业制度。它突破了血缘关系的纽带,由众多的出资者结合而成。公司制的鲜明特点,第一,在于它是一个法人团体,在法人财产的基础上运转,具有法人身份,公司股东只在它出资的范围内负有限责任。第二,不是由业主直接经营,而是通过法人治理结构,由专家治理。这样,它就能够比较好地适应从事大规模生产和大规模流通相结合的经济活动的现代企业的需要,成为现代大中型企业的基本组织形式。为了建立社会主义市场经济，振兴我国大中型企业，我们也要走各国企业发展的共同道路，将原来的国有国营的大中型企业改组为现代公司。"①

中共十五届四中全会《决定》阐明的现代企业制度具有中国特色，主要表现在：法人治理结构中有一个"新三会"（即股东会、董事会和监事会）和"老三会"（即党委会、工会和职工代表大会）的关系问题。董事会在公司治理中处于特别重要的地位。国有控股公司党委会起领导核心作用。鉴于我国国有企业很容易出现"内部人控制"，需要重视和健全董事会制度。董事会是由股东会或股东大会选举产生的，一般要求外部董事占多数，外部董事中要有独立董事。董事会受股东会委托，向股东会负责，对公司的发展目标和重大经营活动作出决策，并聘任职业经理人实施。有关股东会、董事会、监事会和经营层的关系，已由《中华人民共和国公司法》（简称《公司法》）明确界定。

中国国有企业由于多年来实行承包制，不能适应市场经济的发展，还带来国有资产的流失，使许多国有企业包括大中型企业出现亏损，陷入困境。1997年党和政府提出帮助国有大中型企业脱困的任务，其目标是，从1998年起，用三年左右的时间，使大多数国有大中型亏损企业摆脱困境，力争到20世纪末大多数国有大中型骨干企业初步建立现代企业制度。到2000年年底，这一目标已基本实现。1997年年底，国有和国有控股大中型工业企业为16874户，其中亏损的为6599户，占39.1%。到2000年，亏损户减为1800户，减少近75%。在帮助亏损企业脱困的同时，进行了现代企业制度试点，逐步推行公司制股份制改革，努力使国有和国有控股大中型企业成为适应社会主义市场经济发展的市场主体和法人实体。三年国有大中型工业企业脱困，用去银行呆坏账准备金1500亿元以上，技改贴息200亿元左右，实施债权转股权共580户，债转股总额4050亿元，并于2000年4月1日开始停息，当年

---

① 吴敬琏等：《大中型企业改革：建立现代企业制度》，天津人民出版社1993年版，第208—209页。

即可减少企业利息支出 195 亿元。①

还要看到，国有大中型工业企业只占全部国有企业的一小部分。财政部相关材料显示，1998 年年底，全国国有企业（不含国有金融企业）共 23.8 万户。其中小企业困难很大，连年亏损。据有关部门 2000 年年初统计，我国国有小型工业企业超过 5 万户，职工人数约 1400 万人，盈亏相抵至 1999 年已连续 6 年亏损，亏损额 300 亿元左右。在流通领域，国有物资企业连续 7 年亏损，商业企业连续 5 年亏损，粮食企业更是挂账几千亿元，外贸企业亏损面也很大。面对这种严峻情况，1997 年党的十五大报告提出：采取改组、联合、兼并、租赁、承包经营和股份合作制、出售等形式，加快放开搞活国有小型企业的步伐。全国各地按照"抓大放小"的方针，采取了多种多样的形式（最主要是出售的形式），放开搞活小企业。这里包括山东省诸城模式（股份合作制）、广东顺德模式（出售）、湖南长沙模式（产权与职工身份双重置换）、四川宜宾模式（净资产转让）等。②

国有中小企业改革最艰难的是约 3000 万职工下岗分流。1999 年，国有企业用工人数为 6400 万人，经过十多年改革，截至 2010 年，国有企业职工人数已下降到 3599 万人。从 1997 年党中央国务院提出"鼓励兼并、规范破产、下岗分流、减员增效、实施再就业工程"的方针到 2002 年的 5 年间，党中央国务院采取一系列政策措施，做企业富余人员的分流安置工作。到 2002 年，累计分流达 2750 万人。当时中国尚未建立社会保障体系，这些下岗分流人员如何安置，成为关系近 3000 万人（及其家庭）的生活和社会稳定的大问题。各地按照"企业消化为主，国家帮助为辅，保障基本生活"的方针，积极探索建立下岗职工再就业中心。其运作模式是：企业下岗职工离开企业但不直接进入社会，而是进入再就业中心，接受中心的管理。再就业中心对下岗职工进行培训，发放下岗生活费，办理各种社会保险，并根据劳动力供求信息

---

① 参见《经济日报》2001 年 6 月 19 日。
② 邵宁主编：《国有企业改革实录（1998—2008）》，经济科学出版社 2014 年版，第三章。

推荐就业。需要说明的是，在3000万下岗分流职工中，有一部分并没有进入再就业中心，有一些被买断了工龄，拿到的钱也很少，有的连一万元都不到，就被推到社会，生活很艰难。此后他们有时也找企业和政府，寻求帮助。

国有企业经过三年脱困，放开搞活小型企业和一部分中型企业，3000万职工下岗分流，特别是对国有大中型企业积极推行公司制股份制改革，使国有企业特别是大中型企业浴火重生，逐渐适应社会主义市场经济而发展壮大起来。一些资料表明，股权多元化公司比国有独资企业绩效要好一些。有专家计算过，2004年，中国国有独资公司销售利润率为6.12%，而其他有限责任公司销售利润率为6.67%，股份有限公司销售利润率为9.38%。2008年，在规模以上工业企业中，净资产利润率国有的为11.71%，私营的为25.12%，外资的为16.72%。[1] 这说明推进股份制改革，实现投资主体多元化，有利于提高效率。

1994年，国务院就确定了100家国有企业进行现代企业制度试点，各地区、各部门随后也相继选择了一批企业进行试点，据统计，到1998年全国各地共有2714家企业进行了试点工作。经过四年各方面努力，试点工作基本上达到了预期目标。按计划，1997年百家试点工作结束，不再组织新的试点，转入正常的规范过程，成熟一家，改制一家。在国务院确定的百家试点中，原来有74家独立的工厂制企业，另有26家为行政性总公司和行业主管局。试点后，有93家改制为公司制企业，其中70家由工厂制改为国有独资的集团公司，在明确国有资产投资主体、理顺集团内部母子公司体制后，生产主体或子公司的投资主体实现了多元化。与此同时，各地选择进入试点范围的2714家中，共有2066家企业实现了改制，其中有限责任公司712家，股份有限公司700家，国有独资公司654家。[2]

经过20年的公司制股份制改革，到2012年年底，90%的国有企业

---

[1] 张文魁：《"十二五"期间国有企业改革的方向和任务》，《经济要参》2011年第5期。

[2] 邵宁主编：《国有企业改革实录（1998—2008）》，经济科学出版社2014年版，第375页。

已完成公司制股份制改革,中央企业净资产的 70% 已在上市公司,中央企业及其子企业引入非公有资本形成的混合所有制企业户数已占到总户数的 52%。

在改革推动下,国有企业活力和竞争力不断增强,效益提高,国有经济快速发展。美国《财富》杂志发布的 2011 年世界 500 强中,中国内地上榜的达 70 家,其中 64 家为国有企业或国有控股企业。表 4-1 是 1998 年、2003 年、2012 年国有企业发展的若干经济指标。

表 4-1　　　　　国有企业发展若干经济指标

项目＼年份	1998	2003	2012
国有企业户数(万户)	23.8	14.6	14.5
资产(万亿元)	14.87	19.78	85
营业收入(万亿元)		10.73	42.38
利润总额(亿元)	213.7	3202	16100
上缴税金(亿元)		8362	33500
中央企业数(户)		196	116
央企利润总额(亿元)		3006	11315
央企税金总额(亿元)		3563	14058

注:央企 2012 年利润总额和税金总额均为 2011 年的数字。

资料来源:邵宁主编:《国有企业改革实录(1998—2008)》,经济科学出版社 2014 年版;《党的十八届三中全会〈决定〉学习辅导百问》,党建读物出版社、学习出版社 2013 年版;迟福林主编:《市场决定》,中国经济出版社 2014 年版。

第三节　2013 年以来国资改革带动深化国有企业改革

2013 年,中共十八届三中全会通过了《中共中央关于全面深化改革若干重大问题的决定》(简称中共十八届三中全会《决定》),提出:完善国有资产管理体制,以管资本为主加强国有资产监管,改革国有资本授权经营体制,组建若干国有资本运营公司,支持有条件的国有企改组为国有资本投资公司。国有资本投资运营要服务于国家战略目标，更多投向关系国家安全、国民经济命脉的重要行业和关键领域，重点提供公共服务、发展重要前瞻性战略性产业、保护生态环境、支持科技进步、保障国家安全。2015年9月24日，《中共中央国务院关于深化国有企业改革的指导意见》对"以管资本为主"作了进一步解释，指出：国有资产监管机构要准确把握依法履行出资人职责的定位，科学界定国有资产出资人监管的边界，建立监督权力清单和责任清单，实现以管企业为主向以管资本为主的转变。该管的要科学管理、决不缺位，重点管好国有资本布局、规范资本运作、提高资本回报、维护资本安全；不该管的要依法放权、决不越位，将依法应由企业自主经营决策的事项归位于企业，将延伸到子企业的管理事项原则上归位于一级企业，将配合承担的公共管理职能归位于相关政府部门和单位。

各级国资委要实现从"以管企业为主"向"以管资本为主"转变，把原本属于企业的经营权归位于企业，是其职能的重大转变，涉及机构设置、人员配置、简政放权、利益调整等，是一种脱胎换骨的改变。同时，这也是重大的理论创新，既是实现国有企业政企分开、政资分开、所有权与经营权分离的治本之策，也有利于强化国有企业的市场主体地位、激发国有企业活力竞争力，有利于推进国有资本优化配置、向重点领域集中，还有利于维护国有资本的安全、防止国有资产流失。

根据中央精神，从2014年起，国务院国资委先后选择了神华集团有限责任公司、国家开发投资集团有限公司等八家央企开展国有资本投资公司试点，并选择了中国诚通控股集团有限公司、中国国新控股有限公司两家央企开展国有资本运营公司试点，而截至2017年年底，各地国资委共改组组建国有资本投资、运营公司89家。国务院国资委主任肖亚庆在2018年3月说，"两类公司试点取得了积极成果。在总结经验的基础上，今年进一步扩大两类公司试点范围，更重要的是要在推进综合性改革上下功夫，着力提高国有资本运作效率和水平。创新国有资本运营模式，推动各类国有资本基金规范运作、发展壮大"。①

---

① 参见《经济参考报》2018年3月7日。

国资委以管资本为主，逐步建立国有资本投资公司和运营公司这两类公司，这就有利于增强国有资本的流动性，让国资委专注于优化国有资本配置，提高国有资本运作效率。特别是这两类公司也是市场主体，它们可以成为国有企业和国资监管机构的隔离层，今后国资委不是国有企业事事都要向其请示的顶头上司，国资委不再既是老板又是婆婆了。这就有利于国有企业真正做到政企分开、政资分开。最重要的是企业董事会对重大事项有决策权了。《公司法》对股份有限公司和有限责任公司董事会赋予十一项职权，包括决定公司的经营计划和投资方案；制订公司的年度财务预算方案、决算方案，利润分配方案和弥补亏损方案，增加或减少注册资本以及发行公司债券的方案；公司合并、分立、解散或者变更公司形式的方案；决定公司内部管理机构的设置；决定聘任或者解聘公司经理及其报酬事项，并根据经理的提名决定聘任或者解聘公司副经理、财务负责人及其报酬等事项。因此，今后国企改革的一个重点，是健全董事会，落实《公司法》赋予董事会的决策权，以此完善公司治理结构，完善现代企业制度即现代公司制。2017 年，中国国企改革的一项重大举措是：6 月 26 日，中央全面深化改革领导小组第三十六次会议通过《中央企业公司制改制工作实施方案》。会议强调，公司制是现代企业制度的有效组织形式，是建立中国特色现代国有企业制度的必要条件，2017 年年底前基本完成国有企业公司制改制工作。2017 年 7 月，国务院发布《中央企业公司制改制工作实施方案》，要求 2017 年年底前，按照 1988 年《中华人民共和国全民所有制工业企业法》登记、国资委监管的中央企业（不含中央金融、文化企业）要全部改制为按照《公司法》登记的有限责任公司或股份有限公司，加快形成有效制衡的公司法人治理结构和灵活高效的市场化经营机制。此次改革涉及需要转制的 69 户央企集团公司总部，当时央企总共 101 户，改制的 69 户央企资产近 8 万亿元，以及 3200 余户央企子企业资产 5.66 万亿元。① 这也是落实国资委以管资本为主的重要条件，因为这些央企集团公司只有真正转为公司制后，国资委今后才有可能不再去直接管这

---

① 参见《经济参考报》2017 年 7 月 27 日。

些企业，转为以管资本为主。

有的专家经过调查研究认为，2015年113家中央企业中公共政策性企业有5家，即中储粮总公司、中储棉总公司、华孚集团、国家电网和南方电网；特定功能性企业有32家，包括国防军工板块的十大军工企业和中国南飞公司，能源板块的三大石油公司、国家核电、中广核集团和六大电力公司，及其他功能板块的中盐公司、中国国新、三大电信公司、三大航空公司以及中远集团、中国海运；一般商业性企业76家，包括一般工业制造企业、综合贸易服务企业、建筑工程企业、科研企业和资产规模在500亿元以下的其他中小型企业。对于界定为一般商业性的国有企业，其战略性调整目标是完全剥离行政垄断业务，通过市场化手段增强企业活力、提高企业效率，同时建立国有资本灵活退出机制，逐步退出部分国有资本，投向更符合公共服务和国家战略目标的企业。对于界定为公共政策性企业的国有企业，其战略性调整目标是退出营利性市场业务领域、专注公共政策目标的实现，在此前提下，国有资本要加大对这类企业的投入。对于界定为特定功能性的企业，战略性调整的总体方向是，主要依托国有资本投资运营公司这一运作平台，不断地主动退出那些竞争格局趋于成熟、战略重要性趋于下降的产业领域和环节，不断努力在提供公共服务、保障国家安全和符合国家战略要求的各种新兴产业领域发挥更大的功能作用。[①]

有专家认为，今后国企改革的突破口是识别垄断和破除垄断。垄断分为两类，即经济性垄断和非经济性垄断。经济性垄断包括自然垄断、创新垄断等，垄断者在经济上成本最低，因而具有垄断优势。非经济性垄断则是通过非市场方式获得市场力量，包括行政垄断、行贿受贿、私下串谋或欺行霸市等行为，结果形成某种局部市场的独占或控制局面。进入壁垒导致的非经济垄断是社会效率损失的根本原因，也是企业效率低下的直接来源，即有多大的进入壁垒，就有多大的效率损失。改革旧有的体制，搬掉那些阻碍发展的垄断势力，是大量释放经济活力、推动

---

① 参见黄群慧等《新时期全面深化国有经济改革研究》，中国社会科学出版社2015年版，第9—11页。

经济更快的发展的唯一出路。①

第四节 从战略上调整国有经济的布局和结构，抓好大的，放开搞活中小企业

从战略上调整国有经济的布局和结构，"抓大放中小"，对推进国有企业改革有直接的重大的关系。1997年，党的十五大报告提出，要从战略上调整国有经济布局。对关系国民经济命脉的重要行业和关键领域，国有经济必须占支配地位。在其他领域，可以通过资产重组和结构调整，以加强重点，提高国有资产的整体质量。只要坚持公有制为主体，国家控制国民经济命脉，国有经济的控制力和竞争力得到增强，在这个前提下，国有经济比重减少一些，不会影响我国的社会主义性质。把国有企业改革同改组、改造、加强管理结合起来。要着眼于搞好整个国有经济，抓好大的，放活小的，对国有企业实施战略性改组。以资本为纽带，通过市场形成具有较强竞争力的跨地区、跨行业、跨所有制和跨国经营的大企业集团。采取改组、联合、兼并、租赁、承包经营和股份合作制、出售等形式，加快放开搞活国有小型企业的步伐。

1999年，中共十五届四中全会《中共中央关于国有企业改革和发展若干重大问题的决定》进一步指出，从战略上调整国有经济布局，要同产业结构的优化升级和所有制结构的调整完善结合起来，坚持有进有退，有所为有所不为。目前，国有经济分布过宽，整体素质不高，资源配置不尽合理，必须着力加以解决。国有经济需要控制的行业和领域主要包括：涉及国家安全的行业，自然垄断的行业，提供重要公共产品和服务的行业，以及支柱产业和高新技术产业中的重要骨干企业。其他行业和领域，可以通过资产重组和结构调整，集中力量，加强重点，提高国有经济的整体素质。在论述推进国有企业战略性改组部分，特别提

---

① 参见常修泽等《所有制改革与创新——中国所有制结构改革40年》，广东经济出版社2018年版，第336、342、343页。

出要放开搞活国有中小企业。这是对党的十五大报告"抓大放小"方针的进一步发展。

学界对这一问题也进行广泛研究。有的论著提出,"目前还有一些同志仍然拘囿在'国有经济是公有制的高级形式和社会主义必须追求的目标'的陈旧观念之中,对十五大调整和完善所有制结构的决定的重大意义缺乏认识。""经过20年的改革开放,非国有经济获得了很大发展,在许多行业领域已经能够替代或部分替代国有经济的作用。在这种情况下,国有经济的增量投入和存量资产就有可能有计划地从部分产业和行业中退出,流向和加强那些关系国民经济命脉的重要行业和关键领域,从而形成国有资本与民间资本相互接替和互补性结构,更快更好地增强我国的综合国力。"[①]

改革开放前,在城市是国有企业一统天下,光是工商企业就数以十万计。改革开放后,由于在经济活动中引入市场机制,开始出现市场竞争,许多国有企业特别是其中的中小型企业,由于固有的体制机制弊端,如机构臃肿、冗员多、缺乏创新、出工不出力、产品多少年一贯制等,对此很不适应,这些企业由于没有市场竞争力,逐渐出现亏损甚至资不抵债。20世纪90年代中期以来由于整个市场格局逐渐出现买方市场这种情况越发严重。不少地方政府逐渐把当地国有小型企业看成负担、包袱。所以大体从1995年以后,逐渐有地方政府想办法让这些国有小型企业转制,比如山东诸城将这些企业转为股份合作制,当时有人把诸城县委书记陈光同志说成陈卖光。广东顺德也是较早把国有小企业出售的。其实这种情况是好的。没过几年,陈光调到山东菏泽当书记,他当时面临的国有小型企业,许多都是想卖也卖不了,只能送出去。所以当时人们又说陈光同志是陈送光了。

正是在这样的背景下,中央先是提出"抓大放小"的方针,接着又提出"抓大放中小"的方针,调整国有经济的布局,主要是要抓好国有大中型企业特别是大型骨干企业。1997年提出帮助国有企业三年脱困,脱困对象就是国有大中型企业,而且主要是工业企业。与此同

[①] 陈清泰、吴敬琏、谢伏瞻主编:《国企改革攻坚15题》,中国经济出版社1999年版。

时，提出着眼于搞好整个国有经济，而不企求把每一个国有企业都搞好，因为这是不可能做到的。1999年中共十五届四中全会《决定》还明确，国有经济主要控制关系国民经济命脉的四大行业和领域，控制了这些行业和领域，国有经济就具有较强的控制力，就能有效地在国民经济中发挥主导作用，左右国民经济的发展。

抓住大型企业，从整体上搞好国有经济，此后又有两大方面的发展。一个是着力抓好中央企业，一个是党的十九大报告提出的推动国有资本做强做优做大。

2003年，为加强对国有资产的监管，国务院和地方（省和市两级）成立国有资产监督管理委员会（简称国资委），划归国务院国资委监管的有196家中央企业。中央企业是国有企业的顶梁柱。当时在全国国有工商企业的国有资产总量中，中央企业占了一半多一点（56.7%），特别是，中央企业的资产质量普遍比较好，垄断行业中的大型骨干企业全部是中央企业。2003年，根据对中央企业的分析，190户中央企业，第一类涉及国防军工、自然垄断、提供重要公共产品、战略资源等直接关系国家安全和国民经济命脉的重要行业和关键领域的企业38户，占中央企业总数的20%，资产总额约占中央企业总资产的72%。第二类涉及冶金、机械、电子、化工、建筑等国民经济支柱产业中的骨干企业和科技型企业84户，占中央企业总数的44%，资产总额约占中央企业总资产的16%（其中重要的大企业16户，资产总额约占中央企业总资产的10%）。第三类为其他行业领域的企业68户，资产总额约占中央企业总资产的12%。① 2003年成立国资委时，中央企业的资产总额为6.9万亿元，而到2017年年底，中央企业的资产总额已发展到54.5万亿元。2016年，中国有83家国有企业进入《财富》杂志评选的世界500强，其中绝大部分是中央企业。到2016年，中央企业研发经费约占全国研发经费支出总额的1/4。2013—2016年国家科技奖励中，中央企业

---

① 邵宁主编：《国有企业改革实录（1998—2008）》，经济科学出版社2014年版，第474页。

获得335个奖项,占获奖项目总数的1/3。① 所以,要从整体上搞好国有经济,最关键的是要搞好中央企业,加快中央企业的改革和发展。

党的十九大报告提出要推动国有资本做强做优做大,这比从整体上搞好国有经济更加确切。因为国有经济中有部分公益性福利性企业或单位,他们的任务主要是做好服务,而不一定要求他们都去做强做优做大。国有资本做强做优做大,重要标志是要培育出越来越多的具有全球竞争力的世界一流企业。还有,2013年,中共十八届三中全会《决定》提出的国有资本投资重点,也比中共十五届四中全会《决定》提的四大行业和领域更加确切和全面。中共十八届三中全会《决定》指出,国有资本投资运营要服务于国家战略目标,更多投向关系国家安全、国民经济命脉的重要行业和关键领域,重点提供公共服务、发展重要前瞻性战略性产业、保护生态环境、支持科技进步、保障国家安全。中共十五届四中全会《决定》要求国家控制自然垄断的行业,中共十八届三中全会《决定》则提出国有资本继续控股经营的自然垄断行业,实行以政企分开、政资分开、特许经营、政府监管为主要内容的改革,根据不同行业特点实行网运分开,放开竞争性业务,推进公共资源配置市场化。所以,国有资本需要控制的是垄断行业中的自然垄断业务,竞争性业务则要放开。还有,中共十八届三中全会《决定》还把保护生态环境列为国有资本投资的一个重点,这是新提出来的。

1997年以来,由于贯彻落实上述调整国有经济布局和结构的方针,已取得明显成效。首先,国有工商企业的户数逐渐减少。1998年,全国国有企业户数为23.8万户,而到2012年,已减为14.5万户,中央企业也从2003年的196户减为2018年的不到百户。其次,国有资产大幅增加。1998年,全国国有企业资产总额为13.5万亿元,而到2016年年底,全国国资监管系统企业资产总额达到144.1万亿元。再次,国有资本进一步向重要行业和关键领域、向前瞻性战略性产业、向优势企业集中。到2017年,国有资产在军工、电信、民航、能源等领域占比达90%以上。还有,公司制股份制改革不断推进,截至2016年年底,

---

① 参见《人民日报》2017年7月28日。

中央企业各级子企业公司制改制面达到92%，省级国资委监管企业改制面超过90%。① 而中央企业2017年下半年已将69户尚未进行公司制改革的转为公司制。

需要指出，直到2017年，从战略上调整国有经济布局和结构的任务尚未完成。党的十九大报告指出：加快国有经济布局优化、结构调整、战略性重组。存在的问题主要是，国有企业户数还是太多，很多还是处于一般竞争性行业，特别明显表现在涉足房地产行业的企业和资产太多，国有资本尚未很好地如中共十八届三中全会《决定》要求的那样向五个方面集中。垄断行业改革滞后，许多非自然垄断环节不愿放开，妨碍资源的优化配置。由于国资改革进展缓慢，也影响国企改革的深化，包括影响国有经济布局和结构的优化。国有企业要真正成为政企分开、政资分开的市场主体，也有待国资改革的进一步深化。因此，今后要深化国有经济和国有企业改革，有赖于国资改革的进一步推进。

有的专家建议，加快清理"僵尸企业"，分类推进国有经济布局和结构调整。按照国有企业分类改革要求，以"僵尸企业"出清为突破口，采取破产重组、兼并收购、债转股、混合所有制改革等，有效降低国有企业杠杆率，有进有退加速推进国有经济布局和结构调整。对于煤炭、钢铁、建材、原材料等产能严重过剩行业中的"僵尸企业"，要加快退出，打突击战。对于商业、物流、服务业、外贸、制造业等竞争激烈的领域，除少数已经做强做优做大的国有企业外，原则上都应逐步调整退出。对于暂时盈利不错，可以生存发展，但不符合国民经济整体发展战略，不符合国有企业长远发展方向的行业，也应该逐步退出。对于经营风险大，国有企业内部动力机制和风险承受能力不足的领域，如已经具有很大泡沫、易于诱发系统性风险的中小国有金融企业等，都应该逐步退出。②

---

① 参见《人民日报》2017年7月28日。
② 参见彭森主编《十八大以来经济体制改革进展报告》，国家行政学院出版社2018年版，第47—48页。

第五节 改革国有资产管理体制，真正实现政企分开、政资分开

中国有庞大的国有资产。改革开放后，随着国有经济的快速发展，国有资产包括总资产和净资产都在快速增长。为了更有效地运用好这笔劳动人民创造的巨大资产，需要改革国有资产管理体制，建立和健全适合社会主义市场经济的国有资产管理体制。1998年，国务院成立了国家国有资产管理局。上海、深圳、武汉、青岛等地分别建立了国有资产监督管理机构，探索国有资产管理模式。在改革试点方面，1994年，国务院决定对中国石化总公司等三个全国性行业总公司进行国家控股公司试点。1998年以来，国务院先后批准了石化、军工、电力等领域44家企业集团进行授权经营试点。1998年国务院对大型国有企业实行了稽查特派员制度，两年后过渡到向国有重点大型企业派出监事会。① 20世纪八九十年代，改革的深化暴露出国有资产管理存在两大方面问题，一是"九龙治水"、多头管理，有了成绩都抢着要算在自己名下，出了问题则互相推诿，谁都不负责任。二是"内部人控制"严重，常常造成国有资产流失。2002年，党的十六大报告在总结过去各地各方面经验的基础上，明确了国有资产管理体制改革的原则。这就是，建立由中央政府和地方政府分别代表国家履行出资人职责，享有所有者权益，权利、义务和责任相统一，管资产和管人、管事相结合的体制。此后国有资产管理体制改革加快并取得进展。

首先是组建机构。继2003年国务院国资委成立后，到2004年6月，全国31个省（区、市）和新疆生产建设兵团国资委全部成立，地（市）级国有资产监督管理机构组建工作也基本完成。与此同时，制定了《企业国有资产监督管理暂行条例》和与此相配套的规章。经历14

---

① 全国人大财政经济委员会法案室：《国有资产管理体制改革与立法》，《中国发展观察》2007年第12期。

年起草的"企业国有资产法"已于 2007 年 12 月列入全国人大常委会议程。2008 年 10 月 28 日全国人大常委会通过《中华人民共和国企业国有资产法》，予以正式公布，2009 年 5 月 1 日起实施。

发展业绩喜人。到 2016 年年底，全国国资监管系统企业资产总额达到 144.1 万亿元，比 1998 年的 14.87 万亿元增加了近 9 倍，上缴税费总额约占全国税收收入的 1/3，增加值贡献占到全国 GDP 的 1/7。其中中央企业资产总额达到 50.5 万亿元，比 2003 年增加 6 倍多。[①] 1998 年，进入《财富》杂志评选的世界 500 强的国有企业只有 3 家；而到 2016 年，则猛增到 83 家。这说明中国国有企业的竞争力有大幅提升。

2003 年中共十六届三中全会还提出建立国有资本经营预算制度的任务，2007 年党的十七大报告进一步提出要建立国有资本经营预算制度。这是深化国有资产管理体制改革的重大举措。1994 年以来，国有企业的利润是留归企业支配的，那时国有企业处境比较困难，利润不多。经过以后多年的发展，特别是进入 21 世纪后，国有企业利润大幅度增加，2007 年达 1.62 万亿元，其中中央企业利润近万亿元。在这种情况下，利润全部留归企业已不合适，建立国有资本经营预算制度提上了议事日程。这样做，有利于加快推进国有企业的资产重组和兼并破产支付必要的改革成本，还可用一部分收上来的利润支付对老职工的欠账等。经国务院批准，财政部于 2007 年年底会同国资委发布了《中央企业国有资本收益收取管理办法》，规定中央企业应上缴利润的比例，区别不同行业，分三类执行。第一类为烟草、石油石化、电力、电信、煤炭等具有资源性特征的企业，上缴比例为 10%；第二类为钢铁、运输、电子、贸易、施工等一般竞争性企业，上缴比例为 5%；第三类为军工企业，转制科研院所企业，上缴比例三年后再定。[②]

2003 年开始建立的管资产和管人、管事相结合的国有资产监督管理体制，运行了十年时间后，人们发现，各级国资委都出现了对所监管的国有企业，既当老板又当婆婆，许多应当由企业董事会决定的事情，

---

① 参见《人民日报》2017 年 7 月 28 日。
② 《证券时报》2007 年 12 月 12 日。

都要向国资委请示报告，企业的法人财产权得不到尊重，不少董事会形同虚设，政企和政资没有很好分开，影响企业的活力和创造力。这说明，国资改革需要进一步深化。

2013 年，中共十八届三中全会《决定》指出：完善国有资产管理体制，以管资本为主加强国有资产监管，改革国有资本授权经营体制，组建若干国有资本运营公司，支持有条件的国有企业改组为国有资本投资公司。还指出：划转部分国有资本充实社会保障基金。完善国有资本经营预算制度，提高国有资本收益上缴公共财政比例，二〇二〇年提高到 30%，更多用于保障和改善民生。

这意味着，第一，国资委的职责有重大变化，要从以管企业为主向以管资本为主转变。国资委与国有企业中间将出现国有资本投资运营公司，从两层架构变为三层架构，让国有资本投资运营公司真正成为国有企业的老板，只履行老板的职责，不当婆婆。因此，国资委转变职能的当务之急，是尽快组建国有资本投资和运营公司，把国有企业出资人的职责尽快交给国有资本投资运营公司，让国有企业真正拥有法人财产权和自主经营权。2014 年国资委确定的八家央企开展国有资本投资公司试点和两家央企国有资本运营公司试点后，已取得一定成效。一是基本完成了向投资、运营公司的转型。根据国有资本投资、运营公司功能定位，各企业内部实施了总部职能调整、业务板块整合、子企业授权放权等多项改革，实现了管理体制的重塑和再造。二是充分发挥了投资、运营公司的平台作用。投资公司立足优势产业，推进产业重组整合，在产业引领和供给侧结构性改革中充分发挥表率作用。运营公司探索国有资本市场化运作，支持了央企结构调整、创新发展和提质增效。三是积极探索了企业内部机制改革的途径方式。不少试点企业开展综合性改革试点，率先推进落实董事会职权、职业经理人制度、薪酬分配差异改革、混合所有制改革等，推动企业加快形成市场化经营新机制，有力激发了企业活力。① 2018 年 3 月 5 日，李克强总理在政府工作报告中要求：深化国有资本投资、运营公司等改革试点，赋予更多自主权。相信在党和

---

① 参见《经济参考报》2018 年 3 月 13 日。

政府推动下，两类公司试点将取得新进展。

第二，着力健全公司法人治理结构，重点是加强董事会建设。要切实落实和维护董事会依法行使重大决策、选人用人、薪酬分配等权利，保障经理层经营自主权。加强董事会内部的制衡约束，国有独资、全资公司的董事会和监事会均应有职工代表，董事会外部董事应占多数，落实一人一票表决制度，董事对董事会决议承担责任。

第三，逐步提高国有资本收益上缴公共财政的比例。中共十八届三中全会《决定》要求到2020年国有资本收益上缴公共财政比例提高到30%，这是一个相当高的要求。这项改革措施2014年就有动作，3月25日财政部公布的2014年中央企业国有资本经营预算明确从2014年起，中央企业国有资本收益收取比例在现有基础上提高5个百分点。[1] 此后这一比例也在逐步提高。

有专家建议打造中国版"淡马锡"，实现以"管资本"为主的国有资产管理体制改革。一是把国有企业真正推向市场。实现"管资本"的前提是把企业推向市场，所投资企业的人、财、物、资产的经营管理都要按市场规律办事，实行市场化运作。二是实行彻底的政资分开、政企分开。按照社会公共管理职能与出资人职能分开的原则，国有资产监管机构专门承担国有资产出资人职责，不承担社会公共管理职能，政府公共管理部门从政府经济调节和社会管理角度对各类所有制企业进行管理，不承担出资人职责。按照政企分开和所有权与经营权相分离原则，国有资产监管机构以管资本为主加强国有资产监管，以资本为纽带在规范的法人治理结构中依法行使股东权利，不干预企业的生产经营活动，尊重和维护国有企业的独立市场主体地位。三是在前述两项改革取得成功后，借鉴新加坡"淡马锡"模式，调整现有的各级国资委功能，改变现有国资委作为政府的特设机构性质，国资委人员改变公务员身份，将国资委直接转为资本投资经营公司，即中国的"淡马锡"。[2]

---

[1] 参见《经济参考报》2014年3月26日。
[2] 参见彭森主编《十八大以来经济体制改革进展报告》，国家行政学院出版社2018年版，第77—78页。

第六节　积极推进混合所有制改革，发展混合所有制经济

中共十八届三中全会《决定》的一个重要亮点，是提出积极发展混合所有制经济。国有资本、集体资本、非公有资本等交叉持股、相互融合的混合所有制经济，是基本经济制度的重要实现形式，有利于国有资本放大功能、保值增值、提高竞争力，有利于各种所有制资本取长补短、相互促进、共同发展。允许更多国有经济和其他所有制经济发展成为混合所有制经济。国有资本投资项目允许非国有资本参股。允许混合所有制经济实行企业员工持股，形成资本所有者和劳动者利益共同体。

中共十八届三中全会《决定》强调积极发展混合所有制经济，推动国有企业混合所有制改革，我们认为其背景主要有以下三点。

第一，是为了充分动员国有资本和其他社会资本更好地共同推动社会主义市场经济的发展。中国经过三十多年的改革开放，伴随着经济的高速增长，国有资本、集体资本、个体私营非公有资本都呈现几十倍的增长，2010年以来，每年利用外资均在1000亿美元以上。根据财政部2014年7月28日公布的数据，截至2013年年底，全国国有企业资产总额104.1万亿元，所有者权益37万亿元。2012年年底私营企业注册资本达31万亿元。居民储蓄存款也大量增加，到2014年年初，居民的银行储蓄存款余额达47万亿元，其中定期存款占一半以上。在这种情况下，积极发展混合所有制经济，有利于更好地动员各类资本参与社会主义现代化建设。同时这也意味着，我国经济在宏观层面上，已经是混合经济了，即国有经济、集体经济、个体私营经济和外资经济共同发展。我们今天讲发展混合所有制经济，主要指微观层面的发展混合所有制企业，而且主要是推进国有企业的混合所有制改革，真正实现投资主体多元化。

第二，国有资本和非国有社会资本交叉持股相互融合，可以更好地

发挥各自优势,取长补短,实现高质量发展。大家知道,国有资本实力雄厚,而民营资本社会资本更具活力,这两方面有机结合,能够取得1加1大于2的效应。而在中共十八届三中全会《决定》作出前一段时间,不少地方国企,却热衷于找央企合作,企求靠央企雄厚实力带动自己的发展。实际上,这并不是地方国企改革的方向。地方国企改革的方向仍然是实现投资主体多元化的公司制、股份制、混合所有制。混合所有制是公司制和股份制的升级版。因为公司制可以有国有独资公司,股份制也可以有由多个国有投资主体组建的股份制企业,而混合所有制企业则一般应当是既有国有资本,又有非国有资本或非公有资本,从而真正做到投资主体多元化。

第三,为垄断行业改革打开一条通道。比较长的一段时间,垄断行业都以存在网络型自然垄断业务为由,拒绝引入非国有战略投资者,打着自然垄断的名义,行行政垄断之实。而随着科技进步,所有垄断行业都会出现越来越多的非自然垄断的竞争性业务。一些经济学家一直呼吁重视和加快垄断行业改革,放开自然垄断行业中越来越多的竞争性业务。[①] 但是中国垄断行业改革一直进展缓慢,困难重重,曾有专家甚至认为垄断行业改革是一个"伪命题",也有专家认为中国经济面临的不是垄断问题,而是集中度不够的问题。以致垄断行业改革阻力较大,普遍效率不高,影响资源的优化配置,同时收费高、服务质量差。举一个例子,中国汽油价格比美国高出不少,而品质并不高,成为大城市空气重要的污染源。这里面除了中国的税收较高外,重要的是原油进口长时期被"三桶油"(中石油、中石化、中海油)垄断,炼油厂也被他们垄断,缺乏竞争,造成成品油质次价高,消费者利益受损。因而各方面都要求加快垄断行业改革。中共十八届三中全会《决定》要求自然垄断行业放开竞争性业务,就是为了进一步推进垄断行业改革。而发展混合所有制经济,正是为垄断行业放开竞争性业务打开了一条通道。也就是

---

① 参见王俊豪、周小梅《中国自然垄断产业民营化改革与政府管制政策》,经济管理出版社2004年版;仇保兴、王俊豪:《中国市政公用事业监管体制改革》,中国社会科学出版社2006年版;戚聿东等:《中国垄断行业市场化改革的模式与路径》,经济管理出版社2013年版。

说,竞争性业务引入非国有资本,不但可以放大国有资本的功能,更重要的是在市场竞争推动下提高效率,实现创新发展。我国经过三十多年的改革开放,处于竞争性领域的国有企业,一般均已实行公司制股份制改革,投资主体已经多元化了,已经是混合所有制经济了。剩下国有独资的,主要是处于垄断领域的大型特大型国有企业,他们的改革必须从打破垄断入手。2013年9月6日,国务院常务会议就提出,尽快在金融、石油、电力、铁路、电信、资源开发、公用事业等领域向民间资本推出一批符合产业导向、有利于转型升级的项目,形成示范带动效应,并在推进结构改革中发展混合所有制经济。此后改革有一些进展。

2014年7月15日,国务院国资委宣布在中央企业启动混合所有制经济试点,并确定中国医药集团总公司、中国建筑材料集团公司开展混合所有制经济试点。主要探索发展混合所有制经济的有效途径,目的有六个方面:一是探索建立混合所有制企业有效制衡、平等保护的治理结构;二是探索职业经理人制度和市场化劳动用工制度;三是探索市场化激励和约束机制;四是探索混合所有制企业员工持股制度;五是探索对混合所有制企业的有效监管机制以及防止国有资产流失的方法和途径;六是探索在混合所有制企业开展党建工作的有效机制。[①] 与此同时,全国许多省市也纷纷推出发展混合所有制经济的方案。如重庆市提出,用3—5年时间,使2/3左右国有企业发展成为混合所有制企业,适宜上市的企业力争全部上市。广东省则计划2017年混合所有制企业户数比重将超过60%等。中共十八届三中全会以来,到2016年年底,中央企业及下属企业共推进混合所有制改革1995项,中央企业集团及下属企业混合所有制企业(含参股)占68.9%,上市公司的资产、营业收入和利润总额在中央企业"总盘子"中的占比分别达到61.3%、62.8%和76.2%。[②]

2017年以后,混合所有制改革有新进展。主要表现在,由国家发

[①] 《人民日报》2014年7月16日。
[②] 参见《人民日报》2017年7月28日。

改委牵头的混合所有制改革试点企业第一、第二批共 19 家，第三批 31 家，三批共 50 家。国家发改委新闻发言人介绍，试点企业通过混改，有三个明显成效，投资实力明显增强，杠杆率明显降低，经济状况明显改善，特别是中国联通、东航物流等落地实施，改革力度大，市场反应积极，营造了良好的社会氛围。前两批试点的都是央企，进入第三批试点的有地方国企，也有垄断行业大企业。三批混合所有制改革试点示范项目，不仅涵盖了中央企业和部分地方国有企业，而且实现了电力、石油、天然气、铁路、民航、电信、军工七大重要领域全覆盖，并延伸到国有经济较为集中的一些重要行业。

作为第一批改革试点的企业，东航物流通过混改在 2017 年取得了营收同比增长三成、利润总额增长超七成的好成绩，同年净资产回报率也达到 53.25%，远高于世界一流航空物流企业 15% 净资产回报率的平均水平。在混改中，东航物流成功引入了诸如普洛斯、德邦快递等外资和民营资本，外资和中高级管理人员、核心业务骨干等员工持股比例达到 25%。第二批混改试点企业中国联通，是首例垄断领域央企，共引入包括腾讯、百度、阿里巴巴、京东等民资在内的 14 家战略投资者，联通集团持股比例由 62.7% 降至 36.7%，集团公司管理职能人员编制减少 51.3%，31 个省级分公司压减机构 205 个，集团二级机构正副职退出 14 人，省级分公司中层干部受聘平均退出率 15%，实现了组织扁平高效，资源内耗大幅减少。同时，中国联通向 7800 余名核心员工授予占总股比 2.7% 的限制性股票，调动了最核心要素的积极性。[①]

截至 2017 年年底，我国已有超过 2/3 的中央企业引进了各类社会资本，半数以上的国有资本集中在公众化的上市公司，3 家中央企业成为集团层面的混合所有制企业，中央企业二级子企业以下混合所有制企业户数占比超过 50%。

可以设想，通过新一轮混合所有制改革，中国国有企业将出现如下格局：保留极少数国有独资企业，包括国有资本投资公司和运营公司、

---

① 参见《人民日报》2018 年 4 月 13 日。

重要公益性企业等；垄断行业国企一般将发展为混合所有制企业，其中自然垄断环节业务国有资本控股，有一段时间还要绝对控股，竞争性业务国有资本控股或参股；竞争性行业一般实行混合所有制经营，国有资本可以控股或参股，参股的也可以采取国有资本投资公司持有优先股的办法，有些也可以退出。

也有专家建议，以混合所有制为突破口，系统推进国企国资转机制、调结构、破垄断三位一体的改革。一是进一步深化产权改革，通过混合所有制改革，实现国有企业体制机制的真正转变。二是把发展混合所有制作为国有经济布局调整、结构优化的重要方式，加大国有企业布局调整的力度。三是把混合所有制改革作为打破行业垄断，进一步完善社会主义市场经济基本制度的重要手段。从国际经验和中国某些垄断行业的实践来看，推进垄断行业的改革，关键是将其竞争性业务与垄断性业务分开，将竞争性环节和业务推向市场，引进不同所有制企业，公平竞争、优胜劣汰、降低成本、提高效率。[①]

也有专家提出，根据20多年来推进混合所有制改革的实践，有以下四条要领必须掌握。一是市场决定，政府引导。二是保护产权，公平对待。三是依法依规，规范操作。四是统筹协调，稳妥推进。[②]

参考文献

《张卓元经济文选》，中国时代经济出版社2010年版。

常修泽等：《所有制改革与创新——中国所有制结构改革40年》，广东经济出版社2018年版。

陈清泰、吴敬琏、谢伏瞻主编：《国企改革攻坚15题》，中国经济出版社1999年版。

迟福林主编：《市场决定》，中国经济出版社2014年版。

国家经济体制改革委员会综合规划司编：《中国改革大思路》，沈阳出

[①] 参见彭森主编《十八大以来经济体制改革进展报告》，国家行政学院出版社2018年版，第80—81页。

[②] 参见常修泽等《所有制改革与创新—中国所有制结构改革40年》，广东经济出版社2018年版，第387、388、390页。

版社 1988 年版。

黄群慧等：《新时期全面深化国有经济改革研究》，中国社会科学出版社 2015 年版。

彭森主编：《十八大以来经济体制改革进展报告》，国家行政学院出版社 2018 年版。

邵宁主编：《国有企业改革实录（1998—2008）》，经济科学出版社 2014 年版。

吴敬琏等：《大中型企业改革：建立现代企业制度》，天津人民出版社 1993 年版。

习近平：《决胜全面建成小康社会　夺取新时代中国特色社会主义伟大胜利——在中国共产党第十九次全国代表大会上的报告》，人民出版社 2017 年版。

张卓元、郑海航主编：《中国国有企业改革 30 年回顾与展望》，人民出版社 2008 年版。

第五章　社会主义市场体系建设及其理论创新

综观1978年以来40年的改革开放，中国经济改革是沿着以下两条主线逐步向前推进的：一条是引入市场机制，放开市场和价格，建设各种各类市场，从农产品市场到工业品市场，从消费品市场到生产资料市场，从商品和服务市场到要素市场，从现货市场到期货市场等。21世纪以后更从多方面健全现代市场体系，包括建立公平开放透明的市场规则，完善主要由市场决定价格的机制，使市场在资源配置中起决定性作用，使企业能自主经营、公平竞争，消费者能自由选择、自主消费，商品和要素能自由流动、平等交换，消除各种市场壁垒，提高资源配置效率和公平性。另一条是所有制改革和企业改革，包括寻找能促进生产力发展的公有制和国有制的有效实现形式，支持、鼓励和引导个体、私营等非公有制经济存在和发展，利用外资，推进国有企业和集体企业建立现代企业制度等，发展混合所有制经济，总的是要建立、巩固和完善公有制为主体、多种所有制经济共同发展的社会主义基本经济制度。

中国40年改革开放的实践表明，中国的市场—价格改革是比较顺利、逐步深化的，正在争取到2020年形成完善的现代市场体系。与此同时，社会主义市场体系的理论研究也不断深化和发展，市场在资源配置中从发挥基础性作用进一步扩展到发挥决定性作用，也得到大家的认同，并努力在改革实践中落实。

第一节 改革开放后中国市场体系发育四阶段

改革开放后，中国市场体系发育可以分为以下四个阶段：一是1978—1991年，在价格改革大步推进带动下各类市场蓬勃兴起，经济运行机制初步由计划主导转变为市场主导；二是1992—2001年，各种各类市场向纵深发展，国有企业从行政部门附属物向市场主体转变，从卖方市场向买方市场转变；三是2002—2012年，以加入世界贸易组织为契机，构建开放型现代市场体系；四是2013年提出市场在资源配置中起决定性作用，攻坚克难，争取到2020年完善现代市场体系。以下分阶段展开论述。

一 第一阶段1978—1991年，在价格改革大步推进带动下各类市场蓬勃兴起，经济运行机制初步由计划主导转变为市场主导

（一）放开价格，带动市场发育

改革开放后，中国价格改革既坚持市场取向，又采取逐步推进的方针。在改革初期，实行先调后放、调放结合、逐步放开、逐步同国际市场价格对接。1984年以前，以政府主动调整不合理的比价差价为主，使各行各业都能得到大体相近的利润水平，兼顾放开价格。1984年以后，则以放开价格为主，能放开的尽量放开。这样做，价格改革可以在保持物价总水平大体稳定（年平均上涨率不超过6%）的条件下推进。同时抓住机遇，一旦条件允许，让地方大胆放开价格。广州市在20世纪80年代初最早放开蔬菜、水果、水产品、猪肉等价格，结果是"放到哪里活到哪里"。放开价格之初，价格有点上涨，但不久由于商品供应充足，价格很快就平抑下来、稳定下来，老百姓拍手称快。放开价格的另一效果是限制老百姓消费的凭票供应逐步取消。广州市70年代票证最多时达118种，随着商品价格一种一种地放开，市场供应充足，票证一个一个地被取消。1982年还有48种票证，到1988年就只剩下粮票和糖票两种，不久连这两种票证也取消了。①

全国各地随后几年都走了广州市逐步放开价格的路子。1985年开始，国家放开了除国家定购的粮、棉、油、糖等少数品种外的绝大部分农副产品的收购价格。工业消费品价格也逐步放开。1985年放开了缝纫机、收音机、手表等价格，1986年放开了自行车、电冰箱、洗衣机等7种耐用消费品价格，1988年放开了13种名烟名酒价格。此前，1982年9月和1983年8月先后放开了160种和350种小商品价格。1992年，随着宏观经济环境的改善，政府继续放开大批商品价格，中央政府管理的商品价格目录大大减少。其中，重工业生产资料和交通运输价格由原来的737种减少为89种，农产品价格由原来的40种减少为10种，轻工业品由41种减少为9种。从此，中国市场价格体制初步形成了。②

随着农副产品价格和工业消费品价格的放开，全国各地的农副产品市场包括批发市场和零售市场纷纷建立和不断扩大，工业消费品市场也越来越繁荣昌盛。

（二）工业生产资料价格"双轨制"并为市场单轨制后，建立了统一的工业生产资料市场

工业生产资料价格"双轨制"是中国一个有用的发明。中国工业生产资料20世纪80年代中期开始实行价格"双轨制"，到90年代初顺利向市场单轨制价格过渡，是中国推进渐进式的市场化价格改革的成功范例。还在中国开始实行工业生产资料价格"双轨制"时，1985年9月，在著名的"巴山轮"会议上，波兰经济学家布鲁斯就对此给予积极的评价，认为这是中国"一个有用的发明"。③

中国同一种工业生产资料在同一时间、地点存在计划内价格和计划

---

① 参见《广州放开农产品价格——中国价格改革由此开端》，《粤港信息日报》1988年7月5日。

② 参见马凯《中国价格改革20年的历史进程和基本经验》，《价格理论与实践》1999年第1期。

③ 参见中国经济体制改革研究会编《宏观经济的管理和改革》，经济日报出版社1986年版，第50页。

外价格，是 1984 年开始出现的，1985 年后遍及所有产品。据 1988 年统计，在重工业品出厂价格中，按国家定价销售的比重，采掘工业产品为 95.1%，原材料产品为 74.6%，加工工业产品为 41.4%，其余均为计划外价格即市场价格销售部分。工业生产资料价格"双轨制"，是在短缺经济环境下，双重经济体制特别是双重经济运行体制并存的集中表现，是双重生产体制和物资流通体制的集中表现。"双轨制"价格能刺激紧缺物资的增产，鼓励超计划生产，满足计划照顾不到的非国有经济包括乡镇工业企业的原材料等需要，有助于调剂余缺、调节流通，还有助于了解正常的比价关系等。这是实行"双轨制"价格有利的一面。与此同时，"双轨制"价格又常常在利益驱动下影响供货合同的履行，助长投机、营私舞弊等，这是它的弊端。经验表明，如果"双轨制"价差不那么大，市场价高出计划价一倍以内，"双轨制"价格的积极作用可以发挥得好一些；而如果价差很大，超出一倍，其消极作用就很突出。20 世纪 80 年代中期，实行"双轨制"价格初期，价差不很大，如 1985 年年末、1986 年年初估计，价差在一倍左右，属正常范围。但此后在需求过旺推动下，很多品种的市场价格高出计划价格一倍多，甚至两三倍，造成市场秩序混乱，倒卖生产资料活动猖獗，要求取消"双轨制"价格呼声很高。1990—1991 年，由于宏观经济环境好转，供求关系趋于缓和，"双轨制"价差缩小至一倍以内甚至 50% 以内，党和政府抓住有利时机，对"双轨制"价格进行并轨，主要并为市场单轨制价格。这是中国价格改革又一成功实践。

在工业生产资料价格实行"双轨制"过程中和实现向市场单轨制价格过渡中，中国的工业生产资料市场迅速发展，市场秩序也逐步摆脱了极其混乱的状态。

(三) 生产要素市场开始建立

在物质产品和服务市场全面发展的同时，生产要素市场也开始起步。最突出的，是 1990 年 12 月，上海证券交易所和深圳证券交易所先后成立和营业，从此中国有了自己的资本市场，标志着中国的市场体系建设逐步迈入中高端水平。

二 1992—2001 年,各种各类市场向纵深发展,国有企业从行政部门附属物向市场主体转变,从卖方市场向买方市场转变

1992 年党的十四大作出了中国经济体制改革的目标模式是建立社会主义市场经济体制的历史性决定,1993 年中共十四届三中全会又作出了《中共中央关于建立社会主义市场经济体制若干问题的决定》,将党的十四大确立的改革目标具体化。从此以后,中国市场化改革大步展开,各种各类市场进一步向纵深发展。

(一) 房地产市场逐渐兴起和发展

改革开放前和改革开放初期,城镇干部职工实行的是实物福利分房制度。1994 年 7 月 18 日,国务院发出《关于深化城镇住房制度改革的决定》,指出城镇住房制度改革的根本目的是:建立与社会主义市场经济体制相适应的新的城镇住房制度,实现住房商品化、社会化;加快住房建设,改善居住条件,满足城镇居民不断增长的住房需求。房改的基本内容为:把住房建设投资由国家、单位统包的体制改变为国家、单位、个人三者合理负担的体制;把各单位建设、分配、维修、管理住房的体制改变为社会化、专业化运行的体制;把住房实物福利分配的方式改变为以按劳分配为主的货币工资分配方式;建立以中低收入家庭为对象、具有社会保障性质的经济适用住房供应体系和以高收入家庭为对象的商品房供应体系;建立住房公积金制度;发展住房金融和住房保险,建立政策性和商业性并存的住房信贷体系;建立规范化的房地产交易市场和发展社会化的住房维修、管理市场,逐步实现住房资金投入产出的良性循环,促进房地产业和相关产业的发展。

1998 年 3 月,新任国务院总理朱镕基在上任时举行的第一次记者招待会上,将这届政府要干的几件事情概括为:一个确保、三个到位、五项改革。住房制度改革是这五项改革中的第三项。他说,住房的建设将要成为中国经济新的增长点,但是我们必须把现行的福利分房政策改为货币化、商品化的住房政策,让人民群众自己买房子。整个房改方案已酝酿三年多,我们准备今年下半年出台新的政策,停止福利分房,住房分配一律改为商品化。

到 1999 年年底，全国可售公房的 60% 以上已经出售给居民家庭，城镇居民住房自有率达到 70%，基本上打破了单一的住房公有制，形成了以居民自有产权为主、多种产权形式并存的产权格局；到 2001 年，城镇居民人均住房建筑面积由 1978 年的 7.2 平方米增加到 21 平方米，缺房户占全国城镇总户数的比重也由 47.5% 下降到 1.1%。

2001 年，为了进一步启动住房消费、拉动经济增长，实现"十五"计划提出的住宅发展目标，政府提出从八个方面采取措施推动改革的进一步深入。一是加快立法，依法明晰产权，切实保障购房人的权益。二是加大推进住房分配货币化工作的力度，支持职工买房。三是加快开放住房二级市场，积极培育住房租赁市场，加快启动和规范住房租赁市场。四是进一步改善住房供应，让百姓放心买房。五是全方位扩展住房消费服务，加快市场的运作。六是大力发展住房金融，适应居民住房消费的需求，进一步提高金融对住房市场的支持力度。七是规范发展物业管理业。八是切实改进房地产行政管理工作，为购房人提供方便快捷的服务和产权保障。[①]

房地产市场的发展还可以从以下国家统计局发布的统计数字看出：1998 年，全国新建商品房销售面积为 12185.3 万平方米；而到 2001 年，全国新建商品房销售面积达到 22411.9 万平方米，增长近 84%。

（二）国有企业逐步建立现代企业制度，成为自主经营、自负盈亏的市场主体和法人实体

改革开放前，中国城镇是国有企业或准国有企业一统天下。国有企业在传统的计划经济体制下，是上级行政部门的"附属物"，生产什么产品和多少产品由上级计划部门下达指令，国家对企业财务实行"统收统支"，对企业产品"统购包销"，政企不分，国有企业不是市场主体和利益主体，国有企业员工端"铁饭碗"、吃平均主义"大锅饭"，严重抑制了企业和员工的积极性和主动性。改革开放初期，实行放权让利，扩大企业自主权，1987—1992 年还探索实行承包经营责任制。但

---

① 参见彭森、陈立等《中国经济体制改革重大事件（下）》，中国人民大学出版社 2008 年版，第 634、637、639、640 页。

是，这些改革仍然是政企不分，没有很好地转变经营机制，企业仍然不是独立的市场主体。1992年，党的十四大确立社会主义市场经济体制为中国经济体制改革的目标模式。1993年11月，中共十四届三中全会作出了《中共中央关于建立社会主义市场经济体制若干问题的决定》，在党的文件中第一次明确指出国有企业改革的方向是建立现代企业制度，并指出现代企业制度的特征是：产权清晰、权责明确、政企分开、管理科学。因此，中国国有企业改革进入制度创新、向市场主体过渡的新阶段。

由于延续多年的承包制不能促进国有企业适应市场经济的发展，相反却强化了政企不分和造成国有资产流失，使许多国有企业包括国有大中型企业陷于困境。1997年党和政府提出帮助国有企业脱困的任务，预期目标是：从1998年起，用三年左右的时间，使大多数国有大中型亏损企业摆脱困境，力争到20世纪末大多数国有大中型骨干企业建立现代企业制度。到2000年年底，这一目标已基本完成。1997年年底，国有及国有控股大中型工业企业为16874户，其中亏损的为6599户，占39.1%。到2000年，亏损企业减为1800户，减少近3/4。为此付出的代价也不小。三年国有大中型工业企业脱困，用去银行呆坏账准备金1500亿元以上，技改贴息200亿元左右，还实施债权转股权，共580户，债转股总额4050亿元，并于2000年4月1日开始停息，当年即可减少企业利息支出195亿元。此外，银行剥离的1.3万亿元不良资产中，约有一半左右也是国有工商企业的不良贷款。政府在帮助国有大中型工业企业脱困的同时，进行了现代企业制度试点，逐步推行公司制股份制改革，努力使国有和国有控股企业成为适应社会主义市场经济发展的市场主体和法人实体。[①] 国有企业脱困和建立现代企业制度，为进入21世纪后国有大中型工业企业做强做大和快速发展打下了坚实的基础。

国有企业通过推进公司制股份制改革建立现代企业制度，也破解了

---

① 参见张卓元、郑海航主编《中国国有企业改革30年回顾与展望》，人民出版社2008年版，第3、11页。

中国建立社会主义市场经济体制的难题。一直以来，经济学原理都认为市场经济只能与私有制相结合，不可能与公有制国有制相结合。中国的改革实践却证明，由于我们找到了公司制股份制这一市场经济通行的资本组织形式，作为公有制国有制的实现形式，从而可以做到公有制国有制同市场经济的结合，社会主义与市场经济的结合。这也是对马克思主义政治经济学的划时代的贡献！

（三）个体、私营经济开始兴起和发展，并逐渐成为社会主义市场经济的重要组成部分

社会主义市场经济主体的另一重要组成部分是改革开放后逐渐发展起来的个体经济和私营企业。个体、私营经济是市场经济的天然主体，也是社会主义市场经济的天然主体，他们的生产经营活动受市场供求关系支配，受商品市场经济的基本规律价值规律的调节。

个体、私营等非公有制经济的迅速发展，是我国改革开放以来的一个突出特点。在传统的社会主义经济体制下，个体、私营等非公有制经济被看成异己的力量，受到排斥或限制打击。改革开放前夕，我国几乎是公有制经济一统天下，只留个体经营14万户，从业人员15万人，私营经济则被相当彻底地扫光。中国改革开放的最大成就之一，是在体制内即公有制经济进行改革、引入市场机制的同时，体制外即非公有制经济获得迅速的发展，从而使经济改革不但没有带来经济的倒退或停滞，而且使经济日趋活跃、市场逐步繁荣、人民群众不断受益，做到了改革、发展、稳定的统一。

改革开放初期，由于社会上就业压力很大，上千万人失业，为缓解就业压力，党和政府开始允许个体经济存在和发展，而且个体经济发展的实践表明，他们能活跃市场，方便群众生活，发挥"拾遗补阙""有益补充"的作用。随着1992年党的十四大社会主义市场经济改革目标和1997年党的十五大公有制为主体、多种所有制经济共同发展的基本经济制度的确立，个体经济迅速发展起来，并逐渐从配角升格为社会主义市场经济的重要组成部分。到2001年，我国个体工商户已发展到2433万户、4760.3万人，注册资金3435.8亿元。个体经济主要分布在商贸餐饮业、社会服务业等第三产业，个体工商户从事第三

产业的户数占总户数的82.6%，成为国民经济发展中的一支重要力量。请见表5-1。

表5-1　　　　1990—2001年全国个体工商业发展状况

年份	户数（万户）	人数（万人）	注册资金（亿元）
1990	1328.3	3092.8	397.4
1991	1416.8	2258	488.2
1992	1533.9	2467.7	600.9
1993	1766.9	2939.3	854.9
1994	2186.6	3775.9	1318.6
1995	2528.5	4613.6	1813.1
1996	2703.7	5017.1	2165.4
1997	2850.9	5441.9	2574
1998	3120.2	6114.4	3120.3
1999	3160.1	6240.9	3439.2
2000	2571.4	5070	3315.3
2001	2433	4760.3	3435.8

资料来源：国家统计局；2001年资料参见《中华工商时报》2002年4月19日。

个体经济的存在和发展，必然不断产生私营经济，这是经济学的常识。所以，允许个体经济的存在和发展，就是默许私营经济的存在和发展，但是私营经济的存在和发展比个体经济要稍晚一些。中国私营经济从20世纪80年代末起步，1992年邓小平"南方谈话"后获得快速发展，到2001年，一直以15%以上的速度增长，其中1993年、1994年、1995年连续三年经营户数增速都高达50%以上。1992年—2001年私营经济发展状况见表5-2。

非公有制经济中还有一大块是外资企业，他们也是中国社会主义市场经济的重要市场主体。

表 5-2　　　　　1992—2001 年私营经济增长状况

年份	户数（万户）	增幅（%）	人数（万人）	增幅（%）	注册资金（亿元）	增幅（%）
1992	13.9	28.8	231.9	26.0	221.2	79.8
1993	23.8	70.4	372.6	60.7	680.5	300
1994	43.2	81.7	648.4	74	1447.8	110
1995	65.5	51.4	956	47.4	2621.7	81.1
1996	81.9	25.2	1171.1	22.5	3752.4	43.1
1997	96.1	17.3	1349.1	15.2	5140.1	37
1998	120.1	25	1709.1	26.7	7178.1	40
1999	150.9	20.5	2021.6	18.3	10287.3	36.3
2000	176.2	16.8	2406.5	19	13307.7	29.4
2001	202.9	15.1	2713.0	12.8	18212.2	36.9

资料来源：国家统计局；2001 年资料参见《中华工商时报》2002 年 4 月 17 日。

（四）这一阶段还有一个非常重要的标志性事件是中国市场格局发生了重大变化：从卖方市场向买方市场转变

改革开放前，我国长期实行传统的计划经济体制，排斥市场和市场机制，经济缺乏活力，影响经济增速，逐渐走向短缺经济，物资匮乏，市场供应紧张，凭票供应、排队抢购现象很普遍，人民生活很不方便，严重影响人民生活水平和质量的提高。改革开放后，逐步放开各种商品的市场和价格，在市场机制作用下，每个市场主体都力求扩大商品生产和经营，提高市场占有份额，新产品层出不穷，品种繁多，质量提高。长期短缺的商品如食品、服装、家电、建材等很快就丰富起来，市场格局首先在消费品市场出现根本性变化，从卖方市场转变为买方市场，即市场上大部分商品供求平衡或者供给略大于需求，消费者主权开始形成并能实现。发达国家常见的超市也在中国迅速普及和发展，各种各样商品丰富多彩，令人眼花缭乱，市场呈现一片繁荣景象。

国内贸易部 1995 年以来对 600 余种主要商品供求状况的调查结果表明，从 1995 年开始，供过于求的迹象已经开始显现。在大部分商品供求平衡的基础上，供过于求商品的比重已经开始超过供不应求的商品。1995 年以后，这一现象不断发展和强化，到 1998 年上半年，中国消费品零售市场上已经没有供不应求的商品(见表5-3)。

表5-3　　20世纪90年代中期消费品零售市场商品供求
平衡状况的变化　　　　　　　　　单位:%

时间	供不应求比例	供求平衡比例	供过于求比例
1995年上半年	14.4	67.3	18.3
1995年下半年	13.3	72.3	14.4
1996年上半年	10.5	74.5	15.0
1996年下半年	6.2	84.7	9.1
1997年上半年	5.3	89.4	5.3
1997年下半年	1.6	66.6	31.8
1998年上半年	0	74.2	25.8

资料来源:根据历年中华商业信息中心发布的资料整理(参见刘国光主编《中国十个五年计划研究报告》,人民出版社2006年版,第613页)。

三　2002—2012年,以加入世界贸易组织为契机,构建开放型现代市场体系

(一)外商投资企业逐渐成为我国市场主体的重要组成部分

中国1978年起步的改革一直是和对外开放同时进行的。对外开放初期,主要是利用外资,经过持续多年的引进外资,外资企业已越来越成为中国社会主义市场经济的重要市场主体,在有些领域占1/3甚至占1/3以上。改革开放初期办经济特区也首先是为了吸收和利用外资。1981年,中共中央和国务院批准深圳、珠海、汕头、厦门为经济特区,根据1981年5—6月在北京召开的《广东、福建两省和经济特区工作会议纪要》所述,创办经济特区是为了吸收利用外资,引进先进技术,扩展对外贸易,加速经济发展,同时在实践中观察与研究当代资本主义经济,学习与提高参与国际交往的本领,进行经济体制改革试验。1984年5月4日,中共中央和国务院作出决定:开放天津、上海、大连、秦皇岛、烟台、青岛、连云港、南通、宁波、温州、福州、广州、湛江、北海14个港口城市,建立经济技术开发区,以此带动整个沿海地带的开放和发展。对14个开放城市,中央主要是给政策,给前来投资和提供先进技术的外商以优惠待遇。但是,吸收和利用外资从一开始就有争

论。一些思想保守的干部,总提出所谓"姓资""姓社"问题。针对这个问题,邓小平1992年年初在"南方谈话"中专门讲:"对办特区,从一开始就有不同意见,担心是不是搞资本主义。深圳的建设成就,明确回答了那些有这样那样担心的人。特区姓'社'不姓'资'。从深圳的情况看,公有制是主体,外商投资只占四分之一,就是外资部分,我们还可以从税收、劳务等方面得到益处嘛!多搞点'三资'企业(指中外合资企业、中外合作企业和外方独资企业——引者注),不要怕。……我国现阶段的'三资'企业,按照现行的法规政策,外商总是要赚一些钱。但是,国家还要拿回税收,工人还要拿回工资,我们还可以学习技术和管理,还可以得到信息、打开市场。因此,'三资'企业受到我国整个政治、经济条件的制约,是社会主义经济的有益补充,归根到底是有利于社会主义的。"① 邓小平的讲话、1992年确立社会主义市场经济体制改革目标、2001年加入世界贸易组织,使中国吸收和利用外资走上了快车道,直至2012年,中国已连续21年成为吸收国际直接投资最多的发展中国家。

到2012年年底,全国外商投资企业共计达440609个,投资总额32610亿美元,注册资本18814亿美元,其中外方为14903亿美元。中国吸引的外商直接投资中,有60%左右投向制造业。这使外商投资企业对工业增长的贡献相当突出。20世纪90年代以来中国出口的大幅度增长,在很大程度上得益于外商投资企业出口的快速增长。2011年,在工业部门总资产中,外资所占比重达23.97%。这些均表明,外商投资企业已是中国相当重要的市场主体,对经济和出口增长、增加就业、上缴税收、引进先进技术和管理等,作出了重要的贡献。

(二)对外贸易市场迅速发展,加入世界贸易组织使我国加快融入经济全球化进程

中国改革开放后在吸收和利用外资的同时,对外贸易也快速增长。特别是2001年年底加入世界贸易组织后,到2012年,对外贸易更是大幅度增长。

---

① 《邓小平文选》第三卷,人民出版社1993年版,第372—373页。

改革开放之初的 1978 年，中国货物进出口总额只有 206 亿美元，居世界第 32 位。改革开放后，对外贸易快速发展。加入世界贸易组织后，进一步推动了货物进出口贸易的高速增长。2004 年中国货物进出口贸易总额突破 1 万亿美元大关，而且仅仅三年后又翻了一番，于 2007 年突破 2 万亿美元大关。再过四年，2011 年，又越过了 3 万亿美元。

（三）服务贸易发展迅速，近二十年一直是进口大于出口，逆差扩大

改革开放后，在货物进出口贸易迅速发展的同时，服务的进出口贸易也迅速发展。在 20 世纪 80 年代初期，中国的服务贸易规模只有 40 多亿美元。直到加入世界贸易组织后，服务贸易的发展步伐明显加快。2003 年服务贸易总额首次突破千亿美元。此后继续快速发展，2013 年已超过 5000 亿美元。目前，中国已经成为世界第三大服务贸易大国，仅次于美国和德国。中国服务贸易 1982 年只占全球的 0.57%，2013 年则迅速上升到占全球服务贸易的 6%。从 1995 年起，中国的服务贸易开始出现逆差，而且逆差逐步扩大。从中国服务贸易结构看，运输、旅游、保险、专有权利使用和特许费等领域服务贸易进口规模较大，是导致持续逆差的主要原因。① 随着我国转方式调结构、着力发展服务业特别是现代服务业，服务进出口贸易在进一步发展过程中严重失衡现象有可能得到逐步扭转。

（四）2005 年、2006 年股权分置改革是完善我国资本市场的重大举措

由于历史原因，我国的上市公司中普遍存在流通股与非流通股两类股份。上市公司向社会公开发行的、在上海和深圳证券交易所上市交易的股票，称为流通股；而同样由上市公司发行但暂不上市交易的股票，则被称为非流通股，而且非流通股通常占有上市公司股票较大的份额。这两类股票持股的成本差异较大，流通股比非流通股持股成本高很多，从而造成两类股东之间利益不协调，既不利于维护中小投资者的利益，也不利于资本市场的健康发展。进入 21 世纪后，社会各界一直呼吁要

---

① 参见万军《迈向开放型经济新时代》，广东经济出版社 2015 年版，第 88、90 页。

尽快解决这种不合理的股权分置问题。

为解决我国资本市场上存在的股权分置问题，2005年4月，经国务院批准，证监会发布了《关于上市公司股权分置改革试点有关问题的通知》，正式启动股权分置改革试点工作。同年8月，证监会、国资委、财政部、中国人民银行、商务部五部门联合发布《关于上市公司股权分置改革的指导意见》，对试点阶段制度安排做了相应的完善。同年9月，证监会、上海证券交易所、深圳证券交易所、中国证券登记结算公司等部门和机构发布了《上市公司股权分置改革管理办法》《上市公司股权分置改革说明书格式指引》《上市公司股权分置改革试点业务操作指引》《上市公司股权分置改革保荐工作指引》等配套规则，股权分置改革逐步推进。截至2006年年底，沪深两市已完成或者进入股权分置改革程序的上市公司共1301家，占应改革上市公司的97%，对应市值占比98%，未进入改革程序的上市公司仅40家，这标志着股权分置改革基本完成。这样，困扰我国资本市场十几年的难题就此顺利解决。①

四　第四阶段，2013年提出市场在资源配置中起决定性作用，攻坚克难，争取到2020年完善现代市场体系

回顾中国改革开放近40年历史，我们看到，头25年各方面改革蓬勃发展，而2003—2012年改革步伐有所放慢，积累的问题不少。2012年年底党的十八大后重新吹响了改革攻坚的号角。党的十八大在提出全面建成小康社会任务的同时，要求全面深化改革开放。中共十八届三中全会作出了全面深化改革的决定，提出紧紧围绕使市场在资源配置中起决定性作用深化经济体制改革，加快完善现代市场体系。

（一）2013年中共十八届三中全会《决定》提出市场在资源配置中起决定性作用

市场在资源配置中起决定性作用是二十多年来沿用的基础性作用提法的继承和发展。1992年在确立社会主义市场经济体制改革目标时，

---

① 参见北京师范大学经济与资源管理研究院《2008中国市场经济发展报告》，北京师范大学出版社2008年版，第80页。

明确市场在资源配置中起基础性作用。那么,为什么中共十八届三中全会决定要用市场在资源配置中起决定性作用代替原来的基础性作用呢?我们认为主要有以下三点。

第一,这是我们党对社会主义市场经济体制改革认识不断深化的结果。1992年,党的十四大提出了"使市场在社会主义国家宏观调控下对资源配置起基础性作用"。2002年,党的十六大进一步提出,"在更大程度上发挥市场在资源配置中的基础性作用,健全统一、开放、竞争、有序的现代市场体系"。2012年,党的十八大更进一步提出,"更大程度更广范围发挥市场在资源配置中的基础性作用"。可以看出,二十年来,对市场机制作用的认识是逐步往前走的。新的提法即市场在资源配置中"起决定性作用"比原来"起基础性作用"的提法,能够更加确切和鲜明地反映市场机制对资源配置的支配作用,反映市场经济的基本规律价值规律的内在要求。

第二,这是经济体制改革实践发展的必然选择。党的十四大确立社会主义市场经济体制改革目标后,在市场化改革推动下,比较快地初步建立起社会主义市场经济体制。但是还不完善,还存在不少体制性弊端,突出地表现在政府直接配置资源过多,政府对社会经济活动干预过多,存在多种形式的行政垄断,一些部门在非自然垄断环节阻挠竞争;政府对市场和价格的不当干预妨碍全国统一的现代市场体系的形成,对非公有制经济实施某些歧视性政策,也妨碍公平竞争市场环境的形成和完善;政府对宏观经济的管理还不完善,对市场的监管不到位,对公共服务、保护环境、社会治理也远未到位等。为了进一步深化市场化改革,用市场在资源配置中起决定性作用的提法,代替基础性作用的提法,有利于改革的攻坚克难,争取到2020年,在重要领域和关键环节,取得决定性成果,使社会主义市场经济体制更加成熟、更加定型。

第三,可以更好地发挥政府的作用。市场在资源配置中起决定性作用并不意味着不重视政府的作用,而是更有利于明确政府的职能,更好发挥政府的作用。根据中共十八届三中全会《决定》的精神,我们认为政府的职能主要有以下五个方面。一是要搞好宏观经济调控,保证宏观经济稳定运行,防止大起大落,这是专属中央政府的职能。二是加强市场监管，维护市场公平竞争秩序，政府主要是裁判员而不是运动员，即使对国有企业也要实行政企分开、政资分开。三是要做好公共服务，这方面现在做得很不到位，需尽快补上。四是完善社会治理，促进社会和谐和全面进步。五是保护环境和生态，健全自然资源资产产权制度和用途管制制度，划定生态保护红线，实行资源有偿使用制度和生态补偿制度，改革生态环境保护管理体制等。

（二）商事制度改革激发市场主体活力，改善营商环境

中共十八届三中全会《决定》提出：推进工商注册制度便利化，削减资质认定项目，由先证后照改为先照后证，把注册资本实缴登记制逐步改为认缴登记制。此后，全面深化商事制度改革取得了良好成效。最突出的表现是，微观市场主体特别是新设企业快速增长。2015年，全国新登记市场主体1479.8万户，其中，企业443.9万户，比2014年增长21.6%，平均每天新登记企业1.2万户，比2014年平均每天1万户又有增加；2016年，全年新登记企业增长24.5%，平均每天新增1.5万户；2017年，平均每天新增达1.66万户，而改革前平均每天是6900户。世界银行2015年、2016年营商环境报告显示，这两年中国营商环境排名都比上一年提高6位，2015年在189个经济体中排在第84位，表明中国营商环境持续改善。① 而在世界银行2018年10月31日发布的《2019年营商环境报告：为改革而培训》称，中国今年排名大幅上升30多位，从去年的第78位上升到第46位，进入世界排名前50的经济体之列。②

（三）深化价格改革取得新进展

中共十八届三中全会《决定》提出紧紧围绕使市场在资源配置中起决定性作用深化经济体制改革时，要求完善主要由市场决定价格的机制。此后，党和政府从多方面推进价格改革并取得新的进展。首先，一批商品和服务价格已陆续放开，中央政府管理的近60项商品和服务价格已放开或下放，全部农产品、绝大多数药品、绝大多数专业技术服务

---

① 参见《人民日报》2016年2月23日。
② 参见《经济参考报》2018年11月1日。

价格都已交由市场定价。中央直接定价项目仅剩约 20 项，比 2001 年减少 80% 左右。其次，一些重要领域如电力、成品油、天然气铁路运输等领域价格市场化程度显著提高，输配电价改革已由深圳电网扩大到其他省域电网，跨区跨省输电价格全部放开，到 2016 年年底，已提前一年实现了输配电价格改革在首级电网的全覆盖；燃煤发电上网电价、工商业销售电价大幅下调；成品油销售价格已基本上实现市场化；非居民用天然气存量气与增量气价格顺利并轨，到 2016 年年底，占消费总量 80% 的非居民用气门站价格已经由市场主导形成①；铁路货运价格基本理顺，并建立了上下浮动的灵活调整机制。再次，居民阶梯价格制度逐步推开，阶梯气价在 13 个省份 50 个城市实施，阶梯水价在 26 个省份 275 个城市实施，阶梯电价除了新疆和西藏以外，其他地方全部建立。最后，地方价格改革同步加速，平均减少定价项目 50% 以上，上海、北京等 11 个地区已经完成地方定价目录修订。② 2015 年 10 月，中共中央、国务院发布了《关于推进价格机制改革的若干意见》，提出了今后改革的六大领域：完善农产品价格形成机制，加快推进能源价格市场化，完善环境服务价格政策，理顺医疗服务价格，健全交通运输价格机制，创新公用事业和公益性服务价格管理。可以预期，价格改革今后将进一步深化和发展，而在价格改革推动下，现代市场体系建设将继续取得进展。

第二节　现代市场体系建设过程中若干理论问题讨论与突破

改革开放以后，在价格改革和市场发育推动下，中国经济运行逐渐由计划主导转轨为市场主导，中国经济逐渐由传统的计划经济转轨为社

---

① 胡祖才：《纵深推进价格改革　提升价格监管水平　以优异的价格工作实绩迎接党的十九大胜利召开》，《价格理论与实践》2017 年第 1 期。
② 参见《人民日报》2015 年 10 月 19 日。

会主义市场经济。市场化改革的推进要求建设和完善现代市场体系，而在现代市场体系建设过程中，经济学家积极进行理论探索、讨论和创新，建言献策，推动改革顺利进行。

一 明确建立社会主义市场体系是经济体制改革的一个基本内容

在1984年确认社会主义经济是有计划的商品经济后，经济学家就提出建立社会主义市场体系是经济体制改革的一个基本内容。包括：

（1）经济体制改革的实质，就是引入市场机制，把市场搞活。充分利用市场机制是经济体制改革的总方向。

（2）市场是商品经济活动的舞台，不同的商品生产者和经营者就是在这个舞台上分胜负、见高低的，竞争性市场为不同的企业提供了同等机会，能够在同一起跑线上赛跑。

（3）市场是连接宏观经济和微观经济的枢纽。国家调控市场，市场引导企业是新的商品经济体制的运行模式。

（4）实行国家对企业间接控制为主的宏观经济管理，是有计划的商品经济的内在要求，必须有企业自主经营、自负盈亏和市场体系大体完善这两个基本条件。

（5）市场体系的建立和健全，使企业成为真正的商品生产者和经营者，使国家对企业的管理能够逐步由直接控制为主转向间接控制为主，主要运用经济手段和法律手段，从而建立新的社会主义宏观经济管理制度。

（6）市场是一个体系，不是一个个孤立的市场，只有建立和健全社会主义市场体系，才能发挥市场的整体功能。[①]

有的论著，对社会主义市场体系的建立和发展作了专门论述。如有文章主张改革应分为两大阶段，"第一阶段的主要目的是建立一个较为完善的商品市场，第二阶段的主要目的是在完善商品市场的基础上建立起完整的市场体系。这是因为，无论是在历史上还是在逻辑上，商品市场都是劳动市场、土地市场和资本市场的前提或基础。当然，这些市场

[①] 参见陈晓伟《十年来市场学理论研究和学科建设情况简介》，《财贸经济资料》1988年第4期。

并不能绝对独立地存在,商品市场形成和完善的过程,事实上和其他市场形成和完善的进程是相互制约、相互促进的。因此,第一阶段在以建立和完善商品市场为重心的改革的同时,应当使其他市场的形成开始起步"。① 美国耶鲁大学教授费景汉、B. 雷诺兹在他们设计的中国经济体制总体改革规划(1986—2006 年)中,把我国经济体制改革分为初期(1978—1985 年)、中期(1986—1997 年)和后期(1998—2006 年),并按建立各类市场的顺序作为划分这三个时期的重要标志。初期为货币经济的来临,中期为建立商品市场,后期为建立资本市场和劳动市场。② 亚洲一些发展中国家的经济学者也认为,发展中国家市场关系发展是有序的,大致是:先建立商品市场,其次是金融市场,最后是劳动力市场。③

二 1987 年关于经济改革应以企业改革还是以经济运行机制改革为主线的争论

1987 年 10 月至 1988 年 6 月,国家体改委组织中国社会科学院课题组、北京大学课题组、中央党校课题组、中国人民大学课题组、吴敬琏课题组、国务院农研中心发展研究所课题组、国家计委课题组和上海市课题组,就我国中期(1988—1995 年)经济改革规划纲要提出报告。这是在我国经济体制改革由旧体制机制向新体制机制转变的关键时期,由国家体改委委托有关经济主管部门、科研机构、大专院校、个别直辖市上百名专家学者,就此后 5—8 年的经济改革应如何展开提供具体的思路、设想和规划纲要。这是一次集中各方智慧为改革献计献策的成功探索。八个课题组在中国经济体制要坚持市场化或市场取向改革方向上是完全一致的,但如何具体推进市场取向改革、中期改革的主线是什么,如何处理好改革、发展和稳定的关系,短期快速转轨还是需用较长时间逐步转轨等方面,各家提出了各自的主张,并且互相争辩,形成可喜的百家争鸣的景象。

---

① 郭树清、楼继伟、刘吉瑞:《经济体制改革总体规划构思》,《经济研究参考资料》1986 年第 35 期。
② 《中国经济体制总体改革合理顺序的探讨》,《经济工作者学习资料》1987 年第 11 期。
③ 张卓元、吴敬琏:《亚洲三国发展的经验》,《经济社会体制比较》1987 年第 4 期。

当时争论最大的是关于中期改革的主线是什么,提出了三种不同的主张。第一种以北京大学课题组和中央党校课题组为代表,主张企业改革中心论或所有制改革中心论,主张中期以企业改革为主线积极推行股份制,建立现代企业制度。他们认为,设计未来改革的方案,不能以价格改革为突破口。这是因为,价格说到底是市场当事人之间转让所有权的交易条件,没有有效的所有权结构,就不可能有对企业和消费者有效的财产权利关系的约束,也就不可能有真正合理的价格体系。况且,经济在较严重的短缺配额背景下,价格和价格水平的调整对于经济恢复均衡的作用是微乎其微的。在企业不具有真正商品生产者法人的自由度的状况下,即使放开价格也不会收到预期的效果。价格改革对全部经济生活的功效如何,只能取决于社会主义条件下企业法人地位的明确程度。而商品经济下的价格制度,与其说是中央政府放给企业的,还不如说是企业真正成为商品生产者之后自我创造出来的。因此,价格改革只能是企业改革的归宿。作为全部经济体制改革的核心,只能是企业制度本身的重新改造,围绕这一核心,逐步调整价格,形成市场,最终实现价格放开,由市场定价。

第二种以吴敬琏课题组为代表,主张以价格改革为主线,着力实现经济运行机制转轨,以便为企业改革和其他改革创造一个良好的市场环境。他们认为,市场取向改革的关键在于价格改革。在取消了指令性计划的同时,如不及时地放开价格,形成市场,整个经济活动就不可避免地陷于混乱。放开价格从而建立起竞争性市场体系,是让新体制的整体功能得以发挥的基本条件。因此,市场—价格改革是经济体制改革的中心,中期改革规划必须以价格改革、建立市场为基本线索。

第三种以中国社会科学院课题组为代表,主张企业改革和价格改革、所有制改革和经济运行机制改革双线推进,即两条主线论,认为这两方面改革如同一个硬币的两面,不可偏废,而应协调配套进行。认为,市场—价格改革和企业—所有制改革是互为因果、互有联系的连环套,没有"谁领先、谁在后"的问题。企业产权制度转换要求作为外部条件的价格改革和竞争性市场形成同步,价格的理顺和放开又要求企业行为机制发生相应的转换。因此,深化改革的基本思路在于同时抓住两条主线,坚持两方面改革有机辩证地结合。当然,在不同时期和不同情况下,这两者的侧重点可以有所不同。

中国20世纪八九十年代经济体制改革的实践表明,价格改革一枝独秀,走在其他改革的前面,并带动市场发育,使市场机制作用逐步扩大。中国价格改革经过十多年的努力,在社会商品零售总额、工业生产资料销售总额、农副产品收购总额中,市场价格的比重就已占明显优势。请看表5-4:

表5-4

年份	社会商品零售总额中市场价格占比(%)	工业生产资料销售总额中市场价格占比(%)	农副产品收购总额中市场价格占比(%)
1978	2.8	0	7.4
1997	93.2	81.6	80.5

资料来源:王梦奎主编:《中国经济转轨二十年》,外文出版社1999年版,第103、104页。

与此相对应,1998年,国务院价格主管部门及有关部门管理的价格,已由1978年的1336种(类)减少为58种(类)。

与价格改革迅速推进不同,国有企业改革则步履蹒跚,1987—1992年还在实行承包经营责任制,结果承包一轮国有资产流失一轮,还加剧了政企不分,越来越多的国有企业因缺乏市场竞争力而出现亏损。1997年中央提出国有企业三年脱困和加快建立现代企业制度的任务。所以,中国改革实践比较符合吴敬琏课题组的判断。但是,价格—市场改革和经济运行机制的改革也逼迫国有企业改革必须跟进,如果国有企业不改革,对市场价格的变化不能作出灵敏的反应,市场优化资源配置的作用也就受到限制,市场价格的功能也就不能很好发挥。这说明,价格改革和国有企业改革必须协同推进,不能偏废。

随着市场取向改革的不断推进,中国经济的市场化程度也在逐步提高,有专家测度(与其他专家的测度差不多),中国经济市场化程度2001年已达69.0%,2004年、2005年、2006年则分别达到73.3%、

78.3%、77.7%。① 中国经济市场化程度超过 70%，充分表明中国经济活动已进入市场主导的阶段。

三 加入世界贸易组织不仅使我国加快融入经济全球化进程，而且有力地推动我国走向现代市场经济

2001 年年底我国正式加入世界贸易组织，成为其第 143 个成员，是我国改革开放进程中的一个重大事件。这也是顺应经济全球化潮流的重大举动，具有里程碑式的意义。加入世界贸易组织，标志着我国对外开放进入新的阶段。在加入世界贸易组织的谈判过程中，曾有不少人担心加入世界贸易组织会影响国家经济安全，许多产业包括金融、农业、商业、信息业、医疗业、教育业等均会受到较大的冲击。但中国加入世界贸易组织后十多年的实践表明，加入世界贸易组织对中国是利大于弊，无论是对外贸易利用外资还是对外投资都得到更加快速的增长，而原来的许多担心都没有出现。中国是经济全球化的受益者，加入世界贸易组织提高了中国的收益率。加入世界贸易组织以后，中国的经济总量、对外经济往来、外汇储备、中国的国际地位等都大步提升。特别是，开放促进了改革，使中国一大批同市场经济一般规则相抵触的法律法规和政策得以废除和修改，推动中国快步迈向现代市场经济，要求尽快完善现代市场体系。

截至 2017 年年底，中国加入世界贸易组织已 16 年。16 年来，中国认真履行承诺，深化各项改革，在更大范围和更深程度上参与经济全球化，也以更加积极的态度参与全球经济治理。加入世界贸易组织后，中国关税平均水平由 2001 年的 15.88%，降至 2014 年的 9.6%，完全履行了承诺；随着 2018 年 11 月 1 日新一轮降税措施实施，中国关税总水平已经降到 7.5%，超出了对世界贸易组织的承诺，也低于大多数发展中国家。② 中国的出口额由 2001 年的 2660.98 亿美元增长到 2014 年的 23427.46 亿美元，占全球出口额的比重由 2003 年的 5.9% 上升到

---

① 参见北京师范大学经济与资源管理研究院《2008 中国市场经济发展报告》，北京师范大学出版社 2008 年版，第 3 页。
② 参见《人民日报》2018 年 11 月 18 日。

2014年的12.2%;进口额由2001年的2435.53亿美元增长到2014年的19602.53亿美元,占全球进口额的比重由2003年的5.4%上升到2014年的10.5%。中国实际利用外资金额由2001年的496.7亿美元增长到2014年的1197.05亿美元、2015年的1263亿美元、2016年的1260亿美元和2017年的1310亿美元。中国对外直接投资这几年也迅速增长,2014年为1029亿美元,2015年为1180亿美元,2016年为1701亿美元,2017年为1201亿美元,其中2016年对外直接投资首次超过当年实际利用外资。中国对外承包工程合同金额由2001年的130.39亿美元增长到2014年的1917.6亿美元,2015年的1541亿美元,2016年的1594亿美元和2017年的1686亿美元。以上事实充分说明,加入世界贸易组织以后,中国正在以更积极的态度构建开放型经济新体系。

第三节 加快完善现代市场体系是使市场在资源配置中起决定性作用的最重要条件

加快完善现代市场体系,是使市场在资源配置中起决定性作用的最重要的条件。中国改革开放以来的实践证明,建设结构合理、功能完备、竞争性的现代市场体系,是实行经济运行机制转轨的主要着力点,是社会主义市场经济健康运行的基础。我们要在2020年建成完善的社会主义市场经济体制,就需要加快完善现代市场体系。

一 建设现代市场体系是使市场在资源配置中起决定性作用的基础

2013年,中共十八届三中全会《决定》指出:建设统一开放、竞争有序的市场体系,是使市场在资源配置中起决定性作用的基础。必须加快形成企业自主经营、公平竞争,消费者自由选择、自主消费,商品和要素自由流动、平等交换的现代市场体系,着力清除市场壁垒,提高资源配置效率和公平性。

根据中共十八届三中全会《决定》精神,现代市场体系包括三个基本要素。一是企业是独立的市场主体，是自主经营和公平竞争的。企业自主经营是企业成为企业的根本条件。企业自主经营包括企业自主从事采购原材料与能源和销售产品与服务的活动。公平竞争是社会主义市场经济中市场竞争的核心，只有公平竞争，才能真正做到优胜劣汰，才不会是劣币驱逐良币，市场优化资源配置的基本功能才能很好发挥出来，不会出现资源错配。二是消费者是自由选择、自主消费的，不能对消费者进行强卖，要保护消费者权益，要给消费者知情权。这只有在市场体系比较发达和出现买方市场的条件下才能做到，配给制和凭票供应是与此相悖的。三是商品和要素是自由流动、平等交换的，自由流动就必须打破各种市场壁垒，不能为商品和要素的流动设置各种各样人为的障碍。平等交换最重要的是等价交换，价格是在市场竞争中由买卖双方讨价还价形成的，而不是由政府制定的，也不能是由行业垄断者确定的。必须同时具备以上三个基本要素，才称得上是统一开放、竞争有序的现代市场体系，而不是碎片式的、无序的、非竞争性的市场体系。只有真正形成现代市场体系，才能使市场在资源配置中发挥好决定性作用，提高资源配置的效率和公平性。

现代市场体系是逐步形成的，是各种各类市场发育、成熟的结果。我国在1978年改革开放前，由于实行计划经济体制，排斥市场机制和价值规律的作用，因此只存在一个残缺不全的消费品市场和集市贸易市场，价格以政府定价为主。改革开放后，随着市场取向改革的逐步展开和深化，商品化、货币化、市场化进程的不断发展，先是农副产品市场和工业消费品市场发展起来。接着工业生产资料市场也逐渐兴起，特别是20世纪90年代初实现了工业生产资料价格双轨制向市场价单轨制过渡后，工业生产资料市场全面发展。20世纪90年代中后期还逐步形成了买方市场格局，取消了各种各样的票证和配给制。在各种物质产品和服务市场大发展不久，生产要素市场包括土地、劳动力、资金、技术等也开始建立和发展。总的来看，到现在为止，中国已成为世界上最大的市场。2015年，全社会消费品零售总额突破30万亿元，达300931亿元；2016年增加到332316亿元，2017年进一步增加到366262亿元。2016年货物进出口总额243386亿元，顺差33523亿元；2017年货物进出口总额277923亿元，顺差28718亿元。2017年上市公司通过境内市场累计筹资40836亿元。债券成交金额1316369亿元（2015年），期货成交金额5542300亿元（2015年）；商品房销售额133701.3亿元（2017年）。

我国现代市场体系虽已基本建立，但是还不完善，还存在不少体制性弊端有待今后克服。还要看到，即使现代市场体系较好形成后，仍然需要随着市场经济活动的扩大和深化而不断完善。因此，现代市场体系建设只有进行时，没有完成时。2008年国际金融危机表明，尽管人们普遍认为西方发达国家具有现代市场体系包括金融市场体系，但其仍然存在许多缺陷和监管漏洞，需要不断修补和完善。

现代市场体系建设离不开发挥政府的作用。政府不只是要培育和建设各类市场，更要制定公平合理的市场规则，营造公开、公平、公正的市场竞争环境，维护市场秩序。政府不能简单只当"守夜人"，还应充当维护良好的市场经济秩序的立法者、监督者、执法者。政府也要在市场上购买商品和服务，但政府只是作为消费者平等参与市场经济活动的，不能滥用行政权力干预市场经济活动，妨碍公平竞争。政府的主要职责是充当市场的"裁判员"，对市场经济活动进行监管，不能既当裁判员又当运动员参与市场竞争，影响和破坏公平的市场竞争。

有的论著提出，今后要着重深化要素市场改革，创造公平竞争体制环境。要素市场改革是供给侧结构性改革的主战场。要素资源的市场化改革，聚焦于资本、土地、劳动力、技术、管理、资源等各类生产要素自由流动、优化配置。2017年1月，中共中央办公厅、国务院办公厅印发了《关于创新政府配置资源方式的指导意见》，大幅度减少政府对资源的直接配置，更多引入市场机制和市场化手段，提高资源配置的效率和效益。政府主动改革配置资源方式，对于发挥市场配置资源的决定性作用和政府的更好作用，具有重要意义。一是完善多层次资本市场体系，增强实体经济发展活力。二是稳妥推进土地制度改革，激发农村发展潜力。三是破除户籍制度壁垒，促进劳动力自由流动与优化配置。四是健全知识产权保护机制，推进技术市场建设。五是加快城乡要素市场建设，增强经济社会发展持久动力。①

二 加快完善现代市场体系需要解决的几个问题

依照中共十八届三中全会《决定》的精神，今后加快完善现代市场体系，要着力解决好以下几个问题。

（一）在制定负面清单基础上，实行统一的市场准入制度

中共十八届三中全会《决定》指出：实行统一的市场准入制度，在制定负面清单基础上，各类市场主体可依法平等进入清单之外的领域。探索对外商投资实行准入前国民待遇加负面清单的管理模式。一直以来，我国在市场准入方面实行的是正面清单制度，即把允许进入的项目列在清单上面，清单上没有列出的，都不允许进入。即使进入清单以内的，也要报请有关政府部门审批，形成审批"长征路"，费时费力费财，腐败蔓延。实行正面清单制度，特别不利于民间资本进入金融、石油、电力、铁路、电信、资源开发、公用事业等领域，不利于参与垄断行业非自然垄断环节的竞争性业务。国务院2005年和2010年两次发布关于鼓励支持和引导个体私营等非公有制经济发展的若干意见即两个"36条"，一直很难落实，重要原因，就是在实行正面清单制度下，想要鼓励民间资本进入垄断行业和公用事业领域，最后还是要这些部门同意认可才行。而这样做会损害这些垄断部门的既得利益，导致其设置各种障碍，设置"玻璃门"，看得见但进不去。现在提出实行负面清单制度，也就是非禁即入，实行统一的市场准入制度，你总不能把竞争性业务都列在负面清单上吧，这对打破各种各样的行政垄断，放开垄断行业的竞争性业务，真正扩大民间资本进入范围，具有决定性作用。实行负面清单制度，是市场经济国家的通行做法，可以提高市场经济活动的透明度和法治化水平，较好解决对非公有制经济的歧视性问题，对营造公平竞争市场环境至为重要。中国（上海）自由贸易区已于2013年9月29日正式挂牌。当天，以190条管理措施构成的2013年版负面清单对外公布。这是中国首个负面清单，拉开了中国转向负面清单管理的序

---

① 彭森主编：《十八大以来经济体制改革进展报告》，国家行政学院出版社2018年版，第16—18页。

幕。2014年版的负面清单进行了大幅度调整，外商投资准入特别管理措施共计139项，比2013年版减少了51项，减少了约26.8%。通过上海自贸区两年的实践和探索，2015年国务院发布的《自由贸易试验区外商投资准入特别管理措施（负面清单）》中，将上海等4个自由贸易区统一适用的特别管理措施进一步减少为122项。① 随着开放程度的提高，负面清单项目还会减少。而且，负面清单制度还要逐步扩大到全国各地。到2016年年底，全国除上海自贸区外，共新设立了7个自贸试验区。

（二）改革市场监管制度，实行统一的市场监管，真正形成公平竞争的市场环境

市场监管主要指对市场主体行为是否合规进行监管，以维护良好的市场秩序和公平竞争的环境。中共十八届三中全会《决定》要求，清理和废除妨碍全国统一市场和公平竞争的各种规定和做法，严禁和惩处各类违法实行优惠政策行为，反对地方保护，反对垄断和不正当竞争。建立健全社会征信体系，褒扬诚信，惩戒失信。健全优胜劣汰市场化退出机制，完善企业破产制度。一段时间以来，一些地方为了追求本地区GDP增速最大化，违规对本地企业实行优惠地价和税收政策，甚至对高耗能行业实行优惠电价，对高污染企业挂牌保护任其破坏环境和生态，强制消费者购买本地产品，对销往外地原材料硬性规定高于本地区内销售的价格即搞价格歧视，形成地区之间的恶性竞争。有的地方政府还对本地区长期亏损、扭亏无望的国有僵尸企业进行补贴或要求银行贷款让其维持下去。这种情况，严重影响了全国统一市场的建立和完善，也不利于资源的优化配置，而且加重产能过剩。有的垄断行业不愿意放开非自然垄断性业务，极力维护高价高收费而服务质量又不高，有些企业搞价格同盟，合谋串通涨价，搞不正当竞争，这些，实际是维护本地本企业的利益。垄断扼杀竞争和创新，麻痹市场对资源配置起决定性作用，从而损害资源配置效率的提高。此外，有些企业诚信度不高，失信成本太低，假冒伪劣品充斥市场，毁约违约问题屡禁不止，使中国的营

---

① 参见万军《迈向开放型经济新时代》，广东经济出版社2015年版，第65—66页。

商环境不够好，也不利于现代市场体系的建设。以上情况说明，今后需要加强统一的市场监管，对各个市场主体行为进行规范，为使市场在资源配置中起决定性作用创造良好的条件。

中共十八届三中全会《决定》针对一部分市场主体行为不够规范的问题，还作出了一些具体规定。比如针对一些地方擅自出台税收优惠政策问题，提出：按照统一税制、公平税负、促进公平竞争的原则，加强对税收优惠特别是区域税收优惠政策的规范管理。税收优惠政策统一由专门税收法律法规规定，清理规范税收优惠政策。针对垄断问题，该《决定》指出：国有资本继续控股经营的自然垄断行业，实行以政企分开、政资分开、特许经营、政府监管为主要内容的改革，根据不同行业特点实行网运分开、放开竞争性业务，推动公共资源配置市场化。进一步破除各种形式的行政垄断。还提出，建立全社会房产、信用等基础数据统一平台，推进部门信息共享，等等。

（三）推进工商注册制度便利化

中共十八届三中全会《决定》指出：推进工商注册制度便利化，削减资质认定项目，由先证后照改为先照后证，把注册资本实缴制逐步改为认缴登记制。国务院和有关部门迅速落实这一改革举措，并收到立竿见影的效果，大大激发了市场活力和创业积极性。从2014年起，日均新登记企业一万多户。不仅企业数量在增长，纳税企业的数量也同步增长。据第三方评估，2015年上半年，全国新增市场主体拉动GDP增速达0.4个百分点。新企业对创造新的就业机会、增加百姓收入至关重要。这两年，经济增速放缓，但就业不减反增，商事制度改革激发的就业创业起着很关键的作用。据调查，每个企业平均吸纳就业7.4人，每个个体工商户吸纳就业2.9人。按此匡算，2014年新设企业创造就业超过1200万人，2015年新设企业创造就业超过1400万人。[①] 这一稳增长促就业的改革正在继续推进下去，并不断完善，如继续创新事中、事后监管机制，使我国营商环境不断改善。

---

① 参见《人民日报》2016年2月23日。

第四节 完善金融市场体系，建立城乡统一的建设用地市场

要加快完善现代市场体系，还要完善金融市场体系，建立城乡统一的建设用地市场，深化科技体制改革等。

一 完善金融市场体系

根据中共十八届三中全会《决定》精神，以下几点需要特别重视。

（一）允许民间资本发起设立中小型银行等金融机构

中共十八届三中全会《决定》首次提出，在加强监管前提下，允许具备条件的民间资本依法发起设立中小型银行等金融机构。银监会于2014年3月确定5家民营银行试点，实行共同发起人制度，即每家要求不少于两个发起人。截至2016年年底，银监会共批准设立17家民营银行；有16家城市商业银行上市；民间资本入股信托公司35家、企业集团财务公司39家、金融租赁公司35家、汽车金融公司6家、消费金融公司14家、金融资产管理公司1家；民间资本在农村中小金融机构股权占比86.3%。[①] 随着民营中小银行等金融机构的发展，将进一步完善金融体系结构，更好地为中小型实体经济提供服务。

（二）加快人民币利率和汇率市场化进程，加快实现人民币资本项目可兑换

中共十八届三中全会《决定》指出：完善人民币汇率市场化形成机制，加快推进利率市场化，健全反映市场供求关系的国债收益率曲线。推动资本市场双向开放，有序提高跨境资本和金融交易可兑换程度，建立健全宏观审慎框架下的外债和资本流动管理体系，加快实现人民币资本项目可兑换。党的十九大报告进一步指出：健全货币政策和宏观审慎政策双支柱调控框架，深化利率和汇率市场化改革。2015年，

---

① 彭森主编：《十八大以来经济体制改革进展报告》，国家行政学院出版社2018年版，第271页。

由于央行取消了人民币存款利率上限，人民币利率市场化已经基本实现。汇率的浮动幅度也扩大了，汇率市场化程度又有进一步提高。人民币资本项目可兑换也在逐步推进中。总之，这方面改革正在按照中共十八届三中全会《决定》和党的十九大报告的要求逐步推进。

（三）建立存款保险制度，完善金融机构市场化退出机制

这是中共十八届三中全会《决定》的又一亮点。存款保险制度是市场经济条件下保护存款人的重要举措，是金融安全网的重要组成部分。目前，世界上已有110个国家和地区建立了存款保险制度。根据中共十八届三中全会《决定》要求，国务院已于2015年4月发布《存款保险条例》，自2015年5月1日起施行。条例规定的50万元的最高偿付限额，是中国人民银行会同有关方面根据我国的存款规模、结构等因素，并考虑我国居民储蓄意愿较强、储蓄存款承担一定社会保障功能的实际情况，经反复测算后提出的，这一数字约为2013年我国人均GDP的12倍，高于世界多数国家的保障水平，能够为99.63%的存款人提供全额保护。[①] 存款保险制度的建立，为金融机构的市场化退出创造了最重要的条件。

二 建立城乡统一的建设用地市场

中共十八届三中全会《决定》指出，在符合规划和用途管制前提下，允许农村集体经营性建设用地出让、租赁、入股，实行与国有土地同等入市、同权同价。缩小征地范围，规范征地程序，完善对被征地农民合理、规范、多元保障机制。扩大国有土地有偿使用范围，减少非公益性用地划拨。建立兼顾国家、集体、个人的土地增值收益分配机制，合理提高个人收益。完善土地租赁、转让、抵押二级市场。土地是最重要的生产要素，也是农民最主要的财产。过去我们对农民的土地产权不够尊重，许多地方政府都通过侵犯农民的土地产权，获取收入，形成扭曲的土地财政。建立城乡统一的建设用地市场，关键是要允许农村经营性建设用地出让、租赁、入股，实行与国有土地同等入市、同权同价。建立统一的建设用地市场，有利于盘活农村集体建设用地，提高土地利

---

① 参见《经济日报》2015年4月1日。

用效率，增加农民和农村集体经济组织收入，缩小城乡经济发展差距和居民收入差距。现有的一些法律法规要按照中共十八届三中全会《决定》的上述精神进行完善、修订，以便改革有法可依，规范推进，使土地这一重要的要素市场走上健康发展的轨道，更好地发挥市场对土地资源配置的作用。

中共十八届三中全会以后，各地都按三中全会精神深化农村集体产权制度改革，最突出的是提出和落实农村土地集体所有权、农户承包权、土地经营权"三权分置"。2016年10月，中共中央办公厅、国务院办公厅印发《关于完善农村土地所有权承包权经营权分置办法的意见》，提出要通过改革，探索农村土地集体所有权的有效实现形式，落实集体所有权，稳定农户承包权，放活土地经营权，形成层次分明、结构合理、平等保护的"三权分置"格局。加快农村承包地确权颁证，扩大整省试点范围。统筹协调推进农村土地征收、集体经营性建设地入市、宅基地制度改革试点等。

三 深化科技体制改革，发展技术市场

中国要实现经济转型和产业升级，就要靠技术进步和创新，改变技术对外依存度过高的状况，加快创造型国家建设。中共十八届三中全会《决定》指出：建立健全鼓励原始创新、集成创新、引进消化吸收再创新的体制机制，健全技术创新市场导向机制，发挥市场对技术研发方向、路线选择、要素价格、各类创新要素配置的导向作用。建立产学研协同创新机制，强化企业在技术创新中的主体地位，发挥大型企业创新骨干作用，激发中小企业创新活力，推进应用型技术研发机构市场化、企业化改革，建设国家创新体系。

为了改变我国技术创新项目和经费分配过度行政化，在支持创新技术和产品开拓市场、培育商业模式方面的政策不够有力，中共十八届三中全会《决定》指出：打破行政主导和部门分割，建立主要由市场决定技术创新项目和经费分配、评价成果的机制。发展技术市场，健全技术转移机制，改善科技型中小企业融资条件，完善风险投资机制，创新商业模式，促进科技成果资本化、产业化。

为了更好地推进科技创新和技术进步，中共十八届三中全会《决定》还要求，加强知识产权运用和保护，健全技术创新激励机制，探索建立知识产权法院，等等。

2015年中共十八届五中全会《中共中央关于制定国民经济和社会发展第十三个五年规划的建议》提出，要完善发展理念，牢固树立创新、协调、绿色、开放、共享发展理念。创新是引领发展的第一动力。必须把创新摆在国家发展全局的核心位置，不断推进理论创新、制度创新、科技创新、文化创新等各方面创新，让创新贯穿党和国家一切工作，让创新在全社会蔚然成风。还提出，深入实施创新驱动发展战略。发挥科技创新在全面创新中的引领作用，加强基础研究，强化原始创新、集成创新和引进消化吸收再创新。在党和政府强化创新驱动发展战略推动下，技术市场迅速发展。2015年共签订技术合同30.7万项，技术合同成交额9835亿元，比上年增长约14.7%。2016年，全年共签订技术合同32万项，技术合同成交额11407亿元，比上年增长约16%；2017年，全年共签订技术合同36.8万项，技术合同成交金额13424亿元，比上年增长约17.7%。

参考文献

《邓小平文选》第三卷，人民出版社1993年版。
《中共中央关于制定国民经济和社会发展第十三个五年规划的建议》，人民出版社2015年版。
北京师范大学经济与资源管理研究院：《2008中国市场经济发展报告》，北京师范大学出版社2008年版。
国家经济体制改革委员会综合规划司编：《中国改革大思路》，沈阳出版社1988年版。
彭森主编：《十八大以来经济体制改革进展报告》，国家行政学院出版社2018年版。
苏星：《新中国经济史》（修订本），中共中央党校出版社2007年版。
习近平：《决胜全面建成小康社会　夺取新时代中国特色社会主义伟大胜利——在中国共产党第十九次全国代表大会上的报告》，人民出版社2017年版。

张卓元、房汉庭、程锦锥：《市场决定的历史突破》，广东经济出版社2017年版。

张卓元等：《新中国经济学史纲（1949—2011）》，中国社会科学出版社2011年版。

第六章 价格改革的成功实践与理论创新相互促进

价格改革是中国经济体制改革的一个重要领域，是现代市场体系形成和市场在资源配置中发挥决定性作用的关键。中国40年的改革实践表明，与国有企业改革常常步履蹒跚不同，价格改革从一开始就迈步向前，有时步子还迈得相当大，走在其他改革的前列。这是中国经济运行机制较快转轨、20世纪90年代中后期即开始出现买方市场、经济市场化程度迅速提高的重要原因。

价格改革包括两个方面，一是理顺价格关系，形成比较合理的价格结构；二是转变价格形成机制，从行政定价转为市场定价。其中，价格形成机制改革是最重要的，只有从行政定价转变为市场定价，才能从根本上理顺价格关系。中国价格改革正是从着重改革价格形成机制开始，以此逐步校正长期扭曲的价格结构的。还有，中国价格改革从商品与服务价格改革起步，逐渐扩展到资源产品价格改革和生产要素价格改革，即从狭义的价格改革逐步扩展为广义的价格改革。

价格改革的不断推进与深化同价格改革理论的研究与创新是密不可分的，是同人们努力探索价格改革规律性密不可分的，并呈现出价格改革成功实践与理论创新相互促进的特征。

第一节 价格改革取得实质性进展，商品与服务价格市场化程度超过97%

党和政府一直重视价格改革。1984年，中共十二届三中全会《中共中央关于经济体制改革的决定》就提出,"价格是最有效的调节手段,合理的价格是保证国民经济活而不乱的重要条件,价格体系的改革是整个经济体制改革成败的关键"。经济学界也很重视价格改革。1984年在中青年经济学家讨论会"莫干山会议"上,一些经济学家指出,"价格改革的进程很大程度上决定了整个经济体制改革的进程"。①"价格体制不改,其他体制就不可能有根本性的改变","从这个意义上说,价格体制的改革就是整个体制的改革,价格体制是改革的牛鼻子"。②

改革开放以来,在经济转轨过程中,价格改革是继农村改革即实行家庭联产承包责任制后的改革突破口。由于大步推进价格改革,在1992年确立社会主义市场经济体制改革目标时,已经率先在实物商品和服务价格方面初步实现从政府定价到市场价格体制的转轨。此后,市场价格比重继续稳步上升,一直占据绝对优势地位。请看表6-1。

表6-1　　改革开放以来实物商品三种价格形式比重变化　　单位:%

年份	商品零售环节			农产品收购环节			生产资料出厂环节		
	政府定价	政府指导价	市场调节价	政府定价	政府指导价	市场调节价	政府定价	政府指导价	市场调节价
1978	97.0	0	3.0	92.2	2.2	5.6	100.0	0	0
1984	73.5	10.5	16.0	67.5	14.4	18.1	—	—	—
1988	47.0	19.0	34.0	37.0	23.0	40.0	60.00	0	40.0
1990	29.8	17.2	53.0	25.0	23.4	51.6	44.6	19.0	36.4
1991	20.9	10.3	68.8	22.2	20.0	57.8	36.0	18.3	45.7
1992	5.9	1.1	93.0	12.5	5.7	81.8	18.7	7.5	73.8
1995	8.8	2.4	88.8	17.0	4.4	78.6	15.6	6.5	77.9
2000	3.2	1.0	95.8	4.7	2.8	92.5	8.4	4.2	87.4
2004	3.0	1.7	95.3	1.9	1.4	96.5	8.9	2.7	87.8
2008	2.4	2.0	95.6	0.7	2.2	97.1	2.4	1.1	96.5

资料来源:成致平:《价格改革三十年(1977—2006)》,中国市场出版社2006年版,第163页。2008年数据参见《中国物价》2012年第8期,第6页。

---

① 周小川、楼继伟、李剑阁:《价格改革无需增加财政负担》,《经济日报》1984年9月29日。

② 张维迎:《价格体制改革是改革的中心环节》,《经济日报》1984年9月29日。

中国的服务价格的市场化改革也快速推进,到1992年,市场价格形式已占优势。请看表6-2。

表6-2　　　1992年中国第三产业服务价格形式构成　　　单位:%

价格形式	服务行业	产值比重
1. 市场价格		64.4
	金融、保险业	16.4
	房地产业	4.7
	批发和零售贸易、餐饮业	31.0
	文化艺术业	1.0
	社会服务业	5.9
	综合技术服务业	0.8
	电影	0.3
	农林牧渔服务业	0.9
	其他行业	1.5
	地质勘探业、水利管理业	1.2
	科学研究	0.9
	仓储业	0.9
2. 管制价格		15.5
	交通运输、邮电通信业	15.5
3. 非经济价格		20.1
	卫生、体育和社会福利业	4.2
	国家、政党机关、社会团体	11.5
	教育、广播、电视	4.4

注:据《1991—1992中国首次第三产业普查资料摘要》(中国统计出版社1995年版)第174—187页计算。

资料来源:转引自张卓元主编《新价格模式的建立与市场发育的关系》,经济管理出版社1996年版,第111页。

2005年中央关于"十一五"规划建议再次提出转变经济增长方式和2007年党的十七大报告提出转变经济发展方式后,深化资源产品价格改革的任务突出起来,要求"完善反映市场供求关系、资源稀缺程度、环境损害成本的生产要素和资源价格形成机制"。此后，逐步提高水价、电价、金属矿石价格，放开煤炭价格，实行汽油价格与国际市场原油价格接轨，逐步放开天然气价格等，使长期偏低的资源产品价格的扭曲状况逐步得到纠正。

中共十八届三中全会《决定》进一步指出，"完善主要由市场决定价格的机制。凡是能由市场形成价格的都交给市场，政府不进行不当干预。推进水、石油、天然气、电力、交通运输、电信等领域价格改革，放开竞争性环节价格。政府定价范围主要限定在重要公用事业、公益性服务、网络型自然垄断环节，提高透明度，接受社会监督"。此后，价格改革攻坚又取得明显进展。

经过40年不懈努力，中国产品和资源（含服务）价格绝大部分已由市场形成。据权威部门对我国价格市场化程度的测算，我国2013—2016年价格市场化程度分别为94.68%、95.16%、96.45%和97.01%。从产业看，随着2015年国家放开烟叶收购价格，我国农产品价格已全部由市场形成，2016年第一产业价格市场化程度达到100%；2016年第二产业的市场化程度为97.37%；由于国家先后放开了电信资费和部分交通运输、邮政、建设项目服务价格，2016年第三产业的市场化程度达到了95.9%。可以认为，商品和服务价格领域是我国国民经济中市场化程度最高的。

相对来说，生产要素价格的市场化程度还有待提高。随着人民币存款利率上限的放开、存款保险制度的建立，利率的市场化已经基本实现。人民币经常项目已经实现自由兑换，正在有序实现资本项目可兑换。劳动力价格已实现由市场形成，但劳动力市场建设相对滞后，主要是户籍制度妨碍劳动力在城乡之间自由流动。土地市场与土地价格改革任务较重，正在按照中共十八届三中全会《决定》要求，建立城乡统一的建设用地市场，在符合规划和用途管制前提下，允许农村集体经营性建设用地出让、租赁、入股，实行与国有土地同等入市、同权同价。其他生产要素如技术、信息等价格已实现由市场形成，但这些要素的市场建设仍有待完善。

第二节 商品与服务价格改革和相关理论研讨的主要历程

中国价格改革既坚持市场取向又采取逐渐推进、"摸着石头过河"的方式，总体来说比较平稳、顺利。尽管有的经济学家曾提出一次性放开价格的思路①，但遭到一些经济学家的反对，也未被官方采纳。由于价格改革采取逐步推进的方式，中国不像苏东等那样在向市场价格体制转轨中出现恶性通货膨胀和人民生活水平大幅度下降的严重问题，而是能够在保持物价大体稳定下推进价格改革。1978—2016 年平均年物价上涨率（以 CPI 上涨率为代表）为 4.95%，其中 1978—2007 年为 5.7%，处在社会可承受的范围之内。这中间也受到过三次中度通货膨胀的干扰和袭击，但治理及时，未酿成大的灾难。这就有效地保证改革开放 40 年来改革、发展、稳定的相互促进，保证了 40 年来没有一年经济呈现负增长（增速最低的 1990 年为 3.8%）和人民收入、生活水平的下降。当然，在 40 年的价格改革过程中，有不少困难和小的曲折，也有思想理论的交锋等。

一 1979—1984 年以调整不合理价格体系为主，为此后大规模放开价格创造条件

1979 年，国家大幅度提高农产品收购价格。提价的有 18 种农产品，包括粮食、油脂油料、棉花、生猪、菜牛、菜羊、鲜蛋、水产品、甜菜、甘蔗、大麻、苎麻、蓖麻油、蚕茧、南方木林、毛竹、黄牛皮、水牛皮，其中粮食、棉花超计划收购部分还加价 50%，平均提价幅度达 24.8%。提价刺激了农产品增产和农民收入增加，1979 年农民由于农产品提价增加收益 108 亿元。

农产品收购价格提高后，国务院于 1979 年 11 月 1 日起，调整了猪

---

① 吴稼祥等：《管住货币一次放开价格的思路》，《世界经济导报》1988 年 8 月 8 日第 12 版。

肉、牛肉、羊肉、禽、蛋、蔬菜、水产品、牛奶八类主要副食品的销售价格，提价总金额 42 亿元，提高幅度 30% 左右，同时给职工发放副食品价格补贴每人每月 5 元。为了稳定城市居民生活，对于定量供应的粮食、食用油的销售价格保持不变，增加了对经营部门的补贴。

在这一期间，对一些重要工业品价格也进行了调整。调高厂煤炭、生铁、钢材等产品价格和交通运输价格（如 1983 年 10 月起，铁路货运提价 21.6%），降低了农用薄膜、农用柴油、电子产品、农机产品价格。调整了纺织品价格，主要是 1981 年 11 月和 1983 年年初两次调整了涤棉布和纯棉布的比价，大幅度降低了涤棉布的价格，适当提高纯棉布的价格，涤棉布和纯棉布的比价从 3∶1 调整到 1.4∶1。

需要指出，改革初期，党和政府采取一系列调价措施，如大幅度提高农产品收购价格，鼓励农民增收并取得成效，有的专家据此认为，靠政府调价也能理顺价格关系。20 世纪 80 年代中期，有经济学家推荐测算影子价格，并夸大影子价格的作用，企图通过采用决策价格体系来理顺价格关系。①

与此不同，许多经济学家主张让价格回到市场交换中形成，并以市场价格体制作为价格改革的目标模式。调整价格和影子价格、浮动价格等只能作为过渡形式加以利用。持这种意见的经济学家认为，由于改革之初价格结构严重扭曲，为避免一下子全面放开价格带来利益关系的剧烈变动和增强价格改革的可控性，需要采取一些调整价格的办法，参考影子价格以及利用浮动价格等，这是无可非议的。但是一定要看到，调整价格有其固有的缺陷，调价可以使一时价格关系顺一些，但因没有改变价格形成机制，过不了多久，由于供求关系等变化，原来比较顺的价格关系又不顺了，出现新的扭曲。所以，单靠调整价格是永远理不顺价格关系的。只有实现价格形成机制的转换，即放开价格由市场调节，建立市场价格体制，才能从机制上保证理顺价格关系，保证形成比较合理

---

① 国务院经济技术社会发展研究中心产业政策研究组：《资源最优配置与决策价格体系》，《成本与价格资料》1987 年第 20 期。

的价格体系和结构。①

二 1985年以后以放开价格为主，1985—1988年消费品价格逐步放开

1985年1月1日，中央一号文件规定：从当年起，除个别品种外，国家不再向农民下达农产品收购派购任务，按照不同情况，分别实行合同订购和市场收购。粮食、棉花取消统购，改为合同订购，除此以外，生猪、水产品和大中城市、工矿区的蔬菜，也逐步取消派购。这样，就把多年对粮油实行的统购加价和超购加价这两种国家定价模式，改为国家定价和市场价格并存。

工业品方面，从1982年起，陆续放开了小商品价格，第一批为6类160种，第二批1983年9月放开8类350种。1984年10月进一步规定：除各级政府必须管理的少数品种外，放开小商品价格。1986年，全部放开了小商品价格，并放开了自行车、收录机、电冰箱、洗衣机、黑白电视机、中长纤维布和80支以上棉纱制品的价格，扩大了消费品市场调节价范围。

由于逐步放开工农业消费品价格，在社会商品零售总额中，市场调节价比重相应地逐步提高，到1990年已超过半数。据国家物价局计算，在社会商品零售总额中，1978年，国家定价占97%，市场调节价只占3%；到了1984年，国家定价占73.5%，国家指导价占10.5%，市场调节价占16%；到1990年，国家定价占29%，国家指导价占17.2%，市场调节价占53%。②

1985年以后，工业生产资料价格开始逐步放开，先实行双轨制，然后合并为市场价格单轨制。

三 1984—1991年中国实行工业生产资料价格双轨制及顺利并为市场价格单轨制

20世纪80年代中期开始，中国工业生产资料实行双轨制价格，到

---

① 张卓元主编：《中国价格模式转换的理论与实践》，中国社会科学出版社1990年版，第45—49页。

② 成致平：《价格改革三十年（1977—2006）》，中国市场出版社2006年版，第648页。

90年代初顺利向市场单轨价过渡，是中国推进渐进式市场化价格改革的成功范例。

还在中国开始实行工业生产资料价格双轨制时，1985年9月，在著名的"巴山轮"会议上，波兰经济学家布鲁斯就对此给予积极的评价，认为是中国一个有用的发明。他说，"在生产资料实行双重价格，是中国的发明。从配给制向商品化过渡时，社会主义国家曾经在消费品市场方面实行过双重价格，但把双重价格应用到生产资料上，没听说过。这是一个有用的发明。所谓有用，是指它可以作为一个桥梁，通过它从一种价格体系过渡到另一种价格体系，也就是说由行政、官定价格过渡到市场价格。有了这个桥梁，过渡起来就比较平稳。但有一个条件，双重价格不能持续太长时间"。① 十多年后，美国经济学家斯蒂格利茨又一次对中国实行工业生产资料价格双轨制给予很高的评价，比喻为"天才的解决办法"。②

中国同种工业生产资料在同一时间、地点上存在计划内价格和计划外价格，即价格双轨制，是1984年开始正式出现的。1984年5月20日，国务院规定：工业生产资料属于企业自销（占计划内产品的2%）的和完成计划后的超产部分，一般在不高于或低于国家定价20%幅度内，企业有权自定价格，或由供需双方在规定的幅度内协商定价。1985年1月24日，国家物价局和国家物资局又通知，工业生产资料属于企业自销和完成国家计划后的超产部分的出厂价格，取消原定的不高于国家定价20%的规定，可按稍低于当地的市场价格出售，参与市场调节。从此，双轨价格就成为合法化和公开化的了。

价格双轨制是在短缺经济环境下，双重经济体制特别是双重经济运行机制并存的集中表现，是双重生产体制和物资流通体制并存的集中表现。生产计划体制的改革是缩小国家的指令性计划，给予企业逐渐加大的生产什么、生产多少的决策权；物资流通体制的改革是减少国家统一

---

① 中国经济体制改革研究会编：《宏观经济的管理和改革》，经济日报出版社1986年版，第51页。
② 斯蒂格利茨：《中国第二步改革战略》，《人民日报》（海外版）1998年11月13日。

调拨分配的物资，让企业有权自行销售和采购一部分产品与原材料。这部分自由生产和自由购销，自然要有自由价格相配合才有实际意义。如果没有自由价格，所谓自由生产和自由购销就不可能落实，只是徒有虚名而已。价格双轨制就是在这种条件下出现的。在价格双轨制中，工业生产资料价格双轨制最为重要。因为同一种农产品价格双轨制，是长时期一直存在的。农民根据规定按牌价向国家交售农产品，同时还可以把剩下的一部分农产品在集市上销售，集市价格往往大大高于国家牌价。工业消费品价格在改革初期就从小商品开始逐步放开，实行双轨制价格的并不普遍和重要。工业生产资料则不同，1984年以后，实行双轨制价格的迅速扩大，不久即几乎遍及所有产品，成为我国价格改革过程中最具特征性的现象。据1988年统计，在重工业品出厂价格中，按国家定价包括地方临时价格销售的比重，采掘业产品为95.1%，原材料产品为74.6%，加工工业产品为41.4%。国家定价外销售的部分，一般实行市场调节价。另据国家物价局对17个省、自治区、直辖市的调查，1989年企业按计划购进的生产资料占全部消费额的比重，以实物量计算约为44%，以金额计算仅占28%，其中煤炭的计划调拨数量为45.4%，钢材为29.7%，木材为21.7%，水泥为15.5%。

可见，我国工业生产资料价格走上双轨制道路，是实行渐进式改革不可避免的选择，是从高度集中的行政命令经济体制向社会主义市场经济体制平稳过渡的一种有效途径，企图以此使市场机制逐步渗入经济运行。这对原来商品市场经济不发达、市场发育很差的中国来说，更是合乎逻辑的。

中国的实践说明，双轨制价格的利弊都较明显。双轨制价格在物资普遍短缺的条件下，能刺激紧缺物资的增产，鼓励超计划的生产，满足计划照顾不到的非国有经济包括乡镇工业企业的原材料等的需要，有助于调剂余缺、调节流通，有助于了解市场供求关系的变化和正常的比价关系等，这是它的利的一面。双轨制价格又常常在利益驱动下影响供货合同履行，不利于增强一部分承担计划任务较多的大中型企业的活力，助长投机倒卖、营私舞弊等，这是它的弊的一面。一些经验数据表明，如果双轨价差不那么大，市场价格高出计划价格一倍以内，双轨价的积极作用可以发挥得好一些；而如果双轨价差很大，市场价格高出计划价格一倍以上，双轨价的消极作用就较突出。还有，双轨价只能在短时间内利用，不能延续时间过长。

生产资料双轨价差，主要受供求关系变化影响。据1985年12月底的估计，计划外生产资料市场价格水平一般高于计划价格一倍左右，这基本上是正常的。此后，在过旺投资需求拉动下，供不应求，价差拉大，到1988年年底，双轨价差一般已远超出一倍。下面是物资部市场调节司1988年12月1—15日双轨价差的统计表（见表6-3）。

表6-3　　　　物资部市场调节司1988年12月1—15日
　　　　　　　　双轨价差的统计情况

项目	计划出厂价	市场平均价	地区最高价	地区
线材（6.5mm，元/吨）	610	1680	2200	锦州、无锡、郑州
元钢（10—20mm，元/吨）	592	1473	1980	厦门
螺纹钢（19—24mm，元/吨）	520	1611	2120	厦门
冷轧薄板（1mm，元/吨）	870	4602	6670	南昌
热轧碳结钢（17—28mm，元/吨）	707	1707	1900	厦门
角钢（2—6#，元/吨）	593	1665	1960	厦门
中厚板（4mm以上，元/吨）	570	1804	3850	广州
铅（1#，元/吨）	4000	16077	19000	武汉
铸造生铁（z22号二组锰二类，元/吨）	293	752	820	无锡
水泥（425#，元/吨）	90	193	279	上海
纯碱（一级品，元/吨）	390	1192	1800	武汉
烧碱（含量≥93%，元/吨）	640	2986	3800	武汉
载重汽车（东风140型，元/辆）	25800	46538	63800	沈阳
载重汽车（解放141型，元/辆）	29800	39004	40763	济南
落叶松原木（元/立方米）	119	636	700	西宁

资料来源：张卓元主编：《中国价格模式转换的理论与实践》，中国社会科学出版社1990年版，第55页。

双轨价差很大，造成市场秩序混乱，人们热衷于倒买倒卖生产资料，追逐流通利润，以权谋私活动猖獗，责骂双轨价、要求取消工业生产资料双轨价的呼声很高。1990年和1991年，由于国家实行治理整顿、紧缩经济政策见效，宏观经济环境好转，供求矛盾趋于缓和，生产资料市场价格回落，双轨价差缩小，一般回落至高出计划价格一倍以内甚至50%以内，个别产品还出现市场价格低于计划价格的现象。这表明，生产资料价格双轨制并轨的条件具备了。价格改革的深化也要求生产资料双轨价并为市场单轨价。

双轨价并轨曾受到一些主管部门的阻挠。例如1991年，水泥、玻璃和其他一些建材产品，供求关系比较协调，双轨价差不大，各方面都认为并为市场单轨价条件成熟，要求抓住机遇并轨。但是，有关主管部门却千方百计阻挠，有人甚至提出要并为计划单轨价。1992年，国家物价局重新修订和颁布中央管理价格的分工目录，其中，重工业生产资料和交通运输价格由1991年的47类737种减少为89种（国家定价33种，国家指导价56种），一次放开近600种，绝大部分工业生产资料双轨价一下子并为市场单轨价。显然，这是正确的抉择。

中国的实践表明，必须立足于改革，以市场为取向解决工业生产资料价格双轨制问题。在这个过程中，不应把主要精力用在具体计算并轨过程中价格水平的确定上面。当然，对于并为计划轨的极个别产品来说，的确有一个重新合理确定价格水平的问题，如实行计划价格和市场价格综合平均定价等。但是，绝大部分产品是并为市场单轨价的，就不存在所谓合理定价问题，而是放开由市场调节。中国在价格改革过程中，由于比较好地解决了这个问题，工业生产资料价格双轨制画了一个圆满的句号。

四 21世纪初提出并在此后逐步推进资源产品价格改革

中国工农业实物商品和服务价格的市场化改革，到20世纪90年代中后期，已基本完成。

1997年，无论是社会商品零售总额，还是工业生产资料销售总额和农副产品收购总额，市场调节价的比重均已超过80%，市场价格体制已初步建立。但是，中国价格改革并未完成，主要是资源产品价格改革远未到位。此外，生产要素市场化价格改革才刚刚起步。

2005年，中共十六届五中全会《中共中央关于制定国民经济和社会发展第十一个五年规划的建议》，又一次提出了我国必须转变经济增长方式的重大任务。这是因为，经过改革开放后20多年经济的高速增长，资源和环境的瓶颈制约越来越突出。大家开始明白，中国是一个人均资源占有量短缺的国家，耕地为世界平均水平的40%，淡水为25%，石油、天然气和煤炭分别为11%、4.5%和79%，铁、铜、铝为1/6、1/6和1/9。与此同时，资源利用效率低下。2004年，我国GDP按现行汇率计算占全世界GDP的4%，但消耗了全球8%的原油、10%的电力、19%的铝、20%的铜、30%的钢材和煤炭。单位产值的能耗是世界平均水平的两倍多，是比较典型的粗放式增长。而我国"高投入、高消耗、高污染、低效益"的粗放型经济增长方式之所以难以根本转变，一个重要原因在于长期以来我国资源产品价格受政府管制，明显偏低。这表现在：

一是地价低，长时期以来一些地方政府用行政权力向农民低价征地，然后办开发区等，用低价出让土地使用权招商引资。

二是水价低，2003年，我国城市的每立方米水价为0.15美元，农用水几乎是免费的，而国外每立方米水价南非是0.47美元，美国是0.51美元，德国是1.45美元。

三是能源价格低，能源价格中长时期没有包括开采原油、煤炭等造成的环境损害成本。大量高耗能产品之所以争着出口，是因为中国的能源价格很低。

四是矿产品价格低，到2005年，我国15万个矿山企业中仅有两万个矿山企业是要付费才能取得矿山开采权的，绝大部分是通过行政授予无偿占有的。矿产资源补偿费平均为1.18%，而国外一般为2%—8%。

要建设资源节约型、环境友好型社会，形成节能、节地、节水、节材的生产方式和消费模式，必须深化资源产品价格改革，使它们的价格能很好地反映市场供求关系、资源稀缺程度和环境损害成本。总的是要逐步提高它们的价格，用价格杠杆迫使生产企业和消费者节约使用资源，提高资源利用效率。

2005年以后，特别是2013年中共十八届三中全会以后，资源产品价格改革逐步展开。2007年后，国家逐步提高用水价格。2013年，国家规定了水资源费平均征收的最低标准；2014年，提高了水污染防治费征收标准，规定了污水处理收费下限，扩大了收费范围。煤炭价格已放开由市场调节。成品油市场化价格形成机制进一步完善，成品油价格与国际市场原油价格挂钩，2013年3月起，将调价周期由22个工作日缩短为10个工作日，取消国际原油市场油价变动4%才能调价的限制，还设置了成品油价格调控的上下限（上限为每桶130美元，下限为每桶40美元）。天然气价格方面，2013年，将天然气价格由出厂价调整为门站价格，增量气门站价格调整到可替代能源价格的85%，存量气门站价格每千立方米提高400元，居民用气价格未做调整。同时，放开页岩气、煤层气、煤质气等非常规天然气出厂价格。2014年，再次将非居民用存量天然气价格每千立方米提高400元。2015年，将非居民用存量天然气价格每千立方米提高40元，增量气门站价格每千立方米降低440元。实现了非居民用天然气存量气和增量气价格并轨。2015年4月，放开除化肥企业外的直供用户天然气价格后，全国40%以上的气量价格已由市场主导形成。上海石油天然气交易中心2015年7月1日试营业后正式运行，2016年交易量达150多亿立方米；重庆石油天然气交易中心已于2017年1月12日揭牌。电力价格改革全面提速。自深圳2014年率先启动输配电价改革试点以来，到2017年6月底，实现了输配电价改革在省级电网的全覆盖。[①] 居民阶梯价格制度顺利推进。居民阶梯电价制度已在除新疆、西藏外的大陆全部省（区、市）实施。26个省（区、市）的289个城市已建立居民阶梯水价制度，14个省（区、市）的58个城市已建立居民阶梯气价制度，其余城市正在积极有序推进。各地还合理调整水资源费、排污费、污水处理费等资源环保价格，对高耗能、高污染和产能严重过剩行业实行差别电价、水价和排污费收费标准，促进节能减排、结构调整和转型升级。[②]

与此同时，不断完善政府定价目录，健全价格法律法规体系。减压

---

① 许光建、丁悦玮：《深入推进价格改革着力提升"放管服"水平》，《价格理论与实践》2017年第5期。

② 参见《人民日报》2015年10月16日。

中央定价目录。2015年10月，国家发改委发布了新修订的《中央定价目录》，种类由13种（类）减少到7种（类），具体定价项目由100项左右减少到20项，地方具体定价目录约20类，保留的定价项目主要限定在重要公用事业、公益性服务和网络型自然垄断环节。2017年8月23日，国家发改委发布《关于进一步加强垄断行业价格监管的意见》，要求以成本监审为基础，以科学定价为支柱，建立健全以"准许成本+合理收益"为核心的约束与激励相结合的垄断行业定价制度，搭建了自然垄断行业和公共服务价格监管制度框架。截至2015年，我国共有全国性价格法律2部、行政法规3部、规章23部、规范性文件858件，形成了以《中华人民共和国价格法》《中华人民共和国反垄断法》为核心的较为完善的价格法律法规体系。[1]

第三节 20世纪80年代的价格改革目标讨论，确认市场价格体制

改革开放后，中国价格改革进展比较顺利，并且经常走在改革的前列，其中一个重要原因，是在20世纪80年代，经过改革实践的积累和理论讨论，较早明确了中国价格改革的目标是让价格回到市场交换中形成，用市场价格体制取代传统的行政定价体制。1987年，党的十三大报告即明确提出，"要逐步建立少数重要商品和劳务价格由国家管理，其他大量商品和劳务价格由市场调节的制度"。这实际上就是市场价格体制，而确认这一新体制的时间，比1992年党的十四大确立社会主义市场经济体制改革目标整整早五年。

关于中国价格改革的目标是什么？改革开放后到1987年，经济学家有过比较热烈的讨论，大体说来，经历过以下三个阶段。

第一阶段，20世纪70年代末，许多价格理论工作者和实际工作

---

[1] 彭森主编：《十八大以来经济体制改革进展报告》，国家行政学院出版社2018年版，第13—14页。

者，一方面肯定价格体制同经济体制一样，需要改革；另一方面限于理论研究不够深入和实践经验不足，常常把价格的计划调整看成就是价格改革，1979年对农产品价格的调整取得了显著成效加强了这一认识。所以，当时有人把改进计划价格的制定和调整工作、完善计划价格体系，当作价格改革的目标模式。与此相适应，当时经济学界比较集中精力讨论计划价格形成的基础和理论价格问题。在计划价格形成的基础问题上，有生产价格论、双渠价格论、三渠价格论等主张。许多文章主要争辩的，是在制定和调整产品计划价格时，应按何种利润率确定价格形成中的利润额，例如是按资金利润率、工资利润率、成本利润率，还是几种利润率综合运用等。当时，对理论价格的估计也过高，有依靠理论价格即可把价格体系理顺的倾向。①

第二阶段，1984年中共中央关于经济体制改革的决定公布前后，随着中央确认社会主义经济是有计划的商品经济，对价格模式转换和价格改革目标的探讨有新的重大进展。1984年10月25—30日在江苏常州举行的中国价格学会第三次价格理论讨论会，对于如何改革现行价格管理体制和应采取何种价格模式，提出了三种意见。第一种，国家统一定价、浮动价、自由价并存，以浮动价格为主。第二种，中央定价、地方定价、企业定价并存，以企业定价为主。有的同志还把这种价格模式明确为计划指导下的市场价格模式。第三种，谁经营谁定价。② 有的比较年轻的经济学家，已比较明确地提出要放弃行政定价体制，价格形成要充分考虑国内外供求状况。如有的文章指出，价格改革要"逐步从中央行政国定价格向计划指导的市场灵活价格过渡。……我们必须放弃行政集中定价制度。……定价的基本原则是，在符合国家政策法律的前提下，充分考虑国内外市场供求情况"。③ 有的文章也提出以供求平衡指导价格作为价格改革的方案。④ 本章第一作者在他1987年4月中国

---

① 中国价格学会编：《价格论文选集》（第一集），中国价格学会，1982年，第77页。
② 中国价格学会编：《价格论文选集》（第三集），中国价格学会，1985年，第6页。
③ 同上书，第251—252页。
④ 楼继伟、周小川：《论我国价格体系改革方向及其有关的模型方法》，《经济研究》1984年第10期。

社会科学出版社出版的《社会主义价格理论与价格改革》一书中，也提出，"有计划的商品经济模式要求价格形成机制在一般情况下实行自由价格或市场价格，或者以它为主要形式"（见该书第132页）。

在1984年举行的"莫干山会议"上，也有学者指出，"中国经济体制改革的基本目标应该是：通过改革，把计划建立在价值规律的基础上，导入市场机制，建立一个具有自动调节功能的计划经济的新体制"，"市场机制的核心是价格，价格体制的改革过程实际上就是市场机制的形成过程"。①

第三阶段，1986年以后，伴随着价格改革从以国家有计划调整价格为主，逐步转变为以放开价格为主，采取了许多重大的勇敢的措施，如1985年放开城市蔬菜、肉类等主要副食品和除粮、棉、油等合同定购以外的主要农产品收购价格，并取得了成效，无论在理论界还是在实际工作中，多数同志已逐渐明确价格改革的目标模式，是用市场定价体制代替行政定价体制，以促进价格体系合理化。这样，对于从1979年以来我国价格改革走调放结合的道路，并逐步从以调为主转变为以放为主，国家则通过财政政策、货币政策和法律手段等，调节宏观价格，保持物价总水平的基本稳定等，一般都持肯定的态度。②

第四节　推进价格改革需要排除通货膨胀的干扰

1979年改革开放后，一系列的调整价格和放开价格的举措成效明显，不仅大大推动了工农业生产的快速发展，而且增强了整个社会的经济活力，市场日趋活跃繁荣。进入80年代后，经济增速加快，GDP年增长率，1981年为5.2%，1982年为9.1%，1983年为10.9%，1984

---

① 张维迎：《价格体制改革是改革的中心环节》，《经济日报》1984年9月29日。
② 张卓元主编：《中国价格模式转换的理论与实践》，中国社会科学出版社1990年版，第45—47页。

年为15.2%，1985年为13.5%，1986年为8.8%，1987年为11.6%。与此同时，市场—价格改革任务日显突出。1984年，中共十二届三中全会作出了《中共中央关于经济体制改革的决定》，明确社会主义经济是公有制基础上的有计划的商品经济。1987年，党的十三大提出了"逐步建立起有计划商品经济新体制的基本框架"的任务，1988年中央领导人一再提出要建立社会主义商品经济的新秩序。这些都要求深化价格改革，理顺价格关系。但是，伴随着这几年经济的快速增长，出现了通货膨胀问题。居民消费价格指数（CPI）1985年为9.3%，1986年为6.5%，1987年为7.3%，都超过5%，在这种情况下，就提出了价格改革能不能在通货膨胀下顺利推进的问题。有的经济学家主张，要用通货膨胀来支撑经济的快速增长，尽快把蛋糕做大，价格改革只能在通货膨胀中推进。有些经济学家则不赞成这种主张，认为用通货膨胀来刺激经济的快速增长，只能在短时间内见效，但后患很大，从长远看不利于经济的持续快速增长。[①]

我国著名老一辈经济学者薛暮桥也一再呼吁，不能在通货膨胀情况下搞价格改革"闯关"。他在回忆录中说："当时（指1987年、1988年），我们在深化改革问题上存在两种选择。一种是坚决制止通货膨胀、遏止物价猛涨并努力理顺价格，从而使各项改革包括企业体制改革能顺利推进；另一种是漠视通货膨胀，看到理顺价格的困难，试图绕过价格改革，用推广企业上缴税利包干的办法，保持高速增长。……我是主张第一种选择的。"1988年"6月不久国家计委邀请经济专家座谈物价问题，我从新中国成立以来几次稳定物价的经验谈起，又一次提出上述意见，我说，稳定物价的根本办法，是停止通货膨胀和逐渐消化过去几年积存下来的隐蔽性的通货膨胀。我指出，用增加财政补贴来稳定物价，则被迫增发货币，那是'火上加油'。运用得不好有可能引起物价和货币发行循环上升。用行政办法强行限价，也不是正确的办法。限价只是'扬汤止沸'，不是'釜底抽薪'。限价会使物价体系更加扭曲，

[①] 成致平：《有关物价与通货膨胀的若干认识问题》，《价格改革30年（1977—2006）》，中国市场出版社2006年版。

很不利于经济体制改革，而且无法保持经济情况的稳定。唯一正确的办法，是控制货币流通数量，即制止通货膨胀，这叫作'釜底抽薪'。我建议用3年时间压缩基本建设投资，不惜因此而使工业增长幅度降到10％，甚至8％，这仍然是世界上少有的高速度。与此同时，把每年的货币增发量降低到100亿元以下，用3年时间来消化积存下来的'隐蔽性的通货膨胀'，使我们有可能放手进行价格的结构性调整，逐步做到把大部分价格放开，让价值规律发挥市场调节作用，从而建立社会主义商品经济新秩序，为今后深化经济体制改革铺平道路。我的这个发言，在6月30日《光明日报》上发表了。……这年8月，加快进行物价改革的消息刚刚在报上透露出来，就在许多城市发生向银行抢提存款，向商店抢购商品的危急现象，党中央于9月及时召开十三届三中全会，提出'治理经济环境，整顿经济秩序，全面深化改革'新方针，确定把明、后两年改革和建设的重点突出地转移到治理环境和整顿秩序上来，放慢物价改革的步伐"。① 以后中国改革的实践继续证明，推进价格改革必须排除通货膨胀的干扰，为价格改革提供一个比较宽松的环境。

第五节 价格改革的若干规律性和基本经验探索

我国推进价格改革40年，在取得实质性进展的同时，也积累了丰富的经验。我们要很好地研究这些经验，寻找其内在的规律性，更加自觉地深化价格改革，完善价格体系和结构，更好地发挥价格机制优化资源配置的功能。迄今为止，有的文章认为价格改革的规律性主要有以下几条。

一 价格改革包括价格体系改革和价格形成机制改革两大方面，应着力通过价格形成机制改革推动价格体系的合理化

社会主义国家的价格改革，是价格模式的改革和转换。这种改革的

---

① 《薛暮桥回忆录》，天津人民出版社1996年版，第415—418页。

必要性在于，在传统的社会主义经济体制下，实行的是高度集中的、以行政管理为主的计划价格体制。行政定价必然使商品价格僵化半僵化，不能灵活地随着供求关系和资源稀缺程度的变化而变化，必然使价格关系扭曲，比价差价不合理，价格结构畸形。价格形成的高度行政化、计划化，排斥市场机制的作用，商品价格一定几年固定不变，市场供求关系的变动很难在计划价格的制定和调整中得到反映。即使有些产品的价格经过调整一时比较合理了，但是过不了多久，由于市场供求关系的变化等又不顺了，而国家调整价格不可能频繁进行，市场上有几十万几百万种商品，根据改革开放前的经验，一些商品调一次价格至少三四年才能定下来。所以，光靠行政手段调整价格是永远不可能理顺价格关系的。进行价格改革，面临的最突出的问题是要改革不合理的价格体系和结构，理顺被扭曲了的价格关系。而要做到这一点，最根本的则是改革价格形成机制，实现从行政定价到市场定价的转变，因为原来不合理的价格体系主要根源于不合理的价格形成机制。通过价格形成机制的转换，一方面把已经扭曲了的价格关系理顺，形成合理的价格结构；另一方面保证价格运动在比较合理的轨道上进行，不至于出现新的扭曲，不要在理顺价格关系以后过不了几年又要动一次"大手术"。

因此，价格改革的重点并不是改革价格体系，而是改革价格形成机制。只有这样，才能真正实现价格模式的转换。据此，我们在确定价格改革的目标时，主要是要确立市场价格体制，以便使价格改革沿着正确的方向前进。

二 价格改革要逐步推进，大体走一调二放三挂钩的路子

中国在推进价格改革之初，就明确提出先调后放的方针。采取这种逐步推进的方针，是因为要解决原来价格关系严重扭曲的问题，需要先采取有计划调整的办法，初步理顺价格关系，然后才能在较大范围内放开价格，以便使价格变动对人们利益关系的影响不致太大。如果一开始就大量放开价格，原来定价偏低的产品的价格就会大幅度上涨，使生产和经营这些产品的企业与部门骤然得到许多利益；而原来定价偏高的产品的价格就会不动甚至有所下降，生产和经营这些产品的企业和部门的经济利益就会受损，从而造成利益关系大的变动。这必然会增加改革的

阻力和难度，影响改革的顺利进行。

采取先调后放的办法，还可以在价格改革过程中有效地控制物价总水平的上涨幅度，不至于使物价总水平失去控制，上涨过猛，使老百姓难以承受。因为调整价格对物价总水平的影响及连锁反应程度，是可以测算和控制的，和放开价格会使物价总水平较大幅度上涨与连锁反应较大有所不同。比如，1979年我国大规模提高农产品收购价格（当年提价幅度达24.8%），大幅度提高8种主要副食品价格（提价幅度30%多），只影响1980年社会商品零售价格指数上升6%，而且1981—1984年一直保持物价基本稳定，社会商品零售价格指数和居民消费价格指数每年上升1%—3%。与此不同，1985年放开农副产品价格，不但导致1985年社会零售价格指数上升8.8%（居民消费价格指数上升9.3%），而且还使1986年社会零售价格指数上升6%（居民消费价格指数上升6.5%），其中因"翘尾巴"而影响的就占3个百分点。这还是在1985年以前用几年时间通过调整价格降低了价格的扭曲程度出现的情况。如果不是前几年通过调整价格降低了价格的扭曲程度，1985年放开价格肯定会带来物价更大幅度上涨。

放开价格再往下走，就提出了是否要同国际市场价格接轨的问题。改革开放初期，我国经济发展水平很低，1978年国内生产总值在世界经济总量中只占1.8%，当时显然不具备完全同国际市场价格挂钩的条件，否则受国际市场价格波动影响太大，在国家经济实力还不够雄厚时经济运行容易受国际资本势力较大影响。随着改革开放的推进，我国经济迅速起飞，并且持续30多年平均近两位数增长，创造了第二次世界大战结束后一个国家经济高速增长持续时间最长的奇迹。我国经济总量已于2009年超过日本，成为世界上第二大经济体。2015年中国经济总量已占世界总量的14.8%，2017年占15.3%左右。改革开放以来，我国经济高速增长的一个重要特点是对国际市场的充分有效利用。建立在劳动力成本低廉优势和发达国家劳动密集型产业向外转移机会基础上的大规模出口与外向型发展，成为我国经济持续快速增长的重要推动力。1979—2012年，我国货物出口保持20%左右的年均增长率，快速成长为世界贸易大国。我国经济和对外贸易的快速增长，对外开放水平的不断提高，我国经济融入全球化进程的加快，要求我国商品和服务的价格要逐步同国际市场价格接轨，特别是对外依存度高的产品和可贸易商品，以及和它们关联度高的产品，需要先行一步接轨。2001年年底，我国加入世界贸易组织，对外开放进入新的阶段，正如中共十八届三中全会《决定》指出的，"适应经济全球化新形势，必须推动对内对外开放相互促进、引进来和走出去更好结合，促进国际国内要素有序自由流动、资源高效配置、市场深度融合，加快培育参与和引领国际经济合作竞争新优势，以开放促改革"。所以，越来越多的产品同国际市场价格挂钩已是大势所趋，也是深化价格改革的新要求。

三　从狭义价格改革扩展到包括生产要素的广义价格改革

这是中国价格改革的一个重要特点，也是渐进式改革在价格领域的重要体现。传统的社会主义经济理论排斥广义价格概念，不承认资金、劳动力、土地等生产要素商品化市场化的可能性和必然性，利息率、工资、地价和地租都由国家制定和调整，排斥市场机制的作用。随着经济体制改革的深化、社会主义市场经济体制改革目标的确立，各种生产要素被确认要商品化和进入市场，显露其价格，广义价格的概念被提出来并得到广泛的重视，价格改革也就从狭义的价格改革扩展为包括各项生产要素在内的广义的价格改革。本章论述的主要是物质产品和服务价格改革，因此，关于生产要素价格改革的比较系统的论述只好放在其他章节了。

四　价格改革的难点和主要矛盾在于既要通过体制转型理顺价格关系，又要稳定物价水平

中国价格改革的丰富实践告诉我们，进行价格改革的难点和主要矛盾在于既要通过体制转型理顺价格关系，又要稳定物价水平。处理好理顺价格关系和稳定物价水平的关系，在保持物价总水平大体稳定下逐步推进价格改革，这是我国推进价格改革最主要的经验。

在传统体制下，由于严格的行政管制，农产品价格、初级工业产品价格和一些服务收费长期被压得很低。改革价格体系，就是要改变这种状况，着重提高上述偏低的价格，而原来偏高的产品价格是不容易降下来的。这样，在理顺价格关系的过程中，物价总水平一定幅度的上涨是

不可避免的。因此，进行价格改革要打破传统的稳定物价就是冻结物价、物价总水平越是原封不动越好的观念，逐步树立商品市场经济价格经常变动、物价总水平会有所上升的新观念。

在价格改革过程中，无论是调整价格还是放开价格，如果物价总水平上涨只限于改变畸形的价格结构，理顺比价差价关系，那么其上涨率不会太高，而且这种上涨是分几年十几年实现的，因而其年度上涨率可控制在5%左右，一般不会到两位数，这样就可以保持物价的基本稳定或大体稳定。也就是说，可以在保持物价总水平基本稳定或大体稳定的条件下推进价格改革。我国40年的价格改革，总的说是做到在保持物价总水平基本稳定或大体稳定条件下逐步推进的。当然，在20世纪80年代末（1988年、1989年）和90年代初中期（1993年、1994年、1995年），曾出现居民消费价格指数两位数上涨，说明那时出现了中度的通货膨胀，并严重影响了价格改革的进程。

从中国价格改革进程看，1988年以前，我国价格改革过程中物价水平的上涨，可以说主要是由于对原来不合理的价格结构进行调整引起的，即主要是结构性的物价上涨；1988—1995年，我国的物价上涨，除了继续包含结构性物价上涨因素，则较多是由通货膨胀所推动，而且比较明显的是需求拉动型的物价上涨，还夹杂着一部分成本推动型物价上涨（包括工资增长速度超过劳动生产率增长速度引发的工资成本上升，以及进口原材料价格上涨引发的成本上升）。

物价的持续过快上涨会对人们产生心理压力，使企业和单位不是致力于改进技术、改善经营管理、提高效益，而是致力于囤积居奇、倒买倒卖、竞相提价，以及利用垄断、特权和搞价格欺诈等追逐大量流通利润，使公众产生通货膨胀预期，挫伤群众储蓄的积极性，抢购物资、冲击市场等。这种情况，只能使价格关系混乱，甚至使已初步理顺了的价格关系重新扭曲，使不合理的比价复归。物价上涨过猛，也影响价格改革的深化，使原定的改革方案难以出台，如像1987年的钢材调价方案（调价的本本都已印好）和1988年物价与工资改革方案那样，或者放慢价格改革的步伐，因为风险太大，怕影响社会稳定。1993—1995年物价过大幅度上涨，还突出地带来一段时间利率的双轨价差过大，市场利率高出国有银行利率一倍以上,致使金融体制改革难以深化,政策性金融与商业性金融难以分离,专业银行企业化经营进程受阻。

由上可见,价格改革的难点和主要矛盾在于,一方面要通过定价机制改革理顺价格关系;另一方面在理顺价格关系过程中物价上涨幅度不能过大,要保持物价总水平的基本稳定或大体稳定,以利于经济的稳定和社会安定。而如果在改革过程中出现了通货膨胀,特别是中度或中度以上通货膨胀,那么理顺价格关系和稳定物价水平的矛盾就会尖锐化,甚至难以解决。一次又一次的教训使人们认识到,深化价格改革,要尽可能排除通货膨胀的干扰,而如果已经出现通货膨胀,就要及时治理它,要抑制它的发展势头。

理顺价格关系和稳定物价水平的矛盾,在很大程度上规定和制约着价格改革过程中出现的其他矛盾,诸如价格与财政的矛盾、物价与工资的矛盾、国内价格水平与人民币汇率的矛盾、价格双轨制的矛盾等。这些矛盾在不出现通货膨胀时,都比较好解决。但是,如果出现通货膨胀,就会出现"物价—补贴—税收"的怪圈,出现物价与工资轮番上涨,物价上涨与财政补贴增加,国内价格水平上升同人民币汇率下跌的恶性循环,以及双轨制价差拉大等一系列问题。[1]

有的论著,还总结了中国价格改革的基本经验,认为主要是:(1)价格改革必须处理好改革、发展和稳定的关系。(2)遵循价值规律,转换价格机制,建立以市场形成为主的价格机制。(3)渐进式推进、逐步深化。(4)各项改革协调配合,有序推进。(5)加强党和政府对价格改革的领导,使价格改革沿着正确的轨道前进。[2]

第六节 中国价格改革展望

中国价格改革经过三十多年的努力,已取得重大的实质性的进展,

---

[1] 张卓元:《价格改革规律性探索》,《财贸经济》(增刊)1987年6月;张卓元主编:《中国价格模式转换的理论与实践》,中国社会科学出版社1990年版。

[2] 李盛霖主编:《价格知识问题》,中国市场出版社2005年版。

但是尚未完成，价格体制仍不完善，价格关系还未完全理顺。针对这一实际情况，2013年中共十八届三中全会《决定》要求完善主要由市场决定价格的机制。该决定发布以来，中国价格改革又取得了一些新进展。一是政府定价大幅度减少。全部电信业务资费、非公立医院医疗服务、社会资本投资新建铁路货运和客运专线价格、绝大部分药品价格、绝大部分专业服务价格都已经放开。二是农产品价格形成机制和调控体系不断完善。政府确定的烟叶收购价格于2014年放开后，全部农产品价格都由市场竞争形成。棉花、大豆目标价格改革试点总体顺利，国内外市场价差缩小，市场活力明显增强。同时，综合考虑保障农民基本收入和市场供求平衡，合理确定了稻谷、小麦最低收购价政策。生猪市场价格调整预案的实施也比较平稳。三是新一轮电价市场化改革顺利启动。放开了跨区跨省电能交易价格。输配电价改试点已由深圳市和蒙西电网扩大到全国各省（区）。根据煤电价格联动机制，2015年将全国燃煤发电上网电价平均每千瓦时降低约2分钱，工商业用电价格平均每千瓦时降低约1.8分钱。到2016年，通过煤电价格联动、输配电价格联动等减少企业用电支出1000亿元以上。四是天然气价格形成机制进一步完善。实现了非居民用天然气存量气和增量气价格并轨。落实降低非居民用气价格政策，降低过高的地方天然气管道运输和配气价格，降低企业用气成本约1000亿元。五是铁路货运价格基本理顺。在2013年、2014年每年将国铁货物统一运价每吨公里提高1.5分钱的基础上，2015年又提高了1分钱，实现了铁路与公路货运保持合理比价关系的改革目标。建立货物运价上下浮动的机制，上浮不超过10%、下浮不限，进一步增强运价弹性，为铁路运输企业灵活应对市场环境变化，提供了更宽松的政策环境。六是居民阶梯价格制度顺利推进。七是清理收费、公布清单。清理规范涉企的各类收费，制定收费目录清单。通过清理不合理收费，降低偏高收费标准，2013—2015年共减少企业支出近400亿元。八是调整资源环保价格。各地合理调整水资源费、排污费、污水处理费等资源环保价格，对高耗能、高污染和产能严重过剩行业实行差别电价、水价和排污费收费标准，促进节能减排、结构调整和转型升级。此外，还加强对价格收费违法违规行为和垄断大案要案的查处。

比如，2013年11月起对高通公司滥用市场支配地位行为进行查处，开出了60多亿元的高额罚单，在国内外引起很大反响。①

尽管如此，但是与由市场决定价格机制的要求相比，还有差距。主要是：首先，一些重点领域和关键环节价格改革还需深化，如能源、交通运输这些领域的价格改革还没有完全到位，公用事业和公共服务价格改革正处在攻坚时期，也没有完全到位。要素价格市场化改革相对滞后。比如，直至2016年，成品油价格市场化就面临资源高度集中、市场缺乏竞争的体制性障碍。勘探开发环节，只有少数几家国有公司享有石油勘探开发专营权；进口环节，5家国有企业原油进口总量占整个原油进口的90%以上；炼化环节，国有企业占到75%；批发零售环节，由于成品油批发和零售环节的专营体制，市场过于集中于个别央企，在全国9万多座加油站中，社会资本名下的加油站数量接近50%，但销量仅占10%。从产业链看，上中下游资源均过于集中，难以开拓更多油源并有效竞价。国家对成品油价格规定的是最高零售价，加油站基本都是按照最高价执行，掌控市场的主体没有动力降价。其次，政府定价制度还需要进一步健全。最后，市场价格行为有待进一步规范，一些企业经常利用垄断市场的地位抬高价格以及天价虾、天价鱼、停车位乱涨价等时有发生。各种生产要素市场还不成熟，市场化价格改革任务还比较重。

2015年10月15日，中共中央、国务院发布了《关于推进价格机制改革意见》（以下简称《意见》），对今后更好地落实中共十八届三中全会《决定》深化价格改革、完善市场价格体制进一步指明了方向。

《意见》明确，到2017年，竞争性领域和环节价格基本放开，政府定价范围主要限定在重要公用事业、公益性服务、网络型自然垄断环节。到2020年，市场决定价格机制基本完善，科学、规范、透明的价格监管制度和反垄断执法体系基本建立，价格调控机制基本健全。

《意见》明确了今后六大重点领域价格改革方向，即完善农产品价

---

① 参见《人民日报》2015年10月16日；胡祖才《纵深推进价格改革 提高价格监管水平 以优异的价格工作实绩迎接党的十九大胜利召开》，《价格理论与实践》2017年第1期。

格形成机制，加快推进能源价格市场化，完善环境服务价格政策，理顺医疗服务价格，健全交通运输价格机制，创新公用事业和公益性服务价格管理。对于如何健全政府定价制度，怎样加强市场价格监管和反垄断执法，健全市场价格行为等，《意见》也作出了详尽的阐述。

《意见》发布后，有关部门迅速行动，落实深化价格改革要求。2015年11月30日，国家发改委、国家能源局正式对外发布了《关于推进输配电价改革的实施意见》《关于推进电力市场建设的实施意见》《关于电力交易机构组建和规范运行的实施意见》《关于有序放开发用电计划的实施意见》《关于推进售电侧改革的实施意见》《关于加强和规范燃煤自备电厂监督管理的指导意见》六个电力体制改革配套文件，电力体制改革路线图更加明确。其中包括社会资本可投资成立售电公司、清洁能源优先上网等。① 坚持和完善稻谷、小麦最低收购价政策，合理调整最低收购价水平，形成合理比价关系。从2016年下半年起推进玉米市场定价、价补分离改革。2016年5月国务院印发《盐业体制改革方案》，提出从2017年1月1日起，改革食盐政府定价机制，放开食盐出厂、批发和零售价格。在完善食盐专营制度的基础上，重点推进四项改革：一是改革食盐生产批发区域限制，取消食盐定点生产企业只能销售给指定批发企业的规定。二是改革食盐政府定价机制，放开食盐出厂、批发和零售价格。三是改革工业盐运销管理，取消各地自行设立的两碱工业盐备案制和准运证制度，取消对小工业盐及盐产品进入市场的各类限制，放开小工业盐及盐产品市场和价格。四是改革食盐储备体系，建立由政府储备和企业社会责任储备组成的全社会食盐储备体系。② 出台推进医疗服务价格改革意见，各地结合实际认真贯彻落实。截至2016年，已有13个省份出台了实施意见。医药价格改革已实现县级公立医院全覆盖，在10个省份已全面推开，其他省份有60多个城市600多家公立医院开展了试点；23个省份放开了个性化需求较强、市场竞争比较充分的部分医疗服务价格；29个省份出台了加快新增服务项

---

① 参见《人民日报》2015年12月1日第15版。
② 参见《经济参考报》2016年5月6日。

目受理审核的政策措施。①

2012年党的十八大以后,政府大力推进价格监督检查工作,随着绝大部分定价权的放开,各级价格主管部门转变价格管理方式,加强价格监管和反垄断工作。2013年11月,国家发改委印发《关于建立完善价格监管机制的意见》,提出建立和完善预警防范、应急处置、举报处理、市场监管、反价格垄断、专项治理、社会监督、经营者自律、协作联动等工作机制。数据显示,国家发改委截至2016年共查处127件价格垄断案件,共罚款107.57亿元。② 对政府定价,则加强成本监审工作。据报道,十八大以后,价格主管部门在输配电价改革过程中,对电网企业进行了严格的成本监审,剔除不应进入定价成本的费用和支出,发现不相关或不合理的成本比例为14.5%,金额达1180亿元。③ 因此,今后必须继续加强价格监管和反垄断工作,这也是深化价格改革的一个重要方面。

习近平总书记2017年在十九大报告中提出,加快完善社会主义市场经济体制,价格反应灵活,加快要素市场化改革,是要求实现的重要方面。价格只有在竞争公平有序的条件下放开,由市场调节,才能做到反应灵活。为此,今后需继续推进价格市场化改革,其中能源、农业、交通运输、医疗等领域,以及生产要素价格市场化,将是改革攻坚重点,以便进一步激发市场活力,培育发展新动能。我们相信,这些方面的改革将在十九大精神鼓舞下,在一两年内就取得新的实质性进展!

参考文献

成致平:《价格改革三十年(1977—2006)》,中国市场出版社2006年版。

胡祖才:《纵深推进价格改革 提升价格监管水平 以优异的价格工作实绩迎接党的十九大胜利召开》,《价格理论与实践》2017年第1期。

---

① 胡祖才:《纵深推进价格改革 提升价格监管水平 以优异的价格工作实绩迎接党的十九大胜利召开》,《价格理论与实践》2017年第1期。

② 参见《经济参考报》2017年9月11日。

③ 参见《经济参考报》2017年7月31日。

胡祖才主编：《〈中共中央国务院关于推进价格机制改革的若干意见〉学习读本》，人民出版社2016年版。

马凯：《中国价格改革20年的历史进程和基本经验》，《价格理论与实践》1999年第1期。

彭森主编：《十八大以来经济体制改革进展报告》，国家行政学院出版社2018年版。

许光建、丁悦玮：《深入推进价格改革着力提升"放管服"水平》，《价格理论与实践》2017年第5期。

薛暮桥：《薛暮桥回忆录》，天津人民出版社1996年版。

张卓元主编：《新价格模式的建立与市场发育的关系》，经济管理出版社1996年版。

张卓元主编：《中国价格模式转换的理论与实践》，中国社会科学出版社1990年版。

张卓元主编：《中国经济学30年》，中国社会科学出版社2008年版。

中国经济体制改革研究会编：《宏观经济的管理和改革》，经济日报出版社1986年版。

第七章 产业结构与产业组织理论

改革开放以来,我国的产业结构研究,与改革开放之前的研究相比,不管是方法,还是对象上都有着显著的区别。从文献看,中华人民共和国成立后到改革开放前的这段时期基本没有"产业结构"的提法;研究内容与现在"产业结构"比较相近的,多数称"再生产理论""经济结构"等。改革开放之前的研究,都是基于马克思的再生产理论,关注的对象是"两大部类"或"农轻重"关系;改革开放之后,产业结构的研究多以西方产业结构理论作为方法基点,对象一般是三次产业或产业结构与经济发展阶段、经济周期、政府行为之间的关系。改革开放之前国内并没有现代意义上的产业组织理论研究,相关的是分工、协作等问题的探讨。因此,从严格意义上说,当前学界所谓的产业结构与产业组织理论的研究,是从改革开放之后开始的。

伴随着改革开放与经济成长,我国的产业结构与产业组织理论研究,不管在内容上还是方法上、广度上或深度上,都不断向前发展。改革开放 40 年这方面的研究,根据其时代背景及研究特点可以大致分为四个时期[①]。

第一个时期从改革开放到 20 世纪 90 年代初,这个时期是我国经济体制改革的探索时期,也是计划经济成分不断下降、商品经济因素不断上升的时期,这个时期经济的最突出表现是短缺的普遍存在,结构失衡严重是困扰国民经济的重大问题。原有的思想框架不易解释现实或难以得出实用的政策建议时,学界产生了对新的经济理论的需求,国外经济思想的引进并用来分析中国现实成为这个时期产业结构理论研究的最重

---

① 这四个时期并非严格区分,故下文引用的极少数文章会出现跨期的情况。

要特色。在这个时期，我国政府也开始广泛实施产业政策，1989年颁布的《国家产业政策》囊括了农业和工业中的所有大类行业。

第二个时期从党的十四大到21世纪初，我国正式确立了改革的目标，即建立社会主义市场经济。在这个时期里，我国价格改革基本完成，短缺经济结束，买方市场开始形成。在这样的经济大背景下，对市场的研究成为学界需要直面的课题，因此现代产业组织理论的大量引进和运用成为合乎情理的现象。在政策运用方面，《反不正当竞争法》的通过和电信业的改革，是政府维护市场有效运作、促进竞争的开始。这个时期我国加入WTO的趋势日益明显，开放条件下的产业结构理论研究也是重点研究内容。

第三个时期从2001年加入WTO到2012年，我国经济已基本达到小康水平。如何应对全球化浪潮，如何提高经济运行的质量成为学界研究的重点问题。从产业结构理论研究看，开放条件与工业化道路是两个关键词；产业组织理论的研究也围绕着开放经济下的企业竞争力、市场绩效等问题展开。政策运用方面，比较重大的事件有《汽车产业发展政策》《钢铁产业发展政策》等国家级产业发展政策的制定和《反垄断法》的设立。

第四个时期从2012年党的十八大到现在，经济增速从高速度转向中高速度，中国经济进入新常态，经济也从高速增长转向高质量发展。党的十九大报告指出，"中国特色社会主义进入新时代，我国社会主要矛盾已经转化为人民日益增长的美好生活需要和不平衡不充分的发展之间的矛盾"，我国经济迈入新时代。新时代下，产业转型升级、产业政策作用、移动互联网时代的产业组织与反垄断成为研究的热点。

总的概括来，这四个时期我国经济不断从计划转向市场，从封闭走向全面开放。产业结构与产业组织理论的研究也不断随时代的进步而不断发展。改革开放40年学术界在这个领域的研究进展，主要有五方面内容：对国外相关经济思想的译介、现实产业结构的研究、产业结构政策（我国产业政策的大部分内容）的研究、现实产业组织的研究和产业组织政策的研究。下面对改革开放以来我国产业结构和产业组织理论在四个时期五个方面的研究进展简述如下。

第一节 改革开放到20世纪90年代初的研究进展

改革开放之初,产业结构或经济结构失衡是我国现实经济中最重大的问题之一,学界以开放的精神借鉴、引进外国的产业结构理论,最基本的是引进新的分析范式,即三个产业分析国民经济的方法,承认了非物质生产部门在经济活动中的重要地位与作用。在具体理论方面,引进的思想包括三次产业的划分、产业结构变化与人口就业结构、人均收入、经济发展的关系,划分产业结构变化的依据等。这个时期我国学者研究的基本情况是把引进的具体某一产业结构理论来分析中国现状,如我国产业结构的现状、特点、问题所在及调整方向等。另外,由于日本产业政策现实作用的影响,产业政策思想的引进与在我国的实践也成为重要的分析议题。这个时期,我国学者也开始介绍现代产业组织理论,以及讨论当时环境下的竞争与垄断、企业经营水平低下的激励等问题。

一 引进国外经济思想

(一) 对国际产业结构理论的译介

1985年,杨治在国内第一次以"产业经济学"为名,出版了《产业经济学导论》,在国内影响较大;同时,国外关于产业结构理论的经典著作也在20世纪80年代末被大量的翻译到我国学术界,影响比较深远的有库兹涅茨的《各国的经济增长》和《现代经济增长》、钱纳里的《工业化和经济增长的比较研究》、佐贯利雄的《日本经济的结构分析》等。对产业结构理论的译介主要包括以下几个重要思想。

三次产业分类的介绍。杨治在《产业经济学导论》中,系统地介绍了三次产业的概念、分类及它们在不同经济增长阶段中的表现。80年代初期,三次产业的范式引进在学术界曾有过较为激烈的争论,但到80年代中期以后,学界基本认同了该分类的科学性和强大的现实解释力。三次产业思想的引进,突破了原先"两大部类"范式中只重视物质资料生产的框架,承认服务业等第三产业的重要性;这为我国的学者打开了新的视野,学者们利用该范式对我国的实际情况进行了大量的研究。值得一提的是,在《中国统计年鉴(1988)》中,我国官方开始出现三次产业的相关数据,这也为学界利用统计数据进一步研究我国三次产业问题提供数据支持。

配第—克拉克定理。17世纪英国经济学家威廉·配第根据当时英国的实际情况归纳出工业比农业,进而商业比工业能够获得更多的利润,随着经济的不断发展,产业中心将逐渐由有形财物的生产转向无形的服务性生产。20世纪的经济学家克拉克在配第的研究成果之上,研究了就业人口在三次产业中分布结构的变动趋势。配第—克拉克定理指出,随着人均国民收入水平的提高,劳动力会从第一产业向第二产业转移,工业化基本完成之后,劳动力又会从第二产业向第三产业转移。劳动力在产业间流动的原因在于产业间收入的相对差异①。

不同人均收入情况下的产业结构演进理论。库兹涅茨从国民收入和劳动力在产业部门之间的分布两个方面,对伴随着经济增长的产业结构演进规律作了进一步的说明。根据实证研究,他得出的一般模式:当人均产值较低阶级,农业部门与非农业部门的份额呈此消彼长的变化,虽然非农业部门份额大幅上升,但其内部(工业与服务业)的结构变动不大;当人均产值较大后,农业与非农业部门的份额变动不大,但非农业部门中服务业的比重上升较为明显②。

钱纳里的结构变迁模型与他的标准结构。钱纳里将经济发展分为三个阶段,认为在这三个阶段中会出现第一、第二、第三产业的结构变迁。在经济发展的第一阶段即初级产品生产阶段,农业等初级产品的生产占统治地位,但初级产品的生产慢于制造业;在第二阶段即工业化阶段,制造业快速增长,生产结构由初级产品向制造业迅速转移;在第三阶段即经济发达阶段,制造业的需求弹性开始下降,其在经济和就业中的比重下降,而服务业逐步成为推动经济增长的主要部门。另外,钱纳里提

---

① 杨治:《产业经济学导论》,中国人民大学出版社1985年版。
② 西蒙·库兹涅茨:《各国的经济增长》,商务印书馆1985年版;西蒙·库兹涅茨:《现代经济增长》,北京经济学院出版社1989年版。

出一个"标准结构",即在工业化过程中,结构变动最显著的时期是人均收入处于 400 美元到 1800 美元（1970 年美元价格）。[1]

霍夫曼定理。霍夫曼通过对 20 个国家的工业内部结构演变规律进行经验研究,提出了在工业化进程中,消费品工业的净产值与资本品工业净产值之比（霍夫曼系数）是不断下降的。霍夫曼根据这个系数将工业化过程分为四个阶段。工业化的初始阶段消费品工业的生产在制造业中占主导地位,经过第二、第三阶段的发展,到第四阶段,资本品工业的生产占据主导地位,基本上实现了工业化。[2]

产业政策。产业政策主导的思想认为,在发现产业结构变动规律的基础上,通过产业政策政府能够在经济发展进程中扮演积极的角色。因此,产业政策理论是产业结构理论的应用层面。佐贯利雄通过对第二次世界大战后日本工业发展情况的分析发现,战后日本工业的发展先后经历了三个阶段,分别是以电力工业的发展为主导产业阶段,以石油、石化、钢铁、造船等行业为主导产业阶段和以汽车、家电等高收入弹性行业为主导产业阶段。佐贯利雄认为,在工业发展过程中主导产业的替代如下：轻工业—原材料工业—加工组装工业,各个阶段的主导产业分别为纺织业—石油、石化、钢铁—汽车、家电。[3]

（二）介绍产业组织理论

虽然在一些早期翻译到国内的微观经济学教材中会出现产业组织的基本理论,但从专著看,谢佩德的《市场势力与经济福利导论》可能是我国大陆较早的一本译著。1985 年,世界银行经济发展学院和清华大学经济管理学院联合举办经济管理讲习班,曾开设产业组织理论课程,这可能是我国系统讲授该课的最早记录。同年出版的杨治的《产业经济学导论》也有专章介绍产业组织。这些著作和讲学都对产业组织理论在我国的普及起了积极的推动作用。20 世纪 80 年代后期,施蒂格勒和克拉克森的著作被翻译进来。施蒂格勒的《产业组织和政

---

[1] H. 钱纳里：《工业化和经济增长的比较研究》,上海三联出版社 1989 年版。
[2] 杨治：《产业经济学导论》,中国人民大学出版社 1985 年版。
[3] 佐贯利雄：《日本经济的结构分析》,辽宁人民出版社 1987 年版。

府管制》是一本论文集,包括《规模经济》《管制者能管制什么》等产业组织理论发展过程中的经典文献。克拉克森等人的《产业组织:理论、证据和公共政策》则是一本标准的教科书,涵盖了当时产业组织领域内所有比较重要的内容,该书重要的特色是讨论与竞争、垄断有关的法律问题。以上几本重要的著作和译著深远地影响了那个年代的学者,我国学者掌握西方现代产业组织理论后,也开始结合中国的现实情况展开研究,并出现一批影响范围较大的作品。①

二 产业结构的探讨

(一)对我国产业结构存在问题的研究

20世纪70年代末80年代初,我国经济学界曾进行过一项规模和影响都很大的经济结构(产业结构)研究,由国务院财政经济委员会组织,并出了大量的研究报告。当时对产业结构问题的研究主要是总结中华人民共和国成立30年的经验教训。研究者指出,我国产业结构不合理主要表现在农轻重比例失调、基础工业与加工工业比例失调等;造成不合理结构的原因包括片面追求重工业优先发展、片面强调生产资料优先增长规律等。② 也有学者认为,我国轻重工业结构不够合理,没有做到协调发展,主要经验有三:一是重工业增长过快,轻工业相对落后;二是轻重工业大起大落,很不稳定;三是轻重工业内部结构不够合理,主要表现为重工业中自我服务的比重过大,轻工业中为生产服务的比重过大。③

杨坚白等也对中华人民共和国成立30年产业结构的情况和问题进行深入探讨。在他们的《论我国农轻重关系的历史经验》这篇影响较大的文章里,他们对1980年左右我国国民经济结构做出基本判断,认为我国由20世纪50年代农业占优势的农业—工业国,变成了工业占优势的工业—农业国。他们把中华人民共和国成立以来农轻重三者的历史

---

① 谢佩德:《市场势力与经济福利导论》,商务印书馆1980年版;施蒂格勒:《产业组织和政府管制》,上海三联书店1989年版;肯尼迪·W.克拉克森、罗杰·勒鲁瓦·米勒:《产业组织:理论、证据和公共政策》,上海三联书店1989年版。
② 马洪、孙尚清主编:《中国经济结构问题研究》,人民出版社1981年版。
③ 孙尚清主编:《论经济结构对策》,中国社会科学出版社1984年版。

发展过程进行分段研究，认为中华人民共和国成立初期的1949—1957年是基本协调的，1958—1962年和1966—1976年均处于失调阶段，1963—1965年和1977年至20世纪80年代初是处于调整阶段。对于我国历史上农轻重比例关系失调的基本原因，杨坚白等认为，我国的积累率过高、国家投资的畸形分配、工农价格差以及农业生产遭到人为的直接破坏是主要原因①。有的研究专门分析我国经济结构中农业的变动特点。他们总结了中华人民共和国成立初期到1984年农业生产的特点，指出我国保留着低收入国家最显著的特点，即农业份额过大。②

（二）关于产业结构调整或产业结构合理化

对于如何正确处理农轻重关系，坚持走中国的工业化道路，杨坚白等认为，以农业为基础，坚持中国的工业化道路，改变重工业的生产结构，使之与发展农业和轻工业的需要相适应，坚持以农轻重为序③。有的学者对轻重工业结构合理化的对策是：实现轻工业生产的战略转变，确保轻工业的稳定增长；既要保证重工业的优先增长，又要适当控制重工业的规模和速度。④ 宋则行以辽宁省为例，认为经济结构的调整要注意到积累和消费的比例、经济结构中的薄弱环节、部门间的协调发展、地方和全国的经济结构的协调配合。⑤ 李京文等提出，必须依靠技术进步促进产业结构合理化，才能实现产业高度化；调整产业结构的基本原则包括协调发展原则、效益最佳原则、消费导向原则、技术进步原则、就业需求原则，其中前两项原则是最基本的。⑥

（三）关于第三产业的研究

随着三次产业分类法在我国学界的译介和讨论，越来越多的学者认

---

① 杨坚白、李学曾：《论我国农轻重关系的历史经验》，《中国社会科学》1980年第3期。
② 中国农村发展问题研究组：《论国民经济结构变革——新成长阶段农村发展的宏观环境》，《经济研究》1986年第5期。
③ 杨坚白、李学曾：《论我国农轻重关系的历史经验》，《中国社会科学》1980年第3期。
④ 孙尚清主编：《论经济结构对策》，中国社会科学出版社1984年版。
⑤ 宋则行：《实现经济发展战略目标，合理调整经济结构》，《社会科学辑刊》1983年第3期（经济增刊）。
⑥ 李京文、郑友敬等：《技术进步与产业结构问题研究》，《数量经济技术经济研究》1988年第1期。

识到使用第三产业分类法的必然性和可行性。研究较早并有较大影响的是李江帆,他提出不仅要考虑农轻重的比例,还要考虑物质生产部门与服务消费品部门之间的比例。在专著《第三产业经济学》中,李江帆运用马克思的劳动价值理论分析第三产业,揭示第三产业的经济规律。这本书还分析了第三产业形成的标志、条件、时间、途径以及第三产业的分配、消费等问题。在该书中,他提出非自动化的服务产业的相对价值量上升较快、服务的供给和需求上升将使第三产业比重日益增大。①

三 产业政策

20世纪80年代,我国学者对产业政策的观点比较一致,认为推行产业政策是第二次世界大战后日本等国家产业结构升级和经济加速发展的重要原因,而且我国政府也应积极利用产业政策。② 学界的观点迅速受到政府的重视和采纳,1986年制订"七五"计划中出现了产业政策的概念并给予重要地位。1989年我国颁布了《国家产业政策》,涉及农业和工业中的所有大类行业,将每一类产业中的子行业和产品分为支持发展、限制发展和禁止发展三类。

对于产业发展模式,李京文等总结了产业发展的三种模式:倾斜式发展模式、平推式发展模式和协调—倾斜式发展模式,并认为第三种模式是我国2000年前应采取的较为理想和符合我国实际的发展模式,即要兼顾国民经济总体的协调发展和不同区域的倾斜发展。③ 对于产业优先发展顺序,学界提出我国也要利用产业政策来优先发展某些主导产业或支柱产业。有的学者从我国的资源禀赋出发,认为我国应优先发展劳动密集型的出口产业。④ 也有学者认为"瓶颈"产业是我国经济发展的

---

① 李江帆:《服务消费品的生产规模与发展趋势》,《经济理论与经济管理》1985年第2期;李江帆:《第三产业经济学》,广东人民出版社1990年版。
② 周叔莲等主编:《产业政策问题探索》,经济管理出版社1987年版;杨沐:《产业政策研究》,上海三联出版社1989年版;王慧炯等主编:《中国产业部门政策研究》,中国财政经济出版社1989年版。
③ 李京文、郑友敬等:《技术进步与产业结构问题研究》,《数量经济技术经济研究》1988年第1期。
④ 黄一义:《论本世纪我国产业优先顺序的选择》,《管理世界》1988年第3期。

主要约束,因此要优先发展能源等基础产业。① 随着讨论的深入,越来越多的因素被考虑,学界关于主导产业的观点也越来越多,并没有形成比较一致的看法。

四 对我国产业组织问题的初步涉及

企业组织结构问题是产业组织中的重要问题之一,虽然西方的产业组织理论尚未系统引入,早在20世纪80年代初期,我国学者就总结出当时我国企业组织结构中存在的问题。我国企业组织结构的主要特点是"大而全""小而全",并成为我国规模经济水平低的直接原因。企业的绝对规模大,但有效规模小。另外,经济体制不合理也是企业组织结构不合理的重要原因。我国企业规模结构反映了它的欠发达性质,还表现在中小企业数量的不稳定性和经济效率的低下。造成上述情况的原因是商品经济不发达、经济发展战略失误和现行的经济体制(吃大锅饭及不合理的价格体系)。② 20世纪80年代中期,在城市经济体制改革中的企业改革"放权""搞活"又带来了另一个严重的问题:一管就死,一放就乱。卫兴华等人认为,增强企业活力应包括通过建立和完善各种约束机制,纠正企业在增强自己活力过程中可能出现的偏差,将企业活力引入国民经济计划轨道。③

胡汝银的专著《竞争与垄断:社会主义微观经济分析》是20世纪80年代影响较大的研究产业组织的专著。该书系统地考察了西方经济学流派、东欧经济学流派和中共十一届三中全会以来有关竞争和垄断的各家学说,系统地研究社会主义竞争。作者以马克思的微观经济分析框架为基础,在产业组织层面上,从多种角度考察社会主义微观经济运行。该书揭示了20世纪80年代我国微观经济运行过程中的多重分割状态的特征,考察了部门内竞争、部门间竞争、空间竞争、国际竞争所受到的各种限制,以及引发的资源配置失当和低效率。该书的重要结论包括:社会主义经济中的垄断以国家垄断和行政垄断为特征,社会主义竞

---

① 李伯溪、谢伏瞻、李培育:《对瓶颈产业发展的分析与对策》,《经济研究》1988年第12期。
② 孙尚清主编:《论经济结构对策》,中国社会科学出版社1984年版。
③ 卫兴华、洪银兴、魏杰:《企业活力与企业行为约束机制》,《学术月刊》1986年第4期。

争有部门内不均齐竞争等特点；各种鞭打快牛、抽肥补瘦的措施虽然会抑制部门内竞争的不均齐程度，但也会起阻碍先进企业成长、保护落后企业的作用，从而降低了资源配置的效率①。

第二节 20世纪90年代的研究进展

经过20世纪80年代的探索，我国摸索出改革的方向，即建设社会主义市场经济，并在1992年党的十四大得到正式确立。经过20世纪80年代产业结构理论引进的高潮后，20世纪90年代产业组织理论成为经济思想译介的重点。这个阶段我国产业结构理论的研究包括现实产业结构的演变、产业结构合理化、与新经济相关产业的发展、经济开放对产业结构的影响等；在产业政策方面，探讨了当时产业结构中亟须面临的问题如"瓶颈"产业、衰退产业、过度竞争产业、产业保护等问题，并有学者对产业政策的有效性进行了反思。产业组织方面的研究主要围绕结构—行为—绩效的框架下进行，或者针对某一方面作专门的研究。产业组织的政策应用主要集中于产业组织合理化问题上，即对分散的行业实现适度集中、同时对垄断行业加强竞争或实施有效管制。

一 进一步引进产业组织理论

20世纪80年代是引进产业结构理论的高峰期，进入20世纪90年代后，西方重要的产业组织思想也被全面翻译、介绍进来，并迅速被我国学者所接受。其中影响比较大的产业组织教科书有泰勒尔的《产业组织理论》；丹尼斯·卡尔顿、杰弗里·佩罗夫合著的《现代产业组织》；多纳德·海、德理克·莫瑞斯合著的《产业经济学与组织》等。②泰勒尔的教科书把产业组织的讨论放在博弈论和信息经济学的分析框架内，理论性较强；丹尼斯·卡尔顿、杰弗里·佩罗夫的教科书最大的特

---

① 胡汝银：《竞争与垄断：社会主义微观经济分析》，上海三联出版社1988年版。
② 泰勒尔：《产业组织理论》，中国人民大学出版社1997年版；丹尼斯·卡尔顿、杰弗里·佩罗夫：《现代产业组织》上海人民出版社1998年版；多纳德·海、德理克·莫瑞斯：《产业经济学与组织》，经济科学出版社2001年版。

色是大量的现实案例与理论相结合,注重公共政策。这三本都是西方产业组织学界影响力较大的教科书。这三本教科书的内容囊括了产业组织的重要流派和思想,如哈佛学派的"结构—行为—绩效"框架、芝加哥学派的价格理论研究传统和新产业组织中利用交易费用研究的视角。

迈克尔·波特的竞争三部曲也相继被翻译引进。他在《竞争战略》中提出产业竞争的五力模型和三个基本战略,在《竞争优势》中提出价值链分析,在《国家竞争优势》提出钻石理论,这些分析框架迅速被我国学者所认同并得到广泛应用。①

进入20世纪90年代后,我国学者开始关注产业组织政策,这包括国外的反垄断、经济管制和社会管制。植草益的《微观规制经济学》是国内翻译的第一本以"规制经济学"为名的专著,管制的放松或重新管制思想也被介绍进来,如艾伦·加特的《管制、放松与重新管制:银行业、保险业与证券业的未来》;一些学者如余晖、王俊豪等也有专文来介绍管制理论。②

二 关于产业结构的研究

(一)我国产业结构的现状及其调整方向

关于我国的工业化的现状。刘伟利用钱纳里、库兹涅次等人的多国模型为参照,综合全面地对整个国民经济结构进行了分析,计算和分析了中国工业化所处阶段,影响较大。③ 郭克莎认为,产业结构偏差和工业结构升级缓慢,影响了工业化中经济的持续增长和增长质量的上升。④

关于产业结构调整的方向。郭克莎通过对照国际上不同国家产业结构变动的一般特征,得出的结论是我国产业结构存在着较大的偏差。他

---

① 迈克尔·波特:《竞争战略》,华夏出版社1999年版。《竞争优势》《国家竞争优势》,华夏出版社2002年版。

② 植草益:《微观规制经济学》,朱绍文等译,中国发展出版社1992年版。艾伦·加特:《管制、放松与重新管制:银行业、保险业与证券业的未来》,经济科学出版社1999年版;余晖:《管制的经济理论与过程分析》,《经济研究》1995年第5期;王俊豪等:《西方国家的政府管制俘获理论及其评价》,《世界经济》1998年第4期。

③ 刘伟主笔:《工业化进程中的产业结构研究》,中国人民大学出版社1995年版。

④ 郭克莎:《中国工业化的进程、问题与出路》,《中国社会科学》2000年第3期。

认为，推进工业化的模式应该是加快第三产业发展带动农业剩余劳动力转移和农民收入水平提高，消除人均收入水平与工业产出比重不协调而产生的需求制约，以支持工业化阶段的演进和经济较高速稳定增长；同时，通过加快体制改革促进市场化、城市化与工业化的协调发展，加快装备工业发展以带动工业结构升级，推动经济增长质量的提高。① 张世贤对此表示不同的看法，他认为，要从中国国情和中国经济发展的特殊性来考察是否存在产业结构的偏差；我国产业结构的变动没有遵循世界一般模式，应该把产业投资的资本边际效率相等作为产业结构合理化的标准。②

（二）新经济相关产业的发展

美国在 20 世纪 90 年代持续的高速经济增长以及在增长中出现的一些新特点引发了经济学界的广泛关注，被称为新经济。新经济基于信息技术革命，不仅催生新兴产业的迅猛发展，并能深刻影响到传统产业。我国学术界在 20 世纪末对新经济及其相关产业展开广泛讨论。

国家信息中心中国新经济发展战略课题组认为，虽然我国在新经济产业的发展中面临一系列的挑战，但有非常大的机遇，表现在我国已形成一定的产业基础、市场潜力巨大、国际分工中的比较优势以及后发优势等，对我国新经济的发展表现出较为乐观的态度。③ 许小年则认为，我国发展高科技产业的路还很长。应该把注意力投入高科技产业发展的条件上来，先着手为高科技产业的发展提供一个良好的环境。不要梦想通过发展高科技来形成"赶英超美"的格局。④

（三）开放条件下的产业结构研究

由于我国经济中外资的影响越来越大，外商投资对产业结构的作用引发很多学者的考虑。他们的结论有的是乐观的，也有的比较悲观。王洛林等人认为，由于技术先进的大型跨国公司纷纷前来我国投资，对

---

① 郭克莎：《我国产业结构变动趋势及政策研究》，《管理世界》1999 年第 5 期。
② 张世贤：《工业投资效率与产业结构变动的实证研究》，《管理世界》2000 年第 5 期。
③ 国家信息中心中国新经济发展战略课题组：《新经济：中国面临的机遇和挑战》，《求是》2001 年第 5 期。
④ 许小年：《新经济在大炼钢铁吗》，《浙江金融》2000 年第 7 期。

我国制造业的产业结构升级起到了举足轻重的带动作用。宋泓、柴瑜的观点则相反。他们从产业间和产业内贸易的角度,实证分析了三资企业在我国对外贸易中的地位和作用,认为在我国对外贸易及产业结构调整中,三资企业已经占据了主导地位。而我国国内企业则在向劳动密集型和资源密集型的产业退化。郭克莎也认为,由于外商投资的结构性倾斜,加大了我国三次产业的结构偏差并扩大了我国三次产业发展水平和国际竞争力的差别。①

三 产业政策

(一)"瓶颈"产业、衰退产业

中国的基础设施产业长期以来处于紧运行状态。对于如何发展"瓶颈"产业,学者们从不同的角度提出他们的政策主张。有学者认为,造成基础产业相对滞后的原因中最根本性的困难是资金筹集机制不健全。他们提出基础设施和基础工业筹资的途径:集中财政支出、通过国有资产存量结构的调整为基础设施和基础工业的发展筹集资金利用外资、通过金融机构有效融资(包括建立政策性银行)、利用土地资源划拨或有偿转让等。② 也有学者从政府管制的角度分析,认为解决"瓶颈"问题的一个有效途径,是改革中国基础设施产业现行政府管制体制,提高基础设施产业的经济效率。通过借鉴英国基础设施产业政府管制体制改革的经验教训,该学者认为,我国基础设施产业必须政企分离、提高竞争。政府进行管制时要以有效竞争为目标,以经济原理制定管制价格。③

进入20世纪90年代,我国经济总体上从供给约束转向需求约束。另外,随着经济的发展,产业结构的调整也在所难免。这两方面的原因

---

① 王洛林、江小涓、卢圣亮:《大型跨国公司投资对中国产业结构、技术进步和经济国际化的影响》,《中国工业经济》2000年第4期;宋泓、柴瑜:《三资企业与我国产业结构调整——对外贸易视角的实证分析》,《管理世界》1999年第6期;郭克莎:《外商直接投资对我国产业结构的影响研究》,《管理世界》2000年第2期。

② 国家计委经研中心基础产业资金筹集课题组:《我国基础工业和基础设施的资金筹措》,《中国工业经济》1994年第6期。

③ 王俊豪:《中国基础设施产业政府管制体制改革的若干思考》,《经济研究》1997年第10期。

导致一些行业经营出现困难甚至出现全行业的亏损。江小涓认为，一些产业的衰退是必然的，这是由于收入水平的提高和消费结构的变化。同时，她认为，我国国有企业的困境不仅有制度问题，也有结构问题。即我国在某些行业的分布密度较大。对于国有企业的退出援助，她建议设立调整援助基金，通过受益者提供的补偿援助退出企业，对企业员工失业和再就业制定特别政策，对区域性调整的成套援助措施；传统产业的调整和新兴产业的发展要相结合，援助退出企业应成为今后一段时期我国产业政策的重点。①

（二）开放经济中的产业保护

随着我国经济对外开放的不断深化，学者们注意到我国的产业安全和保护问题。罗元铮认为，20世纪90年代以来外资进入对国内经济的竞争效应大过互补效应，"以市场换技术"的结果是丢了市场，而技术也没有得到。因此要注意扩大外资与保护民族经济的关系，对引进外资要强化政策引导和管理监督。② 王振中认为，无国籍的全球公司并不存在，民族工业问题依然是我们所要面对的；要有限松动市场准入，不能对外资全面放开；有限实施"国民待遇"，积极推行"对等待遇"；加强对外国公司的监控等措施。③ 程恩富认为，要大力扶植几十家具有同来华跨国公司相抗衡的国有控股（集团）公司，以保证民族产业安全。④

也有一些学者认为，应以开放的态度面对国际竞争。厉以宁认为，外资并非过多，合资、外资企业产品主导市场，是市场竞争中的正常现象；保护落后，只能阻碍中国经济的发展与技术进步，保护落后是垄断。夏友富、马宇建议，进一步完善利用外商投资产业目录和暂行规定；对外商充分开放成熟产业和一般产业，大力鼓励向基础设施和基础产业投资；即使出现产业保护，也必须要符合国际惯例、适度保护，尽

---

① 江小涓：《国有企业的能力过剩、退出及退出援助政策》，《经济研究》1995年第2期。
② 罗元铮：《积极利用外资与保护民族工业并行不悖》，《民主》1997年第11期。
③ 王振中：《开放条件下保护和发展民族工业之探讨》，《改革》1996年第6期。
④ 程恩富：《外商直接投资与民族产业安全》，《财经研究》1998年第8期。

量运用经济手段扶持国内企业。①

（三）产业政策的评价

我国推行了较多产业政策，产业政策以各种理由广泛地存在于许多领域中；但长期以来产业政策的实际效果远远不如预期效果，表明在这两者之间有某些尚未被充分考虑的因素在发挥作用。江小涓利用公共选择理论研究产业政策中的政府行为。她认为，进入20世纪90年代后政府制定产业政策时将面临两个重大的变化：随着普遍短缺行业的明显减少和市场调节作用的增强，制定产业政策的客观标准显著缩减，影响政策制定的因素增多，政策制定的难度增加；随着时间的推移，与政府自身利益有关的因素在产业政策制定中的影响有显著增加的趋势。她认为，制定的产业政策应该符合这样的标准：在同样有助于产业政策目标实现的前提下，尽量选择与行政系统和产业政策对象自身利益一致或至少较少冲突的政策手段，产业政策才能被有效地执行。她的最终结论中有三点耐人深思：存在产业结构失衡问题不一定是实行相应产业政策的充分理由；产业政策既可以解决产业结构问题，也可以引起产业结构问题；产业政策手段的设计、选择和配合需要深入研究。②

四　扩大对产业组织的研究

（一）关于市场结构与企业行为的研究

关于市场结构，王慧炯主编的《产业组织及其有效竞争——中国产业组织的初步研究》对产业集中度、最小规模经济等方面做出颇多具有开创性的研究。马建堂主笔的《结构与行为——中国产业组织研究》，全面考察了当时我国的市场运行情况，计算出我国3个主要工业行业的市场集中度，对我国工业企业规模经济状况进行估计；对我国40个工业行业的进入壁垒进行了排序。他指出，我国最不利于资源优化配置的进入壁垒是一些政策性壁垒，特别是因实行条块管理体制而对行业进入的限制。杨慧馨运用数学模型和计量经济学的方法，以汽车制

---

① 夏友富、马宇：《外商投资与我国主导产业、幼稚产业的适度保护》，《改革》1997年第3期。

② 江小涓：《中国推进产业政策中的公共选择问题》，《经济研究》1993年第6期。

造业和耐用品制造业为例，对中国企业的进入、退出进行审视和剖析，并对转轨过程中企业的过度进入、退出障碍及其资产存量刚性等作了较为深入和系统地分析。①

我国存在比较严重的市场分割现象，统一的国内市场尚未形成，呈现出一种区域性差别较大的独特的市场结构。这与不同区域社会经济发展的不平衡有关，有学者认为区域市场结构的独特性与政府行为特别是地方政府的行为有着极为密切的关系。地方政府的行为又源于长期以来我国政府的行政管理职能与经济管理职能合二为一，以及中央与地方的分权改革不到位。银温泉、才婉茹以路径依赖理论为分析工具，指出地方市场分割是经济转轨过程中出现的特有现象，以财政大包干、大量国有企业事实上的地方所有制为基本特征的行政性分权是其深层体制原因，传统体制遗留的工业布局、地方领导的业绩评价等现实因素，也强化了地方市场分割倾向。②

在企业行为方面，大多数学者沿着产权结构—企业行为—产权改革的框架展开，马建堂的研究同时考虑了企业内部结构和外部市场结构的影响，拓展了企业行为研究领域。他指出，在我国行业集中度与行业利润率不存在确定的相关关系，主要原因是国家对高集中度的行业实行了较为严格的价格控制③。我国学者在20世纪90年代初就注意到横向和纵向一体化等企业行为的问题。④ 沈志渔分析了我国电力、铁路、民航、电信等自然垄断产业的价格政策与价格形成，认为这是典型的行业行政性垄断，其行为方式也是一种行政性的行为方式。⑤

（二）我国现实产业运行绩效问题的研究

江小涓等人考察了转轨时期竞争导致的截然不同的产业绩效。部分

---

① 王慧炯主编：《产业组织及其有效竞争——中国产业组织的初步研究》，中国经济出版社1991年版；马建堂主笔：《结构与行为——中国产业组织研究》，中国人民大学出版社1993年版；杨慧馨：《企业的进入退出与产业组织政策》，上海人民出版社2000年版。
② 杨灿明：《地方政府行为与区域市场结构》，《经济研究》2000年第11期；银温泉、才婉茹：《我国地方市场分割的成因和治理》，《经济研究》2001年第6期。
③ 马建堂主笔：《结构与行为——中国产业组织研究》，中国人民大学出版社1993年版。
④ 王慧炯主编：《产业组织及其有效竞争——中国产业组织的初步研究》，中国经济出版社1991年版。
⑤ 沈志渔：《我国自然垄断产业组织的市场行为分析》，《中国工业经济》1997年第12期。

制造行业效率水平不断提高，产品与技术迅速升级，生产向少数优势企业集中，国际竞争力明显增强。但在另外一些制造行业中，竞争的作用表现迥异，会出现生产分散、重复建设、效益下降、企业大范围亏损甚至全行业亏损等现象长期存在。棉纺织业就是竞争未能改善产业组织结构的典型行业。她认为，制度环境的扭曲和所处行业的特征是造成该种现象的原因；不能仅仅将行业集中度作为度量产业组织结构是否恶化的指标，而要同时注意到市场规模扩大所带来的影响。[①]

对于产业集中度与经济绩效之间的关系，殷醒民考察了20世纪80年代以来的经济效益与工业集中度的关系，得出以下结论：工业的经济效益与企业规模是积极相连的；小企业的迅速建立恶化了中国的资源配置，制约了工业经济效益的提高；中国工业经济的资源配置模式说明中国经济仍未摆脱高速低效的粗放型发展方式。[②] 戚聿东也认为，产业集中度与产业经济绩效在一定范围内是正相关关系的。但是他对这种正相关关系的解释是单位成本费用降低的结果，而与价格因素关系不大，其深层决定因素是技术进步和创新。[③]

刘小玄延续了产权—绩效的路径，以1995年全国工业普查的数据为基础，利用生产函数模型和计量方法，大规模地对17万家具有竞争性特点的企业进行了效率测定和比较。她的结论是私营个体企业的效率最高，三资企业其次，股份和集体企业再次，国有企业效率最低；旧体制中的隶属等级地位对于企业的发展是消极的，较低隶属等级的非国有企业效率高于等级地位高的国有企业，结果使得后者的规模优势丧失。[④]

也有学者从产业竞争角度来观察经济绩效。金碚借鉴了波特等的研究成果，从工业品国际竞争力角度对中国工业国际竞争力的理论、方法

---

① 江小涓、刘世锦：《竞争性行业如何实现生产集中——对中国电冰箱行业发展的实证分析》，《管理世界》1996年第1期；江小涓：《市场化进程中的低效率竞争实践——以棉纺织行业为例》，《经济研究》1998年第3期。
② 殷醒民：《论中国制造业的产业集中和资源配置效益》，《经济研究》1996年第1期。
③ 戚聿东：《中国产业集中度与经济绩效关系的实证分析》，《管理世界》1998年第4期。
④ 刘小玄：《中国工业企业的所有制结构对效率差异的影响》，《经济研究》2000年第2期。

进行探讨,提出了工业品国际竞争力的实现指标、因素指标等。裴长洪通过对电子、汽车、服装、洗涤用品、轮胎、商业零售等行业的产业竞争力进行实证分析,分析出不同性质的行业中外商投资对中国产业竞争力的影响。吕政、曹建海认为,存在竞争强度过大并造成经济效率和经济福利损失的过度竞争,我国在转轨的过程中多数产业发生的过度竞争问题,主要是制度性原因造成的。江小涓认为,我国国有工业部门存在能力过剩、过度竞争的原因包括国有企业的规模与其所需的供给及市场条件不相适应,并与国有企业的行业、地域分布及退出障碍有关。①

五 政府对产业组织方面的政策

（一）市场结构的适度集中问题

20世纪90年代我国经济从卖方市场转向买方市场,大部分行业的产业组织很不理想,具体表现在全行业产能过剩,行业内的企业数量过多,各企业的产量绝对水平非常低,与国际领先企业的规模相比,有非常大的差距。对于这种不理想的市场结构,我国学者的观点比较一致,认为必须要做大优势企业,淘汰落后产能,实现规模经济,推动产业集中。沈霖认为,市场结构的极度分散是因为我国政企不分、行政权力对企业经营的干涉而导致的;因此,必须要政企分开,消除行政性壁垒,通过竞争来提高集中度。谢地、乔梁的观点是,要为垄断正名,推动主要产业的适度集中是实现经济增长方式从粗放型向集约型根本转变的客观要求。②

（二）反垄断与管制政策

我国学者对反垄断的意见比较一致,对于反垄断案例的具体分析,张维迎、盛洪的论文《从电信业看中国的反垄断问题》影响深远。他

---

① 金碚:《产业国际竞争力研究》,《经济研究》1996年第11期;裴长洪:《利用外资与产业竞争力》,社会科学文献出版社1998年版;吕政、曹建海:《竞争总是有效率的吗?——兼论过度竞争的理论基础》,《中国社会科学》2000年第6期;曹建海:《对我国工业中过度竞争的实证分析》,《改革》1999年第4期;江小涓:《国有企业的能力过剩、退出及退出援助政策》,《经济研究》1995年第2期。

② 沈霖:《我国产业组织合理化问题》,《中国工业经济研究》1993年第10期;谢地、乔梁:《为垄断正名与反垄断》,《经济研究》1997年第9期。

们通过对我国电信业发展过程的详尽分析,提出了改革中国电信业的基本思路,如组建新的"国家电信管理委员会"、将中国电信分解为几个公司、起草电信法等。他们指出,中国当前反垄断的首要任务是反政府部门的垄断和限制公平竞争的行为。这不仅适用于电信业,也适用于邮政通信、电力、铁路等行业。陈小洪、张昕竹、王俊豪也对中国电信业的垄断问题发表了重要的文章。①

关于管制制度及管制理论的应用。余晖详细考察了中国政府管制制度。他认为,我国现有的政府管制制度对维护市场秩序、保障消费者和社会利益、促进产业的发展都产生了一定的推动作用;但由于政企不分、政事不分依然存在,某些政府机构运用其所掌握的行政权力维护本部门、本行业的利益的现象时有发生。② 杨慧馨认为,我国的管制体系要在总体上形成一种企业进入、退出自由的氛围;政府应根据不同产业的特点设置不同的进入、退出壁垒,引导产业组织的合理化;政府的产业组织政策引导的方向必须与市场信号引导的企业利益相一致,才会得到认同和执行。③ 王俊豪在他的专著《政府管制经济学导论》中,系统地论述了各种管制理论,并对我国的电信、电力、自来水这三种自然垄断经营产品的管制价格形成机制作了系统的研究,构建模型指出我国自然垄断产品价格管制的政策目标,影响较大。④

第三节　21 世纪以来的研究进展

进入 21 世纪以来,我国的产业结构与产业组织研究延续了前两个时期的研究内容并进一步深化、扩展。党的十六大提出的新型工业化道

---

① 张维迎、盛洪:《从电信业看中国的反垄断问题》,《改革》1997 年第 9 期;陈小洪:《中国电信业:政策、产业组织的变化及若干建议》,《管理世界》1999 年第 1 期;张昕竹、让·拉丰、安·易斯塔什:《网络产业——规制与竞争理论》,社会科学文献出版社 2000 年版;王俊豪:《中英电信产业政府管制体制改革比较》,《中国工业经济》1998 年第 8 期。
② 余晖:《中国的政府管制制度》,《改革》1998 年第 3 期。
③ 杨慧馨:《企业的进入退出与产业组织政策》,上海人民出版社 2000 年版。
④ 王俊豪:《政府管制经济学导论》,商务印书馆 2001 年版。

路以及现实中我国重化工业比重不断扩大的现象引起众多的讨论。我国加入WTO后,开放经济对产业结构、产业政策、企业竞争的影响都成为现实中的问题,因此开放条件下的产业结构与产业组织理论研究也是这一时期的研究重点。

一 对产业结构的研究

(一) 关于产业结构的历史经验总结

关于中华人民共和国成立以来我国对待轻、重工业的政策回顾。武力、温锐把我国工业化进程概括为三个阶段:1949—1978年的求强阶段,工业化的"轻、重"关系表现为"重重轻轻";1979—1997年的求富阶段,工业化的"轻、重"关系表现为"农、轻、重"同步发展;1998—2005年的探索新型工业化道路阶段,工业化的"轻、重"关系表现为政府和企业都在通过结构调整寻找新的经济增长点,以实现快速发展。①

关于工业化过程的现实动力。林毅夫、刘明兴认为,发展中国家工业化的过程中,应当采取遵循本国比较优势的发展战略。他们通过实证分析表明,中国政府在发展战略上的转变是近20多年来工业化成功的关键。无论是国有工业,还是非国有工业,无论是农村工业,还是城市工业,其发展均要遵循比较优势的原则。②王德文等人也认为,中国工业结构越来越符合中国的资源和要素禀赋,劳动力成本低廉的比较优势得到不断发挥。同时,他们分析了中国工业结构调整对其生产效率和就业吸纳的影响。他们认为,轻工业部门和劳动密集型产业的较快增长,不仅提高了中国工业的总体效率,而且为缓解目前日益严峻的失业问题发挥了重要作用。③

(二) 关于产业运行与结构调整

关于我国产业的运行情况。陈佳贵、黄群慧提出以工业增长效

---

① 武力、温锐:《1949年以来中国工业化的"轻、重"之辨》,《经济研究》2006年第9期。
② 林毅夫、刘明兴:《经济发展战略与中国的工业化》,《经济研究》2004年第7期。
③ 王德文、王美艳、陈兰:《中国工业的结构调整、效率与劳动配置》,《经济研究》2004年第4期。

率、工业结构和工业环境三个方面作为工业现代化的标志,他们认为,20世纪末,我国工业现代化进程处于起步阶段,相当于工业现代化国家20%左右的水平。李江帆、曾国军分析了第三产业内部的四个层次,利用计量回归分析了我国第三产业内部演变的纵向和横向。他们认为,我国第三产业第一层次比重的下降和第二层次比重的上升,体现了第三产业结构升级的方向。江小涓和李辉也对中国服务业的发展与内部结构变化进行了考察,并分析出对服务业发展的影响因素。[1]

关于落后地区的产业结构调整。王德文等人认为,在振兴和改造传统的老工业基地过程中,应将大力发展轻工业部门和劳动密集型产业放在突出地位。[2] 卢中原根据大量数据分析指出,20世纪90年代以来西部产业结构变动过程明显加速,专业化水平有所上升,变动方向基本正确,但产业竞争优势较弱,产业结构的综合素质普遍较低,与东部的差距继续拉大。[3]

关于我国产业结构调整方向的研究,我国学者的基本观点是向新型工业化方向发展。江小涓认为,我国新型工业化道路的新要体现以下几个特点:一是在信息技术大发展时代推进工业化;二是在全球化程度不断深化的基础上推进工业化;三是经济发展和环境保护并重;四是有利于农业劳动力的持续转移和城镇化程度的提高。郭克莎认为,要加快以技术密集型产业比重上升为特征的工业结构升级。[4]

(三) 重化工业阶段的道路选择

刘世锦认为,进入21世纪以来,我国新的主导产业表现为消费性

---

[1] 陈佳贵、黄群慧:《工业现代化的标志、衡量指标及对中国工业的初步评价》,《中国社会科学》2003年第3期;李江帆、曾国军:《中国第三产业内部结构升级趋势分析》,《中国工业经济》2003年第3期;江小涓、李辉:《服务业与中国经济:相关性和加速增长的潜力》,《经济研究》2004年第1期。

[2] 王德文、王美艳、陈兰:《中国工业的结构调整、效率与劳动配置》,《经济研究》2004年第4期。

[3] 卢中原:《西部地区产业结构变动趋势、环境变化和调整思路》,《经济研究》2002年第3期。

[4] 江小涓:《新型工业化实现小康生活的必由之路》,《人民论坛》2002年第12期;郭克莎:《中国工业发展战略及政策的选择》,《中国社会科学》2004年第1期。

质的产业如住宅、汽车、电子通信；投资性质的产业如钢铁、有色金属、机械、化工等。行业增长的出发点和归属点都是以居民消费作为基础的，这是我国过去所没有的。由于以居民消费作为支撑，我国经济出现大范围、长时间的泡沫的可能性已经没有。他判定，我国经济进入以市场为基础、技术含量和附加价值逐步提高、可持续性比较强的重化工业发展阶段。国家统计局也认为，我国进入了重化工业快速发展的时期。①

吴敬琏则认为，中国经济片面重型化有危险。以重化工业为主导的粗放型增长方式创造就业的能力有限，而且我国的自然资源和资本资源都无法支撑重化工业发展。他强调，中国的经济发展不应依靠高投入，而应主要依靠效率的提高。林毅夫也认为，重工业不符合中国经济与社会发展的需要。中国劳动力过剩，应当更关注劳动密集型而不是资本密集型产业的发展。赵丽芬、董军认为，不应按西方国家的工业化阶段划分标准来判断我国的工业化进程。近年来我国重化工业的快速增长只是经济上升期的周期性现象，并不能据此认为我国进入重化工业阶段。②

（四）开放条件下的产业结构

加入 WTO 后，我国国民经济面临全新的环境；开放条件下的产业结构问题引起我国学者的重视。朱钟棣、鲍晓华以化工行业为例，利用中国投入产出表定量分析反倾销税价格效应对国民经济各产业部门的关联影响。由于我国对外反倾销涉案产品大多是中间产品，作者指出我国在反倾销措施执行中，应当全面考虑包括下游产业利益在内的公共利益

---

① 刘世锦：《中国正进入新的重化工业阶段》，《上海证券报》2003年10月24日；刘世锦：《我国进入新的重化工业阶段及其对宏观经济的影响》，《经济学动态》2004年第11期；国务院新闻办2004年1月20日的记者招待会上国家统计局李德水、姚景源的发言。

② 吴敬琏：《注重经济增长方式转变，谨防结构调整中出现片面追求重型化的倾向》，《国研网》2004年11月16日；林毅夫：《目前的重工业热不符合中国国情》，《经济参考报》2004年12月23日；赵丽芬、董军：《论现阶段我国"重化工业化"论断的反思》，《改革》2005年第4期。

问题。① 另外，我国学者也对开放经济下的服务业变化进行一些探讨。李江帆认为，我国加入 WTO 后第三产业将受到不同程度的冲击。认为加快人才政策和产业政策的改革，以扶持资本密集和技术密集型服务业和新兴服务业。② 程大中基于中国服务业发展的实际，较为系统地检验了鲍莫尔—富克斯假说，并得出一系列的结论：中国整体服务业的劳动生产率增长滞后；其就业份额增长相对较快的主因是服务业劳动生产率增长相对滞后；服务需求与服务部门发展处于一种极不均衡的状态；各类服务需求几乎都缺乏价格弹性且近年来服务价格不断上涨，因此很容易引发成本病；中国服务业及其各部门占 GDP 的比重将随着收入水平的提高而呈现不同变化。③

二 产业政策

中国资源枯竭型国有企业数目众多，较多企业同时面临资源枯竭和体制转换双重困难，因此关于资源枯竭产业的政策既是理论问题，又是我国现实的急迫需求。于立等人考察阜新市的实践，系统分析了资源枯竭型国有企业退出障碍的种类和退出途径的选择。④

在加入 WTO 后的开放环境下的产业政策。郭克莎认为，工业发展政策的调整要形成以产业结构政策为中心，以对外贸易政策和利用外资政策的调整为搭配的新格局，处理好政府适度和有效干预的问题是新时期工业发展政策的关键。王平、钱学锋考察了技术进步的类型与偏向性选择对贸易条件的影响。他们认为，我国长期采取出口偏向型技术进步已成为我国贸易条件恶化的根本原因；因此，我国鼓励技术进步的政策应该倾向于进口偏向型的中高级技术。马捷、周纪冬认为，最优政策干预以及它能否消除非对称信息可能带来的效率损失依赖于竞争类型，而不依赖于信息结构。另外，马捷通过对国际多市场寡头条件下的模型推

---

① 朱钟棣、鲍晓华：《反倾销措施对产业的关联影响——反倾销税价格效应的投入产出分析》，《经济研究》2004 年第 1 期。
② 李江帆：《WTO：对我国第三产业的影响与发展对策》，《当代经济研究》2001 年第 2 期。
③ 程大中：《中国服务业增长的特点、原因及影响》，《中国社会科学》2004 年第 2 期。
④ 于立、孟韬、姜春海：《资源枯竭型国有企业退出障碍与退出途径分析》，《中国工业经济》2003 年第 10 期。

导，认为现实中出口退税政策会加剧国内市场的扭曲，而且不一定能够提高本国福利。①

三 产业组织的研究

（一）市场运行

刘小玄把对中国国有企业行为的研究放在不同市场框架下进行，发现在垄断竞争市场上，国有企业的目标行为是以销售收入最大化为主要形式。在一般竞争性市场上，则是以费用支出最大化为主要形式。② 价格竞争已是我国企业惯常采用的策略行为，安同良等以彩电行业为例，从产品特征、产业所处生命周期阶段、产业生产规模特征、市场集中度、行业退出壁垒、下游企业市场势力六方面揭示了易发生价格竞争的产业特征。③

（二）企业竞争力研究

孙洛平利用边际分析方法，分析出竞争力的提高与企业规模无关的逻辑过程。他指出，我国若干中小城镇的产业集群现象，就是利用市场组织分工发挥其竞争优势的典型例子。④ 有的学者利用外部环境竞争力、短期生存实力、中期成长能力、长期发展潜力四个分层目标，对我国不同行业中小企业的竞争力做出评价。他们认为，我国不同行业中小企业的竞争力强弱排序依次是：电子电器业；化工、轻工、商业服务业；食品、机械、冶金、建筑、建材业；纺织业。⑤

四 政府对产业组织方面的政策

（一）反垄断

我国的垄断很大一部分的原因是行政性垄断。这种垄断造就国企高

---

① 郭克莎：《中国工业发展战略及政策的选择》，《中国社会科学》2004年第1期；王平、钱学锋：《从贸易条件改善看技术进步的产业政策导向》，《中国工业经济》2007年第3期；马捷、周纪冬：《不完全竞争、非对称信息下的最优进口贸易政策和产业政策》，《经济研究》2001年第7期；马捷：《国际多市场寡头条件下的贸易政策和产业政策》，《经济研究》2002年第5期。

② 刘小玄：《中国转轨过程中的企业行为和市场均衡》，《中国社会科学》2003年第2期。

③ 安同良、杨羽云：《易发生价格竞争的产业特征及企业策略》，《经济研究》2002年第6期。

④ 孙洛平：《竞争力与企业规模无关的形成机制》，《经济研究》2004年第3期。

⑤ 林汉川、管鸿禧：《中国不同行业中小企业竞争力评价比较研究》，《中国社会科学》2005年第3期。

利润，形成庞大的既得利益集团，并成为我国经济最大的制度性"瓶颈"，既表现为经济腐败，又表现为政治腐败。刘小玄对中国转轨过程中的企业行为进行分析，她认为，在竞争市场上解决产权问题是首要的，而在垄断竞争市场上，解决行政性的市场垄断最为关键。反垄断应当成为中国转轨时期迫切和长期的任务。① 郑杰等根据我国电信行业的特点构架了一个双产品主垄断模型，他们认为，主垄断企业的各种行为会引起各种不同的效果，其中前向纵向控制会引起行业内利润下降的反竞争效应。②

也有学者认为，特定的行业保持集中的市场结构是必需的。刘伟、黄桂田认为，各国金融资产配置方式不同，银行业的产业组织结构存在差异性，由大规模银行组成的相对集中的产业组织结构并不一定导致竞争程度的下降。中国银行业偏高的集中率并不是影响行业竞争程度的原因。即使中国银行业大幅度提高了商业化程度，银行业的产业组织结构也不宜过度分散，保持相对集中的行业结构，可能更有利于提高金融资产的配置效率。③

（二）政府管制研究

政府对垄断行业的管制研究形成一系列的成果。于良春以电信和电力部门的案例，研究了自然垄断产业的特征和对其进行管制的基本理论与政策，以及在我国自然垄断性行业中如何有效地引进竞争机制，如何规制引入竞争机制后的竞争性业务和自然垄断性业务等。李郁芳结合我国体制转轨时期经济发展的实际，对转轨时期的政府微观规制问题进行了深入地研究。影响力较大的还有张昕竹、王学庆等人的专著。④

---

① 胡鞍钢：《在社会主义市场经济体制下反行政垄断也是反腐败》，《经济参考报》2001年7月7日；刘小玄：《中国转轨过程中的企业行为和市场均衡》，《中国社会科学》2003年第2期。

② 郑杰、易卫平、郁义鸿：《我国电信行业的主垄断效应研究》，《经济研究》2001年第6期。

③ 刘伟、黄桂田：《银行业的集中、竞争与绩效》，《经济研究》2003年第11期。

④ 于良春：《自然垄断与政府规制——基本理论与政策分析》，经济科学出版社2003年版；李郁芳《体制转轨时期的政府微观规制行为》，经济科学出版社2003年版；张昕竹：《中国铁路规制与竞争理论和政策》，国家行政学院出版社2004年版；王学庆：《管制垄断——垄断性行业的政府管制》，中国水利水电出版社2004年版。

对管制政策的反思。白让让、郁义鸿对管制放松的初始诱因提出了一个新的解释，即管制放松是技术进步、需求结构变化和原有管制下的产品特制、产业组织结构及权力结构安排的内生现象。由边缘性进入引发的放松是一个渐进性的"多赢"结局，不会导致由强制性管制放松所引起的管制无序甚至缺失现象。江飞涛等人对1994年以来旨在防治"产能过剩"的中国钢铁工业投资管制政策进行反思。他们指出，钢铁工业投资管制政策存在三个缺陷：一是不能从根本上治理产能过剩；二是相关部门不可能进行准确预测和制定合意的投资规划；三是这一政策会干扰市场过程，并导致不良后果。管制政策阻碍了市场对固定资产投资的自发调整，造成一些不良政策后果，采取此类政策应审慎。①

第四节 迈入新时代的探索

随着经济增速从高速转向中高速，中国经济进入新常态，经济也从高速增长转向高质量发展。党的十九大报告指出，"中国特色社会主义进入新时代，我国社会主要矛盾已经转化为人民日益增长的美好生活需要和不平衡不充分的发展之间的矛盾"。高质量发展预示着结构转型升级，是对过去粗放型增长方式的扬弃，也带来对以往政策的重新认识。

一 产业结构

（一）关于产业结构的历史经验总结

中国经过改革开放40年的发展，实现了人类历史上最大规模的工业化。金碚认为，科技进步是工业的灵魂，工业是科技进步的躯体。工业发展走向更高文明阶段的直接表现是以持续创新。当前的工业转型是工业的工具效用和价值实质间内在关系的再调整，是工业创新能力的再释放。信息化、智能化是工业发展的逻辑必然。黄群慧总结了改革开放

---

① 白让让、郁义鸿：《价格与进入管制下的边缘性进入》，《经济研究》2004年第9期；江飞涛、陈伟刚、黄健柏、焦国华：《投资规制政策的缺陷与不良效应——基于中国钢铁工业的考察》，《中国工业经济》2007年第6期。

40年中国的产业发展和工业化的成就,概括了工业化"中国方案"中的逻辑和经验。工业化"中国方案"的核心经验是处理六大关系:处理改革、发展与稳定的关系,"稳中求进"保证产业持续成长和工业化进程持续深化;处理政府与市场的关系,不断提高产业效率和促进产业迈向高端化;处理中央政府与地方政府的关系,促进产业合理布局和区域协调发展;处理市场化与工业化的关系,培育全面持续的产业发展动力机制;处理全球化与工业化的关系,形成全面开放发展的现代化产业体系;处理城市化与工业化的关系,促进产业和人口集聚效率提升与社会民生协调发展。①

(二)产业结构优化与转型升级

产业结构优化,根本路径在于技术升级。傅元海等指出,制造业结构优化的技术进步路径是,消化吸收外资技术基础上的自主创新能促进制造业结构的高度化与合理化;提高本地产业技术能力,加快推进市场化进程,外资发生技术溢出,最终实现促进制造业结构升级。低碳化也是产业结构优化的方向。我国产业体系低碳化发展是由能源结构的变化所驱动,属于能源结构变化型;由于产出占比和能源消费占比较大,导致我国产业体系能源消费强度,即能源使用效率主要受二次产业的影响。我国产业结构优化的独特背景是人口老龄化,汪伟等通过构建多维指标,对我国分省面板数据进行实证分析。他们的结论是,人口老龄化不仅促进了中国第一、第二、第三产业间结构的优化,推动了制造业与服务业内部结构的优化。人口老龄化主要通过增加消费需求、加快人力资本积累和倒逼企业用资本和技术替代劳动来应对劳动力成本上升,促进了产业结构升级。②

---

① 金碚:《工业的使命和价值——中国产业转型升级的理论逻辑》,《中国工业经济》2014年第9期;黄群慧:《改革开放40年中国的产业发展与工业化进程》,《中国工业经济》2018年第9期。

② 黄亮雄:《中国产业结构调整的区域互动——横向省际竞争和纵向地方跟进》,《中国工业经济》2015年第8期;傅元海、叶祥松、王展祥:《制造业结构优化的技术进步路径选择——基于动态面板的经验分析》,《中国工业经济》2014年第9期;张伟、朱启贵、高辉:《产业结构升级、能源结构优化与产业体系低碳化发展》,《经济研究》2016年第12期;汪伟、刘玉飞、彭冬冬:《人口老龄化的产业结构升级效应研究》,《中国工业经济》2015年第11期。

二 产业政策的讨论

(一) 产业政策的案例研究

由于我国在不同时期实施了范围广泛、数量众多的产业政策。这相当于可供政策检验的自然实验。尤其是2009年我国提出发展战略性新兴产业后,实施了大量的产业政策。对于这些政策的效果,学界进行广泛的关注和研究。

余东华、吕逸楠在解释中国战略性新兴产业出现产能过剩的原因,提出"政府不当干预论"。他以光伏产业为例,指出光伏产业不仅呈现出结构性产能过剩,还出现体制性产能过剩;近年来,政府偏好于对战略性新兴产业进行不当干预,引致和加剧了光伏产业的产能过剩。光伏产业中政府干预程度越深的环节,产能过剩程度越严重。化解当前战略性新兴产业的产能过剩问题,应转变传统扶持政策,避免政府不当干预行为,进一步推动要素市场化改革。周亚虹等认为,产业起步阶段,政府补助能带来新型产业盈利优势;产业扩张后,政府扶持难以有效鼓励企业进行更多的研发投入,后果是同质化产能过剩。因此,激励原始创新和转向需求培育可能是未来新型产业政策调整的方向。白雪洁、孟辉以中国新能源汽车产业为例,阐释其产业政策制定实施过程中显著的双重委托代理关系,以及由道德风险和逆向选择行为导致的激励约束缺失。据此提出新兴产业政策需依据产业发展阶段特征及政策目标差异,构建多元主体的全过程政策实现机制,并适时视政策效果对其进行调整或退出的选择,才可能尽量降低激励约束缺失效应。①

(二) 产业政策的经济后果

产业政策的经济后果,是基于规范分析得出具体产业政策对现实经济的各种影响,例如,对资本市场、公司行为、所有权变动等。

韩乾、洪永淼通过上海证券交易所的交易数据研究了国家新兴战略性产业政策对金融证券价格和投资者行为的影响。他们发现,产业政策

---

① 余东华、吕逸楠:《政府不当干预与战略性新兴产业产能过剩——以中国光伏产业为例》,《中国工业经济》2015年第10期;周亚虹、蒲余路、陈诗一、方芳:《政府扶持与新型产业发展——以新能源为例》,《经济研究》2015年第6期;白雪洁、孟辉:《新兴产业、政策支持与激励约束缺失——以新能源汽车产业为例》,《经济学家》2018年第1期。

在公布后短期内能给投资者带来较高超额收益,在中长期对收益率没有影响。王克敏等对政策不确定性与公司投资行为、产业政策与公司决策领域进行了研究。他们发现,为促进地区经济发展,地方政府偏好基于国家产业政策,为本地区公司提供资金支持,然而,政府与公司间的信息不对称问题可能降低资源配置效率,引发公司过度投资。李文贵、邵毅平从企业产权变更视角考察产业政策经济后果,他们发现,那些受产业政策鼓励或支持行业的民营企业,实施国有化的概率显著更大。黎文靖、郑曼妮分析中国产业政策对企业创新行为的影响及其内部机理。选择性产业政策只激励企业策略性创新,企业为"寻扶持"而增加创新"数量",创新"质量"并没有显著提高。①

(三) 产业政策有效性

产业政策有效性一直是我国学界研究产业政策的焦点,支持产业政策的经济学家认为,我国实施产业政策是中国经济增长奇迹的重要因素,反对者则认为,产业政策是政府越位对资源配置的干预,导致了经济结构失调和产能过剩。两派的争论在 2016 年林毅夫与张维迎的公开辩论中达到高潮。林毅夫认为,大多数成功的经济体均在快速发展过程中使用了产业政策。16 世纪的英国,19 世纪中叶的美、德、法以及第二次世界大战之后的日本和"亚洲四小龙"都在快速发展过程中使用了产业政策。获得成功的经济体有五个特征:开放经济、宏观稳定、高储蓄高投资、有效市场以及积极有为的政府。林毅夫认为,成功经济体是因为积极有为的政府制定了产业政策来推动新的产业发展。经济发展要利用比较优势,也要强调充分发挥政府的作用来利用比较优势,产业政策正是起到这样的作用。张维迎则认为,产业政策是无效的。产业政策之所以失败,是由于人类认知能力的限制和激励机制的扭曲。创新过程充满了不确定性,没有统计规律可循。产业决策是集中决策,是一场

---

① 韩乾、洪永淼:《国家产业政策、资产价格与投资者行为》,《经济研究》2014 年第 12 期;王克敏、刘静、李晓溪:《产业政策、政府支持与公司投资效率研究》,《管理世界》2017 年第 3 期;李文贵、邵毅平:《产业政策与民营企业国有化》,《金融研究》2016 年第 9 期;黎文靖、郑曼妮:《实质性创新还是策略性创新?——宏观产业政策对微观企业创新的影响》,《经济研究》2016 年第 4 期。

豪赌。它将每个人犯错的概率累积到一起，加大了集体出错的概率。成功的可能性很小，失败的可能性巨大。同时，产业政策对不同产业、不同企业在市场准入、税收和补贴、融资和信贷、土地优惠、进出口许可等方面的区别对待，创造出权力租金，这必然导致企业家与政府官员的寻租行为。一项特定产业政策的出台，与其说是科学和认知的结果，不如说是利益博弈的结果。①

除了这场辩论，还有许多学者对产业政策有效性进行分析。孙早、席建成在承认发展中国家"实施产业政策具有现实合理性"的前提下，指出中国式产业政策的实施效果不仅取决于中央政府赋予地方政府的双重任务目标，同时还受制于不同地区的经济发展水平和市场化进程。中央政府考核目标从"偏增长"向"重转型"的变化很大程度上影响着地方政府在落实产业政策和追求短期经济增长之间配置努力的水平，市场化水平的提高有助于增强地方政府落实产业政策的激励。陈钊、熊瑞祥认为，产业政策的效果在那些有比较优势的行业呈现出逐年递增的趋势，在那些没有比较优势的行业则始终不显著。产业政策的制定过程中并不存在事先的挑选赢家行为。王文等认为，一个有效的产业政策必须满足"确保目标产业的适度竞争性"与"产业政策的惠及对象足够广泛"两个基本条件。韩永辉等发现，产业政策的出台与实施显著促进了地区产业结构合理化和高度化。舒锐认为，产业政策可以实现工业行业产出的增长，却不能促进生产效率的提高。江飞涛、李晓萍提出，在以功能性产业政策或横向性产业政策为代表的新产业政策模式下，市场应居于主导地位，政府在为市场机制的有效运转提供必要的市场基础制度方面扮演着关键性角色。同时，在环境保护、公共基础设施、基础科学研究、科技公共基础设施和服务体系、教育与劳动者培训等领域，政府需补充市场的不足。在新的产业政策模式下，市场与政府是互补与协同的关系。顾昕、张建君认为，关键不在于要不要产业政策，而是产业政策的施政如何能以"市场强化型"的方式来弥补市场不足、矫正市

---

① 银昕、徐豪、陈惟杉：《林毅夫VS张维迎：一场产业政策的"世纪之辩"》，《中国经济周刊》2016年第44期。

场失灵,而不是代替市场去主导资源配置,甚至由政府来"挑选赢家"。宋凌云、王贤彬发现,地方政府的重点产业政策总体上显著提高了地方产业的生产率;重点产业政策对产业生产率的影响程度在不同产业类型上具有显著差异;将资源导向生产率增长率更高企业的程度不同导致了重点产业政策的资源重置效应因产业类型而异。①

三 产业组织

(一) 市场运行情况

产业组织传统的核心命题是关于市场结构、企业行为与市场绩效。周末、王璐提出在异质性产品市场测度市场势力和垄断损失的方法,克服了不可观测的产品异质性和技术冲击导致的影响。他们采用全国规模以上工业企业数据库数据,估计了产品差异非常大的白酒制造业市场势力溢价,并以此为依据,计算了由于市场势力溢价带来的福利净损失。钟真、孔祥智从生产和交易两个维度构建了产业组织模式与农产品质量安全之间的逻辑关系。通过对奶业抽样数据的实证分析表明,尽管生产模式和交易模式对食品品质和安全都具有显著影响,但是在控制了其他条件的情况下,生产模式更为显著地影响了品质,而交易模式更为显著地影响了安全。李霖、郭红东将中国蔬菜产业组织模式分成完全市场交易模式、部分横向合作模式、完全横向合作模式和纵向协作模式,分析了不同产业组织模式对农户蔬菜种植净收入的影响。他们发现,与完全市场交易模式相比,部分横向合作模式和完全横向合作模式能够显著增加蔬菜种植户的净收入;但纵向协作模式在促进农户增收方面没有显著优势。寇宗来、高琼利用2004—2007年中国规模以上工业统计数据对

---

① 孙早、席建成:《中国式产业政策的实施效果:产业升级还是短期经济增长》,《中国工业经济》2015年第7期;陈钊、熊瑞祥:《比较优势与产业政策效果——来自出口加工区准实验的证据》,《管理世界》2015年第8期;王文、孙早、牛泽东:《产业政策、市场竞争与资源错配》,《经济学家》2014年第9期;韩永辉、黄亮雄、王贤彬:《产业政策推动地方产业结构升级了吗?——基于发展型地方政府的理论解释与实证检验》,《经济研究》2017年第8期;舒锐:《产业政策一定有效吗?——基于工业数据的实证分析》,《产业经济研究》2013年第5期;江飞涛、李晓萍:《产业政策中的市场与政府——从林毅夫和张维迎产业政策之争说起》,《财经问题研究》2018年第1期;顾昕、张建君:《挑选赢家还是提供服务?——产业政策的制度基础与施政选择》,《经济社会体制比较》2014年第1期;宋凌云、王贤彬:《重点产业政策、资源重置与产业生产率》,《管理世界》2013年第12期。

影响企业研发强度的因素进行了实证分析,他们发现,企业规模和市场集中度与研发强度之间存在显著的倒"U"形关系,这意味着在一定范围内,规模的增长和竞争的加剧是有利于创新的。从企业产权特征来看,与其他所有制相比,股份制和有限责任制企业的创新投入激励要更大些,而国有企业和私人企业则无明显差异。此外,企业的市场份额越大,其研发积极性也越高,这表明研发具有一定的规模经济。除了市场结构对创新投入影响外,市场绩效也影响着企业的研发强度。①

(二) 互联网经济的产业组织研究

迈入新时代的一个重要技术背景是互联网技术的蓬勃发展。随着智能手机的发明及快速普及,我国迅速进入移动互联网时代。互联网经济的产业组织是一个全新的研究领域。杨德明、刘泳文认为,要推进互联网和实体经济的深度融合,推进"互联网+"国家战略在传统企业中更为有效的实施。在互联网环境下,差异化仍然有助于企业获得竞争优势,提升企业业绩;但成本领先则难以帮助企业获得竞争优势。罗珉、李亮宇认为,在互联网时代,传统的价值链中以供给为导向的商业模式正在逐渐走向消亡,以需求为导向的互联网商业模式和价值创造正在出现。他们提出了互联网时代商业模式概念并对它的关键要素如社群、平台、跨界、资源聚合和产品设计进行了描述,阐述了互联网时代连接的重要性,指出连接满足了顾客深层次的需求,进而揭示了互联网时代的商业模式追逐的是连接红利。傅瑜等基于互联网经济的本质特征,推导出技术进步与商业模式创新的市场不相容定律,并在不同厂商网络不兼容与平台开放策略的约束下,发现市场将出现单寡头竞争性垄断结构。他们提出单寡头竞争性垄断结构本身并不会妨碍竞争效率,为互联网反

---

① 周末、王璐:《产品异质条件下市场势力估计与垄断损失测度——运用新实证产业组织方法对白酒制造业的研究》,《中国工业经济》2012 年第 6 期;钟真、孔祥智:《产业组织模式对农产品质量安全的影响:来自奶业的例证》,《管理世界》2012 年第 1 期;李霖、郭红东:《产业组织模式对农户种植收入的影响——基于河北省、浙江省蔬菜种植户的实证分析》,《中国农村经济》2017 年第 9 期;寇宗来、高琼:《市场结构、市场绩效与企业的创新行为——基于中国工业企业层面的面板数据分析》,《产业经济研究》2013 年第 5 期。

垄断诉讼给出了理论解释。程贵孙将组内网络效应引入双边市场定价模型中，研究组内网络效应和组间网络效应共同作用下的双边市场定价策略问题，突出分析组内网络效应对双边平台企业定价策略的影响。他们发现，组内网络外部性强度对消费者价格和厂商价格的影响取决于双边用户接入平台后的市场结构。①

四　政府关于产业组织的政策

（一）反垄断

对于互联网领域的反垄断，学界一般认为不应采用传统经典的分析视角。孙宝文等认为，对垄断界定的传统方法建立在工业经济基础上，在互联网行业的实际运用中存在困难。从互联网行业相关市场界定、垄断势力的实际测量、福利变动理论分析三个方面对行业反垄断必要性进行了重新判断。他们发现，行业微观层面的生态竞争与分层垄断竞争的市场结构使"相关市场"概念不适用，在反垄断过程中应弱化这一概念；行业虽有垄断结构却不具有垄断势力，即没有实际的垄断行为；行业的福利没有明显的降低，甚至对于消费者来说可能还会有所提高。这三点说明，针对互联网行业的反垄断管制必要性不高，可以采取较为宽松的管制政策。徐骏、苏银珊结合网络外部性和双边市场理论，对腾讯公司和奇虎公司的商业模式进行了分析，指出了驱动其商业模式的经济学原因。两家公司所处的互联网行业具有特殊性，因此对应的反垄断执法也面临着不同于传统产业的难题。杨文明认为，将互联网平台企业免费定价视为掠夺性定价的观点是伪命题。但就市场结构而言，免费产品相关市场难以界定，因而企业市场支配地位无法证成。就行为构成看，无论依成本标准还是损失补偿标准，免费定价都难以符合掠夺性定价的一般构成。论竞争效果，免费定价不影响同等效率竞争者竞争，且能增加消费者及社会的福利。从排除合理化抗辩角度而论，免费定价已成为

---

① 杨德明、刘泳文：《"互联网+"为什么加出了业绩》，《中国工业经济》2018年第5期；罗珉、李亮宇：《互联网时代的商业模式创新——价值创造视角》，《中国工业经济》2015年第1期；傅瑜、隋广军、赵子乐：《单寡头竞争性垄断：新型市场结构理论构建——基于互联网平台企业的考察》，《中国工业经济》2014年第1期；程贵孙：《组内网络外部性对双边市场定价的影响分析》，《管理科学》2010年第2期。

互联网领域独特的商业模式，实乃互联网平台企业经营所需。王惠文等提出了中国互联网行业反垄断的三点措施，加大对滥用市场支配地位行为的管理力度，完善有关产权保护的各项措施和扶持创业型的中国互联网企业。曲创、刘重阳认为，在双边市场中，交叉网络外部性和非对称定价等特性使得平台厂商的市场份额与市场势力之间的关系变得错综复杂，使用传统市场势力评估方法容易导致误判。通过对中国搜索引擎市场的实际检验，本文发现市场份额与市场势力之间具有明显的不对等性，具有最大份额的平台厂商并不具有最强的市场势力。①

对于传统行业的反垄断，出现了多个比较典型的案例，如可口可乐并购汇源果汁、电信反垄断等。李青原等对《反垄断法》实施以来首个未获通过的并购案——可口可乐并购汇源果汁为例，发现资本市场的经验证据支持了"效率理论"而非"市场势力理论"。市场预期可口可乐和汇源果汁的并购会产生协同效应，而非共谋行为。可口可乐收购汇源果汁会引发下游市场更加激烈的竞争，同时汇源果汁希望通过出售股权实现业务重心上移，也会加剧上游市场的竞争。效率理论实现路径的进一步分析显示出可口可乐与汇源果汁存在着管理、经营和财务等多种形式的协同效应。黄坤、张昕竹研究结果显示，碳酸饮料和果汁分处两个相关市场，并且此案在果汁市场产生较为显著的单边效应。他们认为，尽管商务部否决此次并购的决定是合理的，但竞争损害并非来自似是而非的组合效应，而是果汁市场的单边效应。白让让、王光伟发现，2007年，中国电信产业重组所形成的不对称寡头垄断结构，使部分一体化运营商在接入和互联环节获得了一定的垄断势力，可以通过接入的价格或质量歧视，对上下游的竞争者产生一定的圈定效应。这种行为由于获得了行业规制者的许可，也限制了《反垄断法》发挥作用的范围

---

① 孙宝文、荆文君、何毅：《互联网行业反垄断管制必要性的再判断》，《经济学动态》2017年第7期；徐骏、苏银珊：《互联网行业反垄断面临的新难题——基于腾讯QQ与奇虎360诉讼案》，《财经问题研究》2012年第9期；杨文明：《互联网平台企业免费定价反垄断规制批判》，《广东财经大学学报》2015年第1期；王惠文、黄澄清、魏瑗：《中国互联网行业反垄断研究》，《北京航空航天大学学报》（社会科学版）2016年第11期；曲创、刘重阳：《台厂商市场势力测度研究——以搜索引擎市场为例》，《中国工业经济》2016年第2期。

和效力。①

(二) 竞争政策

竞争政策是主要市场经济国家历史实践中公认的能促进市场公平竞争的经济政策,对市场配置资源起到决定性作用。我国出台了《反垄断法》,标志着我国竞争政策的初步探索。但是,竞争政策的另外重要构成——公平竞争审查制度却迟迟未能建立。经过多年的讨论,2016年,国务院下发了《关于在市场体系建设中建立公平竞争审查制度的意见》,标志着我国公平竞争审查制度的正式出台。该政策规定了公平竞争审查制度的主要内容,包括审查对象、方式、标准、例外规定以及保障措施。

竞争政策的一项基本问题,是协调与产业政策之间的关系。我国产业政策自20世纪80年代引入以来得到广泛的应用,对经济的介入程度非常深,在很大程度上妨碍了市场的公平竞争。2013年,中共十八届三中全会通过的《中共中央关于全面深化改革若干重大问题的决定》,明确指出,"清理和废除妨碍全国统一市场和公平竞争的各种规定和做法,严禁和惩处各类违法实行优惠政策行为,反对地方保护,反对垄断和不正当竞争"。

国务院《关于在市场体系建设中建立公平竞争审查制度的意见》规定,自2016年7月1日起政府出台政策措施要进行公平竞争审查,在制度上实现对滥用行政权力排除限制竞争行为的事前防范,在法理上规定了竞争政策优先于产业政策,确立了竞争政策基础性作用。实施公平竞争审查制度是反行政性垄断的有力措施,也是放松经济性管制的突破口,体现了竞争政策优先的市场准则,将推动建立统一开放、竞争有序的市场体系。②

---

① 李青原、田晨阳、唐建新、陈晓:《公司横向并购动机:效率理论还是市场势力理论——来自汇源果汁与可口可乐的案例研究》,《会计研究》2011年第5期;黄坤、张昕竹:《可口可乐拟并购汇源案的竞争损害分析》,《中国工业经济》2010年第12期;白让让、王光伟:《结构重组、规制滞后与纵向圈定——中国电信、联通"反垄断"案例的若干思考》,《中国工业经济》2012年第10期。

② 许昆林:《逐步确立竞争政策的基础性地位》,《价格理论与实践》2013年第10期。

第五节 若干评论

纵观改革开放40年来我国的产业结构与产业组织理论研究，呈现出最大的特点就是理论研究与现实经济的紧密结合性。这首先表现为现实需求是理论研究的基本动力。例如，对国外经济思想的译介。20世纪80年代是介绍产业结构理论的集中时期，而大部分的产业组织理论的介绍则出现在20世纪90年代；同样的，21世纪移动互联网的发展催生了大量互联网经济的产业组织分析。这些不能仅认为是由于学者的研究兴趣发生转移，更应当从社会经济条件发生变化的大背景下进行考虑。是新的经济现象产生理论需求。理论与实际的结合还表现在理论对实际政策的影响。不论是产业结构理论或产业组织理论的研究，基本上是以现实作为出发点、以政策建议作为归宿，实用主义色彩浓厚。《反不正当竞争法》《反垄断法》《关于在市场体系建设中建立公平竞争审查制度的意见》等维护市场运行的法规和《汽车产业发展政策》《钢铁产业发展政策》等产业发展政策都有学界的影响。

改革开放40年来在产业结构与产业组织理论的研究进展，主要表现在：一是研究范式的转变。产业结构理论的研究从改革开放前期的"两大部类"和"农轻重"发展到"三次产业"；产业组织理论的研究从零散的、针对个别问题的研究转向利用"结构—行为—绩效"或以价格理论作为研究范式。二是研究方法的丰富。早期的研究以定性分析为主，随着研究的不断深化，定量研究越来越多；另外，比较静态、动态的研究方法不断出现，有的还出现纯模型推导的研究。三是研究的深度和广度不断拓展。越往后的研究，就越注重变量的多样性和复杂性，考虑到更多的条件，在更宽广的背景中展开。四是研究的自省精神。例如，在政策运用方面，改革开放初期一般都认为政府能在产业结构或产业组织合理化方面发挥积极的作用；但逐渐地有学者发出不同的声音。不管哪个方面更有道理，至少这说明了学者独立思考的精神，这也使得研究更具有科学精神。

应当看到，我国的产业结构与产业组织理论的研究也存在着需要改进的地方，主要是在研究领域的专业化分工程度不够。研究人员很少能够长期只关注、跟踪某个很窄的领域，经常称为跨领域的专家，这就使得他们的研究成果难以成体系，也难以深入。由于没有专业的分工，研究人员的选题往往有很多的雷同；这导致某段时期的某个热点问题会有大量观点相似的文章，但基础性的领域却很少有高水准的论述。我国研究的专业分工的较低水平导致研究成果虽然在发表当时有影响力，但从历史角度看很少有非常一流的作品。提高学术研究的专业化程度，这是将来的发展趋势。

参考文献

陈佳贵、黄群慧：《工业现代化的标志、衡量指标及对中国工业的初步评价》，《中国社会科学》2003年3期。

胡汝银：《竞争与垄断：社会主义微观经济分析》，上海三联出版社1988年版。

江小涓：《市场化进程中的低效率竞争实践——以棉纺织行业为例》，《经济研究》1998年第3期。

江小涓：《中国推进产业政策中的公共选择问题》，《经济研究》1993年第6期。

李江帆：《第三产业经济学》，广东人民出版社1990年版。

李京文、郑友敬等：《技术进步与产业结构问题研究》，《数量经济技术经济研究》1988年第1期。

刘伟主笔：《工业化进程中的产业结构研究》，中国人民大学出版社1995年版。

刘仲藜：《奠基——新中国经济五十年》，中国财政经济出版社1999年版。

马洪、孙尚清主编：《中国经济结构问题研究》，人民出版社1981年版。

马建堂主笔：《结构与行为——中国产业组织研究》，中国人民大学出版社1993年版。

孙尚清主编：《论经济结构对策》，中国社会科学出版社1984年版。

王慧炯主编：《产业组织及其有效竞争——中国产业组织的初步研究》，中国经济出版社1991年版。

王俊豪：《政府管制经济学导论》，商务印书馆2001年版。

杨慧馨：《企业的进入退出与产业组织政策》，上海人民出版社2000年版。

杨坚白、李学曾：《论我国农轻重关系的历史经验》，《中国社会科学》1980年第3期。

张维迎、盛洪：《从电信业看中国的反垄断问题》，《改革》1997年第9期。

张问敏、宋光茂、郑红亮、詹小洪、王利民：《中国经济大论战》系列，经济管理出版社1996—2005年版。

张卓元主编：《论争与发展：中国经济理论50年》，云南人民出版社1999年版。

张卓元主编：《中国经济学30年（1978—2008）》，中国社会科学出版社2008年版。

中国农村发展问题研究组：《论国民经济结构变革——新成长阶段农村发展的宏观环境》，《经济研究》1986年第5期。

周叔莲等主编：《产业政策问题探索》，经济管理出版社1987年版。

第八章 中国特色宏观经济管理理论研究与创新

1992年，党的十四大报告在确认社会主义市场经济体制是中国经济体制改革的目标时，就给宏观经济管理或国家宏观调控做出了明确的定位，即市场对资源配置的基础性作用和国家的宏观经济管理或宏观调控是相辅相成的，都是社会主义市场经济体制的有机组成部分。

在传统的社会主义经济体制下，实行指令性计划，实行物资切块分配，对企业的生产经营活动进行直接控制，这种以行政手段直接控制的宏观经济管理虽然也能有效地控制经济运行，但是由于束缚了企业和群众的积极性、主动性，致使效率低下，缺乏竞争力。转入市场经济后，微观经济主体活力增强，竞争压力加大，呈现你追我赶的喜人景象。但市场有其自身的弱点和消极方面，需要加强和改善国家对经济的宏观调控，只不过国家对宏观经济的管理，应由以直接管理为主转为以间接管理为主，即主要运用经济和法律手段，辅之以必要的行政手段，对经济总量和重大经济结构进行调控，使国民经济稳定健康运行。

在这一领域，经济理论研究随着市场化改革的推进和实践经验的积累，取得了重大进展。理论研究的进展和创新，又反过来对完善国家宏观经济调控提供了智力支持。

第一节 1985年"巴山轮"会议开启了宏观经济管理及其研究的新阶段

1985年9月2—7日，在从重庆到武汉的长江"巴山号"轮船上，中国社会科学院、中国经济体制改革研究会和世界银行联合举办了"宏观经济管理国际讨论会"①，来自西方和东欧的一些著名专家、学者（包括诺贝尔经济学奖获得者詹姆斯·托宾、英国皇家经济学会前会长阿莱克·凯恩克劳斯、匈牙利经济学家科尔奈·亚诺什、波兰经济学家弗拉基米尔·布鲁斯等），同中国的专家学者（薛暮桥、马洪、安志文、刘国光、吴敬琏、高尚全等）一起，就宏观经济管理问题，进行了广泛的研究和讨论，并特别就中国经济体制改革中碰到的宏观经济管理等许多重要问题，进行了深入的探讨。由于这次会议国外著名专家学者比较系统地介绍了市场经济国家宏观经济管理理论、政策和经验，并对中国市场化改革过程中如何改进宏观经济管理问题，同中方的权威学者专家交流看法，达成了一些共识。因此可以说，"巴山轮"会议开启了我国宏观经济管理及其研究的新阶段。

从直接管理为主到间接管理为主，是宏观经济管理体制改革的核心，这是"巴山轮"会议和与会专家对中国宏观经济管理改革的一致认识。这标志着中国经济学界对宏观经济管理理论认识的一次飞跃。

根据"巴山轮"会议后的一些评介文章，这次会议还具体研讨了如下一些问题。

第一，关于直接控制与间接控制。与会专家认为，我国经济改革的方向是逐步减少行政手段，由直接控制为主转向间接控制为主，主要运用经济手段控制和调节经济的运行。但必要的行政手段始终是不可缺少的，特别是在新旧体制更替过程中还需加强必要的行政手段，以保证经济生活正常运转、改革有序地进行。需要采用行政控制的原因在于：（1）货币控制依赖高度发达的财政金融机构。如果银行很少，又缺乏完善的金融市场，那么，货币政策就没有支配力，预算控制的影响也很有限，因此必须借助行政控制。（2）市场力量控制主要依赖价格对供求的影响。如果供求对价格变化的反映过于缺乏弹性，那么，行政办法可以起到价格刺激所不能起的作用。（3）间接控制依赖于完全竞争的

---

① 参见中国经济体制改革研究会编《宏观经济的管理和改革》，经济日报出版社1986年版。

市场。如果在市场上竞争不充分甚至缺乏竞争，就必须采用行政控制。

第二，关于计划的两种含义。有的专家提出，不能把计划等同于行政控制。计划有两种含义。一种是直接的行政控制，如指令性计划；另一种是对经济发展的可能性进行探索，为决策做准备，并协调社会各方面利益。后一种意义的计划工作与市场协调是不矛盾的，它可以保证市场协调的顺利实现。

第三，关于财政政策和财政手段的运用。与会专家提出，宏观经济管理转入间接控制后，首先要维护社会总供给与总需求的平衡。由于对总供给难以实行集中控制，因而宏观经济管理的重点是对总需求的调节。运用间接手段控制总需求主要是通过财政政策和货币政策进行的。财政政策的主要手段是政府支出、税收和补贴，而短期内强有力的调节手段是为了增加或削减政府支出，通过平衡的、有盈余的或有赤字的财政政策来调节总需求。政府不宜采用"创造货币"（如向中央银行透支和借款）的办法来筹措财源，而应着力于健全税收制度，必要时用发行公债的办法来调剂，但不能发行派购性公债。

第四，关于货币政策。专家们提出，从直接的宏观控制转向间接的宏观控制，货币金融手段起着重要的作用。运用货币政策进行间接的宏观调控，其核心是控制货币的供应总量。货币供应量的货币有 M0、M1 和 M2 等，有的专家认为，在中国，把 M0 和 M1 作为货币的主要指标有较大困难，所以当前以信贷投放总量代替货币供应量作为宏观经济管理的一项主要指标是有一定道理的。中央银行控制货币总量的办法为：（1）规定商业银行存入中央银行的存款准备金。（2）调整再贴现率。（3）"公开市场"买卖有价证券的操作。在中国，由于缺乏金融市场的条件，"公开市场"操作一时还行不通。

第五，财政政策和货币政策的配套及其选择。市场经济国家经验表明，单纯运用财政政策或货币政策是难以达到调控的预期目的的。必须使这两者很好地配套，以获得两者的结合效应。与会外国学者介绍，市场经济国家财政政策和货币政策结合有四种形态：第一种是松的财政政策和松的货币政策的结合，这是刺激经济增长和扩大就业的手段，但由此往往带来通货膨胀的后果；第二种是紧的财政政策和紧的货币政策的结合，是实行紧缩性政策、制止需求膨胀的手段；第三种是紧的财政政策和松的货币政策的结合。第四种是松的财政政策和紧的货币政策的结合。这几种组合对中国财政信贷平衡的研究是有启发的。1985年，中国"投资饥渴"和"消费饥渴"同时存在，形成了需求膨胀的强大压力，所以与会的外国专家比较一致地建议中国实施紧的财政政策和紧的货币政策的结合。

此外，与会专家还认为，在中国，要建立一个有效的宏观经济间接调控体系，还要使微观经济单位能对宏观间接控制措施做出及时和灵活的反应。为此建议：（1）硬化企业的预算约束；（2）建立和完善市场体系；（3）积极果断地改革价格体系和价格形成机制；（4）建立健全经济信息与经济监督系统。①

由此可见，"巴山轮"会议对中国如何从直接的宏观经济管理向间接的宏观经济管理过渡及其理论依据，已经给出了一个基本的框架。

第二节　确立社会主义市场经济体制改革目标后宏观经济管理问题的研究与进展

1992年党的十四大报告明确提出，要使市场在社会主义国家宏观调控下对资源配置起基础性作用。同时指出，要看到市场有其自身的弱点和消极方面，必须加强和改善国家对经济的宏观调控。我们要大力发展全国的统一市场，进一步扩大市场的作用，并依据客观规律的要求，运用好经济政策、经济法规、计划指导和必要的行政管理，引导市场健康发展。

在这前后，理论界和经济界对宏观经济管理问题进行了广泛的研究，取得了一系列的研究成果。

第一，出版了大量研究宏观经济学的论著，如戴园晨著《社会主

---

① 参见刘国光等《经济体制改革与宏观经济管理——"宏观经济管理国际讨论会"评述》，《经济研究》1985年第12期。

义宏观经济学》（中国财政经济出版社1986年版），符钢战、史正富、金重仁著《社会主义宏观经济分析》（学林出版社1986年版），樊纲（主笔）、张曙光（副主笔）等著《公有制宏观经济理论大纲》（上海三联书店1990年版）等，这些论著研究了社会总供给和总需求概念、总量平衡和结构平衡、均衡分析和非均衡分析、经济周期与波动分析等问题。这些实际上是宏观经济管理理论的基础问题，对研究如何完善中国的宏观经济管理有开拓性意义。

第二，关于社会主义市场经济下宏观调控的任务。1993年，中共十四届三中全会做出的《中共中央关于建立社会主义市场经济体制若干问题的决定》（以下简称《决定》）提出，宏观调控的主要任务是：保持经济总量的基本平衡，促进经济结构的优化，引导国民经济持续、快速、健康发展，推动社会全面进步。宏观调控主要采取经济办法，近期要在财税、金融、投资和计划体制的改革方面迈出重大步伐，建立计划、金融、财政之间相互配合和制约的机制，加强对经济运行的综合协调。《决定》实际上对前一段广泛讨论的宏观调控的任务包不包括结构优化问题、宏观调控除了运用财政政策和货币政策外还要不要运用计划手段问题，做出了肯定的回答。看来，这是从中国具体国情出发做出的正确选择。党的十六大报告进一步把促进经济增长、增加就业、稳定物价、保持国际收支平衡作为宏观调控的主要目标。这表明中国特色的宏观经济管理理论和政策已逐步建立。

第三，宏观经济调控权必须集中在中央政府。《决定》明确指出，宏观经济调控权，包括货币的发行、基准利率的确定、汇率的调节和重要税种税率的调整等，必须集中在中央。这是保证经济总量平衡、经济结构优化和全国市场统一的需要。当然，由于我国国家大，人口多，必须赋予省、自治区和直辖市必要的权力，使其能够按照国家法律、法规和宏观政策，制定地区性的法规、政策和规划；通过地方税收和预算，调节本地区的经济活动；充分运用地方资源，促进本地区的经济和社会发展。与此同时，对于地方政府是否可以和应当"经营城市"问题，则有不同意见。一种认为地方政府可以和应当经营城市，这样可以大大调动地方政府发展经济的积极性，地方政府之间的竞争是中国经济高速增长的源泉。另一种则认为地方政府经营城市是不可取的，地方政府之间的恶性竞争必然造成地区之间差距扩大、浪费资源、污染环境，从而带来严重的破坏性后果。而在实践中，则是头一种意见占据上风。

第四，中国宏观经济失衡的两种情况：总需求膨胀和总需求不足。有学者还根据我国国民经济总供给和总需求的状况，将我国宏观经济运行分为三个阶段：从中华人民共和国成立到改革开放前的计划经济时期的总需求膨胀，从1978年开始改革开放到1996年的总需求膨胀，从1997年至21世纪初的总需求不足。① 至于对1997—2002年中国是否出现过通货紧缩和通货紧缩的严重程度，则有不同的认识。对于通货紧缩的定义，学术界有三种不同的看法：（1）单要素说，认为通货紧缩是指物价总水平的持续下降。（2）两要素说，认为通货紧缩是指物价总水平与货币供给量的持续下降。（3）三要素说，认为通货紧缩是物价总水平、货币供应量的持续下降，并伴随经济衰退和萧条。② 由于对通货紧缩有不同定义，各人对中国20世纪90年代末的通货紧缩的严重状况有不同的认识，有的认为只是出现了轻度通货紧缩。③ 与此不同，有的则认为，我国出现了全面性的通货紧缩。④

第五，2004年以来中国是否出现经济过热。我国从2004年至2007年，每年国内生产总值都以10%以上的速度增长，年固定资产投资增速也在20%以上，所以从2004年以来，经济学界对中国是否出现经济过热一直有不同看法。一些经济学家认为连年GDP增速超过两位数，已超过了潜在的经济增长率，到2007年下半年，CPI上涨率也已开始超过5%，说明中国经济已陷入过热状态并且未能有效克服。持这种意见的学者认为，造成中国经济过热的最重要的深层原因是投资的低效率。我国的"增量资本产出率"在20世纪90年代初期还比较低，大概在2左右；1995年以后急剧上升，2000—2003年提高到5—7，即增

---

① 参见樊纲《体制改革与宏观稳定》，浙江人民出版社1997年版。
② 参见胡淑珍《中国经济热点研究报告》，社会科学文献出版社2000年版。
③ 参见李忠《目前理论界对我国通货紧缩的若干判断》，《宏观经济研究》1999年第8期。
④ 参见胡鞍钢《我国通货紧缩的特点成因及对策》，《管理世界》1999年第3期。

加 5—7 元投资才能增加 1 元的 GDP 产出。对此，政府应当把主要的注意力放在推进改革和完善市场经济上，使资源配置效率得到切实的改善，并在经济的整体效率不断提高的基础上实现持续稳定的高速度发展。① 另一些经济学家则认为，经过政府几年的宏观调控，虽然存在"三过"即固定资产投资增速过快、信贷投放过多、外贸顺差过大问题，但总体上经济并未过热。2007 年 12 月中央经济工作会议提出了"双防"任务，即要把防止经济增长由偏快转向过热，防止价格由结构性上涨演变为明显通货膨胀作为当前宏观调控的首要任务，说明决策层并不认为中国经济已经过热，而只存在走向过热的危险。持这种意见的学者中有的认为，中国经济是"怕冷不怕热"。稍微热一点没有太大的问题；经济一冷，什么问题都要出来。过冷、过热都需要防止，但是稍微热一点，没有太大的影响。还可以这么说，当时还不是过热，因为消费品价格上涨才 1%。②

第六，不能把宏观调控泛化。有的文章提出，宏观调控是现代市场经济中一个具有特定内涵的经济范畴，是从价值量上调节总需求和总供给之间的均衡，因此，它所采用的是调节价值额的财政政策和货币政策，是两者按照一定的力度和强度，交叉互用或搭配使用，而不是泛指政府对涉及全局经济问题的干预。也不能把"进行结构调整"作为宏观调控的构成部分，否则就会把计划经济遗留下的政府经济职能长期化、合法化。"有保有压"所体现的是政府对微观经济的干预，而不是政府对宏观经济的干预，不是宏观调控。③

第七，宏观调控与政府职能转换。在社会主义市场经济条件下，实行宏观调控必须和转变政府职能相结合。至于怎样转变政府职能，则有不同的表述。有的学者认为，转变政府职能应从五个方面着手：一是国家的经济职能与国家作为资产所有者的职能，由过去的合二为一逐步明

---

① 参见全国政协经济委员会编《经济界委员通讯》2004 年第 2 期吴敬琏发言《中国经济出现"过热"》。

② 全国政协经济委员会编：《经济界委员通讯》2004 年第 2 期厉以宁发言《中国经济"怕冷不怕热"》。

③ 参见汤在新《为宏观调控正名》，《经济学家》2006 年第 1 期。

确分开，资产所有者职能不再由政府来执行；二是国家宏观控制形态，由过去个量控制转变为以总量控制为主；三是国家宏观调控的对象，由实物平衡为主转向以价值平衡为主；四是国家宏观调手段，从以行政手段为主转向以经济手段为主；五是宏观调控过程，由静态性为主，转向动态性、灵活性为主。① 有的学者也认为，要转变行政机关管理职能，由直接管理转向间接调控。其主要是指实行政经分开，即把政府行政管理和经济管理的职能分离开，逐步取消指令性计划指标。计划机关只管规划、预测和指导性计划，不管分钱、分投资和分物资；财政部门的主要职能是搞好国民收入的再分配；中央银行的主要职能是稳定币值，抑制通货膨胀。②

第八，中国改革和发展比较好的宏观经济环境是怎样的？有三种不同主张。第一种是"稳健派"，认为在调控目标上要形成总供给略大于总需求的"有限买方市场"宽松环境，为改革和提高增长质量创造条件，在政策取向上，主张"稳中求进"，反对用通货膨胀手段促进经济增长。③ 第二种为"协调派"，认为市场取向改革必须协调配套。为此政府需要掌握足够的宏观调节手段和权力，在政策取向上，主张采取偏紧的宏观经济政策以营造一个宏观经济关系比较协调的良好环境。④ 第三种为"非均衡派"，在经济运行上由市场机制进行基础性的第一次调节，政府进行事后的第二次调节。在政策取向上，认为一定的通货膨胀是不可避免的，并有助于经济增长，主张通过需求管理政策优先解决就业问题。⑤

以上这些研究和讨论，对于加强和改善我国宏观经济调控，促进社会主义市场经济的稳定运行，有重要的实用价值。

---

① 参见王珏《建立社会主义市场经济体制的基本思路》，《著名学者论社会主义市场经济》，人民出版社1993年版。
② 参见廖季立《国家调控市场、市场引导企业》，《经济研究》1989年第3期。
③ 参见刘国光主编《中国经济体制改革的模式研究》，中国社会科学出版社1988年版。
④ 参见吴敬琏《当代中国经济改革：战略与实施》，上海远东出版社1999年版。
⑤ 参见厉以宁《非均衡的中国经济》，经济日报出版社1992年版。

第三节 关于通货膨胀问题的研究和讨论

通货膨胀问题是宏观经济调控的一个重要问题。改革开放以来，我国经历过两次比较严重的通货膨胀，一次是1988—1989年，年CPI上涨率分别为18.8%和18%；一次是1993—1995年，年CPI上涨率分别达14.7%、24.1%和17.1%。这期间，我国经济学界曾热烈讨论通货膨胀问题，并对如何治理通货膨胀提出了许多很好的建议，有的还被政府采纳。2007年下半年以来，中国又出现温和的通货膨胀问题，当年下半年起CPI上涨率都在5%以上，2008年上半年CPI同比上涨7.9%，引起各方面的关注。物价上涨问题成为2008年"两会"的首要热点，又一次引起经济学家的关注。

改革开放以来，经济学家研究和讨论有关通货膨胀的问题主要有以下几个方面。

第一，关于通货膨胀的类型。一般认为，物价的持续上涨可以认为是出现了通货膨胀。至于通货膨胀的类型，有的文章认为，通货膨胀率在7%以下为温和的通货膨胀，7%—10%是温和向严重的过渡阶段，10%—20%为严重的通货膨胀，20%—100%为剧烈即恶性通货膨胀，100%以上为极度的通货膨胀。[1] 也有文章认为，通货膨胀可以分为平衡期（膨胀率小于1%）、缓胀期（通胀率1.1%—4%）和快胀期（膨胀率4%以上）三种状态。[2]

第二，对20世纪80年代下半期通胀的不同认识。1985年以后至1988年，中国出现了通货膨胀，1988年CPI上涨率跃升到18.8%。对当时出现的通货膨胀，大家认识并不一致。直至1988年4月，仍有文章认为，"如果以保持经济增长为放在首位的宏观控制目标，则一定程度的通货膨胀也不一定是坏事"。今后三年，国家的宏观政策应以稳定

---

[1] 参见吴晓求《中国隐蔽型通货膨胀的计量与分析》，《经济研究》1991年第1期。
[2] 参见张曙光《我国通货膨胀问题浅析》，《中国：发展与改革》1988年第3期。

物价为目标的需求政策，向以保持经济增长和结构调整为目标的供给政策转移。财政、金融非但不宜双双紧缩，而且应当保持适度的扩张。①在这一认识的背景下，1988年秋政府还企图价格"闯关"，很快出现市场抢购和提取存款浪潮，以至于不久后党和政府采取以治理通胀为主的政策。对于上述认识和主张，不少经济学家曾写批评文章，发表反对意见，认为实行通货膨胀政策，既不利于经济的持续健康的增长，也不利于经济改革的顺利推进，更不可能达到价格改革"闯关"的目的。②

吴敬琏在2018年出版的专著《中国经济改革进程》一书中，回忆了1988年那次通货膨胀。提到，1988年5月上旬，中共中央政治局常委会在赵紫阳总书记的提议下决定在此后五年中进行价格和工资改革"闯关"，实现价格市场化。一些经济学家对采取这一行动的时机提出了不同意见。特别是在5月25—27日讨论如何执行这一决定的高层会议上，与会的两位经济学家刘国光和本书作者（指吴敬琏——笔者注）都认为，在采取扩张性宏观经济政策、通货膨胀蓄势待发的情况下放开价格是不合适的，主张在停止货币扩张和进行一段时间的"宏观经济环境治理"以后再推出价格改革。我们表示反对在当时的宏观经济条件下立即进行"闯关"的主张，依据是：（1）1987年第四季度从农产品开始的涨价风正在向其他领域扩散；（2）交通、生产资料供应的"瓶颈制约"日趋严重；（3）各地零星抢购已经发生；（4）4月份居民储蓄存款出现了负增长。这些情况都表明，当时通货膨胀压力很大，如不首先进行宏观经济环境的治理，一旦宣布进行价格改革，通胀预期就会在大众中普遍形成，引发严重的通货膨胀和经济波动。因此，我们建议先用一段时间，比如说三年，治理经济环境，控制货币增发数量，然后才能做到把大多数价格放开，让市场发挥调节作用。但是，我们的意见受到了主持会议的领导人的反驳。后者根据几位经济学家去巴西等拉丁美洲国家的调查后给他的报告，说拉丁美洲一些国家百分之近千的通

---

① 参见《人民日报》1988年4月8日第4版。
② 参见《薛暮桥回忆录》，天津人民出版社1996年版；刘国光《正视通货膨胀问题》，《经济日报》1988年4月5日。

货膨胀没有对经济繁荣造成障碍，应当对在通货膨胀、高增长速度下成功进行物价"闯关"抱有信心。资深经济学家薛暮桥 6 月也在杂志上发表文章指出，在隐蔽性的通货膨胀已经十分严重的情况下进行价格改革不是一种正确的做法。他的提议也没有得到领导的正面回应。接下来三个月的事态发展与领导人的乐观估计完全相反。8 月初中共中央政治局会议正式宣布进行物价—工资"闯关"以后，通货膨胀预期迅速形成，全国普遍爆发挤提银行存款和抢购商品的风潮。1988 年下半年零售物价指数比上年同期提高 26.7%，从当年 8 月开始，城市虽然大部分主要商品还是凭票供应的，8 月的商品销售总额还是比上年同期增长了 38.6%，爆发了全国性的抢购风潮。①

第三，通货膨胀与经济增长的关系。一般认为，温和的通货膨胀对经济的短期增长有促进作用，但不利于经济的持续快速增长。如有的文章根据 1978—1989 年中国总需求变动的供给效应曲线，认为可以引出四点推论：（1）当通货膨胀率低于 6% 时，供给效应曲线的斜率较大，意味着真实总供给增长的机会成本较低，获得高增长的代价较小。（2）通货膨胀率高于 6% 以后，供给效应曲线的斜率开始变小，这时真实总供给增长的机会成本开始上升，获得高增长的代价也趋于上升。（3）通货膨胀率低于 3% 时，供给效应曲线的斜率趋向于无穷大，真实总供给增长的机会成本则逐渐趋向于无穷小。（4）通货膨胀率达到或超过 10.5%—12.3% 时，供给效应曲线的斜率接近于 0，这时真实总供给增长的机会成本会迅速放大，较低的经济增长必须以更高的通货膨胀为代价②。有的学者进一步分析不同经济增长模式对通货膨胀有不同的影响，其中粗放型增长模式即主要靠增加要素投入量来推动的经济增长，容易导致通货膨胀。比如，该模式以经济的水平扩张为主要方式，会加重供给结构和需求结构的失衡，并造成重要产品特别是农产品的相对短缺，导致一般物价水平的上涨和通货膨胀成本推进因素的加强。③

---

① 参见吴敬琏《中国经济改革进程》，中国大百科全书出版社 2018 年版，第 120—121 页。
② 参见刘迎秋《高增长、低通胀：宏观调控的目标与归宿》，《经济研究》1998 年第 1 期。
③ 参见史晋川《中国的经济增长模式与通货膨胀》，《中国经济问题》1995 年第 3 期。

通货膨胀对经济增长是否只有负效应，也有不同看法。有人认为通货膨胀与经济增长负相关，短期看总供应曲线的上移也会产生"滞胀"，从长期看则有多方面的负效用，从长期的观点看，通胀不能刺激经济增长，也不能增加就业，在恶性通货膨胀的情况下，高通货膨胀还引起高失业率。① 有人则认为通货膨胀既有负面效应，又有正面效应。其正面效应是：（1）由投资需求拉动的一定的通货膨胀对产业结构的调整不无好处。（2）在客观上起到了校正国有企业与职工之间的不合理分配格局的作用。（3）在一定意义上校正了政府与微观经济体之间的不合理的分配格局，起着维系政府财政收支平衡的作用。（4）客观上起到维系银行业信贷平衡、稳定金融系统的作用。② 需要指出的是，在这一讨论中，较多的经济学家不赞成通货膨胀无害论，强调其会带来不好的社会后果，包括使产业结构失衡加剧，破坏市场稳定，浪费社会资源，造成收入分配不公等。③ 有的文章更明确指出，通货膨胀对经济改革和经济发展的危害是十分明显的：通货膨胀会严重扭曲市场信号，影响市场发挥配置资源的基础性作用，加大改革的成本和风险，影响经济体制改革的深化。通货膨胀不会对经济发展带来实质性的推动作用。以高通货膨胀为代价的经济高增长实质上是经济过热，必然造成资源配置的扭曲和浪费，迟早要引起经济的大起大落，给经济的健康成长造成损害。要防止经济过热，就要控制通货膨胀。通货膨胀是一种货币收入的再分配过程，会加剧社会分配不公，损害中国老百姓的利益，引发一些人的投机行为。泡沫吹大了，是一定要破的，这不利于政治、经济和社会的稳定。④

第四，通货膨胀的成因。改革开放以后，中国由计划经济体制向社会主义市场经济体制转轨。不少经济学家分析，在计划经济体制下，中

---

① 参见张欣《从通胀增长到无通胀增长——国外经济学界的认识转变》，《上海经济》1996年第1期。
② 参见杨成长《通货膨胀正负面效应分析》，《财金贸易》1996年第2期。
③ 参见赵海宽《评"通货膨胀无害论"》，《人民日报》1989年9月1日。
④ 参见李铁映《治理通货膨胀》（1994年7月8日），《改革开放探索》，中国人民大学出版社2008年版。

国存在隐蔽型通货膨胀，价格体系严重扭曲。随着市场化价格改革的推进，隐蔽的通货膨胀会逐渐释放出来，形成物价总水平的上涨。但由于改革是逐步推进而非一步到位的，只要物价上涨约束在改善价格结构，即隐蔽的通货膨胀公开释放的范围内，这种物价上涨应看成是价格改革付出的成本，而且上涨幅度不会太高，不会到两位数。但中国改革的实践表明，在改革过程中出现的物价总水平的上涨，不限于隐蔽的通货膨胀的释放，而同时兼有信贷投放过多、货币超经济发行过量带来的总需求膨胀的结果①，包括1988—1989年、1993—1995年的通货膨胀都是这样。2007年下半年以来出现的通货膨胀也是这样。也有从另一角度分析通胀成因，并区分为"需求拉动型""成本推动型""结构性通胀""混合型通胀"等。

第五，如何治理通货膨胀？一种看法是强调控制需求，认为增加供给受多种因素的制约，有些产品的生产有不可逾越的周期，因此应着重压缩总需求特别是固定资产投资规模。②有的学者认为工业和农业比较平衡的发展是治理通货膨胀的根本。③有的学者主张主要从增加有效供给、促进经济增长的角度抑制通货膨胀，并建议转变经济增长方式，将粗放型经济增长模式转变为集约型经济增长模式；实施稳定的货币政策，使货币投入与经济增长相适应；实行重点补短和充实提高相结合的投资增量对策，以消除"瓶颈"对经济增长的制约，建立和开放劳动力市场，以缓解通货膨胀的压力；减轻企业的税收负担，增加有效供给。④有的学者主张总量上采取偏紧的财政政策和货币政策，努力控制投资规模和消费基金的膨胀，控制基础货币的供应量以及信贷规模。⑤有的学者主张运用利率政策，提高存贷款利率，纠正实际利率为负数的

---

① 参见刘国光主编《体制变革中的经济稳定增长》，中国计划出版社1990年版；张卓元主编《中国价格模式转换的理论与实践》，中国社会科学出版社1990年版。
② 参见项镜泉等《通货膨胀的危害、原因及对策》，《财政研究》1988年第10期。
③ 参见严鸿和、杨皖苏《不平衡增长导致通货膨胀的实证研究》，《改革战略》1997年第4期。
④ 参见张宗斌《西方滞胀理论对我们的启示》，《世界经济与政治》1996年第9期。
⑤ 参见黄桂田等《经济理论界有关通货膨胀问题的观点综述》，《价格理论与实践》1996年第1期。

不正常情况，为了抑制通货膨胀的加速发展，应着重提高短期利率，或通过放松利率管制实行利率自由化来抑制通货膨胀。① 从多年的研究和讨论看来，对通货膨胀需采取综合治理，但主要是恢复总供给和总需求的平衡，而要恢复总供需平衡，则需要实施适度从紧的财政政策和货币政策。但中国目前处于经济体制改革阶段，还要同深化改革相结合，以便使政府的宏观调控政策更加有效。

第四节　党的十八大以来宏观经济调控理论与政策新发展

党的十八大以来，中国宏观经济调控理论和政策均有新的发展。

2013年，中共十八届三中全会《决定》在做出让市场在资源配置中起决定性作用的同时，对健全宏观调控体系做出更全面论述，指出，"宏观调控的主要任务是保持经济总量平衡，促进重大经济结构协调和生产力布局优化，减轻经济周期波动影响，防范区域性、系统性风险，稳定市场预期，实现经济持续健康发展。健全以国家发展战略和规划为导向，以财政政策和货币政策为主要手段的宏观调控体系，推进宏观调控目标制定和政策手段运用机制化，加强财政政策、货币政策与产业、价格等政策手段协调配合，提高相机抉择水平，增强宏观调控前瞻性、针对性、协同性。形成参与国际宏观经济政策协调的机制，推动国际经济治理结构完善。"

2017年，党的十九大报告进一步提出，"创新和完善宏观调控，发挥国家发展规划的战略导向作用，健全财政、货币、产业、区域等经济政策协调机制。完善促进消费的体制机制，增强消费对经济发展的基础性作用。深化投融资体制改革，发挥投资对优化供给结构的关键性作用。加快建立现代财政制度，建立权责清晰、财力协调、区域均衡的中

---

① 参见张卓元《通胀势头较猛　调控难度加大》，《经济学动态》1994年第6期；金利《利率改革与通货膨胀》，《中国金融》1988年第10期。

央和地方财政关系。建立全面规范透明、标准科学、约束有力的预算制度，全面实施绩效管理。深化税收制度改革，健全地方税体系。深化金融体制改革，增强金融服务实体经济能力，提高直接融资比重，促进多层次资本市场健康发展。健全货币政策和宏观审慎政策双支柱调控框架，深化利率和汇率市场化改革。健全金融监管体系，守住不发生系统性金融风险的底线。"

与中共十八届三中全会《决定》对照，宏观调控体系在财政、货币政策与其他政策手段协调融合方面，党的十九大报告不再提价格政策，同时加了区域政策。这是因为这几年价格改革进展较快，截至2017年，97%以上商品和服务价格均已放开由市场调节，剩下不到3%政府定价主要限定在重要公用事业、公益性服务、网络型自然垄断环节，因此已很难用价格政策参与宏观调控了。党的十九大报告加上区域政策是必要的，中国那么大，区域经济协调发展是优化重大结构的内涵，而促进重大经济结构协调和生产力布局优化，正是宏观调控的主要任务之一。党的十九大报告提出，着力构建市场机制有效、微观主体有活力、宏观调控有度的经济体制，不断增强我国经济创新力和竞争力。宏观调控有度是新提法，是前两者的重要条件，要求政府宏观调控既不越位，也不要缺位。党的十九大报告专门提出健全货币政策和宏观审慎政策双支柱调控框架，这是很重要的。因为货币政策一般主要关注物价稳定，货币政策要不要关注资产价格变动一直有争议。2008年国际金融危机爆发前，美国的物价是稳定的，但是金融并不稳定，金融资产价格大幅上涨。危机爆发后，大家反思认为，要维持金融系统的稳定，只有关注物价的货币政策是不够的，还要有宏观审慎政策。2017年7月14—15日举行的全国金融工作会议，就提出了双支柱调控框架。按照有关部门负责人的说法[①]，所谓宏观审慎框架主要包含三个方面内容：一是在2011年正式引入差别准备金动态调整机制，要求金融机构"有多大本钱做多大生意"；2016年将差别准备金动态调整机制升级为宏观审慎评估体系，将更多金融活动和金融行为纳入管理，实施逆周期调节；

---

① 参见《经济参考报》2017年10月20日。

二是将跨境资本流动纳入宏观审慎评估体系，使得跨境资本流动趋于稳定；三是继续加强房地产市场的宏观审慎管理，其核心是形成以城施策、差别化住房信贷政策为主要内容的住房金融宏观审慎管理框架。①

如何处理好产业政策与竞争政策的关系，也是中国宏观经济调控进程中碰到的重要问题。2015年10月，《中共中央国务院关于推进价格机制改革的若干意见》明确指出，"加强市场价格监管和反垄断执法，逐步确立竞争政策的基础性地位"。对"竞争政策"这样的定位，是我国经济政策的重大调整和完善，对建设完善的社会主义市场经济体制、健全现代市场体系有重要意义。这里面就有一个如何认识竞争政策和产业政策的关系问题。过去，我国一直强调产业政策的指导作用，力图用倾斜的产业政策引导某些产业的加快发展，但实践表明，有些产业政策是成功的，促进了新兴战略产业如航天、高铁、核电等的快速发展，使之达到国际先进水平，但是，有些产业政策并不成功，甚至造成产能过剩。因为优势产业、有发展前景的产业，主要是靠市场选择的，政府选择由于受到认识限制，对信息及其变动掌握不全面、不及时等，常常出错。另外，过度实施产业政策往往会破坏正常的市场运行，不利于形成公平竞争的环境。现在要推进经济向质量效益型转变，要加快转变经济增长和发展方式，要从供给侧结构性改革发力，提高资源配置效率，就要着重强调竞争政策的作用，逐步弱化产业政策的作用，使市场化资源配置的功能更好发挥出来。② 还认为，要对三十多年来中国执行产业政策的经验和教训进行认真的总结，加快产业政策的转型，以产业政策为中心转向以竞争政策为基础，从而使市场在资源配置中起决定性作用。③ 有学者认为，经济全球化推动了资源的全球配置，必然在一定程度上削弱了主权国家直接调控本国资源的能力，从而直接导致产业政策的失效。因此，对于包括中国在内的发展中国家来说，要想推进产业发展，提高企业竞争力，竞争政策比产业政策更有效，理应置于优先地

---

① 参见张卓元《新时代经济改革若干新举措》，《经济研究》2017年第11期。
② 吴敬琏：《确立竞争政策基础性地位的关键一步》，《人民日报》2016年6月26日。
③ 吴敬琏：《我国的产业政策：不是存废，而是转型》，《中国流通经济》2017年第11期。

位。① 还有学者建议用功能性产业政策替代选择性产业政策，由推动特定产业规模增长向提升产业发展质量转变，由特惠式产业扶持向普惠式维护竞争、激励创新转变。② 也有学者提出，政府在实施功能性产业政策的同时，更应当制定和完善竞争政策，放松对于各类经济主体参与市场竞争的限制，并规范市场主体的竞争行为，使之遵循自愿、公平、等价、有偿、诚实信用的规则，维护公平交易、公平竞争的秩序。③ 这些主张都要求中国尽快实现促进产业发展的经济政策的转型，从以产业政策为主导过渡到以竞争政策为主导。

参考文献

《经济研究》编辑部编；《中国经济理论问题争鸣（1990—1999）》，中国财政经济出版社2002年版。

陈东琪主编：《中国经济学史纲（1900—2000）》，中国青年出版社2004年版。

刘国光等：《经济体制改革与宏观经济管理——"宏观经济管理国际讨论会"评述》，《经济研究》1985年第12期。

吴敬琏：《中国经济改革进程》，中国大百科全书出版社2018年版。

习近平：《决胜全面建成小康社会夺取新时代中国特色社会主义伟大胜利——在中国共产党第十九次全国代表大会上的报告》，人民出版社2017年版。

张曙光：《宏观经济理论》，张卓元主编《论争与发展：中国经济理论50年》，云南人民出版社1999年版。

张卓元、胡家勇、万军：《中国经济理论创新四十年》，中国人民大学出版社2018年版。

中国经济体制改革研究会编：《宏观经济的管理和改革》，经济日报出版社1986年版。

---

① 张东江：《WTO竞争政策谈判与发展中国家的选择》，中国社会科学出版社2005年版。
② 王君、周振：《从相关论争看我国产业政策转型》，《经济与社会体制比较》2017年第1期。
③ 金碚：《竞争秩序与竞争政策》，社会科学文献出版社2005年版。

第九章 中国的财税体制改革之路*

随着改革开放40周年的来临，与整个改革开放事业如影随形、亦步亦趋的中国财税体制改革，步入了不惑之年。对于这一历史进程的系统总结，也到了该提上议事日程之时。

这绝对是一个既意义重大，又颇不轻松的命题。因为一方面，在过去的40年间，财税体制改革所面临的问题之复杂，所走过的道路之曲折，所承载的使命之沉重，所发生的变化之深刻，所取得的成果之显著，不仅在中国，而且在世界财税发展史上，都是十分罕见的特例。另一方面，对于有了40年改革开放历史并进入新时代的中国而言，举凡涉及类如财税体制改革回顾与总结方面的话题，显然不是简单地罗列成绩单所能承载的，也不再能停留于史实的追溯和再现层面，而须以此为基础，站在新时代的历史起点上，循着改革的基本轨迹，一步步地概括和提炼改革的基本经验和改革的基本规律。

如下的一连串问题，是我们在面对这一命题时绕不开、躲不过的：

对持续40年的财税体制改革历程做出高度概括，取舍实属难免。取什么？当然要取改革的主线索。舍什么？自然要舍那些与主线索不那么直接地关联着的枝枝蔓蔓。问题是，这条主线是什么？我们能否为起初"摸着石头过河"、随着改革的深化而目标日趋明晰的渐进式财税体制改革历程理出一条主线？

财税体制改革，在一个很长的时期内，曾作为经济体制改革的一个组成部分而加以推进。中共十八届三中全会以来，又被赋予国家治理的基础和重要支柱的全新定位而成为全面深化改革的基础工程和重点工

---

* 本章的基本观点和主要内容，曾发表于《经济研究》2018年第3期。

程。如果说改革开放 40 年来我们走出的一个基本轨迹就是由经济体制改革走向全面深化改革，经济体制改革和全面深化改革的目标又分别在于经济市场化和国家治理现代化，那么，作为其中的一个重要内容，财税体制改革有无自身的目标取向？如果有，那又是什么？

在 40 年间，发生于财税体制改革领域的事项，不仅数不胜数，而且犬牙交错。本着由部分推进至整体的考虑，在不同时点、基于某一特定背景、立足于某一侧面或角度而策划并推出的这些事项，当被放置到财税体制改革的大棋局上加以定位的时候，它们各自的角色和作用是什么？又如同作为一个整体的财税体制改革工程有着怎样的联系？

梳理以往改革的基本轨迹，概括以往改革的基本经验，其最终的着眼点，当然要放在改革基本规律的提炼上。否则，中国奇迹就只能停留在经验层面而达不到理论的高度。这需要理论抽象。能否进行这种抽象？怎样进行这种抽象？迄今的财税体制改革进程是否到了足以使我们能够搭建一个理论分析框架的时候？

过去 40 年所取得的财税体制改革成果，固然显著而丰盛，但同完善的社会主义市场经济体制和国家治理体系和治理能力现代化的要求相比，只能算是阶段性的。通向未来的财税体制改革道路，依然漫长。当我们对以往改革的基本轨迹、基本经验和基本规律有了一个比较清晰的认识之后，又如何定位未来的财税体制改革前行方向？

本章就来回答上述这些问题。

第一节 改革的五个阶段：一个大致的勾勒

40 年间的中国财税体制改革历程，按照阶段性的改革目标作大致区分，可以归为如下五个既彼此独立又互为关联的阶段。

一 1978—1994 年：为整体改革"铺路搭桥"

发端于 1978 年的中国经济体制改革是从分配领域入手的。最初确定的主调，便是"放权让利"——通过"放权让利"激发各方面的改革积极性，激活被传统经济体制几乎窒息掉了的国民经济活力。

在改革初期，政府能够且真正放出的"权"，主要是财政上的管理权。政府能够且真正让出的"利"，主要是财政在国民收入分配格局中的所占份额。这一整体改革思路与财税体制自身的改革任务——由下放财权和财力入手，打破或改变"财权集中过度，分配统收统支，税种过于单一"的传统体制格局——相对接，便有了如下的若干改革举措（财政部财税体制改革司，1989；高培勇、温来成，2001）：

——在国家与企业之间的分配关系上，实行"减税让利"。从1978年起，先后推出了企业基金制、利润留成制、第一步利改税、第二步利改税、各种形式的盈亏包干制和多种形式的承包经营责任制等制度。

——在中央与地方之间的财政分配关系上，实行"分灶吃饭"。从1980年起，先后推出了"划分收支、分级包干""划分税种、核定收支、分级包干"以及"收入递增包干、总额分成、总额分成加增长分成、上解递增包干、定额包干、定额补助"等多种不同的体制模式。

——在税收制度建设上，实行"复税制"。从1980年起，通过建立涉外税制、建立内资企业所得税体系、全面调整工商税制、建立个人所得税制、恢复和改进关税制度、完善农业税等方面的改革，改变了相对单一化的税制格局，建立起了一套以流转税、所得税为主体，其他税种相互配合的多税种、多环节、多层次征收的复税制体系。

——在与其他领域改革的配合上，给予"财力保障"。以大量和各种类型的财政支出铺路，配合并支撑了价格、工资、科技、教育等相关领域的改革举措的出台。

上述的这些改革举措，对于换取各项改革举措的顺利出台和整体改革的平稳推进，所发挥的作用，可说是奠基性的。然而，无论放权还是让利，事实上都是以财政上的减收、增支为代价的。主要由财税担纲的以"放权让利"为主调的改革，却使财政收支运行自身陷入了不平衡的困难境地。

一方面，伴随着各种"放权""让利"举措的实施，财政收入占GDP的比重和中央财政收入占全国财政收入的比重迅速下滑：前者由1978年的31.1%，相继减少到1980年的25.5%，1985年的22.2%，1990年的15.7%和1993年的12.3%。后者则先升后降，1978年为

15.5%，1980年为24.5%，1985年为38.4%，1990年下降为33.8%，1993年进一步下降至22.0%。

另一方面，财政支出并未随之下降，反而因"放权""让利"举措的实施而出现了急剧增加。① 从1978年至1993年，财政支出由1122.09亿元一路增加至4642.20亿元，增加了3.1倍。

与此同时，在财政运行机制上也出现了颇多的紊乱现象。诸如擅自减免税、截留挪用财政收入、花钱大手大脚、搞财政资金体外循环、非财政部门介入财政分配等问题，相当普遍，随处可见。

作为"两个比重"数字迅速下降并持续偏低、财政支出迅速增长以及财政运行机制陷于紊乱状态的一个重要结果，不仅财政赤字逐年加大，债务规模日益膨胀，而且中央财政已经达到了难以担负宏观调控之责的空前水平。

1979—1993年，除了1985年财政收支略有结余之外，其余年份均出现财政赤字，且呈逐年加大之势：1981年为68.9亿元，1990年上升至146.9亿元，到1993年则扩大至293.35亿元。若按国际通行做法，将当年的债务收入纳入赤字口径，则1993年的财政赤字水平实为978.58亿元。

从1979年起，政府恢复了中断长达20年之久的外债举借。1981年，又开始以发行国库券的形式举借内债。后来，又先后发行了重点建设债券、财政债券、国家建设债券、特别国债和保值公债。1993年，国家财政的债务发行收入规模已经达到739.22亿元。

以中央财政债务依存度[债务收入/(中央财政本级支出＋中央财政债务支出)]而论，到1993年，已经达到59.63%的国际罕见水平。这意味着，当年中央财政本级支出中的一半以上，要依赖于举债或借款收入来解决。②

---

① 如农副产品购销价格倒挂所带来的价格补贴以及为增加行政事业单位职工工资而增拨的专款等。

② 财政部综合计划司：《中国财政统计（1950—1991）》，科学出版社1992年版。中国财政年鉴编辑委员会：《中国财政年鉴（2007）》，中国财政杂志社2007年版。

二 1994—1998 年：踏上制度创新之路

如此的困难境况，很快让人们从改革最初成果的喜悦中冷静下来。意识到"放权让利"的改革不可持续，在这一路径上持续了十几年之久的财税体制改革自然要进行重大调整：由侧重于利益格局的调整转向新型体制的建立。

绝非巧合，随着1992年10月党的十四大正式确立社会主义市场经济体制的改革目标，1993年11月召开的中共十四届三中全会通过了《中共中央关于建立社会主义市场经济体制若干问题的决定》（中共中央，1993）。于是，以建立适应社会主义市场经济的财税体制为着眼点，从1994年起，财税体制改革踏上了制度创新之路（项怀诚，1994）。

1994年元旦的钟声刚刚敲过，中国政府便在财税体制方面推出了一系列重大改革举措。

——按照"统一税法、公平税负、简化税制和合理分权"的原则，通过建立以增值税为主体，消费税和营业税为补充的流转税制、统一内资企业所得税、建立统一的个人所得税制、扩大资源税的征收范围、开征土地增值税以及确立适应社会主义市场经济体制需要的税收基本规范等一系列行动，全面改革税收制度，搭建了一个新型的税收制度体系。[1]

——在根据中央和地方事权合理确定各级财政支出范围的基础上，按照税种统一划分中央税、地方税和中央地方共享税，建立中央税收和地方税收体系，分设中央税务机构和地方税务机构，实行中央对地方税收返还和转移支付制度，初步建立了分税制财政管理体制基本框架。[2][3]

——根据建立现代企业制度的基本要求，在降低国有企业所得税税率、取消能源交通重点建设基金和预算调节基金的同时，实行国有企业统一按国家规定的33%税率依法纳税，全面改革国有企业利润分配

---

[1] 国发〔1993〕90号《国务院批转国家税务总局工商税制改革实施方案的通知》。
[2] 国发〔1993〕85号《国务院关于实行分税制财政管理体制的决定》。
[3] 国办发〔1993〕87号《国务院办公厅转发国家税务总局关于组建在各地的直属税务机构和地方税务局实施意见的通知》。

制度。

——彻底取消向中央银行的透支或借款，财政上的赤字全部以举借国债方式弥补，从制度上斩断财政赤字与通货膨胀之间的必然联系。

这是一个很重要的转折。在此之前所推出的财税体制改革举措，多围绕利益格局的调整而展开的。而且，也是在整体改革目标定位尚待明晰的背景下谋划的。这一轮财税体制改革的显著不同之处，就在于它突破了以往"放权让利"思路的束缚，走上了转换机制、制度创新之路：从重构适应社会主义市场经济体制的财税体制及其运行机制入手，在改革内容与范围的取舍上，既包含有利益格局的适当调整，更注重于新型财税体制的建立。着重财税体制及其运行机制的转换，正是1994年财税体制改革的重心所在。

时至今日，我们所颇为看重并为之自豪的发生在中国财税领域的一系列转折性变化，比如财政收入步入持续快速增长的轨道、"两个比重"持续下滑的局面得以根本扭转、财政的宏观调控功能得以改进和加强、国家与国有企业之间的利润分配关系有了基本的规范等等，正是1994年财税体制改革所收获的成果。可以说，1994年的财税体制改革，为我们初步搭建起了适应社会主义市场经济体制的财税体制及其运行机制的基本框架。

三 1998—2003年：构建公共财政体制框架

1994年的财税体制改革，固然使中国财税体制走上了制度创新之路，但并没有解决问题的全部。因为说到底，1994年财税体制改革所覆盖的，还只是当时纳入预算视野的政府收支。游离于体制之外的政府收支，则没有进入视野。而且，1994年财税体制改革所着眼的，也主要是以税收制度为代表的财政收入一翼的制度变革。至于另一翼——财政支出的调整，虽有涉及，但并未作为重点同步进行。与此同时，既得利益的掣肘加之财政增收的动因，也在一定程度上束缚了改革的手脚，使得一些做法带有明显的过渡性或变通性色彩。

随着1994年财税体制改革成果的逐步释放，蕴含在游离于体制之外的政府收支和财政支出一翼的各种矛盾，便日益充分地显露出来并演化为困扰国民收入分配和政府收支运行过程的"瓶颈"。于是，在20

世纪 90 年代后期，以规范政府收支行为及其机制为主旨的"税费改革"以及财政支出管理制度的改革，先后进入财税体制改革的重心地带并由此将改革带上了财税体制整体框架的重新构造之路——构建公共财政体制框架。

1998 年 3 月 19 日，朱镕基总理在主持国务院工作之后举行的首次记者招待会上说下了一段颇具震撼力的话："目前存在的一个问题是费大于税。很多政府机关在国家规定以外征收各种费用，使老百姓不堪负担，民怨沸腾，对此必须整顿和改革。"[①] 以此为契机，中国拉开了"税费改革"的序幕。

实际上，在全国性的"税费改革"正式启动之前，各地已经有过治理政府部门乱收费的尝试。最初的提法，是所谓"费改税"（刘仲藜等，1998）。其主要初衷，是通过将五花八门的各种收费改为统一征税的办法来减轻企业和居民的负担。后来，随着改革的深入和视野的拓宽，我们逐渐发现，现存政府收费的种种弊端，并非出在政府收费本身。现存的、被称之为政府收费的大量项目，既未经过人民代表大会的审议，又基本不纳入预算，而是由各部门、各地区自立规章，作为自收自支的财源，或归入预算外收入，或进入制度外收入，直接装入各部门、各地区的"小金库"。因而，它实质是一种非规范性的政府收入来源。"费改税"的目的，显然不是要将本来意义的政府收费统统改为征税，而是以此为途径，将非规范性的政府收入纳入规范化轨道。于是，"费改税"开始跳出"对应调整"的套路而同包括税收在内的整个政府收入盘子的安排挂起钩来。也正是在这样的背景之下，"费改税"一词为"税费改革"所取代，进而被赋予了规范政府收入行为及其机制的特殊意义。

在"税费改革"日渐深入并逐步取得成效的同时，财政支出一翼的改革也在紧锣密鼓地进行中。先后进入改革视野的有：财政支出结构由专注于生产建设领域逐步扩展至整个公共服务领域的优化调整；推行以规范预算编制和分类方法、全面反映政府收支状况为主要着眼点的

---

① 《朱镕基答记者问》，人民出版社 2009 年版，第 5—6 页。

"部门预算制度";实行由财政(国库)部门集中收纳包括预算内外收入在内的所有政府性收入且由国库单一账户集中支付政府部门所有财政性支出的"国库集中收付制度";推进将政府部门的各项直接支出逐步纳入向社会公开竞价购买轨道的"政府采购制度"。

然而,无论是财政支出一翼的调整,还是以"税费改革"为代表的财政收入一翼的变动,所涉及的,终归只是财税体制及其运行机制的局部而非全局。当分别发生在财政收支两翼的改革局限性逐渐凸显出来之后,人们终于达成了如下共识:零敲碎打型的局部调整固然重要,但若没有作为一个整体的财税体制及其运行机制的重新构造,并将局部的调整纳入整体财税体制及其运行机制的框架之中,就不可能真正构建起适应社会主义市场经济的财税体制及其运行机制。于是,将包括收入、支出、管理以及体制在内的所有财税改革事项融入一个整体的框架之中,并且作为一个系统工程加以推进,便被提上了议事日程。

人们也发现,能够统领所有的财税体制改革线索、覆盖所有的财税体制改革事项的概念,除了当时学术界所采用的"公共财政"之外,并无其他别的什么词语适合担当此任。于是,在赋予公共财政中国特色意义的基础上,以 1998 年 12 月 15 日举行的全国财政工作会议为契机,决策层做出了一个具有划时代意义的重要决定:构建公共财政基本框架(李岚清,1998)。[①]

正是从那个时候起,作为一个整体的改革目标的明确定位,公共财政体制框架的构建正式进入财税体制改革轨道。

四 2003—2012 年:进一步完善公共财政体制

正如社会主义市场经济体制要经历一个由构建到完善的跨越过程一样,伴随着以构建公共财政体制框架为主线的各项财税体制改革的稳步推进,财税体制改革也逐渐步入深水区而面临着进一步完善的任务。

时隔 5 年之后的 2003 年 10 月,中共十六届三中全会通过了《中共中央关于完善社会主义市场经济体制若干问题的决定》。在那份历史性

---

① 在那次会议上,时任中共中央政治局常委、国务院副总理李岚清代表中共中央明确提出"积极创造条件,逐步建立公共财政基本框架"。

文献中，根据公共财政体制框架已经初步建立的判断，作出了进一步健全和完善公共财政体制的战略部署（中共中央，2003）。认识到完善的公共财政体制是完善的社会主义市场经济体制的一个重要组成部分，将完善公共财政体制放入完善社会主义市场经济体制的棋盘，从而在两者的密切联系中谋划进一步推进公共财政建设的方案，也就成了题中应有之义。以此为契机，又开始了旨在进一步完善公共财政体制的一系列操作（谢旭人，2008）。

——最先进入操作程序的，首推税制改革。按照部署，在这一时期，先后有出口退税制度的改革、上调工薪所得减除额标准和实行高收入者自行申报、取消农业税、增值税由生产型转为消费型改革、内外资两个企业所得税法合并等几个项目，得以启动。

——几乎是与此同时，财政支出以及财政管理制度线索上的改革也投入了操作。需要提及的是，这一线索上的改革，适逢科学发展观和构建社会主义和谐社会重大战略思想的提出。因而，它的进展异常迅速：在取消农业税并打破了原有农村公共服务供给体系的同时，公共财政开始了逐步覆盖农村的进程；财政支出越来越向以教育、就业、医疗、社会保障和住房为代表的基本民生事项倾斜；围绕推进地区间基本公共服务均等化，加大了财政转移支付的力度并相应调整了转移支付制度体系；以实行全口径预算管理和政府收支分类改革为入手处，强化了预算监督管理，进一步推进了政府收支行为及其机制的规范化，等等。

五 2012 年至今：建立现代财政制度

在中国的发展史上，2012 年是一个十分重要的转折点。这一年，中共十八大召开，开启了中国特色社会主义走入新时代的征程。也是在这一年，延续多年的中国经济发展速度、结构和动力格局发生重大变化。还是从这一年起，改革开放进入攻坚期和深水区。在新的历史起点上全面深化改革，实现经济体制、政治体制、文化体制、社会体制和生态文明体制改革的联动，作为一种历史的选择而提至我们面前。

2013 年 11 月，中共十八届三中全会通过了《中共中央关于全面深化改革若干重大问题的决定》。立足于全面深化改革的宏观棋局，以建立现代财政制度为目标，新时代财税体制改革由此展开（中共中央，

2013；楼继伟，2014）。

——就预算管理制度改革而言，有别于以往围绕一般公共预算（亦称财政预算）而定改革方案的做法，新时代预算管理制度改革的视野扩展到包括一般公共预算、政府性基金预算、国有资本预算和社会保险基金预算在内的全部政府收支。其目标，就是在覆盖全部政府收支的前提下，建立"全面规范、公开透明"的现代预算管理制度。基于这一目标所做出的部署是："改进预算管理制度。实施全面规范、公开透明的预算制度。审核预算的重点由平衡状态、赤字规模向支出预算和政策拓展。清理规范重点支出同财政收支增幅或生产总值挂钩事项，一般不采取挂钩方式。建立跨年度预算平衡机制，建立权责发生制的政府综合财务报告制度，建立规范合理的中央和地方政府债务管理及风险预警机制。"

——就税收制度改革而言，有别于以往围绕税收总量增减而定改革方案的做法，新时代税制改革设定的前提是"稳定税负"。其目标，就是在"稳定税负"的前提下，通过"逐步增加直接税比重"优化税收收入结构，建立现代税收制度。基于这一目标所做出的部署是："深化税收制度改革，完善地方税体系，逐步提高直接税比重。推进增值税改革，适当简化税率。调整消费税征收范围、环节、税率，把高耗能、高污染产品及部分高档消费品纳入征收范围。逐步建立综合与分类相结合的个人所得税制。加快房地产税立法并适时推进改革，加快资源税改革，推动环境保护费改税。"

——就中央和地方财政关系改革而言，有别于以往围绕中央或地方财力增减而定改革方案的做法，新时代中央和地方财政关系改革的目标，被锁定于"发挥中央和地方两个积极性"，构建现代中央和地方财政关系新格局。以发挥"两个积极性"而非"一个积极性"为目标所做出的部署是："建立事权和支出责任相适应的制度。适度加强中央事权和支出责任，国防、外交、国家安全、关系全国统一市场规则和管理等作为中央事权；部分社会保障、跨区域重大项目建设维护等作为中央和地方共同事权，逐步理顺事权关系；区域性公共服务作为地方事权。中央和地方按照事权划分相应承担和分担支出责任。中央可通过安排转移支付将部分事权支出责任委托地方承担。对于跨区域且对其他地区影响较大的公共服务，中央通过转移支付承担一部分地方事权支出责任。保持现有中央和地方财力格局总体稳定，结合税制改革，考虑税种属性，进一步理顺中央和地方收入划分。"

从 2013 年 11 月到党的十九大，在为期 4 年多的时间里，作为阶段性的改革成果，新时代财税体制改革在如下几个方面取得了相应进展。

——在预算管理制度改革领域，2015 年 1 月，正式颁布并实施了以覆盖全部政府收支为主要着眼点的新《预算法》。[①] 并且，围绕新《预算法》颁布了一系列旨在规范政府收支行为的制度。以此为基础，现代预算管理制度的若干基本理念得以确立，以四本预算构建的全口径政府预算体系得以建立，预决算公开透明也取得一定成效，等等。

——在税收制度改革领域，作为间接税制度改革的重要内容，"营改增"全面推开并简并了增值税税率，资源税改革顺利推进，消费税征收范围逐步拓展，环境保护税正式开征。与此同时，以颁布《深化国税、地税征管体制改革方案》[②] 为标志，税收征管体制改革开始启动。

——在中央和地方财政关系改革领域，以全面实施"营改增"为契机，2016 年 5 月，公布了《国务院全面推行营改增试点后调整中央与地方增值税收入划分过渡方案》。[③] 作为未来 2—3 年的过渡方案，以 2014 年为基数，采取增值税增量五五分成的方式重新划分中央和地方收入。2016 年 8 月，又发布了《国务院关于推进中央与地方财政事权和支出责任划分改革的指导意见》。[④] 根据这一指导意见，到 2020 年，要基本完成主要领域改革，并逐步规范化、法律化，形成中央与地方财政事权和支出责任划分的清晰框架。

[①] 《中华人民共和国预算法（2014 年修正）》，财政部网站。
[②] 中央全面深化改革领导小组：《深化国税、地税征管体制改革方案》，《人民日报》2015 年 12 月 24 日。
[③] 国发〔2016〕26 号《国务院全面推行营改增试点后调整中央与地方增值税收入划分过渡方案》。
[④] 国发〔2016〕49 号《国务院关于推进中央与地方财政事权和支出责任划分改革的指导意见》。

第二节 从构建公共财政体制到建立现代财政制度

从主要着眼于为整体改革"铺路搭桥"、以"放权让利"为主调的改革，到走上制度创新之路、旨在建立新型财税体制及其运行机制的1994年的财税改革；从以规范政府收支行为及其机制为主旨的"税费改革"以及财政支出管理制度的改革，到作为一个整体的财税改革与发展目标的确立；从构建公共财政体制基本框架，到进一步完善公共财政体制和公共财政体系，再到以建立现代财政制度定位财税体制改革目标，为推进国家治理体系和治理能力现代化发挥基础性和支撑性作用。当我们大致把握了40年来财税体制改革的基本轨迹之后，一个接踵而来的问题是，财税体制改革是否存在着一条上下贯通的主线索？

换言之，迄今中国的财税体制改革，究竟有无一个不以人的主观意志为转移的客观规律可循？

一　始终服从于、服务于整体改革需要：一条主线索

第一节的考察已经清楚地表明，中国财税体制改革的一大特点，就是它始终作为整体改革的一个重要组成部分，始终与整体改革捆绑在一起并服从于、服务于整体改革的需要。

如果说改革开放40年来走出的一个基本轨迹就是由经济体制改革走向全面深化改革，经济体制改革和全面深化改革的目标又分别在于经济市场化和国家治理现代化，那么，我们可以看到，40年来的财税体制改革实质上是一个顺应这一变革并逐步向匹配经济市场化和国家治理现代化的财税体制及其运行机制靠拢和逼近的过程。

这一过程可以相应概括为：以"财政公共化"匹配"经济市场化"，以"财政现代化"匹配"国家治理现代化"。其具体的体现就是，以"公共财政体制"匹配"社会主义市场经济体制"，以"现代财政制度"匹配"现代国家治理体系和治理能力"。

二 以"财政公共化"匹配"经济市场化"

关于中国经济体制改革取向,迄今一个最为流行的表述是"市场化改革"。如果说经济体制改革是沿着一条颇具规律性且逼近"经济市场化"的道路走过来的,那么,作为与之相匹配的一个必然选择,财税体制改革的基本取向就是走向"财政公共化"——构建公共财政体制。

(一) 由"非公共性"的财税运行格局及其体制起步

中国的财税体制改革,当然是由传统经济体制下的财税运行格局及其体制起步的。

对于那一时期的财税运行格局,尽管可从不同的角度加以归结,但本着收入——"钱从哪里来"、支出——"钱往何处去"以及政策——"收支安排所体现的目的"这样三条有关财税活动运行层面的基本线索,可以将其概括如下:

财政收入主要来自国有部门;财政支出主要投向于国有部门;财政政策倾向于在国有和非国有部门之间搞"区别对待"。

以1978年的情形为例,全国财政收入的86.8%来自国有部门的缴款,全国财政支出的85.6%用之于国有部门。若再加上带有准国有性质的所谓集体经济单位的缴款和用之于集体经济单位的支出,这两个比例数字又会双双跃增至90%以上。[①] 这样一种"取自家之财""办自家之事"的财政收支格局,所折射出的,无非是财政政策的鲜明取向——发展和壮大国有经济、削弱以至铲除私有制经济。

财税运行格局之所以是上述这个样子,当然同那一时期GDP所有制构成的单一化格局以及所实行的"二元"经济社会制度环境直接相关。作为单一公有制经济成分的直接反映,至少在表象上,那一时期的GDP几乎全部来源于国有和集体所有制经济部门。作为"二元"经济社会制度的重要组成部分,那一时期的财税体制自然建立在"二元"基础上——在财政上实行不同所有制分治和城乡分治。这就是:

——国有制财政。以所有制性质分界,财政收支活动主要在国有部

---

① 财政部综合计划司:《中国财政统计(1950—1991)》,科学出版社1992年版。

门系统内部完成。至于非国有部门，则或是游离于财政的覆盖范围之外，或是位于财政覆盖范围的边缘地带。

——城市财政。以城乡分界，财政收支活动主要在城市区域内部完成。至于广大农村区域，则或是游离于财政的覆盖范围之外，或是位于财政覆盖范围的边缘地带。

——生产建设财政。以财政支出的性质分界，财政支出活动主要围绕着生产建设领域而进行。至于非生产性或非建设性的支出项目——其中主要是以改善民生为代表的公共服务性的支出项目，则往往被置于从属地位或位于边缘地带。

换言之，"二元"的财税体制所覆盖的范围，不是全面的，而是有选择的。"二元"的财税体制所提供的财政待遇，不是一视同仁，而是有薄有厚的。"二元"财税体制下的财政支出投向，不是着眼于整个公共服务领域的，而是专注于生产建设的。于是，便形成了同属一国企业和居民、身处同一疆土之上并受同一政府管辖，但因财政覆盖程度不同而须面对不同财政待遇的不同的区域、不同的企业和不同的居民。

有选择而非全面的财政覆盖范围，有厚有薄而非一视同仁的财政待遇，专注于生产建设而非整个公共服务领域，如此的财税体制以及作为其结果的财税运行格局，显然不能说是"公共性"的，① 至少其"公共性"是被打了折扣的。事实上，"国有制财政＋城市财政＋生产建设财政"所集中凸显的，正在于传统体制下的"二元"财税体制的"非公共性"特征。

这即是说，"非公共性"的财政运行格局及其背后的财税体制，是中国财税体制改革的起点。也可以说，正是这种"非公共性"的财税运行格局和财税体制同财政本质属性以及经济社会发展之间的不相适应性，把中国财税体制推上了改革之路。

（二）由"非公共性"逐步向"公共性"靠拢和逼近

就总体而言，经济的市场化进程首先带来的，是 GDP 所有制构成的多元化——GDP 来源于多种所有制经济部门的共同创造。这一影响

---

① 也可换一种表述——普惠性。

传递到中国财税运行格局上,就是财政收入来源的公共化——由"取自家之财"到"取众人之财"。到 2006 年,全国税收收入来源于国有部门的比例,已经退居到 22.2%。来源于其他所有制成分的份额,则提升至 77.8%。①

财政收入来源的公共化,自然会推动并决定着财政支出投向的公共化——由"办自家之事"到"办众人之事"。到 2006 年,在全国财政支出中,包括基本建设、增拨企业流动资金、挖潜改造资金和科技三项费用等专门以国有经济单位为主要投向的支出占比,已经由 1978 年的 52.7% 大幅下降至 15.87%。与此同时,面向全社会的诸如养老保险基金补贴、国有企业下岗职工基本生活保障补助、城市居民最低生活保障补助、抚恤和社会福利救济费等社会保障支出以及文教科学卫生事业费支出和政策性补贴支出等所占的份额,分别上升至 11.25%、18.69% 和 3.58%。②③ 而且,其中的不少项目,还是从无到有的。

财政收支的公共化,又进一步催生了财政政策取向的公共化——由在"自家"与"他家"之间搞"区别对待",到在全社会范围内实行"国民待遇"。

呈现在财税运行格局上的这些变化,当然是在财税体制回归公共性的变革过程中发生的。没有以公共化为取向的财税体制变革,不可能有财税运行格局的公共化。发生在财税体制上的变革,又是一个顺应经济市场化以及经济社会制度由"二元"趋向"一元"的过程。这就是:

——从国有制财政走向多种所有制财政。财政的覆盖范围不再以所有制分界,而跃出国有部门的局限,延伸至包括国有和非国有在内的多种所有制部门。

——从城市财政走向城乡一体化财政。财政的覆盖范围不再以城乡分界,而跃出城市区域的局限,延伸至包括城市和农村在内的所有中国疆土和所有社会成员。

---

① 中国税务年鉴编辑委员会:《中国税务年鉴(2007)》,中国税务出版社 2007 年版,第 692 页。

②③ 之所以使用 2006 年而非此后年度的数字,是因为,自 2007 年起我国实行了新的财政收支分类。由于新旧分类方法的差异,目前暂无可与 1978 年口径对比的数据。

——从生产建设财政走向公共服务财政。财政支出的投向不再专注于生产建设事项，而跃出生产建设支出的局限，延伸至包括基础设施建设、社会管理、经济调节和改善民生等众多的公共服务事项。

可以看出，财税体制在变革中所发生的变化，集中体现在其覆盖范围的不断拓展上。由"国有制财政＋城市财政＋生产建设财政"向"多种所有制财政＋城乡一体化财政＋公共服务财政"的跃升，便是财政的覆盖范围不断拓展并逐步实行财政无差别待遇的过程。在这个过程中所日渐彰显的，正是财政与生俱来的本质属性——"公共性"。

（三）由"摸着石头过河"到瞄准"财政公共化"

正如经济体制改革是一个由目标不那么明晰、靠"摸着石头过河"，到目标愈益明确、以自觉的行动朝着既定目标前进的过程，财税体制改革也有着类似或相同的经历。

当财税体制改革刚刚起步的时候，并未确立公共化的改革取向，更未有构建公共财政体制的说法。那时，几乎所有的改革举措，都是基于提升经济活力目的、围绕着"放权让利"的主调而推出的。然而，正是这种旨在为整体改革"铺路搭桥"、从下放财力和财权入手的种种举措，打破了"财权集中过度，分配统收统支，税种过于单一"的传统体制格局，把财税运行格局带上了收入来源公共化和支出投向公共化的轨道。并且，作为收入来源公共化和支出投向公共化的必然结果，由此启动了财税体制的公共化进程。

当改革必须调整航向、在社会主义市场经济体制的棋盘上谋划全新的财税体制改革方案的时候，虽然并未清晰地意识到经济市场化与财政公共化的高度相关性，但那时所操用的几乎每一个棋子或推出的几乎每一个举措，也都是基于财税运行格局已经变化且不可逆转的现实而选择的。而且，在那样一种情势之下，能够与社会主义市场经济体制对接的财税体制安排以及相关的原则界定，自然离不开经济市场化这个基础。来自诸多方面的同市场经济血脉相连的因素、理念、规则、制度等等叠加在一起，不仅催生了公共财政的概念以及相关的实践，而且改革的着眼点也越来越向财政公共化的方向聚集。

到后来，当局部性的改革随着改革的深入而逐步向全局延伸，以至于必须对财税体制改革目标有个总体定位的时候,也许是水到渠成的功效所致,"构建公共财政基本框架"便被作为一种当然的选择,进入人们的视野。并且,从那以后,包括收入、支出、管理和体制在内的几乎所有的财税体制改革线索和几乎所有的财税体制改革事项,都被归结于这条主线索,都被覆盖于这一总目标。也正是从那以后,关于中国财税体制的改革目标,无论学术界还是实践层,都越来越集中于"构建公共财政体制"或"建立公共财政制度"的概括或表述。

再到后来,伴随着建设完善的社会主义市场经济体制目标的形成和确立,建设完善的公共财政体制成为财税体制改革的方向所在。于是,"进一步健全和完善公共财政体制"、"完善公共财政体系"便被作为与时俱进的概括或表述,先后进入中共十六届三中全会、国家"十一五"规划和党的十七大等党和政府的一系列重要文献以及改革实践之中。与此同时,公共财政的字眼、理念和精神,也越来越深刻地融入于学术界围绕包括政府职能格局、公共服务体系和社会事业建设等在内的重大经济社会问题的阐述以及普通百姓的日常生活。

(四) 一个规律性现象

概括起来讲,由"非公共性"的财税运行格局和财税体制起步,沿着"财政公共化"的路径,一步步逼近和回归"公共性"的财税运行格局和公共财政体制目标,正是经济体制改革背景下中国渐进式财税体制改革的一条主线索。也可以说,由"非公共性"逐步向"公共性"逼近和回归的所谓"财政公共化"过程,是这一阶段的财税体制改革所经受的最可称道的重大挑战。

这实际上告诉我们,经济的市场化和财政的公共化,是一枚硬币的两个方面。经济的市场化,必然带来财政的公共化。搞市场经济,就必须搞公共财政。这可以称之为中国财税体制改革的一个规律性现象。

三 以"财政现代化"匹配"国家治理现代化"

作为经济、政治、文化、社会和生态文明体制全方位联动的全面深化改革,其总目标锁定于"发展和完善中国特色社会主义制度,推进国家治理体系和治理能力的现代化"(中共中央,2013)。由经济体制改革走向全面深化改革,这一变化带给新时代财税体制改革的最为深刻的影响，就是跳出以往追随经济体制改革而定改革方案的思维范式，将财税体制改革置于全面深化改革的总棋局中，从而走上了"财政现代化"之路——建立现代财政制度。

（一）从财政与财税体制的全新定位破题

中共十八届三中全会关于新时代财税体制改革的系统部署，是从财政与财税体制的全新定位破题的："财政是国家治理的基础和重要支柱，科学的财税体制是优化资源配置、维护市场统一、促进社会公平、实现国家长治久安的制度保障"（中共中央，2013）。

这无疑是一个颇具历史和理论高度的全新论断。其中一个最为突出的变化在于：财政已经由一个经济范畴上升为一个国家治理范畴，财税体制已经由经济体制的一个组成部分上升为国家治理体系的一个组成部分。

关键的问题在于，由经济范畴到国家治理范畴、由经济体制的一个组成部分到国家治理体系的一个组成部分，这种变化，虽最初呈现在人的认识层面，但实则是不以人的主观意志为转移的客观规律的作用使然。在中国财税改革与发展史上，这是第一次从根本上摆正了财政和财税体制位置的回归本义之举，也可说是改革开放进入以国家治理现代化为目标定位的全面深化改革阶段的必然产物。

由此破题，财政与国家治理、财税体制与国家治理体系密切联系在一起，在国家治理的大棋局中谋划并推进财税体制改革，也就成为题中应有之义。

（二）由"财政公共化"走向"财政现代化"

有必要提及这样一个事实，"财政是国家治理的基础和重要支柱"的表述，是同国家治理联系在一起的。两者如同一对连体婴儿，均系第一次进入官方语系。没有国家治理，不将国家治理现代化提上议事日程，就不会有财政与财税体制的全新定位。反之，离开了财政和财税体制的全新定位，也就谈不上国家治理，更谈不上国家治理现代化。从两者相辅相成、互为条件的关系中，可以确认，在中国，这样一种变化的出现绝非偶然。它标志着，在初步站稳"财政公共化"的基础上，中国财税体制改革进入了走向"财政现代化"的新阶段。

从历史上看，传统计划经济体制的最显著特征，就是把几乎所有的社会资源集中到政府手里，并由政府直接支配。在那个时候，长官意志主导一切，"治理"二字既提不到议事日程，更难以与国家对接、形成国家治理概念。在改革开放初期，当改革主要立足于经济体制、发展主要聚焦于经济领域的时候，我们不可能形成建设现代意义国家的目标，也不可能提出国家治理现代化的命题。只有在我们基本确立社会主义市场经济体制框架、跻身于世界第二大经济体之后，只有当我们有资格、有基础、有底气、有条件打造现代意义国家的一般制度形态的时候，才会提出推进国家治理体系和治理能力现代化的目标，也才有可能将财政和财税体制置于国家治理的大棋局中重新定位。

换一个角度说，经济市场化的改革进程，也是社会结构和利益格局深刻变动的过程。不仅原有的阶级、阶层和利益群体发生分化，而且一些新的社会阶层和利益群体不断出现，社会呈现出多元、多层的利益关系格局。

不同于以往经济社会主体相对单一、利益关系相对简单的社会结构和利益格局，随着不同社会阶层、利益群体逐渐形成，经济社会主体日趋多样性和多元化，不同利益群体之间发生矛盾和冲突的可能性大大增加，传统的国家治理方式已经与此不相适应。取而代之的，便是与现代市场经济和现代社会结构相匹配的现代国家治理结构。只有如此，才能协调越来越多的各种利益矛盾和冲突，包容越来越复杂的各种利益关系，规范越来越难以处理的责任、权力和利益，从而形成一种共谋、共建、共担、共享的利益共同体，保证经济发展和社会进步的全面可持续。也正是因为中国的经济社会发展进入了这一阶段，财政才会跃升至国家治理范畴，财税体制才会成为国家治理体系的一个组成部分。

这实际上启示我们，随着改革开放进入全面深化改革阶段并确立国家治理现代化的目标，始终作为整体改革的一个组成部分且服从于、服务于整体改革需要的财税体制改革，必然要转向匹配国家治理现代化的改革道路——建立现代财政制度，以"财政现代化"匹配国家治理的现代化。

（三）大不相同于以往的深刻变化

于是，发生在财税体制改革上的一系列大不相同于以往的深刻变化出现了。

——以往的财税体制改革，多是作为经济体制改革的组成部分、在经济体制改革的棋局上加以部署的。其推进和评估，可以紧跟经济体制的改革进程，以是否适应或匹配了社会主义市场经济体制作为标尺。新时代的财税体制改革，则是作为全面深化改革的组成部分、在全面深化改革的棋局上加以部署的。因而，围绕财税体制改革的推进和评估，不仅要紧跟经济体制改革进程，而且要紧跟政治体制、文化体制、社会体制和生态文明建设体制改革进程，以是否适应并匹配了各个领域的改革联动、是否适应和匹配了改革的总体效果以及是否适应和匹配了实现国家治理体系和治理能力现代化的总体目标作为标尺。

——以往的财税体制改革，多是在将财政视为一个经济范畴、将财税体制视作一种经济制度安排的基础上加以谋划的。无论其触动规模多么巨大，涉及范围多么宽广，甚或其实际影响绝不限于经济领域，但从总体上说来，其主观立意并未脱出财政作为一个经济范畴、财税体制作为一种经济制度安排的思维局限。新时代的财税体制改革，则是在将财政视作一个跨越多个学科、覆盖所有领域的综合性范畴，将财税体制视作一个可以牵动经济、政治、文化、社会、生态文明所有领域的综合性制度安排的基础上加以谋划的。因而，它绝非一般意义上的经济制度安排，而是站在国家治理的总体角度，将财政作为国家治理的基础性和支撑性要素加以打造，将财税体制作为全面覆盖国家治理全过程、各领域的综合性制度安排加以构建。

——以往的财税体制改革，多着眼于财税体制的属性特征，追求的是财税体制与社会主义市场经济体制的"性质匹配"。其基本目标，是建立与社会主义市场经济体制相匹配的公共财政体制。新时代的财税体制改革，则是着眼于财税体制的时代特征，追求的是财税体制与国家治理体系和治理能力的"现代化匹配"。因而，它既非以往改革目标的简单延续，也非重起炉灶，推倒重来，而是在公共财政体制建设取得突破性进展的基础上，匹配国家治理现代化的总进程，从现代财政文明出发布局财税体制改革,打造现代国家财政制度的一般形态——顺应历史规律、切合时代潮流、代表发展方向、匹配中国国情的现代财政制度。从这个意义上讲,现代财政制度同公共财政体制一脉相承,实质是建立在财政公共化基础之上的财政现代化。

(四) 又一个规律性现象

概括起来讲,站在"财政公共化"的肩膀之上,按照全新的理念、思想和战略推进改革,使得改革循着"财政现代化"的路径继续前行,建立起匹配国家治理现代化的现代财政制度,正是全面深化改革背景下中国渐进式财税体制改革的一条主线索。也可以说,由"公共财政体制"向"现代财政制度"靠拢和逼近的所谓"财政现代化"过程,是这一阶段的财税体制改革所面临的最可称道的重大挑战。

这实际上也告诉我们,国家治理的现代化和财政的现代化,是一枚硬币的两个方面。国家治理的现代化,必然要求和决定着财政的现代化。推进国家治理体系和治理能力的现代化,就必须以建立现代财政制度作为基础和重要支柱。这可以称之为中国财税体制改革的又一个规律性现象。

第三节 改革的未来走向:加快建立现代财政制度

中共十八届三中全会开启的全面深化改革有明确的时间表:"到二〇二〇年,在重要领域和关键环节改革上取得决定性成果,完成本决定提出的改革任务,形成系统完备、科学规范、运行有效的制度体系,使各方面制度更加成熟更加定型。"(中共中央,2013)。作为其中的一个重要组成部分,新时代财税体制改革事实上已经进入倒计时状态。若再考虑到其在全面深化改革中的基础工程和重点工程定位,推进新时代财税体制改革的紧迫性不言而喻。

一 围绕焦点、难点和痛点而攻坚

正是鉴于这样一种特殊的背景,2017年10月党的十九大立足于中国特色社会主义进入新时代的新的历史方位，在系统评估中共十八届三中全会以来财税体制改革进程的基础上，以倒计时思维前瞻未来的改革之路，围绕下一步财税体制改革做出了如下部署（习近平，2017）：

"加快建立现代财政制度，建立权责清晰、财力协调、区域均衡的中央和地方财政关系。建立全面规范透明、标准科学、约束有力的预算制度，全面实施绩效管理。深化税收制度改革，健全地方税体系。"

仔细地体会上述这一段话并同中共十八届三中全会关于新时代财税体制改革的部署相对照，就会发现，其中所发生的变化，意义极其深刻。

——中共十八届三中全会提出"建立现代财政制度"，党的十九大报告添加了前缀"加快"——"加快建立现代财政制度"。从"建立现代财政制度"到"加快建立现代财政制度"，集中反映了新时代财税体制改革的紧迫性。可以说，"加快"将中共十八届三中全会绘制的财税体制改革蓝图真正落到实处，已成为中国特色社会主义新时代的迫切要求。

——在中共十八届三中全会所部署的三个方面财税体制改革内容中，预算制度管理改革居首，税收制度改革次之，中央和地方财政关系改革收尾。党的十九大对三个方面内容的排序做了调整：党的和地方财政关系改革跨越其他两方面改革而从尾端跃至首位，预算管理制度改革和税收制度改革则相应退居第二和第三。排序的调整，显然折射的是三个方面改革内容相对重要性的变化。可以说，随着中国特色社会主义进入新时代，加快中央和地方财政关系改革，不仅是新时代财税体制改革必须跨越的关口，更是必须首当其冲完成的任务。

——中共十八届三中全会部署的财税体制改革内容，篇幅近千字，相对完整而系统。党的十九大关于财税体制改革的直接表述，则只有78个字，系画龙点睛式的。如中央和地方财政关系改革的目标是"权责清晰、财力协调、区域均衡"，预算管理制度改革的目标是"全面规范透明、标准科学、约束有力，全面实施绩效管理"，税收制度改革的重点是"健全地方税体系"。可以说，这些简明扼要、极具针对性的表述，均系新时代财税体制改革的重点内容、关键部位。

其实，上述的重点内容也好，关键部位也罢，之所以在众多的改革议题和线索中被凸显出来，尤其是在对以往四年的改革进程做出系统评估之后被凸显出来，其最根本的原因无非在于，它们实质是新时代财税体制改革的焦点、难点和痛点。

因而，围绕上述的焦点、难点和痛点而打一场攻坚战，加快建立现代财政制度，将新时代财税体制改革蓝图绘到底，是党的十九大关于新时代财税体制改革所发出的一个最重要且最明确的信号。

如下可能是这些焦点、难点和痛点问题的一份大致清单。

二 中央和地方财政关系：下一步财税体制改革的重头戏

前面说到，从中共十八届三中全会到党的十九大，发生在中央和地方财政关系领域的改革进展主要有两项：《全面推开营改增试点后调整中央与地方增值税收入划分过渡方案》和《关于推进中央与地方财政事权和支出责任划分改革的指导意见》。

就前者而言，注意到这一方案的适用期只有2—3年，它显然是一项权宜之计而非"进一步理顺中央和地方收入划分"的体制性安排。再注意到"营改增"之后的增值税收入占全部税收收入的比重已超50%，对如此高比重的税种实行分成，它显然是一种"分钱制"办法而非"分税制"安排。

就后者而言，注意到中共十八届三中全会对于此项改革的提法是"建立事权与支出责任相适应的制度"，这一指导意见则在事权和支出责任前面添加了"财政"二字，其意图虽可理解为以财政事权和财政支出责任的划分为突破口，从而为整个事权和支出责任的划分铺平道路，但是，它毕竟收缩了其应有的作用空间，实质是一个"缩水版"。

中央和地方财政关系的改革进程之所以会呈现如此的状态，当然与其自身的复杂性以及改革的难度直接相关。

毋庸置疑，中央和地方之间的关系是现代国家治理领域最重要的关系链条之一，中央和地方之间的财政关系又属于其中最具基础性和支撑性意义的要素，亦最具"牛鼻子"效应。围绕它的改革，不仅事关党和国家事业发展全局，而且牵动整个财税体制改革进程。鉴于加快中央和地方财政关系改革的极端迫切性，也鉴于防止本应发挥的"牛鼻子"效应演化为"拖后腿"效应，党的十九大不仅将其摆在了下一步改革的优先位次，而且基于有针对性地加以推进的需要，进一步细化了其改革目标——"权责清晰、财力协调、区域均衡"。

也正是基于上述的考虑，作为党的十九大之后新时代财税体制改革的开局之举，2018年1月27日，国务院印发了《基本公共服务领域中央与地方共同财政事权和支出责任划分改革方案》。由基本公共服务领域中的中央和地方共同事权破题，制定基本公共服务国家保障标准，规范中央和地方支出责任分担方式，从而建立起权责清晰、财力协调、区域均衡的中央和地方财政关系，便是这一改革方案的主要出发点。

可以预期，中央和地方财政关系的改革，将成为下一步财税体制改革的重头戏。

三 预算管理制度：亟待将新《预算法》落到实处

相对而言，中共十八届三中全会至今，预算管理制度的改革动手最早、力度最大，是新时代财税体制改革推进最快、成效最为显著的领域。其最重要的标志性成果，便是2015年1月正式颁布的新《预算法》。

然而，以现代预算制度的原则反观新《预算法》，也可以发现，主要源自既得利益格局且困扰我们多年的若干"老大难"问题，仍未得到根本解决。

——虽然新《预算法》明确了"预算包括一般公共预算、政府性基金预算、国有资本预算、社会保险基金预算"，但具体到预算收支范围，对于一般公共预算的描述比较翔实——可以细化到"类款项目"，其他三本预算则大而化之——"政府性基金预算、国有资本经营预算和社会保险基金预算的收支范围，按照法律、行政法规和国务院的相关规定执行"。

——虽然新《预算法》明确了公开透明的标准，但除一般公共预算之外的其他三本预算收支并未达到这一要求，或者遵守的标准并不一致。也正是由于管理标准不一，在我国，对于四本预算的预算监督和约束事实上存在不小的差异，甚至迄今未能形成一个覆盖全部政府收支的"财政赤字"概念。

——虽然新《预算法》已经颁布将近三年，但与之相配套的实施细则至今未能落地。由于缺失具有可操作性的实施细则，不仅现代预算制度的理念难以真正确立，而且诸如财税部门统揽政府收支、实现政府预算的完整和统一等这些基础性的改革目标，也难以落到实处。

毋庸置疑，所有这些，既是下一步预算管理制度改革亟待攻克的障碍，也是与现代国家治理相适应的现代预算制度必须具备的基本素质。

可以认为，正是出于这样的考虑，党的十九大在对"全面规范、公开透明"加以精练概括的基础上，为预算管理制度改革确立了更加全面而细致的改革目标——"全面规范透明、标准科学、约束有力，全面实施绩效管理"。

也可以预期，循着如此的"路线图"，预算管理制度改革肯定会由此加快而推进至实质层面。

四 税收制度：直接税改革对接"健全地方税体系"

迄今，在新时代税制改革所涉及的"六税一法"——增值税、消费税、资源税、环境保护税、个人所得税、房地产税和税收征管法中，"四税一法"——"营改增"全面推开、资源税改革顺利推进、消费税征收范围逐步拓展、税收征管体制改革——已经启动。表面上进展很快，动作不小，但进一步观察，就会发现，抛开税收征管体制具有特殊意义不谈之外，举凡取得进展的税种，均属于间接税。可归入直接税系列的个人所得税和房地产税，则"裹足不前"。

若将间接税和直接税分别视作新时代税制改革行动的两翼，可以非常清晰地发现，两翼的改革行动颇不均衡。再注意到发生在以"营改增"为代表的间接税改革是以减税为基本取向的，以个人所得税和房地产税为代表的直接税改革的基本取向则是增税，两翼改革行动"跛脚"状态所带来的直接结果便是，间接税收入减下来了，直接税收入并未相应增上去。由此带来的收入亏空，只能通过增列赤字、增发国债加以弥补。

无论从哪个方面看，靠"借钱"支撑的税制改革，既不可持续，又蕴含风险。将新时代税制改革目标落到实处的几乎唯一选择，就是走税制结构优化道路——在推进间接税改革的同时，实施直接税改革。以直接税的逐步增加对冲间接税的相应减少，以自然人税源的逐步增加对冲企业税源的相应减少。

进一步看，基于优化税制结构目标而进行的直接税改革，迄今所涉及的税种，主要是个人所得税和房地产税。这两个税种，一旦同1994年确立并载入新《预算法》的分税制财政管理体制相对接，又可发现，它们都是可以作为地方税主体税种或主要税种的选项而进入地方税体系的。特别是房地产税，古今中外，历来就是作为地方税或地方主体税种而存在并运行的。就此意义而言，迄今新时代税制改革进程中发生在个人所得税和房地产税改革上的"裹足不前"现象，也可表述为地方税改革"裹足不前"，或者，地方税体系建设"裹足不前"。

同样毋庸置疑，以个人所得税和房地产税为代表的直接税改革，不仅关系到税制结构优化目标的实现，而且事关地方税体系建设以及中央和地方财政关系改革的进程。从这个意义上讲，直接税改革就是地方税改革，健全地方税体系就是健全地方财政收支体系，也就是重塑以"分税制"为灵魂的中央和地方财政关系新格局。

可以预期，按照党的十九大部署，尽快采取措施，让以个人所得税和房地产税为代表的直接税改革"破茧而出"，进而推进以"健全地方税体系"为重点的税制改革进程，绝对是下一步财税体制改革的一场攻坚战。

第四节　主要结论与启示

关于中国财税体制改革40年基本历程的讨论至此，做出如下结论可能是适当的：

第一，迄今中国财税体制改革所走出的基本轨迹，可以大致概括为"三部曲"：从以放权让利为主调、为整体改革"铺路搭桥"到寻求自身改革、走上制度创新之路，从零敲碎打型的局部调整到立足于对财税体制及其运行机制做整体变革，从构建公共财政体制基本框架到建立现代财政制度。

第二，迄今的中国财税体制改革，事实上存在着一条上下贯通的主线索。这就是：它始终作为整体改革的一个重要组成部分，服从于、服务于整体改革的需要。伴随着由经济体制改革走向全面深化改革的历史进程，不断地对财税体制及其运行机制进行适应性的变革：以"财政公共化"匹配"经济市场化"，以"财政现代化"匹配"国家治理现代化"；以"公共财政体制"匹配"社会主义市场经济体制"，以"现代财政制度"匹配"现代国家治理体系和治理能力"。这是我们从这一适应性改革历程中可以获得的基本经验。

第三，迄今的中国财税体制改革实践之所以总体上是成功的，从根本上说来，是我们在扎根于中国国情土壤的基础上，深刻认知并严格遵从了财税体制及其运行机制的客观规律，按照客观规律的要求谋划并推进改革。作为事实上的中国财税体制改革实践的理论支撑，这些客观规律可以高度概括为：经济的市场化必然带来财政的公共化，国家治理的现代化要求和决定着财政的现代化。搞市场经济，就必须搞公共财政。推进国家治理现代化，就必须以建立现代财政制度作为基础和重要支柱。

第四，随着中国特色社会主义进入新时代，全面推进以建立现代财政制度标志的新时代财税体制改革更加紧迫。围绕新时代财税体制改革的焦点、难点和痛点而打一场攻坚战，以加快建立现代财政制度的行动，为推进国家治理体系和治理能力现代化发挥基础性和支撑性作用并最终完成全面深化改革的历史任务，势在必行。

第五，站在新时代的历史起点上，以习近平新时代中国特色社会主义思想为指导，回过头来重新审视并体会中共十八届三中全会围绕财政与财税体制的全新定位以及关于深化财税体制改革的系统部署，可以将现代财政制度的基本特征作如下归结：财政成为国家治理的基础和重要支柱，财税体制成为国家治理体系的基础性和支撑性要素。引申一步说，财政职能覆盖国家治理活动的全过程和各领域。以此对照当下的中国财政职能和作用格局，可以确认，进入新时代的中国财税体制改革，任重而道远。

参考文献

《中共中央关于建立社会主义市场经济体制若干问题的决定》，人民出版社 1993 年版。

《中共中央关于全面深化改革若干重大问题的决定》，人民出版社 2013 年版。

《中共中央关于完善社会主义市场经济体制若干问题的决定》，人民出版社 2003 年版。

《中华人民共和国预算法（2014 年修正）》，财政部网站。

财政部财税体制改革司：《财税改革十年》，中国财政经济出版社 1989 年版。

财政部综合计划司：《中国财政统计（1950—1991）》，科学出版社 1992 年版。

高培勇、温来成：《市场化进程中的中国财政运行机制》，中国人民大学出版社 2001 年版。

国家统计局：《中国统计年鉴（2015）》，中国统计出版社 2015 年版。

李岚清：《深化财税改革确保明年财税目标实现》，《人民日报》1998 年 12 月 16 日。

刘仲藜、桂世镛、项怀诚、唐铁汉：《中国财税改革与发展》，中国财政经济出版社 1998 年版。

楼继伟：《深化财税体制改革，建立现代财政制度》，《求是》2014 年第 20 期。

习近平：《决胜全面建成小康社会　夺取新时代中国特色社会主义伟大胜利——在中国共产党第十九次全国代表大会上的报告》，人民出版社 2017 年版。

项怀诚：《中国财政体制改革》，中国财政经济出版社 1994 年版。

谢旭人：《中国财政改革三十年》，中国财政经济出版社 2008 年版。

中国财政年鉴编辑委员会：《中国财政年鉴（2007）》，中国财政杂志社 2007 年版。

中国税务年鉴编辑委员会：《中国税务年鉴（2007）》，中国税务出版社 2007 年版。

中央全面深化改革领导小组：《深化国税、地税征管体制改革方案》，《人民日报》2015 年 12 月 24 日。

第十章　中国金融理论创新与发展

改革开放 40 年来，中国金融改革和发展围绕着国家隐性担保下的银行信贷扩张这一动员性货币金融体制建构和解构的主线展开，本章拟对此进行金融理论创新的梳理。

第一节　动员性货币金融体制的形成与中国经济起飞

在改革开放开始后的很长一段时期里，中国经济都带有明显的低收入水平贫困陷阱特征，人均 GDP 偏低，并有大量的农村剩余劳动力等待转移。直到 20 世纪 90 年代初，中国人均 GDP 也只有 400 美元左右，仍处于世界后列。截至 20 世纪 90 年代末，12 亿人口仍有 9 亿生活在农村。中国这样的经济发展状况势必会遭遇由经济增长潜力巨大和资本积累严重不足引发的后起经济体资源动员和组织的"格申克龙难题"。这与格申克龙提出的后发劣势有关。[①] 尽管从表面上看，一个经济体起飞越晚，越可以从引进外来技术、充分获得知识外溢效应中获得补偿，然而其低下的收入水平和严重的资本积累不足将制约经济增长潜力的发挥。很显然，为了消除后发劣势给经济增长带来的阻碍，需要发展具有高储蓄动员能力的货币金融体制。只有这样，才能加速投资和增长，突破低收入水平贫困陷阱，实现经济起飞。因此，形成动员性货币金融体制就成了中国一切金融发展和金融改革的起点。

---

① ［美］亚历山大·格申克龙：《经济落后的历史透视》中译本，商务印书馆 2009 年版。

一 计划经济的储蓄动员机制

在计划经济时期,中国曾经发展出一种限制货币媒介作用的储蓄动员机制。这样的储蓄动员机制主要由计划经济的投融资体制构成,并可以通过运用式(10-1)所示的资金流量恒等式进行剖析:

$$I \equiv S + \Delta Ms \tag{10-1}$$

其中,I 代表企业固定资产投资,S 代表国民储蓄,ΔMs 代表货币供给增加。在计划经济中,一方面,企业原则上不拥有投资决策权,其投资活动主要由社会计划部门负责统一安排。另一方面,在计划经济中,储蓄同样高度集中。高度集中的价格体制和工资体制相结合,系统地压低了生产要素价格(低于市场均衡价格)和相应的居民可支配收入。这主要包括两方面内容:(1)运用高度集中的价格管理体制,人为压低农产品以及原材料和能源等物资的价格,降低该类产业劳动报酬水平。(2)以产品价格被压低的产业劳动报酬水平为基准,运用统一的工资管理制度,同样压低了获得廉价投入品和超额利润的产业劳动报酬水平。可以说,在计划经济中,居民可支配收入水平基本上仅够满足当期的消费支出,使得居民储蓄几乎可以忽略不计。此外,对外经济联系微弱,国外部门的储蓄(即国际收支逆差)也可视为零。那么,中国国民储蓄就成了政府储蓄,即财政预算盈余。由此可见,在计划经济中,政府成为近乎唯一的储蓄和投资主体。很显然,这样的计划经济投融资体制由于已经通过高度集中的价格和工资体制系统地压低了几乎所有的生产要素报酬,将储蓄率提高到理论上的极限水平,并不再需要通过银行信贷扩张方式进一步动员储蓄。因此,同计划经济的投融资体制相适应,中国当时发展出财政、信贷资金分口管理体制和相应的财政、信贷综合平衡的宏观调控规则,严格限制银行体系通过信贷扩张方式参与固定资产投资、动员储蓄的能力。所谓财政、信贷资金分口管理体制,系指财政部门以财政拨款方式满足企业固定资产投资资金和定额流动资金需要。银行信贷则仅限于满足企业临时性和季节性超定额流动资金需要。考虑到流动资金定额确定的困难,为了防止财政部门向银行转嫁流动资金供给任务,采用财政、信贷综合平衡的宏观调控规则同样十分重要。葛致达认为,在财政、信贷综合平衡中财政平衡发挥着更重要作用。① 这是因为在计划经济时期，除了吸收和贷放社会闲置资金，银行最主要职能就是实现财政预算资金的信贷化使用。很显然，在这样的金融体制下，为了适应经济发展需要，银行信贷收支出现差额具有必然性，需通过预算拨款和货币经济性发行加以弥补。林继肯认为，在计划经济时期流动资金没有核实拨足，特别是基本建设规模安排过大，导致流动资金被挪用，一方面会造成财政开支超出预算计划，另一方面还可能妨碍投资项目及时形成生产能力，导致企业经济效益下降，财政虚收。②"基建挤财政，财政挤银行，银行发票子"，正是造成货币的财政发行，以及形成财政假平衡、真赤字的原因之一。此外，为了抑制货币的财政发行，在中国计划经济时期，货币发行应遵循1∶8的经验值，即每增加8元人民币现金交易额，需增加1元人民币发行进行周转。③由此可见，如式（10-1）所示，一方面，在财政、信贷资金分口管理体制影响下，银行体系丧失了通过信贷扩张将实体经济部门储蓄（S）转化为投资（I）直接参与固定资产投资的渠道。另一方面，银行信贷扩张通过增加货币供给（ΔMs）间接提供固定资产投资可贷资金方式也因计划经济体制财政信贷综合平衡的宏观调控规则而受到很大限制。

很显然，在计划经济的投融资体制下，货币媒介作用受到严格限制，在一定程度上出现了向消费券退化的趋势。作为最为重要的市场经济媒介，货币顺利流通可以有效降低交易成本，促进专业化分工和市场开拓。相反，这种将银行信贷扩张排斥在外的储蓄动员机制由于限制了货币媒介作用发挥，尽管可以实现资本积累最大化，却难以带来良好的经济增长绩效，不仅导致增长速度并不突出，而且还会加剧经济波动。

二 国家隐性担保下的银行信贷扩张、储蓄动员和经济起飞

正是为了弥补计划经济投融资体制的上述不足，中国在改革开放后

---

① 葛致达：《财政、信贷与物资的综合平衡问题》，《经济研究》1963年第10期。
② 林继肯：《坚持货币的经济发行》，《经济研究》1981年第1期。
③ 林继肯：《论货币需要量及其确定方法》，《江汉学报》1963年第11期。

开始发展具有高储蓄动员能力的货币金融体制，主要通过国家隐性担保下的银行信贷扩张方式加速投资和增长。中国动员性货币金融体制的形成主要经历了两轮金融改革：（1）20世纪80年代，经过建立银行信贷制度和中央银行制度，特别是实贷实存的信贷资金管理体制改革，中国中央银行—国有专业银行二级银行体系得以建立。这一轮金融改革成功打破了财政、信贷资金分口管理体制的桎梏，使得国有专业银行成为全额流动资金和固定资产投资贷款主体，从而为以银行信贷扩张方式动员储蓄提供了可能。（2）进入20世纪90年代中期以后，中国更是开始了中央银行和国有专业银行商业化改革。这一轮金融改革不仅使得中央银行完全摆脱批发银行性质，成为真正的货币政策宏观调控部门，而且成功实现了国有银行向商业化主体的转变，激励了银行信贷扩张。中央银行—国有商业银行二级银行体系建立标志着适应市场化要求的动员性货币金融体制最终形成。从此，银行信贷扩张就成为中国在改革开放后储蓄动员的主要方式。

我们可以通过运用代表性商业银行资产负债简表，较为全面地揭示信贷扩张动员储蓄机制。如表10-1所示，银行信贷扩张规模的直接约束条件有两个：（1）充足的资本金率；（2）充足的准备金率。根据不完美信息、委托代理和金融合同的激励与约束理论分析，由于非货币金融资产（负债）间是不完全替代的，企业内部资金成本低于外部资金成本，银行只有具备充足的资本金率（由银行营业利润和资本损益决定的内部资金率）才能一方面降低由存款人对银行贷款项目审计的预期成本反映的代理成本，激励银行为贷款项目融资而发行各种存款债务；另一方面，也才能为各种存款债务提供良好抵押，激励存款人的有效需求，从而从存款债务供求两方面支持信贷扩张的可贷资金获取。[1]同样因信息不对称和交易成本之故，资产和负债也不完全等同，这就要求企业保持足够的流动资产，以降低流动性风险冲击带来的提前清算损失。而作为提供降低整个社会流动性风险冲击功能的银行体系来说，自

---

[1] Ben S. Bernake, and Mark Gerter, "Agency Costs, Net Worth, and Business Fluctuations", *American Economic Review*, Vol. 79, 1989.

然更需要保持充足的准备金率。银行只有具备充足的储备（实质为银行的流动资产），保持合理的准备金率，才能有效进行信贷扩张，对投资和生产提供信贷支持。①

表 10-1　　　　　　　代表性商业银行资产负债简表

资产	负债
准备金 证券和贷款	活期存款 其他存款或借款 资本金

中国银行信贷扩张规模的上述两个约束条件是通过特殊的货币金融制度安排来满足的。其中对金融中介，特别是国有银行免于破产的国家隐性担保起到了补充银行资本金的作用。在国家提供隐性担保过程中，存贷利率管制，特别是相应的利差政策发挥了至关重要的作用。如图10-1 所示，从 1999 年开始，中国一改存贷利差较低的常态，跃升至年利差 3% 以上，一度与存贷利差一直偏高的欧元区日趋接近，远远高于同期的日本、韩国和美国。考虑到中国的货币化进程的长盛不衰，如此规模的信贷扩张竟然能够保持与经济停滞和信贷扩张缓慢的欧元区相近的存贷利差，那就不得不说拜国家利率管制和相应的利率政策所赐了。毕竟如果存在存贷利率市场化，信贷扩张的活跃将引发存贷款市场的双向竞争，通常倾向于缩小存贷利差。由此可见，稳定的存贷利差政策和活跃的信贷扩张相结合保证了银行中介的盈利，起到了补充银行资本金的作用。从这个意义上讲，对金融中介，特别是国有银行免于破产的国家隐性担保也就演变成了对银行存贷利差的国家隐性担保。与此同时，具有兼顾通货膨胀控制和经济增长双重目标的货币政策则起到了保证银行体系准备金充足的作用。改革开放以来，中国货币政策的非稳定性也得到大量研究成果的证实。谢平、罗雄在检验中国货币政策中的泰

---

① Benjamin M. Friedman, Kenneth N. Kuttner, Ben S. Bernake, and Mark Gerter, "Economic Activity and the Short–Term Credit Markets: An Analysis of Prices and Quantities", *Brookings Papers on Economic Activity*, No. 2, 1993.

勒规则时，运用货币政策反应函数的 GMM 估计发现，通货膨胀率对利率的调整系数小于 1，这是一种不稳定的货币政策规则，在这一制度下，通货膨胀或通货紧缩的产生和发展有着自我实现机制。① 樊明太运用 1992—2003 年数据估计中国货币政策反应函数时，发现通货膨胀压力的厌恶程度小于对产出缺口的容忍程度，货币政策反应函数具有动态不稳定性。② 赵进文、黄彦在检测中国的最优非线性货币政策反馈规则时发现，1993—2005 年间，央行存在非对称性政策偏好，实际造成中国通货膨胀的明显倾向。③ 由此可见，中国货币政策存在兼顾通货膨胀控制和经济增长的双重目标，在很大程度上具有根据信贷扩张和动员储蓄的需要内生供给货币的特征。

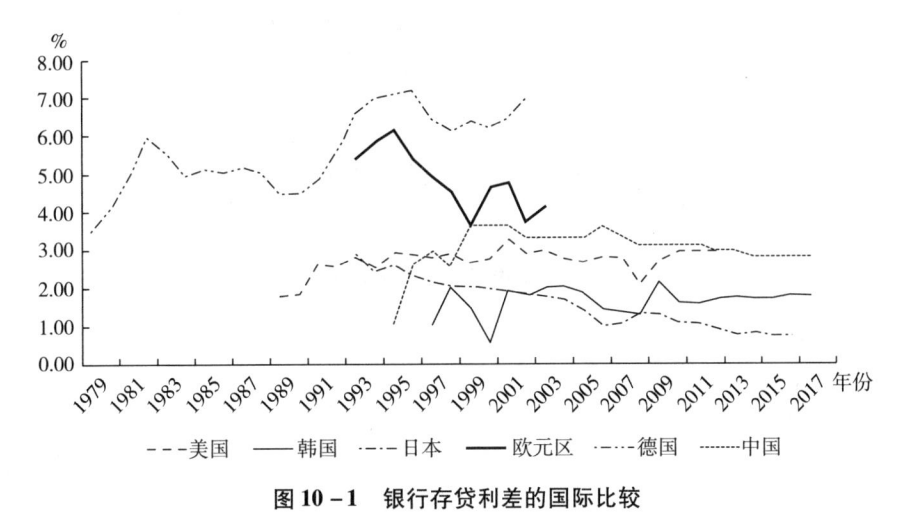

图 10-1 银行存贷利差的国际比较

资料来源：CEIC。

真正令人称奇的是，中国国家隐性担保下的银行信贷扩张并没有带来可能的金融压抑，反而迅速推动了货币化进程，并有效地动员了储蓄，加速了投资和经济增长，对实现经济起飞做出了应有贡献。中国

---

① 谢平、罗雄：《泰勒规则及其在中国货币政策中的检验》，《经济研究》2002 年第 3 期。
② 樊明太：《金融结构及其对货币传导机制的影响》，《经济研究》2004 年第 7 期。
③ 赵进文、黄彦：《中国货币政策与通货膨胀关系的模型实证研究》，《中国社会科学》2006 年第 5 期。

2003年人均GDP达到1000美元,开始步入中等收入国家行列,标志着经济起飞任务正在加速完成。如图10-2和图10-3所示,中国以M2占GDP比重衡量的货币指数在1998年就达到1.23,2016年的最高点曾达到2.08,不仅远远高于其他金砖国家,而且也高于主要的发达经济体。如图10-4所示,以国内储蓄率为例,中国1992年就超过40%,

图10-2 货币化指数国际比较(一)

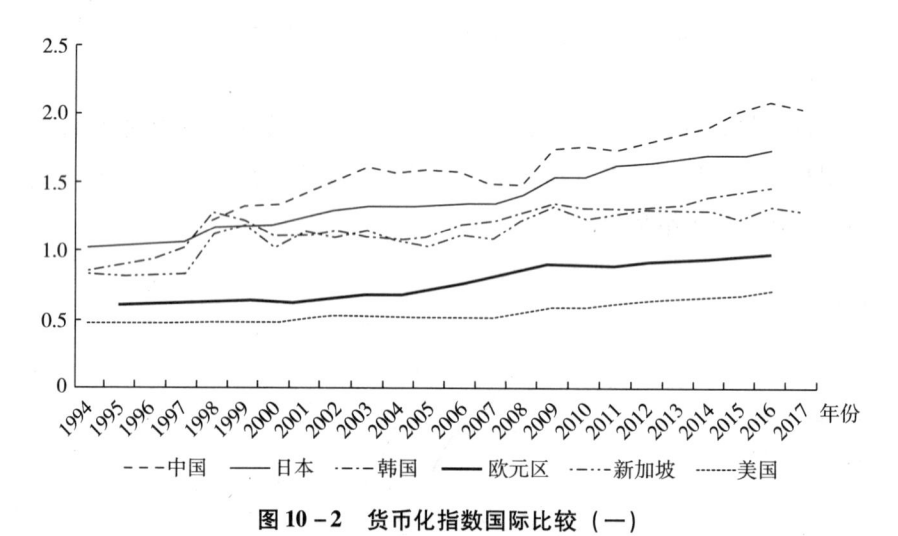

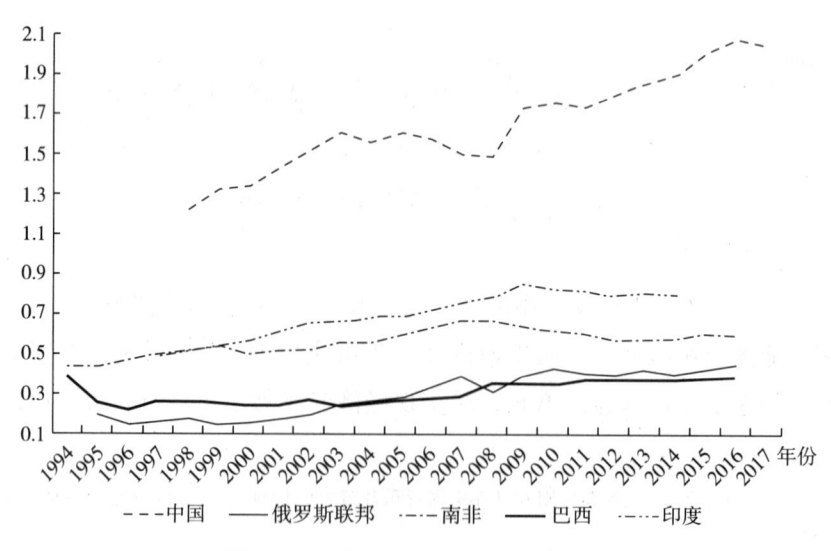

图10-3 货币化指数国际比较(二)

资料来源:CEIC。

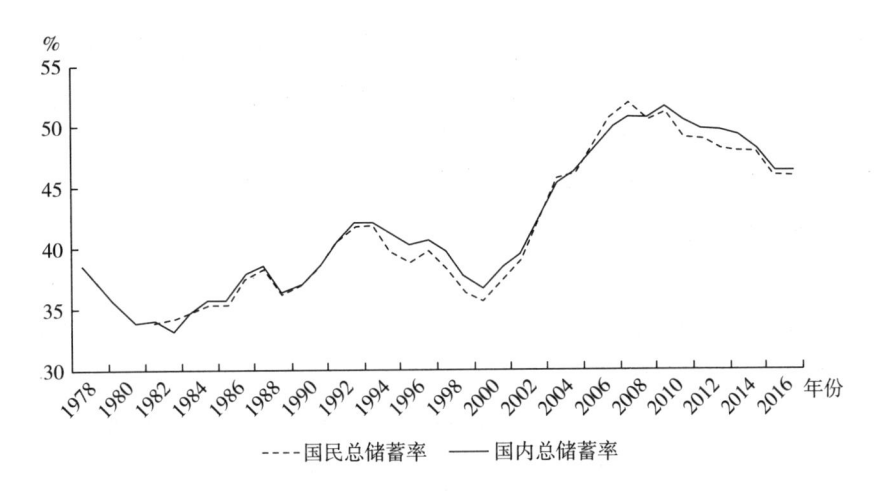

第十章 中国金融理论创新与发展 297

图 10-4 中国国内和国民总储蓄率

资料来源：CEIC。

2007—2013 年接近或超过 50%，只是从 2014 年开始才略有下降。中国国民储蓄率趋势则与国内储蓄率类似。这样的动员性货币金融体制能够带来经济起飞的似乎反常的效果，与中国在改革开放之初存在人口红利的禀赋条件以及相应的出口导向型工业化的经济增长方式是密不可分的。主流经济学观点认为，出口导向型工业化的经济增长方式在性质上属于由外部技术引进推动的国内要素和资本积累，干中学则构成了其核心增长机制。① 张磊则进一步分析了动员性货币金融体制的具体机制。张磊认为，中国现行的动员性货币金融体制为政府主导型金融体制，在性质上属于由国家提供使金融中介免于破产的隐性担保、信贷利率管制，以及信贷利率补贴相配合复制低利率信贷集中性均衡（pooling equilibrium）。② 国家隐性担保、信贷利率管制和信贷利率补贴之间相辅相成。其中信贷利率管制意味着信用风险程度不同的借款人（企业家）支付相同利率（信贷集中性均衡的实质），国家隐性担保维持了信贷市场的存在，信贷利率补贴则激励了低风险的借款人（企业家）进入信

---

① 中国社会科学院经济研究所经济增长和宏观稳定课题组：《干中学、低成本竞争机制和增长路径转变》，《经济研究》2006 年第 4 期。

② 张磊：《后起经济体为什么选择政府主导型金融体制》，《世界经济》2010 年第 9 期。

贷市场，有助于改善借款人（企业家）的整体质量，降低信贷市场的维持成本。很显然，这样的政府主导型金融体制优点在于能够对所有合格借款人提供充分的信贷支持，最大限度地动员资源，推动出口导向型工业化，或干中学的经济增长。与此同时，出口导向型工业化，或干中学的经济增长则提供了同政府主导型金融体制最为匹配的增长方式，促进了相应的金融风险控制。有大量研究成果证实，国家隐性担保下的银行信贷扩张促进了中国的经济起飞。王广谦通过对中国改革开放17年来金融发展与经济增长的实证分析，论证了金融数量扩张对经济的推动作用和金融效率较低对经济带来的负面影响。① 张杰和张兴胜都肯定了通过金融抑制方式补贴体制内增长（主要指国有企业）对促进宏观经济稳定和增长的极端重要性。②③ 张杰还剖析了通过金融抑制方式补贴体制内增长的可能机制，即国有银行特殊的资本结构。以国家提供国有银行免于破产以及存款隐性担保体现出来的国家信誉才是国有银行资本金最重要组成部分。④ 中国社会科学院经济研究所经济增长和宏观稳定课题组进一步把中国改革开放以来的金融体系概括为国家隐性担保下的银行信用扩张、兼顾经济增长与通货膨胀控制的货币政策和基于资本管制的人民币固定汇率制"三驾马车"，更加系统地论证了在干中学的经济发展阶段，由货币、金融扭曲加速投资和经济增长的可行性。⑤ 与此同时，也有大量研究成果对国家隐性担保下的银行信贷扩张可能引发信用膨胀和经济波动表现出高度关注。黄达、周升业较早地界定了信用膨胀概念，并指出信用膨胀最终必将引发通货膨胀。引起货币投放的贷款，必须以本期流通中货币必要量的增加额为准。⑥ 超过这个界限会形成过多的货币投放，即信用膨胀。至于引发信贷投放过多和通货膨胀体制成因可具体概括为：因体制改革不到位，企业和各投资主体将资金过

---

① 王广谦：《提高金融效率的理论思考》，《中国社会科学》1996年第4期。
② 张杰：《渐进改革中的金融支持》，《经济研究》1998年第10期。
③ 张兴胜：《经济转型与金融支持》，社会科学文献出版社2002年版。
④ 张杰：《中国国有银行的资本金谜团》，《经济研究》2003年第1期。
⑤ 中国社会科学院经济研究所经济增长和宏观稳定课题组：《金融发展与经济增长：从动员性扩张向市场配置的转变》，《经济研究》2007年第4期。
⑥ 黄达、周升业：《什么是信用膨胀，它是怎样引起的?》，《经济研究》1981年第11期。

多地配置于固定资产投资,以及银行固定资产投资贷款规模高速增长,助长了固定资产投资膨胀,导致被迫采用信用膨胀方式缓解企业流动资金不足问题。固定资产投资过度引发信用和通货膨胀问题由蒋跃较早提出,王一江通过政府追求产出最大化,政府参与企业资源配置,政府与企业存在资源配置的信息不对称等一系列假定,更加严格地论证了这一理论可能性。①② 钱彦敏则从企业产权改革滞后和相应的内部人控制角度论证了代表性国有企业产出高于社会最优水平,倒逼出过度信贷投放和货币供给的机制。③ 钟伟、宛圆渊通过引入预算软约束,构建了金融危机的信贷扭曲膨胀微观基础,并提出防范这种类型的金融危机,必须从减少政策性负担、弱化政府隐含担保和引入竞争性金融体系入手。④ 易纲、林明提出,国有企业事后的费用最大化从而事前的投资最大化是中国经济规模扩张的主要动力,但这种增长方式成本极高,其直接后果是形成巨大的银行不良资产。⑤ 不过,正如 Rioja 和 Valev 所指出的那样,金融与经济增长的关系在不同阶段具有不同的表现形式:在发达国家主要通过影响生产力来促进经济增长,而在发展中国家则主要通过资本积累来促进经济增长。⑥ 还有大量研究成果侧重于探讨国家隐性担保下的银行信贷扩张促进经济起飞所需的具体条件和机制。林毅夫、孙希芳、姜烨提出,一个企业(或投资项目)通常有三类风险:技术创新风险、产品创新风险和企业家(经营)风险。⑦ 对于一个处于新兴产业的企业会主要面临技术和产品创新风险,而处于相对成熟产业的企业可能更多面临企业家(经营)风险。考虑到金融市场在分散和管理技术

---

① 蒋跃:《当前流动资金短缺机制及其缓解对策》,《经济研究》1986 年第 5 期。
② 王一江:《经济改革中投资扩张和通货膨胀的行为机制》,《经济研究》1994 年第 6 期。
③ 钱彦敏:《论企业外部性行为与货币政策效率》,《经济研究》1996 年第 2 期。
④ 钟伟、宛圆渊:《预算软约束和金融危机理论的微观建构》,《经济研究》2001 年第 8 期。
⑤ 易纲、林明:《理解中国经济增长》,《中国社会科学》2003 年第 2 期。
⑥ Rioja, F. and N. Valev, "Finance and the Source of Growth at Various Stage of Economic Development", *Economic Inquiry*, Vol. 42, 2004.
⑦ 林毅夫、孙希芳、姜烨:《经济发展中的最优金融结构理论初探》,《经济研究》2009 年第 8 期。

和产品创新风险时通常更有效率,作为一个后起经济体,中国在完成经济赶超任务时,适宜选择银行主导的金融结构。龚强、张一林、林毅夫运用一个企业融资模型继续探讨增长阶段、产业风险和金融结构的上述关系。① 该文发现,金融市场的有效运转需要以良好的市场环境为前提。市场环境是否优良,与相关法律、信用体系、产权保护、信息披露等制度的完善程度有关。与金融市场相比,银行通过要求企业提供贷款抵押并保留违约清算权力,能够更加有效地保护自身权益,并约束企业的道德风险。该文表明,当市场环境抑制了金融市场的有效性时,对于风险较低的成熟产业,银行更有利于促进产业的发展;然而,对于风险更高的创新产业,银行的融资效率显著下降,此时必须通过改善市场环境,才能发挥金融市场对产业的支持作用。车大伟运用一个熊彼特创新模型分析金融管制产生的原因及其影响。② 一方面,发展中国家初期阶段资金稀缺,如果采取跨越式发展又要求资本密集投资,两个条件叠加使得经济必然会内生出一套特殊的资金分配制度,并相应地演化出以资金配给和低利率为特征的金融管理体制。另一方面,低利率和信贷配给所导致的企业低效以及政府对于企业过多的保护又会进一步造成资本集中,从而容易形成以资本过度投资为特征的投资拉动型增长模式。当发展到一定程度以后,这种模式容易使经济陷入增长陷阱。余静文提出了最优金融条件假说。③ 在经济发展的初始阶段,一国在工业化以及基础设施建设方面具有更迫切需求,政府通过参与金融资源的分配有助于经济的起飞。市场制度的不健全、法律制度的不完善放大了市场失灵,政府参与资源配置的过程可以纠正市场失灵。此时,最优金融条件是低的,金融抑制政策的采取是合适的。随着经济的发展,政府对金融市场干预成本加大,一方面,经济的发展提高了准确掌握经济系统中信息的困难程度;另一方面,受到金融抑制负面影响的部门对外源融资的需求提高,如果不能改善融资条件,该部门的发展将受到损害。同

---

① 龚强、张一林、林毅夫:《产业结构、风险特性与最优金融结构》,《经济研究》2014 年第 4 期。
② 车大伟:《金融管制体制产生的内生机制及其影响》,《经济研究》2011 年第 2 期。
③ 余静文:《最优金融条件与经济发展》,《经济研究》2013 年第 12 期。

时,市场化进程的推进以及法律制度的完善使得市场机制能够更好地发挥资源配置功能,此时,最优金融条件会提高,继续采取金融抑制政策将不利于经济的发展。该文通过 63 个国家 1981—2005 年的数据,验证了最优金融条件假说,并以此为基础对中国金融改革进行分析。具体地讲,该文采用了源自 Abiad 等由 7 个子指标加权而成的金融抑制指数,并以样本中 OECD 国家作为参照组估计最优金融条件,其中这些国家金融抑制指标作为被解释变量,进而加入经济发展水平、人口年龄结构、法律起源等解释变量。[1] 在计量模型中,该文参照 Demirguc - Kunt 等的增长模型,被解释变量为经济发展水平,用以 2000 年不变价格计算的人均 GDP 的对数表示,关键解释变量为当前金融自由化程度与最优金融条件之差的绝对值。[2] 该文由此得出两者负相关,并指出中国减轻金融抑制的条件已经成熟。张成思、刘贯春构建了考察金融结构与经济增长关系的新古典增长模式,并以股市交易总额与金融机构贷款总额的比例构成作为金融结构的代理指标,运用 1996—2012 年中国 29 个省区市的面板数据验证了林毅夫等(2009)的逻辑。[3] 回归结果显示,金融结构对经济增长的影响显著为正,即金融市场在金融体系中相对重要性的上升已经有利于经济的快速发展。很显然,尽管付出了产业结构扭曲等代价,国家隐性担保下的银行信贷扩张仍对实现经济起飞功不可没。上述一系列分析表明,选择国家隐性担保下的银行信贷扩张这一动员性货币金融体制实际上是对斯密—杨定理[4]的一种具体运用。根据该定理,增长是由各种不断增加的活动类型之间的劳动专业化分工所支持的。随着经济的增长,更大的市场使得企业能够支付生产更大数量的中间投入所需要

---

[1] Abiad, A., T. Tressel, and E. Detragiache, "A New Database of Financial Reforms", *IMF Staff Papers*, Vol. 57, No. 2, 2009.

[2] Demirguc - Kunt, A., E. Feyen, and R. Levine, *Optimal Financial Structures and Development: The Evolving Importance of Banks and Markets*, World Bank Mimeo, 2011.

[3] 张成思、刘贯春:《经济增长进程中金融结构的边际效应演化分析》,《经济研究》2015 年第 12 期。

[4] Young, A., "Increasing Returns and Economic Progress", *Economic Journal*, Vol. 38, 1928.

的固定成本，而这又会进一步提高劳动、资本的生产力，从而保持了经济增长。因此，只要货币、金融体制能够有效动员储蓄，加速企业固定资产投资，充分利用人口红利，深化专业化分工，就能加速经济增长，并实现经济起飞。

第二节　动员性货币金融体制与中国经济增长方式转变的冲突

根据前面的分析，国家隐性担保下的银行信贷扩张无疑是实现经济起飞的中国增长奇迹重要组成部分。然而，世界上没有免费的午餐，随着经济起飞任务的完成，动员性货币金融体制却日益成为中国经济增长方式转变的障碍，人口老龄化时代的来临则加剧了这一点。随着工业化和城镇化推进，中国经过近30年的高速增长，也开始步入人口转型的第3阶段，即老龄化时代。人口红利的逐步消失对中国增长减速的影响在2011年以后变得尤为明显，从而提出了重构增长动力的时代挑战。Cai和Wang指出，随着我国大约在2013年人口抚养比由下降转为提高，传统意义上的人口红利趋于消失。① 中国经济增长前沿课题组认为，改革开放以来，中国由劳动力供给增长所带来的人口红利正在消失。② 目前，中国劳动力供给已经进入绝对减少的"拐点"区域，2015年之后，劳动年龄人口持续下降及相应劳动供给持续减少将成为常态。学术界对人口红利消失的预测也为有关统计资料所证实。至2012年年末，我国劳动年龄人口绝对数量出现首次下降。中国基于国内要素和资本积累的干中学增长日益表现出的后继乏力特征标志着增长方式亟须转变。Lee、Syed和Liu（2012）证实，即使以具有投资导向型经济增长

---

① Cai, Fang and Dewen Wang, "China's Demographic Transition: Implications for Growth", in Garnaut and Song (eds.), *The China Boom and Its Discontents*, Canberra: Asia Pacific Press, 2005.

② 中国社会科学院经济研究所经济增长和宏观稳定课题组：《干中学、低成本竞争机制和增长路径转变》，《经济研究》2006年第4期。

特征的亚洲经济体高标准衡量，中国实际投资率仍然显得偏高，跨期错配和过度投资严重。① 中国 30 多年来可预测的投资标准应占 GDP 的 33%—43%，但中国实际投资却在 GDP 的 35%—49% 的范围内波动。不过，只是在 2000 年以后，中国跨期错配问题才变得突出，并在 2009 年为了应对国际金融危机而实施一系列经济刺激方案以后越发严重。刘仁和、陈英楠、吉晓萌、苏雪锦从宏观经济学关于投资的 q 理论出发，借鉴金融经济学中基于生产的资产定价模型，构造出包含实物资本调整成本的资本回报率模型，再结合中国的宏观总量数据测算国内的资本回报率。② 从全球来看，一旦加入资本调整成本，中国的资本回报率可能没有明显高于其他经济体。值得指出的是，在剔除生产税和企业所得税的情形下，考虑调整成本的资本回报率从 2008 年的 9.82% 逐年下降到 2014 年的 3.02%。尽管自 2005 年以来，中国金融市场化改革和发展一度得以加速，但尚未充分做出推动增长方式转变的应有贡献。（1）利率市场化改革加速。长期以来中国实行信贷利率管制。金融机构存贷款利率种类、水平、浮动幅度均受到严格的管制，相应的利率调整周期也较长，可达 2—3 年。③ 从 1996 年放开银行间同业拆借市场利率算起，中国经历了漫长的信贷利率市场化过程。信贷利率市场化改革滞后状况直到 2004 年 10 月以后除城乡信用社以外的贷款利率上浮限制取消才有所改观。2012 年 6 月 8 日，央行在下调存贷款基准利率的同时，将存款利率浮动区间上限调整为基准利率的 1.1 倍，这是继 2004 年 10 月放开贷款利率上限和存款利率下限后，利率市场化改革向实质化迈进的重要一步。2015 年 10 月，央行解除了对商业银行等金融机构存款利率上限的管制，虽然央行会继续公布存贷款基准利率，但商业银行理论上已

---

① Lee M. I. H., Syed M. M. H., Xueyan, Liu, *Is China Over-Investing and Does it Matter?* International Monetary Fund, 2012.
② 刘仁和、陈英楠、吉晓萌、苏雪锦：《中国的资本回报率：基于 q 理论的估算》，《经济研究》2018 年第 6 期。
③ 全国金融机构贷款利率变化情况可参见 CEIC《新中国五十五统计资料汇编（1949—2004）》和《中国统计年鉴（2007）》。

经可以自主决定存贷款利率，这标志着信贷利率市场化在形式上已经完成。① 与此同时，其他金融产品，同业拆借、回购市场、债券市场、互换市场、网络金融如 P2P 都是买卖双方自主交易达成的价格，它们所隐含的利率都是市场化的利率。各期市场利率，包括短期、中期、长期市场利率形成一个完整的利率期限结构，正在金融资产的定价决定、资金配置方面发挥着重要作用。（2）股权分置改革的启动。2005 年 4 月 29 日，中国证监会启动了股权分置改革。截至 2007 年年底，股权分置改革基本完成。股权分置改革的完成使国有股、法人股、流通股利益分置、价格分置的问题不复存在，各类股东享有相同的股份上市流通权和股价收益权，各类股票按市场机制定价并成为各类股东共同的利益基础。因此，股权分置改革为中国资本市场优化资本配置功能的进一步发挥奠定了市场化基础，使中国资本市场在市场基础制度层面上与国际市场不再有本质的差别。（3）人民币外汇管理体制的放松。中国外汇管理体制改革主要沿着形成更为灵活的人民币汇率决定机制，并稳定汇率水平的方向展开。1994 年 1 月 1 日人民币官方汇率与外汇调剂价格正式并轨，中国开始实行以市场供求为基础的、单一的、有管理的浮动汇率制。2005 年 7 月 21 日中国出台了完善人民币汇率机制改革，人民币汇率不再钉住单一美元，而是以市场供求为基础，参考一篮子货币计算人民币多边汇率指数的变化对人民币汇率进行管理和调节，维护人民币汇率在合理均衡水平上的基本稳定。2015 年 8 月 11 日中国宣布"决定完善人民币兑美元汇率中间价报价"改革后，人民币汇率波幅一度骤然增加。为缓解人民币贬值压力，中国政府曾多次公开强调维护人民币汇率稳定的决心，并不断完善人民币兑美元汇率中间价报价机制，2017 年 5 月末在原有"收盘价 + 一篮子货币汇率变化"的报价模型中加入了"逆周期因子"，以对冲市场情绪的顺周期波动。

---

① 中国利率市场化历程：1996 年，取消同业拆借利率上限；1997 年，放开回购利率；1998 年，改革贴现率形成机制并增加贷款利率上限；1999 年，开始逐步允许不同的机构协商利率；2000 年更是放开外币存贷款利率；2004 年，扩大金融机构贷款利率浮动区间；2012 年 6 月，将存款利率浮动区间上限调整为基准利率的 1.1 倍；2014 年 11 月 21 日，将存贷款利率浮动区间上限调整为基准利率的 1.2 倍；2015 年 10 月 24 日，不再设定存款利率浮动上限。

中国现有的金融改革和发展还不足以推动增长方式转变,首先为股市这一经济发展晴雨表所反映。如图 10 – 5 所示,与中国长盛不衰的货币化进程相比,以沪深两市股票总市值占 GDP 比重衡量的资本化率则一波三折,自从 2007 年达到 1.2 的高点之后,直到 2017 年也只有 0.69。与此同时,中国现有的金融改革和发展还不足以推动增长方式转变,更集中体现在资金配置扭曲,特别是不能有效进行创新融资上。李科、徐龙炳将短期融资券的推出作为自然实验研究金融创新引起的公司融资约束变化对公司经营业绩的影响,从而为金融发展与经济增长的关系提供微观证据。①② 该文发现,公司融资约束的改善对经营业绩产生了显著的正面影响。平均来说,相对于信用等级较低的公司,信用等级较高的公司在公司经营业绩方面增长更快,资产收益率相对提高了约 4%,销售收益率相对增长了约 13%。该文进一步提供实证证据,说明

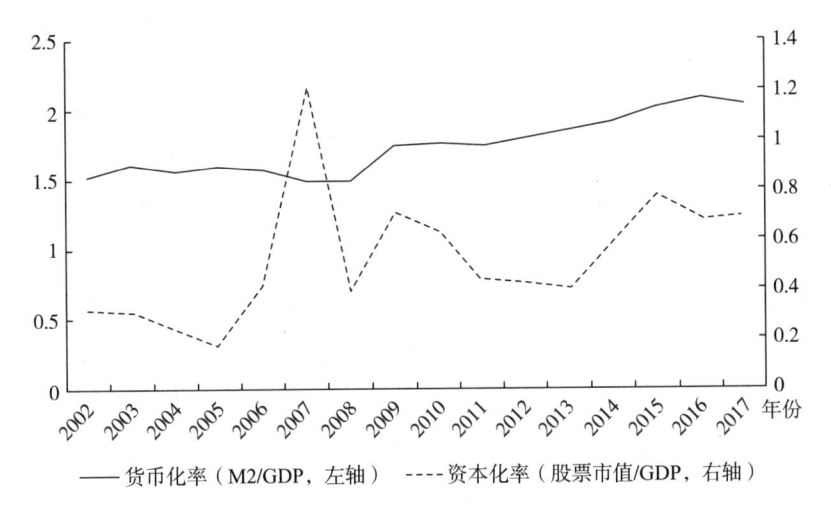

图 10 – 5 中国的资本化率

资料来源:CEIC。

---

① 2005 年 5 月 23 日中国人民银行发布《短期融资券管理办法》,允许企业在银行间债券市场发行短期融资券。短期融资券是指企业依照该办法规定的条件和程序在银行间债券市场发行和交易并约定在一定期限内还本付息的有价证券。但是,并非所有公司都可以发行短期融资券,只有信用评级较高的企业才能通过这种金融工具为企业融资。因此,短期融资券的金融工具创新为信用等级高、信息相对透明的企业创造了融资优势。

② 李科、徐龙炳:《融资约束、债务能力与公司业绩》,《经济研究》2011 年第 5 期。

公司融资约束改善对经营业绩影响的经济作用机制，并发现短期融资券推出后信用等级较高的公司利用了这一新金融工具的潜在融资优势，提高了其负债能力，特别是短期负债能力。由于负债能力的改善，信用等级较高的公司提高了竞争能力，采取了更加激进的经营策略，公司投资率和销售增长率得到了大幅提高。该项研究有助于证实，金融市场不完善导致了企业的融资约束，限制了企业的发展，因此阻碍了经济增长。屈文洲、谢雅璐、叶玉妹证实中国动员性货币金融体制既没有解决上市公司融资约束问题，又没有解决代理问题。[1] 该文借鉴 Ascioglu 等的方法，通过使用知情交易概率指标 PIN（probability of informed based trading）作为信息不对称的代理变量，探讨了信息不对称、融资约束与投资—现金流之间的关系。[2] 研究发现，融资约束很高和很低的公司均表现出更高的投资—现金流敏感性。这意味着，我国上市公司可能同时存在着融资约束导致的投资不足问题和代理成本导致的投资过度问题。当公司信息不对称程度低时，融资成本较低，公司可以获得充裕的资金，公司管理层的过度投资行为导致了投资—现金流敏感性；而当信息不对称程度高时，融资成本较高，投资—现金流敏感性主要是由融资约束导致的。也有相当多的研究证实，中国现有的货币金融体制对创新融资支持乏力。鞠晓生、卢荻、虞义华在使用 1998—2008 年中国非上市公司工业企业数据进行研究时，发现高的调整成本和不稳定的融资来源制约着企业的创新活动，迫使企业通过营运成本的调整进行平滑。[3] 该文按照 Hadloek 和 Pierce 提出的 SA 指数法，测量了企业的相对融资约束程度，发现企业受到的融资约束越严重，营运资本对创新的平滑作用

---

[1] 屈文洲、谢雅璐、叶玉妹：《信息不对称、融资约束与投资—现金流敏感性——基于市场微观结构理论的实证研究》，《经济研究》2011年第6期。
[2] Asli Ascioglu, Shantaram P. Hegde, John B. McDermott, "Information Asymmetry and Investment-Cash Flow Sensitivity", *Journal of Banking & Finance*, Vol. 32, No. 6, 2008.
[3] 鞠晓生、卢荻、虞义华：《融资约束、营运资本管理与企业创新可持续性》，《经济研究》2013年第1期。

越突出。①② 邓可斌、曾海舰进一步探讨了中国上市公司融资约束产生的特殊根源。③ 该文提出，"融资约束"（financial constrain）与"财务困境"（亦可称为"财务紧张"，financial distress）存在很大差别。根据 Fazzari 等（1988）的定义，融资约束是指由于市场不完备而导致企业外源融资成本过高，从而使得企业投资无法达到最优水平的情况。④ 财务困境则泛指企业所有资金无法得到满足的情况。很显然，融资约束风险增加与市场不完备紧密关联，从而使其不可分散。这种不可分散性的特质风险要求企业，特别是中小创业型企业只有积极进行创新，培育更强的技术创新能力和生产效率，才可能有效放松相应的融资约束。反而言之，如果放松融资约束不能促使企业更愿意承担风险和从事创新活动，而只是一味追求需要充裕资金投入的项目，就可能导致资金错误配置，进而危及经济增长源动力的产生。然而，尽管该文运用严格依据了融资约束的定义设计的指数更好地计算沪深上市公司的融资约束情况，但没有能够发现放松融资约束激励企业承担风险和进行创新的证据。中国企业的融资约束外生于市场，很大程度上源于政府对市场的干预，而不是源于市场竞争引起的市场摩擦和流动性约束。这导致了融资约束在中国成为一种外生于市场体系的系统性风险，投资者承担这一风险虽然能获得相应的股票超额收益，但外生系统性风险的性质决定了其不能对市场体系内的企业技术创新行为产生影响。正是由于中国融资约束具有外源于市场的根本性特征，解决融资约束问题不应仅仅关注消除市场摩擦（包括金融市场的摩擦）；更重要的是打破企业间的融资渠道壁垒，让融资约束风险产生于市场，并解决于市场。

---

① SA 指数同 KZ 方法类似，依据企业财务报告划分企业融资约束类型，但仅通过使用企业规模和企业年龄两个随时间变化不大且具有很强外生性的变量可以构建：－0.737：l＝Size＋0.043 Size －0.04 Age。邓可斌、曾海舰（2014）进一步探讨了中国上市公司融资约束产生的特殊根源。

② Hadlock, C. and J. Pierce, "New Evidence on Measuring Financial Constraints: Moving Beyond the KZ Index", *Review of Financial Studies*, Vol. 23, No. 5, 2010.

③ 邓可斌、曾海舰：《中国企业的融资约束：特征现象与成因检验》，《经济研究》2014 年第 2 期。

④ Fazzari, S., R. G. Hubbard and B. C. Petersen, "Financing Constraints and Corporate Investment", Brookings Papers on Economic Activity 1.

中国现有的货币金融体制满足不了增长方式转变的要求，总体说来与金融改革滞后存在莫大关系。首先，过于漫长的利率市场化改革扭曲了资金配置，损害了经济增长。同所有采取渐进式利率市场化改革的经济体类似，中国也确立了"先外币、后本币；先贷款、后存款；先长期大额、后短期小额"稳步推进的改革思路。但是，从1996年放开银行间同业拆借市场利率算起，中国利率市场化改革经历了20年之久，与主要国家相比改革的进程仍相对缓慢。例如，美国从1970年放开90天以内10万美元以上大额存单利率管制起，至1986年Q条例取消，经历了16年；日本1977年允许国债上市流通并于1978年放开银行间同业市场拆借利率起，至1994年取消所有存款利率限制，同样经历了16年；韩国从1981年放开商业票据贴现利率起，经过两个阶段的市场化改革后，至1997年利率市场化全面实现，也用了16年的时间。事实上，除法国和印度历经20年完成利率市场化改革外，大部分渐进改革国家都仅历经10年左右就实现利率完全开放的目标。过于漫长的利率市场化改革使得中国付出了诸多代价。利率扭曲就是其中重要根源之一。陈昆亭、周炎、黄晶运用DSGE周期模型集中研究了利率扭曲的负面影响。① 正如米塞斯—哈耶克工业波动模型所指出的那样，信贷扩张本身就有跨期错配风险管理难题（布赖恩·斯诺登、霍华德·文、彼得·温纳齐克，1998）。② 信贷扩张实质上相当于金融部门通过压低利率使得资产回报率偏低的投资项目获得过多的货币支持。由于缺乏消费者意愿储蓄配合，这样的信贷扩张最终必将导致恶性通货膨胀而被迫终止。届时随着利率跨期错配风险贴水飙升，经济和投资将转而开始进行收缩调整。国家对银行信贷扩张的隐性担保进一步加剧了跨期错配风险。该文所涉及的"利率扭曲"除了传统意义上的跨期错配，即现实经济中执行的政策利率的实际值（去除通胀）偏离中长期经济均衡的实际利率水平（即实际的自然利率水平），还包括实际存贷款利差偏离

---

① 陈昆亭、周炎、黄晶：《利率冲击的周期与增长效应分析》，《经济研究》2015年第6期。

② ［美］布赖恩·斯诺登、霍华德·文、彼得·温纳齐克：《现代宏观经济学指南——各思想流派比较研究引论》中译本，商务印书馆1998年版。

长期均衡的利差水平。该文研究发现:(1)存在明显的期限错配,实际储蓄利率的负向冲击,只在很短的时间内、以很有限的幅度引致经济增长,接着形成远超过增长幅度的大幅度萧条。(2)长期实际执行的储蓄利率均值接近于0不但造成收入分配不平等,还影响长期增长。过低的实际储蓄利率导致私人部门储蓄意愿不强,从而降低信贷市场上可贷资金的量,因此会降低投资,最终影响经济的长期增长。(3)金融市场摩擦(存贷款利差)冲击可能会改变中长期经济发展趋势。该实验表明,1%利差的增加将被转化为对投资和消费的挤出,其中对投资的挤出最多,达到全部挤出的81%,剩余19%的挤出中仅有1%是由企业家部门承担,18%形成对一般家庭消费的挤出。更多的研究探讨了利率市场化影响经济和金融的具体机制。简泽、干春晖、余典范在一个自然实验的框架下,考察了加入世界贸易组织后银行体制的变化对中国工业重构的影响。① 该文发现,银行部门的市场化促进了企业层面的重构和全要素生产率的改善。究其原因,在加入世界贸易组织后,银行部门的产权改革、银行与银行之间的竞争以及政府对银行部门管制的放松在一定程度上改变了银行行为和信贷资本的配置方式:一方面,从自己的利润最大化出发,逐步具有独立经济利益和经营自主权的银行倾向于将信贷资本提供给盈利能力较强的企业(Berglof and Roland, 1995),从而降低了银行解救低效率企业的激励;② 另一方面,随着银行开始成为独立的经济主体,单个银行可能面临流动性约束,进而在很大程度上限制了银行对低效率企业的解救(Dewartripont and Maskin, 1997)。③ 而且,银行与银行之间在相互拆借过程中可能存在的讨价还价也使得改革后的银行联合起来为低效率的企业融资变得无利可图(Povel,

---

① 简泽、干春晖、余典范:《银行部门的市场化、信贷配置与工业重构》,《经济研究》2013年第5期。

② Berglof, E. and G. Roland, "Soft Budget Constraint and Credit Crunches in Financial Transition", *European Economic Review*, Vol. 41, No. 3, 1997.

③ Dewartripont, M. and Maskin, "Credit and Efficiency in Centralized and Decentralized Economics", *Review of Economics*, Vol. 62, No. 4, 1995.

1995）。① 于是，银行行为和信贷资本的配置方式开始发生重要变化。随着银行行为和信贷资本配置方式的变化，信贷资本开始配置到盈利能力较强的企业，从而硬化了企业层面的预算约束。很显然，银行体制的变化对盈利能力不同的企业产生了不同的影响，在推动盈利能力较强的企业的重构和全要素生产率增长的同时，加剧了产业内不同企业之间生产效率的分化，进而激发了产业层面的重组和跨企业的资源再配置。在这个创造性破坏的过程中，产出创造率远远高于产出破坏率，并且跨企业的资源配置效率呈现明显改善的趋势。于是，银行部门的市场化推动了中国工业部门的增长和全要素生产率的改善。金中夏、洪浩、李宏瑾通过构建、校准和模拟 Stockman 现金先行动态随机一般均衡模型（DSGE），集中探讨了利率市场化，特别是存款利率市场化的好处。②③ 研究结果表明，名义存款利率上升通过提高存款实际利率和企业资本边际成本将有效抑制投资和资本存量增长，提升消费占 GDP 比重，从而有利于改善经济结构并促进经济可持续发展；在面对外部冲击时（无论是技术冲击，还是货币政策冲击），利率水平的上升还可以通过经济结构调整减少宏观经济的波动，从而有利于宏观经济的长期平稳增长；利率市场化后，实体经济对货币政策冲击的反应将大大加强，这也意味着货币政策利率传导渠道将更加通畅。相反，利率市场化改革后，关于名义存款利率上升将使经济发展受到冲击，并使投资和宏观经济增长面临负面影响的担心，并没有得到模型的支持。由此可见，尽管很多国家在利率市场化改革的同时或不久都出现了不同程度的金融危机和经济动荡，但并不能将其原因归咎为利率市场化改革本身，不恰当的宏观经济政策和失败的金融监管更应承担责任。很显然，利率市场化改革严重滞后将会付出相应代价。纪洋、徐建炜、张斌在借鉴 He 等与 Porter 和 Xu

---

① Povel, P., "Multiple Banking as a Commiment not to Rescue", *Research in Finance*, Vol. 21, 1995.

② 金中夏、洪浩、李宏瑾：《利率市场化对货币政策有效性和经济结构调整的影响》，《经济研究》2013 年第 4 期。

③ Stockman, A., "Anticipated Inflation and the Capital Stock in a Cash in Advance Economy", *Journal of Monetary Economics*, Vol. 8, No. 2, 1981.

研究基础上，运用一个银行寡头竞争的利率双轨制模型，经过比较静态分析、参数校准与数值模拟，刻画了"计划轨"的存款利率影响"市场轨"的贷款利率的微观机制。①②③ 该研究认为，放开存款利率上限是推进利率市场化的关键步骤，其作用机制主要可以归结为两点：（1）放宽存款利率上限将提高存款利率，增加居民部门的收益，并帮助银行吸引更多的可贷资金，从而缓解贷款的供给压力，降低贷款利率。（2）如果在保持上限的情况下适当降低银行业准入门槛，并不会降低融资成本。这是由于存款利率管制限制了银行的竞争手段，银行无法提高利率以吸引存款，缺乏相应的可贷资金来降低贷款利率。此外，在市场自由进出的条件下，放宽存款利率上限将导致部分银行破产，但由于中国对设立银行实行严格的审批制度，目前银行数量远低于长期均衡的银行数量，在现实中并没有破产风险。因此，利率市场化的代价实际上有可能被夸大。刘莉亚、余晶、杨金强、朱小能基于 De Young 等提出的贷款供给模型框架，构建了符合中国银行业特点的商业银行最优新增信贷决策的垄断竞争模型，探讨了利率市场化进程中竞争影响商业银行信贷结构的作用机制，并通过对 2007—2014 年中国银行业微观数据的分析，得到如下结论：（1）竞争有利于调整银行信贷结构，但会促使银行追求信贷扩张的冒险行为；（2）中小规模、低流动性水平、低资本充足率水平的银行的信贷结构调整更积极，并且更易寻求信贷扩张；（3）竞争加剧促使银行进一步增加对长期贷款的信贷资源配置，提升期限错配风险。④⑤ 因此，该文建议监管机构应该充分利用竞争和差异化监

---

① 纪洋、徐建炜、张斌：《利率市场化的影响、风险与时机——基于利率双轨制模型的讨论》，《经济研究》2015 年第 1 期。

② He, D., H. Wang and X. Yu, "Interest Rate Determination in China: Past, Present and Future", HKIMR (Hong Kong Institute of Monetary Research) Working Papers No. 042014, 2014.

③ Porter, N. and T. Xu, "Money Market Rates and Retail Interest Regulation in China: The Disconnect between Interbank and Retail Credit Conditions", Bank of Canada Working Paper, 2013.

④ 刘莉亚、余晶、杨金强、朱小能：《竞争之于银行信贷结构调整是双刃剑吗？——中国利率市场化进程的微观证据》，《经济研究》2017 年第 5 期。

⑤ De Young, R., A. Gron and G. Toma, "Risk Overhang and Loan Portfolio Decisions: Small Business Loan Supply Before and During the Financial Crisis", *Journal of Finance*, Vol. 70, No. 6, 2015.

管手段引导商业银行经营转型，并在宏观审慎管理的框架下，健全银行业风险管理措施。

其次，金融市场发展严重滞后不仅拖慢了利率市场化改革的速度，而且还使其效果大打折扣。金融市场发展滞后的最重要体制原因就是其迄今为止仍是被作为银行信贷的配套来对待的。如图10-6所示，尽管在全社会新增资金中，新增人民币贷款比重曾从2002年的92%下降到2013年最低点51%，新增外币贷款、新增委托贷款、新增信托贷款和企业债券融资等的比重一度稳步上升，但2017年新增人民币贷款占比重新回到71%。张勇、李政军和龚六堂的计算表明，中国2004—2013年平均国有银行信贷融资占社会总融资的比重为75%以上，说明实施存款利率管制的国有银行信贷融资成为融资主体，自由定价的市场融资则处于次要地位。①（1）为了同银行利率管制相适应，兼之企业债多头监管的干扰，企业债市场发展滞后。1987年3月，国务院颁布了《企业债券管理暂行条例》，规定企业债的发行须经中国人民银行审批，并

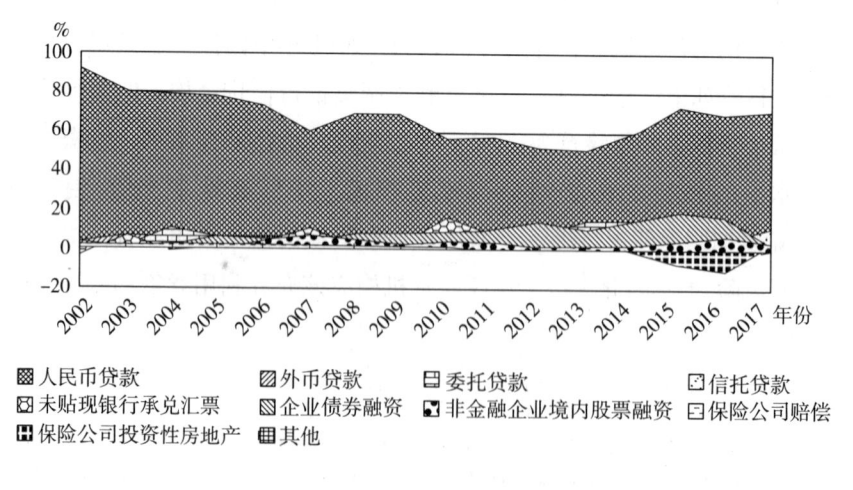

图10-6 社会融资规模结构

资料来源：CEIC。

---

① 张勇、李政军、龚六堂：《利率双轨制、金融改革与最优货币政策》，《经济研究》2014年第10期。

由中国人民银行会同国家计划委员会和财政部制定每年全国企业债发行的总额度。（2）作为债券市场发行利率的基准，国债市场发行方式和深度同样存在明显欠缺，进一步制约了企业债市场的发展。中国于1981年7月重新发行中断23年之久的国债。当时国债的特点是周期较长（10年）、不可转让，对购券的企业支付较低的利息，对居民支付较高的利息。这种近乎行政摊派式的国债发行只是随着国库券转让市场放开才逐步过渡到更加市场化的发行。[①]（3）中国股票市场监管体制也一直带有明显的刚性管制色彩。从股票上市、发行、配股权，一直到退市资格的确认上都体现出这一点。以股票发行为例，1990—2000年，对股票发行，监管机构采取了额度指标管理的审批制度，即将额度指标下达至省级政府或行业主管部门，由其在指标限度内推荐企业，再由中国证监会审批企业发行股票。2001年3月新股发行正式实施核准制，确立了以强制性信息披露为核心的事前问责、依法披露和事后追究的责任机制。与额度审批制相比，核准制的主要进步在于提高了发行审核工作的程序化和标准化程度，但额度审批的实质并未实现根本性改变。与此同时，股票发行定价制度也才逐步由行政主导转变为市场主导。正是这种过度管制严重制约了金融市场发展。有大量研究证实，由于更多地带有替代市场管制色彩。在1996—1998年的三年中，我国证监会规定，上市公司进行后续融资（配股）的必要条件是净资产收益率必须连续三年达到10%以上。陈小悦、肖星、过晓艳运用修正的Jones模型检验证实，上市公司在此期间为迎合监管部门的配股权规定存在利润操纵行为。[②] 该文进一步指出，上市公司利润操纵行为与僵化、简单的配股资格标准存在莫大关系。1994—1995年，由于总体经济形势比较乐观，采用三年平均净资产税后利润率10%的标准就显得过于宽松，于是在1996年对这一规定进行了修改，也就是变成了每年都必须达到10%的

[①] 1988年，国务院决定分期分批逐步放开国库券转让市场。4月21日，实施国库券店头买卖的第一批试点在沈阳等7个城市同时开始。1990年年初，国库券交易试点已逐步扩大到全国92个城市。

[②] 陈小悦、肖星、过晓艳：《配股权与上市公司利润操纵》，《经济研究》2000年第1期。

更为严格的标准。这本来是出于保护投资者利益的考虑，但实际执行中，由于这是一种明确的数量化标准，加上总体经济形势的逆向变化，这一规定并没有真正达到保护投资者的目的，反而激励上市公司通过利润操纵达到新标准。因此，该文提出，扩大对上市公司业绩评价的范围，变原来单一的利润指标为包括利润数额和利润结构的多元指标，可以提高信息披露质量。黄志忠、陈龙以上海证券交易所1994年年底之前上市的公司为样本，采用多种统计方法，分析了它们连续6年的盈利报告，结果发现：（1）上市公司盈利额及总资产利润率并不遵循随机游走过程和带成长因素的随机游走过程。（2）从盈利增量呈强负自相关的两个样本组合的统计分析看，模型中加进盈利增量变量，较大地提高了模型拟合度。这些检验结果证实在此期间上市公司存在盈余操纵问题，同时表明证监会对配股资格的新规定并未起到提高信息披露质量的作用。[①] 证监会于1999年3月26日公布的《关于上市公司配股工作有关问题的通知》中，对上市公司配股权有了新的规定：由原来每年净资产税后利润率均达到10%变成了净资产税后利润率三年平均在10%以上，同时每年都在6%以上。王亚平、吴联生、白云霞运用所有报告样本的报告盈余信息，通过假设报告盈余服从混合正态分布，运用参数估计的方法对阈值处的盈余管理频率和幅度进行推断。研究结论表明，中国上市公司1995—2003年都存在为避免报告亏损而进行的盈余管理。2001—2003年平均有64.4%的亏损公司在阈值0点上进行了盈余管理并达到避免报告亏损的目的，平均盈余管理幅度为提高ROA数据0.065。[②] 陈信元、叶鹏、陈冬华则从僵化、简单的配股资格标准激励"机会主义资产重组"角度对中国"替代（市场）性管制"提出新的不利证据。[③] 平新乔、李自然通过理论模型证明，在上市公司质量服从

---

① 黄志忠、陈龙：《中国上市公司盈利成长规律实证分析》，《经济研究》2000年第12期。

② 王亚萍、吴联生、白云霞：《中国上市公司盈余管理的频率与幅度》，《经济研究》2005年第12期。

③ 陈信元、叶鹏飞、陈冬华：《机会主义资产重组与刚性管制》，《经济研究》2003年第5期。

正态分布的前提下,若证监会按经验估计的净资产收益率的均值来确定上市公司再融资资格,则危险很大,它反而会增加虚假的信息披露频率。① 除了揭示刚性管制对上市公司信息披露质量扭曲之外,还有部分研究成果对刚性管制规则本身的合理性进行了质疑。王立彦、刘军霞通过检验 A—H 股公司 1994—2000 年净利润双重报告差异发现,1998 年以前内地与香港的会计准则存在较大差异,但 1998 年的内地新会计准则的实行并没有能够消除或者显著减少双重报告差异。② 对检验结果分析表明,1998 年会计制度还不完全是上市公司经营者所需要的会计规则,是产生差异的重要原因。1998 年会计规则并非利益相关者共同选择的纳什均衡结果,自然容易被经营者所背离。在此规则的制定过程中,会计准则起草人根据自己掌握的资料以及德勤咨询专家组提供的比较研究报告所起草的研究报告,没有向社会公众公开,严重影响利益相关者对会计准则制定的参与。姜国华、王汉生运用模型证实,亏损以及连续亏损与否,并不直接依赖于公司长期的盈利能力,而是直接依赖于盈亏稳定性指标。③ 因此,对连续两年亏损的上市公司进行特殊处理的监管政策(俗称 ST 政策)未必能起到促进上市公司发展,规范股市的作用。李远鹏以 1996—2006 年中国上市公司数据为样本,研究发现,所谓的经济周期与上市公司经营绩效背离之谜只不过是根源于 IPO 时的利润操纵。④ 很显然,由于更多地带有替代市场管制色彩,而对强制信息披露范围和真实性要求不足,中国上市公司信息披露制度规范、发展资本市场,增强资本配置功能的作用受到很大局限。与上市公司信息披露制度有限改进形成鲜明对照的是,曾被公认为中国资本市场最大制度

---

① 平新乔、李自然:《上市公司再融资资格的确定与虚假信息披露》,《经济研究》2003 年第 2 期。

② 王立彦、刘军霞:《上市公司境内外会计信息披露规则的执行偏差——来自 A—H 股公司双重财务报告差异的证据》,《经济研究》2003 年第 11 期。

③ 姜国华、王汉生:《上市公司连续两年亏损就应该被"ST"吗?》,《经济研究》2005 年第 3 期。

④ 李远鹏:《经济周期与上市公司经营绩效背离之谜》,《经济研究》2009 年第 3 期。

缺陷之一的股权分置改革，由于充分遵循了市场化原则却取得较大成功。①②③ 实际上，股权分置设计初衷是向内部资本市场方向发展。所谓内部资本市场，系指企业相互持有股份并进行内部转让，公开的二级市场相对不发达。本来如果坚持这样的资本市场发展方向，中国金融体制很可能演变成日、德全能银行模式，以主办银行制、企业相互持股、公开资本市场，特别是股票市场滞后发展为特征。然而，由于股票市场的迅速发展，特别是国有上市公司不断放弃配股权，资本市场这一发展方向变得难以为继，从而转为更为充分的市场化取向。辛宇、徐莉萍分别使用市场化指数和政府有效性指数作为治理环境的替代变量，在投资者保护的分析框架下，讨论了治理环境在股改对价和送出效率确定过程中的作用。结果发现较好的治理环境会使上市公司产生"公司治理溢价"，明显降低股权分置改革成本。④ 杨丹、魏韫新、叶建明引入了一个通用的非流通股股价修正方法，即假定每股非流通股价值是流通股的一个比重，并把这一比重作为未知的参数进行估计。运用这一修正方法研究全流通改革是否公平补偿流通股股东时，发现只有非流通股比率较小的公司补偿是公平的。⑤ 廖理、张学勇利用中国家族上市公司股权分置改革前后的季度时间数据，实证显示，全流通能够有效纠正上市公司终极控制者的利益取向，抑制其掏空行为。⑥ 尽管受上市公司治理结构不完善等因素影响，股权分置改革仍然存在效率损失，不过，总体说来，股权分置改革在保持市场稳定前提下取得了成功（赵俊强、廖士

---

① 何佳、夏晖：《有控制权利益的企业融资工具选择——可转换债券融资的理论思考》，《经济研究》2005年第4期。

② 刘煜辉、熊鹏：《股权分置、政府管制和中国IPO抑价》，《经济研究》2005年第5期。

③ 吴卫星、汪勇祥：《基于搜寻的有限参与、事件风险与流动性》，《经济研究》2004年第8期。

④ 辛宇、徐莉萍：《投资者保护视角下治理环境与股改对价之间的关系研究》，《经济研究》2007年第9期。

⑤ 杨丹、魏韫新、叶建明：《股权分置对中国资本市场实证研究的影响及模型修正》，《经济研究》2008年第3期。

⑥ 廖理、张学勇：《全流通纠正终极控制者利益取向的有效性》，《经济研究》2008年第8期。

光、李湛，2006；沈艺峰、许琳、黄娟娟，2006）。①② 金融市场发展滞后给利率市场化改革造成很大负面影响。部分研究表明，实体经济和金融市场改革滞后阻滞了利率市场化改革。张勇、李政军、龚六堂运用一个将利率双轨制引入带融资溢价的新凯恩斯 DSGE 模型证实，利率双轨制内生决定于中国同时存在的高产品市场扭曲和融资扭曲。③ 在金融市场和商品市场效率没有根本性提高、非金融部门的预算软约束没有根除的条件下硬化国有商业银行的预算软约束，推动利率市场化改革，不仅高的市场扭曲会推高融资溢价和融资成本，而且预算软约束的国有企业和地方融资平台会进一步挤压对利率敏感的私有部门的融资机会，加剧资金分配的无效率。因此，应该打破产业垄断，使国有企业真正成为自我约束和自我激励的市场经济主体，不断增强市场配置资源的功能；增加直接融资的比例，减少政府对私有融资部门的干预，降低金融市场制度性摩擦，提高金融市场的运转效率。只有在这样的条件下，才能实现完全的利率市场化，并使得福利损失最小化。陈彦斌、陈小亮、陈伟泽通过引入"扭曲税"刻画利率管制，构建了一个含有异质性生产效率冲击与企业融资约束的动态一般均衡模型，并用此来研究利率管制对总需求结构失衡的影响以及利率市场化改革的宏观经济效应。④ 扭曲税的具体设计为：家庭因为面临"扭曲税"而且预期到下一期不会通过转移支付得到被征的"扭曲税"，因此会减少下一期消费；为了平滑消费，家庭将减少本期消费，增加储蓄和投资，从而使两期边际效用相等；政府需要将"扭曲税"通过信贷市场投资于国有部门。综合两方面作用，收"扭曲税"将使全社会储蓄和投资增加，资本边际产出会降低，利率也就会偏低，于是既实现了对利率的管制，又刻画出中国

---

① 赵俊强、廖士光、李湛：《中国上市公司股权分置改革中的利益分配研究》，《经济研究》2006 年第 11 期。

② 沈艺峰、许琳、黄娟娟：《我国股权分置中对价水平的"群聚"现象分析》，《经济研究》2006 年第 11 期。

③ 张勇、李政军、龚六堂：《利率双轨制、金融改革与最优货币政策》，《经济研究》2014 年第 10 期。

④ 陈彦斌、陈小亮、陈伟泽：《利率管制和总需求结构失衡》，《经济研究》2014 年第 2 期。

"低利率与高储蓄并存"的典型特征。研究发现，利率管制能够扩大投资、挤压消费，而融资约束强化了利率管制的作用效果，因此利率管制加剧了总需求结构失衡程度。利率市场化改革将使居民部门消费占 GDP 比重提高 4.7 个百分点，而投资占 GDP 的比重降低 1.6 个百分点，因此总需求结构将有所改善。但是，贷款利率将从 3.66% 提高到 4.59%，提高幅度达到 25.4%，全社会投资规模因为资金成本的上升而萎缩，资本存量将下降 10.3%，最终导致总产出下降 7.2%。如果在利率市场化的同时，通过配套金融改革降低私人企业的融资约束，那么不仅能够改善总需求结构，而且还可以有效避免利率管制对总产出的冲击。还有部分研究成果揭示了金融市场扭曲对利率市场化改革效果的负面影响。强静、侯鑫、范龙振将一年期存款基准利率作为影响债券市场利率期限结构的政策基准利率；短期市场利率与基准利率的偏差可以用来衡量资金流动性，将其作为影响市场利率的第二个因子变量；由于投资长期债券具有风险，将风险溢酬作为第三个因子变量。基于这三个变量构造仿射利率期限结构模型。① 实证表明，模型很好地解释了国债各期利率从 2002 年到 2017 年的表现。模型揭示，政策基准利率仍是决定市场各期利率重要的变量，而资金流动性因子主要影响短期利率的变动，风险溢酬因子主要决定长期市场利率的变动。研究还发现，政策基准利率与预期通胀率高度相关，但市场各期利率与预期通胀率联系很弱。原因在于，资金流动性因子与预期通胀率在样本期的前后两个阶段都呈负相关。② 因此，简单地放松利率管制只是市场化改革的开始，建立紧密联系经济基本面的市场化利率是下一步改革的重点。

最后，作为金融改革最为滞后的领域，人民币汇率制度始终处于希望增加汇率弹性又害怕汇率浮动的两难选择，更加损害了资金配置效率

---

① 强静、侯鑫、范龙振：《基准利率、预期通胀率和市场利率期限结构的形成机制》，《经济研究》2018 年第 4 期。

② 为了反映市场环境的变化，该文把样本分成前半段和后半段。第一阶段为 2002 年 1 月至 2010 年 12 月，第二个阶段为 2011 年 1 月至 2017 年 12 月。第二个阶段利率市场化改革的步伐加快，先是允许存贷款利率围绕基准利率浮动，到后来不再设限，最近两年央行探索了价格型的货币政策调控手段，如利率走廊制度。

的提高。部分研究证实，中国的经济和金融稳定需要加大人民币汇率弹性。袁申国、陈平、刘兰凤建立一个小型开放经济 DSGE 模型，用以验证存在金融加速器的条件下，浮动汇率和固定汇率在影响经济稳定方面是否存在差异。[①] 该文研究 1994 年 1 月至 2008 年 6 月人民币汇率去除趋势后的变动情形后发现，1997 年 1 月至 2005 年 7 月基本上实行固定汇率制度，该段时期可作为固定汇率制度分析，而 2005 年 8 月至 2008 年 6 月人民币汇率制度更偏向浮动汇率制度，所以把这段时期近似作为浮动汇率制度进行分析。运用上述数据检验发现，相对于浮动汇率，固定汇率会放大金融加速器效应，加剧经济波动。陈创练、姚树洁、郑挺国、欧璟华从理论上分析了国际资本流动与利率、汇率之间的时变和互动关系，并采用时变参数向量自回归模型实证分析了中国 1997 年 1 月至 2016 年 4 月三者之间的时变动态关系。[②] 该文发现，在利率—汇率—资本流动三者相互传导过程中，利率渠道最为不顺畅。利率对国际资本流动影响渠道受阻，除了因为我国利率的价格机制作用有限和资本账户管制外，另外一个原因则在于汇率日波动受限从而削弱了利率对汇率波动的传导效应，并使得"非平抛利率平价"曲线无法更好地发挥作用。然而，中国实体经济和金融市场扭曲却使得增加人民币汇率弹性变得困难重重。梅冬洲、龚六堂通过将 Bernanke 等模型推广到小国开放经济中，考察了中国及新兴市场经济国家在一种特殊的货币错配，即普遍持有大量美元资产、企业融资主要依靠国内银行、经济时刻面临升值压力情况下的汇率制度选择问题。[③][④] 对这种特殊的货币错配研究较少，其中以麦金农提出的"高储蓄两难"模型最具代表性，但该模型

[①] 袁申国、陈平、刘兰凤：《汇率制度、金融加速器和经济波动》，《经济研究》2011 年第 1 期。

[②] 陈创练、姚树洁、郑挺国、欧璟华：《利率市场化、汇率改制与国际资本流动的关系研究》，《经济研究》2017 年第 4 期。

[③] 梅冬洲、龚六堂：《新兴市场经济国家的汇率制度选择》，《经济研究》2011 年第 11 期。

[④] Bernanke, B., M. Gertler and S. Gilchrist, "The Financial Accelerator in A Quantitative Business Cycle Framework", in J. Taylor and M. Woodford eds., *Handbook of Macroeconomics*, Vol. 2, North‐Holland, Amsterdam, 1999.

缺乏微观基础。施建淮对麦金农的"高储蓄两难综合征"理论曾提出过质疑。① 该文通过分析该理论背后两个关键命题（汇率变动对经常项目的调整无效和本币资产的风险升水为负，以吸引美元资产的持有）的证明中存在的问题，认为麦金农关于"如果人民币升值，中国将很有可能陷入通货紧缩螺旋和零利率流动性陷阱"的说法不成立。因此，人民币适度升值具有可行性。② 不过，施建淮自己所做的实证研究还是证实了麦金农人民币升值紧缩效应的判断。③ 梅冬洲、龚六堂的研究弥补了微观基础的不足，并发现汇率制度的选择与持有的美元资产比例和金融加速器效应直接相关，其数值模拟证实，无论是出口正向冲击还是世界利率负向冲击均可能导致中国产出下降，甚至引发流动性陷阱，具体机制为出口正向冲击或世界利率负向冲击都将迫使人民币面临升值压力，损害国内企业净值，进而通过金融加速器效应提高外部融资成本，引致经济衰退。还有部分研究成果考虑到开放经济中的大国因素。徐建炜、杨盼盼将人民币实际汇率分解为可贸易品偏离一价定律部分和"相对"价格变动部分，发现可贸易品偏离一价定律因素对实际汇率波动的贡献达到60%—80%，而"相对"价格变动，即可贸易品与不可贸易品之间的相对价格波动的影响只占20%—40%。④ 由于经济的相对发展阶段是解释这一分解结论的重要因素，所以在未来很长一段时间内，可贸易品偏离一价定律仍然是人民币实际汇率波动的主要因素。尽管该文并未就可贸易品偏离一价定律的决定因素做出进一步的探讨，但隐含的并非世界价格接受者的大国假定是显而易见的。此外，就中国而言，人民币名义汇率的黏性也是不容忽视的影响因素。在人民币的名义汇率存在黏性的情况下，国内外通货膨胀率不会对名义汇率变动做出充分调整，从而导致贸易产品的国内外价格长期偏离一价定律决定的水

---

① McKinon, R., *Exchange Rates under the East Asian Dollar Standard: Living with Conflicted Virtue*, MIT Press (Cambridge), 2005.
② 施建淮：《高储蓄真是两难的吗？——与麦金农教授商榷》，《经济学（季刊）》2005年10月。
③ 施建淮：《人民币升值是紧缩性的吗？》，《经济研究》2007年第1期。
④ 徐建炜、杨盼盼：《理解中国的实际汇率：一价定律偏离还是相对价格变动？》，《经济研究》2011年第7期。

平。唐翔认为,中国日益恶化的地区间竞次,即竞争名次导致各部门单位产出的中间投入和工资成本不断下降,进而通过三种价格乘数效应严重压低了中国的物价和工资水平,是产生人民币实际汇率低估的主要原因。① 该文对标准的投入产出模型加以拓展,并对两个在中国存在严重竞次现象的部门(公路货运业和煤炭开采业)进行竞次的价格水平效应模拟。结果显示,竞次可以充分解释西方学者所认为的人民币在2005年前后被低估的幅度(30%—40%)。很显然,保持人民币名义汇率基本稳定不过是实现经济起飞的动员性货币金融体制的一个重要组成部分。与此同时,人民币汇率制度弹性不足还引发了资本管制扭曲。为了同保持货币政策独立性和实现人民币汇率基本稳定相适应,中国被迫采取严格的资本管制并带来相应的扭曲。尽管早在1994年1月1日就已经实现人民币在经常项目下的有条件可兑换,但在资本项目下的自由兑换却进展比较缓慢。根据中国央行课题组2012年报告给出的定义,资本账户开放是一个逐渐放松资本管制,允许居民与非居民持有跨境资产以及从事跨境资产交易,实现货币自由兑换的过程。② 在IMF对一国资本管制划分的7大类40项指标中,中国现在不可兑换项目为4项,部分可兑换22项,基本可兑换14项。在未来5—10年内对资本流动的管理要逐步用价格型代替数量型。刘莉亚、程天笑、关益众、杨金强提出现有的大部分研究资本管制的文献存在如下缺陷,可能导致资本管制效果高估及其带来扭曲低估的可能性。③(1)已有理论仅考虑了资本管制对资产收益率的影响,但事实上,资本管制具有相当的扭曲性,在降低资产收益率的同时,对产出冲击波动也有相当强烈的影响。(2)大部分实证研究使用国际资本净流动数据,这不仅抹平了国际资本总流动的波动性,导致研究结论存在偏差,也无法区分国内外投资者的行为差异。该文在Cowan等的小国模型框架下,假设国内产出冲击波动是资

---

① 唐翔:《人民币低估之谜:一个投入产出分析》,《经济研究》2012年第10期。
② 2012年2月23日,央行课题组发布《我国加快资本账户开放的条件基本成熟》报告。
③ 刘莉亚、程天笑、关益众、杨金强:《资本管制能够影响国际资本流动吗?》,《经济研究》2013年第5期。

本管制的函数，发现并验证了当资本管制加剧国内产出冲击波动时，资本管制将不能有效地降低国际资本总流动。① 究其原因，资本管制容易滋生腐败，不利于本国金融市场发展，加大了国内企业融资成本，导致政府政策不受市场纪律约束，这些外部性都会导致国内产出冲击波动增大。此外，金融市场发展也倾向于降低资本管制效率。尽管有部分研究成果证实了在资本管制的基础上，货币政策能够同时实现国内经济和人民币汇率稳定，但这样的货币政策有效性却正在受到越来越大的挑战（姚余栋、李连发、辛晓岱，2014；张勇，2015）。②③ 李成、王彬和马文涛建立了开放经济条件下包含多个非有效资产市场的动态宏观经济模型，理论推演得到中央银行货币政策反应函数即最优利率规则。④ 结果显示，利率调控不仅需要对产出与通货膨胀的动向做出反应，还要对资产价格及汇率变动有相应的调整。现有的利率调控主要针对经济增长和通货膨胀稳定，对资产价格特别是股票价格和汇率的关注程度不显著，使得中国利率调整对资本市场较快发展条件下的宏观经济变化反应不够充分，通货膨胀或通货紧缩存在一定的自我实现机制，需要拓展货币政策调控宽度。伴随着资本市场投资规模的扩大，其对国民经济发展的影响正不断增强，资产价格波动效应已不仅局限于资产市场本身，也开始影响总需求层面，需要在货币政策上得到反映。此外，随着利率与汇率的市场化程度提高，汇率与利率间的链条渐渐拉紧，也加剧了货币政策平衡的难度。2005年"汇改"后到2008年（特别是2006—2007年），巨额贸易顺差和国际短期资本大量流入导致外汇储备激增，在统一结售汇制度下人民银行收购外汇投放了大量的基础货币，造成了流动性过剩，通胀压力加大。对此，国内利率陷入两难，一则需要降低利

---

① Cowan, K., J. De Gregorio, A. Micco and C. Neilson, "Financial Diversification, Sudden Stops, and Sudden Starts, Current Account and External Financing", Working Paper, 2008.
② 姚余栋、李连发和辛晓岱：《货币政策规则、资本流动与汇率稳定》，《经济研究》2014年第1期。
③ 张勇：《热钱流入、外汇冲销与汇率干预——基于资本管制和央行资产负债表的DSGE分析》，《经济研究》2015年第7期。
④ 李成、王彬和马文涛：《资产价格、汇率波动与最优利率规则》，《经济研究》2010年第3期。

率，削薄国际短期投机资本套利空间，从而部分缓解人民币升值压力；二则有必要提升利率以加重资金成本，约束资金需求，防止国内经济过热。这一时期，伴随人民币小幅升值的是人民银行多次提高利率，旨在保持宏观经济运行平稳和紧缩流动性，无暇顾及汇率的变化。

很显然，利率市场化改革漫长，金融市场发展滞后，人民币汇率弹性不足和资本管制日渐失效共同作用造成资金配置扭曲，特别是不能有效进行创新融资，从而阻碍了中国经济增长方式的转变。

第三节 中国金融市场化改革面临的难题

根据上面的分析，中国国家隐性担保下的银行信贷扩张的艰难解构尚不足以满足增长方式转变的需要。究其原因，这种金融市场化改革的难点在于不仅要解决与动员性货币金融体制相伴随的国企和地方政府预算软约束治理难题，而且还要防范由抑制信贷过度扩张可能引发的债务—通缩风险。中国人民银行营业管理部课题组针对中国部分企业中存在的预算软约束问题及其造成价格扭曲、资源错配的现实背景，在金融加速器理论的基础上，建立嵌入预算软约束的金融加速器机制，通过企业与金融机构债务契约优化问题，得到预算软约束企业的融资溢价方程，阐述预算软约束造成价格扭曲及资源错配的内生机理。[①] 具体地讲，金融加速器可以起到提高融资溢价，进而降低企业杠杆和减少可贷资金供给作用。因此，金融加速器可以通过调节融资溢价水平促使资金流向财务状况更好、收益率更高的企业，优化资金配置；在经济下行时期，可以加快生产低效、财务风险较大的企业退出，促进市场出清。相反，预算软约束却会在很大程度上抵消金融加速器作用。预算软约束使得企业融资溢价与杠杆率的相关程度减弱，企业对利率、负债的敏感度降低。政府担保程度越大，企业融资溢价越低，获得可贷资金越多，杠

---

① 中国人民银行营业管理部课题组：《预算软约束、融资溢价与杠杆率——供给侧结构性改革的微观机理与经济效应研究》，《经济研究》2017年第10期。

杆越高。王博森、吕元稹、叶永新将政府隐性担保定义为债券违约后的政府兜底偿付概率，并以 Dufie 和 Singleton 的模型为基础，分析中国债券市场中隐性担保问题。①②③ 具体地讲，就是借助 CIR 仿射模型利率模型，采用卡尔曼滤波，结合极大似然估计方法，从债券价格推测投资者对不同种类债券违约概率的看法：通过使用样条方法拟合了不同种类债券即期利率曲线；通过在经典模型中引入政府隐性担保概率，对政府隐性担保在债券定价中的作用进行了测算。AA 评级中央企业债和地方国有企业债的定价中，分别隐含着对应政府以 39.9% 和 6.7% 概率进行的隐性担保，而类似隐性担保在 AA + 评级中央企业债和国有企业债定价中分别为 33.9% 和 1.2%。该数字远低于 100% 的政府实际兜底概率，反映了投资者对于政府可能进行的隐性担保有较为理性保守的判断。而同时投资者对于不同类型债券的隐性担保也有不同评价：投资者对中央政府进行债务兜底的预期高于地方政府，而投资者在投资低评级债券时更加看重发债主体背后的政府隐性支持。马文涛、马草原运用多政府层级的动态随机一般均衡模型，探讨了政府担保及其"稳增长"目标在地方政府债务中的作用。④ 研究发现，政府担保的发挥不仅依赖于其对产出增速的反应，还借助于地方竞争。当只考虑政府担保对产出增速的反应，政府担保可能一方面带动产出增长，另一方面又可能因对企业效率的负面影响而抑制产出，从而可能步入"越担保就越需要担保"的干预陷阱。但如果进一步引入地方政府竞争，这一效应并非平均分配，还存在着在地方竞争下因本区域政府担保提高资本收益率而对外区域形成负向"溢出效应"，从而更加剧了产出增速和债务扩张的大起大落。中央政府对地方政府的纵向担保以及担保在地方政府间的分配是在财政

---

① 王博森、吕元稹、叶永新：《政府隐性担保风险定价：基于我国债券交易市场的探讨》，《经济研究》2016 年第 10 期。

② Duffie, D. and K. J. Singleton, "Model of the Term Structure of Interest – Rate Swap Yields", *Journal of Finance*, Vol. 52, 1997.

③ Duffie, D. and K. J. Singleton, "Modeling Term Structure of Defaultable Bonds", *Review of Financial Studies*, Vol. 12, 1999.

④ 马文涛、马草原：《政府担保的介入、稳增长的约束与地方政府债务的膨胀陷阱》，《经济研究》2018 年第 5 期。

分权和金融分权的体制组合下进行的。在财政分权体制下激烈的地方竞争将迫使地方政府不仅要追求"稳增长",更要积极地为"稳增长"筹措资金。在中央与地方的事权与财权极度不对等的情况下,地方政府通过干预金融体系,为自己或者为存在政治关联的企业提供融资便利成为题中应有之义,政府担保正是政府干预金融体系的重要方式。由于金融分权引发的通胀以及金融风险由整个经济分担,而好处却由单区域独享(如增大企业融资,GDP 增长更快)。理论上,金融分权与财政分权组合会软化微观预算约束,加剧金融分权的负面效应。该文证实,政府担保对地方政府债务的解释度在长期内维持在 30% 左右,其缺失可能引起地方政府债务风险的集中释放。据此,应平衡好稳增长、去杠杆与防风险在宏观调整中的相对关系,并进一步理顺中央政府与地方政府的事权与财权,使其制度化与透明化,适时弱化地方政府对微观个体的担保。王永钦、陈映辉、杜巨澜选取了一个独特的视角,即从交易城投债的金融市场的角度,将城投债的收益率价差分解成流动性风险价差部分和违约风险价差部分,利用(对于地方政府而言)外生的冲击,通过双重差分的方法来进一步识别中国地方政府债务的违约风险。[①] 在中国经济整体的风险方面,该文利用了中国的货币政策冲击、2008—2009 年的国际金融危机、实际汇率冲击;地方层面的风险方面,控制了财政收支情况、土地价格和产业结构等信息。回归结果证实,宏观外生冲击稳健地被定价,地方性的信息却并没有被定价和反映在收益率价差中。换言之,地方政府债务的违约风险并没有在城投债的收益率价差中得到反映,而中国的整体违约风险则在其中得到了有效的定价;整体违约风险价差在 2012 年后大幅飙升。这也初步表明,中国的地方债存在较严重的软预算约束问题,金融市场并没有将不同的地方债区别对待。牛霖琳、洪智武、陈国进使用 5 年期城投债与国债的利差作为地方政府性债务风险的市场化代表因子,采用无套利 Nelson–Siegel 利率期限结构扩展模型,在保证各期限国债定价一致性的基础上,对 2009—2014 年间

---

① 王永钦、陈映辉、杜巨澜:《软预算约束与中国地方政府违约风险:来自金融市场的证据》,《经济研究》2016 年第 11 期。

国债收益率曲线和城投债利差的周数据联合建模,研究两者的联合动态与风险传导机制。① 分析结果表明,以城投债利差为代表的地方政府性债务风险对国债收益率定价具有显著作用:一方面,国债因其安全性对信用较差的城投债具有替代性,表现为城投债利差扩大降低中短期国债预期收益率("避风港效应");另一方面,市场对城投债的风险判断也反映在国债的风险溢价中,城投债风险上升导致地方政府债务负担加重,在现有体制下会形成在中央政府的隐性财务负担("补偿效应")。虽然这两者的综合作用在样本内表现为"避风港效应"占优于"补偿效应",但如果不能有效地控制地方债务风险,可能引起债券市场系统性风险的爆发和国债溢价及收益率的显著上升。除了探讨引发高杠杆的预算软约束等体制因素外,也有很多成果讨论了把握去杠杆的节奏,防止引发债务—通缩风险的重要性。彭方平、欧阳志刚、展凯、刘良基于非线性模型预测控制方法,从理论上分析债务陷阱的发生机制。在经济处于较低负债水平时,负债对投资(产出)具有显著的正向作用,随着负债水平的不断上升,当超过阈值约 0.8 时,负债所造成的风险溢价上升,带来投资(产出)的急剧下降,而投资(产出)的急剧下降反过来又促成债务的不可持续性增长,进而使得经济落入了债务陷阱。② 该文进一步基于中国 2002—2013 年上市公司数据证实了上述理论分析,并表明,从企业层面来看,中国已落入债务陷阱状态。马勇、田拓、阮卓阳、朱军军基于 91 个国家 1983—2012 年的面板数据,采用系统 GMM 估计方法和二元面板离散选择模型对金融杠杆、经济增长与金融稳定之间的关系进行了实证分析。③ 实证结果表明:(1)去杠杆化对经济增长具有显著的负效应,同时,伴随着去杠杆化进程,金融危机的发生概率会明显增加;(2)金融杠杆波动与经济增长和金融稳定均呈显

---

① 牛霖琳、洪智武、陈国进:《地方政府债务隐忧及其风险传导——基于国债收益率与城投利差的分析》,《经济研究》2016 年第 11 期。
② 彭方平、欧阳志刚、展凯、刘良:《我国落入债务陷阱了吗?——理论模型与经验证据》,《金融研究》2017 年第 2 期。
③ 马勇、田拓、阮卓阳、朱军军:《金融杠杆、经济增长与金融稳定》,《金融研究》2016 年第 6 期。

著负相关,表明金融杠杆波动程度的加大不仅会危害经济增长,同时还会对金融体系的稳定性产生负面影响。上述结论对一国的经济增长与金融稳定具有比较确切的政策启示。首先,应考虑从防患于未然的角度,前瞻性地加强金融杠杆的宏观管理,避免整个金融体系出现过度杠杆化的倾向。其次,在危机后"被动去杠杆化"的过程中,应尽可能地采取循序渐进的策略,充分考虑政策实施过程中应有的平滑操作,最大限度地避免金融杠杆急速下降所导致的经济衰退和金融不稳定。纪敏、严宝玉、李宏瑾提出尽管杠杆率水平与经济发展水平在超过阈值后呈负相关,但阈值本身并不稳定,债务的可持续性,即债务和货币扩张能否得到有效维持,对经济增长和金融稳定同样重要。[①] 由于债务形成的投资或消费能够推动 GDP 增长,只要(人均)债务增速快于杠杆率增速,那么(人均)名义 GDP 仍能实现正增长。因而,债务可持续能力不同的国家,在相同杠杆率水平下,经济表现并不相同。通常,在经济负债水平和杠杆率较低情形下,货币和信贷扩张确实能够带来经济的快速增长,但这种效果在长期内将消耗殆尽,杠杆效率高低是其中的关键决定因素。因此,一方面应合理把握去杠杆和经济结构转型的进程,避免过快压缩信贷和投资可能引发的流动性风险和"债务—通缩"风险,另一方面政府宜减少直接的资源配置,创造必要的环境由市场去选择谁加杠杆、谁去杠杆以优化杠杆结构、提升杠杆效率。陈雨露、马勇、徐律基于 119 个国家 1980—2012 年的动态面板数据,从实证角度研究了人口老龄化对金融杠杆的影响,发现在越过老龄化"拐点"之后,"去杠杆化"进程将伴随金融危机发生概率的明显上升。[②] 根据文章实证结论推算,中国极有可能在 2019—2028 年间进入拐点区域,此后,人口老龄化、金融部门"去杠杆化"和资产价格的下降可能产生"共振"效应,并对金融体系的稳定性造成猛烈冲击。谭海鸣、姚余栋、郭树强、宁辰以房地产这一代表性的资本品为纽带,综合库兹涅兹"长周期"理论和

---

① 纪敏、严宝玉、李宏瑾:《杠杆率结构、水平和金融稳定——理论分析框架和中国经验》,《金融研究》2017 年第 2 期。

② 陈雨露、马勇、徐律:《老龄化、金融杠杆与系统性风险》,《国际金融研究》2014 年第 9 期。

城市层级体系理论，构建了中国"长周期"可计算一般均衡（CGE）模型。① 并以日本战后的人口数据和宏观经济数据为基础估计参数，模拟分析人口老龄化和人口迁移两大人口性因素对中国 2015—2050 年经济增长、城镇化和房地产价格的中长期影响。该文还引入金融杠杆和理性预期因素，探讨了杠杆率与经济增长、人口迁移及出生率的相互作用关系。研究发现，由于人口老龄化的影响，中国的经济增速在 2021—2025 年可能会出现台阶式下行，并触发房价下跌和"逆城镇化"。在经济加速可能导致杠杆高企的条件下，片面强调降杠杆有可能引发长期经济衰退。张斌、何晓贝、邓欢以次贷危机前美欧国家的杠杆率上升为参照，比较了中国 2009—2016 年中国杠杆率上升的现象、构成、原因及其对实体经济的影响。② 较高的货币增速、地方政府和国有企业预算软约束、高储蓄率等原因难以解释中国近年来杠杆率的快速上升。在从制造到服务的经济结构转型特定背景下，债务扩张带来的真实 GDP 增速和通胀增速边际效力下降，带来杠杆率上升。应对中国式高杠杆的关键在于两方面。一是避免债务—通缩恶性循环，温和的通胀最有利于减少债务，通缩则会进一步增加真实债务并加剧杠杆。二是通过放松服务业管制、平衡中央和地方关系并推动相关投融资机制改革以及其他释放经济增长活力的改革措施能减少政府保稳定和就业的压力，避免政府被动加杠杆。

第四节　结　论

根据前面的分析，在改革开放后形成的中国国家隐性担保下的银行信贷扩张有效地动员了储蓄，加速了投资和经济增长，对实现经济起飞做出了应有贡献。经济起飞任务的完成以及人口老龄化时代的来临，迫切要求中国转变基于国内要素和资本积累的干中学增长方式，形成由能

---

① 谭海鸣、姚余栋、郭树强、宁辰：《老龄化、人口迁移、金融杠杆与经济长周期》，《经济研究》2016 年第 2 期。
② 张斌、何晓贝、邓欢：《不一样的杠杆——从国际比较看杠杆上升的现象、原因与影响》，《金融研究》2018 年第 2 期。

够创造市场的创新推动的新增长动力。然而,利率市场化改革漫长,金融市场发展滞后,人民币汇率弹性不足和资本管制日渐失效共同作用使得这一动员性货币金融体制解构困难重重,造成资金配置扭曲,特别是不能有效进行创新融资,从而阻碍了中国经济增长方式的转变。更为关键的是,进一步深化金融市场化改革,需要在防范由去杠杆可能引发的债务—通缩风险基础上,解决隐藏在动员性货币金融体制背后的国企和地方政府预算软约束治理难题。徐忠将中国未来金融市场化改革的重点概括为新时代背景下中国金融体系与国家治理体系现代化。① 这一历史任务要求:(1)金融治理要与国家治理体系的其他治理更加密切地融合,更好地发挥金融治理在国家治理体系和治理能力现代化中的作用,这包括财政与金融的关系,去杠杆与完善公司治理的关系,金融风险防范与治理机制完善的关系,人口老龄化、养老金可持续与资本市场的关系。(2)建设现代金融体系要以建设现代金融市场体系为纲,重点是破解市场分割和定价机制扭曲。(3)要依据金融市场发展一般规律建设中国现代金融体系,明确中央银行与金融监管不可分离,建立激励相容的监管体系。

参考文献

[美] 布赖恩·斯诺登、霍华德·文、彼得·温纳齐克:《现代宏观经济学指南——各思想流派比较研究引论》中译本,商务印书馆1998年版。

[美] 亚历山大·格申克龙:《经济落后的历史透视》中译本,商务印书馆2009年版。

车大伟:《金融管制体制产生的内生机制及其影响》,《经济研究》2011年第2期。

陈创练、姚树洁、郑挺国、欧璟华:《利率市场化、汇率改制与国际资本流动的关系研究》,《经济研究》2017年第4期。

---

① 徐忠:《新时代背景下中国金融体系与国家治理体系现代化》,《经济研究》2018年第7期。

陈昆亭、周炎、黄晶:《利率冲击的周期与增长效应分析》,《经济研究》2015 年第 6 期。

陈小悦、肖星、过晓艳:《配股权与上市公司利润操纵》,《经济研究》2000 年第 1 期。

陈信元、叶鹏飞、陈冬华:《机会主义资产重组与刚性管制》,《经济研究》2003 年第 5 期。

陈彦斌、陈小亮、陈伟泽:《利率管制和总需求结构失衡》,《经济研究》2014 年第 2 期。

陈雨露、马勇、徐律:《老龄化、金融杠杆与系统性风险》,《国际金融研究》2014 年第 9 期。

邓可斌、曾海舰:《中国企业的融资约束:特征现象与成因检验》,《经济研究》2014 年第 2 期。

樊明太:《金融结构及其对货币传导机制的影响》,《经济研究》2004 年第 7 期。

葛致达:《财政、信贷与物资的综合平衡问题》,《经济研究》1963 年第 10 期。

龚强、张一林、林毅夫:《产业结构、风险特性与最优金融结构》,《经济研究》2014 年第 4 期。

何佳、夏晖:《有控制权利益的企业融资工具选择——可转换债券融资的理论思考》,《经济研究》2005 年第 4 期。

黄达、周升业:《什么是信用膨胀,它是怎样引起的?》,《经济研究》1981 年第 11 期。

黄志忠、陈龙:《中国上市公司盈利成长规律实证分析》,《经济研究》2000 年第 12 期。

纪敏、严宝玉、李宏瑾:《杠杆率结构、水平和金融稳定——理论分析框架和中国经验》,《金融研究》2017 年第 2 期。

纪洋、徐建炜、张斌:《利率市场化的影响、风险与时机——基于利率双轨制模型的讨论》,《经济研究》2015 年第 1 期。

简泽、干春晖、余典范:《银行部门的市场化、信贷配置与工业重构》,《经济研究》2013 年第 5 期。

姜国华、王汉生：《上市公司连续两年亏损就应该被"ST"吗?》，《经济研究》2005 年第 3 期。

蒋跃：《当前流动资金短缺机制及其缓解对策》，《经济研究》1986 年第 5 期。

金中夏、洪浩、李宏瑾：《利率市场化对货币政策有效性和经济结构调整的影响》，《经济研究》2013 年第 4 期。

鞠晓生、卢荻、虞义华：《融资约束、营运资本管理与企业创新可持续性》，《经济研究》2013 年第 1 期。

李成、王彬和马文涛：《资产价格、汇率波动与最优利率规则》，《经济研究》2010 年第 3 期。

李科、徐龙炳：《融资约束、债务能力与公司业绩》，《经济研究》2011 年第 5 期。

李远鹏：《经济周期与上市公司经营绩效背离之谜》，《经济研究》2009 年第 3 期。

廖理、张学勇：《全流通纠正终极控制者利益取向的有效性》，《经济研究》2008 年第 8 期。

林继肯：《坚持货币的经济发行》，《经济研究》1981 年第 1 期。

林继肯：《论货币需要量及其确定方法》，《江汉学报》1963 年第 11 期。

林毅夫、孙希芳、姜烨：《经济发展中的最优金融结构理论初探》，《经济研究》2009 年第 8 期。

刘莉亚、程天笑、关益众、杨金强：《资本管制能够影响国际资本流动吗?》，《经济研究》2013 年第 5 期。

刘莉亚、余晶、杨金强、朱小能：《竞争之于银行信贷结构调整是双刃剑吗？——中国利率市场化进程的微观证据》，《经济研究》2017 年第 5 期。

刘仁和、陈英楠、吉晓萌、苏雪锦：《中国的资本回报率：基于 q 理论的估算》，《经济研究》2018 年第 6 期。

刘煜辉、熊鹏：《股权分置、政府管制和中国 IPO 抑价》，《经济研究》2005 年第 5 期。

马文涛、马草原：《政府担保的介入、稳增长的约束与地方政府债务的膨胀陷阱》,《经济研究》2018 年第 5 期。

马勇、田拓、阮卓阳、朱军军:《金融杠杆、经济增长与金融稳定》,《金融研究》2016 年第 6 期。

梅冬洲、龚六堂:《新兴市场经济国家的汇率制度选择》,《经济研究》2011 年第 11 期。

牛霖琳、洪智武、陈国进:《地方政府债务隐忧及其风险传导——基于国债收益率与城投利差的分析》,《经济研究》2016 年第 11 期。

彭方平、欧阳志刚、展凯、刘良:《我国落入债务陷阱了吗?——理论模型与经验证据》,《金融研究》2017 年第 2 期。

平新乔、李自然:《上市公司再融资资格的确定与虚假信息披露》,《经济研究》2003 年第 2 期。

钱彦敏:《论企业外部性行为与货币政策效率》,《经济研究》1996 年第 2 期。

强静、侯鑫、范龙振:《基准利率、预期通胀率和市场利率期限结构的形成机制》,《经济研究》2018 年第 4 期。

屈文洲、谢雅璐、叶玉妹:《信息不对称、融资约束与投资—现金流敏感性——基于市场微观结构理论的实证研究》,《经济研究》2011 年第 6 期。

沈艺峰、许琳、黄娟娟:《我国股权分置中对价水平的"群聚"现象分析》,《经济研究》2006 年第 11 期。

施建淮:《高储蓄真是两难的吗?——与麦金农教授商榷》,《经济学(季刊)》2005 年第 10 期。

施建淮:《人民币升值是紧缩性的吗?》,《经济研究》2007 年第 1 期。

谭海鸣、姚余栋、郭树强、宁辰:《老龄化、人口迁移、金融杠杆与经济长周期》,《经济研究》2016 年第 2 期。

唐翔:《人民币低估之谜:一个投入产出分析》,《经济研究》2012 年第 10 期。

王博森、吕元稹、叶永新:《政府隐性担保风险定价:基于我国债券交易市场的探讨》,《经济研究》2016 年第 10 期。

王广谦:《提高金融效率的理论思考》,《中国社会科学》1996 年第

4 期。

王立彦、刘军霞：《上市公司境内外会计信息披露规则的执行偏差——来自 A—H 股公司双重财务报告差异的证据》，《经济研究》2003 年第 11 期。

王亚萍、吴联生、白云霞：《中国上市公司盈余管理的频率与幅度》，《经济研究》2005 年第 12 期。

王一江：《经济改革中投资扩张和通货膨胀的行为机制》，《经济研究》1994 年第 6 期。

王永钦、陈映辉、杜巨澜：《软预算约束与中国地方政府违约风险：来自金融市场的证据》，《经济研究》2016 年第 11 期。

吴卫星、汪勇祥：《基于搜寻的有限参与、事件风险与流动性》，《经济研究》2004 年第 8 期。

谢平、罗雄：《泰勒规则及其在中国货币政策中的检验》，《经济研究》2002 年第 3 期。

辛宇、徐莉萍：《投资者保护视角下治理环境与股改对价之间的关系研究》，《经济研究》2007 年第 9 期。

徐建炜、杨盼盼：《理解中国的实际汇率：一价定律偏离还是相对价格变动？》，《经济研究》2011 年第 7 期。

徐忠：《新时代背景下中国金融体系与国家治理体系现代化》，《经济研究》2018 年第 7 期。

杨丹、魏韫新、叶建明：《股权分置对中国资本市场实证研究的影响及模型修正》，《经济研究》2008 年第 3 期。

姚余栋、李连发和辛晓岱：《货币政策规则、资本流动与汇率稳定》，《经济研究》2014 年第 1 期。

易纲、林明：《理解中国经济增长》，《中国社会科学》2003 年第 2 期。

余静文：《最优金融条件与经济发展》，《经济研究》2013 年第 12 期。

袁申国、陈平、刘兰凤：《汇率制度、金融加速器和经济波动》，《经济研究》2011 年第 1 期。

张斌、何晓贝、邓欢：《不一样的杠杆——从国际比较看杠杆上升的现象、原因与影响》，《金融研究》2018 年第 2 期。

张成思、刘贯春:《经济增长进程中金融结构的边际效应演化分析》,《经济研究》2015年第12期。

张杰:《渐进改革中的金融支持》,《经济研究》1998年第10期。

张杰:《中国国有银行的资本金谜团》,《经济研究》2003年第1期。

张磊:《后起经济体为什么选择政府主导型金融体制》,《世界经济》2010年第9期。

张兴胜:《经济转型与金融支持》,社会科学文献出版社2002年版。

张勇:《热钱流入、外汇冲销与汇率干预——基于资本管制和央行资产负债表的DSGE分析》,《经济研究》2015年第7期。

张勇、李政军、龚六堂:《利率双轨制、金融改革与最优货币政策》,《经济研究》2014年第10期。

赵进文、黄彦:《中国货币政策与通货膨胀关系的模型实证研究》,《中国社会科学》2006年第5期。

赵俊强、廖士光、李湛:《中国上市公司股权分置改革中的利益分配研究》,《经济研究》2006年第11期。

中国经济增长前沿课题组:《中国经济转型的结构性特征、风险与效率提升路径》,《经济研究》2013年第10期。

中国人民银行营业管理部课题组:《预算软约束、融资溢价与杠杆率——供给侧结构性改革的微观机理与经济效应研究》,《经济研究》2017年第10期。

中国社会科学院经济研究所经济增长和宏观稳定课题组:《干中学、低成本竞争机制和增长路径转变》,《经济研究》2006年第4期。

中国社会科学院经济研究所经济增长和宏观稳定课题组:《金融发展与经济增长:从动员性扩张向市场配置的转变》,《经济研究》2007年第4期。

钟伟、宛圆渊:《预算软约束和金融危机理论的微观建构》,《经济研究》2001年第8期。

Abiad, A., T. Tressel and E. Detragiache, "A New Database of Financial Reforms", *IMF Staff Papers*, Vol. 57, No. 2, 2009, pp. 281–302.

Asli Ascioglu, Shantaram P. Hegde, John B. McDermott, "Information Asymmetry and Investment – Cash Flow Sensitivity", *Journal of Banking & Finance*, *Vol. 32*, *No. 6*, *2008*, *pp. 1036 – 1048*.

Ben S. Bernake and Mark Gerter, "Agency Costs, Net Worth, and Business Fluctuations", *American Economic Review*, Vol. 79, No. 1, 1989, pp. 14 – 31.

Benjamin M. Friedman, Kenneth N. Kuttner, Ben S. Bernake and Mark Gerter, "Economic Activity and the Short – Term Credit Markets: An Analysis of Prices and Quantities", *Brookings Papers on Economic Activity*, Vol. 1993, No. 2, 1993, pp. 193 – 283.

Berglof, E. and G. Roland, "Soft Budget Constraint and Credit Crunches in Financial Transition", *European Economic Review*, Vol. 41, No. 3, 1997, pp. 807 – 818.

Bernanke, B., M. Gertler and S. Gilchrist, "The Financial Accelerator in a Quantitative Business Cycle Framework", in J. Taylor and M. Woodford eds., *Handbook of Macroeconomics*, Vol. 2, 1341 – 1393, North – Holland, Amsterdam, 1999.

Cai, Fang and Dewen Wang, "China's Demographic Transition: Implications for Growth", in Garnaut and Song (eds.), *The China Boom and Its Discontents*, Canberra: Asia Pacific Press, 2005.

Cowan, K., J. De Gregorio, A. Micco and C. Neilson, "Financial Diversification, Sudden Stops, and Sudden Starts", Current Account and External Financing, Working Paper, 2008.

Demirguc – Kunt, A., E. Feyen and R. Levine, "Optimal Financial Structures and Development: The Evolving Importance of Banks and Markets", World Bank Mimeo, 2011.

Dewartripont M. and Maskin, "Credit and Efficiency in Centralized and Decentralized Economics", *Review of Economics*, Vol. 62, No. 4, 1995, pp. 541 – 555.

DeYoung, R., A. Gron and G. Toma, "Risk Overhang and Loan Portfolio Decisions: Small Business Loan Supply Before and During the Financial

Crisis", *Journal of Finance*, Vol. 70, No. 6, 2005, pp. 2451 – 2488.

Duffie, D. and K. J. Singleton, "Model of the Term Structure of Interest – rate Swap Yields", *Journal of Finance*, Vol. 52, 1997, pp. 1287 – 1321.

Duffie, D. and K. J. Singleton, "Modeling Term Structure of Defaultable Bonds", *Review of Financial Studies*, Vol. 12, 1999, pp. 687 – 720.

Fazzari, S., R. G. Hubbard and B. C. Petersen, "Financing Constraints and Corporate Investment", *Brookings Papers on Economic Activity1*, 1988, pp. 141 – 195.

Hadlock, C. and J. Pierce, 2010. "New Evidence on Measuring Financial Constraints: Moving Beyond the KZ Index", *Review of Financial Studies*, Vol. 23, No. 5, 2010, pp. 1909 – 1940.

He, D., He. Wang and X. Yu, "Interest Rate Determination in China: Past, Present and Future", HKIMR (Hong Kong Institute of Monetary Research) Working Papers, No. 042014, 2014.

Lee M. I. H., Syed, M. M. H. and Xueyan M. L., "Is China Over – Investing and Does it Matter?", International Monetary Fund, 2012.

McKinon, R., *Exchange Rates under the East Asian Dollar Standard: Living with Conflicted Virtue*, MIT Press (Cambridge), 2005.

Porter, N. and T. Xu, "Money Market Rates and Retail Interest Regulation in China: The Disconnect between Interbank and Retail Credit Conditions", Bank of Canada Working Paper, 2013.

Povel, P., "Multiple Banking as a Commiment not to Rescue", *Research in Finance*, Vol. 21, 1995, pp. 175 – 199.

Rioja, F. and N. Valev, "Finance and the Source of Growth at Various Stage of Economic Development", *Economic Inquiry*, Vol. 42, 2004.

Stockman, A., "Anticipated Inflation and the Capital Stock in a Cash in Advance Economy", *Journal of Monetary Economics*, Vol. 8, No. 2, 1981, pp. 387 – 393.

Young, A., "Increasing Returns and Economic Progress", *Economic Journal*, Vol. 38, No. 152, 1928, pp. 527 – 542.

第十一章 收入分配理论创新与发展

改革开放40年来，我国收入分配理论和实践经历了一个不断演进的过程。改革伊始，针对平均主义"大锅饭"，我们首先肯定物质利益原则，提出切实贯彻按劳分配原则。随着经济市场化进程的推进，除按劳分配外，其他收入分配方式逐渐进入经济生活，尤其是生产要素越来越多地参与到收入分配中来，居民收入来源日趋多元化，呈快速增长态势。中共十四届三中全会提出了"按劳分配为主体、多种分配方式并存"的基本收入分配制度，实现了收入分配理论的重大突破。在收入分配理论不断演进的过程中，公平与效率的关系、收入差距和共同富裕等问题也一直是理论探讨和实践的热点。党的十八大以来，收入分配理论得到了进一步发展，更加强调公平正义、共同富裕和人民的"获得感"，"共享"被作为新发展理念的重要组成部分。

第一节　改革开放初期肯定物质利益原则和回归"按劳分配"原则

分配关系和分配原则的变动，是一个社会利益格局的重要调整，是经济体制演变的综合反映。要弄清改革开放以来我国收入分配理论的演进过程，有必要回顾一下收入分配理论和实践演进的历史出发点。

我国收入分配理论演进的理论起点是经典作家对未来社会个人消费品分配的构想。马克思在《资本论》中描绘了"自由人联合体"的个人消费品的分配："每个生产者在生活资料中得到的份额是由他的劳动时间决定的"，劳动时间是"计量生产者在共同产品中个人所占份额的尺度"。① 马克思对未来社会收入分配理论的完整论述，则是在《哥达纲领批判》中：每一个生产者，在作了各项扣除以后，从社会领回的，正好是他给予社会的。他所给予社会的，就是他个人的劳动量。……他以一种形式给予社会的劳动量，又以另一种形式领回来。② 马克思承认未来社会劳动者个人收入和消费上的差别。列宁后来将马克思按劳分配原则概括为"按等量劳动领取等量产品"，③ 并根据苏联社会主义经济建设的实际情况，对按劳分配原则的实践形式进行了探索，如通过货币工资制度（包括计时与计件工资）来实行按劳分配、通过奖金与利润提成来保证"多劳多得，少劳少得"等。

计划经济时期，理论和政策上是承认按劳分配原则的，即"多劳多得，少劳少得，不劳动者不得食"。实践中，农村集体经济采用"工分制"，政府机关、事业单位、全民所有制企业和城镇集体企业采用"工资制"。但无论是工资制还是工分制，在实践中都演变为平均主义"大锅饭"，根本原因在于，在计划经济条件下找不到有效的手段来准确计量劳动者实际付出的劳动的质和量，只能以劳动时间、按事先评定的工资等级来计量劳动量，结果必然是既无效率又无公平。根据杨小凯的测算，1981年湖北全省的基尼系数为0.1332。④ 据世界银行估计，1980年中国城市居民收入的基尼系数为0.16。⑤ 这表明，当时中国城市和农村居民的收入都处于高度平均之中。

针对计划经济时期平均主义造成的懒惰和效率低下，改革开放伊始，我们就明确强调物质利益原则和切实贯彻按劳分配。1978年12月，邓小平在《解放思想，实事求是，团结一致向前看》的著名讲话中，鲜明提出了要实行社会主义的物质利益原则。他说：不讲多劳多得，不重视物质利益，对少数先进分子可以，对广大群众不行，一段时

---

① 《马克思恩格斯文集》第五卷，人民出版社2009年版，第96页。
② 《马克思恩格斯文集》第三卷，人民出版社2009年版，第434页。
③ 《列宁选集》第三卷，人民出版社1972年版，第252页。
④ 杨小凯：《社会经济发展的重要指标——基尼系数》，《武汉大学学报》1982年第6期。
⑤ 世界银行：《中国：社会主义经济发展》第一卷（英文），华盛顿，1983年版，第83页。

间可以，长期不行。革命精神是非常宝贵的，没有革命精神就没有革命行动。但是，革命是在物质利益的基础上产生的，如果只讲牺牲精神，不讲物质利益，那就是唯心论。邓小平还提出了"先富"论断，同时阐释了"先富"和"共富"的内在联系。他说：要允许一部分地区、一部分企业、一部分工人农民，由于辛勤努力成绩大而收入先多一些，生活先好起来。一部分人生活先好起来，就能产生极大的示范力量，影响左邻右舍，带动其他地区、其他单位的人们向他们学习。这样，就会使整个国民经济不断地波浪式地向前发展，使全国各族人民都能够比较快地富裕起来。对于社会主义物质利益原则，列宁在十月革命胜利四周年时曾做了清晰的阐述，他说：我们为热情的浪潮所激励，我们首先激发了人民的一般政治热情，然后又激发了他们的军事热情，我们曾计划依靠这种热情直接实现与一般政治任务和军事任务同样伟大的经济任务。……现实生活说明我们错了。……不能直接凭热情，而要借助伟大革命所产生的热情，靠个人利益，靠同个人利益的结合，靠经济核算。1978年年底，中共十一届三中全会召开，会议指出：调动我国几亿农民的社会主义积极性，必须在经济上充分关心他们的物质利益，1979年9月中共十一届四中全会通过的《中共中央关于加快农业发展若干问题的决定》指出：按劳分配、多劳多得是社会主义的分配原则，决不允许把它当作资本主义原则来反对。1984年《中共中央关于经济体制改革的决定》提出，国有企业内部拉开收入档次，以充分体现奖勤罚懒、奖优罚劣，充分体现多劳多得、少劳少得，充分体现脑力劳动和体力劳动、复杂劳动和简单劳动、熟练劳动和非熟练劳动、繁重劳动和非繁重劳动之间的差别；鼓励一部分人先富起来是走向共同富裕的必由之路。

改革开放初期，我国思想理论界关于按劳分配的讨论异常热烈，许多重要的经济学家都参与其中，仅1977年春至1978年冬就召开了四次有关按劳分配的大型讨论会，[1]构成当时思想解放运动的重要组成部分。可以说，经济学界的拨乱反正是从按劳分配讨论开始的。于光远认

---

[1] 参见《按劳分配理论讨论会四次会议纪要汇编》，中国财政经济出版社1979年版。

为,按劳分配是客观经济规律:如果长期不贯彻按劳分配,社会主义制度就不能存在下去。按劳分配是社会主义本性所决定的。① 对于按劳分配的必然性,大多数学者是从公有制来论证的。徐禾认为,在全民所有制范围内,按劳分配"已经具备了它发生作用的充分条件"。② 一些学者还分析了现实中的按劳分配与马克思设想的未来社会个人消费品分配原则的异同。马克思设想的要义是:以劳动为尺度进行个人消费品分配,因此,以劳动为主要尺度来分配个人收入,这是社会主义所必须坚持的。但马克思设想的个人消费品分配有严格的实施条件,重要的有两个:一是全社会范围内实现了生产资料公有制,二是不存在商品货币关系,劳动者的劳动是直接的社会劳动。这两个条件在现实生活中都不具备,因此,现实中的按劳分配具有许多不同于马克思设想的特点。比如,现实中,按劳分配需要借助于货币来完成,劳动者付出劳动后先领取货币工资而不是"劳动券",再拿货币工资去购买自己所需要的消费品;再如,还不能在全社会范围内实施统一的按劳分配,因为还存在一个个独立核算的企业,它们仍是利益独立的经济实体。正是在这个意义上,蒋一苇提出了"两级按劳分配"理论,即社会首先对企业进行按劳分配,企业再对个人进行按劳分配。③

改革开放初期对按劳分配中"劳"的探讨是富有理论启迪的。能否切实贯彻按劳分配,关键看能否科学而准确地计量劳动者的"劳动"。劳动者实际付出的劳动取决于劳动者的技能、劳动强度和劳动态度,是劳动者体力和脑力的实际耗费,这些在很大程度上是难以直接观测的。更为重要的是,现实中,由于劳动者的劳动还不是直接的社会劳动,它是否花在了社会需要的用途上,也是至关重要的。用于个人收入分配的劳动,只能是对社会有用的劳动,那些不创造社会财富和使用价值的无效劳动,是不能作为分配尺度的。改革开放初期,洪远朋对劳动的计量作过深入的探讨,提出了"按劳分配中的劳动量必须是社会必

---

① 于光远:《关于深入研究按劳分配理论的几个问题》,《经济研究》1979年第1期。
② 徐禾:《社会主义基本经济规律·按劳分配·奖金》,《学术论坛》1979年第1期。
③ 蒋一苇:《关于按劳分配的几个问题》,《工人日报》1980年3月21日。

要劳动时间"的观点。① 社会必要劳动时间是由平均技术水平、平均劳动熟练程度、平均劳动强度,以及产品满足社会需要的程度等重要因素决定的,因此,用社会必要劳动时间而不是自然劳动时间来计量劳动者实际付出的劳动,符合市场经济条件下价值规律运动的客观要求。从今天的角度看,这一观点具有前瞻性。

我国的改革起始于农村家庭联产承包责任制。承包制在收入分配上彻底改变了原来的"工分制",实行"交够国家的,留足集体的,剩下全是自己的"收入分配方式。对于承包制是否贯彻了按劳分配原则,理论界进行了热烈的讨论,主流观点给予了充分肯定。李家蓬认为,从分配依据看,人民公社体制下,主要是按劳动的潜在形态(劳动者的劳动能力)与流动形态(劳动者支出的劳动量)来计酬的,这两种方式都很容易滑向平均主义;而在家庭承包制下,是以劳动的物化形态(劳动的最终产品)来计酬的。这种计酬方式将劳动报酬与劳动成果直接挂钩,能准确有效地衡量劳动的实际贡献,因而是按劳分配原则的真正贯彻。②

第二节 社会主义基本收入分配制度的确立

一 居民收入来源和形式多样化

改革开放40年来,我国的所有制结构和经济运行机制不断发生变化,收入分配原则和格局必然随之不断发生变化。从所有制结构来看,计划经济时期的单一公有制结构被打破,个体经济、私营经济、外资经济迅速成长,所有权结构和财产结构日益多元化;从经济运行机制来看,市场在资源配置中的作用越来越大,劳动力、资本、土地等生产要素需要经过市场才能进入经济流转过程之中,劳动者与生产资料的结合不再是简单而直接结合,往往要借助资本等中介。所有制结构和经济运

---

① 洪远朋:《关于按劳分配中劳动计量问题的探讨》,《复旦学报》1979年第3期。
② 李家蓬:《包干到户是生产关系前进性的变革》,《经济研究》1983年第11期。

行机制变迁导致收入分配原则和格局的变迁，那就是劳动以外的要素逐渐加入到收入分配中来，按劳分配之外的收入日渐增多。

早在改革开放之初实行家庭联产承包责任制时期，收入分配原则和格局就已经悄然发生变化，"物"的因素开始影响人们的家庭收入和经济条件。徐禾在论述集体经济贯彻按劳分配不充分时就明确点出了这一点："每一个集体经济单位，占有的生产资料、生产资金的情况，是各不相同的，因而即使它们付出同样多的劳动量，各单位的生产水平和收入水平，也是有差别的。在付出同样劳动量的条件下，那些生产条件好的单位，所得的总收入要多一些，因而社员的个人收入也会多一些；反过来，那些生产条件比较差的单位，他们的总收入和社员的个人收入，就会少一些。"① 可见，实行承包制以后，决定农民家庭收入的不仅是家庭成员付出的劳动，还有土地肥沃程度、农具好坏、种子质量、农业基础设施、气候等非劳动因素，那些自然条件好、投入资金多、经营管理水平高、自然条件好的农户，优势马上就显现出来了，这反过来又激励着其他农户加大要素投入和提高经营管理水平，以获取更好的收成和更多的收入。因此，从理论上讲，家庭联产承包责任制时期按生产要素分配就已经开始萌芽。

家庭联产承包责任制时期收入分配的另一个重要变化是，个人收入或家庭收入分配已经超出了个人消费品分配的范围，这与经典作家将未来社会的收入分配仅限于个人消费品分配的设想有重大差别。在家庭联产承包责任制下，农户获得的归自己的收入不仅包括维持自身及家庭的简单再生产的部分，还包括用于扩大再生产的追加投资部分。② 也就是说，个人收入中已经包含着一部分可以转化为投资和财产的收入，这意味着我国积累和资本形成机制的质的改变，是一个重大变化，预示着非公有财产开始生成且会越来越多，社会财产结构开始多元化。可以说，家庭联产承包责任制的实行同时标志着新收入分配理论的萌生。

---

① 徐禾：《社会主义基本经济规律·按劳分配·奖金》，《学术论坛》1979年第1期。
② 于祖尧：《农业实行包干到户是我国经济体制改革的前奏》，《经济研究》1983年第3期。

非公有制经济和非公有财产的出现是我国收入分配原则和居民收入结构发生变化的转折点。我国非公有制经济的发展是从个体经济开始的。中共十一届三中全会肯定了社员自留地、家庭副业和农村集贸市场的存在，并把它们视为增加农民收入的渠道。个体经济中劳动者同自己所有的生产资料直接结合进行生产，所得到的产品和收入归劳动者个人所有。个体经营者的收入显然是一种劳动收入，因为他为此付出了辛勤劳动，但这种收入不是根据按劳分配原则取得的。从本质上讲，它是一种经营性收入，从市场上取得，由个体劳动者的劳动付出、生产条件、技术和经营水平等多因素决定，受价值规律制约。

我国私营经济发展稍晚于个体经济，但成长很快。私营经济的最大特点是雇工经营，其分配方式迥异于公有制经济。雇工的收入是劳动收入，但它是由劳动力价值决定的，同时受劳动力市场供求状况的影响。雇主的收入则包含许多成分：作为经营者，他负责企业经营决策和日常运作，付出了脑力和体力劳动，由此获得劳动收入；作为资本所有者，他投入了资本，这些资本参与了利润的社会平均化过程，由此获得资本收入；作为雇主，他雇佣工人，由此获得工人创造的剩余价值；他还要承担经营和财产风险，由此获得风险补偿性收入。因此，雇主收入是劳动收入、资本收入、剩余价值、风险补偿收入等的混合体。外资经济的收入分配原则与私营经济是一样的。

改革开放初期，随着居民收入和消费剩余的增加，居民财产开始增加和多样化，财产性收入随之增加和多样化。居民的财产和财产收入主要包括：一是储蓄存款和利息。1978年，城乡居民储蓄存款余额为210.6亿元，1995年增加到29662.3亿元，增加近140倍。1995年，半年期定期存款利率为6.65%，五年期为13.86%，储蓄存款带来可观的利息收入。二是债券及利息。1995年，企业债余额为679.87亿元，国债余额为2286.4亿元，金融机构债券余额为876.29亿元，国家投资债券余额为139.39亿元，国家投资公司债券余额为151.81亿元，构成居民和企业的固定收益资产。三是股票及其股息和资本化收益。20世纪80年代初期，股份制企业开始出现，一些企业开始向本企业职工或社会发行股票筹资，到1989年年底，我国股票累计发行42亿元。四是房产及其房租和资本化收益。随着住房制度改革的推进,住房逐渐获得了商品和财产的属性,房产日益成为居民持有的一种重要资产,给持有者带来丰厚的资本化收益和租金。

20世纪80年代中后期,越来越多的学者开始关注收入分配原则和居民收入结构的变化。1988年,谷书堂、蔡继明发表了《按劳分配理论与现实的矛盾》,对现实中收入分配原则的变化作出了分析,认为由于存在着多种所有制成分,存在着商品生产和商品交换,国民收入中积累与消费的比例、劳动者眼前利益与长远利益、个人需要与公共需要的选择等还不能完全由国家统一规定,企业和个人都具有不同程度的收入分配和积累的自主权,所以还不能完全实行经典作家所设想的那种按劳分配。社会主义初级阶段的分配方式可以概括为"按贡献分配",即按照各种生产要素在创造社会财富中所作出的实际贡献进行分配。① 当然,也有学者对按要素分配提出质疑,一种代表性观点认为,按要素分配就是萨伊"三位一体公式"的翻版,有悖于社会主义原则。②

二 社会主义基本分配制度的确立

改革开放初期,我国收入分配原则和居民收入结构已经开始多元化了,为基本分配制度的形成奠定了现实基础。1987年党的十三大正式提出了"实行以按劳分配为主体的多种分配方式",指出:社会主义初级阶段的分配方式不可能是单一的。我们必须坚持的原则是,以按劳分配为主体,其他分配方式为补充。除了按劳分配这种主要方式和个体劳动所得,企业发行债券筹集资金,就会出现凭债权取得利息;随着股份经济的产生,就会出现股份分红;企业经营者的收入中,包含部分风险补偿;私营企业雇用一定数量劳动力,会给企业主带来部分非劳动收入。以上这些收入,只要是合法的,就应当允许。尽管党的十三大没有明确提出"按生产要素分配",但是它对一系列非劳动收入都加以肯定,实际上就是对按生产要素分配实践的肯定。中共十四届三中全会通

---

① 谷书堂、蔡继明:《按劳分配理论与现实的矛盾》,《中国社会科学》1988年第3期;《按贡献分配是社会主义初级阶段的收入分配原则》,《经济学家》1989年第2期。

② 郭仲藩:《价值论:政治经济学的基础和出发点——兼议按要素分配论的理论来源》,《湖北师范学院学报》(哲学社会科学版)1992年第5期。

过《中共中央关于建立社会主义市场经济体制若干问题的决定》，首次提出"允许属于个人的资本等生产要素参与收益分配"，并将原来的"以按劳分配为主体，其他分配方式为补充"改为了"以按劳分配为主体、多种分配方式并存"。从"补充"到"并存"，表明多种分配方式（主要是按要素分配）地位的提升。党的十五大提出了社会主义基本经济制度，同时明确提出了"按生产要素分配"：坚持按劳分配为主体、多种分配方式并存的制度。把按劳分配和按生产要素分配结合起来……允许和鼓励资本、技术等生产要素参与收益分配。党的十六大进一步把按要素分配上升为"原则"，提出"确立劳动、资本、技术和管理等生产要素按贡献参与分配的原则，完善按劳分配为主体、多种分配方式并存的分配制度"，同时指出"一切合法的劳动收入和合法的非劳动收入，都应该得到保护"。党的十七大报告重申：坚持和完善按劳分配为主体、多种分配方式并存的分配制度，健全劳动、资本、技术、管理等生产要素按贡献参与分配的制度，提出创造条件让更多群众拥有财产性收入。可见，从党的十三大到党的十七大，社会主义基本分配制度已经形成。

如何从理论上看待社会主义基本分配制度？它符合马克思主义经典作家有关分配的一般原理。关于收入分配的一般原理，马克思有两段经典论述：一是在《哥达纲领批判》中的论述："消费资料的任何一种分配，都不过是生产条件本身分配的结果；而生产条件的分配，则表现生产方式本身的性质。"① 这里，"生产条件本身分配"可以理解为生产资料所有制结构。再是《1957—1958 年经济学手稿》中的论述：分配关系和分配方式只是表现为生产要素的背面。……分配的结构完全决定于生产结构。分配本身是生产的产物，不仅就对象说是如此，而且就形式说也是如此。就对象说，能分配的只是生产的成果，就形式说，参与生产的一定方式决定分配的特殊形式，决定参与分配的形式。从马克思的这两段论述可以清晰地看出，决定一个社会分配制度的是它的所有制结构。改革开放初期，我们就开始打破计划经济时期"铁板一块"的公

---

① 《马克思恩格斯文集》第三卷，人民出版社 2009 年版，第 436 页。

有制结构,所有制结构和社会财产结构日益多元化,这是不以人的意志为转移的。党的十五大确立了社会主义基本经济制度,即"以公有制为主体、多种所有制经济共同发展",股份制、私营企业、混合所有制经济等快速成长起来,并且在经济社会生活中发挥越来越重要的作用。与社会主义基本经济制度相适应的基本分配制度必然是"按劳分配为主体、多种分配方式并存":"公有制为主体"决定了按劳分配的主体地位,"多种所有制经济共同发展"决定了多种分配方式并存,而"多种分配方式"中的主要方式是按生产要素分配。

社会主义基本分配制度的突破点是引入了按生产要素分配,而按生产要素分配涉及的基本理论问题是价值创造与价值分配的关系,以及财产收入的性质。按生产要素分配的提出使许多人想到了"三位一体公式"。"三位一体公式"是由法国经济学家萨伊提出来的,他认为,劳动、资本和土地这三个生产要素不仅是创造商品使用价值的要素,而且都是创造商品价值的要素。因此,三者都应获得相应的收入:劳动获得工资,资本获得利息,土地获得地租。马克思在《资本论》第三卷设专章对"三位一体公式"进行了深刻的批判,但有时被误以为马克思否定生产要素收入。"三位一体公式"的要害是混淆了价值创造与价值分配的关系,试图用价值创造作为价值分配的依据。但如果用价值创造作为价值分配的依据,那么,资本、土地等生产要素是不能参与价值分配的,这显然不符合现实。或者,承认生产要素创造价值,从而为生产要素参与价值分配提供依据。而这是违背劳动价值论的。而在马克思看来,"三位一体公式"的庸俗之处在于将资本、土地、劳动都同等地看作价值的源泉。但马克思并没有否认土地所有权、资本等成为收入的源泉。他说:"天然就是资本的劳动资料本身也就成了利润的源泉,土地本身则成了地租的源泉。"① 在马克思看来,价值分配和价值创造是不同的,生产资料所有权是参与价值分配,从而获取收入的基本依据。在马克思的理论中,所有权从来不是仅仅被看作一种人与物之间的纯"法"的占有关系,它在本质上是一种人与人之间的经济利益关系,是

---

① 《马克思恩格斯文集》第七卷,人民出版社2009年版,第934页。

一种利益索取权，即要素的所有者通过对要素的占有而拥有的获得该要素所带来的物质利益的权力。马克思在论述土地所有权的性质时写道："如果我们考察一下在一个实行资本主义生产的国家中，资本可以投在土地上而不付地租的各种情况，那么，我们就会发现，所有这些情况都意味着土地所有权的废除，即使不是法律上的废除，也是事实上的废除。但是，这种废除只有在非常有限的、按其性质来说只是偶然的情况下才会发生。"[①] 马克思以土地所有权为例论述了价值分配与价值创造的关系，所有权的本质在这种关系中更充分地显露了出来：按照我们所谈的理论，对于自然对象如土地、水、矿山等的私有权，对于这些生产条件，对于自然所提供的这种或那种生产条件的所有权，不是价值的源泉，因为价值只等于物化劳动时间；这种所有权也不是超额剩余价值……的源泉。但是，这种所有权是收入的一个源泉。

所有权是参与收入分配的基本依据，但所有权还不是生产要素所有者参与收入分配的全部依据。生产要素所有者之所以能够以所有权参与收入分配，并为社会所广泛接受，除了他拥有所有权之外，还因为他拥有的生产要素本身在社会财富创造过程中发挥了重要作用。"物"的要素哪怕不创造一个价值"原子"，但它参与社会财富的创造。马克思的劳动价值论区分了价值创造和财富创造，但价值创造不能替代财富创造。社会财富是使用价值和价值的统一体。马克思从财富创造过程中抽象出价值创造过程，目的是要从价值关系和价值创造分析中揭示剩余价值的来源。因此，我们在运用劳动价值论时绝不能将从财富创造中抽象出的价值创造过程代替财富创造过程。[②] 马克思和恩格斯在《哥达纲领批判》对德国工人党纲领提出的"劳动是一切财富和一切文化的源泉"进行了分析，指出："劳动不是一切财富的源泉。自然界同劳动一样也是使用价值（而物质财富就是由使用价值构成的！）的源泉，劳动本身不过是一种自然力即人的劳动力的表现。上面那句话……在劳动具备相

---

① 《马克思恩格斯文集》第七卷，人民出版社2009年版，第849页。
② 洪银兴：《先进社会生产力与科学的劳动价值论》，《学术月刊》2001年第10期。

应的对象和资料的前提下是正确的。"①

从上面的分析可以看出，非劳动生产要素虽然不是价值创造的要素，但它们是财富创造的要素。马克思具体分析了非劳动生产要素在创造财富过程的作用，他在分析土地、矿藏等自然资源在创造财富中的作用时指出："种种商品体，是自然物质和劳动这两种要素的结合。……人在生产中只能像自然本身那样发挥作用，就是说，只能改变物质的形式。不仅如此，他在这种改变形态的劳动本身中还要经常依靠自然力的帮助。因此，劳动并不是它所生产的使用价值即物质财富的唯一源泉。"② 他举例说，"如果发现富矿，同一劳动量就会表现为更多的金刚石"③。

资本是一种重要的生产要素，对于资本在财富创造和价值形成中的作用，需要给予特别的关注。根据马克思的分析，资本最重要作用是将劳动力、土地等在内的各种生产要素并入到生产过程中。④ "资本一旦合并了形成财富的两个原始要素——劳动力和土地，它便获得了一种扩张的能力"。⑤ 不仅如此，科学技术在生产和工艺上的应用也需要通过资本的并入功能来完成，如果没有资本的介入，科学技术就不能转化为现实的生产力，再先进的科学技术也只能停留在观念形态上。资本不仅参与了财富的创造，对于价值的创造，资本也是有影响的。在财富的价值构成 $c+v+m$ 中，$v+m$ 是新价值，由劳动创造，c 是"物"或"资本"的转移价值，这个转移价值对价值创造也不是被动的，能能动地起作用。具体说，资本质量的提高，含有更高技术的机器设备可能会因创造更多的产品而影响价值量。⑥ 正如马克思所指出："使用一架强有力的自动机劳动的英国人一周的产品的价值和只使用一架手摇纺车的中国人一周的产品的价值，仍有大得惊人的差别。"⑦ 而且"劳动也不是

---

① 《马克思恩格斯文集》第三卷，人民出版社2009年版，第428页。
② 《马克思恩格斯文集》第五卷，人民出版社2009年版，第56页。
③ 同上书，第53页。
④ 洪银兴：《先进社会生产力与科学的劳动价值论》，《学术月刊》2001年第10期。
⑤ 《马克思恩格斯文集》第五卷，人民出版社2009年版，第697页。
⑥ 洪银兴：《先进社会生产力与科学的劳动价值论》，《学术月刊》2001年第10期。
⑦ 《马克思恩格斯文集》第五卷，人民出版社2009年版，第699页。

均质的，劳动也是被资本导入价值创造过程的。资本雇佣更高质量的活劳动则可能创造更高的价值。"①

党的十六大提出"确立劳动、资本、技术、管理等生产要素按贡献参与分配的原则"，党的十七大重申"健全劳动、资本、技术、管理等生产要素按贡献参与分配的制度"，都涉及了生产要素的"贡献"，对于如何理解"生产要素的贡献"，学术界进行了热烈讨论。根据以上的分析，"生产要素的贡献"显然不是指生产要素自身创造了价值，而是指它参与了财富的创造和影响了价值的创造。这与马克思劳动价值论不存在矛盾。

那么，资本等生产要素参与价值分配在现实经济生活中是怎样进行的呢？是通过市场这只"看不见的手"进行的，即生产要素的所有者首先借助于价值规律、竞争规律和供求规律对新创造的价值进行分割。马克思在《资本论》中阐释的利润平均化理论已经科学地解释了这一过程。那就是："等量资本获得等量利润"的内在要求驱使生产要素不停地在不同产品、不同部门、不同地区的生产之间流动，从而改变不同产品、部门、不同地区的供求关系和价格，相应改变它们的盈利水平。这个过程会一直持续下去，直到等量生产要素获得的报酬趋于相等。所以，在企业获得的利润中，就已经包含着资本等生产要素参与社会新增价值分配的结果，而在企业等微观层面上给予生产要素所有者的报酬实际上是对市场分配价值过程的确认。

社会主义基本分配理论是对马克思主义政治经济学收入分配理论的继承和创新，奠定了社会主义市场经济的基本激励结构。

首先，它坚持以按劳分配为主体，这就坚持了社会主义的基本性质，体现了社会主义的公平观。马克思认为，未来社会收入分配的唯一尺度是劳动，现实中还做不到以劳动作为分配的"唯一"的尺度，但劳动应该是主要的分配尺度，坚持了这一点，就坚持了经典作家关于未来个人收入分配的精髓。

第二，它承认多种分配方式的存在，特别是承认和鼓励劳动、资

---

① 洪银兴：《先进社会生产力与科学的劳动价值论》，《学术月刊》2001年第10期。

本、土地、技术、管理等多种生产要素参与分配。引入按生产要素分配无疑是马克思主义政治经济学收入分配理论中国化、时代化的重大突破。传统个人收入分配理论只承认按劳分配收入，不承认其他形式的劳动收入，更不用说生产要素收入等非劳动收入，这显然不符合社会主义初级阶段生产力发展水平和社会主义市场经济的内在规律。承认按生产要素分配和非劳动收入，为人民群众开辟了多种收入渠道和广阔的致富空间。

第三，确立了与社会主义市场经济高度融合的激励机制。利益是经济运转的原始驱动力。一个好的分配制度，应能够使社会成员合理的利益诉求得到充分释放，进而汇聚成经济社会发展的不竭动力。社会主义基本分配制度所确立的利益结构与社会主义市场经济内在的激励结构高度契合。一方面，"按劳分配为主体"能够激励亿万劳动者的劳动积极性和积累人力资本的积极性，鼓励人们勤劳致富；另一方面，允许和鼓励按生产要素分配，能够调动人民群众积累财富、配置资源的积极性，促进社会资本形成和提高生产要素的流动性，为市场在资源配置中的决定性作用奠定微观激励基础。总之，社会主义基本分配制度能够"让一切劳动、知识、技术、管理、资本的活力竞相迸发，让一切创造社会财富的源泉充分涌流"。

第三节　新时代收入分配理论的进一步发展

党的十八大以来，以习近平同志为核心的党中央带领中国进入全面深化改革和经济发展新时代。习近平总书记在2016年11月主持中央政治局学习时明确把按劳分配为主体多种分配方式并存称为"社会主义基本分配制度"。党的十九大报告提出，必须坚持和完善我国社会主义基本经济制度和分配制度，把社会主义基本分配制度置于社会主义基本经济制度同等重要的地位。新时代，收入分配理论和收入分配改革向纵深发展，基本分配制度进一步完善。

居民收入在国民收入分配中的比重，提高劳动报酬在初次分配中的比重"。① 2013 年国务院批转《关于深化收入分配制度改革的若干意见》，提出了提高劳动报酬比重的具体措施，包括实施就业优先战略和更加积极的就业政策，创造平等就业环境，提升劳动者获取收入能力，实现更高质量的就业；深化工资制度改革，完善企业、机关、事业单位工资决定和增长机制；等等。中共十八届三中全会强调了提高劳动报酬的重要性，即着重保护劳动所得，努力实现劳动报酬增长和劳动生产率提高同步，提高劳动报酬在初次分配中的比重，② 党的十九大报告重申提高"两个比重"。③

2012—2016 年，"两个同步"和"两个提高"有了成效。粗略计算，2012 年，劳动报酬占地方生产总值的比重为 44.9%，2015 年提高到 47.9%，提高了 3 个百分点，平均每年提高 0.75 个百分点。2012 年，居民收入占国内生产总值的比重为 41.6%，2016 年提高到 45.6%，共计提高 4 个百分点，平均每年提高 1 个百分点。无论是劳动报酬还是居民收入的占比，都初步实现了稳步提高。同时，2012—2016 年，我国 GDP 和城乡居民人均收入都保持较快增长速度，且保持同步增长态势，劳动生产率与劳动报酬也实现同步提升。

三 完善按生产要素分配，多渠道增加居民的财产性收入

自从党的十五大提出"按生产要素分配"以来，按生产要素分配和生产要素收入扮演着越来越重要的角色。但我国市场经济仍处于发育过程中，按生产要素分配本身还存在诸多不完善之处，党的十八大提出"完善劳动、资本、技术、管理等要素按贡献参与分配的初次分配机制"，中共十八届三中全会提出"健全资本、知识、技术、管理等由要素市场决定报酬的机制"，党的十九大提出"完善按要素分配的体制机制"。完善按生产要素分配的关键是建立一个完善的生产要素市场，在

---

① 《十八大以来重要文献选编》（上），人民出版社 2014 年版，第 28 页。
② 《中共中央关于全面深化改革若干重大问题的决定》，人民出版社 2013 年版，第 45 页。
③ 习近平：《决胜全面建成小康社会 夺取新时代中国特色社会主义伟大胜利》，人民出版社 2017 年版，第 47 页。

一 以人民为中心的发展思想是新时代收入分配改革和实践的主线

以人民为中心是新时代改革和发展的主线，也是新时代收入分配理论和实践向前推进的主线。2015年中共十八届五中全会首次明确提出了"以人民为中心"的发展思想，并把"共享"作为五大发展理念之一。2015年11月23日中共十八届中央政治局集体学习时，习近平指出：坚持以人民为中心的发展思想。发展为了人民，这是马克思主义政治经济学的根本立场。党的十九大进一步强调了以人民为中心的发展思想。

贯彻以人民为中心的发展思想，新时代收入分配理论发展具有两个鲜明底色。一是更加注重社会公平正义，强调在不断做大"蛋糕"的同时，把"蛋糕"分好。二是更加强调迈向共同富裕。通过一系列政策措施调整收入分配格局，通过完善以税收、社会保障、转移支付为主要手段的再分配调节机制，缓解收入差距问题，使发展成果更多更公平惠及全体人民。

二 巩固按劳分配主体地位，着力提高劳动报酬比重和劳动者收入比重

改革开放初期，按劳分配收入等劳动收入是居民收入的主体，按劳分配的主体地位显而易见。随着按生产要素分配等多种分配方式的引入，按劳分配收入等劳动收入的比重下降，生产要素收入等非劳动收入的比重上升。整个国民收入分配的格局也发生了变化，劳动报酬在初次分配中的比重下降，居民收入在国民收入分配中的比重下降。据测算，1992年，劳动报酬占国内生产总值的比重为49.40%，2004年下降到42.14%，2011年略上升为44.93%。随着劳动报酬在国内生产总值中比重的下降，居民收入在国内生产总值的比重呈下降趋势。1992年，居民收入占国内生产总值的比重为65%左右，2012年下降到41.6%。"两个比重"的下降不利于坚持按劳分配的主体地位。党的十八大报告有针对性地提出"两个同步"和"两个提高"的思想，即"居民收入增长和经济发展同步、劳动报酬增长和劳动生产率提高同步"，"提高这个市场上，生产要素能够充分自由地流动性，生产要素的价格能够准确地反映它们在创造社会财富上的贡献和自身的稀缺性。只有这样，按生产要素分配，加上处于主体地位的按劳分配，才能建立起合理的收入分配秩序和格局。

随着按生产要素分配的引入，人们的财产收入增加。财产收入具有循环累积效应，往往会迅速拉大社会成员的收入差距。为了提高居民收入水平，同时缓解财产收入拉大收入差距效应，就必须让更多的人拥有更多的财产，从而获得更多的财产收入。党的十八大以来，以习近平同志为核心的党中央多次提出"多渠道增加居民财产性收入"，"拓宽居民劳动收入和财产性收入渠道"。鼓励劳动者获得劳动收入，同时能够获得更多的要素收入。因此，虽然各种生产要素参与收入分配以后，劳动报酬在总收入中的比重下降了，但不意味着劳动者的总收入会下降。劳动者收入会随着其拥有更多的生产要素和财产性收入而提高。

四　注重培育壮大中等收入群体

2010年10月，《中共中央关于制定国民经济和社会发展第十二个五年规划的建议》提出了"中等收入群体"的概念，中共十八届三中全会《中共中央关于全面深化改革若干重大问题的决定》明确提出：增加低收入者收入，扩大中等收入者比重，努力缩小城乡、区域、行业收入分配差距，逐步形成橄榄型收入分配格局。中共十八届五中全会把"扩大中等收入群体"作为全面建成小康社会的重要内容，"扩大中等收入者比例"纳入了"十三五"规划纲要。党的十九大报告对于扩大中等收入群体提出了更长远的目标：2020—2035年，在全面建成小康社会的基础上，使中等收入群体比例明显提高，基本实现社会主义现代化。

中等收入群体具有明显的经济特征，他们拥有较为宽裕的收入，可以自由地用于耐用消费品、高质量教育和医疗、住房、度假和其他休闲活动等支出。我国已经迈入中等偏上收入国家行列，中等收入群体成长对于我国经济社会持续健康发展具有重要意义。根据国际经验，"繁荣的中产阶层是促进消费需求、维持经济增长和摆脱中等收入陷阱的必要条件"。① 一些中等收入国家迟迟没有成功地跨越中等收入陷阱，一个重要原因可能就是没有培育出一个中等收入群体。因为"如果没有这样的群体，就很难创造支撑增长所需要的巨大的消费市场、对教育的投资、制度化的储蓄和社会动员力"。② 例如，韩国 1986 年的人均收入与巴西 1979 年的水平相当，韩国成功跨越中等收入陷阱而巴西没有，部分原因是韩国培育了一个庞大的中产阶层，当时已占到总人口的 55%，是巴西的 2 倍。

党的十八大以来，我国中等收入群体增长速度较快。习近平总书记在 2015 年西雅图中美企业家投资座谈会上表示，中国的中等收入人群接近 3 亿人，未来十年内还将翻番。③ 有学者估算，2012 年我国中等收入群体占总人口的比重为 38.1%，2014 年提高到 47.6%。但与高收入国家相比，我国中等收入群体规模偏小。美国中产阶层为 2.3 亿人，占全国人口的 3/4，韩国、日本、欧盟国家超过全部人口的 90%。④ 因此，中国中等收入群体还有很大的成长空间。新时代需要加速中等收入群体的成长，尽快形成橄榄型收入分配格局。

五 精准扶贫，全面建成小康社会

改革开放以来，我国经济高速增长使许多人摆脱了贫困。据中国社会科学院和国务院扶贫办联合发布的《中国扶贫开发报告 2016》，1981—2012 年，中国贫困人口减少了 7.9 亿，占全球减贫人口的 71.82%。党的十八大报告进一步提出到 2020 年全面建成小康社会的目标。全面建成小康社会，关键是使贫困人口尽快脱贫。习近平总书记一直关注消除贫困问题，2013 年 11 月 3 日在湖南湘西土家族苗族自治州十八洞村考察扶贫开发时，首次提出"精准扶贫"理念。2015 年 11 月中央扶贫开发工作会议在北京召开，习近平总书记指出：到 2020 年实

---

① 林重庚、[美] 迈克尔·斯宾塞编著：《中国经济中长期发展和转型：国际视角的思考与建议》，中信出版社 2011 年版，第 40 页。

② 同上书，第 42 页。

③ http://china.cnr.cn/ygxw/20150923/t20150923_519944639.shtml。

④ 林重庚、[美] 迈克尔·斯宾塞编著：《中国经济中长期发展和转型：国际视角的思考与建议》，中信出版社 2011 年版，第 42 页。

现"两不愁、三保障"。……同时，实现贫困地区农民人均可支配收入增长幅度高于全国平均水平，基本公共服务主要领域指标接近全国平均水平。至此，中国扶贫开发工作进入脱贫攻坚新阶段。

2012年，我国贫困人口为9899万人，到2014年，贫困人口为7017万人，到2020年，确保现行标准下农村贫困人口实现脱贫、贫困县全部摘帽、解决区域性整体贫困。党的十八大以来，我国减贫成效非常明显。2012—2017年，贫困人口共减少6853万人，平均每年减少1370.6万人，贫困发生率由10.2%降低到3.1%。2017年，井冈山、兰考县等28个贫困县已率先脱贫，实现贫困县数量历史上首次减少。

第四节 总结

经过40年的改革开放，我国社会主要矛盾已经转化为人民日益增长的美好生活需要和不平衡不充分发展之间的矛盾，经济发展已开始由高速增长转向高质量发展阶段，我们追求的将是更高质量、更有效率、更加公平、更可持续的发展。根据党的十九大的战略安排，在2020年全面建成小康社会的基础上，2035年基本实现社会主义现代化，到那时，人民生活更加富裕，中等收入群体比例明显提高，城乡区域发展差距和居民生活水平差距显著缩小，基本公共服务均等化基本实现，全体人民共同富裕迈出坚实步伐。到2050年，建成富强民主文明和谐美丽的社会主义现代化强国，到那时，全体人民共同富裕基本实现，人民将享有更加幸福安康的生活。改革开放40年的实践证明，以按劳分配为主体、多种分配方式并存的基本分配制度是行之有效的，促进了居民收入的快速增长和社会财富的快速积累，新时代必须坚持。同时，由于社会主要矛盾和经济发展阶段发生变化，以及影响收入分配一些基本要素的地位和作用发生了重要变化，新时代，需要进一步完善社会主义基本分配制度，以回应社会的关切。

一 缩小收入差距，追求共同富裕

"共同富裕"是社会主义的本质特征和根本目标，是社会主义制度最大的优越性。马克思曾明确指出，在新社会制度中，社会生产力的发展将如此迅速……生产将以所有人的富裕为目的。邓小平将"共同富裕"作为社会主义的本质之一，指出："社会主义的本质，是解放生产力，发展生产力，消灭剥削，消除两极分化，最终达到共同富裕。"①习近平总书记系列重要讲话反复强调缩小收入差距、促进共同富裕，使发展成果更多更公平惠及全体人民。经过40年的改革开放，我国居民的收入水平和生活水平普遍提高，但贫富差距明显扩大，已演变为各种社会经济矛盾的一个重要根源。缩小收入差距，追求共同富裕将是新时代推进收入分配理论和收入分配实践的一条主线。

二 进一步处理好公平与效率的关系

公平是一种权利，马克思认为，权利绝不能超出社会的经济结构及以由经济结构制约的社会的文化的发展。马克思的这一论断对于正确认识公平与效率的关系及其历史演进脉络提供了重要的理论启迪。

改革开放初期，为了克服平均主义，激发人们的生产热情，从理论到实践都需要强调"效率"的作用，效率的优先地位被逐渐确立下来，并为社会所广泛接受。1993年中共十四届三中全会首次提出"效率优先，兼顾公平"的原则，党的十五大重申了这一原则。党的十六大之后，随着收入差距的日益扩大，注重公平、促进共同富裕等提法越来越多地出现在党和政府的决定、政策文件中。从2004年中共十六届四中全会开始，就不再提"效率优先、兼顾公平"了。党的十七大将原来的"初次分配注重效率，再分配注重公平"改为"初次分配和再分配都要处理好效率与公平的关系，再分配更加注重公平"，把公平与效率的关系置于生产与分配的全过程来考量。党的十八大以来，对公平与效率的关系有了一系列新的认识，突出的理论和实践特色是"公平"的分量越来越重。新时代，我们要以"权利公平、机会公平、规则公平"为基本准则，以"起点公平、过程公平、结果公平"为关键着力点，将公平内嵌于社会主义市场经济体制之中，奠定人民美好生活的坚实基础。

---

① 《邓小平文选》第三卷，人民出版社1993年版，第373页。

参考文献

《邓小平文选》第三卷，人民出版社 1993 年版。

《列宁专题文集（社会主义）》，人民出版社 2009 年版。

《习近平关于社会主义经济建设论述摘编》，中央文献出版社 2017 年版。

《中共中央关于全面深化改革若干重大问题的决定》，人民出版社 2013 年版。

谷书堂、蔡继明：《按劳分配理论与现实的矛盾》，《中国社会科学》1988 年第 3 期。

洪银兴：《先进社会生产力与科学的劳动价值论》，《学术月刊》2001 年第 10 期。

洪远朋：《关于按劳分配中劳动计量问题的探讨》，《复旦学报》1979 年第 3 期。

林重庚、［美］迈克尔·斯宾塞编著：《中国经济中长期发展和转型：国际视角的思考与建议》，中信出版社 2011 年版。

马克思：《哥达纲领批判》，载《马克思恩格斯文集》第三卷，人民出版社 2009 年版。

习近平：《决胜全面建成小康社会 夺取新时代中国特色社会主义伟大胜利》，人民出版社 2017 年版。

徐禾：《社会主义基本经济规律·按劳分配·奖金》，《学术论坛》1979 年第 1 期。

杨小凯：《社会经济发展的重要指标——基尼系数》，《武汉大学学报》1982 年第 6 期。

于光远：《关于深入研究按劳分配理论的几个问题》，《经济研究》1979 年第 1 期。

第十二章　从发展是硬道理、科学发展观到新发展理念*

改革开放40年来，中国经历了"双重转型"：一是从计划经济迈向社会主义市场经济；二是从农业社会迈向工业社会，进而迈向社会主义现代化强国。"双重转型"都取得了巨大成功。40年来，我们对中国特色社会经济发展规律的认识不断深化，走过了从发展才是硬道理、科学发展观到新发展理念的清晰理论演进轨迹，拓展了发展中国家走向现代化的视野，为人类解决发展问题提供了中国智慧和中国方案。

第一节　发展才是硬道理

中共十一届三中全会开启了改革开放的历史大幕，也开启了中国经济起飞和发展的历史新征程。这一历史性转折是我国社会主义初级阶段主要矛盾运动的必然结果，是社会主义本质的必然要求。以改革开放为契机，全社会逐步形成了"发展才是硬道理"的共识。

一　发展才是硬道理

1957年中共八届三中全会后，"以阶级斗争为纲"逐渐成为全党全国各项工作的指导思想，党对社会主要矛盾的定位，由党的八大时的"人民对于建立先进的工业国的要求同落后的农业国的现实之间的矛盾"和"人民对于经济文化迅速发展的需要同当前经济文化不能满足人民需要的状况之间的矛盾"，转变为"无产阶级和资产阶级的矛盾、

---

* 本章研究得到了武鹏博士的协助，在此致谢！

社会主义道路和资本主义道路的矛盾"。与此同时,"四人帮"还挑起了对所谓"唯生产力论"的批判。我国经济建设从此便耽搁了20年之久,以致在改革开放伊始的1978年,我国人均国内生产总值(GDP)仅为当时世界平均水平的7.9%。1956年以后,实际人均GDP年均增速仅为3.4%,明显落后于日本、韩国、中国香港、新加坡、马来西亚、泰国、中国台湾等周边国家或地区。在重工业优先发展战略下,人民生活水平提升的速度较之实际人均GDP增速更为缓慢,全国居民人均生活消费支出占人均GDP的比重由1957年的56.0%下降至1978年的39.2%,无论城镇还是乡村,均显著存在这一趋势。全国居民普遍处于"蜗居"状态,城乡人均住房建筑面积分别只有6.7平方米和8.1平方米。农村尚有30.7%的人口(2.5亿)未能解决温饱问题,有97.5%的人口(7.7亿)处于贫困状态。

面对陷入困顿状态的国民经济和人民生活,粉碎"四人帮"后,党的领导集体和经济理论界开始重申生产力标准,明确指出,要大力发展社会生产力,改变贫困落后的面貌,将党和国家的工作重心转到经济建设上来。1977年8月,党的十一大报告强调指出,"生产力是最革命的因素";1978年9月13—20日,邓小平在视察东北三省以及唐山和天津等地时发表谈话(又称"北方谈话"),明确提出,要迅速地、坚决地把党的工作重点转移到经济建设上来,并比较系统地阐述了改革开放问题;1978年12月,中共十一届三中全会正式提出"把全党工作的着重点和全国人民的注意力转移到社会主义现代化建设上来",① 从而拉开了中国改革开放的历史序幕。可以说,"一心一意谋发展,专心致志搞建设"在改革开放之初便已成为全党全社会最大的共识。及至1987年10月,党的十三大明确了"一个中心、两个基本点"的社会主义初级阶段基本路线,进一步将发展问题由党和国家工作的"重心"提升到了"中心"的位置,并系统地分析和提出了我国社会主义初级阶段的经济发展战略和经济体制改革的目标,初步回答了发展阶段、发展道路、发展目标、发展步骤、发展战略等一系列基本问题,并由此开

---

① 《三中全会以来重要文献选编》(上),中央文献出版社2011年版,第3—4页。

启了中国特色社会主义经济发展思想的形成进程。

在这一过程中，作为改革开放总设计师的邓小平发挥了关键性的历史作用，他的一系列精辟分析和论断，构筑了中国特色社会主义经济发展的理论和思想基础，将全党全社会的精力凝聚到了发展问题上来。

首先，邓小平通过回顾总结社会主义现代化建设的经验教训，紧紧抓住"什么是社会主义、怎样建设社会主义"这一根本问题，深刻地揭示了社会主义"解放生产力，发展生产力"的本质。1985年4月，邓小平在会见外宾时指出："马克思主义的基本原则就是要发展生产力。……从一九五八年到一九七八年这二十年的经验告诉我们：贫穷不是社会主义，社会主义要消灭贫穷。不发展生产力，不提高人民的生活水平，不能说是符合社会主义要求的。"① 1992年邓小平在南方谈话时指出："社会主义的本质，是解放生产力，发展生产力，消灭剥削，消除两极分化，最终达到共同富裕。"②

其次，为进一步推动思想解放，解除旧的意识形态束缚，鼓励各级干部群众积极尝试运用各种能够有效地促进经济发展的新事物、新方法、新举措，提出了"三个有利于"的标准，为各项工作提供了判断准则和行动指南。"三个有利于"是邓小平1992年在南方谈话时提出的："改革开放迈不开步子，不敢闯，说来说去就是怕资本主义的东西多了，走了资本主义道路。要害是姓'资'还是姓'社'的问题。判断的标准，应该主要看是否有利于发展社会主义社会的生产力，是否有利于增强社会主义国家的综合国力，是否有利于提高人民的生活水平。"③

"中国解决所有问题的关键要靠自己的发展。"④ "发展才是硬道理。"⑤ 邓小平这些掷地有声的重要论断把全党全国人民的注意力迅速凝聚到"发展"这一引领全局的主题上来。

---

① 《邓小平文选》第三卷，人民出版社1993年版，第116页。
② 同上书，第373页。
③ 同上书，第372页。
④ 同上书，第265页。
⑤ 同上书，第377页。

第二节 中国经济增长奇迹的源泉

改革开放 40 年来,除个别年份外,中国经济总体上保持了持续高速发展的态势。改革开放之初,中国的人均 GDP 仅相当于世界平均水平的 7.85%,是当时世界上最贫穷的国家之一,到 2016 年提高到 79.70%,是改革开放初期的 10 倍,且高于中高收入组国家的平均水平。按可比价格计算,改革开放 40 年来,中国国内生产总值年均增长约 9.5%,中国已经从一个贫穷落后的欠发达国家,跃升成为中上等收入国家,综合国力和国际地位显著提高,人民生活显著改善,创造了举世瞩目的经济增长奇迹。

一 "中国奇迹"的一般驱动因素

对"中国奇迹"的探究可以沿着现代经济增长理论框架展开,即从资本、劳动、技术水平等影响经济增长的一般因素探讨中国经济增长的源泉。

(一)高积累与高储蓄

从增长核算的角度来看,中国经济增长主要来自资本要素的积累。1978—1991 年,中国固定资产投资率的平均水平为 28.6%,1993 年上升到 37.5%,2004 年上升到 43.6%。中国的投资率不仅高于美国和经济合作与发展组织国家,而且高于日本、韩国、马来西亚、新加坡、泰国等东南亚国家高速增长时期的水平。武鹏(2013)基于中国 1978—2010 年的省级面板数据,综合利用 SFA 和 DEA 方法计算发现,资本投入对中国经济增长的平均贡献率高达 92%,是中国经济增长持续稳定的最主要来源,中国经济增长的投资拉动特征非常明显。投资拉动作用还具有长期波动式上升的趋势特征,21 世纪持续上升趋势非常明显,贡献值平均每年都要提高近 1 个百分点。与此同时,得益于较快的物化技术进步,高积累并没有导致中国资本回报率的快速降低以及随之而来的经济增速下降。①

与某些高度依赖外资的外向型经济体和面向国外资本开放的私有化转轨国家不同,中国经济增长的高积累主要源于自身的高储蓄率。中国高储蓄率主要有三个来源。一是在二元结构转换过程中,大量农村剩余劳动力持续涌入城市部门,这就需要有资本与之匹配。与此同时,劳动力的流入缓解了资本投入的产出边际递减趋势,加上二元经济结构下劳动力价格具有无限弹性,从而保证了资本边际回报率的稳定和市场主体投资的积极性。因此,高储蓄率和高投资率与长期的劳动力转移过程形成了互为因果的关系。二是从政府行为的角度看,中国政府往往通过各种优惠或扭曲性政策和无限担保的国家银行体制为生产型企业提供各种支持,并承担了由此产生的大量宏观成本,以动员储蓄并集中配置资源实现工业化。与此同时,受财政分权和晋升激励的影响,地方政府有着强烈的"增长饥渴症"和投资冲动。三是中华文化的作用。中华文化倡导节俭节约。

(二) 二元结构转换与人口红利

二元经济结构是中国经济的一项典型特征,二元经济结构转换是中国经济增长的重要动因之一。关于这一点,国内学术界已达成了广泛的共识。陈宗胜和黎德福(2004)通过吸收内生增长理论的思想,提出了一个内生农业技术进步的二元经济增长模型,以此从二元经济结构转换的角度对"东亚奇迹"及中国经济发展进行分析。他们认为,"东亚奇迹"是传统农业劳动力不断转向现代非农业部门的结果:一方面,现代部门以资本反哺传统部门,推动农业技术进步,促进了劳动力转移;另一方面,现代部门的发展,吸纳剩余劳动力,加速了结构转换。虽然非农业部门的全要素生产率提高不够显著,但劳动力结构转换仍然推动经济实现了持续高速增长。② 进一步地,黎德福和陈宗胜(2006)通过实证测算指出,1978—2004 年,中国经济的效率提升中有 26.32%

---

① 武鹏:《改革以来中国经济增长的动力转换》,《中国工业经济》2013 年第 2 期。
② 陈宗胜、黎德福:《劳动力转移过程中的高储蓄、高投资和中国经济增长》,《经济研究》2005 年第 2 期。

是来自二元结构转换的贡献，1978—1990年这一贡献高达48.46%，1990—2004年下降为13.39%。经换算，1978—2004年，二元结构转换对中国经济增长的贡献达到了17.83%。①

对于二元结构转换过程中剩余劳动力引致的经济增长，一些经济学家还从人口红利的角度做了进一步研究，蔡昉及其合作者在这方面的研究具有代表性。他们的一份实证研究显示，人口红利对中国1982—2000年人均GDP增长率的贡献为26.8%，人口抚养比每下降1个百分点，可以引致人均GDP增长率提高0.115个百分点。②

（三）技术吸收与自主创新

中国经济的赶超式发展还表现为一种向世界技术前沿趋近过程，即技术追赶的过程。虽然从增长核算的结果来看，资本投入贡献了中国经济增长的绝大部分份额，但是，一方面，农村剩余劳动力的城乡转移与高积累的同步进行，降低了人均资本的增长速度，抑制了资本产出边际递减的趋势；另一方面，伴随着技术进步，相当一部分资本积累是作为一种动态转移的过程出现的，本质上仍是技术进步的结果。尤其是随着剩余劳动力转移过程的减速与人口红利的逐渐消失，中国经济的赶超式发展已越来越倚重于技术进步的推动。

按技术进步形成机制的不同，可以从技术吸收和自主创新两个方面来考察技术进步的影响。技术吸收主要经由对外贸易、外商直接投资（FDI）等途径，通过接受国际技术外溢、引进和模仿国外技术来实现。自主创新则主要通过国内企业自身的研发投入来实现。无论是技术吸收还是自主创新，对中国的技术进步（或全要素生产率提升）和经济增长都具有重要的促进作用。进一步地，较之于技术吸收，自主创新对我国经济增长和技术进步的促进作用更为显著。蒋仁爱和冯根福（2012）研究指出，国内研发投资是中国技术进步的主要推动力，对全要素生产

---

① 黎德福、陈宗胜：《改革以来中国经济是否存在快速的效率改进？》，《经济学》（季刊）2006年第1期。

② Cai, Fang and Dewen Wang, "China's Demographic Transition: Implications for Growth", in Garnaut and Song (eds.) *The China Boom and Its Discontents*, Canberra: Asia Pacific Press, 2005.

率的贡献要大于贸易和无形技术外溢。① 陈继勇和盛杨怿（2008）基于分省面板数据的研究指出，各地区自身的科技投入是推动本地技术进步的最主要因素，离开本地科技发展水平的提升，将难以充分发挥 FDI 渠道传递的外国研发资本对本地技术进步的促进作用。② 实践和理论研究成果表明，中国未来的技术进步和经济发展，需要更多地依靠自主创新能力的提升。

（四）稳步推进市场化改革

市场化改革解放了社会生产力，是"中国奇迹"诞生体制机制的基础，也是"中国奇迹"历久不衰的不竭动力。经济的市场化促进了市场竞争，扩大了市场规模，改善了要素市场和资源配置，形成了强有力的激励体系，促进了技术进步和壮大非公经济等，这些都推动了中国的经济发展。绝大部分文献都支持市场化对经济发展所具有的促进作用。王文举和范合君（2007）基于 2001—2005 年分省份面板数据的研究表明，我国的市场化改革对经济增长有着显著的正向影响，贡献率达到 14.22%；③ 樊纲等（2011）分别考察了市场化改革对全要素生产率和经济增长的贡献，发现 1997—2007 年，市场化进程对经济增长的贡献年均达到 1.45%，对全要素生产率的贡献高达 39.2%。④

需要指出的是，强调市场化的积极作用，并不是要否定政府的作用。在发挥市场配置资源的决定性作用的同时，要积极发挥政府的引导作用，将有效市场与有效政府有机地结合起来，这是 40 年来中国经济发展的基本经验，与世界银行报告《东亚奇迹：经济增长与公共政策》所得出的东亚成功经验在很大程度上是共通的。还需要注意的是，中国政府的积极作用并不限于中央层面。中国作为一个大国，不可避免地要

---

① 蒋仁爱、冯根福：《改革以来中国经济是否存在快速的效率改进?》，《经济学》（季刊）2006 年第 1 期。

② 陈继勇、盛杨怿：《外商直接投资的知识溢出与中国区域经济增长》，《经济研究》2008 年第 12 期。

③ 王文举、范合君：《我国市场化改革对经济增长贡献的实证分析》，《中国工业经济》2007 年第 9 期。

④ 樊纲、王小鲁、马光荣：《中国市场化进程对经济增长的贡献》，《经济研究》2011 年第 9 期。

涉及地方分散管理的问题，因此，市场机制还需要与地方政府的干预行为有机地结合起来。未来，还需要进一步研究市场化改革应如何与地方政府事权合一的改革协调推进，以促进经济有序健康发展。

二 "中国奇迹"的独特因素

像中国这样大的经济体实现长达40年的高速增长，在世界经济增长历史上是罕见的，背后必然有其独特的因素。

（一）中国的文化

20世纪80年代以来，文化之于经济发展的重要性开始为越来越多的学者所关注，并开始尝试纳入主流经济增长理论的分析框架。菲利普·阿格因（P. Aghion）和彼得·豪伊特（P. Howitt）在《增长经济学》中认为，文化是增长的第三个层次，可能是更为根本的层次。[①] 这种韦伯主义的复兴在很大程度上得益于东亚和中国的经济奇迹——继基督教伦理被用来解释为什么近代资本主义经济的快速发展出现于西欧之后，儒家文化被用来解释为什么后发现代化国家和地区集中出现于东亚。并且，伴随着"东亚奇迹"向儒家文化圈的收缩集中[②]，经济增长的文化决定论越发成为国际学术讨论的热点。一些学者把文化因素用于中国经济发展分析。如有学者认为，中国成功的主要原因在于中国人民刻苦、聪明、有耐力，"只要能看到明天有希望，他们可以在今天忍受着巨大的艰辛"，没有一个民族可以在那样恶劣的环境下那样乐观地拼搏；[③] 中国成功的秘诀首先是人民的勤劳和智慧，中国文化的节俭以及对科技、文化和教育的高度重视。[④]

朱天于2016年发表了《中国增长之谜》，对中国文化在中国经济

[①] 菲利普·阿格因和彼得·豪伊特将经济增长过程以及增长政策设计看作由若干层次所组成，除文化是第三层次外，第一层次是对于创新和资本的直接激励，第二层次是制度和结构方面的改革。参见菲利普·阿格因、彼得·豪伊特《增长经济学》，中国人民大学出版社2011年版，第344—345页。

[②] 世界银行《东亚奇迹：经济增长与公共政策》出版后，泰国、印度尼西亚、马来西亚等以佛教、伊斯兰教文明为主的东南亚国家逐渐褪去了增长奇迹的光环，东亚地区经济增速最快的桂冠为儒家文化圈内的越南所取得。与此同时，位于儒家文化圈中的亚洲"四小龙"成功地晋升为高收入经济体，作为儒家文明中心的中国持续不断地上演着增长神话。

[③] 张五常：《中国的经济制度》，中信出版社2009年版。

[④] 姚树洁：《"新常态"下中国经济发展和理论创新》，《经济研究》2015年第12期。

增长过程中所起的重要作用做了较为系统的阐述。他通过逐条逐类的分析指出，基数低、人口红利、改革开放等关于中国奇迹的各种可能的解释都无法提供令人满意的答案，只能从文化因素方面找答案。而对中华文化为什么以前没有发挥作用，只是最近三十年才发挥作用的疑问，朱天指出，文化是"中国奇迹"的必要条件而非充分条件，必须与改革开放等制度因素结合起来，才能构成奇迹发生的充分条件。就市场制度因素本身而言，中国相对于其他国家并没有显著的优势，文化才是中国的优势所在。世界经济发展的历史也表明，文化优势而非制度优势才是一个国家经济表现脱颖而出的关键。那么，中国文化的优势是什么呢？简而言之，在于两点："一个是勤俭节约，一个是重视教育和学习，前者影响物质资本的积累，后者影响人力资本的积累和技术进步的速度。"①

(二) 大国优势

国家规模是一个国家经济发展的重要禀赋条件之一。霍利斯·钱纳里等（1989）指出，在工业起飞方面，大国具有明显的优势——大国达到准工业化阶段的人均收入仅需250美元左右，相比之下，标准大国则需要400美元左右，初级产品出口小国则需要600美元左右。中国拥有居世界第一位的人口规模和世界第三位的领土面积，这一禀赋只有美国、俄罗斯、巴西、印度等极少数国家能够比拟，相应地，由此所产生的各种优势，也具有极强的特殊性。

在国内，早在20世纪90年代初，就有学者关注到大国经济的发展，并对大国综合优势进行了较为全面的分析归纳。具体来说，大国的综合优势主要体现在：有利于保障国家安全，同时还可以保持相对较低的国防支出水平；易于形成国际威望和影响力；国内市场广阔，国内各个区域之间可以进行有效的协作，互通有无，取长补短，降低对受国外的依赖；能在一定程度上、一定范围内集中资金、技术力量投向急需的大型现代化项目的建设；各个环节、各个部分一旦具有了发展的性质，它们相互间就会产生一种相互影响、相互促进的联动效应，形成发展的

---

① 朱天：《中国增长之谜》，中信出版集团2016年版。

惯性。① 李稻葵、海闻等指出，中国的经济发展需要利用好大国优势，而大国优势也将保证中国经济的持续高速增长。② 欧阳峣对大国综合优势与我国经济发展的关系做了较为系统的研究③，指出，相对于"比较优势"和"后发优势"，"大国优势"更能诠释中国经济增长。"大国综合优势"的形成基础是发展中大国在地区、经济、技术等方面具有的"多元结构"特征，这种特征使像中国这样的发展中大国可以建立比较完整的、协调发展的产业结构，同时发挥传统产业和劳动密集型产业的优势，通过整合国内优势资源来培植具有竞争优势的高新技术产业。在大国综合优势下，我国可以奉行一种"利用比较优势和培育竞争优势的多元发展战略"，这与以东亚"四小龙"为代表的依靠比较优势战略的工业化路径是大不相同的。④

林毅夫、蔡昉、李周也注意到中国的大国优势是经济持续快速增长的重要保证，特别强调了中国各区域在技术方面的多元特征和人口众多所带来的技术进步方面的比较优势。⑤ 近些年来，资本积累率、人力资本水平均不及中国，但却有着明显技术多元化特征的印度，也逐渐显示出了赶超式发展的态势，这在一定程度上也为大国综合优势理论提供了佐证。

（三）地方政府间的增长竞争

地方政府竞争在促进中国经济增长中扮演了重要角色。樊纲和张曙光较早研究了地方政府竞争问题，并将其称为"兄弟竞争"。⑥ G. Montinola和钱颖一等尝试从政府体制角度来解释中国经济增长奇迹，

---

① 吴忠民：《大国综合优势和大国综合症》，《科技导报》1992年第8期。
② 李稻葵：《大国优势催生中国创造》，《二十一世纪商业评论》2005年第7期；海闻：《中国经济具大国优势，还可强劲增长20年》，《北京晨报》2007年第6月1日。
③ 欧阳峣：《大国综合优势》，格致出版社、上海三联书店、上海人民出版社2011年版。
④ 欧阳峣：《大国综合优势：中国经济竞争力的一种新诠释——兼与林毅夫教授商榷》，《经济理论与经济管理》2009年第11期。
⑤ 林毅夫、蔡昉、李周：《中国的奇迹：发展战略与经济改革》（增订版），上海三联书店、上海人民出版社1999年版，第18页。
⑥ 樊纲、张曙光：《公有制宏观经济理论大纲》，上海三联书店1990年版，第32—44页。

并提出了"中国特色的联邦主义"假说：改革之初的行政分权和财政分权制度给予中国地方政府以强有力的经济激励，促使地方政府积极利用相对自主的经济决策权来维护市场，推动地方经济增长，以争取获得更多的财政收入。① 而周黎安则认为，经济激励并不是地方政府竞争激励的"最为基本和长期的源泉"。② 他指出，20 世纪 90 年代中期以来，大量行政权力由"块管"变成了"条管"，分税制后地方财税收入大幅下降，且财政包干合同还常常被中央事后调整，以致形成了"鞭打快牛"的局面。但是，即便如此，地方政府推动经济增长的热情并未明显降低。可见，在经济激励之外，还有着更为基本的激励力量存在，这就是围绕 GDP 的晋升激励。晋升激励虽然不一定能够实现"中国特色的联邦主义"假说中维护市场的功能，但可以对正式的产权保护和司法制度形成一种局部的替代，使地方政府扮演"协助之手"而不是"掠夺之手"的角色。还有一些学者提出了县域竞争论，县域竞争推动了地方经济的发展，而县域竞争之所以能够展开，很大程度上在于中国土地的公有，且具体分配权力集中于县这一级，这使县域政府可以有效地利用土地资源来开展竞争。

总之，中国的地区竞争模式具有极强的特殊性，构成"中国奇迹"的一个独特因素。当然，现有的制度安排使地区竞争产生了一些负效应，如"投资饥渴症"、唯 GDP 论英雄和晋升激励导致地方政府对生态环境和民生改善的忽视。因此，如何改善地区竞争，发挥它的积极效应，同时抑制它的消极效应，将是未来经济发展理论研究和政策设计的一个重点。

第三节 科学发展观

伴随着中国经济持续高速增长和不断迈上新的台阶，一系列矛盾和

---

① Montinola, G., Yingyi Qian and B. Weingast, "Federalism, Chinese Style: The Political Basis for Economic Success in China", *World Politics*, 1995, Vol. 48, pp. 50–81.

② 周黎安：《中国地方官员的晋升锦标赛模式研究》，《经济研究》2007 年第 7 期。

问题也在逐渐积累。进入 21 世纪后，这些矛盾和问题已表现得日益突出，对我国经济的持续稳定健康发展构成了越来越明显的制约。随着经济发展所面临的条件和矛盾的变化，经济发展理念也在不断地更新发展，21 世纪头十年，以胡锦涛为总书记的党中央提出了"科学发展观"，实现了经济发展理论的飞跃。

一　发展条件和环境不断变化

改革开放 40 年来，按照可比价格计算，我国 GDP 年均增长约 9.5%。2009 年超过日本，成为全球第二大经济体。自第二次世界大战以来，许多国家和地区都经历过短暂的快速增长，但只有 25 个经济体维持了 25 年或更长的时间段年均 7% 及以上的增长。[①] 经济的快速增长给我国经济社会生活带来了深刻的变化，我们也为此付出了较高的代价。最明显的是资源环境方面的代价。据初步估算，2003—2012 年，我国环境退化和资源枯竭所造成的成本已经接近 GDP 的 10%，其中，空气污染占 6.5%，水污染占 2.1%，土壤退化占 1.1%。由环境污染所导致的疾病所带来的医疗费用上升和生活质量下降越来越严重。世界银行和国务院发展研究中心在一份报告中指出："中国当前的增长模式已对土地、空气和水等环境因素产生了很大的压力，对自然资源供给的压力也日益增加。今后的挑战在于通过采用绿色增长模式，把这些压力转化为经济增长的源泉。"[②]

2003 年，我国人均国内生产总值突破了 1000 美元关口，跨上了一个重要台阶，经济社会进入到一个关键的发展阶段。从国际经验来看，进入这一阶段以后，一个国家的经济社会发展将会出现多方面的重大变化，包括居民消费开始加速转型升级，由满足基本生活需要的生存型消费，转向追求生活质量和能力提升的发展型消费；制造业产品的技术含量开始显著提升，工农业生产由高污染、高能耗、高排放的粗放型发展阶段迈入集约化、可持续发展的阶段；城市化进程开始显著加速，并逐

[①] 25 个经济体包括博茨瓦纳、巴西、中国、中国香港、印度尼西亚、日本、韩国、马来西亚、马耳他、阿曼、中国台湾、泰国等。

[②] 世界银行和国务院发展研究中心：《2030 年的中国：建设现代、和谐、有创造力的社会》，中国财政经济出版社 2013 年版，第 9 页。

渐与工业化、农业现代化、农民市民化和服务业拓展升级等方方面面深度融合。但是，从我国的实际情况看，粗放型经济增长方式没有根本改变，集约式发展方式还远没有形成，人口资源环境压力加大，民生问题凸显，这些问题都显得日益紧迫。

二 科学发展观的提出

在国民经济与社会发展发生重大转变的历史背景下，我们党顺应经济发展的客观规律，对经济发展理念进行了重大调整，确立了科学发展观。2003年召开的中共十六届三中全会通过了《中共中央关于完善社会主义市场经济体制若干问题的决定》，指出："坚持以人为本，树立全面、协调、可持续的发展观，促进经济社会和人的全面发展。"① 在这次会议上，胡锦涛明确提出了"树立和落实科学发展观"，指出："要正确处理增长的数量和质量、速度和效益的关系。……增长并不简单地等同于发展，如果单纯扩大数量，单纯追求速度，而不重视质量和效益，不重视经济、政治和文化的协调发展，不重视人与自然的和谐，就会出现增长失调，从而最终制约发展的局面。"②

将经济发展转入科学发展轨道，首先必须切实转变经济发展方式和调整经济结构。早在1995年中共十四届五中全会关于"九五"计划建议中就明确提出了"积极推进经济增长方式转变，把提高经济效益作为经济工作的中心"。2005年，中共十六届五中全会关于"十一五"规划建议重新强调了转变经济增长方式的重要性，指出："我国土地、淡水、能源、矿产资源和环境状况对经济发展已构成严重制约。"③ 2007年6月25日，胡锦涛在中央党校省部级干部进修班发表讲话，将以往"转变经济增长方式"的表述改为"转变经济发展方式"，指出："由转变经济增长方式到转变经济发展方式，虽然只是两个字的改动，但却有着十分深刻的内涵。转变经济发展方式，除涵盖转变经济增长方式的全部内容外，还对经济发展的理念、目的、战略、途径等提出了新的更高

---

① 《十六大以来重要文献选编》（上），中央文献出版社2005年版，第465页。
② 同上书，第484页。
③ 《十六大以来重要文献选编》（中），中央文献出版社2006年版，第1064页。

的要求。"① 具体而言，经济增长主要着眼于量的扩张，而经济发展则更为注重质的提升和结构的优化；经济增长突出的是手段，而经济发展突出的是目的，即以人为本，最终实现人的全面发展；经济增长主要着眼于生产领域，而经济发展则涵盖了生产、分配、交换、消费等国民经济活动的方方面面，进而在发展战略的制定上需要更加全面和系统化；经济增长的实现主要依托投入和规模扩张，而经济发展必须依赖于效率驱动和可持续发展。为了达到"新的更高的要求"，中央陆续部署了建设创新型国家、走中国特色新型工业化道路等诸多战略举措。

科学发展观提出以来，经济学界进行了广泛深入的讨论，富有理论和实践意义的是探讨了实现科学发展的体制机制。张卓元指出，深化财税改革、完善财税政策对于转变经济增长方式、提高经济活动的质量和效益具有极其重要的作用。为此，应完善政府性收入的预算监督，设立和完善有利于资源节约、环境保护和经济增长方式转变的税收制度；着力深化价格改革，使生产要素和资源产品价格能反映资源稀缺程度；与此同时，推进其他方面改革以形成促进经济增长方式转变的合力，如转变政府职能以使政府从经济活动的主角转为公共服务型政府，改革干部政绩考核和提拔任用体制，深化企业改革特别是国有企业改革以形成转变经济增长方式的微观基础。② 刘伟指出，经济增长方式的转变首先在于技术创新，而技术创新的根本又在于制度创新，其中关键是使效率提高成为增长的首要动力，需要处理的重要矛盾是收入分配差距的扩大。③ 针对我国高投入的增长方式，林毅夫和苏剑指出，这主要是我国长期采用的低利率、低土地价格、低能源价格、低原材料价格的政策性要素价格体系所导致的。因此，要转换经济增长方式，就需要进行要素价格体系和其他方面的改革，使企业面临的要素价格体系符合我国的要

---

① 《科学发展观重要论述摘编》，中央文献出版社、党建读物出版社2009年版，第24—25页。
② 张卓元：《深化改革，推进粗放型经济增长方式转变》，《经济研究》2005年第11期。
③ 刘伟：《经济发展和改革的历史性变化与增长方式的根本转变》，《经济研究》2006年第1期。

素禀赋结构，尽量使企业的最优化接近于经济整体的最优化。① 针对我国经济发展中出现的高消耗、高排放、高污染问题，蔡昉等指出，被动等待库兹涅茨转折点的到来已无法应对日益增加的环境压力，必须主动作为，依靠中央政府的决心、地方政府和企业转变增长方式的动机，加大激励力度，实现可持续经济增长。② 李玲玲和张耀辉在对2000—2009年我国经济发展方式的变化进行综合指标测评的基础上，提出从薄弱环节入手，通过优化收入分配结构、提高市场化程度和科研投入产出率以及改变生产方式等途径，加速经济发展方式转变。

第四节　新发展理念

党的十八以来，以习近平同志为核心的党中央基于我国经济发展的新特征，对我国经济发展阶段作出了新的重要判断，提出了"创新、协调、绿色、开放、共享"新发展理念，实现了中国特色社会主义经济发展理论的新飞跃。

一　经济发展新常态与供给侧结构性改革

2014年5月，习近平同志在河南考察工作时指出："我们要增强信心，从当前我国经济发展的阶段性特征出发，适应新常态，保持战略上的平常心态。"③ 这是经济发展新常态首次正式提出。此后，习近平在多个重要场合对新常态进行了阐释，由此形成了适应新常态、引领新常态的经济发展思路和政策框架。

我国经济发展迈向新常态，有四个明显特点：一是增长速度从高速转向中高速；二是发展方式从规模速度型转向质量效率型；三是经济结构调整从增量扩张为主转向调整存量、做优增量并举；四是发展动力从

---

① 林毅夫、苏剑：《论我国经济增长方式的转换》，《管理世界》2007年第11期。
② 蔡昉、都阳、王美艳：《经济发展方式转变与节能减排内在动力》，《经济研究》2008年第6期。
③ 《习近平在河南考察时的讲话》，《人民日报》2014年5月11日。

主要依靠资源和低成本劳动力等要素投入转向创新驱动。① 经济理论界对经济发展新阶段的探讨取得了许多成果。2012年，袁富华通过对现当代发达国家经济发展历程的分析，提出了"结构性减速"的概念，并给予了理论上的解释②，指出，当经济结构渐趋成熟，就业将向服务业部门集中，而高就业比重、低劳动生产率增长率的服务业部门的扩张，将拉低全社会劳动生产率增长率。中国正面临产业结构向服务化的调整以及人口结构的转型，且这些变化将集中在一个相对较短的历史时期内发生。金碚、郭克莎等学者通过历史和国际比较指出，经济增长的换挡降速是不以人的意志为转移的客观规律，也是中国经济经历长期高速增长后必将迈入的阶段。③

进入新常态后，经济发展的内涵将发生重大的趋势性变化。

第一，模仿型排浪式消费阶段基本结束，消费开始拉开档次，个性化、多样化消费渐成主流。相应地，保证产品质量安全、创新供给、激活需求的重要性显著上升。

第二，传统产业、房地产投资相对饱和，而基础设施互联互通和一些新技术、新产品、新业态、新商业模式的投资机会大量涌现，对创新投融资方式提出了新要求。

第三，国际市场需求和我国低成本比较优势发生了变化，必须加紧培育新的比较优势，并积极影响国际贸易投资规则重构。

第四，在产能过剩条件下，产业结构必须优化升级。同时，在互联网技术加快发展、创新方式层出不穷的背景下，生产小型化、智能化、专业化将成为产业组织新特征。

第五，伴随着人口老龄化和关键技术的国际封锁，要素的规模驱动力减弱，经济增长将更多地依靠人力资本质量和技术进步。

---

① 习近平：《在省部级主要领导干部学习贯彻党的十八届五中全会精神专题研讨班上的讲话》，人民出版社2016年版。
② 袁富华：《长期增长过程的"结构性加速"与"结构性减速"：一种解释》，《经济研究》2012年第3期。
③ 金碚：《中国经济发展新常态研究》，《中国工业经济》2015年第1期；郭克莎：《中国经济发展进入新常态的理论根据——中国特色社会主义政治经济学的分析视角》，《经济研究》2016年第9期。

第六，竞争正逐步转向以质量型、差异化为主的竞争，消费者更加注重品质和个性化，以往企业依赖税收和土地等优惠政策形成竞争优势、外资超国民待遇已经难以为继，统一全国市场、提高资源配置效率成为经济发展的内生性要求。

第七，环境承载能力已经达到或接近上限，难以承载高消耗、粗放型的发展了。人民群众对清新空气、清澈饮水、清洁环境等生态产品的需求越来越迫切，生态环境越来越珍贵。

第八，伴随着经济增速下调，各类隐性风险逐步显性化，地方政府性债务、影子银行、房地产等领域风险正在显露，就业也存在结构性风险。

第九，从需求方面看，全面刺激政策的边际效果明显递减；从供给方面看，既要全面化解产能过剩，也要通过发挥市场机制作用探索未来产业发展方向。①

适应上述一系列趋势性变化，关键在于以经济结构的战略性调整为主攻方向，加快转变经济发展方式，从根本上解决一系列失衡问题。而以往从需求侧展开短期调整的思路已经不再适合于应对新常态下的新形势、新趋势、新问题，至多只能延缓问题和矛盾的发生时间，而最终难以避免更为激烈、更为集中的爆发。但是，长期以来，短期的、应急性的宏观管理已形成了一种路径依赖。一方面，为应对经济风险和增长失速，往往会采取过度扩张性经济政策，但这样会降低发展质量，同时为随后的宏观政策制定带来金融风险、债务陷阱和产能过剩等一系列约束，迫使扩张性经济政策无法轻易转向；另一方面，部分地区的投资饥渴症难以得到根本性遏制，唯 GDP 论英雄的现象仍顽固存在，人们关于发展的意识短期内仍难以实现由量到质的转变，尤其是在地区竞争的背景下，利益协调机制的缺失进一步激发盲目的增速攀比。为此，必须打破以往的经济发展和政策思维，从供给侧发力，把我国经济发展导入到新的轨道。习近平指出，"推进供给侧结构性改革成为我国经济发展进入新常态的必然选择，是经济发展新常态下我国宏观经济管理必须确

---

① 《十八大以来重要文献选编》（中），中央文献出版社 2016 年版，第 241—245 页。

立的战略思路"。① 推进供给侧结构性改革，就要"更国加注重满足人民群众的需要，更加注重市场和消费心理分析，更加注重引导社会预期，更加注重加强产权和知识产权保护，更加注重发挥企业家才能，更加注重加强教育和提升人力资本素质，更加注重建设生态文明，更加注重科技进步和全面创新"。②

二 "五大"发展理念

在 2015 年 10 月召开的中共十八届五中全会上，以习近平同志为核心的党中央在深刻总结国内外发展经验教训、深刻分析国内外发展大势的基础上，针对我国经济发展进入新常态后面临的突出矛盾和问题，提出了"创新、协调、绿色、开放、共享"的新发展理念。新发展理念集中反映了我们党对我国经济社会发展规律认识的深化，是中国特色社会主义经济发展理论的最新成果，是改革开放 40 年来党领导中国特色社会主义经济发展的理论结晶，是马克思主义发展观的继承与创新，是我国未来经济发展的基本理论遵循和实践指南。

新发展理念体现了局部与整体的辩证关系。一方面，新发展理念针对亟待解决的发展难题提出了具体的着力点，如创新聚焦发展动力，协调聚焦发展不平衡，绿色聚焦人与自然和谐共生，开放聚焦发展的内外联动，共享聚焦社会公平正义；另一方面，新发展理念是一个不可分割的整体，相互联系、相互贯通、相互促进，要一体坚持、一体贯彻，不能顾此失彼，也不能相互替代。③

第一，创新是引领发展的第一动力，是应对发展环境变化、增强发展潜力、把握发展主动权、更好引领新常态的根本途径。除科技创新外，创新还包括理论、制度、文化等多方面。坚持创新发展，就是要将创新摆在国家发展全局的核心位置，让创新贯穿于党和国家的一切工作，让创新在全社会蔚然成风。目前，创新能力不强已成为制约我国经济发展的一块短板。2012 年，在以专利为主要指标的全球创新企业百

---

① 习近平：《在十八届中央政治局第三十八次集体学习时的讲话》，《人民日报》2017 年 1 月 23 日。
② 《十八大以来重要文献选编》（中），中央文献出版社 2016 年版，第 246 页。
③ 《习近平在重庆调研时的讲话》，《人民日报》2016 年 1 月 7 日。

强排名当中，中国企业无一上榜；在以知名商标为主要指标的世界品牌100强当中，中国仅有4个；对25家具有代表性的创新型企业统计显示，其无形资产占企业总资产比重平均仅为0.65%，而其中知识产权资产占无形资产的比重则仅有16.98%。与发达国家的平均水平差距显著。① 创新能力不强导致我国产业升级缓慢，难以实现从全球价值链低端环节向上游环节的攀升，使通过大规模地创建具有自主知识产权的国际品牌来实现中国经济整体跃升目前还无法真正实现。② 创新发展具有现实紧迫性。一方面，伴随着老旧资本设备升级替代过程的结束，以往较快的物化技术进步速度将向正常水平回归；另一方面，人口红利的逐渐消失，使资本产出边际递减的约束开始逐渐强化，曾经推动"中国奇迹"在高积累下得以持续的条件正在逐渐消失。这意味着我国长期依赖于高强度的资本投入、全要素生产率贡献偏低的经济增长模式迫切需要转向创新引领的效率驱动轨道上来。因此，创新发展已成为推动新时代中国经济转型升级和发展方式转变的必然选择。

第二，协调是持续健康发展的内在要求，既是发展手段又是发展目标，还是衡量发展的标准和尺度。实现协调发展，要坚持发展"两点论"和"重点论"的统一、发展平衡与不平衡的统一、发展短板和潜力的统一，重点促进城乡区域的协调发展，促进经济社会的协调发展，促进新型工业化、信息化、城镇化、农业现代化的同步发展，提升国家的硬实力和软实力，不断增强发展的整体性。应该看到，城乡、区域等层面的发展差异较大、产业结构不合理是我国长期以来经济社会发展的一个显著特征，这一方面缘于国家规模庞大、自然禀赋的地理分布不均、工业化和城镇化起步较晚等客观原因；另一方面也有城乡二元分割、地区竞争机制扭曲等体制政策方面的原因。新时代推进协调发展，重点是要处理好市场和政府的关系。一方面，如任由市场机制发挥作用，难免会形成过大的发展差异，这就要求政府通过财政转移支付、公

---

① 李扬、张晓晶：《"新常态"：经济发展的逻辑与前景》，《经济研究》2015年第5期。
② 刘志彪：《全球化背景下中国制造业升级的路径与品牌战略》，《财经问题研究》2005年第5期。

共服务均等化等措施,合理地发挥自身的作用,校正由市场机制形成的过大城乡和区域差距;另一方面,严格控制政府的不当干预行为以及由此所导致的重复建设、过度投资、产能过剩等一系列问题,改革土地和环境的"模糊产权"、金融体系的"预算软约束"、政府与国有企业的"政企不分"等体制痼疾,让市场在资源配置中发挥决定性作用。

第三,绿色是可持续发展的必要条件,是当今时代科技革命和产业变革的方向及最有前途的发展领域,突出反映了人民对美好生活的向往。要牢固树立绿水青山就是金山银山、保护环境就是保护生产力、改善环境就是发展生产力的现代发展信念,形成绿色的生产方式和生活方式,处理好经济发展、生活改善同资源节约、生态环境保护的关系,建设天蓝、地绿、水清的美丽中国。长期以来,我国的经济增长背负着沉重的环境代价,高污染、高能耗、高排放的粗放型增长特征一直没有得到根本性转变,可持续发展能力遭到破坏。据测算,从改革开放伊始到2008年,中国潜在经济的增长速度平均为9.5%,其中,大约1.3个百分点是环境的代价。进入21世纪后,平均有2个百分点的经济增长是以环境消耗为代价拉动的;[①] 1998—2010年,中国环境污染成本占实际GDP的8%—10%,且经济发达地区明显高于欠发达地区,居民健康支出对经济增长的长期弹性为1.66,高速经济增长由于社会健康水平下降而大打折扣。[②] 发达国家的历史经验表明,"先发展后治理的老路"是走不通的,将引致无法承受的经济、社会和人文代价,有的代价甚至是不可逆的。因此,无论是从人民的长远根本利益出发,还是从功利的经济绩效出发,绿色发展都是我国未来发展的必由之路。

第四,开放是国家繁荣发展的必由之路,以开放带动创新、倒逼改革、促进发展是我国取得辉煌成就的重要法宝。坚持开放发展,要继续推进引进来和走出去相结合的战略,实施更加积极主动的开放战略,努力构建开放型经济新体制,发展更高层次的开放型经济。应看到,一方

---

① 袁富华:《低碳经济约束下的中国潜在经济增长》,《经济研究》2010年第8期。
② 杨继生、徐娟、吴相俊:《经济发展和改革的历史性变化与增长方式的根本转变》,《经济研究》2006年第1期。

面,当前世界经济的整体发展动能仍显得不足,各个国家或地区间的矛盾摩擦显著增多。为此,需要发掘新的外部动能,开辟新的合作共赢模式,构建广泛的利益共同体。"一带一路"倡议、亚洲基础设施投资银行的设立等,都是我国主动适应外部新形势、新变化的积极作为。另一方面,伴随着经济体量的快速扩大,中国已成为国际经济中的重要"内生变量",无论是从维护国家利益的角度出发,还是从建立公平合理的国际经济秩序的角度出发,都要求我们发挥越来越重要的作用,深度融入国际经济体系。人民币国际化、石油人民币结算市场的建立、自贸区的扩大等,都是我国主动构建开放型经济新体制、发展更高层次的开放型经济的重要作为。与此同时,我们也要看到,国际经济形势正变得日趋复杂,政策效果的不确定性显著增强,因此,坚持开放发展,并不能简单地理解为一味地求快求大,而是要根据形势的变化,在逐步总结经验教训的基础上,灵活地、稳步地加以推进。

第五,共享是中国特色社会主义的本质要求,是社会主义制度优越性的集中体现。坚持共享发展,实质就是要坚持以人民为中心的发展思想,关键是要做出更为有效的制度安排,做好从顶层设计到"最后一公里"落地的工作。实践层面上,要扩大中等收入群体,加大对困难群众的帮扶力度,坚决打赢脱贫攻坚战。长期以来,我国居民收入差距在高位运行,致使经济发展的成果未能充分惠及全体人民,这同时也抑制了内需对经济增长的拉动作用。国家统计局公布的基尼系数以及胡家勇和武鹏[①]等研究提供的测度数据显示,城乡和居民收入差距在改革开放之后均有大幅上升;消除东北地区相对经济发展水平快速下降的影响,我国沿海—内地的发展差距也有大幅上升。近几年来,各种类型的不平等程度有所缩小,但缩小的幅度非常有限。大量的理论和实证研究表明,过大的差距会从需求层面制约经济的发展。因此,共享发展既是执政为民的内在要求,也是推动分配与发展相互融合促进、实现经济社会共同进步的根本途径。

---

① 胡家勇、武鹏:《推进由"先富"到"共富"的阶段性转换》,《经济学动态》2012年第12期。

三 开启社会主义现代化建设新征程

经过 40 年的改革开放和经济发展,中国特色社会主义已经进入了新时代。随着小康社会的全面建成和第一个百年奋斗目标的实现,我国即将开启全面建设社会主义现代化国家的新征程。

实现社会主义现代化是我们党和国家长期以来的战略探索和部署。早在 1964 年第三次全国人民代表大会上,周恩来在政府工作报告中就提出了到 20 世纪末实现"四个现代化"的宏伟目标。1978 年,中共十一届三中全会明确提出:"把全党工作的着重点和全国人民的注意力转移到社会主义现代化建设上来。"1984 年 10 月,邓小平在会见参加中外经济合作问题讨论会的中外代表时用"两步走"来概括中国中长期发展战略:"发展经济,到本世纪末翻两番,国民生产总值按人口平均达到八百美元,人民生活达到小康水平。……在这个基础上,再发展三十年到五十年,力争接近世界发达国家的水平。"[①] 1987 年 8 月党的十三大召开前夕,邓小平在会见意大利共产党领导人时明确阐述了"三步走"战略:"我国经济发展分三步走,本世纪走两步,达到温饱和小康,下个世纪用三十年到五十年时间再走一步,达到中等发达国家的水平。"[②] 党的十三大将"三步走"战略具体化:第一步:从 1981 年到 1990 年实现国内生产总值比 1980 年翻一番,解决人民的温饱问题;第二步:从 1991 年到 20 世纪末,使国民生产总值再增长一倍,人民生活达到小康水平;第三步:到 21 世纪中叶,人均国民生产总值达到中等发达国家水平,人民生活比较富裕,基本实现现代化。1997 年,党的十五大提出新世纪"三步走"战略:第一个 10 年实现国内生产总值比 2000 年翻一番,人民的小康生活更加宽裕,形成比较完善的社会主义市场经济体制;再经过 10 年的努力,到建党一百年时,使国民经济更加发展,各项制度更加完善;到本世纪中叶中华人民共和国成立一百年时,基本实现现代化,建成富强民主文明的社会主义国家。2006 年中共十六届六中全会在现代化目标中增加"和谐"一词,2017 年党的十

---

① 《邓小平文选》第三卷,人民出版社 1993 年版,第 77 页。
② 同上书,第 251 页。

九大在现代化目标中增加了"美丽"一词，提出建设富强民主文明和谐美丽的社会主义现代化强国。

2020年是一个关键性时间节点，中国将全面建成小康社会，形成系统完备、科学规范、运行有效的制度体系，使各方面制度更加成熟更加定型，继而开启全面建设社会主义现代化国家新征程。根据党的十九大的战略部署，2020年到本世纪中叶分两阶段安排：第一阶段，从二〇二〇年到二〇三五年，在全面建成小康社会的基础上，基本实现社会主义现代化；第二阶段，从二〇三五年到本世纪中叶，在基本实现现代化的基础上，把我国建成富强民主文明和谐美丽的社会主义现代化强国。可以预期，中国特色社会主义经济发展实践和理论也将全面进入新时代。

参考文献

《邓小平文选》第三卷，人民出版社1993年版。

蔡昉、都阳、王美艳：《经济发展方式转变与节能减排内在动力》，《经济研究》2008年第6期。

陈继勇、盛杨怿：《外商直接投资的知识溢出与中国区域经济增长》，《经济研究》2008年第12期。

陈宗胜、黎德福：《劳动力转移过程中的高储蓄、高投资和中国经济增长》，《经济研究》2005年第2期。

董敏杰、梁泳梅：《1978—2010年的中国经济增长来源：一个非参数分解框架》，《经济研究》2013年第5期。

樊纲、王小鲁、马光荣：《中国市场化进程对经济增长的贡献》，《经济研究》2011年第9期。

樊纲、张曙光：《公有制宏观经济理论大纲》，上海三联书店1990年版。

郭克莎：《中国经济发展进入新常态的理论根据——中国特色社会主义政治经济学的分析视角》，《经济研究》2016年第9期。

胡家勇、武鹏：《推进由"先富"到"共富"的阶段性转换》，《经济学动态》2012年第12期。

蒋仁爱、冯根福：《改革以来中国经济是否存在快速的效率改进?》，《经济学》（季刊）2006年第1期。

金碚：《中国经济发展新常态研究》，《中国工业经济》2015年第1期。

林毅夫、苏剑：《论我国经济增长方式的转换》，《管理世界》2007年第11期。

刘伟：《经济发展和改革的历史性变化与增长方式的根本转变》，《经济研究》2006年第1期。

欧阳峣：《大国综合优势》，格致出版社、上海三联书店、上海人民出版社2011年版。

世界银行和国务院发展研究中心：《2030年的中国：建设现代、和谐、有创造力的社会》，中国财政经济出版社2013年版。

王文举、范合君：《我国市场化改革对经济增长贡献的实证分析》，《中国工业经济》2007年第9期。

武鹏：《改革以来中国经济增长的动力转换》，《中国工业经济》2013年第2期。

杨继生、徐娟、吴相俊：《经济发展和改革的历史性变化与增长方式的根本转变》，《经济研究》2006年第1期。

姚树洁：《"新常态"下中国经济发展和理论创新》，《经济研究》2015年第12期。

袁富华：《长期增长过程的"结构性加速"与"结构性减速"：一种解释》，《经济研究》2012年第3期。

张卓元：《深化改革，推进粗放型经济增长方式转变》，《经济研究》2005年第11期。

中国社会科学院经济研究所中国经济增长前沿课题组：《高投资、宏观成本与经济增长的持续性》，《经济研究》2005年第10期。

朱天：《中国增长之谜》，中信出版集团2016年版。

第十三章　中国市场化经济改革中的"三农"问题

我国是一个人口众多，而农村居民又占总人口相当比重的发展中农业大国，这是我国最基本的国情。因此，农业、农村和农民（简称"三农"）问题，始终是制约我国国民经济发展的最主要问题，关系着党和国家事业发展的全局。无论在革命战争时期、中华人民共和国成立后的建设时期，还是改革开放时期，我们党始终高度重视、认真对待、着力解决"三农"问题。在不同的历史时期，党和国家领导人都对"三农"问题的解决，一直给予极大关注。毛泽东主席曾指出，我国有五亿多农业人口，农民的情况如何，对于我国经济的发展和政权的巩固，关系极大。习近平总书记以通俗的语言多次明确指出："小康不小康，关键看老乡。一定要看到，农业还是'四化同步'的短腿，农村还是全面建成小康社会的短板。""中国要强，农业必须强；中国要美，农村必须美；中国要富，农民必须富。""农业基础稳固、农村和谐稳定、农民安居乐业，整个大局就有保障，各项工作都会比较主动。""没有农业现代化，没有农村繁荣富强，没有农民安居乐业，国家现代化是不完整、不全面、不牢固的。""任何时候都不能忽视农业，不能忘记农民，不能淡漠农村。"①

我国从20世纪70年代末开始以市场经济为取向的经济体制改革，首先是在广大农民发动的以废除"一大二公"的人民公社制度为主要内容的农村经济体制改革取得突破，这也绝不是偶然的，说明"三农"

---

① 转引自王丰《新时代中国特色农业现代化"第二次飞跃"的逻辑必然及实践模式》，《经济学家》2018年第3期。

问题已成为当时全社会各种矛盾聚集的焦点，也是广大农民摆脱长期处于贫困、饥饿状态的强烈要求。"三农"问题的首先突破既是中国经济体制改革的一个最主要的特点和亮点，也是中国经济体制改革能够在不太长时间内就取得巨大成功的重要原因。

在我国40年来市场化经济体制改革不断深化的进程中，"三农"问题一直居于"重中之重"的地位。多年来，党中央都是以发布一号文件的形式，就"三农"问题的改革和发展问题进行安排、部署，引导"三农"问题改革逐步深化，就是明证。

"三农"问题改革的大潮，也引起了中国经济理论界的极大关注，学者、专家们纷纷力求以马克思主义辩证唯物主义和历史唯物主义的立场、观点、方法，分析阐释中国市场经济改革中的"三农"问题，发表各类专著数十册、文章近千篇，涉及领域之广、探索问题之深、分析观点之众都是前所未有的，其中不乏众多真知灼见。特别是一大批青年经济学者参与到对我国"三农"问题的讨论中来，贡献了一系列新的分析框架和观点思路，值得关注。

"三农"问题改革本身就是纷繁复杂的一个巨大系统工程，涵盖问题方方面面，既包括生产力与生产关系、经济基础与上层建筑、乡村与城市等各类问题，也涉及农业经济学、发展经济学、制度经济学等各个学科。本文仅就中国经济理论界对我国市场化经济改革中的"三农"问题进行讨论中的几个主要议题综述如下，以供专家、学者们进一步研究参考。

第一节 中国市场化经济改革初期的"三农"问题

在1978年年末召开的中共十一届三中全会提出的"解放思想，实事求是，团结一致向前看"的思想路线指引下，在20世纪70年代末80年代初期，以安徽省凤阳县小岗村为代表的中国亿万农民群众一举打破了人民公社高度集中经营的僵化体制的牢笼，实行了土地集体所有基础上的以"包产到户"为主要经营形式的家庭联产承包责任制（以下简称"家庭承包制"）。这是中国农村经济体制具有划时代意义的一次根本性变革。这种由农民自主创新、自发进行的农村经济体制改革，迅速遍及全国农村，成为农村经济运行的主体。接着，20世纪80年代以来，乡镇企业首先在我国东南沿海各省农村异军突起，并逐步向中西部地区农村梯级推进。乡镇企业是我国农民继家庭承包制后又一伟大创造，是我国农民冲破城乡二元壁垒、谋求剩余劳动力出路和农村致富的一个创举。此后，进入90年代，世代与黄土地打交道的中国农民，自发地从农村向大中城市流动，从落后的内陆地区向经济发达的沿海地区流动，从低收入的农业种植业向高收入的第二、第三产业流动。涓涓劳务输出细流，汇集发展成为拥有几千万流动大军、震动整个社会的"民工潮"。这是中国农民自70年代末80年代初以来创造家庭承包制和乡镇企业之后的又一惊世之举，并以其强大的发展趋势猛烈地冲击着城乡二元社会经济结构壁垒。如果把农民用家庭承包制冲击"一大二公"的人民公社体制称为第一次冲击，把农民用发展以"离土不离乡"为特点的乡镇企业冲击工农业分割的二元经济结构称为第二次冲击，那么，这次农民用自发性大规模跨区冲击旧的城乡分割、区域封闭的二元社会结构，则是第三次冲击了。中国农民通过三大实践创新，冲破了一切束缚农民发展的旧体制的桎梏，冲破了城乡二元经济的旧结构，冲破了一切束缚农民致富的旧规章制度、旧思想观念，在解放自己的路上迅速奔跑。

面对农民群众自主创造、自发进行的三大实践创新，我国经济学界进行了广泛的讨论，力图从经济理论上给予阐释。

一 家庭承包制塑造了农村市场经济的经营主体

在实行家庭承包制变革开始时，人们对于它的认识是不一致的。由于当时以极"左"路线为指导的"文化大革命"刚刚结束不久，解放思想、拨乱反正才刚刚开始，一些人尚未从那些"左"的理论、思想、观念的束缚中解脱出来，因此，对于农村家庭承包制的实行存在这样或那样的质疑。如有的人认为，家庭承包制既没有坚持公有制，也没有坚持按劳分配，生产队一级的集体经济实际上已成为"空壳""名存实亡",以队为基础的公有制已被动摇瓦解,因此,它实质上是退到"单干",是保留着集体经济外貌的小农经济的特殊形式。这种观点在家庭承包制最初实行时,曾一度颇为流行,后来虽然有所减少,但并未绝迹,私下持这种观点的仍大有人在,其中也包括一些农民和农村基层干部。一些农民把分配承包地称为"第二次土改",是"土地回家";有的农村干部则称之为"辛辛苦苦三十年,一夜回到解放前",就是这种观点的写照。① 还有一些人认为,家庭承包制好是好,但是它"成分可疑""方向不正",不一定长得了,恐怕有朝一日还得变回去,还会来一个"第二次合作化"。②

  社会上对家庭承包制性质的疑虑,在经济理论界也有所反映。20世纪80年代初就陆续发表了一批有关农村家庭承包制的论述文章,其要点大都着重在家庭承包制是否改变了集体经济性质的问题上,多数文章是把家庭承包制看作是集体经济、合作经济框架内"劳动组织形式的改变",或者是"经营管理形式的改变",甚或仅仅是"生产责任制形式的改变"等,从而作为其对家庭承包制"并未改变集体经济性质"这一论断的依据。③ 应该指出的是,当时有个别文章分析到了实行家庭承包制"把生产的实际经营管理权、产品分配权,以及生产资料的占有权、使用权、支配权都下放给农户",并提出了"公有制的实现"问题,但文章作者恰恰认为这些表明家庭承包制"已不是完整的集体经济性质",而"坚持以生产队为基础的集体经济形式",才是"中国农业的出路和方向"。④ 有些理论工作者对于家庭承包制是否会影响农业现代化也提出了种种疑虑,如有人认为家庭承包制增强了农民对土地的依恋心理,将承包地视为私有,再加上土地分割零碎,既妨碍农业的机

---

① 参见刘必坚《包产到户是否坚持了公有制和按劳分配?》,《农村工作通讯》1980年第3期;邓存栋《分田单干必须纠正》,《农村工作通讯》1980年第2期;袁亚愚《中国农业现代化的历史回顾与展望》,四川大学出版社1996年版。
② 参见林子力《论联产承包制》,上海人民出版社1983年版。
③ 参见郭明《一年来关于农业生产责任制问题的讨论综述》,《经济研究》1982年第3期。
④ 参见马德安《农业生产的组织管理形式要由生产力发展水平决定》,《经济研究》1981年第1期。

械化，也妨碍土地集中向适度规模经营发展。家庭承包制也使集体经济的多年积累被分光，集体经济被削弱，农业现代化所需资金的筹措将极为困难。旧的人民公社体制取消后，农民组织化程度大大降低，这种极度分散的农户难以适应市场经济的发展变化，更难以根据市场的需要把自己提高到适应现代化的高度。因此，有的理论工作者认为，家庭承包制主要是在传统农业基础上进行的合作化失败的产物，它既是对以往合作化错误的纠正，又是对保持合作化方向与成果而实施的挽救。家庭承包制产生的这种特殊的社会历史背景，便决定了它不会永远存在下去，而且由于它更适宜于中国现在还处在传统阶段的农业，而不适宜于现代农业，所以随着中国农业越来越向现代化方向发展，它的历史使命也就会宣告完成。①

1982年年初，由中共中央转发的《全国农村工作会议纪要》，曾针对干部和群众关于家庭承包制的性质和前途的疑虑，指出包括"包产到户"和"包干到户"在内的各种家庭承包制形式，都属于社会主义的合作经济形式。② 接着于1982年9月召开的党的十二大报告中，也进一步肯定了农村改革中农民群众的创造性实践，指出："近几年在农村建立的多种形式的生产责任制。进一步解放了生产力，必须长期坚持下去，只能在总结群众实践经验的基础上逐步加以完善，决不能违背群众的意愿轻率变动，更不能走回头路。"③ 1983年年初，中共中央又转发了作为草案试行的《当前农村经济政策的若干问题》，对家庭承包制普遍实行后，农村中出现的新情况和新问题做了政策规定。④ 所有这些，对于当时消除干部和群众中对于家庭承包制的疑虑，推动家庭承包制的健康发展和巩固，起到了极其重大的作用。

经过两三年的实践，家庭承包制日益发展巩固完善，其优越性充分

---

① 参见林子力《联产承包制讲话》，经济料学出版社、农村读物出版社1983年版；赵天福《关于联产承包责任制的几个理论问题》，《农业经济》1983年增刊第1期；袁亚愚《中国农业现代化的历史回顾与展望》，四川大学出版社1996年版。
② 《全国农村工作会议纪要》，《人民日报》1982年4月6日。
③ 胡耀邦：《全面开创社会主义现代化建设的新局面》，《中国共产党第十二次全国代表大会文件汇编》，人民出版社1982年版。
④ 《当前农村经济政策的若干问题》，《人民日报》1983年1月2日。

发挥了出来，农业生产蓬勃发展，农民收入大大增加，农村的面貌也大为改观。面对这一现实，人们对家庭承包制的疑虑也基本销声匿迹了。但是，如何从理论高度上，深刻解剖家庭承包制在整个农村经济体制改革中的地位、作用和前途；又如何从中国市场取向改革的宏观角度，审视农村家庭承包制的实践意义和理论意义，是当时摆在中国经济理论界的一个亟待解决的重要课题。

当时，中国经济理论界对于家庭承包制的实质、发展趋势和理论含义的主流观点还是比较明确的，认为：

（1）我国20世纪五六十年代的农业合作化运动，把几亿农民引上了社会主义道路，但是并未真正找到中国农业经济发展道路的具体形式。实行家庭承包制，就使我国农业经济发展找到了适合当时当地生产力水平，适合中华民族传统心理习惯和适合中国国情的生产、交换、分配环节的具体形式。特别是家庭承包制把握住了联合劳动两重特性所导致的两个方面的客观要求，即一方面是分散独立的劳动，另一方面是国家和集体对于生产过程的控制与协调。分田单干、个体经济的路子在中国走不通，而那种排斥分散独立的劳动，只要集中统一的模式，也不适合我国国情。家庭承包制真正体现了农民在集体经济中的主人翁地位，把直接生产者与农业生产中最基本的生产资料——土地最佳结合起来，因此，它既能很好地保证生产者的切身利益，又能理顺他们同国家、集体及相互之间的经济关系。

（2）家庭承包制以两个层次的经营为主要特征，以主要生产资料的所有权和使用权的适当分离及发挥社会主义集体经济的优越性与发挥农民个人的生产积极性相结合为理论依据。这种所有制形式，关键在于确认了农民家庭作为社会主义农业基础经营层次的存在，核心是调动了亿万农民的生产积极性，促进了农业生产力的迅速发展。农民由于获得了生产自主权和产品支配权，因而在经济、社会、政治诸方面都获得了自主、自立权利。

（3）"交足国家的，留够集体的，剩下全是自己的"这一直来直去的分配方式，使农民的生产成果，扣除交给国家、集体部分以外，全部归农民自己，使农民从发展生产中直接获益，从而克服了过去"一大二公"下的"大锅饭"的平均主义弊病,极大地刺激了农民的生产积极性,解决了推动我国社会主义农业发展的动力问题。

(4)家庭承包制,打破了计划经济对我国农业的强制性的行政控制,使被计划经济体制所阻断了的农业与市场的联系逐渐恢复起来,从而加快了农业生产向商品化、专业化、产业化的发展,农业内部的分工不断增加。同时,随着农业劳动生产率的迅速提高,使农民从对土地的过分依赖中解脱出来,这就促进了农民离土离乡的过程,而这样的过程是任何一个国家实现农业现代化的必备条件,只有完成了这样的过程,现代农业才能在实现专业化、企业化和适度规模经营的基础上建立起来。①

(5)今天的家庭经营是在土地公有化条件下的家庭经营,在许多方面受集体经济的制约,是合作经济中的一个经营层次,也是整个社会主义经济的有机组成部分。它既不是土改后的个体经济,更不是旧社会的小农经济,而是一种新型的家庭经营。②

(6)有人更进一步认为,家庭承包制的实行绝不仅仅只是"劳动组织形式的改变",或"生产责任制形式的改变",而是社会主义生产关系的一次深刻的变革,是对传统社会主义经济理论的重大突破。

第一,在生产资料所有制方面,原来人民公社体制是按照传统社会主义经济理论的基本模式建立的,土地等主要生产资料共同占有、共同使用;而家庭承包制下农民家庭对于土地等主要生产资料的关系,则是按社会主义商品经济的基本模式,以所有制可进一步区分为所有权、支配权、占有权、使用权四个部分、四种形式的阐述为理论依据,按土地等主要生产资料仍归由农民家庭组合而成的集体所有,由这个集体支配,但交给农户实际占有和使用四权分离的公有制新模式建立的。这是中国农民在长期合作经济实践中的一个创造。它的实质是建立了一个生

---

① 参见唐明曦《中国农村新型家庭经济的崛起》,《经济研究》1983年第12期;河南省社会科学院经济研究所《农业联产计酬责任制的理论意义》,《中州学刊》1982年第1期;林子力《论联产承包制》,上海人民出版社1983年版;许涤新《论农业的生产责任制》,《农业经济问题》1981年第11期。

② 转引自王碧峰《中国农村改革理论的演进》,《理论与当代》2008年第11期。

产者与生产资料相结合的新方式。在人民公社体制下，社员是在土地公有、四权合一的前提下，在广义上，即在社会范围内实现生产资料与生产者的间接结合。而家庭承包制下的农民家庭，则是在土地公有、四权分离的前提下，在生产过程中，即在家庭范围内，实现生产资料与生产者的直接结合。从间接结合演变到直接结合，农户也从人民公社体制下的基本经济单位——生产队中的一个劳动成员，转变为具有经济实体性质的独立的一级社会主义商品经济中的基本经济单位。当然，在一些集体经济实力比较强的地方，在实行家庭承包制时，集体还保留对大型机器设备和大型水利设施等生产资料的使用权、支配权，实行统一经营，并形成了"统分结合、双层经营"的模式，但土地这一农业基本生产资料还是承包给农民家庭，因此，农民家庭经营这一层次仍然成为一个主要经营层次。

第二，由于生产资料所有权使用权的分离，集体与农民家庭之间的关系发生了很大变化。在人民公社体制下，生产队作为农村基本生产单位，在国家各级政府和人民公社各级组织的行政干预下，负责组织农业生产和经营的具体过程。生产队与农户的关系是以行政隶属关系形式出现的生产组织者、经营者与劳动者的关系。在家庭承包制下，集体与农民家庭的关系，变成了生产资料所有者、支配者与生产资料占有者、使用者和经营者之间的具有商品性质的平等的契约关系。双方通过承包，不仅确认了相互独立的地位和独立的利益，而且还把所有制四权的分割重新按经济利益的原则结合起来。一方面集体凭借对土地的所有权，从农民家庭经营成果中，收取公积金、公益金等提留，并对土地等主要生产资料的使用施加限制，如不得买卖、抵押、典当、营建住房等；集体还凭借其对土地的支配权，在适当的情况下可以对土地的划分进行必要调整，重新分配使用权。另一方面，农民家庭凭借其获得的在合同期内具有排他性的对土地的占有权和使用权，参照国家和集体的规划，根据市场的需求，进行独立的生产经营。这时，农民家庭就由原来依附于集体经济中的劳动者，转化成为具有较大经营自主权的、相对独立的商品生产经营者了。

第三，由于所有制四权的分离、农民家庭地位的变化以及经营自主权的形成，相应地劳动产品的分配形式也出现了根本性的变化。这种变化首先表现在形式上，人民公社体制下的社员，其劳动产品的获得分为明显的两部分，其基本部分是由集体分发的以"工分"计算的劳动报酬（包括实物形式的"口粮"和折算后的现金）；另一部分则是直接归己的少量的自留地收入和副业经济收入。而家庭承包制下的农民家庭，其劳动产品的获得是按照"交够国家的，留足集体的，剩下全是自己的"这一基本形式进行的，表现为从其全部劳动收益中拿出一部分交给国家和集体，其余的则全归自己，这就使分配形式从原来的"公有分发"变为"户属上缴"。这种变化其次表现在分配的具体内容上，农民家庭经济由于具有了独立的生产单位和经营层次的身份，因而产生了按劳分配的"以户核算、联产计酬"的新形式，即以凝结形态的物化劳动为计酬依据，注重于经济效果，注重于有效劳动，从而更符合农业生产的特点，更准确反映劳动者的实际贡献，也更能充分体现按劳分配的原则。不仅如此，在家庭承包制下，"归自己"的部分要大于纯粹的按劳分配的量，它既包括农民为自己劳动的必要产品价值的补偿，农民对简单再生产投入资金和劳动的价值补偿，还包括农民用于扩大再生产的追加投资部分的补偿。因此，虽然劳动是"归自己"的部分的主要来源，但各户拥有的工具、技术、装备和资金也是影响农民收入的重要因素，这就包含了商品生产按资金分配的因素。在合同期内，"交够国家的，留足集体的"是已定量，而"归自己的"部分则是可变量，这就鼓励土地承包者追加投资，提高劳动生产率，从而取得额外的更高的收入。

正是由于家庭承包制，通过对生产资料所有制关系中所有权、支配权与使用权、占有权的分离，使农民家庭成为一个相对独立的经营层次，解决了"权"的问题；通过承包，使农民家庭成为具有经营自主权的商品生产者、经营者，解决了"责"的问题；又通过实行劳动与劳动成果直接挂钩的分配形式，真正实现了多劳多得、少劳少得、多投入多得、少投入少得，解决了"利"的问题。正是这种权、责、利三者在家庭经济上直接紧密的结合，充分激发了农民增产增收的积极性。可以毫不夸张地说，家庭承包制的实行，使得中国农业生产力得到了再一次解放。不仅如此，随着家庭承包制的实行，农村商品生产长足发展，一种建立在商品生产基础上的新型的家庭经济正在逐步崛起，这种新型的家庭经济，以保留和发展传统家庭经济基础为起点，通过发展商品生产，使用先进的工具和技术，逐步实行分工分业，逐步扩大生产规模，由"小而全"到"小而兼"再到"小而专"，逐步形成商品化、专业化，进而到企业化的家庭经济，生产社会化的因素不断渗透到传统农业的体系之中，从而将人们主观促进建设的过程和自然客观的历史发展过程有机地融为一体，大大地加速中国农业现代化历史进程。因此可以说这种新型家庭经济的诞生和成长，不仅会给中国农村经济的发展带来蓬勃生机，而且必将对有中国特色的农业现代化产生巨大的推进作用。① 正如有人总结性地指出的那样，中国农村由于实行了家庭承包制，必将出现一连串的连锁效应：农民创造才能和积极性充分激发—农业生产率空前迅速地提高—农业实现增产增收—劳力、资金出现剩余—多种经营、分业分工以及乡村工业得到发展—专业户、新联合体和各种技术服务组织产生和发展—自给、半自给的传统生产方式向商品化、社会化的现代生产方式转变—推动农村流通体制、金融体制等的变革—农村剩余劳动力向城市流动、农村城镇化得到发展—社会化、现代化和富有中国特色的社会主义农业雏形的出现—农村经济、政治、文化、社会生活走向全面进步，社会主义新农村形成②。

  突破了传统社会主义经济理论和僵化社会主义模式的农村经济体制改革率先成功，不仅引起整个农村经济的连锁反应，也必然对中国包括工业、商业、金融、财税在内的整个经济体制产生巨大的冲击。农业经济改革冲破了政社合一的行政体制，实行政企分治，按照社会化生产的特点进行生产和经营；冲破了以单一指令性计划调节的计划体制，实行合同制，统筹兼顾国家、集体、农户三方面的利益、权利和责任；冲破了社会主义经济在经营形式上单一化的模式，实行了经营形式的多样

---

  ① 参见于祖尧《农业实行包干到户是我国经济体制改革的前奏》，《经济研究》1983年第3期；李家蓬《包干到户是生产关系前进性的变革》，《经济研究》1983年第11期；唐明曦《中国农村新型家庭经济的崛起》，《经济研究》1983年第12期。
  ② 林子力：《论联产承包制》，上海人民出版社1983年版。

化，从而搞活了经济；冲破了"铁饭碗""大锅饭"的分配体制，把劳动和劳动成果直接联系起来，使劳动成果的分配与承担的义务、行使的权利和享有的利益相结合；还冲破了自给半自给的自然经济体制，推动了生产专业化和联合，导致自给半自给的自然经济解体，商品经济得以发展等，这些都为中国整个经济体制的改革提供了可资借鉴的经验和方向。因此，在一定意义上可以说，农业经济体制的改革成为中国经济体制全面改革的先导。①

关于家庭承包制的发展趋势，有人则认为，家庭经营成为最普遍的农业经营形式，是由农业的产业特征决定的。农业生产的基本特点是空间分散，且必须对自然环境的微小变化做出及时反应，这使得农业生产的监督成本较高。农户家庭成员之间的经济利益是高度一致的，不需要进行精确的劳动计量和监督。以家庭作为农业的基本经营单位，劳动者具有很大的主动性、积极性和灵活性，不仅能够对农业劳动全过程共同负责，对农业最终产品负责，而且可以对各种难以预料的变化做出比较灵敏的反应，这正适合了农业作为生物再生产过程的特点。较之其他经营方式，家庭经营在农业中有更好的适应性。家庭经营不仅适应以手工劳动为主的传统农业，也能适应采用先进科学技术和生产手段的现代农业。家庭承包经营蕴藏着巨大的潜力，具有广阔的发展前景。在我国农业现代化过程中，不存在生产力水平提高以后改变家庭经营主体地位的问题。家庭经营现在是、将来也是我国农业最基本的经营形式。②

二 乡镇企业的发展改变了农村单一的产业结构和所有制格局

在实现农业现代化的过程中，必然伴随着农业剩余劳动力大量离开土地从事他业。在我国，由于带有封闭性的二元经济结构和二元社会结构的桎梏，再加上需要转移的农业剩余劳动力数以亿计，这样十分庞大的农村人口要在一个二元结构十分明显、现代工业城市和传统农业农村

---

① 参见于祖尧《农业实行包干到户是我国经济体制改革的前奏》，《经济研究》1983年第3期。
② 韩俊：《中国农业现代化六大路径》，《上海农村经济》2012年第11期。

分割十分严格、形成两个具有根本区别的区域情况下进行转移，不能不另辟蹊径，把剩余劳动力的转移过程与农村工业化、城市化过程相一致，应运而生的乡镇企业和小城镇就成为农业剩余劳动力转移的主要渠道。

（一）乡镇企业发展道路的选择

20世纪80年代以来，乡镇企业首先在我国东南沿海各省农村异军突起，对这样一个在广大农村出现的新生事物，我国经济理论界给予了极大关注，认为它在实现我国农村工业化、城市化、现代化，振兴整个农村经济，实现我国广大农村的富裕繁荣，转换二元经济结构，以及在探索一条有中国特色的农村经济发展道路等方面，都具有相当重要的战略地位和战略作用。乡镇企业之所以能起到如此重要的作用，主要是由于：（1）它打破了持续几十年的农村公有制一统天下的所有制格局，开始形成多元化的所有制格局，进一步解放了生产力。家庭承包制的实行，由于仍坚持主要生产资料——土地的集体所有制，并未能出现多元所有制并存的局面，而乡镇企业除了乡办、村办仍是集体所有外，出现了一大批个人办、家庭办、联合合伙办的企业，一些地方称之为"多轮驱动"，实际是多元所有制共同发展。这一方面巩固壮大了集体经济实力，另一方面又发挥了家庭、个体的积极性，使农村经济发展跃上了新台阶。（2）它打破了持续几十年的"以粮为纲"的单一失衡的农村产业结构，打破了城乡传统的产业分工，开始形成了第一、第二、第三次产业协调发展，多种经营全面振兴的新的产业结构。尤其是乡镇企业通过"以工补农""以工建农"等方式扶持农业和其他各业，成为支持农业和农村经济全面发展的重要物质基础。（3）它打破了持续几十年的农民被捆在土地上仅靠"土里刨食"，从而造成农民长期无法摆脱贫困的单一收入结构，扩大了农村就业门路和容量，转移安置了一大批农业的剩余劳动力，使农民收入分配来源多元化，农民人均纯收入有了较大增长，一大批乡镇企业发达的农村，农民已经摆脱贫困，走上了小康之路，大大缩小了城乡的差距。（4）它打破了持续几千年的农村自给半自给的封闭的自然经济格局，把商品经济的活力带入了农村，促进了农村经济和社会由传统型向现代型的转变，也促进了农业经营由粗放型向集约型的转变，大大促进了农业劳动生产率的提高，为真正实现农业现代化提供了可能。（5）它极大冲击了持续几十年的城乡分割的二元结构，开始出现工农一体化、城乡一体化的新的经济社会结构萌芽。乡镇工业发展带动起来的乡村集镇，日益成为联结大中城市和广大农村的经济网络中的链条，逐步形成城乡之间合理化的社会分工协作体系，构成复合式、多层次的经济网络。城市现代大工业与农村乡镇工业、大中城市和农村小城镇互为补充、共同发展，构成有中国特色的工业化、城市化道路。①

当然，伴随着乡镇企业的发展也出现了一系列问题，而由此也产生了一些对乡镇企业的非议，例如，在与农业关系上有人指责发展乡镇企业挤占了耕地，使年轻的有文化的青壮年主要劳动力纷纷离开农业，农业反倒成了"副业"，真正常年留下从事农业的多为老弱妇孺，以及"三废"的排放把工业的污染扩散到了农村等，从而影响了农业的发展。在与城市国营工业的关系上，有人指责乡镇企业的发展是"以小挤大""以落后挤先进"，是与国营大工业"争原料、争资金、争市场"等。还有人认为，乡镇企业—小城镇这一道路引发了"农村病"，集中表现为农村工业乡土化、农业副业化、农村生态环境恶化、小城镇发展无序化以及离农人口"两栖化"，而所有这一切都是由于乡镇企业—小城镇这种道路，在国家尚未彻底放弃城乡分割的二元社会经济结构赖以存在的种种政策和制度的条件下，不可能彻底突破二元经济体制。因此，乡镇企业—小城镇只能作为农村工业化、城市化的起步模式，绝不能把它说成是最佳目标模式。有人指出，我国的乡镇企业是在许多非理性运行的政治、经济环境中诞生的，因此，不可避免地从它的母体中带来了许多先天性障碍。随着商品经济的发展，特别是随着社会主义市场经济体制的建立、发展与逐步完善，这些先天性障碍给乡镇企业的后天发展带来了一系列困难和问题：资源配置分散化；产品、产业结构同构

---

① 魏杰：《略论乡镇工业的作用》，《农业经济问题》1984年第8期；郭书田：《论中国农村工业化问题》，《农业经济问题》1993年第12期；张潘成：《乡镇企业发展与城乡二元结构的转换》，《迈向21世纪的中国农业》，中国农业出版社1995年版；陈吉元：《90年代我国农村经济的改革与发展》，《90年代中国经济发展与改革探索》，经济科学出版社1992年版。

化；经营主体单一化、混浊化；经营运行的社区化；微观管理行政化、经验化；经济效率低效化；等等。①

(二) 乡镇企业发展的地区模式

由于我国各个地区农村生产力发展水平、原有集体经济状况、商品经济发展程度、城乡关系状况以及人文、自然、地理、传统等方面各不相同，因此，在乡镇企业发展中出现了一些各具特色的地区发展模式，例如："苏南模式""温州模式""耿车模式""阜阳模式""晋江模式""珠江三角洲模式"以及"横店模式"等。

经济理论界对于农村乡镇企业和商品经济发展出现多种不同模式从理论上给予了评价。有人提出，农村经济发展模式多样化，是个很值得重视和研究的课题。因为，任何地区只有根据自己的客观条件来选择自己发展的路子和方法；只有选择生产力诸要素的最佳组合，使劳动力、劳动对象、劳动工具等组合成最佳结构，才能提高劳动生产力；也只有创造众多的经济模式并让它们在实践中发展和完善，才有利于探索适合我国国情的最佳经济结构。② 有人认为，尽管模式各式各样，但其共同点是展现了一条适合中国国情的、变二元经济结构为一元经济结构的农村经济发展道路。对这样一条道路，有人概括为：在土地由家庭承包经营的基础上，鼓励各种生产要素的流动和重新组合，并主要通过兴办乡办、村办集体经济企业和由农民家庭经营、联户经营和各种形式合资经营的民办企业（统称乡镇企业），实现农业人口向非农产业转移，从而逐步完成农村经济现代化这一历史进程。这条道路的优越性就在于它依靠广大农民群众的主动精神、积极性和长期被压抑而不得施展的才能，充分利用当地经济资源中可以利用的潜力，使各种生产要素奇迹般地实

---

① 顾益康、黄祖辉、徐加：《对乡镇企业—小城镇道路的历史评判》，《农业经济问题》1989 年第 3 期；贺军伟：《走向协调：谈乡镇企业的产业政策》，《中国农村经济》1990 年第 2 期；乡镇企业研究课题组：《中国乡镇企业发展及其与国民经济的宏观协调》，《中国农村经济》1990 年第 5—6 期；罗伟雄、崔国忠：《乡镇企业进一步发展的障碍》，《工人日报》1994 年 9 月 5 日。

② 沈吉庆：《"模式"还是多些好》，《文汇报》1986 年 9 月 18 日。

现了组合，从而形成相当可观的生产力。① 有人指出，这是一条与西方发达的资本主义国家历史上曾经走过、不少发展中国家现在仍在继续采用的，以致一些社会主义国家、包括我国前30年中也一直沿袭的传统道路根本不同的崭新的道路。传统道路是首先在城市中发展大工业，然后再由工业在技术和经济关系两个方面按照自己的面貌改造落后的农业，并把农业中的剩余劳动力转移到城市的非农业部门，这是一条痛苦而漫长道路。通过在农村发展乡镇工业和其他非农产业，使农村中剩余的农业劳动力就地或就近逐步转移到非农业部门，就可避免传统道路所遇到的各种困难问题。我国的实践已经证明，这是一条不需要国家大量投资条件下，能够更快地推进农村商品经济发展，有助于城乡差距缩小、工农业协调发展和实现农村现代化的道路。② 有人则认为，模式研究在理论上的终极目的不在于获得对各个具体模式的认识，而在于通过对各个具体模式的研究，去最终把握社会主义农村经济发展的一般规律性。各地相继提出的一大批模式虽然确实"使人有目不暇接之感"，但只要这些模式的提出是建立在对现实经济关系和运行机制深入考察的基础上，并做出了相应的理论概括，而不是臆想和杜撰的，那么，就不是"一种时髦货"，而是对客观经济现象复杂性的如实反映，是我们逐步达到对于社会主义农村经济发展规律性认识的必经阶段。③ 还有人认为，我国农村经济乃至整个社会经济，都将会以斑斓多彩的姿态走向社会主义现代化的未来。无论就全国范围来说，或是就一个地区来说，在发展乡镇企业和农村商品经济，从而实现农村经济现代化方面，具体的形式和做法都将多样化，不同模式可以在同一条道路上相互竞赛、相互补充，而不会像我们曾经极其愚蠢地做过的那样，让全国学习推广一种模式。④

---

① 中国社会科学院经济研究所温州农村考察组：《温州农村商品经济考察与中国农村现代化道路探索》，《经济研究》1986年第6期。
② 董辅礽：《温州农村商品经济发展道路问题》，《经济研究资料》1986年第8期。
③ 林坚：《试论中国农村经济发展模式研究》，《经济研究》1987年第8期。
④ 中国社会科学院经济研究所温州农村考察组：《温州农村商品经济考察与中国农村现代化道路探索》，《经济研究》1986年第6期。

(三) 乡镇企业发展的历史地位及其评价

进入20世纪90年代以后乡镇企业发展的制度环境、市场条件等外部因素发生了深刻变化,突出表现在90年代初即已形成的中国经济由全面短缺走向相对过剩,卖方市场逐步转化为买方市场,国内市场有效需求不足的局面更加强化,国际市场也随全球经济增长形势变化、亚洲经济危机等因素变得难以驾驭,市场对乡镇企业发展的约束进一步增强;同时,国有企业改革深化使乡镇企业原有的制度优势逐步退化并消失殆尽;金融体制改革,银行商业化进程的加快,使乡镇企业融资环境严重恶化。这一切都使乡镇企业发展面临前所未有的挑战。

在新的挑战面前,在市场竞争的压力下,中国乡镇企业开始进入一个由量的扩张为主向质量提高为主转变,由速度效益型向质量效益型转变的新阶段。在产权和投资、增长方式、市场开拓、组织结构以及企业布局等方面呈现出一系列新的特点。乡镇企业的发展也呈现出多元化格局:原来的乡村集体企业,通过产权制度的改革,投资主体由初创时期单一的农民变为乡镇政府、村集体、农民个体、经营者、法人、外资等多个主体。

乡镇企业是在特殊历史时期、特殊宏观环境条件下形成的一种特殊事物。在过去二三十年中,乡镇企业的蓬勃发展,不仅对国民经济的增长做出了贡献,同时改变了中国劳动力的就业结构和工业企业的规模结构,改善了中国农村的产业结构,从而为农村经济结构的调整做出了贡献,乡镇企业又通过承包制、股份合作制等产权制度的改革,为中国的经济体制改革,尤其是为城镇集体和国有企业的体制改革,提供了可借鉴的宝贵经验。更为重要的是,乡镇企业的出现,在中国传统的城乡分割的二元经济结构中,发挥了一种介于计划体制和市场体制之间特殊的资源配置通道的作用。但是,随着中国计划经济体制向市场经济体制转型的逐步完成,乡镇企业作为资源配置通道的特殊作用正在消失,其社区性、封闭性的缺陷则日益突出,乡镇企业作为一个特殊部门,正在失去其独立存在的意义,乡镇企业的特殊的身份正在走向它的终结,行业特征将最终取代其地域特征。①

三 "民工潮"冲击了城乡二元壁垒

面对汹涌澎湃的"民工潮",我国经济学界也出现了两种截然不同的看法:一种看法认为,"民工潮"作为中国农民在新形势下的杰作,既是市场经济条件下劳动力资源优化组合的必然反映,也是我国长期实行城乡分离隔离政策隐含矛盾的反馈和体现,更是中国农民市场经济意识增强推动社会进步的重要标志。第一,对于输入地区来说,农民工为其提供了大量的源源不断的廉价劳动力,填补并解决了大中城市及经济发达地区劳动力结构性短缺的矛盾,给第二、第三产业的发展提供了大量必要的劳动积累,促进了大中城市的建设和改造,方便了城市居民生活,也解决了输入地区工业发展所带来的农业萎缩问题,为输入地区的经济建设和持续稳定发展增强了后劲。第二,对于输出地区来说,它是变剩余劳动力资源优势为商品优势和市场经济优势的好路子,它不仅创造了农民的就业机会,缓解了农村中人多地少的矛盾,而且增加了农民收入,加快了脱贫致富的步伐,所谓"出去一个,脱贫一家"的说法就是据此而来。外出农民将打工收入带回家中,既增加了农村消费,又可用于发展生产,推动农村经济建设和文明建设。第三,外出农民直接受到现代工业文明和城市文明的熏陶,开阔了视野,学到了本领,提高了素质,其中一些人返乡后成为当地发展第二、第三产业的骨干,不少人成为农民企业家。第四,农业剩余劳动力的大输出、大流动,为社会主义市场经济条件下劳动力商品理论做了实践性探索,推进了我国社会主义市场体系建设和完善中最为重要的劳动力市场的培育、建立和发展。它还为我国资源要素的合理配置、农业走向规模经营、农村生产力进一步提高、农业的现代化发展创造了前提条件。因此,对"民工潮"绝不应限制堵拦,而应因势利导地建立起全国城乡统一的劳动力市场,促进劳动力合理有序地流动和有利于人口迁移以及能够促进和保证城乡结构大变革顺利开展的新秩序,为农村、农业增收和农民就业开辟更为

---

① 张晓山:《中国农村改革30年:回顾与思考》,《学习与探索》2008年第6期。

广阔的发展通道,从而促进我国农村工业化、城市化和经济现代化的进程。①

另一种看法则认为,农民这种无序的、带有盲目性的流动,既不利于农村经济的发展,也不利于城市的发展和稳定。第一,具有一定文化基础、智力较高的青年农民大量流出,使农村劳动力结构发生了变化,真正长年留下从事农业的多为老弱妇孺,劳动力素质明显下降,严重影响了农业更广泛地使用新科技,不利于农业现代化的实现。第二,由于流出农民并未放弃承包的耕地,从而耕地撂荒现象大量出现,不利于有限耕地资源的充分利用。第三,"民工潮"也给城市的治安、工业、交通、物资供应、生活秩序等带来一系列问题和压力,城市人民安全感普遍降低。第四,国家的许多政策,如计划生育、卫生防疫、工商税务、义务教育等,在流动的农民中根本无法落实,等等。

在我国经济理论界和实际工作者中,对农业剩余劳动力的转移途径基本上有就地转移和异地转移两大派的主张。就地转移论的主张是出现得最早、又是较多人持有的主张。这种主张认为,由于我国农业剩余劳动力数量十分庞大,而城市中就业压力也很大,为避免农村剩余劳动力的盲目流动和防止因此而引起的不稳定因素,所以各地农业剩余劳动力应主要采取"就地消化""就地转移""就地吸纳"的途径。持此种主张者认为,根据我国国情,在我国特有的制度环境中,城市对农村劳动力的吸收能量不大,而以农村工业为主体的农村非农产业却对吸收农业剩余劳动力具有决定性的作用,因此,我国农业剩余劳动力转移的基点主要应放在农村工业发展上。也就是说,农业剩余劳动力的绝大部分只能实行"离土不离乡""进厂不进城",即在本乡本土通过大办乡镇企业和各种个体、私营工商业,实现转移。这种转移大体上也就是"亦工亦农"或"亦商亦农"的兼业式转移。农村小城镇作

---

① 徐辉:《关于"民工潮"理性思考》,《光明日报》1994年3月23日;何清涟:《现代化的陷阱》,今日中国出版社1998年版;许明:《关键时刻——当代中国亟待解决的27个问题》,今日中国出版社1997年版;袁亚愚:《民工潮——中国现代工业社会的"生育阵痛"》,《社会学研究》1995年第2期。

为农村剩余劳动力转移的主要集散地和乡镇企业规模经营的基地，也可吸收一部分农村劳动力，因此，应该给予支持重点发展。有人甚至认为，在目前农民进城、乡镇企业吸纳和流向小城镇这样三条农业剩余劳动力转移途径中，由于城市改革深化，就业难度加大，农民进城受阻，乡镇企业处于升级换代阶段，吸纳能力减弱，唯有一条可行途径，即是向小城镇转移，只有小城镇的发展才给农业剩余劳动力带来巨大的发展空间。①

持异地转移主张的人认为，由于我国国土辽阔，各地情况差异极大，就地转移作为一个普遍原则是无法实行的，经济落后的中西部地区便无实现的可能性。他们认为，要真正使我国庞大的农业剩余劳动力从农业中彻底转移出来，便应按照发达国家已走过的道路，把农民的大量转移同城市化直接联系起来，只有这样，才能既完成农业中富余劳动力向其他产业转移的历史任务，又实现全国的工业化、城市化、现代化。持此种主张者认为，"离土不离乡""进厂不进城"已明显成为生产力发展的束缚；而发展小城镇之路也不可取，小城镇的发展，使我们本来短缺的耕地资源更加短缺，农业发展面临更加严峻的挑战，加之小城镇本身固有的边际产出低、聚集效应差等问题，其结果并未带来高速的人口城市化，反而使农村生态环境迅速恶化。限制农民进城似乎避免了"城市病"，却引起了一定程度上说更为严重的"农村病"，这就是乡镇企业"乡乡布局，村村开花，户户冒烟"，造成耕地浪费、环境污染、效益低下。而且这种做法在"大二元"结构没有打破的情况下，又在农村内部形成一个"小二元"（农业和农村工业）结构，这样，农村工业化、城市化的发展不仅不能带动农业的发展，相反还会使农业处于更加不利的地位。还有人认为，当今世界任何国家的富余农业劳动力向非农产业转移，由于现代社会变迁固有的经济和社会规律的强制作用，其基本道路都是沿着将"乡下人"转变为"城里人"的城市化方向发展

---

① 陈俊生：《关于农村劳动力剩余和基本对策问题》，《人民日报》1995年1月28日；孙安思、潘勇辉：《小城镇持续发展战略初探》，《中国农村经济》1998年第7期；袁亚愚：《中国农业现代化的历史回顾与展望》，四川大学出版社1996年版；陈吉元、吴必亮：《中国的三元经济结构与农业剩余劳动力转移》，《经济研究》1994年第4期。

的，其中包含着三个任何人都无法改变与抗拒的规律：富余农业劳动力由农业向非农产业转移；富余农业劳动力由农村向城市转移；富余农业劳动力由贫困落后地区向经济发达地区流动。人们的相反行为，只能一时阻挡这些规律充分地表现自己或使之以变形的方式显示其作用，但这些规律，最终还是会迫使人们在因违背客观规律而遭遇许多挫折后，不得不依它们行事。[1]

有人针对上述两种主张认为，它们都有局限性，都没有从全面的角度把握问题的实质。我国所面临的是世界上有史以来农业剩余劳动力转移规模最宏大的系统工程，单靠"就地转移"抑或"异地转移"都不能全面加以消纳。就地转移论的局限性表现在过高估计了农村非农产业容纳农业剩余劳动力的能力，看不到农村非农产业容量正在日趋缩小的趋势；异地转移论则过高估计了不同经济地区以及城市对农村剩余劳动力的容纳能力，忽视了农业通过广度开发和深度利用还可以增容大量的剩余劳动力。因此，他们主张农业剩余劳动力转移途径应实行全方位开放、多层次容纳，广开一切就业门路，消除一切障碍，到一切可以转移的场所去就业。只有这样，才能最终解决我国农业剩余劳动力的转移，也才能最终实现我国农业的现代化。有人则主张农业剩余劳动力转移分两步走：第一步消除农业隐形失业，加快农村剩余劳动力向非农产业转移；第二步改变城乡人口分布畸形状态，逐步增加城镇人口比重。这两个过程虽不能截然分开，但绝不能两步并成一步走。现阶段，我们的基点应放在扩大农村剩余劳动力就地转业门路上。[2]

---

[1] 郭书田：《对农村工业化、城市化与农业现代化的几点思考》，《中国农村经济》1989年第2期；李勇：《发展小城镇之路不可取》，《中国改革》1996年第4期；袁亚愚：《中国农业现代化的历史回顾与展望》，四川大学出版社1996年版。

[2] 邓一鸣：《中国农业剩余劳动力利用与转移》，中国农村读物出版社1991年版；中国劳动市场和工资改革政策课题组：《我国体制转型时期"农村病"及其治理》，《经济研究》1995年第4期。

第二节 深化中国市场化经济改革中的"三农"问题

一 深化农村经济体制改革的不同思路

中共十一届三中全会以后，经过近20年的改革，我国农村经济体制发生了深刻的变化：第一，废除了人民公社体制，实行家庭承包制和统分结合的双层经营体制。第二，打破了公有制大一统的格局，发展了多种经济成分和多种经营形式。第三，在保持粮棉等主要农作物生产稳定增长的前提下，调整农村产业结构，发展多种经营和乡镇企业，扩大了城乡之间的经济交流，农村分工分业有了较大发展。第四，传统计划体制下的农产品的统购统销制度有了变化，农产品市场有了较大发展，农民人均可支配收入有了较大幅度增长，农村的面貌发生了历史性的变化，同时也为整个国民经济的改革和发展奠定了基础。但是，从总体上看，当时我国农村仍处在从旧体制向新体制转变的过程中，改革的任务还远远没有完成。旧体制并未完全消除，还在一些方面起作用；新体制刚刚建立，许多方面还不完善。农村经济运行中出现了一系列矛盾和问题，诸如小生产与大市场的矛盾、增产与增收的矛盾以及主要农产品交替实现的"买难""卖难"的矛盾等，都是新旧两种体制转换过程中的问题，是新旧两种体制冲突的反映。因而，解决当时农村经济发展中的矛盾和问题，根本出路还在于深化改革。对此，我国经济理论界基本上是有共识的。可是在如何进一步深化农村经济体制改革与创新上，则出现了众多的不同思路与创意。

价格改革先行论。有人认为，随着我国农业生产商品化的发展，价值规律对农业生产的调节作用必然日益增强。在这种情况下，农业经济效益问题，即如何以较少的生产耗费和生产占用，取得较多的收益，必然日益成为农民家庭生产经营行为的主要驱动力。从一定意义上说，经济效益如何，日益成为推动或者制约我国农业生产发展的一个最重要的因素。因此，要使我国农业再上一个新的台阶，就必须以价值规律为指导，以农产品价格改革为核心，解决现实存在的比较利益差距悬殊问题，逐步缩小种植业内部以及农业与其他行业之间存在的比较利益差距，使投入农业的社会必要劳动能够同投入其他行业的等量劳动获得大体相当的报酬，使农业的投资者和经营者能够同其他行业的投资者、经营者获得大体相当的社会平均利润率。只有这样，才能调动农民种粮务农的积极性，才能使农业对生产者、投资者具有吸引力，才能真正建立起农业自我发展、良性循环的机制，保障农业的持续稳定增长。持这种观点的人认为，价格是调节比较利益的基本手段，逐步形成符合价值规律的价格体系，是农村经济体制改革的核心。但是，单纯依靠价格完全放开，完全由市场供求来调节的经济，并不一定能形成合理的比较利益关系，完全自动的价格调节也并不一定是适度的调节，必须采取一系列包括价格和其他如财政、税收、金融、物资等经济手段在内的综合政策措施，形成以价格为核心、其他经济手段相互配套的比较利益调节体系，这才是解决农业问题的根本之策。①

土地规模经营论。有人主张，推进土地制度的进一步改革，实行土地资源的优化配置，扩大农业经营的适度规模。持此种主张的人认为，我国农村当前存在的土地制度只能适应传统农业的发展，而不能适应现代农业的发展。传统农业是劳动密集型农业，要求保持较小的土地经营规模，而现代农业是资金密集型农业，只有在较大的土地面积上，才能提高资金投入的密集度。目前，我国农村面临的任务是怎样在现代农业的基础上加快农业生产的发展，完成这一任务的方法，只能实行制度性转变，而土地制度的转变又是关键。有人还认为，要解决农业比较利益低的问题，也只能通过土地制度的转变，使农业经营规模扩大，只有这样，种地者才能获得与从事其他行业劳动者相等的收入，种地者才能把种地作为一种取得收入的手段，才有投入的积极性，经济效益才会提高，农机、水利才能发展，产量才能提高；也只有这样，才能从根本上减轻对粮食价格的压力，因为成本与规模成反比，只有规模适度才能降

---

① 章琳：《关于提高我国农业经济效益的几个问题》，《农业经济问题》1989年第7期；周富祥、钟诚：《调节比较利益，稳定农业发展》，《改革》1988年第6期。

低生产成本，才能缓解农业生产资料涨价的压力。总之，要使农民种粮有经济动力，必须使农民有足够的土地进行企业性经营，不是追逐温饱，而是追逐商品。要使农民种粮更经济、更科学，也必须使农民有足够的土地进行适度规模经营。为了不浪费我国十分珍贵的土地的潜力，也必须让最佳经营者去经营土地。为此，必须打破现在这种不管会不会种、会不会经营、愿不愿下工夫去经营，人人等量分配一小片土地的平均主义土地制度，一句话，必须打破小农经济格局。不这样，我国农业对整个社会的支撑力就不能提高，甚至会下降。现在要放开的不是粮价，倒是土地。土地问题不解决，农民无足够的地可种，价值规律的作用也会受到制约。① 至于如何转变我国现有的土地制度，实行适度规模经营，则又出现如下一些不同意见：（1）实行土地国有，由国家土地管理公司经营，按适度规模经营的要求租赁或永佃给农民，土地处置权可以进入受国家调控的土地流转市场。②（2）实行土地私有，土地产权进入市场，由市场配置土地资源，达到适度规模经营。③（3）实行土地国家、集体（社区）、个人三元所有，即除了把口粮田（有人称为福利田）化归农民所有外，其他国有、集体所有土地均实行适度规模经营。④（4）在稳定和完善现行的家庭承包制基础上，采取延长承包期；或把承包期改为永佃制；或实行两田制，口粮田包给个人，责任田（有人称为租赁田、商品田等）招标包给种田能手规模经营；⑤ 等等。

---

① 王海东：《试论我国农业问题的症结及其对策》，《经济日报》1989年1月13日；查振祥：《城乡分割是我国粮食产量上台阶的最大障碍》，《中国农村经济》1988年第4期；冯东书：《农业问题是又一次土地问题》，《农村发展探索》1988年第2期；章琳、郭明：《农业的规模经济和农业的规模经营》，《经济研究》1989年第8期。

② 蔡昉：《土地国有化战略初探》，《经济研究参考资料》1986年第14期；杨勋：《国有私营：中国农村土地制度改革的现实选择》，《农业经济问题》1989年第5期。

③ 罗海平：《农村产权制度改革目标——私有化》，《农业经济问题》1988年第11期；王以杰：《国家监督下的土地私有制度》，《农业经济问题》1988年第12期。

④ 李庆曾：《谈我国土地所有制结构改革》，《农业经济问题》1986年第4期；罗继瑜：《土地所有制改革初探》，《农业经济问题》1987年第7期；鄂玉江：《农村土地制度深化改革模式选择》，《农业经济问题》1993年第4期。

⑤ 白志全：《永佃制：改革农村土地关系的政策思考》，《中青年经论论坛》1988年第3期；周大富：《实行两田制完善土地承包经营》，《中国农村经济》1987年第12期；李学良：《市场经济条件下土地产权制度改革的实践与思考》，《农业经济问题》1996年第6期。

加大科技投入论。有人认为,大力增加科技投入,提高土地产出率和劳动生产率,才能推动我国农业加速发展。持这种观点的人认为,扩大生产面积,不可能从根本上解决农业长期稳定发展问题,而家庭承包制的推动作用也已日益减弱,中华人民共和国成立以来 30 多年形成的农村物质技术基础的作用也已耗尽,现在只有依靠运用先进的科学技术,解决我国农业问题最终还是要靠科学,增加科技投入已成为我国农业发展的主动力。而且,要满足价值规律的要求,也必须依靠增加科技投入才能实现。因为,只有大力加强农业的科技投入,才能不断提高农业劳动生产率,大量向外转移剩余劳动力,降低农产品的劳动消耗,从而大幅度降低成本,逐步使农副产品的价格与其内在价值接近,大量增加务农收入,基本实现农民与工人之间的等量劳动获得等量报酬。这样,随着农业科技投入的增多,我国的农业状况将发生本质变化,从事农业生产也可以获得与从事其他行业生产相当,甚至更高的收益。[1] 与此种观点相联系,有人认为,实现农业增长方式的转变,即由粗放型向集约型转变,既是解决我国传统农业深层次矛盾的必由之路,也是在新形势下促进农业持续、快速、稳定发展的必然选择。而农业的集约增长是一个质的飞跃,其内核就是技术和知识的集约,实现全面的技术进步,实现由全部生产要素的生产率提高为之带来的农业增长。[2]

农村组织创新论。有人认为,农村经济进一步大发展,有赖于农村组织创新。1979 年以来,就是由于打破了人民公社体制,确立了农民家庭为最小、最基本的经济组织,实现了农村经济组织更新,才促使我国农村经济大发展的。现在不能用规模经营否定家庭经营,农民的家庭经营是当前乃至今后相当长的一段时期经济组织创新的基点和主体形式。当然,作为微观经济细胞的农户,由于没有获得明确地权,没有明

---

[1] 杜志雄、李周、李福荣:《重视科技进步是我国农业发展的根本战略方针》,《中国农村经济》1990 年第 3 期;许经勇:《对增强农业发展后劲的几点思考》,《中国农村经济》1989 年第 9 期。

[2] 刘茂松:《论农业增长方式转变与农村劳动力就业深化战略》,《求索》1996 年第 5 期。

确的财产界定，没有合理的分配制度，没有成熟的竞争规则和秩序，没有相应独立的法人地位等，使得农户至今仍不是独立的商品生产者，而是半公半私的小农。而在其上面的村、乡、县重重组织，大多也不是企业型的经济组织，而是行政性组织。这样一种组织制度，很难使农村经济持久、稳定、健康地发展下去。而长期以来作为农村经济组织建设和合作经济基本模式的"统分结合，双层经营"，既非农村现实的真实写照，也非合作经济的本质属性。以这种模式推进的合作运动，实际上是"政社合一"的传统复归，是农村组织创新中的一种逆向运动，农民的反感和"恐合"就是对这种模式在实践上的否定。农村新的商品经济体制要求有新的经济组织和新的组织方法，重新考虑农村经济组织的路子。在具体构想农村经济组织创新时，却提出了一些不同的思路：(1) 大量发育农村企业组织，培育一大批新型农业企业，将农户更多地导向企业化轨道。① (2) 重新发展农业合作社，其中农业运销合作社应处于最突出地位，它就像一个大公司一样，各社员户实际就是公司下属的一个企业或车间，并且，合作社将趋于专业化，如养猪合作社、蔬菜合作社等。② (3) 股份合作制是新型的农民合作经济，其特点是方向明确、自愿结合、产权明晰、责权相当、利益直接、风险共担、经营自主、机制灵活。它既吸收了股份制的优点，又保留了合作制的长处，并避免了二者的不足，合理地体现了投资者、经营者和劳动者的利益，是我国农民在生产组织方式上的一大创新。③ (4) 农场制，可分为家庭农场（包括联户农场）、集体农场两大类。农场又可分为村办农场、厂（乡镇企业）办农场、站（农业服务站、农技推广站）办农场。农场实

---

① 《农村组织创新与经济发展研讨会纪要》，《中国农村经济》1988 年第 10 期；刘允洲、陈健：《农村组织制度的创新》，《经济学周报》1988 年 12 月 25 日。

② 谭向勇：《"农户合作社"是我国农业经营组织的基本形式》，《迈向 21 世纪的中国农业》，中国农业出版社 1995 年版；王文勇：《我国农业合作社经济组织创新的思路》，《中南财经大学学报》1988 年第 3 期。

③ 李开河：《论温州农村的股份合作制》，《农业经济问题》1991 年第 11 期；周锦廷、唐慧斌：《经济发展与制度变迁——我国农村股份合作制发育与成长的探讨》，《农业经济问题》1993 年第 3 期；孔泾源：《农村股份合作经济及其制度创新》，《经济研究》1995 年第 3 期。

行规模经营，都取得了显著的综合规模经济效益和社会效益，为农业发展注入了活力。①

走出二元结构论。有人认为，要解决农业进一步发展问题，光依靠农业内部的调整改革是无法办到的。农业的根本出路在农业之外，它有赖于工业化和城市化的推进，走出二元经济结构。持有这种观点的人认为，脱离国民经济整体和社会整体来求农业和农村的发展，是自然经济的思维方式。农业和农村的发展过程同时也是非农产业化和城市化的过程。没有非农产业和城市化的迅速发展，农村的剩余劳动力的出路问题就不能获得根本解决，农村土地—劳动力的比率就不可能提高，农业经营规模就不可能扩大，先进科学技术就不可能被广泛应用，农业劳动生产率和土地生产率的提高就会遇到根本性的限制，农业的商品生产和农业内部的积累能力就不可能迅速发展和提高，农村的自给性和封闭性就不可能减弱和消除，农业与国民经济其他部门之间、农村与城市之间的有机联系就不可能广泛发展，农民和农村就不可能富裕和繁荣。所以，要从根本上解决我国农业面临的各种老大难问题，尽快实现农业现代化，光在农业和农村内部做文章是断然不够的，而且可以说是没有抓住农业和农村发展的实质和规律，搞错了大方向。就农业谈农业势必遇到许多无法克服的困难，如继续提高农副产品价格与照顾各方面利益的矛盾，增加对农业投入与国家财力有限的矛盾，提高农业劳动生产率与农业剩余劳力滞留土地之间的矛盾，等等。这主要是由于迄今为止，我们并没有打破工农、城乡之间利益分割的二元经济结构所致。所以，要使农业再上一个新台阶，唯一的选择，就是走出二元经济结构。农业发展迟滞、后劲不足的根本解决，有赖于二元经济转化的成功和国民经济宏观环境的改善，这将是一个复杂的艰巨的长期过程。不能期望农业发展问题通过某项或某几项改革就会一蹴而就。因此，关于农业发展问题的思考，重要的不是改革方案和改革措施的具体设计，而是对我国双重二

---

① 张杭：《农场化：苏南农业制度改革的跨世纪选择》，《走向 21 世纪的中国农业》，中国农业出版社 1995 年版；胡书东：《家庭农场：经济发展成熟地区农业的出路》，《经济研究》1996 年第 5 期。

元经济结构（城乡二元与农村二元）发展转化长期过程的把握。①

工农协调发展论。有人认为，农业走出困境的根本出路在于执行工农业协调发展的新战略。持这种观点的人认为，我国农业问题的实质，是我国现实的农业生产水平能够在多大程度上承担工业发展速度、国家建设规模和人民消费水平，归根结底是农业这个基础有多大承载能力的问题。农业问题集中反映在相对集中的工业与绝对分散的农业的矛盾，迅速发展的工业与缓慢发展的农业的矛盾，现代化生产的工业与手工劳动的农业的矛盾。也就是说，在加速工业化和城市化的过程中，工业及国民经济其他部门与农业产品商品生产落后之间的矛盾。因此，要使农业持续稳定发展，修修补补不能奏效，必须从根本上调整工农业利益关系，改变重工业的倾斜战略，执行工农业协调发展的新战略，把工业农业放在同等地位，矫正长期以来国民收入分配的扭曲，矫正工农业发展的失衡，从而使工农业协调发展，互相促进，共同增长。②

综合配套治理论。有人认为，我国农业的问题绝不是单纯的生产关系调整或资源的合理配置问题，也不仅仅是增加投入或改革管理体制的问题，靠单味药方治不好中国农业的痼疾。只有在认清国情的基础上，采取配套改革和综合治理措施，从微观经济机制和宏观经济环境上进行改革，同时在国民经济发展战略方针指引下，用产业政策来指导产业结构的合理调整，实现资源的合理配置和优化组合，这样才能使农业保持持续、稳定、协调的发展。有人强调，要使农村改革摆脱困境，农村经济发展走入正轨，就必须从理论与实践的结合上摆正改革与发展的关系，从根本上解决改革与发展"两张皮"的问题，既要摒弃那种仅靠逻辑推理抽象演绎来设计改革方案的改革推进论、脱离经济发展内在要求的体制改革决定论、脱离实际照抄照搬完全排斥国家干预的市场机制

---

① 唐仁健：《走出"二元"：我国农业摆脱困境的唯一选择》，《经济学周报》1988年3月20日；李亨章：《论双重二元结构与农业发展》，《中国农村经济》1989年第2期；陈锡文：《农业大发展的契机是城市改革的成功》，《理论信息报》1998年12月26日。

② 梁秀峰：《对我国农业问题的再认识》，《中国农村经济》1989年第4期；牛若峰：《我国农业阶段性波动与经济发展战略的关系》，《农业经济问题》1988年第10期。

引入论,也要摒弃那种脱离改革的单纯经济发展论。①

二 深化农村经济体制改革的实践

1. 粮食问题的再提出及粮食流通体制的改革

1984年,在经过连续6年高速增长后,我国粮食生产已由1978年的年产3亿吨增加到4亿吨以上,人均粮食产量396公斤,已接近400公斤的目标。粮食的大丰收既带来了长期困扰我国的粮食供需紧张矛盾的缓解,又带来了"卖粮难""储粮难"、财政不堪重负的矛盾。当时,对此占主流的观点认为,粮食已处于"相对过剩"状态,因此,提出了调降粮价、调减产量、减少国家财政对农业的投入和对农用生产资料的补贴、加速农村产业结构调整和推进粮食购销体制改革,让农民逐步按市场供求规律和比较利益原则来安排粮食生产等一系列实际是限产限购的政策措施,其实质是把市场风险更多地转嫁给了农民。这一系列政策导致的结果是1985年至1994年这十年中,全国粮食生产出现长期徘徊(只有1990年总产超过1984年),并出现四次下降。到1994年,人均粮食产量为368公斤,比1984年还下降了7.3%。在此期间,农民收入增长大幅减缓,农村市场出现疲软,对农民生产积极性和整个国民经济发展都产生了较大影响。为了调剂国内粮食生产的不足,不得不从国际市场上大量购买粮食。展望未来,粮食形势也不容乐观,到20世纪末,按人均年400公斤消费量13亿人口计算,粮食需求量也要5.2亿吨,将有0.2亿至0.3亿吨缺口。而人均年400公斤粮食只是满足温饱需求的水平,就是按此水平,到2010年,人口14亿,总需求量为5.6亿吨;2030年,人口16亿,总需求量为6.4亿吨。在现有耕地上达到这样的产出水平将是十分困难的。②

就在此时,美国世界观察研究所所长布朗于1994年先后在美国

---

① 吴凌:《中国农业问题的症结与出路》,《农村经济与社会》1989年第5期;闵耀良:《试论农村经济改革与发展的关系》,《中国农村经济》1989年第12期。

② 牛若峰:《2000年中国的粮食问题》,《中国农业经营报》1987年12月4日;陆学艺:《当前的农村形势和粮食问题》,《中国农村经济》1987年第12期;刘巽浩:《谈我国粮食问题的出路》,《农业经济问题》1987年第8期;唐仁健:《农业丰收后忽视农业的历史教训》,《农业经济问题》1997年第1期。

《世界展望》《国际先驱论坛报》等报刊发表文章,提出"谁来养活中国?"这一问题。文章认为,到2030年,中国粮食缺口将达到2.07亿—3.69亿吨,出现中国无法养活自己,而世界也没有足够粮食出口给中国的局面,未来中国的粮食危机必然成为世界的危机。于是布朗警告世界:"食品的短缺伴随着经济的不稳定,其对安全的威胁远比军事入侵大得多",从而给甚嚣尘上的"中国威胁论"又增添了新的含义。布朗危言耸听的"饥饿世界论"犹如巨石投水,一石千浪,不仅引起了中国学者和有关人士理所当然的反响,而且引起了世界各国知名学者和人士对中国粮食问题的重视和关注。[1]

国内学者对我国新时期粮食问题症结的分析,一般是从需求和供给两方面着眼的。从需求方面看:人口净增长每年在1600万左右,粮食每年需求增加600余万吨;随着农村工业化、城市化发展和农村剩余劳动力向大中城市转移,更增加了商品粮食供给的压力。从供给方面看:耕地锐减,人均耕地已接近警戒线和危险点;水资源短缺日趋加重,环境恶化问题未得到有效制止;特别是随着市场化进程的加速,粮农和粮食主产区地方政府发展粮食生产的积极性降低已成为一种普遍的趋势。非农产业发达地区较为突出的缩减粮食生产的经济行为,使得我国南粮北调的传统格局已变为北粮南运,粮食调出省份越来越少,"产粮大省(县),财政穷省(县)"的状况使产粮动力日益消失。[2] 在探讨解决上述问题的出路时,一般也是从相对应的政策措施来分析的,只是不同的人把政策重点放在不同的方面而已。例如,有人认为粮食生产上不去,最主要的原因是"谷贱伤农"所致,粮食问题归根结底是个价格问题,解决粮食问题的根本出路,在于粮食的商品化,实行等价交换;[3] 有人则提出相反的问题,粮食再提价,负担加在谁身上?叫国家补贴,各级

---

[1] 许明:《关键时刻——当代中国亟待解决的27个问题》,今日中国出版社1997年版;李岳云:《"谁来养活中国"的争议及其启示》,《农业经济问题》1996年第10期。

[2] 中国农业科学院农业经济研究所:《我国粮食问题的宏观剖析》,《农业经济问题》1995年第2期。

[3] 温桂芳:《解决粮食问题的根本出路》,《农业经济问题》1989年第12期;郭世平:《利用价值规律促进粮食生产》,《经济论坛》1988年第3期。

政府有钱吗？加在拿工资的人身上，大家受得了吗？粮价再涨，其他商品也轮番跟着涨，会是什么样？显然，再提价不是个根本性的可行办法。① 有人认为，只有依靠科学进步，才能促进粮食稳产高产，首先是抓好优良品种培育，这是粮食高产的突破口；再抓栽培方法，合理布局，推广适用技术，科学施用肥料，治理病虫病害；还要抓科技人才，提高其待遇，改善设施，增强素质。② 有人则认为，增加投入是粮食增产的重要条件，首先是劳动力的投入，同时要增加资金、物质、技术等要素的投入。③ 此外，还有主张保护耕地、开发荒地、实行粮食生产专业化、适度规模经营、加强商品粮基地建设、发展粮食生产服务系统、配套政策，以及制止粮食浪费；等等。

但是，也有人提出，解决中国粮食问题不能就粮食论粮食，而在于如何从长远和整体、从国际市场的角度思考我国农业发展的战略与对策。农业投入不足主要原因是农业回报率过低，而农业收入低的根本原因又是传统经济结构与经济现代化进程之间的矛盾。因此，当前已无法用持续提高粮价来发展粮食生产（何况中国主要的粮食市场价格已接近国际市场价格），也难以靠增大政府对农业的投入或增加对农民务农活动的补贴解决问题。长远战略只能靠农业科技的突破性进展和大量农业劳动力向非农产业转移，而短期对策则是充分利用国际市场，进口相对廉价的粮食，弥补近期内我国无法大量增加农业投入而可能出现的粮食供给不足，节省下大量宝贵的资源用于非农产业的发展和实现农业人口的产业转移。我们不必片面强调粮食的自给自足，而用大量的投入换取一点昂贵的产出，这是不明智的，是陷入别人为我们设置的圈套。中国人当然能够"自己养活自己"，但不一定非要用自己种的粮食养活自己，而是可以靠用自己的钱买来的粮食养活自己；也不一定非要在自己这块狭小的土地上种出粮食养活自己，而是可以到世界各地去种粮食养

---

① 冯东书：《光靠提高粮价行吗?》，《瞭望》1987年第21期。
② 庄洪泾：《依靠科学进步，促进粮食稳产高产》，《决策与信息》1987年第8期。
③ 欧阳夏冰：《增加投入是农业增产的重要条件》，《湖南日报》1987年7月2日；《中国农村经济》编辑部：《我国粮食走出徘徊局面的对策——粮食产购销改革研讨会综述》，《中国农村经济》1990年第5期。

活自己。① 当然，有人反对这种观点，认为放弃立足于国内来解决我国粮食问题的立场，转向国际市场来填补我国未来呈扩大趋势的粮食供需缺口，虽然有利于发挥国内资源的比较优势，有益于减轻需求增长对耕地和环境的压力，推进产业结构高度化的进程，但是，我国作为一个人口大国，依靠国际市场来解决粮食问题不仅存在着巨大的政治风险，而且还存在着巨大的经济风险，是不切实际的。②

粮食购销体制是制约粮食生产发展的重要因素之一，因而，如何改革粮食购销体制也是理论界关注的焦点。

自 1953 年我国开始实行计划经济之时，对粮食就实行统购统销制度，虽然在当时粮食供应不足的情况下，对于保证城镇居民基本口粮供应，对于工业化靠价格剪刀差积累资金都起到了重要作用。但是，这种制度抹杀了粮食的商品属性，割断了农业生产与市场的联系，违背了等价交换的经济法则，以致弊端丛生，极大地损伤了农民生产积极性，并使农民长期处于贫困之中。1979 年以来，虽然也采取了一些过渡性的措施，诸如大幅度提高粮食统购价格，改统购为合同订购，恢复议购议销，逐步取消了对粮食销价的补贴和对城镇居民的定量供应，等等。后来又出台了按保护价敞开收购余粮、粮食企业顺价销售、粮食收购资金不得挪作他用、粮食企业转换机制为内容的政策措施。但是，应该说至今粮食购销体制仍未理顺，粮食生产者、消费者、经营者、调控者的关系，以及这几者联系的市场的扭曲和错位仍未解决，离还粮食以商品属性、走上粮食产销市场化之路，相距仍然遥远。③

至于如何改革粮食购销体制，大体有激进和渐进两种意见。激进主张的基本思路是恢复粮食的完全商品性，粮食购销完全市场化，加速形成以公有制为主体的多渠道、多成分、多形式、少环节、开放型的更加

---

① 樊纲：《论解决我国粮食供给问题的长期战略与短期对策》，《中国农村观察》1995 年第 5 期。
② 中国农业科学院农业经济所：《我国粮食问题的宏观剖析》，《农业经济问题》1995 年第 2 期。
③ 唐仁健：《粮食走向市场的制度障碍及改革对策》，《农业经济问题》1993 年第 11 期；段应碧：《坚定不移地推进粮食流通体制改革》，《人民日报》1998 年 9 月 3 日。

完善的粮食市场体系的建立。① 持渐进改革主张的人则认为，在经济高速增长、农业中大量剩余劳动力还难以转移出去的背景下，把粮食推向市场、粮食市场化的结果很可能不利于稳定粮食播种面积和增加粮食供给。由于粮食生产比较利益偏低，在加速市场化条件下必然导致资源配置向着不利于增加粮食供给的方向运动，因此，改革应选择渐进的市场取向的制度调整。在市场化过程中注意对粮食生产和粮农利益的保护，构造一个有利于改进粮食生产效率的制度和政策环境。其具体思路是三个方面：①构造我国粮食总量平衡的机制；②构造粮食供求结构平衡机制；③构造粮食市场的稳定机制，在进一步培育粮食市场的基础上建立以间接调控为主的宏观调控体系。②

2. 以"三权分置"为主要内容的土地产权制度改革

"在坚持农村土地集体所有的前提下，促使承包权和经营权分离，形成所有权、承包权、经营权三权分置、经营权流转的格局"；这种三权分置的改革是继家庭联产承包责任制之后农村改革的又一重大制度创新，从理论到实践丰富了农村双层经营体制的内涵。

"三权分置"是指在坚持农村土地集体所有制的基础上，尊重农村人地不断分离的现实，将土地承包经营权中能够进行市场交易、具有使用价值和交换价值的权能分离出来，形成土地经营权，使得土地承包经营权分离为农户承包权与土地经营权这两种独立权利形态，促使原来的农村土地集体所有权、土地承包经营权的"二元产权结构"变迁为集体所有权、农户承包权和土地经营权的"三元产权结构"，以便更有效地实现集体土地政治治理功能、社会保障功能和经济效用功能的现代农村土地产权制度。"三权分置"的创新要义在于农户承包权与土地经营权的分离，而"三权分置"的本质则是重构集体所有制下的农村土地产权结构。

中华人民共和国成立60多年来产权的分离、细分是农村土地产权

---

① 金潮、罗芸：《我国粮食购销体制演变与改革的思索》，《农业经济问题》1996年第5期；白雪秋：《制度创新：农业现代化的根本前提》，《求是学刊》1998年第6期。

② 中国农业科学院农业经济研究所：《我国粮食问题的宏观剖析》，《农业经济问题》1995年第2期；国务院新闻办公室：《中国的粮食问题》，《人民日报》1996年10月25日。

制度变迁的重要方式和途径。把土地承包经营权分离为农户承包权和土地经营权，就是要对土地承包经营权进行进一步的分割和细分。农村土地产权的细分、交易和配置，是中国推进"三权分置"实践创新的基本线索。"三权分置"就是要重构农村土地集体所有权、使用权、转让权权利体系，为农民提供完整、权属清晰、有稳定预期的土地制度结构。发挥好"三权分置"的积极作用，关键是要合理界定农村土地集体所有权、农户承包权、土地经营权的权能范围。因此，"三权分置"是要延续"土地所有权和承包经营权两权分离"的农村土地产权制度变迁逻辑，选择一种更有效、更合意的农村土地产权制度安排，把农村土地的占有、使用、收益、处分等各项权能界定清晰，保证其市场交易顺畅，实现优化配置；"三权分置"的本质就是要重构集体所有制下的农村土地产权结构，以实现其产权功能。

从"三权分置"的政策含义可以看出，"三权分置"从制度上清晰构建了从农民集体到承包农户、从承包农户到新型农业经营主体之间的土地产权关系，以及农民与土地之间的关系。因而，"三权分置"建构了一种农村土地集体所有制的具体实现形式，它是厘清农村土地集体所有制、农民社会保障和土地财产权益、农村土地产权市场化改革三者关系的现实可行的制度安排，也是有效化解土地承包经营权所承载的社会保障功能与经济效用功能之间矛盾与冲突的现实可行的制度安排。首先，通过稳定农户承包权的产权制度设计，在集体经济组织内部成员之间均等分配农村土地，并实现集体经济组织成员对土地的私人利用，以促进"土地承包关系保持稳定并长久不变"，以及农村土地使用权在初始分配中的起点公平，尊重和满足农民社会保障的需要。其次，对于农民在初始分配中获得的保障性农村土地使用权，通过放活土地经营权的产权制度设计，农民可以依法依规地在农村土地产权市场上自由流转，以促进农村土地的优化配置和充分利用，"引导土地经营权规范有序流转"，"发展多种形式的农业适度规模经营"。显然，"三权分置"制度下农户承包权与土地经营权的分离，是农村土地使用权在初始分配与自由流转阶段的依序实现。

从"三权分置"改革的目标要求来看，放活土地经营权要解决

"地由谁种""地怎么种"这两个重要问题。由此,放活土地经营权的基本要义有二:①在不损害集体所有权和农户承包权的前提下,承包农户自愿将农村土地的实际经营权流转给他人利用,以扩大农村土地的"耕者"范围,实现现代意义上的"耕者有其田",充分利用农村土地的使用价值。现代意义上的"耕者有其田"有两种形式:一是承包农户家庭经营主导下的单一化、细碎化和小规模经营;二是家庭经营基础上的多元化经营(指家庭经营、集体经营、合作经营和企业经营)和适度规模经营,这是农村土地利用方式、农业生产方式和经营方式的创新。②赋予土地经营权抵押、担保权能,允许土地经营权人将土地经营权向金融机构抵押融资,以追求和利用农村土地的交换价值,满足农业规模经营的资金需求,缓解农业经营主体的融资难问题。①

3. 产业化经营是农业经营体制的改革与创新

农业产业化经营是在深化农村改革中出现的一种新型的扶持、保护和促进农业发展的新机制,是继家庭承包制、乡镇企业之后的又一次农村经济体制的制度创新。

"农业产业化"这个概念是进入 20 世纪 90 年代后,才在我国学术界中开始出现的。但是就其内容来说,实际开始于 20 世纪 70 年代,当时泰国正大饲料公司为了开辟中国市场,由公司向中国农户提供技术服务和种鸡、饲料等生产资料,带动农民家庭发展养鸡业,然后再由公司收购成年活鸡进行屠宰、加工、分割、包装,向市场出售,使该公司得以站稳脚跟并获得发展,这是中国较早的"公司+农户"的实践,有人称为"正大模式"。借鉴国外经验,在一些生产力发展水平较高的国营农场、大城市郊区和经济作物集中产区,也率先突破了农业生产的单一结构,开始向产前、产后延伸,组建了一批农工商联合企业。20 世纪 80 年代中期,山东、江苏、浙江等东南沿海省份的一些地区在建设外向型农产品基地时,针对国际市场需求,农业又走向与工、商、贸结

---

① 肖卫东、梁春梅:《农村土地"三权分置"的内涵基本要义及权利关系》,《中国农村经济》2016 年第 11 期。

合，涌现了一批贸工农一体化经营组织。1988年有人撰文，概括了"公司+农户"这种模式，而一批年轻的学者则正式提出了"公司+农户"是农村组织创新和经济发展新路子的思路。① 进入20世纪90年代，随着市场经济的发展和社会对农产品需求格局的变化，原来农业产业被割裂、多部门条条管理体制和分散的过小规模的农户经营与市场经济的矛盾日益显露，一些地方为了适应急剧变化的市场需求，在增加社会有效供给的同时增加农民收入，以发展农业产业一体化为解决农业深层次矛盾的现实突破口，着手从总体上深化农业改革，包括在农村产业组织方式、资源配置方式、产业经营方式、运行机制和管理体制等诸多方面进行整体性创新，从而，一个农业产业化的改革热潮在中国农村逐渐兴起。与此同时，我国理论界对农业产业化的讨论也随之方兴未艾。②

20世纪90年代初"农业产业化"这个概念被使用以来，学术理论界曾有人对这一概念是否科学，提出过质疑。大多数人则都约定俗成地采用了这一提法，但对其内涵和特征却提出了一二十种不同的表述，至今尚未取得共识。这既反映了我国农业产业化经营从整体来看，只是刚刚起步，还是一种新生事物，也反映了面对这一新生事物经济理论的不成熟。尽管对农业产业化内涵的表述庞杂纷纭，但从中可以归纳出一些带有共同认识的表征，概而言之，所谓农业产业化就是实行种养加、农工商或贸工农一体化经营，使农村由单纯生产初级产品向深度加工综合利用转变，使农村由单纯务农向农工商和贸工农综合经营转变，通过一体化经营形式，把农业的产前、产中、产后融为一体，把农业的生产经营纳入农产品的加工与销售之中，使农业与现代工业、商业、金融、运输等产业紧密结合与合作，构建一种从生产初级产品到最终产品的、利

---

① 谭静：《农业产业化研究综述》，《农业经济问题》1996年第11期；蒋亚平：《公司+农户：新的生长点》，《人民日报》1988年8月7日；刘允州、陈健：《公司+农户：深化农村改革的一种思路》，《中国农村经济》1988年第10期；《农村组织创新与经济发展研讨会纪要》，《中国农村经济》1988年第10期。

② 夏英、牛若峰：《农业产业一体化理论及国际经验》，《农业经济问题》1996年第12期。

益共享和风险共担的经济实体。这种农业产业化是同农业和农村经济商品化、市场化、社会化和现代化紧密联系的。农业产业化突破了所有制界限,将国营、集体、个体经济联结起来;突破了行政区域界线,将地区、省以及国内外企业衔接起来;突破了行业隶属关系的界限,将农、工、贸、商诸行业结合起来,从而促进了生产要素的优化组合和产业结构合理调整,促进了城乡之间的优势互补和利益互补。农业产业化是以经济学、生态学原理、市场经济规律和系统工程为指导的多功能、多目标、多层次的农业产业经营系统,达到最高农业经济总体效益,实现资源持续稳定,满足社会生产生活多种需要和最大限度发挥良好环境效益、经济效益和社会效益的复合系统。①

我国农业产业化是在立足本国国情的基础上,又根据各地区农业发展的特点而发育起来的,形式呈现出多种多样,从公司与农户之间关系的疏密程度不同来划分,则有紧密型、半紧密型、松散型、协作型四大类型。发展比较成熟的具体模式大致可以归纳为以下几类:龙头企业带动型、主导产业带动型、商品基地带动型、专业市场带动型、行业公司紧密型、集团公司松散型、服务组织带动型、科技推动型、农(牧)工商综合经营型、创汇农业带动型。这些模式的经营机制有三个共同点:一是集产供销于一身,把产前、产中、产后等环节连接起来,寻找一个完整的经济实体。二是集资源和人才、技术、资金于一身,把资源配置、产业发展和扩大市场空间统一起来,形成一个具有市场竞争能力的规模优势和群体优势。三是集高产值、高效率、高效益于一身,把产加销等环节中的增值效益统一起来,形成一个利益共享的收入分配机制。这样既可以发挥农业的整体效益,又可发挥多产业部门结合的集团效应。因此,农业产业化不仅是农业生产经营模式的改革,同时也是农村经济管理体制的创新。②

---

① 刘志澄:《小康建设与农业产业化问题》,《农业经济问题》1997年第9期;谭静:《农业产业化研究综述》,《农业经济问题》1996年第11期;王化信:《论农业产业化内涵的界定》,《农业经济问题》1997年第1期。

② 谭静:《农业产业化研究综述》,《农业经济问题》1996年第11期;刘志澄:《小康建设与农业产业化问题》,《农业经济问题》1997年第9期。

农业产业化经营及其组织与制度创新，是在坚持以家庭联产承包为主的责任制、统分结合的双层经营体制长期稳定不变这一基本前提下，在市场取向改革和发展商品经济的实践中探索出的加速我国农业现代化的最佳路径。①

这首先是由于产农业产业化经营的出现，给我国农业和农村经济发展实现两个根本性转变带来了曙光。表现在：①农业产业化有利于解决小生产与大市场的矛盾。农业产业化提高了农业生产的组织化程度，使家庭承包、双层经营的体制功能得到充分发挥。特别是把分散的小生产与集中的大市场连接起来，解决了家庭经营与市场风险的矛盾，从而在更大规模、更大程度上促进了农业生产商品化的顺利发展。②农业产业化有利于解决农业高消耗、低产出，高投入、低回报，高产量、低效益的矛盾。农业产业化由于实行农业产前、产中、产后一条龙经营，使农业生产由产量农业向效益农业转变，达到高产、高值、高效，极大地提高了劳动生产率、投入产出率、农产品转化率和商品率，增加了农产品的附加值，发挥了规模经济效益，提高了农业的比较利益，加快改善了农业的弱质产业地位，增强了对农业深度和广度开发的后劲。③农业产业化有利于解决农户小规模经营与集中采用现代科技、应用大规模机械设备的矛盾。农业产业化实行区域化布局、专业化生产、社会化服务和科学化管理，龙头企业和服务组织把一家一户难以办到的事统一办理、统一服务，因而有效地把农户分散经营连接起来，形成较大规模的产业链或产业群，将家庭分散经营与扩大规模经营结合起来，解决了"小个体"与"大群体"以及"低水平"与"高科技"之间的矛盾。而且产加销一体化经营既为农业科技的应用提供了客观需要，又为农业大规模地应用科技提供了强大的动力和现实可行性，加大了资金、设备、技术的投入，在品种改良和农副产品储藏、运输、精加工等方面进行深度开发，大大提高了农产品的科技含量，加快了农业从粗放经营向集约经

---

① 中国传统农业向现代农业转变研究课题组：《从传统到现代：中国农业转型的研究》，《农业经济问题》1997 年第 7 期。

营的增长方式的转变。①

其次,农业产业化还带动了农村第二、第三产业的发展,改变了农村传统生产结构,并扩大了城乡生产要素的流动与组合,促进了农村城镇化的发展。农业产业化一方面按市场取向组织大规模的农副产品生产,提供了充足的可供加工的货源,促进了以农副产品加工为主的乡镇工业的发展,进而带动商品流通、交通运输等第三产业的发展;另一方面随着第二、第三产业的发展,使城镇的技术、人才、资金、物资、信息更多地流向农村,与土地、劳动力、原料等资源结合起来,从而加快了城镇一体化的融合速度。此外,农业产业化经营还是城市经济与农村经济接轨的新的经济增长点,它把农村和城市生产市场作为一个整体来统筹运作,既可收到城乡优势互补之功,又可收到缩小城乡二元经济结构之效,从而加快城乡经济一体化的步伐。②

最后,农业产业化还为从根本上解决农村剩余劳动力转移、实现农民尽快共同富裕,找到了突破口。农业产业化促使农业向广度、深度开发发展,并带动城镇第二、第三产业发展,为农业剩余劳动力的近距离转移开辟了广阔门路。而且,由于实行产加销一体化经营,农民既可以得到从事种养业的收益,又可以分享工商业所得的利润,为大幅度提高农民收入带来了机遇。有人在总结农业产业化对农民利益的影响时,概括了以下几点:(1)引导和帮助小农户进入大市场,分享市场交易利益;(2)提高了农业单位产投入产出量和农业生产率,提高了农业经济效益;(3)形成一体化系统内部利益补偿机制,提高了农业的比较利益;(4)转移了农业剩余劳动力,增加了农民家庭收益;(5)农业开发正在转变为诱人投资的领域和相当赚钱的产业,为农业由弱质产业

---

① 冯及时:《转变农业增长方式的有效途径》,《农业经济问题》1997 年第 2 期;刘志澄:《小康建设与农业产业化问题》,《农业经济问题》1997 年第 9 期;国风:《农业产业化的思考》,《经济日报》1996 年 1 月 30 日;熊学刚:《产业化:关于中国农业发展的思考》,《光明日报》1996 年 4 月 6 日。

② 谭静:《农业产业化研究综述》,《农业经济问题》1996 年第 11 期;刘志澄:《小康建设与农业产业化问题》,《农业经济问题》1997 年第 9 期。

转变为强势产业创造了广阔的空间,为农民实现小康提供了现实的前景。①

因此,可以说,以专业化、社会化和一体化为内容的农业产业化正在逐步地改变着农业的经济属性,使农业不再是一个传统的生产部门,而是取得了与其他产业平起平坐、参加社会产业大循环的资格,成为现代社会众多产业中平等的一员。②

三 对解决"三农"问题的再思考

2000年2月,湖北省监利县棋盘乡党委书记李昌平上书国务院领导,信中一句"农民真苦、农村真穷、农业真危险"道出了我国"三农"问题的严重性,引起了举国上下的强烈反响,也引起了经济学界对"三农"问题的再度关注,纷纷就"三农"问题出现的原因、实质、关键及解决之路进行了理论探讨。

本来从1978年年底到1984年的短短六年间,由于家庭联产承包责任制全面推广,解放了生产力,使农村经济获得巨大发展。在那段时间,政府高兴,因为解决了粮食问题;城里人高兴,因为农产品市场丰富了起来;农民也高兴,因为自己的钱包鼓了起来。此后,20世纪80年代中后期,乡镇企业的兴起,吸纳了1.2亿离土不离乡的劳动力,推动了农村工业化,也推动了我国对外贸易和开放型经济的发展,成为农业增加收入的又一重要来源。从20世纪90年代初开始,随着一些限制政策的解禁,大量农民进城,为工业化提供了源源不断的劳动力,使我国成为世界上最具活力的制造业中心之一,农民通过进城务工,又进一步增加了收入。因此可以说,如果没有农村改革的成功以及大量农村劳动力的供给,我国的改革开放就不会取得这么大的成绩,农村贫穷落后的面貌也不会得到较大改变。那么,为什么到了20世纪90年代末,"农民苦、农村穷、农业危险"的问题又突出出来呢?经济学家们分析认为,最根本的原因就是随着以市场为取向的改革在城市和农村全面铺

---

① 《农业经济问题》编辑部:《农业产业化实践进展探析》,《农业经济问题》1997年第10期;李元平:《农村剩余劳动力有序流动与农业产业化》,《农业经济问题》1996年第9期。

② 严瑞珍:《农业产业化是我国农村经济现代化的必由之路》,《经济研究》1997年第10期。

开，一系列矛盾凸显出来。一是农民的收入虽然有所增加，但增收的基础并不牢固，总体上讲，我国农业持续发展的基础依然薄弱，农业靠天吃饭的问题并没有得到根本解决，遇到天灾人祸，农民迅速返贫现象屡屡皆是。因此可以说，制约农民收入增长的长期的、深层次的矛盾仍然存在，持续增收的机制并未建立起来。1998年以后，农民从农业获得的收入连续三年下降，对农民收入增长的贡献连续三年为负数，就是明证。二是农村市场经济体制尚未完全建立起来，更不用说完善，"小生产"与"大市场"的矛盾依然存在，农业产前、产中、产后服务体系也未完善，农产品"卖难"问题与农业生产资料"买难"问题交替出现，农业生产率的提高经常会带来"谷贱伤农"的效应，农民多产不见得就能多得。三是面对城市工业化的兴起，乡镇企业往往在市场竞争中处于劣势，随着国民经济中产能过剩问题的出现，导致部分乡镇企业停产倒闭，降低了非农产业吸纳农村劳动力的能力，致使农村劳动力向非农产业转移的良好态势出现逆转。再加上随着工业化、城市化的发展，大量低价征用农村的土地，致使一些农民失去了作为生存保障的土地，这些失地农民就业无门，必然迅速贫困化。四是城乡居民收入差距持续扩大。长期以来，农民收入在低水平基础上低速增长，城镇居民收入则是在高基数基础上快速增长，城乡居民收入差距不断扩大，从1984年的1.8∶1，扩大到2006年的3.2∶1，按照这一速度推算，预计到全国人均GDP达到3000美元的水平时，城乡收入差距将会扩大到5∶1。如果出现这种情况，将会严重影响全面建设小康社会和构建社会主义和谐社会的进程。另外，在计划经济体制下形成的城乡劳动力市场分割的状况仍未发生根本性变化，农民进城务工不仅工资低、待遇差，而且受到很多歧视性、不公正的对待，难以融入城市。这都表明，迄今为止，原来的二元结构体制尚未从根本上发生改变，城乡经济仍未步入良性循环的轨道，城乡结构失衡问题仍很突出。五是农民负担反弹的压力依然存在，农民减负增收缺乏机制保障。在目前的行政管理体制下，涉及农业生产生活的收费项目仍有不少，一些地方依然存在乱收费和各种集资摊派、侵占挪用政府补贴补偿款以及各种侵害农民权益的现象，更给并不富裕的农民生活雪上加霜。

根据上述"三农"问题产生原因的分析，有学者认为，"三农"问题归根结底是农民收入问题，只有千方百计提高农民收入，"三农"问题才能从根本上得到解决。因为，就"农民苦"而言，现在农业劳动大部分已经机械化，劳动强度大大减低，农民感觉苦，不是苦在生产的强度、难度上，而是苦在收入增长相对缓慢，看不起病，子女上不起学，付不起各种摊派上。同样，就"农业危险"而言，农产品需求的收入弹性低，收入增加而需求不会增加多少，改革开放以来农业年均增长 6.2%，这个速度并不慢。所以要说"农业危险"，只能是农民收入增长慢，城乡差距继续扩大，将来农民不安于农，农业才会危险。基于这样一种分析，这些学者认为，要进一步解决"三农"问题，必须采取"多予、少取、放活"的方针。"多予"就是要增加全社会对农业和农村的投入，加快农业和农村基础设施建设，从而直接增加农民收入；"少取"就是要切实减轻农民负担，推进农村税费改革，让农民休养生息；"放活"就是要进一步深化农村改革，放活农村经营，把农民群众的积极性和创造性充分发挥出来。因此，有学者认为，实行"多予、少取、放活"的方针是新阶段巩固农业基础地位，促进农业和农村持续、健康发展的必然要求，是解决新阶段农业和农村经济发展中出现的新情况、新问题的必然选择，也是坚持"以人为本"理念，保护农民权益，维护农民根本利益的必然决策。[①]

但是，也有学者认为，我国现阶段产生"三农"问题主要是经济发展的一般规律和我国特殊的制度安排所造成的。在工业化初期，工业的高增长率使生产要素迅速向工业聚集，加剧了农业的弱质化程度，加上我国长期以来实行重工轻农、重城轻乡、城乡二元结构的发展模式，从而必然加剧了"三农"问题。我国"三农"问题的突出表现就在于日趋扩大的城乡居民收入差距，而且在制度背景没有大的改变的情况下，这种经济差距必将呈现"马太效应"，进一步降低农民的经济地位

[①] 林毅夫：《建设新农村是解决"三农"问题的现实选择》，《人民日报》2006年10月25日；叶兴庆：《对我国农业政策调整的几点思考》，《农业经济问题》2005年第1期；乐章：《他们在担心什么：风险与保障视角中的农业问题》，《农业经济问题》2006年第2期；李娜：《农民收入：增长与政策（1978—2004）》，《农业经济问题》2006年第5期。

和政治地位。从这一点来说,不能就"三农"问题谈"三农"问题,也就是说,要跳出"三农"的圈子,寻找解决"三农"问题的出路,即只有实现从二元结构向现代经济结构的转变,把大量农村剩余劳动力从农村转移出去,才能从根本上解决"三农"问题。这些学者认为,只有从这个角度来看待"三农"问题,才能对"三农"问题的认识有足够的高度,即这不是一个部门或一个产业的问题,而是全局性的问题,从而寻找解决"三农"问题的对策,也不能局限于农业部门本身,如增加对农业的投入(这当然是重要的,但远远不是全部),而应动员全社会力量,从实现社会发展的根本任务即工业化、市场化、社会化、城市化出发,作出全局性战略安排,走出二元经济结构状态,形成现代经济结构,实现现代化。据此,有学者认为,解决中国的"三农"问题,是一项复杂而艰巨的系统工程,这其中必然有体制改革和利益格局调整的"阵痛",也会有新制度的构建过程中的摸索和失误,因此只能以"全局统筹"作为解决"三农"问题的根本指导思想,以求解决长期以来制约中国经济社会发展的城乡二元结构问题,建立起社会主义市场经济条件下城乡经济社会协调发展的机制。有学者更进一步指出,纵观一些工业化国家的发展历程,在工业化初始阶段,农业支持工业,为工业提供积累,是带有普遍性的趋向,但在工业化达到相当程度以后,工业反哺农业、城市支持农村,实现工业与农业、城市与农村协调发展,也是带有普遍性的趋向。目前,我国总体上已到了以工促农、以城带乡的发展阶段,我们应当顺应这一趋势,更加自觉地调整国民收入分配格局,更加积极地支持"三农"发展。只有这样,我国的"三农"问题才能得到根本解决。[①]

针对有学者提出只有在农村之外寻求解决"三农"问题的办法,即开放户籍制度、发展非农产业、发展大中城市和小城镇、吸引更多农村劳动力进城,从而最终实现"减少农民",有学者提出异议,认为这

[①] 张卓元:《解决三农问题要走出二元经济结构,转移农村剩余劳动力》,《经济参考报》2002年1月30日;陆学艺:《"三农论"——中国农业、农村、农民研究》,社会科学文献出版社2002年版;官锡奎:《对中国农民问题的十大反思》,《中国经济时报》2003年6月17日。

一思路是不现实的,因为中国农村人口基数庞大,城市就业机会有限,9亿农民在相当长的一段时期内并不可能顺利地从农村转移出去,而"多予、少取"的农村税费改革也是对"三农"问题的被动应付。他们认为,唯一正确的应是把"消灭农村"转向"建设农村",走城市建设与乡村建设并行道路,在城市化的过程中建设乡村而不是破坏乡村,力避"贫民窟式"的城市化,这才标志着我国农村政策的根本转变,也才能从根本上彻底解决我国的"三农"问题。

与上述思路相联系,有学者认为,我国的"三农"问题是一个带根本性、全局性、广泛性的问题,因此,解决"三农"问题,既需要通盘考虑、统筹兼顾,又需要重点突出、切中要害。总的思路应该是实现农村城市化、农业产业化、农民市民化,而实现这"三化"的根本出路还是在于推进市场化改革,改革和创新农村的各项基本经济制度,完善农村社会主义市场经济体制。市场化改革是农村改革的主题、发展的根本,市场化改革应当是推行各项政策措施的一个总体目标。现在,人们讲得比较多的是走"农民进城"的路子,或者叫"非农化"的路子,也就是说,农村向城市靠、农业向工业靠、农民向市场靠,无疑不能说这一思路不对,从世界上实现工业化国家的经验来看,都经历了农业比重大幅下降、农民比重大幅减少、城市大幅扩张的过程。但就我国而言,从相当长一个时期看,城市的承受能力和农村的转移能力都是有限的,仅仅强调城市化和农民进城恐怕是不利于整个经济发展的,还应强调农村就地发展的思路,通过"农民进城"和"就地发展"两条腿走路,因地制宜,才能使城乡统筹发展、互动发展、协调发展,才能形成城乡一体化的市场体系,使社会主义市场经济体制完善起来,最终实现工业化和现代化。①

还有学者认为,中国"三农"问题产生的基础是生产力低水平上分散的一家一户半自给自足的小生产方式,即半自然经济。建立在这种

---

① 王珏:《推进农村市场化改革和制度创新——解决"三农"问题的治本之举》,《农业经济问题》2004年第7期;"深化农村税费改革走向研究"课题组:《建设新农村背景下的农村改革:一个整体性政策框架》,《改革》2006年第10期;申端锋:《新农村建设若干问题研究》,《农业经济问题》2006年第2期。

半自然经济基础之上的由传统计划经济体制向市场经济体制转轨的过程中,市场制度的需求同计划制度安排之间的矛盾和冲突,是"三农"问题产生的根本原因。要想从根本上解决"三农"问题,不能靠别的什么制度安排,只有靠市场化的制度安排,让农民获得他们理应获得的完整的土地产权,成为真正的市场主体,大力发展农村民营企业,发展农村要素市场体系,这些才是农村经济增长的关键,也才是解决"三农"问题的重要切入点。[①]

四 对中国特色农业现代化道路的再探索

20世纪80年代以来,我国经济学界就农业现代化问题又展开了一次新的讨论。这次讨论与60年代初期的那次讨论相比,在问题涉及的范围上、在分析的角度上,以及分析的方法上都有了较大的不同,特别是表现在对农业现代化概念的认识上出现了一系列新的观点。60年代初在关于农业现代化的讨论中,人们曾经都把农业现代化简单地概括为四个"化",即机械化、电气化、水利化和化学化。当时,虽然对于这四个"化"中的那些"化"是我国实现农业现代化的重点,曾有过不同意见和争论,但是,对于农业现代化就是这四个"化",是没有不同意见的。然而,到了80年代,人们开始认为这种对于农业现代化概念的概括,根本不足以反映现代农业生产的基本特征,也根本不足以反映现代农业科学技术的重大成就及其在农业生产上的广泛运用。于是,一系列对于农业现代化概念的新概括应运而生。

(1)有人认为,农业现代化的特定含义,就是指从古代农业、近代农业转化为现代农业的历史过程。所谓农业现代化,就是用现代科学技术和现代工业来装备农业,用现代经济科学的方法来管理农业,由缺乏社会分工的个体小农业转变为社会化的大农业。可简称为机械化、科学化、社会化。[②]

(2)有人认为,无论是机械化、电气化、水利化、化学化的"老

---

① 周脉伏等:《解决"三农"问题的根本出路:农村市场化改革》,《农业经济问题》2004年第5期。

② 高尚全:《关于农业现代化问题的探讨》,《红旗》1979年第3期;朱道华:《借鉴国外经验,加速实现我国农业现代化》,《光明日报》1979年7月26日。

四化"概念，还是机械化、科学化、社会化的"新三化"概念，都没有摆脱现代化就是机械化的束缚。而农业现代化的本质是科学化，即把农、林、牧、副、渔、微、虫、工等各业的生产和管理，逐步建立在生态科学、系统科学、生物科学、经济科学和社会科学的基础上。全部的农业发展史就是一部由经验到科学的历史，科学技术是推动现代农业前进的动力。①

（3）有人运用系统论的观点，对农业现代化概念作出了新的概括，认为从系统观念看来，农业经济的生产过程是在一定的农业经济系统中进行的，农业的自然再生产过程是在一定的农业生态系统中进行的，而一定的农业经济系统是通过一定的技术手段、措施和方法来调节农业生态系统使之满足一定经济需要的，这些技术手段、措施和方法的集合，就构成一定的农业技术系统。农业生产就是由这三个系统组合而成的综合系统。正是通过这三个系统之间的能量变换和物质循环，农业经济再生产和自然再生产才得以实现。在我国各地的具体约束条件下，求得最优农业经济结构、最优农业技术结构和最优农业生产结构，以最小消耗取得最大的农业经济功效、农业技术功效和农业生态功效，即使农业最优化。我国农业的现代化实质上就是这三个系统的最优化。②

（4）有人认为，实现农业现代化，是一个涉及自然资源、经济发展、人口和社会制度等广泛领域的综合过程。农业现代化就是运用现代科学理论，不断地实现自然力、技术、经济三者有效地科学地结合的过程。它要建设的是一个具有高效率的农业生态结构和经济有效的管理和控制的技术体系，并与自然环境保持最适状态，同整个国民经济相互融合地向前发展的食物、纤维和能量的生产体系。③

---

① 石山、杨挺秀：《把农业生产和管理逐步建立在科学的基础上》，《农业经济问题》1981 年第 9 期；《论农业现代化》，《农业发展探索》1984 年第 2 期；石山：《中国式农业现代化及其起步》，《经济研究》1983 年第 1 期；《探索大农业的"必然王国"》，《瞭望》1983 年第 7 期。

② 邓宏海：《关于我国农业发展战略的问题》，《农业经济问题》1981 年第 11 期；《新的农业革命——从工业化到生物化》，广西人民出版社 1986 年版。

③ 侯中田：《对实现我国农业现代化的几点看法》，《红旗》1979 年第 11 期。

(5) 有人从可持续发展的观念出发，认为生态农业是现代农业的新概念。所谓生态农业就是按照生态学原理、经济学原理和生态经济学原理，运用现代科技成果和现代管理手段以及传统农业的有效经验建立起来，以期获得较高的经济效益、生态效益和社会效益的现代化的农业发展模式。简单地说，就是遵循生态经济规律进行经营和管理的集约化农业体系。生态农业要求在宏观上协调生态经济系统结构，协调生态—经济—技术关系，促进生态经济系统的稳定、有序、协调发展，建立宏观的生态经济动态平衡；在微观上做到多层次物质循环和综合利用，提高能量转换与物质循环效率，建立微观的生态经济平衡。一方面，要以较少的投入为社会提供数量大、品种多、质量高的农副产品，另一方面，又要保护资源，不断增加可再生资源量，提高环境质量，为人类提供良好的生活环境，为农业的持续发展创造条件。①

(6) 有人认为，现代农业本质上是商品化的农业。所谓商品化农业，就是农业部门向社会提供更多的超过农业劳动者自身需要的、以商品形式出现的剩余产品。这种商品化农业只能在现代科学技术（包括农艺技术、生物技术、工程技术等）的大量投入为主要特征的集约型农业，大幅度提高劳动生产率、土地生产率、投入产出率的基础上，才能实现，这是一方面；另一方面，只有农业商品化的一定程度的发展，才会对现代科学技术的投入提出客观要求，并为其投入提供资金等各种必备条件。而且，也只有随着农业商品化的发展，农业成为专业化分工程度很高的、具有一定规模的自我发展机制的、以市场需求为导向的社会化大农业时，才能为现代农业技术的投入或为现代农业生产力充分发挥其作用和效益。因此，农业现代化只能适应农业商品化的客观要求，随着农业商品化的发展而逐步实现，离开了农业商品化，农业现代化只能是空谈。②

---

① 未为：《现代农业的新概念》，《人民日报》1984年8月2日；叶谦吉：《生态农业——农业的未来》，重庆出版社1988年版；刘思华：《农业生态基础论》，《经济研究》1996年第6期。

② 章琳、徐柏园：《农业的商品化与农业的机械化》，《经济研究》1987年第5期；袁亚愚：《中国农业现代化的历史回顾与展望》，四川大学出版社1996年版。

（7）有人认为，农业现代化是一个相对和动态的概念，是从传统农业向现代农业转化的过程和手段。其内涵随着技术经济和社会的进步而变化，表现出时代性；又基于各国和地区自身历史背景、经济发展水平和资源禀赋的不同而呈现区域性；又由于经济的全球化而具有世界性。农业现代化既包括生产条件、生产技术、生产组织管理的现代化，又包括资源配置方式的优化，以及与之相适应的制度安排，因而其内涵又具有整体性。①

在如何选择一条适合中国国情的农业现代化道路方面，在讨论中大家都一致认为，农业现代化是一个标志着当代农业生产力发展到一定水平的综合概念，没有国家、民族和阶级的差异。然而，选择一条最适合于本国国情的农业现代化的具体道路，那就是有民族特点的了，不应该使不同民族不同国家都采取一个模式。所谓适合于中国国情（或称有中国特色）的农业现代化道路，就是指此而言，也就是农业现代化的主要任务和根本标志，以及实现的步骤方法上，都要从中国的实际出发，要有中国的特点。可是，当具体分析如何根据中国特点确定农业现代化的主要任务、根本标志、实现途径时，却又出现了一些分歧意见。

多数人仍是坚持认为，我国农业现代化基本任务或者是提高单位面积产量，或者是提高农业劳动生产率。只是在具体阐述其理由时提出了一些与20世纪60年代初期那次讨论不同的论据。值得注意的是，在这次讨论中一些人提出了一种新的见解，他们认为上述两种意见都有片面性，在实践上则都是不可取的，应把提高劳动生产率和提高土地生产率有机地结合统一起来。其论据是：提高土地生产率也是提高劳动生产率的一个方面。土地生产率之所以能够提高，在劳动条件不变的前提下，是因为追加了凝结在诸如品种改良、化肥农药等上面的社会劳动。由于这些物化劳动的投入，才使农民在单位面积土地上创造了更多的使用价值，提高了有机构成，从而相对减少了活劳动的消耗，提高了劳动生产率。有人则主张用提高农业劳动效率作为农业现代化的根本标志，理由

---

① 毛飞、孔祥智：《中国农业现代化总体态势和未来取向》，《改革》2012年第10期。

是：直接决定农业生产发展水平的不是某一个单项生产要素的生产率，而应是生产效率这样一个全面表现生产发展成就的综合指标。这一指标既表明人们利用科技成就来发展生产的成果，也表明人们把各项生产要素按科学规律和经济规律组织配合起来，取得最大经济效益的经营管理成果。这一点也表现在其计算方法上，生产效率就是所有投入综合在一起的单位产量，是各项投入生产率的加权平均值。因此，它最能全面地综合地表明所有投入的利用情况以及所取得的效果。还有人主张采用综合指标体系作为农业现代化的标志，因为农业生产本身就是一个有机的综合体，是自然再生产与经济再生产交织一起，农业现代化更是一个综合发展过程。与此相适应，反映农业现代化的指标，也应是综合的多项的。他们认为，用土地生产率、劳动生产率和资金利用率三项指标来反映农业现代化比较合适。土地生产率是反映土地利用、是否合理，单位产量高低衡量农业生产水平极其重要的方面；劳动生产率主要反映农业机械体系的运用和所达到的现代化水平；资金利用率指标则综合反映农业生产中所获得的使用价值或总产值与整个资金占用的比例关系，反映物化劳动消耗的经济效果和经营管理好坏等问题。用这三项指标综合反映农业现代化，在世界上也有可比性，它们既反映了某个国家农业现代化水平，又可以从中反映出各国农业生产的特点，还能揭示出各国农业现代化过程中的某些共同带有规律性的问题。[①] 有人则认为，现代农业发展水平最终会由全要素生产率、农产品市场竞争力和农业生产系统可持续表达出来，所以最为简略的方法是提高全要素生产率、农产品竞争力和绿色发展指数三个方面，推进现代农业的发展。[②]

由于对农业现代化的主要任务和根本标志认识不一，因此，对于我国实现农业现代化的途径也有多种不同的看法，概括起来有以下四种主要观点：第一种意见，仍坚持认为农业机械化是农业现代化的中心环

---

① 寒星：《从经济发展看农业现代化》，《光明日报》1979 年 9 月 1 日；郑林庄：《农业现代化的目标是提高农业生产效率》，《经济研究》1980 年第 6 期；章宗礼、顾振鸣：《中国式农业现代化的道路和指标》，《经济研究》1980 年第 12 期。

② 李周：《乡村振兴战略的主要含义、实施策略和预期变化》，《求索》2018 年第 2 期。

节，并认为这是农业生产力发展的客观规律性，不因国别而不同。① 第二种意见，认为生物化学技术的现代化应在农业现代化中处于中心地位，这是由农业本身的特点和农业现代化的主要目的决定的，并且是与当代农业科学技术的发展趋势分不开的。② 第三种意见，我国农业现代化应走机械技术现代化和生物技术现代化相结合的道路。因为二者不是矛盾和互相分割的，而是互相适应、互相促进、交替进行、相辅相成的。进行生物技术现代化，绝不能忽视农业机械化，特别是要注意解决农艺技术和农业机械的互相适应，相反也是一样。而且，我国地域广大，自然条件复杂，不能搞"一刀切"，不同地区可以有不同的侧重点。③ 第四种意见认为，对于生物技术现代化和机械技术现代化，应从整个国民经济发展的要求出发，提出分阶段实现的目标和重点。有人提出，我国农业现代化应有长期、中期和近期的不同目标：以全面提高劳动生产率为中心的全盘机械化、电气化、化学化，应作为农业现代化的长期目标；集中主要力量提高土地生产率，同时有选择地（包括机种和地区的选择）实现机械化，应成为我国农业现代化的中期目标；我国农业现代化的近期目标，应是在结合分阶段地实现上述中长期目标的同时，把重点放在提高粮食和其他农畜产品的商品率方面。④

关于实行家庭承包制对我国农业现代化进程的影响，也是这一时期讨论的重要课题。在讨论的初期，曾有人认为二者存在较大的矛盾，在家庭承包制下难以实现机械化和现代化；也有人则全面肯定，认为二者

---

① 童大林、鲍彤：《关于农业现代化的几点看法》，《人民日报》1978年12月8日；朱道华：《借鉴国外经验，加速实现我国农业现代化》，《光明日报》1979年7月26日；张福山、王松霈、张思骞：《把农业机械化摆在农业现代化应有的位置》，《经济研究》1979年第11期。

② 刘运梓、宋养琰：《农业机械化是农业现代化的核心和基本内容吗？》，《社会科学辑刊》1980年第4期；颜泽龙：《我国农业现代化当前重点应放在哪里？》，《光明日报》1979年9月21日；秦士生：《从我国实际情况出发，探索走自己农业现代化的道路》，《红旗》1980年第9期；廖少云：《我国农业现代化必须走技术集约的道路》，《农业经济问题》1981年第7期。

③ 吴善麟：《略论我国农业现代化的道路》，《南京大学学报》（哲学社会科学版）1980年第3期。

④ 寒星：《从经济发展看农业现代化的道路》，《光明日报》1979年9月1日。

并不矛盾,实行家庭承包制还有利于农业的现代化。后来经过讨论,大家认为这两种看法都不全面,应该说实行家庭承包制既有利于农业现代化的发展的一面,也有不利于农业现代化的一面。可以充分发挥其有利的一面,克服其不利的一面。而且,更有人指出,农业现代化与生产规模并不存在必然联系。农业现代化就是在农业中全面运用现代科学技术,在同样的土地上投入更多的资金和劳动,因此问题不在于规模的大小,而在于社会化的程度和集约化的程度;并不是以家庭为单位就只能和畜力耕作、手工劳动相适应,大型机械的使用只有和集体劳动相适应,许多农业现代化的国家仍大量存在家庭农场,大生产优于小生产是有条件的,而我国现阶段并不具备这些条件,片面追求大生产是脱离实际的。① 对于是否把农业的适度规模经营作为农业现代化的抓手,有人也提出了不同的看法,认为这样做有违我国的国情和历史。我国应推动小农经济发展,确定以小农经济发展为中心的农业现代化思路,对于我国农业发展是十分必要的。而要推动小农业经济进步,首要的不是上规模,而是要改善农业基础设施等条件,提高农业生产技术的推广和普及,同时,充分发挥互联网和大数据给农户经济发展带来的优势,抓住我国广大人民群众消费结构升级的时代机遇,进一步推动小农经济的发展。当下的中国仍有超过两亿户的小农,我们有必要重新审视小农业经济对中国发展的历史作用,小农经济并没有过时。② 有人还提出"互联网+农业",认为"互联网+"作为一种新的生产力形态,改变了农业生产中劳动者与生产资料的结合方式,不仅有助于解决农业企业化经营模式中资本监督劳动的问题,也有助于提高农业家庭经营模式中的规模经济效益,还可以通过产品创新和社会分工广化来弥补农业生产过程难以实现的流程专业化和纵向分工的缺陷。"互联网+"的出现,使得小农生产方式获得一个新的推动力,有可能跨越资本主义生产方式的

---

① 林子力:《联产承包制讲话》,经济科学出版社、农村读物出版社1983年版;赵天福:《关于联产承包责任制的几个问题》,《农业经济》1983年增刊第1期。
② 隋福民:《规模经营对中国现阶段的农业发展重要吗?》,《毛泽东、邓小平理论研究》2017年第5期。

"卡夫丁峡谷",形成社会主义农业生产方式的雏形。① "互联网+农业"就是利用互联网提升农业生产、经营、管理和服务水平,培育一批网络化、智能化、精细化的现代"种养加"生态农业新模式,形成示范带动效应,加快完善新型农业生产经营体系,培育多样化农业互联网管理服务模式,逐步建立农副产品、农资质量安全追溯体系,促进农业现代化水平明显提升。②

20世纪90年代以来,随着新"三农"问题的提出和"城乡协调发展""工业反哺农业、城市支持农村"以及"建设社会主义新农村"等政策的推行,加快发展现代农业的问题又提上了议事日程。我国经济理论界对农业现代化的讨论进一步深化,并对农业现代化的概念逐步形成比较统一的看法,一致认为,农业现代化就是从传统农业向现代农业转变的过程;就是改造传统农业、不断发展农业综合生产力的过程;就是转变农业生产方式、促进农业又好又快发展的过程;也是与资源、生态、环境相协调,建设富裕文明新农村的过程。在这个过程中,要用现代工业提供的技术装备农业,用现代生物科学技术改造农业,用现代市场经济观念和组织方式管理农业,用现代产业体系提升农业,用现代经济形式推进农业,用现代发展理念引领农业,用培养新型农民发展农业的过程。农业现代化是一个相对的、动态的历史概念,农业现代化程度也是不断发展和变化的。这一概念是总结了发达国家农业现代化的经验和我国农业现代化发展的正反经验所得出的一般结论。③

根据我国的国情,我国农业现代化应具有以下基本特征。

(1)商品化。商品化是农业现代化的经济效益和社会效益的体现,我国农业商品化的程度很低,因而更应该强调这一点。农业现代化是农

---

① 周绍安:《"互联网+"推动农业生产方式变革——基于马克思主义政治经济学视角的研究》,《农业经济研究》2017年第2期。
② 赵芝俊、陈耀:《"互联网+农业"的理论、实践与政策》,《农业技术经济》2015年第11期。
③ 查振祥:《论农业现代化的本质特征》,《农业现代化研究》1992年第5期;吴凌:《浅论有中国特色的农业现代化》,《农业现代化研究》1992年第6期;赵玉红:《发展现代农业要把握的几个关系》,《理论探索》2007年第3期;周琳琅:《关于现代农业发展的几个问题》,《经济问题探索》2007年第5期。

村经济由传统自然经济向现代商品经济发展的过程，只有走向发达的商品经济，出现对农产品广泛的市场需求，现代化才能成为农业发展追求的目标。

（2）专业化。专业化与现代科学技术及商品化紧密相关，它的主导因素是科学技术的发展和商品需求水平的提高，因此，专业化是现代化的必然要求，两者不可分割。

（3）集约化。集约化的主要途径是发展精细农业，即高密度的技术投入和相对较多的活劳动投入。在资源利用上，体现充分合理而无废弃，广泛采取综合利用和深度加工的开发途径。

（4）多功能化。除继续稳定和发展商品粮基地建设，保证我国的粮食安全外，要积极培育和扶持各具特色的畜牧业、水产业、林业及棉花、油料、蔬菜、花卉、水果、药材等经济作物商品基地建设，还要大力发展都市设施农业、循环农业、绿色农业、创汇农业、观光休闲农业、生态农业、旅游农业等各种新型现代化农业模式，使其成为我国建设现代农业的新的动力。

（5）社会化。现代农业要求把农产品的生产加工和流通等环节有机连接起来，形成完整高效、相互促进的农业产业体系，因此农业的产业化经营应当成为我国发展现代化农业的基本经营形式。①

（6）绿色化。必须坚持把握"绿水青山就是金山银山"的新发展观，推动农业农村绿色发展。绿色化的农业发展道路是一条可持续的农业发展之路，它倡导绿色有机、涵养生态、保护环境，强调资源的循环利用，农业的永续发展。未来农业的发展，再不能走只看经济效益、不看生态环境效益的老路。绿色化是我国转变农业发展方式刻不容缓的路径选择。绿色化农业就是要在保证环境不受到污染，生态不受到破坏，

---

① 秦力生：《从我国实际情况出发，走自己农业现代化的道路》，《红旗》1980年第9期；吴善麒：《略论我国农业现代化的道路》，《南京大学学报》（哲学社会科学版）1980年第3期；廖少云：《我国农业现代化必须走技术集约的道路》，《农业经济问题》1981年第7期；王家楫：《建设农业商品生产基地是实现农业现代化的重要途径》，《农业现代化研究》1992年第4期。

资源能够循环再利用的条件下进行农业生产。①

21世纪以来，尤其是加入WTO后，我国现代农业发展面临着全新的内外部环境和条件，农业现代化进入了一个新阶段。一是工业化、城镇化的深入推进，为繁荣农村第二、第三产业、加快富余劳动力转移、发展适度规模经营、同步实现农业现代化创造了条件。二是我国总体上进入了以工促农、以城带乡的统筹城乡发展新时期，强农富农政策体系不断发展完善，财政支农投入稳步增加，为农业现代化营造了良好的发展环境。三是国际贸易日趋活跃，农产品质量和价格的国际竞争也日益激烈，使我国现代农业发展面临空前机遇的同时，也承受着更大挑战。这一时期，学术界主要把农业现代化作为一个开放条件下的综合性系统工程来研究，从农业与农村以及其他经济社会方面的相互关系中综合分析农业发展问题，而不是简单地谈论农业自身的现代化。而这一时期农业现代化政策则主要强调破除城乡二元结构，调整工农城乡关系，统筹城乡发展，更加关注生产经营的科学化、组织化与产业化。2007年的中央一号文件全面阐释了新时期农业现代化的内涵，即"用现代物质条件装备农业，用现代科学技术改造农业，用现代产业体系提升农业，用现代经营形式推进农业，用现代发展理念引领农业，用培养新型农民发展农业"。2008年，中共十七届三中全会进一步提出了"两个转变"的农业现代化路径，即"家庭经营要向采用先进科技和生产手段方向转变，统一经营要向发展农户联合与合作，形成多元化、多层次、多形式经营服务体系方向转变"。2010年中共十七届五中全会在深刻把握和深刻认识当前我国经济社会发展阶段和新形势下工农城乡关系的基础上提出的"三化同步"思想，即"在工业化、城镇化深入发展中同步推进农业现代化"。②

---

① 岳振飞、孔祥智：《转变农业发展方式的四个导向与实现路径》，《学习论坛》2015年第7期。

② 转引自毛飞、孔祥智《中国农业现代化总体态势和未来取向》，《改革》2012年第10期。

第三节　中国市场化经济改革新时期的"三农"问题

一　新时期"新三农"问题的提出及解决的出路

20世纪80年代农村改革的率先突破和乡镇企业的迅速崛起,虽然曾一度缩小了城乡差距,但并未从根本上破解城乡二元结构并纠正城乡失衡状态。随着此后改革重心从农村向城镇转移,以及工业化和城镇化加速发展,城乡差距开始重新拉大,城乡失衡以及乡村衰落问题日益突出,农业、农村和农民问题依然是中国经济社会发展中的突出问题。有人提出了新时期出现了"新三农"问题,但对所谓"新三农"问题的内容却有着多样化的不同解读,如有人将"土地分配""税负负担"和"农民流亡"称为"旧三农"问题,将"农用地流转和规模经营""农村土地的非农使用"和"农民进城务工"界定为"新三农"问题;有人则将全球化和中国社会快速变迁衍生出的"农民工""失地农民"和"农业村落终结"视为"新三农"问题;有人将"农民""农资"和"农官"视为"新三农"问题;有人则将"农业劣质化""农村空心化""农民丰裕型贫困化"称为"新三农"问题;还有人认为,随着工业化和城镇化的迅速发展,"农村空心化""农业边缘化"和"农民老龄化"日益突出,已经成为亟待解决的"新三农"问题;等等,不一而足。[①]

经过分析认为,这些所谓"新三农"问题,都是随着我国市场化经济改革进入一个新阶段,"三农"的改革和发展也进入了一个新阶段这一大背景下所产生的,这些所谓"新三农"问题的特点,都是与工业化和城市化紧密相连,它们都是城乡关系的连接点,是改变农村面貌和改善农民生活的"前线",也是当前各种社会矛盾的"焦点"和"热

[①] 项继权、周长友:《"新三农"问题的演变与政策选择》,《中国农村经济》2017年第10期。

点"。因而,这些所谓"新三农"问题,也不是能够在农村自身解决的,寻求解决"新三农"问题的途径,要跳出单纯地从农村出发的视野,更多地从城乡统筹发展的角度来考虑问题。①

如何解决"新三农"问题,学者们提出了以下一些思路。

（一）破除城乡二元结构,实现城乡发展一体化

城乡二元结构是制约城乡发展一体化的主要障碍。必须健全体制机制,形成以工促农、以城带乡、工农互惠、城乡一体的新型工农城乡关系,让广大农民平等参与现代化进程,共同分享现代化成果。

实现城乡发展一体化,是经济社会发展的内在规律,是我国现代化建设的重要内容和发展方向。从理论上讲,工农关系、城乡关系的内在联系决定了城乡要一体化发展。农业和工业是人类社会发展的两个支柱产业,农村和城市是人类经济社会活动的两个基本区域。工业和农业之间、城市和农村之间存在着内在、必然的、有机的联系,彼此是相互依赖、相互补充、相互促进的。农业和农村发展离不开工业和城市的辐射和带动；同样,工业和城市发展也离不开农业和农村的支撑和促进。城乡一体化发展,就是把工业和农业、城市和农村作为一个有机统一整体,充分发挥彼此相互联系、相互依赖、相互补充、相互促进作用,特别是充分发挥工业和城市对农业和农村发展的辐射和带动作用,实现工业与农业、城市与农村协调发展。

推进我国城乡发展一体化,必须破除城乡二元结构这个主要障碍。所谓城乡二元结构,就是在制度上把城镇居民和农村居民在身份上分为两个截然不同的社会群体,公共资源配置和基本公共服务等向城镇和城镇居民倾斜,农村得到的公共资源和农民享有的基本公共服务明显滞后于城镇和城镇居民,农民不能平等参与现代化进程,共同分享现代化成果。

推进城乡要素平等交换和公共资源均衡配置。这是健全城乡发展一体化体制机制,形成以工促农、以城带乡、工农互惠、城乡一体的新型

---

① 李培林：《农村发展研究的新趋势、新问题》,《吉林大学社会科学学报》2010年第1期。

工农城乡关系的基本要求和重要举措。推进城乡要素平等交换和公共资源均衡配置，主要要求和举措是：第一，维护农民生产要素权益。这是推进城乡要素平等交换和公共资源均衡配置的重点。基本要求是"三个保障"，即保障农民工同工同酬，保障农民公平分享土地增值收益，保障金融机构农村存款主要用于农业农村。第二，健全农业支持保护体系，改革农业补贴制度，完善粮食主产区利益补偿机制。这是推进城乡要素平等交换和公共资源均衡配置的重要方面。第三，鼓励社会资本投向农村建设。这是推进城乡要素平等交换的重要形式和途径。社会资本投向农村建设，有利于弥补农村储蓄资金、劳动、土地等生产要素外流对农村发展的影响，有利于弥补公共资源配置的城乡不均衡对农村发展的影响。第四，推进城乡基本公共服务均等化。这是推进城乡要素平等交换和公共资源均衡配置的重要目标。要统筹城乡基础设施建设和社区建设，大力推动社会事业发展和基础设施建设向农村倾斜，加大公共财政农村基础设施建设覆盖力度。[①]

（二）赋予农民更多财产权利，促使农民持续较快增加收入

赋予农民更多财产权利，这是健全城乡发展一体化体制机制，推进城乡发展一体化的重要内容和要求，是维护农民合法权益，推进城乡发展一体化在理念上的重大突破。

赋予农民更多财产权利，是实现城乡居民财产权利平等的必然要求。目前，我国城乡不平等的一个深层次表现是，农民和市民所享有的财产权利不平等。比如，城镇居民购买的房屋具有完整产权，可以抵押、担保、买卖，农民自己在宅基地上合法建造的房屋却不具有完整产权，不能抵押、担保，也不能出售到本集体经济组织成员以外。企业获得的国有土地使用权可以用于抵押、担保等活动，农民拥有的集体土地使用权不能用于抵押、担保等活动。农民对农村集体资产拥有所有权，但这些权利在经济上缺乏有效的实现形式。财产权利的不足，严重制约农户财富的培育、积累、扩大，制约农户财产进入社会财产增值体系、

---

① 冯海发：《对十八届三中全会〈决定〉有关农村改革几个重大问题的理解》，《农业经济问题》2013年第11期。

信用体系、流动体系，制约农民同城镇居民在经济权利上的平等，制约城乡一体化发展。赋予农民平等的财产权利，以实现农民平等的现代化人格地位，让广大农民平等参与现代化进程，共同分享现代化成果，这是我国现代化必须解决的重大问题，是实现城乡居民在权利上平等的必然要求。

赋予农民更多财产权利，是增加农民收入和财富，缩小城乡收入差距的必然要求。农业、农村、农民问题，核心是农民收入问题。农民收入水平低、增长慢，城乡居民收入差距大，不仅不利于农业农村发展和农民生活水平提高，而且制约内需特别是消费需求扩大和经济持续稳定增长，对巩固工农联盟和实现社会和谐稳定也会形成不利影响。持续较快增加农民收入，是缩小城乡差距和推进城乡一体化发展的要求，对解决好"三农"问题乃至对整个经济社会发展全局都具有重要意义。增加农民收入，需要培育新空间和开辟新途径。从农民收入构成来看，家庭经营性收入、工资性收入、转移性收入、财产性收入四个部分中，财产性收入所占比重很低，是增加农民收入最近最大的潜力所在。应该把增加财产性收入作为促进农民增收的重要途径，采取多种措施大力推动农民增加财产性收入。赋予农民更多财产权利，推动农民财产权利在经济上有效充分实现，就可以有效增加农民财产性收入，使财产性收入成为农民增收的新的增长点，从而有效拉动农民收入持续较快增长，逐步缩小城乡居民收入差距。

赋予农民更多财产权利，在内涵上就是要保障农民依法享有平等的财产权利。积极发展农民股份合作，赋予农民对集体资产股份占有、收益、有偿退出及抵押、担保、继承权，使农民依法获得集体资产股份分红收益；充实农民土地使用权权能，赋予农民对承包地占有、使用、收益、流转及承包经营权抵押、担保权能，允许农民以承包经营权入股发展农业产业化经营，使农民依法获得土地股权投资收益；鼓励承包经营权向农业大户、家庭农场、农民合作社、农业企业流转，使农民依法获得土地流转收益；保障农户宅基地用益物权，改革完善农村宅基地制度，通过试点推进农民住房财产权抵押、担保、转让，使农民依法获得宅基地和房产转让收益；允许农村集体经营性建设用地出让、租赁、入股,实行与国有土地同等入市、同权同价,完善对被征地农民合理、规范、多元保障机制,建立兼顾国家、集体、个人的土地增值收益分配机制,合理提高个人收益,使农民公平分享土地增值收益,推动财产真正成为农民发展和致富的重要手段。①

(三)发展多种形式的适度规模经营,稳步实现两个"飞跃"

1990年,邓小平就中国农业的改革和发展,首次阐释了"两个飞跃"的思想,他指出:"中国社会主义农业的改革和发展,从长远的观点看,要有两个飞跃。第一个飞跃,是废除人民公社,实行家庭联产承包为主的责任制。这是一个很大的前进,要长期坚持不变。第二个飞跃,是适应科学种田和生产社会化的需要,发展适度规模经营,发展集体经济。这又是一个很大的前进,当然是很长的过程。"邓小平指出的"第二个飞跃",即发展适度规模经营,发展现代农业是解决我国农业问题的根本出路,指明了我国农业发展的长远方向。②

从实质上看,"两个飞跃"是解决我国农业发展,进而实现农业现代化的"两步走"战略。"第一个飞跃"是要在农村推行家庭承包为基础的"双层经营"体制,在国家政策和市场需求引导下,重新配置生产要素,发展商品生产,实现农民的市场主体地位,为"第二个飞跃"创造微观体制基础。"第二个飞跃"的内容和目标"是适应科学种田的生产社会化的需要",走集约化、集体化之路,"发展适度规模经营,发展集体经济",其实质是要实现农业现代化。两次飞跃构成一个完整的体系,第一次飞跃是基础和支撑,第二次飞跃是目的和归宿,二者紧密联系。③

加快转变农业发展方式,发展多种形式适度规模经营,发挥其在现代农业建设中的引领作用,这是稳步实现"两个飞跃"的重要环节。

---

① 冯海发:《对十八届三中全会〈决定〉有关农村改革几个重大问题的理解》,《农业经济问题》2013年第11期。

② 转引自邹立民《家庭承包责任制是社会主义市场经济体制改革成功的典范》,《农业经济》2011年第10期。

③ 刘荣锦、李燕凌:《农业"两个飞跃"对马克思主义农业合作思想的理论创新》,《理论研究》2010年第12期(下)。

发展多种形式的适度规模经营,核心是要把握好"多种形式"和"适度规模"。关于多种形式,关键要引导农民以多种方式流转承包土地的经营权,以及通过土地经营权入股、托管等方式,发展适应不同区域经济社会发展以及资源禀赋条件的多元多类型的规模经营。实现农业规模经营主要有两种路径:一是土地集中规模经营。这种路径重点是解决"谁来种地"的问题。在发达地区或城市郊区农民来自非农产业的收入比例非常高,尤其在务工机会较多、专业化趋势明显、大量农村劳动力基本或完全脱离农业的地区,农村劳动力大量转移且长时间不回村,应着力通过土地经营权流转,培育新型农业经营主体,实现生产的规模化经营。土地流转当前依然是实现适度规模经营、提高农地使用效率的主要途径。二是服务集中规模经营。这种路径重点是解决"地怎么种好"的问题。在青壮年劳动力大量外出、农民兼业化现象突出、留守老人和妇女虽有时间和意愿务农但干得不怎么好的广大农区,应着力通过发展农业生产性服务,培育新型农业服务主体,实现服务的规模化经营,提高农业经营集约化、规模化、组织化、社会化、产业化水平。关于适度规模,即使经营规模与农村劳动力转移、农业科技进步、农业社会化服务水平相适应。特别应当指出的是,发展规模经营的引领作用,需要在思想理念、市场效率、绿色发展、主体带动、科技应用引领等多方面做文章,充分发挥多种形式农业适度规模经营在农业供给侧结构性改革中的引领作用,为切实推动农业的提质增效、竞争力的提升创造持久动力。①

实行多种形式的适度规模经营,必须是坚持家庭经营在农业中的基础性地位同时,推进家庭经营、集体经营、合作经营、企业经营等共同发展的农业经营方式创新,加快构建新型农业经营体系。

家庭经营、集体经营、合作经营、企业经营共同发展,是对农村基本经营制度的丰富和发展。以家庭承包经营为基础、统分结合的双层经营体制,是我国农村改革取得的重大历史性成果,是中国特色社会主义制度的重要组成部分,适合我国国情,适应社会主义市场经济体制,符

---

① 张红宇:《关于深化农村改革的四个问题》,《农业经济问题》2016 年第 7 期。

合农业生产特点，能极大地调动农民积极性和解放发展农村社会生产力，必须毫不动摇地长期坚持。这种基本经营制度是在农村改革的伟大实践中形成的，并在农村改革的深化中不断丰富、完善、发展。推进家庭经营、集体经营、合作经营、企业经营共同发展的农业经营方式创新，就是适应城镇化和现代农业发展的客观需要，在"统"和"分"两个层次推进农业经营体制机制和方式创新。家庭经营、集体经营、合作经营、企业经营共同发展，就是坚持家庭经营在农业中的基础性地位，稳定农村土地承包关系并保持长久不变，依法维护农民土地承包经营权，充分发挥集体经营、合作经营、企业经营在规模、效率、技术、市场等方面的优势，特别是充分发挥企业经营向农业输入现代生产要素和经营模式的先进生产力作用，推动提高农业生产经营的集约化、专业化、组织化、社会化，使农业经营方式更加丰富、更加具有竞争力，使农村基本经营制度更加充满制度活力。

为此，必须鼓励承包经营权在公开市场上向专业大户、家庭农场、农民合作社、农业企业流转，发展多种形式规模经营。首先，承包经营权向专业大户、家庭农场、农民合作社、农业企业流转，是培育新型农业经营主体的需要。随着农村劳动力不断向非农产业和城镇转移，留在农村务农的年轻人越来越少，农业生产人员老龄化、后期乏人问题日益严重，"将来谁来种地"已成为我国农业健康发展和农业现代化建设的一个重大问题，成为影响我国农业产业安全的一个突出问题。所以，培育新型农业经营主体十分迫切。专业大户、家庭农场、农民合作社、农业企业是新型农业经营主体的主要形式。承包经营权向这些经营主体流转，有利于推动我国的新型农业经营主体快速成长。其次，承包经营权向专业大户、家庭农场、农民合作社、农业企业流转是发展规模经营和现代农业，进而实现"两个飞跃"的需要。承包经营权向专业大户、家庭农场、农民合作社、农业企业流转，是推动农业实现规模经营的根本途径，有利于推动我国现代农业发展和实现农业现代化。最后，承包经营权向专业大户、家庭农场、农民合作社、农业企业流转，是提高农业盈利能力和市场竞争力的需要。承包经营权向专业大户、家庭农场、农民合作社、农业企业流转，通过实现规模经营增加农民收入，这是提高农业盈利能力和市场竞争力的根本举措。①

（四）推动农业供给侧结构性改革，促进农村第一、第二、第三产业融合发展

在新的历史阶段，中国农业发展不断迈上新台阶的同时，农业的主要矛盾已由总量不足转变为结构性矛盾，矛盾的主要方面在供给侧。供给侧结构性改革既不是一般性的供给侧改革，也不等同于单纯的结构性调整，而是从生产端、供给端入手，采用综合配套改革的办法，破解深层次的结构性矛盾，促进供给体系和结构优化，提高供给质量和效率，增强综合竞争力和可持续发展能力。可以说，供给侧改革与结构性改革是一个有机整体。供给侧结构性改革大体可分为两种类型：一种是注重数量和产业增长，另一种是注重结构优化和质量提升。前者注重破解总量不足的矛盾，重点关注数量和产量的增长；后者侧重破解结构性矛盾，重点关注结构优化和提质增效。当前，我国在农产品供给方面，一方面是市场需求在快速升级，另一方面是市场供给严重错位。这就是现实挑战，也清晰地凸显了中国农业供给侧结构性改革的紧迫性。农业供给侧结构性改革需要重点解决的，是供给端存在的体制和政策问题，即如何通过制度创新、政策突破，实现农产品供给与不断变化发展的农产品需求相平衡。最重要、最紧迫的改革应该集中在三个层面：一是优化产业结构，二是降低生产成本，三是补齐发展短板。因此，农业供给侧结构性改革，不仅是简单地压缩某些阶段性、结构性过剩的粮食品种，而且要从资源利用、生产方式、产业融合、要素升级、结构优化和制度变革等方面，形成推动中国农业较快且可持续发展的新动能。②

要实现农业供给侧结构性改革，必须改变农村单一的产业结构，推动农村第一、第二、第三产业融合发展。农村第一、第二、第三产业融合发展是以农业为基本依托，以新型经营主体为引领，以利益联结为纽带，通过产业链延伸、产业功能拓展和要素集聚、技术渗透及组织制度

---

① 冯海发：《对十八届三中全会〈决定〉有关农村改革几个重大问题的理解》，《农业经济问题》2013年第11期。

② 中国社会科学院城乡发展一体化智库：《供给侧结构性改革理论与实践探索》，《中国农村经济》2017年第8期。

创新，跨界集约配置资本、技术和资源要素，促进农业生产、农产品加工流通、农资生产销售和休闲旅游等服务业有机整合、紧密相连的过程，借此推进各产业协调发展和农业竞争力的提升，最终实现农业现代化、农村繁荣和农民增收。

我国已进入工业化中后期阶段，以信息技术、生物技术、新材料技术、新能源技术为代表的新一轮产业技术革命，为农村产业融合发展创造了技术条件。居民消费结构加快升级，食品安全日益受到关注，消费体验成为时尚热点，对农业发展方式转变提出了更新更高的要求，也为农村产业融合发展创造了巨大的市场空间。此外，随着农业信息化、专业化、规模化、集约化的推进，新业态、新模式加速形成，各种涉农新型经营主体参与农村产业融合能力明显提高，都为推进农村产业融合发展提供了良好的组织基础。

我国正处于全面建成小康社会的关键时期，经济发展进入新常态，农业发展的环境条件和内部动因正在发生深刻变化。推进农村第一、第二、第三产业融合发展，既是主动适应经济新常态的必然要求，也是推进农业现代化的现实选择。在生产成本迅速上升、生态环境日益恶化、资源约束不断加强的背景下，依靠拼资源消耗、拼农资投入、拼生态环境的粗放式农业发展道路难以为继，必须加快转变农业发展方式。推进农村产业融合，实现第一、第二、第三产业相互渗透、协调发展，提高农业产业链的科技水平和创新能力，促进其集约、节约和可持续发展，是加快农业发展方式转变、推进农业现代化的重要途径。

与农业产业化相比，农村第一、第二、第三产业融合发展：（1）业态创新更加活跃。农村产业融合发展，不但包括农业生产、加工、销售等农业产业化内容，而且还催生了新产品、新技术和新业态。如农业多功能开发产生的乡村旅游，通过信息技术应用产生了农村电子商务等新业态。（2）产业边界更加模糊。农村产业融合发展，使不同产业在技术、产品、业务等方面形成交集，跨界融合的主导特征显著，模糊了原有的产业边界。（3）利益联结程度更加紧密。农村产业融合发展模式更加多样，更多地采用股份制、合作制等紧密型利益联结机制，更为广泛深入地带动农民参与到产业融合的进程中。（4）经营主体更加多元化。相对于农业产业化经营,农村产业融合的经营主体类型更多,相互之间的关系更为复杂。参与农村产业融合的经营主体,包括普通农户、专业大户、家庭农场、农民合作社、龙头企业、工商资本等多元经营主体,龙头企业和工商资本对农村产业融合的引领带动作用更加突出,甚至部分市民通过社区支持农业等方式也成为农村产业融合的重要参与者。(5) 功能更加丰富。相对于一般的农业产业化,农村产业融合往往催生了循环农业、休闲农业、创意农业、智慧农业、工厂化农业等新业态,产生了生态、旅游、文化、科技、教育等新功能,内涵更加丰富多彩。当然,农业产业化与农村第一、第二、第三产业融合发展也具有空间上的并存性和时间上的继起性,农村第一、第二、第三产业融合发展丰富了农业产业化的内涵,拓展了农业产业化的外延,一定程度上可以说是农业产业化的延伸和发展,是农业产业化的高级阶段和"升级版"。①

推动农村第一、第二、第三产业融合发展的基本思路是:第一,大力培育新型农业经营主体。推动农村第一、第二、第三产业融合发展,离不开专业大户、家庭农场、农民合作社、农业龙头企业等新型农业经营主体的广泛参与。传统小农囿于经营规模、资金、技术等各方面的限制,很难在推进农村产业融合上发挥大的作用。而新型农业经营主体是发展现代农业的主导力量,具有推进农村第一、第二、第三产业融合发展的经济实力和主观愿望。鼓励和支持新型农业经营主体通过多种形式的合作和联合,发展农产品精深加工,建立完善的销售网络,开发农村旅游和休闲农业,有助于新型农业经营主体带动更多的普通农户参与农村第一、第二、第三产业融合发展。第二,积极利用农村现有组织资源。事实上,长期以来,农业产业化经营在一定程度上实践着推动农村产业融合的历史任务。只不过,农业产业化经营更多地侧重于产加销三位一体的融合。利用农业产业化经营所打下的基础,发挥农业龙头企业等经济组织的作用,向前带动农业生产,向后推动销售、物流、观光休

---

① 国家发展改革委宏观院和农经司课题组:《推进我国农村第一、第二、第三产业融合发展问题研究》,《农业经济研究》2016 年第 7 期。

闲产业的发展，打通农村第一、第二、第三产业之间的阻隔，是实现农村产业深度融合的重要法宝。有的农业龙头企业不仅在促进产业融合上发挥了重要作用，甚至在城乡融合方面进行了探索，取得了良好的社会效益。此外，发挥供销社系统、邮政系统等农村传统组织资源的作用，创新服务"三农"的工作机制，不仅对这些传统组织自身的发展具有积极意义，而且能够丰富农村产业融合的路径选择。第三，合理引导工商资本进入农业。推动农村产业融合发展，不能仅靠农业农村内部力量。即使是那些实力较强的规模化农业生产经营者，单靠其一己之力也很难打通农业全产业链。工商资本拥有资金、技术和先进的经营理念。工商资本进入农业，更容易打破产业界限，通过整体策划，开发农业多种功能，获取更高的附加值。农村产业融合发展需要工商资本的带动和支持。在推进农村第一、第二、第三产业融合发展的过程中，应该引导工商资本进入更适应其发展的资本、技术密集型领域，从事农产品加工流通、农业社会化服务以及乡村旅游和休闲农业等产业，与专业大户、家庭农场、农民合作社、龙头企业等经营主体分工协作、优势互补、协同发展。第四，着力开拓乡村旅游、休闲农业。如前所述，随着城乡居民消费结构的升级，农业的文化、生态功能日益受到消费者的重视，与农业多功能性相关的农业休闲旅游、文化体验、生态环保、科技教育等消费需求持续扩张。乡村旅游和休闲农业高度体现了第一、第二、第三产业融合的理念，是推进农村产业融合的重要业态。利用农村自然、生态和文化资源，借鉴日韩等国发展"六次产业"的经验，吸引和支持包括返乡农民工在内的各类农业创业主体，大力发展创意农业，把农村地区变成活力之地，把农业产业变成不老产业，推动农村第一、第二、第三产业融合发展。把县城和重点镇、中心村、特色村镇，作为引导农村第一、第二、第三产业融合发展的主要载体，引导农村第一、第二、第三产业融合发展优化布局，提高农村第一、第二、第三产业融合发展的布局效益。[①]

[①] 王兴国：《推进农村第一、第二、第三产业融合发展的思路与政策研究》，《东岳论丛》2016年第2期。

二 对建设社会主义新农村的理论探索

"建设社会主义新农村"本身并不是一个新的概念，但在我国经济社会发展总体上开始进入"以工促农，以城带乡"的新阶段后，再次提出这个概念，显然就使它具有新的时代特征、新的内涵和新的意义。

有学者认为，从提出"城乡统筹发展"，到实行"工业反哺农业，城市支持农村"，再到"建设社会主义新农村"，实际上是一脉相承、不断深化、从务虚到务实的过程。鉴于当前城乡发展严重失调的状况及其对经济社会可持续发展和全面建设小康社会的负面影响，"城乡统筹发展"是调整城乡关系的重大战略理念，实行"工业反哺农业，城市支持农村"是调整城乡关系的重大战略取向，而建设社会主义新农村则是调整城乡关系的重大战略举措。坚持"统筹城乡发展"，实行"工业反哺农业，城市支持农村"，应该是建设社会主义新农村的基本要求。消除当前过大且不合理的城乡差距、促进城乡协调发展及和谐社会建设应该是建设社会主义新农村的基本方向。也有学者认为，当前"建设社会主义新农村"的重新提出，标志着在科学发展观的倡导下，解决"三农"问题的政策导向开始从主要促进农民增收，逐步转向同时加强农村公共品供给和农村社会发展等薄弱环节；从重视农业、农村、农民的即期发展转向促进其可持续发展；也标志着解决"三农"问题宏观政策的转型，即从以促进农民增收为中心转向以人为本的农村综合发展和城乡协调发展，转向促进农民福利的持续增加。有学者特别指出，从中央提出的"生产发展，生活宽裕，乡风文明，村容整洁，管理民主"五个方面、二十个字的目标来看，"建设社会主义新农村"是一个全面、综合、科学的范畴，既包括农村生产力的发展，也包括农村产业关系的调整；既包括农村的经济基础，也包括农村的上层建筑领域；既包括物质文明、精神文明，也包括农村政治发展；既包括路、电、水、气等生活设施和教、卫、文等社会事业建设，也包括农田、水利、科技等农业产业能力建设；既包括村容村貌环境整治，也包括以村民自治为主要内容的制度建设，从而是一个涵盖整个农村深化改革、促进发展的宏伟目标。①

毫无疑问，建设社会主义新农村必将是一个庞大的、繁杂的系统性工程，也是一个在较长时期内才可以完成的目标，必须统筹安排，因地制宜，循序渐进，不可能一蹴而就。但在把哪一方面放在优先位置，作为建设社会主义新农村的切入点，不同学者分别提出了一些不同的思路。

有学者认为，近期内新农村建设的重点应当放在农村的基础设施建设和公共服务的发展上，要通过加快农村基础设施建设和公共服务的发展，改变目前这方面城乡差距过大的状况。过去几十年，国家发行了几千亿元国债，重点用于城市基础设施的建设，使我国城市的面貌大为改观，但是，国家财政对农村基础设施建设和公共服务投入很少，农村的面貌特别是中西部农村的面貌变化不大，大多数农民还过着落后的生活方式。所以，要把基础设施建设的重点由城市转向农村，这是一个战略性的转变。还有人指出，把农村公共基础设施建设作为建设新农村的切入点，不仅能够改变农村面貌，而且能够增加农民收入。因为这些建设本身就是巨大的投资需求，而且建设用的是当地材料，雇用的是当地劳动力，能够增加农民的非农就业机会。同时，农村基础设施改善，还能启动9亿农民的消费需求。只有农村市场启动起来，产能过剩的问题得到解决，农村劳动力才能以较快速度向非农产业转移，农民收入才能不断提高，"三农"问题也才能最终得到解决。②

但有学者则认为，农村的进步、农业的发展归根结底取决于农民的进步和发展，而农民的进步和发展又取决于农民的教育。因此，推进新农村建设，要把培养新型农民放在优先位置。特别是农民收入水平提高、城乡差距缩小的前提，就是农村劳动力不断转移到非农产业就业，而只有具有现代意识和职业技能的劳动力，才能适应城市生活和工作的要求。同时，随着农村劳动力向非农产业转移，务农的劳动力将越来越

---

① 郑新立：《关于建设社会主义新农村的几个问题》，《农业经济问题》2006年第1期；姜长云：《对建设社会主义新农村的几点认识》，《农业经济问题》2006年第6期。
② 韩长赋：《关于社会主义新农村建设的几点思考》，《农业经济问题》2006年第10期；贺聪志、李玉勤：《社会主义新农村建设研究综述》，《农业经济问题》2006年第10期。

少，只有高素质的农民才能适应总人口增加和收入水平提高对农产品量和质不断提高的需求。所以，切实抓好培养新型农民的工作，是建设新农村的极其重要的课题，应放在建设新农村的优先领域。只有不断提高农业劳动力的素质，把我国丰富的农村劳动力资源转化为人力资源优势，才能更好地发挥亿万农民在新农村建设中的主体作用。从这个意义上讲，全面提高农民的综合素质，培养和造就一大批全面发展的新型农民，是社会主义新农村建设的基础工程，也是终极目标。培养新型农民，不仅可以为全面实现新农村建设目标提供持久的动力，而且有利于推进城乡的协调、和谐和可持续发展。①

也有学者认为，建设新农村从根本上说是解决"三农"问题比较突出、城乡发展严重不协调的问题，而这些问题的存在，从根本上反映了在现代和传统两种生产方式主导下，城乡之间、城乡居民之间发展能力差距的扩大化。实行"工业反哺农业，城市支持农村"的过程，不仅是一个工业对农业、城市对农村提供资金支持的过程，更应该是一个用新型工业化的生产方式和健康城市化的生活方式，对传统农业、农村、农民的生产方式、生活方式进行根本性改造，以增强"三农"自我发展能力的过程。根据从"统筹城乡发展"到"工业反哺农业，城市支持农村"，再到"建设社会主义新农村"的逻辑一贯性，社会主义新农村建设应该把促进农村生产方式和生活方式的根本性改造作为一条贯穿始终的主线，将提高农业、农村、农民的发展能力，特别是农民参与经济发展的能力，让更多的农民获得参与经济社会发展的机会、分享经济社会发展的成果，放在更为重要的位置。这应是建设新农村的根本所在，也是新农村建设坚持以人为本的基本要求。②

还有学者认为，推进社会主义新农村建设必须始终把发展农村生产力放在第一位。生产发展是基础，是前提，不把生产搞上去，其他一切都是无源之水、无本之木。自从推进新农村建设以来，有些地方已经出

---

① 喻晓社：《把培育新农民作为新农村建设的关键》，《农村·农业·农民》2006年第5期。
② 贺聪志、李玉勤：《社会主义新农村建设研究综述》，《农业经济问题》2006年第10期；陈锡文：《新农村建设开局良好、任重道远》，《中国社会科学院报》2007年2月27日。

现了一个突出问题,就是急于求成,想在两三年内就把五句话二十个字的目标完成。因为急于求成,一些地方往往偏重村容村貌,偏重面子和形象。有的地方叫"钱多盖房子,钱少刷房子,没钱立牌子",忽视了生产发展是建设新农村的基础这一问题。这说明,如果现在不研究在新农村建设中生产怎么发展,那么,建设新农村很容易成为一个口号,成为一个"形象工程"或"政绩工程"。当然,在新农村建设条件下,生产发展和以前应该是有区别的,应该按照发展现代农业的要求,来推进新农村建设中的生产发展,明确现代农业这个主题,有利于把各地的注意力进一步引导到生产发展上来,引导到用现代农业的思路和要求来推进新农村建设条件下的生产发展上来。建设现代农业的过程,就是改造传统农业、不断发展农业生产力的过程,就是转变农业生产方式、促进农业又好又快发展的过程。总之,发展现代农业,才是社会主义新农村建设的首要任务,发展农村生产力,建设现代农业,是新农村建设的核心内容。①

也有学者认为,社会主义新农村建设必须以农民为主体,这首先要求在新农村建设中充分尊重农民的意愿,不能搞成官员的"形象工程";其次,要求新农村建设的目的是增进农民的福祉,不能搞成劳民伤财的"害民工程";最后,要求要体现出农民才是新农村建设事业的真正的主力军,不能把新农村建设搞成专家学者的"明星工程"。依靠农民的智慧和辛勤劳动,确保农民在新农村建设中的主力军地位,充分调动农民建设自己家园的积极性,是新农村建设能否成功的关键。这也是20世纪30年代中国许多知识分子开展乡村建设运动的经验教训。为此,就要在培养推进社会主义新农村建设的新型农民的前提下,进行农村组织体系创新,让农民真正组织起来,即在继续增强农村集体经济实力和服务功能、发挥国家基层经济技术服务部门作用的同时,鼓励、引导和支持农村发展各种新型的社会化服务组织,以引导农民自主开展农村公益性设施建设和推动农村基层志愿服务活动。当然,农民是新农村

---

① 唐仁健:《深刻领会一号文件精神,积极推进现代农业建设》,《农村工作通讯》2007年第3期;张晓山:《发展现代农业:社会主义新农村建设的首要任务》,《前线》2007年第4期。

建设的主体，是需要有具体的形式来实现的，因为如果没有适当的组织形式，农民的意志很难得到表达并成为社会目标，也没有力量保证这些目标得以实现，也就不能保障新农村建设确保农民的福祉。有学者认为，我国各地农村情况千差万别，应有不同的农民组织方式，建立农有、农治、农享的农会组织应是其中的一种。①

三 乡村振兴战略——新时期解决"三农"问题的纲领②

乡村振兴战略既是对我国市场经济体制改革40年以来"三农"问题发展改革实践和经验的总结，也是立足顶层设计，从中国特色社会主义进入新时代的背景出发，谋篇布局，提出的新时代"三农"发展的新方略。从一定意义上可以说，乡村振兴战略要解决的问题本质上依然是"三农"问题，乡村振兴战略实质上就是"三农"振兴战略。乡村振兴战略是着眼于党和国家事业全局，着眼于实现"两个一百年"的目标导向，在中国特色社会主义新时代将"三农"问题提升到国家战略的高度，是从根本上解决"三农"问题的重大战略举措，它对我国"三农"问题的定位更高、要求更高，设计也更长远，成为指导我国根本解决"三农"问题的纲领。

围绕解决我国"三农"问题，乡村振兴战略提出了一系列新思路、新举措和新要求，具体表现在：

（一）对实现乡村振兴的总目标作了新的概括

即五句话、二十个字："产业兴旺、生态宜居、乡风文明、治理有效、生活富裕"，这与此前曾提出的建设社会主义新农村"生产发展、

---

① 于建嵘：《社会主义新农村建设需要建立新型农民组织》，《河南社会科学》2006年第5期。

② 本节主要参考文献有孔繁金：《乡村振兴战略与中央文件关系研究》，《农村经济》2018年第1期；叶兴庆：《新时代中国乡村振兴战略论纲》，《改革》2018年第1期；郭晓鸣：《乡村振兴战略若干维度观察》，《改革》2018年第3期；陈锡文：《实施乡村振兴战略，推进农业农村现代化》，《中国农业大学学报》（社会科学版）第35卷第1期；姜长云：《全面把握实施乡村振兴战略的丰富内涵》，《农村工作通讯》2017年第22期；李谷成：《双层经营制推动小农户衔接现代农业》，《中国社会科学报》2018年4月25日；邓万春：《激发乡村振兴的内生动力》，《中国社会科学报》2018年6月19日；周悦：《以"城乡融合"维护农村居民主体地位》，《中国社会科学报》2018年5月16日；冀名峰：《农业生产性服务业：我国农业现代化历史上的第三次动能》，《农业经济问题》2018年第3期。

生活宽裕、乡风文明、村容整洁、管理民主"的总目标比较，虽然都是五句话、二十个字，但在内容表述上发生了根本性的变化。要科学理解实施乡村战略的丰富内涵，必须科学把握这些变化的深刻寓意。用"产业兴旺"代替"生产发展"，层次更高，寓意更丰富。一是更加突出了以推进供给侧结构性改革为主线，顺应了我国经济由高速增长阶段转向高质量发展阶段背景下，推动经济发展质量变革、效率变革、动力变革的要求，有利于更好地瞄准满足人民日益增长的美好生活需要这个目标。二是更加突出了农村产业的综合发展，而非单纯的农业发展。许多发展中国家在工业化、城镇化迅速发展阶段，出现农村经济结构单一化、农业副业化和农村发展萧条衰败的问题。要求"产业兴旺"有利于规避这些问题。三是更加突出了对产业发展方式转变不同路径的包容性。如推进产业融合化和产业链一体化、强调农业发展由生产导向向消费导向转变。"生态宜居"包含新农村建设中"村容整洁"的内容，但要求更高，更加突出了重视生态文明和人民日益增长的美好生活需要。将其放到实施乡村振兴战略的第二位，凸显了贯彻新发展理念和以人民为中心发展思想的自觉性。"治理有效"包括新农村建设中"村容整洁、管理民主"的内容，但内涵更丰富，更加突出了从重视过程向重视结果的转变。突出"治理有效"，是强调国家治理体系和治理能力现代化的具体化。"生活富裕"被放在实施乡村振兴战略总要求的最后，有利于突出目标导向，突出新时代解决"三农"问题的新要求。将新农村建设总要求中的"生活宽裕"置换为实施乡村振兴战略总要求中的"生活富裕"，显然在目标导向上要求更高，这与我国当前正处于决胜全面建成小康社会，进而全面建设社会主义现代化强国的新时代密切相关。之前，我国社会的主要矛盾是人民日益增长的物质文化需要同落后的社会生产力之间的矛盾；进入新时代，我国社会主要矛盾已经转化为人民日益增长的美好生活需要和发展的不平衡不充分之间的矛盾。与之前相比，当前我国城乡居民收入和消费水平明显提高，对美好生活的需要内涵更丰富、层次更高，因此仅用"生活宽裕"难以涵盖新时代农民日益增长的美好生活需要。尽管"乡风文明"保留了字面的一致，但内涵也在发生变化。在未来现代化进程中，要深入挖掘乡村优秀传统文化蕴含的思想观念、人文精神、道德规范，结合时代要求继承创新，让乡村文化展现出永久魅力和时代风采。需要注意的是，促进乡风文明不仅是提高乡村生活质量的需要，也有利于改善乡村营商环境，促进乡村生产力发展。

（二）提出了坚持农业农村优先发展的新原则，把农业农村的地位提高到了前所未有的新高度

基于我国的基本国情，"三农"问题一直是关系国计民生的根本性问题，解决好"三农"问题一直成为全党工作的"重中之重"。坚持这种"重中之重"的思想，一直是我党的自觉行动。当前，虽然中国特色社会主义进入了新时代，国情世情农情发生了新的重大变化，但必须始终把解决好"三农"问题作为全党工作重中之重，不会因此有丝毫动摇，反而被提到更高地位，更需要长期大力坚持。乡村振兴战略提出"要坚持农业农村优先发展"，在很大程度上正是因为农业农村农民问题是关系国计民生的根本性问题，也是当前国民经济和社会发展中最突出的短板，属于发展不平衡不充分问题最突出的领域之一。

改革开放以来，我国基础设施和公共服务发展的重点长期放在城市。这既是提高公共资源配置效率的客观需要，也是在公共资源配置角色过程中，城市影响力大于农村影响力的必然结果。还要看到，在市场力量的作用下，公共资源以外的其他各类资源要素会自发地流向回报率高的工业和城市，农业和农村在这场资源要素争夺战中往往会败下阵来。特别是对我国这种后发追赶型国家而言，在现代化进程中，工业化、城镇化往往是快变量，农业农村农民向现代化转型往往是慢变量。在快速工业化、城镇化进程中，要想避免农业衰落、乡村衰落，实现国家协调均衡发展，必须牢固树立农业农村优先发展的理念，切实加大对农业农村发展的支持力度。

（三）把农业现代化扩展为农业农村现代化，这是实施乡村振兴战略的必然要求

因为乡村振兴，不仅需要加快推进农业现代化，积极发展现代农业，促进农村第一、第二、第三产业融合发展，实现"产业兴旺"。而且需要加快推进农村现代化，建设生态宜居的美丽乡村，繁荣社会主义

先进文化，构建自治、法治、德治相结合的现代乡村治理体系，实现"生态宜居、乡风文明、治理有效"。在以前多次单纯强调农业现代化和新农村建设目标的基础上，乡村振兴战略新提出了农村现代化的目标，而农村现代化既包括"物"即产业和基础设施等的现代化，又包括"人"即农民的现代化。要通过学习、知识辅导、技能培训等方式，使农民掌握农业或经济生产的知识和技能，提升其适应环境和掌控环境的能力，健全其作为现代新型农民的综合素质，从而达到优化农业从业者结构，加快建设知识型、技能型、创新型农业经营者队伍的要求，实现农业农村现代化的目标。

（四）提出了城乡融合发展的新理念

此前，对城乡关系的提法一直是"城乡统筹"或"城乡一体化"，其实现方式主要是以城带乡、以城促乡、以工促农，其中隐含着城乡地位不平等的现实。乡村振兴战略提出城乡融合发展，则更加强调城乡地位的平等，更加强调城乡要素的互动，更加强调城乡空间的共融。由城乡统筹到城乡一体化，再到城乡融合发展，反映出中国特色社会主义新时代，我们党对城乡关系、工农关系的新理念、新认识，实现了中国城乡关系的重大跨越。乡村振兴不是封闭的，不能只是局限在乡村内部重建和提升。新的历史条件下的乡村振兴必然是开放性的，必须有双重资源的集合和集成，既有农村内部资源的激活集聚，又有城市外部资源的整合进入。城乡融合并非简单是统筹城乡条件下的发展资源数量的分配过程，不是一块蛋糕在城与乡之间如何切多切少的问题。进一步而言，乡村振兴不应该是城对乡的恩赐式的福利给予，也不是乡对城的被动式的资源接受，更不是强势的城市对弱势的乡村新一轮肆无忌惮的利益剥夺。城乡融合意味着城乡发展战略思路的重大调整，由城对乡的带动发展变为城与乡的共同发展。城乡融合至少包括城乡资源平等公平的自由交换、城乡产业一体的共同发展、城乡互动性共存三方面的主要内涵。因此通过城乡融合实现城与乡互利共赢，进而构建共生共存的新型城乡关系，是实施乡村振兴战略的根本要求。不管是要素融合、产业融合还是空间融合，构建城乡一体融合发展的体制机制都是关键性的制度支撑。城乡融合更为关注丰富的理论内涵，未停留在缩小城乡差别的层面,而是强调要减少城乡对立,让城市与乡村共同发展建设,共同享受社会发展成果,最终真正实现城市与乡村的发展一体化。城乡融合的实现不仅能够改变城乡关系、促进乡村发展,而且能够充分发挥乡村振兴中"人"的作用,尤其是维护农村居民在乡村振兴中的主体地位,最终形成以农村居民为主体的乡村发展良性循环。一方面,城乡融合的过程能够发掘乡村价值,从而吸引农村居民参与乡村振兴建设,激发其对自身主体性的自觉;另一方面,城乡融合给予乡村足够的发展空间,促使农村居民在乡村之间发挥主观能动性,维护其对乡村发展的主导权。城乡融合的前提是农村与城市、农业与工业、农村居民与城市居民在乡村振兴的过程中具有相同的地位。对于当前的形势而言,城乡融合能够提升农村和农村居民地位。单向的城市扶持乡村、城市兼并乡村不能被称为城乡融合。相比之下,农村居民能够参与乡村发展过程,并具备在资本和市场进入农村之后抵御风险的能力,才能被称为真正意义上的城乡融合。总而言之,城乡融合是打破城市与乡村对立状态并实现利益共享的过程。

(五) 强调走中国特色农业现代化道路要实现小农户和现代农业发展有机衔接

这是立足于中国国情的农业生产力发展水平,结合农业现代化需要,对中国特色农业现代化道路的新要求、新发展。因为在我国农业尚未全面实现现代化大生产的背景下,小农户在发展农业生产、满足农民生活需要等方面仍发挥着不可替代的作用。小农生产长期存在是中国农业生产的基本现实,推进农业现代化必须立足于这个基本国情农情。随着农村劳动力不断"洗脚进城",我国农业劳动力存在过度转移的迹象,老龄化和女性化明显,培育新型农业经营主体,推动土地流转和农业适度规模经营势在必行。反差较大的是,虽然经过多方政策努力,农地流转率逐步提升,但与劳动力大量转移相比,农地流转的发生率仍然较为滞后。土地分散化的经营格局并没有发生根本变化,小农经营仍然是当前乃至未来相当长一段时间我国农业经营的主要形式。小农户不仅是整个农业生产经营主体的基本面,也是保障国家粮食安全和农产品有效供给的政策出发点。乡村振兴不仅依赖于新型经营主体,更依赖于广大小农户的共同参与。在传统农业阶段，农户家庭经营曾经焕发出旺盛的生命力，但随着社会化大分工生产方式的出现、市场经济的蓬勃发展和市场交易形式的日益复杂，传统小农与现代市场经济不匹配的问题越来越突出。虽然从经济发展现实来看，小农户相对新型经营主体在对接市场与现代农业方面确实存在很多困难，但从社会经济历史变迁的角度看，当前小农户早已不再是与世隔绝、自给自足的"桃花源"式的小农，而是早已深深地嵌入社会化的大分工网络之中，其适应现代化社会的能力在不断提升，是为"社会化小农"。所以在当前资源禀赋状况不可能发生根本改变的条件下，如何提升小农户的竞争力，推进小农户与现代农业有机衔接，更好地让广大小农参与现代化进程，共享改革发展与现代化的成果，是乡村振兴战略实施进程中一个重大而紧迫的课题。

改革开放40年以来，来自于小农户与现代农业连接机制创新形成的动能有三次。第一次是20世纪90年代兴起的农业产业化，采取"龙头企业+基地+农户"或"龙头企业+协会或合作社+农户"等方式，一定程度上解决了小农户进入大市场的问题，带动了小农户参与社会化大生产，形成了小农户发展现代农业的动能。第二次是兴起于21世纪前十年的农业专业合作化，通过农民加入合作社的方式对接大市场，参与社会大生产，形成了小农户发展现代农业的动能。目前，蓬勃发展的农业生产性服务业正成为第三次具有全局性意义的农业现代化动能来源，农业生产托管则是农业生产服务业联结小农户的最具有时代意义的形式。

（六）对于实现中国特色的农业现代化，提出了构建现代农业产业、生产体系、经营体系，完善农业的支持保护体系，以及健全农业社会化服务体系三方面的任务

农业的产业体系包括两方面内容，首先，如何充分地、科学地、合理地利用好农业资源，使得农业资源的利用能够各得其所，产生最大效率。其次，如此众多的农产品生产出来之后，如何适应社会需求的新变化，让它进入加工、流通、储运等领域，而且这些领域也必须现代化。所以构建农业的产业体系，一是产业结构的优化，二是产业链的延长和产业链的增值。生产体系主要是运用什么样的手段去从事生产。现代农

业应当用现代化的手段去从事农业生产，包括从良种培育到栽培、养殖技术，到使用的各种技术装备，一直到后面的加工营销，都要从传统农业加快向现代农业转型。生产手段的变革是实现现代化一个重要的途径。而农业的经营体系就是资源、资金、技术、劳动力等要素如何优化组合，形成一种现实的生产能力，投入生产、经营和运行。通过取消农业税、逐步实行各种各样的补贴和支持政策，我国的农业支持保护体系才逐步建立起来。所以从这个意义上讲，我国农业支持保护体系真正建立的时间不长，还很缺乏经验，但是它已经取得了非常明显的成效。今后如何完善各种大宗农产品的定价机制、补贴机制、收储制度，是未来发展现代农业的非常重要的方面。农业支持保护政策也是一个产业政策，它决定农业在国民经济中的地位，决定农业各类具体产品的发展方向和技术应用，这对发展现代农业是具有重大意义的。中国现代化进程中，农业人口的城镇化和农业劳动力转移不可能一蹴而就。正是从这个角度看，就能理解为什么不可以也不可能急着提出要消灭小农户。而且要让小农户能够在农业现代化的进程中融入现代农业的发展中去，让他们与现代农业有机衔接，成为现代农业的组成部分。这就要通过发展农业现代化服务体系，采取托管、代耕、购买服务等形式实现这样一个目标。这对中国来说是一个非常重大，也是一个非常特殊的问题。

（七）提出了乡村治理体系"自治、法治、德治""三治合一"的新要求和培养造就一支懂农业、爱农村、爱农民的"三农"工作队伍的新任务

实现乡村振兴，离不开现代治理体系。乡村振兴战略提出要健全自治、法治、德治相结合的乡村治理体系，形成党委领导、政府负责、社会协同、公众参与、法治保障的社会治理新格局。自治、法治、德治"三治合一"是对我国建立现代乡村治理体系的新要求。它在充分保证农村基层党组织对乡村治理政治领导作用的前提下，能够更好地发挥村民自治在乡村治理中的基础性作用，社会主义法治在乡村治理中的保障作用，德治在乡村治理中的促进作用，有利于调动农民群众参与乡村治理的积极性和主动性。

乡村振兴战略还提出要"培养造就一支懂农业、爱农村、爱农民

的'三农'工作队伍",这是在尊重农村各种政治与社会力量在乡村振兴中不同作用的基础上,对所有"三农"工作者一个普遍的、共同的,也是更高的要求。它不仅涵盖农村基层党组织和党员干部,也包括广大农民,还包括其他一切志愿从事"三农"工作的社会组织和个人。

总之,从上述七个主要方面可以看出。乡村振兴战略的提出,是基于对新时代我国社会主要矛盾变化和农业农村不平衡不充分发展实际的深刻洞察,抓住了与乡村振兴相关的人民最关心最直接最现实的利益问题,凸显了鲜明的问题导向和目标导向,具有前瞻性和现实针对性。

40年来中国"三农"问题的改革实践,坚持了市场化这一主线。农村基本经营制度的改革、以粮食为主的农产品流通体制的改革、农村金融财税等体制的改革、土地制度的改革、农村产业制度的改革等,都是紧紧围绕建设有中国特色的社会主义市场经济这一总目标进行设计和实施的。

40年来中国"三农"领域的改革发展取得了举世瞩目的成就,基本建立了适合我国农村生产力发展要求的农村经济体制;农产品供给结束了长期短缺的困境;农村经济结构不断优化;现代化农业生产要素大幅增加,现代化水平显著提高;亿万农民从土地上解放出来,参与了城市、乡村第二、第三产业建设,显著提高了农民的收入水平。

但是,也应看到,尽管成就巨大,我国仍处于并将长期处于社会主义初级阶段的基本国情没有变,制约农业和农村发展的深层次矛盾并没有彻底消除,中国的农业基础仍然薄弱,促进粮食增产、农民增收的长效机制也还没有建立起来,农业稳定发展和农民持续增收难度加大,城乡居民收入差距扩大的矛盾依然突出,城乡、区域发展差距扩大的趋势尚未根本扭转。农村经济社会发展滞后的局面还没有得到根本改观,影响经济发展的体制机制障碍还相当突出。构建城乡经济社会一体化的新格局任重道远。① 这一判断对于当前我国"三农"问题现状仍具有现实意义。可以说,解决我国"三农"问题,实现乡村振兴,仍然在路上。

随着我国广大农民群众在农村经济体制改革和农业发展实践中的不断创新,40年来我国经济理论工作者在总结农民实践经验的基础上,

---

① 张晓山:《中国农村改革30年:回顾与思考》,《学习与探索》2008年第6期。

不断地从理论上加以概括、提高，把感性认识一步步升华到理性认识，逐步深化了对适合我国国情的、有中国特色的社会主义农业发展和现代化道路的科学认识，取得了丰硕的理论成果。当然，我国农村经济体制的变革仍在继续，目前仍处于深化体制转轨的过程之中，因此，我国经济理论界对农村经济体制改革和农村经济发展的认识，也必然带有历史的局限性，对农村各项改革和农业现代化道路的一些理论设想，也还需要经过实践的检验。所以，可以说，我们还未达到对农村经济体制改革和适合我国国情的农业现代化道路的符合客观规律性的真理性认识。仍有许多亟待解决的理论问题，需要我国经济理论工作者进一步探索。

参考文献

《经济研究》编辑部、《经济学动态》编辑部编：《建国以来政治经济学重要问题争论（1949—1980）》，中国财政经济出版社1981年版。

《经济研究》编辑部、中共浙江省委党校理论研究所编：《中国社会主义经济理论的回顾与展望》（研究班讲授提纲），1985年版。

《经济研究》编辑部编：《建国以来社会主义经济理论问题争鸣（1949—1984）》（上、下册），中国财政经济出版社1985年版。

《经济研究》编辑部编：《中国社会主义经济理论的回顾与展望》，经济日报出版社1986年版。

《经济研究》编辑部编：《中国社会主义经济理论问题争鸣（1985—1989）》，中国财政经济出版社1991年版。

《农村经济与社会》编辑部编：《中国农村经济改革与发展的讨论（1978—1990）》，社会科学文献出版社1993年版。

蔡昉：《中国"三农"政策的60年经验与教训》，《农业经济研究》2010年第2期。

蒋和平、张忠根、钱彦敏主编：《迈向21世纪的中国农业》，中国农业出版社1995年版。

李周：《中国农业改革与发展》，社会科学文献出版社2017年版。

刘奇：《大国"三农"清华八讲》，中国发展出版社2016年版。

陆学艺：《"三农论"——当代中国农业、农村、农民研究》，社会科学文献出版社 2002 年版。

魏后凯主编：《中国"三农"研究》，中国社会科学出版社 2017 年版。

项启源等：《社会主义经济理论的回顾与反思——中国社会政治经济学学说史概要》，江苏人民出版社 1988 年版。

薛暮桥、刘国光等：《90 年代中国经济发展与改革探索》，经济科学出版社 1992 年版。

袁亚愚：《中国农业现代化的历史回顾与展望》，四川大学出版社 1996 年版。

张新京主编：《改革十年社会科学重要理论观点综述（1978—1988）》，学苑出版社 1990 年版。

张卓元主编：《论争与发展：中国经济理论 50 年》，云南人民出版社 1999 年版。

中国农村发展问题研究组：《国民经济的成长阶段与农村发展》，浙江人民出版社 1987 年版。

中国社会科学院经济所温州农村考察组：《温州农村商品经济考察与中国农村现代化道路探索》，《经济研究》1996 年第 6 期。

第十四章　区域经济理论研究主要进展与创新

我国是一个幅员辽阔、人口众多、自然与人文条件差异大、发展极不平衡的大国，区域经济问题十分突出。我国经济学界、经济地理学界从20世纪50年代初就开始了区域经济问题的研究，重点是生产力布局问题。然而，对区域经济理论进行比较全面系统的研究还是在改革开放以后。著名区域经济学家陈栋生认为："生产力布局与区域经济学是对国民经济空间侧面发展与运作规律进行专门研究的经济理论。生产力布局从俯视的角度，分析资源与要素分布、流动与空间聚合；区域经济学从平视的角度，研究区域的结构、差异、发展、耦合与区际关联等。两者如同一枚硬币，不同视角下显现不同的画面，而实体为一。"① 本章将这两个概念视为同一，但更多采用区域经济学一词。

自中华人民共和国成立后，我国区域经济理论研究大体经历了改革开放前后两个不同的时期。

本章着重论述改革开放近40年来，我国区域经济理论研究的主要进展与创新。主要是三个问题：（1）区域经济学的研究对象；（2）区域经济发展战略；（3）城镇化道路。

中共十一届三中全会以来，我国经济学界、经济地理学界和政府的计划与规划部门对区域经济问题进行了大量的调查研究工作和实际工作，研究成果如雨后春笋。由于区域经济学是一门新兴的学科，发展历史较短，理论体系还不成熟，对一些重大理论与实践问题存在争论也是不难理解的。

---

① 陈栋生：《我的空间经济观》，载《我的经济观——当代中国百名经济学家自述(1)》，江苏人民出版社1991年版，第557页。

第一节　关于区域经济学的研究对象

任何一门学科的研究对象的独特性，决定了该学科形成与发展的必然性。区域经济学面临的首要问题即其研究对象的论述也是众说纷纭。据不完全统计，近 40 年来，我国仅同名的《区域经济学》或《区域经济理论》著作就有 10 种以上。这些著作中往往各自表述了不同于外国学者观点的区域经济学对象的定义。这些论述不论准确与否，都是我国区域经济理论研究长期探索过程中不同程度的努力创新。在众多表述中，这里仅举几例。

程必定认为："区域经济学的研究对象是国民经济发展的地域组织规律。这一规律，简单地说来，就是生产要素的区域配置和经济发展区域管理的规律。"① 这种观点似偏重于地理分布、经济空间程序或地域组织规律，类似于经济地理学的研究对象。

周起业等认为："区域经济学也叫区域科学。它是研究如何建立国家经济区域系统，并按照地域分工与合作的原则来组织系统内各区域中第一、第二、第三产业的发展与布局，使之形成一个既能顺乎世界经济发展潮流，又能最大限度发挥地区优势的产业结构；形成一个大、中、小企业相结合、以多层次城市为结点，由运网、信息网、服务点分布网等网络系统将全区城乡连成一气的经济有机体的科学。"② 这种观点偏重于认为区域经济学是研究国家内部的区域经济发展问题的科学。

陈栋生在他 1993 年主编的《区域经济学》自序中指出，"区域经济学是从宏观角度研究国内不同区域经济发展及其相互关系的决策性科学"③，并把其研究领域划分为区域经济发展、区际经济关系和区域经

---

① 程必定：《再论区域经济学的研究对象》，载中国区域经济学会编《区域经济研究的新起点》，经济管理出版社 1991 年版，第 46—47 页。
② 周起业等：《区域经济学》，中国人民大学出版社 1989 年版，第 4、10 页。
③ 参见陈栋生为朱传耿等《区域经济学》（第二版）作序，中国社会科学出版社 2007 年版。

济政策三个部分。这种观点一是强调区域经济学研究的"宏观性",不同于西方区域经济学早期以单个厂商的区位选择为主要对象的观点;二是强调科学的"决策性";三是阐明了区域经济的三大研究领域,有其独到之处。

2007年5月朱传耿等著的《区域经济学》第二版则认为:狭义的区域经济学,它是研究区域(内)资源的优化配置与组合,以及区域(内)经济运行规律的科学。它是以区情分析为"起点",以战略、规划的编制为"主体",以区域经济政策制定和区域经济管理实施为"终点",以区域可持续发展为"目标"的应用科学。① 这种观点从我国区域经济的实际运行出发,试图探索形成区域经济学的理论体系,论述了区域经济研究的"起点""主体"和"终点",循着"条件分析—战略制定—规划编制—政策制定—管理实施"的思路深入探索,富于创新,有利于提升区域经济学的实践应用价值,操作性强。

此外,顾朝林、陆大道、胡兆量、杨开忠、胡序威、崔功豪、郝寿义、安虎森、杨云彦、陈秀山、张可云、陈才等专家学者的著作,对我国区域经济发展的理论和实践问题都做了较为深入的探讨。在探讨区域经济学对象和构建区域经济理论体系方面都做出了他们各自的贡献。

第二节 关于区域经济发展战略

改革开放以来,我国区域经济理论研究大体经历了三个阶段,即"六五"计划(1981—1985年)和"七五"计划(1986—1990年)的加快发展沿海地区的非均衡发展阶段;"八五"计划(1991—1995年)和"九五"计划(1996—2000年)的区域非均衡协调发展阶段;2001年特别是2003年至今的以科学发展观统筹区域协调发展阶段。以下分别论述这三个阶段区域经济理论探索与创新的主要内容。

---

① 朱传耿等:《区域经济学》(第二版),中国社会科学出版社2007年版,第5页。

一　加快发展沿海地区的非均衡发展阶段

中共十一届三中全会确定了以经济建设为中心、以改革开放为主要内容的发展国民经济的新的指导方针，与此相适应，我国生产力布局和区域经济的发展战略也发生了根本性的改变，由以往追求区域"均衡"发展的模式，逐步转向以追求区域经济发展"效率"为目标的非均衡的"倾斜"模式。这种转变，有其深刻的现实和理论背景。刘再兴等在其主编的《中国生产力总体布局研究》一书中指出：（1）改革开放和经济发展战略的转变，使"均衡"的生产力布局战略丧失了存在的条件，同时追求效率和赶超心理又把"倾斜"的生产力布局战略推到了前台。（2）对"均衡"布局战略的反思，使人们认识到以前的"均衡"布局战略付出了巨大代价，转而走向非均衡的"倾斜"战略。（3）出于对"均衡"与"效率"之间关系的重新思考，为这一转变奠定了理论基础。通过对改革开放前的经济建设经验教训的总结可以认识到，一个经济体系处于有效供给不足阶段时，区域不平衡发展是总体经济有效增长的一个必要条件。这样的理论探索与概括是引人注目的。

在这一非均衡发展阶段，邓小平的区域经济理论思想已为广大理论工作者和实际工作者所尊重与认同，并成为具有中国特色的区域经济学的重要指导思想。1978年12月，邓小平指出："在经济政策上，我认为要允许一部分地区、一部分企业、一部分工人农民，由于辛勤努力成绩大而收入先多一些，生活先好起来。一部分人生活先好起来，就必然产生极大的示范力量，影响左邻右舍，带动其他地区、其他单位的人们向他们学习。这样，就会使整个国民经济不断地波浪式地向前发展，使全国各族人民都能比较快地富裕起来。""这是一个大政策，一个能够影响和带动整个国民经济的政策。"①

之所以要承认和自觉地运用区域经济不平衡发展规律，综合区域经济理论工作者的论点，大体上还有以下几点：（1）我国是一个地区差异大而家底又薄的大国，平均使用财力物力人力，结果谁也上不去、上不快。（2）世界各国特别是领土辽阔的大国，经济发展的历程也表明，

---

① 《邓小平文选》第二卷，人民出版社1994年版，第152页。

实际也是走着这种由不平衡发展到逐步平衡的相辅相成的路子。(3) 国内外经验还表明，均衡布局的实现，必须以提高原有重心区作为向新地区展开的出发点和依据。

在非均衡发展阶段，区域经济发展梯度推移模式（简称梯度论）成为热烈探讨的问题之一。其主要论点是：(1) 区域经济的盛衰主要取决于它的产业结构的优劣，特别是主导部门所处的生命循环阶段（生物必经的创新、发展、成熟、衰老阶段）。(2) 创新活动按顺序逐步由高梯度地区向低梯度地区转移。(3) 梯度转移主要是通过多层次城市系统扩展，世界上每出现一种新行业、新产品、新技术都会随着时间的推移，由处在高梯度上的地区向处在低梯度上的地区，一级一级地传递下去。[1] 许多学者对梯度论也有各具特色的论述，但实质内容大同小异，不过其中有几种观点，有必要简介以利深入探讨。

一是反梯度论。其认为现有生产力水平的梯度顺序，不一定就是引进采用先进技术和经济开发的顺序。只要经济发展需要而又有条件，落后的低梯度地区，也可以直接引进采用世界最新技术，发展自己的高技术，实行超越发展，然后向二级梯度、一级梯度地区进行反推移。并且，其还认为，梯度论必然阻碍落后地区的开发建设。[2] 但是由于反梯度论既没有阐明"反梯度推移"在我国现阶段实行的充分必要条件，也无可供选择的具体操作方案，更没有较大区域经济活动的成功案例，基本上可以说其观点仅限于在学术探讨的领域。

二是梯度推移与跳跃式并存论。这种论点认为，在生产力水平低下的时代，由于空间规模小，技术的空间推移速度很慢，这时梯度推移的作用很明显；随着生产力的发展，特别是运输、通信手段的现代化，技术空间推移的规模大为扩展，速度加快，这时跳跃式就起作用。在一个历史时期内，在发达国家中，跳跃式占优势；在不发达国家中，梯度式占优势。这种论点实际上是梯度论的具体化和补充，和梯度论并不矛盾，而是相辅相成的。梯度理论正确反映了技术空间推移的客观规律。

---

[1] 参见周起业等《区域经济学》，中国人民大学出版社1989年版，第127页。
[2] 同上书，第151页。

但是，经济不发达的地区的丰富资源确实是导致技术流向的一项重要因素，其能否成为现实，关键在于这些地区是否创造了较好的政策环境形成对新技术的强磁力。①

这一阶段，在区域发展总体战略布局上向条件较好的沿海地区倾斜。1979年党中央提出了"扬长避短、发挥优势、保护竞争、促进联合"的方针。"六五"计划明确指出：要积极利用沿海地区的现有基础，充分发挥它们的特长，带动内地经济进一步发展。同时，继续积极支持和切实帮助少数民族地区发展生产、繁荣经济。"七五"计划首次将全国划分为东部、中部和西部三大经济地带，相应提出"七五"期间以至20世纪90年代要加速东部沿海地带的发展，同时把能源、原材料建设的重点放到中部，并积极做好进一步开发西部地带的准备。划分三大地带有利于认清各个地带的优势和制约条件，有利于宏观上分类指导，采取相应的对策和部署，有利于各地区经济的共同发展，尽管这一划分是粗线条的、可变的，但仍有指导区域发展的现实意义，有利于各展所长，并通过相互开放和平等交换，形成合理的区域分工和地区经济结构。②

区域经济发展指导方针转变，国家投资布局的重点东移，实施沿海对外开放政策，包括对广东、福建实行了特殊政策、灵活措施，设立经济特区，开放沿海港口城市，开发开放浦东新区和台商投资区，对海南经济特区实行更加灵活开放的经济政策，对贫困地区实行扶贫开发政策，进一步完善民族地区的政策等，有力地推动了沿海地区的快速发展，已成为推动中国经济高速增长的最重要力量，非均衡发展的方针取得了显著成效。

二 区域非均衡协调发展阶段

在这一阶段，区域经济理论研究的主要问题如下。

（一）非均衡协调发展理论

经过十多年非均衡的区域发展，由于体制机制和政策的不完善，加

---

① 参见陈栋生主编《区域经济学》，河南人民出版社1993年版，第228页。
② 参见房维中、桂世镛主编《"七五"计划讲话》，人民出版社1986年版，第176—177页。

上市场力量的自发作用,这一时期,我国区域发展存在诸多问题。魏后凯主编的《现代区域经济学》将这些问题归纳为:(1)地区差距特别是东西差距不断扩大;(2)中西部农村扶贫问题任重道远,即使已解决温饱的地区,基本生产条件也没有发生根本性的改变,抵御自然灾害能力低,返贫率高;(3)老工业基地经济增长持续不景气,发展后劲严重不足,1981—1990年老工业基地增长速度只相当于新兴工业区的1/3—1/2;(4)地区间矛盾和贸易摩擦不断加剧,形成了所谓的"诸侯经济"。①

对于这些问题,区域经济理论工作者进行了新的探索,寻求解决问题的思路、方略。为此,李树桂在主编的《中国区域经济问题研究》中提出,"从我国区域经济发展的历史经验教训"来看,改变均衡发展战略和非均衡发展战略,实行非均衡互补协调发展战略是最佳选择。②李树桂提出这样选择的原因是:其一,我国区域经济发展不平衡的差异过大,又处于区域经济成长的初级阶段,为了产生较大的极化效应,宜采取向东部沿海倾斜的非均衡布局。其二,尽管目前我国区域经济存在着极大的不平衡,但区域经济发展的最终结果是由不平衡到平衡,所以非均衡发展要适度,要与协调发展相结合。其三,非均衡协调发展,可能通过区域间互补、互促、互利来实现。③总之在作者看来,实行非均衡互补协调发展战略,可以在提高效率的前提下,兼顾公平,因此,这一战略是正确处理"效率"与"公平"关系,既提高效率又兼顾公平的极好选择。为此,李树桂还相应提出了促进非均衡互补协调发展的四项对策。

与区域非均衡协调发展相类似的问题,就是采取什么样的地区发展战略,才能解决面临的地区经济差距进一步扩大等主要问题,区域经济学界对此有各种不同的主张。

总的来说,正如任新保所指出的:"在目前我国体制转轨阶段,要

---

① 魏后凯主编:《现代区域经济学》,经济管理出版社2006年版,第561—562页。
② 李树桂主编:《中国区域经济问题研究》,成都科技大学出版社1993年版,第27页。
③ 同上书,第28页。

改变这种状况，既不能用传统的以政府行政配置资源的方式，也不能任凭市场左右，而应在国家产业政策指导下，借助财政、金融、法律、政府政策等手段，按照因地制宜、合理分工、各展所长、优势互补、共同发展的原则，促进区域间经济协调、健康发展。"① 但具体到地区发展战略，则有不同的认识，各有创见。归纳起来，大体有四种：（1）东部决策战略。因为从现有经济发达程度和技术先进程度看，东部地带大大高于西部地带，将力量集中于优先发展东部地带，可获得最好的经济效益，促进东中西的梯度推移。（2）中部突破战略。其认为中部是我国能源和原材料工业的主要基地，而这些正是制约国民经济发展的"瓶颈"产业，因而主张建设重点应从中部突破，带动两翼。② 张培刚教授提出了"牛肚子理论"，并将其作为"中部崛起"的理论依据。这一理论的要点是："东部沿海地区是牛鼻子，西部地区是牛尾巴，中部地区正是牛肚子。中国人民梦寐以求的一场民族伟大复兴，在很大程度上就在于中部能不能发展起来。"③（3）西部跃进战略。其主张与东部决策战略针锋相对，认为既然西部大大落后于东部，就应当重点开发西部，求得均衡发展，尽快消除地区差别，改变贫困面貌。（4）结合战略。其主张既要重点发挥东部沿海的作用，又要加快中西部开发，使其各展所长，优势互补，协调发展。④

（二）生产力总体布局的主要轴线问题

与区域发展战略相关，这一期间区域经济理论界还就我国生产力总体布局的主轴线问题展开了探索，提出了不少新鲜的构想和主张。其中较有代表性的共11种，主要是"三"字形东中西"梯度推移论"，沿海和长江结合的"T"字形"江海先行论"，"兀"字形沿海、长江和陇海、兰新线的"沿海两线论"，"四沿"型格局论，即沿海、沿江、

---

① 任新保：《浦东开发、开放与江苏区域经济协调发展》，载《长江流域经济发展论》，上海社会科学院出版社1996年版，第157页。
② 何竹康：《加快中原开发的战略意义》，载田方等主编《中国生产力合理布局》，中国财政经济出版社1986年版，第99页。
③ 张培刚：《牛肚子理论》，《决策》2005年第1期。
④ 高纯德等主编：《中国地区产业结构》，中国计划出版社1991年版，第11—17页。

沿路（京广、京九、陇海—兰新）、沿边网络结构，以及主张不再划分地带而直接设立十几个经济区，等等。① 这些见解各有所长，也各有所短，基本上还是围绕着沿海和内地的关系展开的。其中影响较大并在实际工作中推行的是"三"字形"梯度推移论"。但当时就有专家学者指出了其重大缺陷，特别是指出其不利于进一步形成网络式区域经济，非调整不可。现在看来也证明了这种评论是不无道理的。其他几种看法，不同程度地缺乏全面性和可操作性。

（三）区域收入差异理论

改革开放以来，地区收入差异特别是东西差异和城乡差异不断扩大，自然也成为区域经济理论工作者所关注的重点课题。

多数人认为差距在扩大。蒋清海认为，人均国民收入是衡量区域发展水平的综合性指标。1980 年，东部地区人均国民收入为 100，中部相当于 67.4，西部相当于 54.6。到 1991 年，以东部为 100，中部下降为 61.1，西部下降为 54.2。这主要是由于改革开放后，国家为了从整体上提高宏观经济效益，采取了向东部倾斜的政策，不仅增加了对东部地区的投资，而且在政策上也给予东部各种优惠，使东部在体制改革上享有优先权，使本来基础好、经济实力雄厚的东部经济加快发展，与中、西部地区的差距不断扩大。②

但也有人认为，"实证分析说明，80 年代经济的高速增长即效率的取得，并未牺牲整体的公平，即经济发展水平的总体差距没有扩大，反而缩小。既然如此，我们有何理由改变这一公平与效率兼得的发展战略呢"③。该文发表不久，即有学者提出质疑并在同一刊物上接连载文探讨，指出文中的论点、论据与论证方法都值得商榷，不敢苟同。

如何看待差距扩大的问题，经济理论工作者普遍认为，现在已经是突出地提出和解决这个问题的时候了。1998 年，著名经济学家马洪指

---

① 参见杨承训《论弗字型网络布局》，载《区域经济研究的新起点》，经济管理出版社 1991 年版，第 221 页。
② 参见刘再兴主编《中国生产力总体布局研究》，中国物价出版社 1995 年版，第 54—55 页。
③ 杨伟明：《地区间收入差距变动的实证分析》，《经济研究》1992 年第 1 期。

出:"正是由于沿海地区的率先发展,才使改革开放以来的 20 年成为中国历史上经济增长速度最快、持续时间最长的时期,同时也使中国成为世界上最具活力的地区之一。但是,在中西部与东部差距明显拉大的今天,已经是突出地提出和解决这个问题的时候了,因为中西部的发展不仅是经济问题,而且涉及政治问题、社会问题、稳定问题,必须从改革、发展、稳定的大局出发,全方位审视中西部的地区差异问题。"①

马洪从深层次上、从大局意义上审视东中西部的地区收入差距扩大问题,是一种主流的、有代表性的看法。

非均衡协调发展阶段,也主要是实施"八五"(1991—1995 年)计划和"九五"(1996—2000 年)计划期间。这一期间,党中央、国务院审时度势、与时俱进地提出了一系列有关区域经济发展战略的重大决策和举措。主要是:

(1) 1991 年 3 月,十年规划和"八五"计划纲要进一步明确指出:"要正确处理发挥地区优势与全国统筹规划、沿海与内地、经济发达地区与较不发达地区之间的关系,促进地区经济朝着合理分工、各展所长、优势互补、协调发展的方向前进。"

(2) 1992 年年初,邓小平的"南方谈话"指出:"一部分地区有条件先发展起来,一部分地区发展慢点,先发展起来的地区带动后发展的地区,最终达到共同富裕。""可以设想,在本世纪(本文注:20 世纪)末达到小康水平的时候,就要突出地提出和解决这个问题。"②

(3) 1995 年 9 月,中共十四届五中全会通过的《中共中央关于制定国民经济和社会发展"九五"计划和 2010 年远景目标的建议》明确指出:"从战略上看,沿海地区先发展起来并继续发挥优势,这是一个大局,内地要顾全这个大局。发展到一定时候沿海多做一些贡献支持内地发展,这也是大局,沿海也要服从这个大局。从'九五'开始,要更加重视支持内地的发展,实施有利于缓解差距扩大趋势的政策,并逐步加大工作力度,积极朝着缩小差距的方向努力。"

---

① 马洪:《评薛军著〈中西部发展论〉》,《人民日报》1998 年 8 月 25 日。
② 《邓小平文选》第三卷,人民出版社 1993 年版,第 374 页。

（4）1998年3月，九届人大四次会议批准的《国民经济和社会发展第十个五年计划纲要》明确提出了"实施西部大开发战略，加快中西部地区发展，合理调整地区经济布局，促进地区经济协调发展"的指导方针。2000年10月26日，发布了《国务院关于实施西部大开发若干措施的通知》，随后国务院还发布了多个有关西部大开发的政策措施。

（5）在西部大开发战略提出后，2002年11月召开的党的十六大正式做出"支持东北地区等老工业基地加快调整和改造"的决定。为此2003年1月国务院成立了以温家宝同志为组长的"振兴东北地区等老工业基地领导小组"。2006年4月，中共中央、国务院颁发了《中共中央　国务院关于促进中部地区崛起的若干意见》，并于2008年1月经国务院批准建立了促进中部地区崛起部际联席会议制度。可以说，由此从根本上扭转了"七五"计划按东、中、西部梯度推进的思想，开始形成东、中、西、东北区域经济的"四大板块"[①]，形成区域经济发展的"四轮驱动"。

三　以科学发展观统筹区域协调发展阶段

（一）统筹区域协调发展的内涵

2003年10月，中共十六届三中全会通过的《中共中央关于完善社会主义市场经济体制若干问题的决定》，提出了坚持以人为本，树立全面、协调、可持续的科学发展观，提出了"五个统筹"，即统筹城乡发展、统筹区域发展、统筹经济社会发展、统筹人与自然和谐发展、统筹国内发展和对外开放。其中的统筹区域发展，可以说是区域经济协调发展战略的高级阶段，也是坚持全面、协调、可持续的科学发展观和构建和谐社会的内在要求与重要内容。

如何理解统筹区域发展的内涵，许多学者从不同的视角进行了探讨和界定。在陈宣庆、张可云主编的《统筹区域发展的战略问题与政策

---

① 即西部地区12省（市、区），含重庆、四川、云南、贵州、广西、西藏、陕西、甘肃、宁夏、青海、新疆和内蒙古，东北三省（辽宁、吉林、黑龙江），中部地区6省（山西、河南、湖北、湖南、安徽、江西），以及东部地区10省（市），含北京、天津、河北、山东、江苏、浙江、上海、福建、广东、海南。

研究》中，列举了以下若干主要论点。

江世银认为，统筹区域发展强调的不是"梯度推进"，而是协调发展。[1] 钱富新也指出，统筹区域发展绝不是"一平二调"平均主义的复归，平均主义强调"分配均等"，而统筹发展强调机会均等，因此，统筹区域发展是着力于起点平等的崭新理念。[2]

胡乃武、张可云认为，"所谓统筹区域发展，就是从全国区域经济发展格局的角度，有重点、分阶段地全面解决各种类型的区域问题，通过政府有目的调控逐步协调区域关系并促进各种类型区域的社会经济发展"。[3] 这种界定，明确了主体和全局观，体现了重点论的思想。

黄勒认为，"统筹是指统一谋划、协调兼顾、共同发展。统筹区域发展，就是把各个层次的区域纳入国民经济与社会发展全局之中进行通盘筹划、综合考虑，通过自然资源的合理利用与保护、生产力布局、城乡布局等手段，促进各种资源要素的空间流动，优化空间结构，最终实现空间协调发展；分解在不同的空间层次上，就是统筹东中西三大地带、行政经济区域与跨行政区的经济核心区与特殊类型区域、城市与乡村、城市与城市之间的关系"。[4] 这种界定指出了区域统筹的层次，具有创新意义，但对于区域层次的划分还比较模糊。

胡鞍钢认为，统筹区域发展的核心理念是"以人为本"，改革的根本目的是促进所有人的全面发展，提倡的是"共同富裕"；并认为，中国区域发展战略存在第一代和第二代之分，第一代发展战略体现为沿海有限发展，而包括统筹区域发展在内的第二代发展战略强调协调发展、全面发展、可持续发展，倡导共同发展、共同分享、共同富裕。中国正经历着第一代发展战略向第二代发展战略的转变。[5] 这种界定紧扣科学发展观。国家发展和改革委员会宏观经济研究院在《统筹区域发展研

---

[1] 江世银：《区域经济发展宏观调控论》，四川人民出版社2003年版，第277—279页。
[2] 钱富新：《怎样才能实现统筹协调》，《人民日报》2004年2月12日。
[3] 胡乃武、张可云：《统筹中国区域发展问题研究》，《经济理论与经济管理》2004年第1期。
[4] 黄勒：《对统筹区域发展的几点思考——兼论我国新一轮国土规划的任务》，《西南民族大学学报》2004年第4期。
[5] 胡鞍钢：《中国：走向区域协调发展》，《中国经济时报》2004年3月22日。

究》的报告中给出的统筹区域发展概念在相当大程度上与之所见略同。

李含林、魏奋子提出，"所谓统筹区域协调发展，就是指在区域发展的过程中能够高效地在各产业之间、各地区之间、各群体之间配置资源和生产要素，使各方面的发展能够相互衔接、相互促进和良性互动，各方面的利益都能得到充分的体现，从而保证区域的均衡发展和整体实力的提高"，"形成地区间相互促进、共同发展的格局"。① 这种概念界定充分体现了互动式发展的思想。

王梦奎认为，统筹区域发展的实质是把握邓小平提出的"两个大局"，促进共同发展。②

陈宣庆、张可云评述了以上观点之后，给出了他们自己的概念界定："统筹区域发展，是政府在科学发展观指导下，从全局出发全面综合地考虑区域发展各个层面、各个环节，以政府资源为基础，以制度建设为保障，整合社会资源，鼓励各区域在发挥比较优势基础上的发展，合理控制区域间发展差距，有重点地治理区域问题，逐步协调区域关系并促进各种类型区域的经济社会全面发展，最终实现动态的区域经济协调发展。"③

这一界定的创新之处，在于把鼓励发展、控制差距、重点治理和协调关系定义为统筹区域发展的四大主题或四个要素。

值得重视的是，国家发改委课题组《统筹区域发展研究》报告中的观点。该报告认为，国家应从以人为本的要求出发，统筹配置公共资源，逐步扭转地区差距扩大的趋势，特别是要逐步缩小各地区之间包括收入水平和享受公共产品在内的人民生活方面的差距。其还明确提出，统筹区域发展的主体是国家和地方各级政府，统筹的手段是政府能够掌握的包括财力、物力在内的各种资源，目的在于实现区域之间协调发展，发展差距控制在社会能够控制的范围之内。

---

① 李含林、魏奋子：《中国统筹区域发展能力评估和提升对策》，中央党校出版社2004年版，第5页。
② 《理论动态》编辑部：《树立和落实科学发展观》，中央党校出版社2004年版。
③ 陈宣庆、张可云主编：《统筹区域发展的战略问题与政策研究》，中国市场出版社2007年版，第9页。

这种观点有新意，并不多见。报告还认为统筹区域发展是对区域协调发展思想的进一步深化，是从"八五"时期就开始实施的区域协调发展战略的继承和发展。从继承方面看，"协调"与"统筹"都强调各地区要各展所长、共同富裕，地区的发展差距保持在人们可以承受的范围之内。从发展方面看，"统筹"更强调发展的过程，而"协调"则更强调发展的结果；"统筹"更强调地区间居民的生活差距，而"协调"则更强调控制地区间的发展差距；"统筹"强调"四大板块"（四大区域）之间的关系，而"协调"则更强调东、中、西之间的关系。[①] 这些探索对从各个不同的角度加深理解统筹区域发展都是颇有价值的。

（二）区域协调发展的总体战略部署

"十一五"规划《纲要》提出，要坚持实施推进西部大开发，振兴东北等老工业基地，促进中部地区崛起，鼓励东部地区率先发展的总体战略，健全区域协调互动机制，形成合理的发展格局。这是新时期区域协调发展的总体战略部署。

区域经济理论工作者对此做出了研究和评论，认为这是从全面建设小康社会和加快现代化建设全局出发提出来的，也是从我国区域发展的基本态势出发提出来的。这个基本态势就是，"十五"计划实施以来，各地区经济总量显著增加，经济持续稳定发展；地区经济结构进一步优化，形成了一些经济密集区；各地区区际联系明显加强；促进地区协调发展的战略及其政策框架正在逐步形成。与此同时也存在一些比较突出的问题：一是地区经济发展差距仍在扩大；二是地区间社会发展差距较大；三是部分欠发达地区和资源型城市的经济发展仍十分困难；四是地区间不正当竞争和重复建设问题比较突出；五是促进区域协调发展的政策法律体系不健全。上述问题如不逐步解决，不仅会加剧我国经济社会发展与人口、资源、环境间的矛盾，也会降低全国资源整体配置的效率，影响统筹区域发展。[②] 这是从实际出发对统筹区域发展做出的评论

[①] 国家发改委宏观经济研究院课题组：《统筹区域发展研究》，2004年，第5页。
[②] 参见马凯主编《〈中华人民共和国国民经济和社会发展第十一个五年规划纲要〉辅导读本》，北京科技出版社2006年版，第216—220页。

和分析。

朱传耿等充分肯定了这一总体战略,认为"该战略覆盖了我国全部的国土面积和人口,致力于实现各地区的共同发展和繁荣,因而它又是全面完整的区域发展战略"①。他们还对"四大板块"的区域发展战略和区域发展政策等提出了建设性意见。

陈宣庆、张可云认为:这一"新的区域发展战略的核心是协调,通过统筹兼顾达到公平和效率的统一,促进协调发展。统筹区域发展战略的提出,也是坚持全面、协调、可持续的科学发展观以及构建和谐社会的内在要求和重要内容"。他们还提出,"从规律的角度来说,当一个国家的国民经济与区域经济发展到一定阶段后,区域问题会逐渐增多"。他们建议,"无论是中央政府还是地方政府,在处理区域问题时,要运用'区域方法',而不是采取'一刀切'的传统做法"。这种"区域方法"的建议是很有针对性的,因为每种区域问题都不是均匀分布于各个地区的,而是相对集中于特定地区的。实际上,隐含着"四个板块"的战略还要具体化,更有针对性,在统筹规划区域发展时贯彻落实科学发展观。

(三) 推进形成主体功能区

"十一五"规划《纲要》提出,要根据资源环境承载能力、现有开发密度和发展潜力,统筹考虑未来我国人口分布、经济布局、国土利用和城镇化格局,将国土空间划分为优化开发、重点开发、限制开发和禁止开发四类主体功能区,按照主体功能定位调整完善区域政策和绩效评价,规范空间开发秩序,形成合理的空间开发结构。这是在区域发展中贯彻落实科学发展观的重大战略举措,是促进区域协调发展的一个新思路。

专家学者分析区域发展不协调的实质表明,区域发展不协调不是简单的各地区之间经济总量之间的差距,而是人口、经济、资源环境之间的空间失衡。京津冀、长江三角洲、珠江三角洲三大经济圈15%的人口拥有35%的经济总量,直接的结果是区域间人均收入差距扩大,矛

---

① 朱传耿等:《区域经济学》(第二版),中国社会科学出版社2007年版,第297页。

盾突出。由于体制和政策制约，人口流动促进区域差距缩小的机制难以发挥。劳动人口与赡养人口的空间分离，又导致区域之间公共服务的差距过大。经济分布与资源分布的空间失衡，也导致资源跨区域调动的压力越来越大。认识上的偏差和不合理的体制及政策导向，使各级行政区都按行政区追求扩大经济总量，这种思路导致了一些地区的生态环境恶化。因此，按主体功能区构建区域发展新格局势在必行。

这一重大举措，体现了以下新的发展理念和思路。一是以人为本谋发展的理念，把统筹发展定位于"人"，而不是地区生产总值。缩小区域差距是缩小不同地区之间人均收入、公共服务、生活水平的差距，从而使居住不同地区的人民都享有大体均等化的基本公共服务，都享有大体相当的生活水平。二是尊重自然规律谋发展的理念，打破了所有区域都要发展经济的传统思维。三是突破行政区谋发展的理念，改变按行政区制定区域政策和绩效评价的思想方法。四是富有前瞻性地协调好地区空间有限性与需求无限性的矛盾，重视空间结构调整，以利于中华民族的长远发展与生存。①

陈栋生对之概括为："这是从人与自然和谐相处，尊重自然规律，在国土开发利用保护与建设上，因地制宜，保证空间开发结构、规范空间秩序的根本性举措。"② 相应地，"十一五"规划《纲要》明确提出了四个主体功能区的功能定位及发展方向。

高国力在国家"十一五"规划《纲要》关于主体功能区概念和特征界定的基础上，进行了广度上的拓展性和深度上的挖掘性研究，提出了我国主体功能区划分及其分类政策制定的理论和方法体系。他认为，主体功能区中的"开发"主要是指大规模工业化和城镇化活动。优化开发更加注重经济增长的方式、质量和效益，实现又好又快的发展。重点开发是指重点开发那些维护区域主体功能的开发活动。限制开发是指为了维护区域生态功能而进行的保护性开发，对开发的内容、强度和方

---

① 参见马凯主编《〈中华人民共和国国民经济和社会发展第十一个五年规划纲要〉辅导读本》，北京科技出版社2006年版，第235—238页。
② 陈栋生：《落实区域发展总体战略，促进区域协调发展》，《中国社会科学院院报》2007年5月17日第3版。

式进行约束。禁止开发是指禁止那些与区域主体功能定位不符合的开发活动。主体功能区划分既是宏观层面制定国民经济与社会发展战略和规划的基础，也是微观层面进行项目布局、城镇建设和人口分布的基础，具有综合性与战略性的特征。主体功能区的类型、边界和范围较长时期内应保持稳定，但可随区域发展变化而调整。主体功能区体系的构建分为中央和省两级。长远来看，应覆盖全国陆域、海域国土，但当前可考虑部分覆盖。理论上基本单元不应囿于行政区域，但在实际操作中目前选择县级单位作为基本单元较现实可行。中央和省级主体功能区的划分标准应当是统一的，但标准的重点内容、阈值高低不一定完全一致。中央和省分别承担各自层面主体功能区分类政策的设计和管理职责。①

（四）健全互动机制与实施分类管理的区域政策

统筹区域发展的总体布局，是从空间上做出的战略部署，而健全互动机制则是为落实这一战略做出的制度性安排。只有实现区域互动，才能实现各种资源和生产要素的优化配置，才能实现人口的自由流动并最终在区域间实现人均收入和公共服务水平的大体相当，才能有效保障生态环境脆弱地区得到合理保护和有效修复。究其原因在于我国经济总量大的地区没能吸纳相当比重的人口，这就导致了区域人均收入的差距不断扩大，同时外出务工人口多的中西部地区其赡养人口都依然在中西部，外出务工人员的税收留在东部，中西部财政状况改善慢，能提供的公共服务水平有限，因此促进人口与经济布局的均衡，加大对中西部的财政转移支付，势在必行。

陈宣庆、张可云等的评论是："应该说，与以往的五年计划相比较，'十一五'规划将区域协调发展问题提到前所未有的高度，是政府管理区域经济规范化的一个转折点。"② 其中包括明确要求健全区域发展的互动机制。

健全互动机制包括健全市场机制、合作机制、互助机制与扶持机

---

① 参见白永秀主编《区域经济论丛》（五），中国经济出版社 2007 年版，第 168—176 页。
② 陈宣庆、张可云主编：《统筹区域发展的战略问题与政策研究》，中国市场出版社 2007 年版，第 221 页。

制。综合各方面的论述，市场机制指的是打破行政区划的界限，不断扩展市场空间，在更大的区域范围内，促进生产要素的自由流动，引导产业转移，实现资源和要素的优化配置，在做大"蛋糕"的过程中实现共同富裕。合作机制指的是鼓励和支持各地区开展多种形式的地区经济协作和技术、人才合作，形成以东带西，东中西共同发展的格局。互助机制，指的是发达地区要采取对口支援、社会捐助等方式帮扶欠发达地区。扶持机制，指的是按照公共服务均等化的原则，加大对欠发达地区的支持力度，加快老、少、边、贫地区的经济社会发展。

我国现行政策还不适应构建主体功能区的要求，迫切需要调整和完善，以保障区域主体功能定位的实现，为此，国家要实施分类管理的区域政策。林兆木认为，"国家区域政策也是社会主义市场经济体制下协调地区利益的重要工具。市场在解决国民收入的地区再分配方面往往失效，单纯依靠市场机制，地区经济发展中的'马太效应'就不可避免。为了克服其局限性，弥补其缺陷，政府应通过国家区域政策对地区经济发展进行正确的、积极的干预"[①]。如财政政策，要按照人均财力和公共服务均等化原则，完善国家公共财政体系和财政转移支付制度，加强向限制开发和禁止开发区域的地方政府履行公共服务职责和保障基层政府运转提供财力保障，为生态环境保护做出相应补偿等。又如投资政策，要逐步形成按功能区和按领域相结合的投资政策，政府投资应重点用于限制开发区域、禁止开发区域的公共服务设施建设和生态环境建设，重点用于支持重点开发区域的基础设施建设等。再如产业政策，要按照产业政策区域化的要求，合理引导区域产业发展，包括促进优化开发区域提升产业层次，限制其继续发展占地多、消耗高、污染重的一般加工业和低附加值产业等。还有土地政策，要实施符合功能区定位的土地政策，发挥土地政策的约束和引导功能。其他如建立符合市场机制发展趋势的人口管理政策，加强空间规划的协调机制，以及把绩效评价和政绩考核转入科学发展轨道。只有实施这些分类管理的区域政策，才能

---

① 参见林兆木为王一鸣主编的《中国区域经济政策研究》所做的前言，中国计划出版社 1998 年版，第 2 页。

形成按主体功能区构建的区域发展新格局。

第三节　关于我国城市发展道路的争论

现代城市是区域经济的核心，又是国民经济和区域经济活动的空间依托，是区域经济组织的节点和载体，对区域经济的研究必然涉及对城市经济的研究。这是一个相对独立的研究领域，涉及的范围很广。本节只重点阐释有关我国城市发展道路的争论。

2001年诺贝尔经济学奖获得者之一斯蒂格利茨说过："影响21世纪人类发展有两件大事，一件是中国的城市化，一件是美国的高科技。中国城市化将是区域经济增长的火车头，并产生最重要的经济利益。"[①]联合国环境规划署署长也曾撰文指出："城市的成功是国家的成功。"[②]无论怎样解读这些观点，有一点是肯定的，城市在我国现代化建设中具有十分重要的地位。研究城镇化的路径选择和走中国特色城镇化道路问题，同样具有重要的意义。

中华人民共和国成立以来，特别是近40年来，我国城镇建设取得了巨大成就。我国城镇人口的比例已经由1978年的17.92%提高到2006年的43.9%，这一期间以每年接近1个百分点的速度增加。特别是2000年以来，我国城镇化加速的趋势比较明显。城镇化是一个国家或地区现代化程度的重要标志。目前，发达国家已经实现了城镇化，城镇人口占总人口的比例都在70%以上，有的国家已经超过了90%。当今世界各国平均已有50%以上的人口生活在城市。可以说，全世界步入了城镇化时代。

根据人口数量，一般把城镇划分为特大城市、大城市、中等城市、小城市和建制镇。"所谓城镇化，就是农村人口进入城市的过程。"[③] 城

---

① 转引自张成福为谭仲池主编的《城市发展新论》所做的序言，中国经济出版社2006年版。

② 同上。

③ 赵振华：《走中国特色城镇化道路》，《人民日报》2008年1月12日第7版。

镇化是世界各国和各地区经济社会发展的必然趋势和必由之路。问题在于我国究竟应该走什么样的城镇化道路？各方面有不同的认识，有大城市重点论，有小城镇重点论，有大中小城市和小城镇并举论。

一　严格控制发展大城市的观点

改革开放初期，流行的认识是，严格控制大城市发展，合理发展中等城市，积极发展小城市（包括县以下的小集镇），这样就可以更好地使不同类型、不同规模的城镇得到发展，与多层次的生产力相适应。这种城市体系与结构有利于农村数以亿计的过剩人口向城镇转化。[①] 1978年3月，中共中央根据过去毛泽东提出的"城市太大了不好，要多搞小城镇"的意见，在《关于加强城市建设工作的意见》中明确规定："控制大城市规模。多搞小城镇。"控制大城市规模，主要是控制市区人口和用地，而绝不是控制生产和各项事业的发展，并规定今后百万以上人口的特大城市不要再在市区和近郊区安排新建项目和大的扩建项目。1985年，国家再次明确城市建设技术要点之一为"控制大城市规模，合理发展中等城市，积极发展小城市"。这也是当时写进中国《城市规划法》的方针。应当承认，这同当时的经济发展水平还比较低有关。

高清霞认为，上述这些看法有片面之处，应做全面分析。首先，城市化作为一个历史过程，有它的必然性。但是，把人口向大城市集中看成是普遍规律从而得出大城市规模不应控制的结论则是错误的。第二次世界大战以后特别是20世纪50年代以后，许多发达国家人口和工业都出现了向大城市以外地区疏散的现象，认识到大城市无限膨胀的危害，我们没有必要再走它们已走过的弯路。其次，认为控制大城市规模会妨碍发展，这也是很片面的。发展工业的经济效益如何，必须从国家全局，至少从一个经济区域的整体来衡量。从全局看，大城市现有的用地、水源及基础设施已相当紧张，有的城市已达饱和甚至呈超负荷状态，再建工厂，经济效益未必就好，而在中小城镇或其他地区发展，可

[①] 参见容洞谷等《中国城市发展战略问题》，载刘国光主编《中国经济发展战略问题研究》，上海人民出版社1984年版，第298—299页。

能综合经济效益更好，从长远看是有利于经济发展的。最后，不应片面地认为大城市出现了弊端就应限制大城市发展，实际上控制与限制、控制与发展是两回事，控制不等于限制，限制是没有弹性的，而控制是有弹性的，控制大城市经济，关键是要走"内涵"发展而非"外延"发展的路子。① 这是一种控制大城市的主张，更进一步论述了控制大城市的理由。

二 修正"严格控制大城市规模"方针的主张

这一主张认为"严格控制大城市规模"方针已不适合变化了的现实和中国人口众多的国情。只要大城市的经济在发展，体现城市规模的人口增加和市区面积扩大就是必然的，特别是对中国这种还需要靠量的扩张发展经济的发展中大国来讲更是难以避免。而且在一定程度上，大城市的经济发展起着全国经济发展"火车头"的作用。近20年来（注：1998年前的20年），上海、北京、广州等超大型城市经济的快速发展和城市规模的快速扩张，用事实说明了严格控制大城市的规模是多么不容易。这种方针也许在其他国家是条好方针，但在中国却显得很不现实。或许正因为如此，这一方针基本没被落实，不要说地方政府和大城市政府，即使中央实行的一些政策也是与城市化的方针明显相悖或者至少是不衔接的，在中国最大的城市上海实行的开发浦东的政策，就是最直接的扩大超大型城市规模的做法。因此，城市化的方针应该是，有序发展城市带（圈），适当发展特大城市和大城市，大力发展中小城市。或许这种多样化的发展城市方针才是应走的道路。任何单纯按规模强调发展某一类城市的方针都是片面的和不现实的。② 应当说，这种融实证研究与规范研究于一体的论证，还是很有说服力的。因为，1978年以来，我国城市化率的年增长率相对于工业化的滞后，特别是小城镇发展的滞后已很明显。我国大中城市（包括特大城市）还有相当大的发展空间，小城镇有着更宽广的发展前景。③

---

① 参见徐文通等主编《城市建设经济学》，中国物资出版社1989年版，第56—58页。
② 参见刘鹤主编《为高速增长创造条件》，中国计划出版社1998年版，第53页。
③ 参见刘世锦《促进经济回升当从七处着手》，《经济与信息》1998年第12期。

实际上，1996年3月八届人大四次会议批准的《国民经济和社会发展"九五"计划和2010年远景目标纲要》关于城乡建设的规定是："统筹城乡建设，严格控制城乡建设用地，加强城乡建设法制化管理。逐步形成大中小城镇规模适度、布局和结构合理的城镇体系。""有序地发展一批小城镇，引导少数较好的小城市，其他小城镇向交通方便、设施配套、功能齐全、环境优美的方向发展。"《纲要》没有再要求"严格控制大城市规模"，而对有序地发展小城镇则提出了明确的要求。

三 走中国特色城镇化道路

党的十七大报告指出："走中国特色城镇化道路，按照统筹城乡、布局合理、节约土地、功能完善、以大带小的原则，促进大中小城市和小城镇协调发展。以增强综合承载能力为重点，以特大城市为依托，形成辐射作用大的城市群，培育新的增长极。"可以说，这一论述是在吸取我国城镇建设经验教训并借鉴国外有益做法的基础上提出来的，确立了未来我国城镇发展的新模式，指明了城镇化的方向。

赵振华解读中国特色城镇化道路时指出以下几点：（1）就城镇规模而言，大城市有大城市的优势，如节约土地、劳动生产率比较高，但存在生产要素过度密集，对管理水平、基础设施要求高的问题；小城市有小城市的优点，如农村人口转移成本比较低、适合居住等，但也有单位 GDP 或人均占有土地面积较多、劳动生产率相对较低、三次产业欠发达的不足。城镇化要从中国实际出发，扬长避短，协调发展。（2）我国人口众多，绝大多数居民不可能迁移到大城市，也不能让所有居民都居住在小城市和小城镇，要积极发展大城市，有效防止"大城市病"，又要发展中小城市和小城镇。（3）从城乡关系来看，必须打破城乡二元结构，实现城乡一体化。（4）从城镇之间的关系来看，要打破地区和城镇之间的壁垒，促进生产要素在各城镇之间合理流动，让城镇群成为未来我国新的经济增长极。[①] 2007年10月，我国颁布了新的《城乡规划法》，体现了协调城乡空间布局，促进城乡经济社会全面协调可持续发展的精神，对城镇规模不再提出要求。

---

① 参见赵振华《走中国特色城镇化道路》，《人民日报》2008年1月12日第7版。

宁吉喆认为，坚持走中国特色的城镇化道路，要从片面追求数量扩大转向更加注重质量提高，逐步提升城镇化水平。一方面，要继续积极推进城镇化促进农村富余劳动力和人口向城镇转移，提高各种生产要素对城镇发展的支撑能力；另一方面，要合理把握城市规模，优化调整城镇结构，着力提高城市建设和发展的质量，持续稳定地发挥城镇化对经济社会发展的促进作用。① 这个观点是比较全面、中肯的。

关于形成辐射作用大的城市群、培育新的增长极的问题，有专家提出：一是要正确认识城镇化的基本内涵，城镇化是多种资源向特定区域集聚的过程，不应把城镇化理解为单纯扩大城镇面积，导致土地城镇化速度大大快于人口城镇化，也不应搞"县改市""县改区""乡改镇"等翻牌式的只有统计意义上的城镇化。二是国际经验表明，城市群已成为发达国家城镇化的主体形态。它们既是创造就业和人口居住的城镇密集区，也是支撑经济发展、参与国际竞争的核心区。这些多中心的结构能够防止单个城市过度扩张带来的"城市病"，还可以避免分散型城镇化带来的土地浪费现象，有利于保护土地和生态环境。国际经验还表明，所谓工业化、城镇化、现代化，并非一国的每一寸国土都要实现这几化。要改变主要按行政区而不是按经济区推进城镇化的模式，形成合理的城镇化的空间布局。三是建议：（1）优化整合现有三大城市群，主要是京津冀、长三角、珠三角等区域。实际上，截至2007年，国家发改委报国务院同意天津、成都、重庆、长沙、株洲、湘潭、武汉、深圳作为综合配套改革试点，以期更好地发挥城市群的吸引与辐射作用。（2）重点培育若干城市群，如辽东半岛、山东半岛、闽东南、中原、武汉、长株潭、关中盆地、成渝、北部湾沿岸等地区。（3）因地制宜地发展其他城市。

---

① 参见《〈中共中央关于制定国民经济和社会发展第十一个五年规划的建议〉辅导读本》，人民出版社2005年版，第242—243页。

第四节　我国区域经济发展战略的创新

我国幅员辽阔，人口众多，多方面的条件差异大，发展不平衡不充分。区域协调发展战略，是发展进程中的重大问题，尤其我国正处于经济稳定发展和体制改革不断深化，对外开放日益扩大，地区差距拉大和地区间利益再调整时期，区域协调发展问题更显重大。

改革开放以来，针对这种情况，国家在多个五年计划中都提出过相应的包括东中西三大地带发展目标在内的规划，并且取得显著效果，如今中国已进入了新时代，生产力水平总体上显著提高，但更突出的问题是呼唤更平衡更充分的发展，转向调结构、提质量、增效益的阶段。

2006年是"十一五"（2006—2010年）规划的开局年。为贯彻落实科学发展观，提出了2007年落实区域发展总体战略、促进区域经济协调发展的主要任务和措施，包括：（1）继续推进西部大开发。（2）积极推动东北等老工业基地振兴。（3）落实中部崛起的政策措施。（4）鼓励东部地区不断推动体制机制创新，加快产业结构优化升级，在推进改革开放、促进科学发展、转变增长方式方面走在全国前列。（5）加快革命老区、民族地区、边疆地区和贫困地区（老、少、边、贫地区）的经济社会发展，加大对欠发达地区基础设施建设和公共服务的支持力度，积极支持人口较少民族的发展。（6）积极稳妥地推进城镇化。（7）做好海洋规划，扶持海洋经济发展。

之所以把促进区域经济协调发展作为科学发展观的基本要求来强调，这是因为：一方面经过长期发展，国家积累了较为雄厚的物质技术条件，2010年我国GDP达41.3万亿元，跃居世界第二位，但人均GDP全球排名在60多位。可以在推进全面协调可持续发展上有更大作为。另一方面，区域经济发展不平衡、不协调、与人口资源环境不适应等问题更加突出，东部发达和西部滞后同在，繁华都市和落后乡村并存。我国只有更加自觉地推进全面协调可持续发展，才能更好地化解制约我国发展的各种因素，更好地确保实现发展的战略目标。

2012年，在总结"十一五"规划实施时，肯定胜利推进了这一规划，区域发展协调性增强，城镇化水平明显提高，同时也指出发展中不平衡、不协调、不可持续问题十分突出，工业化水平总体呈现东部、中部、西部逐步降低的梯度差距。区域发展差距和居民收入分配差距依然较大。

产生这些问题的原因是多方面的，其中对我国区域协调发展的本质认识不足，进而造成发展观念上的误区是重要原因。

因此，2006年"十一五"规划《纲要》提出，要推进形成主体功能区，按照主体功能区定位调整完善区域政策和绩效评价，规范空间开发结构。这体现了促进区域协调发展的新思路。2007年全国人大确认了这项工作，随后下发了《关于编制全国主体功能区规划的意见》，并着手有关的主要工作。

实际上，规划区域经济发展，同规划生产力布局，是密切联系的，都反映国民经济空间侧面的发展与运作。生产力布局从俯视的角度，反映经济资源与要素的分布、流动与空间聚合；而区域经济发展则从平视的角度，反映区域的经济结构差异、发展、耦合与区际关联。坚持区域经济协调发展，不能单纯依靠市场机制的作用，还需要制定具有国家约束力和权威性的"国家区域政策"。[①] 2018年7月，李克强考察川藏铁路拉林段施工进展情况时说，目前中西部基础设施比较薄弱，推动有效投资补短板，不仅有助于缩小区域发展差距，也可以应对经济下行压力。看准要干的事，加快全面开工建设。

对中央政府是否应着手解决地区差距问题，看法并不一致。有"中性"政策论，认为对发达与不发达地区要一视同仁；有效率至上论，主张先支持富裕地区；有"自行缩小"论，认为国家没必要使用区域政策，地区差距会随经济发展自行缩小。这些都是片面而有害的观点。[②]

2012年11月党的十八大以后，我国区域经济发展进入了一个新时

---

① 参见郑新立主编《发展计划学》，中国计划出版社1999年版。
② 参见魏后凯等《中国地区发展》，经济管理出版社1997年版。

期,党的十八大提出要继续实施区域发展总体战略并逐步实施。2017年10月党的十九大提出,要贯彻新发展理念,建设现代化经济体系,其中包括实施区域协调发展战略。加大力度支持"老、少、边、贫"地区加快发展。强化举措推进西部大开发形成新格局,加强援藏援疆援青工作。深化改革加快东北等老工业基地振兴。发挥优势推动中部地区崛起。创新引领率先实现东部地区优化发展。科学规划粤港澳大湾区建设。加强对资源型地区经济转型发展的支持。提高城市群质量,推进大中小城市网络化建设。建立更加有效的区域协调发展新机制。

党的十九大报告做出社会主要矛盾转化的重要论断,引起众多经济专家的热议。有的说,这一新论断符合我国目前经济社会发展的实际,当前发展的确存在不平衡不充分的情况。由于市场经济体制不健全、分配制度不够完善,再加上不同区域、不同行业、不同人群发展的机会、水平差异较大,出现了城乡差距、地区差距、行业差距等情况。同时,发展也付出了很高的资源环境代价。如何让发展更平衡更充分?有的说,要以"全面建成小康社会"为战略目标,继续做大经济总量,在发展中解决不平衡不充分的问题,在全社会形成解决"不平衡不充分"等问题的合力。有的表示,要深刻认识两个"没有变",即我国仍处于并将长期处于社会主义初级阶段的基本国情没有变,我国是世界最大发展中国家的国际地位没有变。我们要在继续推动发展的基础上,着力解决好发展不平衡不充分问题,新发展理念就是要让经济在适度中提升发展质量和效益[①]。贯彻创新、协调、绿色、开放、共享的新发展理念。

贯彻新时代的新战略,建设现代化经济体系,调整经济发展的国内空间布局新起点,是实现新时代发展战略的重要问题。这包括以下几个方面。

一 京津冀协同发展开新局

京津冀覆盖21.6万平方千米,有1.1亿多人口。2016年GDP为7.46万亿元,占全国的比重为9.7%,全国25%的外商投资落户本区。

[①] 参阅汪玉凯、白景明等《让发展更平衡更充分》,《人民日报》2017年10月22日第4版。

研发经费支出也占全国 15%。较长时期以来，人口膨胀，生态环境严峻，交通拥堵，房价高涨，资源超载，北京集聚了过多非首都功能。而河北人均 GDP 仅为京津两市的四成左右，人均收入只及两市一半。在公共服务水平和质量效率层次上，与京津差异明显，发展不平衡严重。2014 年 2 月 26 日，习近平主席强调京津冀协调发展是一个重大的国家战略。2015 年 4 月 30 日中共中央政治局审议通过了《京津冀协同发展规划纲要》，出台了 12 个专项规划。这一国家发展战略进入加快推进的新阶段。十九大报告提出，要建立更加有效的区域发展新机制，进一步推动京津冀协调发展。这一协同发展包括三部分。

（一）先说北京

疏解北京非首都功能，是推动京津冀协同发展的"牛鼻子"和主要矛盾。建设北京城市副中心和雄安新区，将形成北京新的"两翼"。疏解非首都功能，必须从规划抓起。2014 年 2 月，北京等有关方面启动新一版北京城市总体规划工作，坚持先规划后建设的原则。2017 年 9 月 13 日，党中央、国务院对《北京城市总体规划（2016—2035 年）》正式批复同意，认为该总体规划的理念、重点、方法都有新突破，对全国其他大城市有示范作用。

这一批复要求北京加强"四个中心"即全国政治中心、文化中心、国际交流中心、科技中心的功能建设。优化城市功能和空间布局。严格控制城市规模。做好历史文化名城保护和城市特色风貌塑造。着力治理"大城市病"，增强人民群众获得感。要求高水平建设北京城市副中心。北京正在执行这一批复，加快编制城市副中心控制性详规，把行政办公、商务服务和文化旅游三大功能落实到空间布局。这表明，北京正实现从聚集资源求增长到疏解功能、提质量、谋发展的重大转变。

（二）再说天津

在协同发展规划中，天津以滨海新区为龙头，积极调整优化产业结构，加快转变经济发展方式，推动产业集成集约集群发展。同时，加快发展服务业，形成与现代化大都市地位相适应的服务经济体系。实践表明，天津滨海新区的探"新"取得了新成就。2017 年上半年，滨海新区生产总值已占到全市一半以上，第三产业增加值达 12.9%，比重达

45.6%，对经济增长贡献率为7.4%。① 京津两市将从环境技术、健康医疗、文化教育、旅游休闲度假、高技术研发及高端商务商贸作为合作示范区加快推进。

（三）2017年4月1日，确定设立雄安新区

规划范围涉及河北雄县、容城、安新三县及周边部分地区。定位首先是疏解北京非首都功能的集中承载地。选择在河北境内高起点高质量规划、高标准建设雄安新区，是继深圳特区和上海浦东新区之后又一具有全国意义的、能带动区域经济转型升级的创新中心城市。2017年10月，新区的总体规划正在深化细化提升，22个专项规划基本成型，组建了精简高效统一的管理机构，正在构建相应的政策体系。短短三个月内，北京至雄安新区已开通动车组列车，正在筹建高铁。万亩合作造林工程已正式启动。进驻的包括四大银行、央企和地方国企达几十家。2018年4月14日，党中央、国务院对《河北雄安新区规划纲要》做出批复，同意实施这一规划。其指出，要以这一规划为指导，推动雄安新区建设成为北京非首都功能疏导集中承载地、新理念的创新发展示范区、开放发展先行区、绿色生态宜居新城区。

2014年京津冀协同发展战略实施以来，区域发展指数稳步提升，2017年为153.99，与2013年相比，上升36.29个点，年均提高9.07个点；区域城镇化率从2010年的55.7%上升到2017年的64.9%，高于全国平均水平；绿色发展指数2013—2017年平均上升幅度为9.42个点；2017年区域PM2.5年均浓度比2013年下降了39.6%等。

二 推动长江经济带发展

长江是我国国土空间开发最重要的东西轴线，在区域发展布局中具有举足轻重的地位。长江经济带包括从云南到上海等11个省市，约占全国五分之一的土地面积，人口和生产总值均超过40%。进出口总额约占全国40%。2016年GDP为33.29万亿元，占全国的43.1%。其人均GDP达56970元，高出全国2490元。本地带既是经济共同体，更是休戚相关的生态共同体，还是连接"一带一路"的重要纽带。水资源

---

① 胡果等：《滨海新区再探新》，《人民日报》2017年9月24日第1版。

总量约占全国的 35%。它作为流域经济，涉及水、路、港、岸、产、城和生物、湿地、环境等多个方面，是一个整体。但发展水平呈现梯度分布格局，差异明显，潜力也巨大。

早在 1999 年，徐国弟、王一鸣等学者在《21 世纪长江经济带综合开发》一书中，就"十五"期间和至 2020 年长江经济带综合开发的战略与目标提出了较为清晰的总体发展思路。其中具有创新的观点主要是：把长江经济带作为我国区域开发的重点；把本经济带的发展目标定为亚太地区最大的内河经济带；有重点、有引导的综合开发，以结构调整为核心；大型企业集团要在区域综合开发中发挥主导作用等。这些观点对研究长江经济带发展颇有参考价值。①

为推动长江经济带发展，国家先后提出过一系列的科学指引和行动指南。2016 年 5 月 30 日，党中央、国务院印发了《长江经济带发展规划纲要》，此后，《长江经济带生态环境保护规划》等 10 个专项规划也基本完成。这些顶层设计内容包括以下几个主要方面。

1. 走科学、绿色、可持续发展之路

2016 年 1 月 5 日习近平主席在推动长江经济带发展座谈会上指出，推动长江经济带发展必须从中华民族长远利益考虑，走生态优先、绿色发展之路，使绿水青山产生巨大生态效益、经济效益、社会效益，使母亲河永葆生机活力，把长江经济带建设成为我国生态文明建设的先行示范带、创新驱动带、协调发展带。要把保护和修复长江生态环境摆在首要位置。形成"齐抓大保护"格局。

2. 要增强系统思维

统筹各地改革发展，协调各项区际政策、各领域建设、各种资源要素的运用，使沿江各省市协调作用更明显，合力推进协同融合，加快推进资源在更广阔领域优化配置。为此，在这一《纲要》中规划了制度协调的内容，将长江三角洲城市群、长江中游城市群、成渝城市群定位为长江经济带三大增长极，错位发展，提高长江经济带城镇化质量。

---

① 参见徐国弟主编《21 世纪长江经济带综合开发》，中国计划出版社 1999 年版。

3. 要聚力完善区域协调发展新机制

长江经济带发展必须建立起统筹协调、规划引领、市场运作的领导体制和工作机制。为此，目前已初步形成多层次协商合作机制和规划体系，致力于打破行政区划界限和壁垒，协同保护长江生态环境，推进基础设施互联互通，促进区域经济协调发展。其中，经济带发展领导小组充分发挥了统领作用，协商机制已全面建立，沪、苏、浙、皖四省市已建立"三级运作、统分结合、务实高效"的协调机制。面积占全国3.8%、经济总量占全国近25%的这四省市，正以发展规划为抓手带动长三角区域协调发展新进程。2017年，沿长江经济带11个省市中GDP增速持平或高于全国平均水平，有力说明长江大保护，不会影响经济发展速度，绿水青山就是金山银山。

4. 2018年4月，习近平主席对深入推动长江经济带发展发表重要讲话

他强调，新形势下推动长江经济带发展，关键是要正确把握整体推进和重点突破、生态环境保护和经济发展、总体谋划和久久为功、破除旧功能和培育新功能、自身发展和协同发展的关系。这是中央的重要大决策。

三 提出和推动"一带一路"国家发展战略

2013年秋，基于共商共建同享理念，习近平主席在哈萨克斯坦和印度尼西亚提出兴建丝绸之路经济带和21世纪海上丝绸之路即"一带一路"倡议。2014年12月2日，党中央、国务院印发了《丝绸之路经济带和21世纪海上丝绸之路建设战略规划》。张燕生等学者认为，"一带一路"倡议提出四年来，从无到有、由点及面地有序推进，众多国家积极参与，国际社会广泛支持，为世界经济发展注入了强劲的新动力。至今已有100多个国家和国际组织积极响应支持，74个国家和国际组织同中国签署合作协议，我国同30多个国家开展机制化产能合作，同东盟提出的互联互通总体规划等发展战略实现对接，加快区域一体化建设。自2015年起，"上合"组织历次峰会均明确支持"一带一路"倡议，发挥"上合"区域合作新模式的作用，同相关国家发展战略对接，从区域经济一体化中受益。"上合"青岛峰会达成的六大共识之一

是：经济全球化和区域一体化是大势所趋。2014—2016年，我国同"一带一路"沿线国家贸易总额超过3万亿美元，对这些国家投资累计超过500亿美元，中国企业已经在沿线20多个国家建设了56个经贸合作区。

这表明，"一带一路"建设有利于更广泛地开展经济合作，开辟更广阔的合作空间，实现战略转移对接，优势互补；坚持沿海开放和内陆沿边开放更好结合，优化区域开放布局；加强不同文明交流互鉴，促进世界和平发展，推动形成公正合理的国际经济秩序。

实践表明，通过基础设施互联互通，包括交通运输网络、能源输送通道、信息通信网络的互联互通，将为发展注入新动力，增添新活力，扩展新空间。通过国际产能合作，把我国的技术、资金、管理与"一带一路"参与国的市场需求、劳动力、资源等要素结合起来，通过项目群、产业链、经济区等的建设，实现优势互补，风险共担。区域治理模式着眼于减少区域合作障碍，带动区域经济圈发展。

2017年5月14日"一带一路"高峰论坛在北京的胜利召开，更有力地推进了"一带一路"建设，深化了政策沟通、设施联通、贸易畅通、资金融通、民心相通的实施路径，实现了协同联动发展。截至2017年，我国企业共在44个国家建设了99个境外经贸合作区，累计投资307亿美元，为东道国创造了24.2亿美元的税收和25.8万个就业岗位。通过扩大产能合作，完善全球产业布局。

四 坚持精准扶贫、精准脱贫

我国是人口众多的发展中国家，贫困人口较多。长期以来，中央和地方各级政府致力于消除贫困，先后实施了《国家八七扶贫攻坚计划（1994—2000年）》《中国农村扶贫开发纲要（2001—2010年）》《中国农村扶贫开发纲要（2011—2020年）》。

我国贫困问题具有区域性特征。重点要攻克深度贫困地区脱贫任务。2017年国家计划提出，加大对特殊类型区（老、少、边、贫地区）的扶持力度，首先是加大对深度贫困地区的支持力度。进一步加强对集中连片贫困地区的规划研究，继续实施以工代赈和易地扶贫搬迁等措施，进一步改善贫困地区基本的生产生活条件。2013—2017年，中央财政安排专项扶贫资金从 394 亿元增加到 861 亿元，年均增长 22.7%，累计投入 2787 亿元。累计发放扶贫贷款 3381 亿元，支持了 855 万贫困户。加上其他有效措施，扶贫攻坚取得了举世瞩目的成就。2012—2017 年，农村贫困人口由 9899 万人减少至 3046 万人，贫困发生率从 10.2% 降到 3.1%，已率先完成了联合国千年发展目标。中国已宣布，计划到 2020 年按现行标准实现脱贫，标志着我国历史性地解决绝对贫困问题。绝对贫困，通常是用一个能够满足最基本生活水平的收入标准来测量，低于这个标准的就属于贫困人口，目前我国使用人均年收入 2300 元是否达到作为消除绝对贫困的标准。

关于脱贫，当前应关注以下几个重点问题。

（一）脱贫标准

依据现行标准，即农村贫困人口，每人每年收入达到 2300 元（按 2010 年不变价计）。但 2014 年国家的农村脱贫标准已提高到 2800 元，世界银行将国际贫困标准日最低生活费由 1.25 美元上调到 1.9 美元，况且现在有些地区自定的标准也超过 2300 元，再说贫困不只表现在年人均收入上。因此，用 2300 元标准来评判是否脱贫似乎还值得研究。

有学者认为，应当以提高贫困人口的可行能力为标准。因为贫困的表现形式是多种多样的。除人年均收入外，还有其他表现形式。例如，无法享受到公共物品供给，无法获得就业机会，未能接受基本教育，缺乏基本的防风险能力，因病致贫返贫比例上升等。

相应地，消除贫困就应采取多种方式、机制和政策，从根本上通过更合理的制度安排，减少经济因素、制度因素、法律因素和社会福利因素等对贫困者权利的影响，改变贫困人口的不利地位，使其获得并提高满足某些最低限度需要的功能和能力。① 如组织合作社，联结起小生产和大市场，提供统一服务和扩大市场话语权。

（二）脱贫重点区域

我国 1986 年即确定了贫困县，经过 30 年努力至 2017 年 2 月，并

---

① 参阅孟庆涛《实施精准扶贫方略，提高贫困人口可行能力》，《人民日报》2017 年 9 月 29 日第 22 版。

冈山、兰考县已率先脱贫，11月国务院扶贫办宣布新疆托里县、西藏亚东县、贵州赤水市等26个贫困县摘帽，使得2017年贫困县数30年来首次出现减少。不过最近国务院扶贫办党组指出，脱贫攻坚还存在一些不落实、不到位、不精准等困难和问题，包括深度贫困地区的脱贫任务还十分艰巨：类似西藏、新疆等边疆民族地区；贫困人口总量大，到2017年年底，农村贫困人口东部减少比例最大，西部最小。全国有6个省区的贫困人口在300万以上，有54个省区贫困发生率在10%以上，贫困发生率超过20%的贫困县和贫困村分别有近200个和3万个。从总量上看，2017年年底全国农村贫困人口还有3046多万人。至2020年达到脱贫目标年均要减少贫困人口近1100万人。

2017年11月21日，中办、国办印发了《关于支持深度贫困地区脱贫攻坚的实施意见》。该文件指出，中央统筹的重点是支持"三区三州"。"三区"指西藏、四省藏区、南疆四地州三个连片特困地区，"三州"指四川凉山州、云南怒江州、甘肃临夏州三个自治州以及贫困发生率超过18%的贫困县和贫困发生率超过20%的贫困村，其自然条件差、经济基础弱、贫困程度深，是脱贫攻坚中的硬骨头，补齐这些短板是脱贫攻坚决战决胜的关键之策。由中央统筹，重点支持"三区三州"。脱贫攻坚资金、项目、举措主要用于深度脱贫地区。要在七个方面加大力度：中央财政投入、金融扶贫支持、项目布局倾斜、易地扶贫搬迁实施、生态扶贫支持、干部人才支持、社会帮扶。落实脱贫攻坚省负总责的主体责任，辖区内深度贫困问题，由省里确定贫困县、乡、镇、村。由市县抓落实。做实做细建档立卡。积极探索精准达标管控、精细施策推进、精准指挥保障三大机制。更要培育区域整体发展后劲和潜力。坚持政策、市场、农民和社会协同推进。2018年7月，国务院扶贫办部署务实推进东西部扶贫协作，要求强化产业合作，发挥东西部各自优势，健全协作机制，着重指出西部地区要强化开放市场意识，主动对接，积极协作。

（三）坚持精准扶贫、精准脱贫基本方略

2013年和2015年，习近平主席提出扶贫贵在精准。强调要做到"六个精准"，即扶持对象精准、项目安排精准、资金使用精准、措施到户精准、因村派人精准、脱贫成效精准。扶贫攻坚全过程都要精准。处理好区域发展与精准扶贫的关系。

注重扶贫同扶志、扶智相结合。着力提高贫困人口的生存、生产、发展能力。确保到2020年我国现行标准下农村贫困人口实现脱贫，贫困县全部摘帽，解决区域整体贫困，做到脱真贫、真脱贫。要加大精准脱贫力度，加强检查督促，查处涉及扶贫违规、腐败问题，为此，国办转发了新《办法》，全面部署扶贫项目资金绩效的管理工作，并将国家审计署首次纳入新国务院扶贫开发领导小组。防范政治、经济与道德风险。关键瞄准深度贫困地区和贫困人口集中乡村。对生存条件恶劣、生态环境脆弱的村庄，要加大力度实施生态移民搬迁。加强因病致贫返贫工作。

五　推进形成主体功能区

"十一五"规划《纲要》提出，推进形成主体功能区。这是因为，主体功能区是根据资源环境承载能力、现有开发密度和发展潜力等因素，通过科学分析评价，将特定区域确定为具有特定主体功能的一种空间单元。

这样做，一是有利于转变发展观念，转变单纯追求地区生产总值的发展思路，充分考虑各区域资源环境承载能力，通过支持欠发达地区发展经济等多种途径，逐步缩小区域间人均生产总值和人均财力的差距，最终实现区域协调发展。二是有利于实现空间均衡，从经济布局与人口分布看，我国东部经济总量占全国经济总量一半以上，但人口只占1/3左右；而西部经济总量占全国1/5左右，但人口却为全国1/3左右。推进形成主体功能区，就是要在全国引导人口和经济向资源环境条件好的区域集聚，优化国土空间开发布局，调整区域流域产业布局，推动绿色发展，从而根本扭转我国资源消耗过大和生态环境恶化的趋势。三是有利于加强区域调控，根据不同区域的发展方向与当地资源环境条件相适应，实行更有针对性的引导和调控，构建国土空间开发保护制度。

我国国土空间资源极为短缺，人均土地面积是美国的1/4、欧洲的1/2，人均耕地面积和森林面积只分别相当于世界平均水平的2/5和1/5。要求加快建立国土空间开发、保护制度，包括实行最严格的国土空间用途和效率管理制度，显著提升治理能力现代化水平，充分运用市场机制，约束和引导使用国土空间得以合理开发和保护。

从 2007 年开始，国家即着手推进形成主体功能区的工作。这包括：一是成立全国主体功能区规划编制工作领导小组及办公室，启动国家和省级两个层级的规划编制工作，其中国家层面的规划包括优化开发、重点开发、限制开发和禁止开发四类主体功能区的数量、位置和范围，以及相应的政策方向。二是指导地方开展规划编制工作。三是加强与有关部门的协调。四是组织做好重大课题的基础研究。

当前，我国经济已由高速增长阶段转向提质量、增效益发展阶段，区域协调发展对提高我国经济质量和效益发挥重要支撑作用。经过几年的工作，2010 年国务院发布了编制好的《全国主体功能区规划》。2014 年完成了省级主体功能区规划。2015 年 8 月 1 日国务院印发了《全国海洋主体功能区规划》。十九大报告要求，坚持陆海统筹，加快建设海洋强国。我国拥有 300 多万平方千米的海洋国土。2017 年全国海洋生产总值达 77611 亿元，占国内生产总值的 9.4%。陆海统筹主要任务之一，就是要开拓发展新空间，推动海洋经济由近岸海域、海岛向深远海、极地延伸。全国海洋经济发展"十三五"规划加快实施。2017 年 1 月 3 日，国务院印发了《全国国土规划纲要》，2017 年 10 月 1 日，中办、国办印发了与"优化农业主体功能与空间布局"有关的文件。至此，我国主体功能区战略实现了陆域空间和海域国土空间的全覆盖。随着形势的发展和实施经验的总结，规划本身和相应的体制机制以及政策体系会不断改革和优化。

六　新形势下的城镇化

（一）新城市群主体的形成

在现代商品经济中，城市是商品经济运行的枢纽。在市场的媒介下，区域经济紧密地联结在一起。随着经济的发展和改革的深化，城市聚集的人口越来越多，广布于各地的城市群主体逐步形成。新型城镇化是不断积累深化的过程。党的十八大以来，党中央、国务院高度重视新型城镇化工作。比如 2014 年中办、国办印发了《国家新型城镇化规划（2014—2020 年）》。全国扎实推进新型城镇化，常住人口城镇化率从

2012 年的 52.57% 提高到 2017 年的 58.52%，户籍人口城镇化率从 35.3% 提高到 42.35%，人民群众享受到越来越多的城镇化红利和成果。但由于区域经济发展水平的差异，城镇人口比重差异也较大。2016 年城镇人口的比重高的如上海为 87.90%，北京为 86.50%，而贵州则只为 44.15%，西藏最低，仅为 29.56%。2016 年城乡居民收入还有 2.7∶1 的较大差距。

有专家认为，如果人口扶养比低，能够把更多的东西储蓄起来形成投资，同时劳动力无限供给，资本报酬递减现象不会过早发生，因此资本回报率也较高。城镇化新移民由更年轻、更具生产率的人口构成，使城市的整体年龄构成更加合理，因此变得更有利于资本积累和提高资本回报率，新型城镇化和户籍制度改革是可以带来实实在在的城镇化新红利的。但国内外的历史经验也表明：城市群主体的形成要适当，并非越大越好。比如我国城镇登记失业人数 1978 年为 530 万，2017 年为 972 万。为此，要科学规划城市群及各城市的功能定位和产业布局，缓解特大城市中心城区压力，强化中小城市产业功能，增强小城镇公共服务和居住功能，推进大中小城市基础设施一体化建设和网络化发展。

构建城镇化战略格局，要按照不同区域的特点来进行，十九大报告指出，"以城市群为主体，构建大中小城市和小城镇协调发展的城镇格局"。比如广东携手港澳大湾区建设，打造国际四大湾区首位的一流湾区、世界级城市群和科技创新中心，是一个 5.6 万平方千米、常住人口约 6800 万、经济总量达 10 万亿元，具有一国两制优势的大湾区，这一规划纲要已基本完成。大湾区建设正有序推进。在新形势下，东部地区逐步打造更具国际竞争力的城市群。中西部有条件的地区培育壮大若干城市群。城市群是各国城市化的主体空间形态，是空间资源利用效率最高的地区。把有条件的东部地区中心镇、中西部地区县城和重要边境口岸逐步发展成为中小城市。

（二）加快农业转移人口市民化

"十二五"规划《纲要》（2011—2015 年）在"积极稳妥推进城镇化"这一部分，提出了"稳步推进农业转移人口转为城镇居民"的要求。主要是：把符合落户条件的农业转移人口逐步转为城镇居民作为推进城镇化的重要任务。2017年12月中央经济工作会议更明确要加快户籍制度改革落地步伐，引导特色小镇健康发展。充分尊重农民在进城或留乡问题上的自主选择权，切实保护农民承包地、宅基地等合法权益。坚持因地制宜、分级推进，把有劳动稳定关系并在城镇居住一定年限的农民工及其家属逐步转为城镇居民。与此同时，特大城市要合理控制人口规模，大中城市要加强和改进人口管理，继续发挥吸纳外来人口的重要作用，中小城市和小城镇要根据实际放宽落户条件。鼓励各地探索相关政策和办法，合理确定农业转移人口转为城镇居民的规模。

（三）增强城镇综合承载能力

主要是要科学编制城市规划，基于不同地区特点规划不同的农村振兴战略，合理确定城市开发边界，预防和治理"城市病"，统筹城市公用设施建设，推进"城中村"和城乡接合部改造，加强城市综合管理，推进城市安全发展等。唯有精细化管理好、运行好、维护好，才能全面提升城市的魅力与活力。

（四）建立和发展国家级新区

其经国务院批准设立。这是以相关行政区、特殊功能区为基础，承担国家重大发展和改革开放战略任务的综合功能区。自上海浦东新区建立至今，新区已达19个，包括天津滨海新区、广州南沙新区、四川天府新区等，涉及陆域面积2.24万平方千米。截至2016年，新区总人口2600万人，地区生产总值约3.9万亿元，约占全国经济总量的5.3%。其已成为引领经济发展新常态、贯彻落实新发展理念的示范平台。

（五）党中央、国务院发布的《关于促进智慧城市健康发展的指导意见》要求合力推进新型智慧城市建设

其建设路径之一，就是要与区域协调发展相结合：一要助力城市群一体化发展；二要提升中心城市辐射带动作用；三要打造中小城市新优势，充分发挥中小城市在城市群中的节点、支撑和补位作用。

2018年4月10日，中共中央、国务院发出《关于支持海南全面深化改革开放的指导意见》，要求30年前建立的全国最大省级经济特区，在新形势下办成全国深化改革开放试验区、国家生态文明试验区、国际旅游消费中心和国家重大战略服务保障区。

参考文献

周起业等:《区域经济学》,中国人民大学出版社 1989 年版。

中国区域学会编:《区域经济研究的新起点》,经济管理出版社 1991 年版。

陈栋生主编:《区域经济学》,河南人民出版社 1993 年版。

刘再兴主编:《中国生产力总体布局研究》,中国物价出版社 1995 年版。

李树桂主编:《中国区域经济问题研究》,成都科技大学出版社 1997 年版。

王一鸣主编:《中国区域经济政策研究》,中国计划出版社 1998 年版。

郝寿义、安虎森主编:《区域经济学》,经济科学出版社 1999 年版。

张卓元主编:《论争与发展:中国经济理论 50 年》,云南人民出版社 1999 年版。

马凯主编:《〈中华人民共和国国民经济和社会发展第十一个五年规划纲要〉辅导读本》,北京科学技术出版社 2006 年版。

魏后凯主编:《现代区域经济学》,经济管理出版社 2006 年版。

陈宣庆、张司云主编:《统筹区域发展的战略问题与政策研究》,中国市场出版社 2007 年版。

朱传耿等:《区域经济学》(第二版),中国社会科学出版社 2007 年版。

《坚定不移沿着中国特色社会主义道路前进 为全面建成小康社会而奋斗》,《胡锦涛文选》(第三卷),人民出版社 2016 年版。

《决胜全面建成小康社会 夺取新时代中国特色社会主义伟大胜利》,《人民日报》2017 年 10 月 28 日第 1 版。

《携手推进"一带一路"建设——在"一带一路"国际合作高峰论坛开幕式上的演讲》,《人民日报》2017 年 5 月 15 日第 3 版。

《党的十八大以来大事记》,《人民日报》2017 年 10 月 16 日第 1 版。

《关于创新体制机制推进农业绿色发展的意见》,2017 年 10 月 1 日。

第十五章 自然资源经济学探索与发展

第一节 自然资源经济学的起始

一 自然资源经济学的理论追溯

对于自然资源经济学的理论研究，可以追溯到17世纪的威廉·配第和18世纪的马尔萨斯。前者的经济学名言"土地为财富之母，劳动为财富之父"是资源价值论的最早萌芽。后者在1798年发表的《人口原理》中提出人口增长和土地生产潜力之间的矛盾关系，指出这种关系受到自然环境，主要指土地的限制，认为人口增长要受到资源环境的限制[①]。经济活动规模不断扩大，造成的资源问题超越了地理边界和代际边界，社会应当如何作出响应，是自然资源经济学要解答的问题。工业革命加速了人口增长、经济发展，也造成了更为严重的资源短缺和环境污染问题。

古典经济学研究中涉及的资源问题，主要有马尔萨斯的"土地肥力递减规律"，由李嘉图提出、马克思完善的"级差地租"学说，这些都是对资源经济问题的最早探讨。新古典经济学在"边际革命"的基础上，从新的角度研究了自然资源的经济问题，如马歇尔运用现代经济学手段对土地资源问题进行了一些研究，杰文斯研究了煤炭资源问题，但那时对资源经济问题的研究还没有从经济学中独立出来，没有形成一门独立的资源经济学。

---

① 参见郭春荣、王万山《资源经济学的来龙去脉》，《生产力研究》2005年第5期。

经济学理论从自然资源的有效配置角度进行分析,认为生产者和消费者对资源的使用方式取决于资源的产权,按照静态效率的定义,在"经济人"假定下,产权确实有改善资源配置效率的作用,但这种作用最多只能局限在当代人范围内,而实际上自然资源的配置往往超出当代人的范围,涉及代际资源配置。在这种情况下,可持续性资源利用被提出,并作为处理人类代际关系的准则,成为自然资源经济学的基本规范。只有在首先满足可持续性,即保证按照可持续性来处理代际关系的前提下,才谈得上在"经济人"假定下去追求当代人范围内资源配置的最优化。

联合国的数据显示,预计到2050年全球人口将达到92亿,人口增长导致对食品、淡水、能源等的需求提高,必然将加剧资源问题。自然资源的稀缺性决定了自然资源经济学主要研究资源的有效配置,以及资源配置决策的收入分配效果。[①]

二 西方自然资源经济学的发展

自然资源经济学的产生发展,其核心是自然资源的有效配置。罗杰·珀曼等将自然资源与环境经济学的研究主题确定为效率、最优和可持续性[②];汤姆·蒂坦伯格等用经济学分析方法中的产权理论和外部性解释市场失灵,解释价格异化对资源配置的误导[③];美国资源经济学形成于20世纪20年代末30年代初,以伊利(Ely)和莫尔豪斯(Morehouse)的《土地经济学原理》一书为代表,之后伊利和韦尔万(Wehrweln)于1940年又出版了《土地经济学》一书,第一次把土地当作一个整体来阐述有关的经济问题[④];哈罗德·霍德林(H·Hotelling)的《可耗尽资源的经济学》,提出了资源保护和稀缺资源分配问题,认为资源经济学就是研究稀缺资源的利用和分配;20世纪70年代末,随

---

① 杨云彦:《人口、资源与环境经济学》,中国经济出版社1999年版。
② [英] 罗杰·珀曼等:《自然资源与环境经济学》,侯元兆译,中国经济出版社2002年版。
③ [美] 汤姆·蒂坦伯格等:《环境与自然资源经济学》,王晓霞译,中国人民大学出版社2016年版。
④ [美] 伊利、莫尔豪斯:《土地经济学原理》,滕维藻译,商务印书馆1982年版。

着生态保护主义运动的深入，资源问题的研究进入了一个辉煌时期，以查尔斯·豪（Chalres W·Howe）的《自然资源经济学》为代表，重点论述了自然资源的经济问题，讲述了自然资源的属性、自然资源非市场效益的评价、稀缺性度量、自然资源最优利用条件、项目经济分析、帕累托效率；进入 80 年代，资源经济学已经形成了完整的学科体系，阿兰·兰德尔（Alan Randall）的《资源经济学：从经济角度对自然资源和环境政策的探讨》[1] 认为，资源经济学是微观经济学的一个分支，是研究自然资源和环境政策的一门应用经济学学科，它利用经济学理论和定量分析方法来分析、评价和指导关于自然资源和环境方面的政策。[2][3]

三 中国自然资源经济学的自身发展与探索

改革开放初，并未有独立的资源经济学学科研究，当时主要研究政治经济学，后经著名学者于光远、许涤新等倡导，资源经济学单独开展研究，但主要是引进西方的资源经济学理论。于光远曾提出，资源经济学的任务是从生产力经济学的角度去研究资源对提高社会生产力的作用，从政治经济学的角度去研究与资源有关的各方经济利益间的矛盾，综合起来就是要从经济学的角度去研究计算整个社会经济效益的取得和增长以及各当事者经济效益的分配。资源经济学是自然科学与社会科学尤其是经济科学的结合，是一门自然科学与经济科学交叉的学科。[4] 谷树忠认为，资源经济学是关于资源开发、利用、保护和管理中的经济因素和经济问题，以及资源与经济发展关系的科学，研究资源稀缺及其测度、资源市场、资源价格及其评估、资源配置与规划、资源产权、资源核算、资源贸易、资源产业化管理等。资源经济学是资源科学与经济科学交叉的结果，在学科分类中既属于资源科学的范畴，也属于经济科学的范畴。[5]

---

[1] ［美］阿兰·兰德尔：《资源经济学：从经济角度对自然资源和环境政策的探讨》，施以正译，商务印书馆 1989 年版。
[2] 楼惠新：《资源经济学的几个基本问题》，《中国农业资源与区划》1994 年第 6 期。
[3] 黄亦妙、樊水廉编著：《资源经济学》，北京农业大学出版社 1988 年版。
[4] 于光远：《资源·资源经济学·资源战略》，《自然资源学报》1986 年第 1 期。
[5] 谷树忠：《资源经济学的学科性质、地位与思维》，《资源科学》1998 年第 1 期。

学者开展了大量的理论研究，早期的研究主要集中在自然资源开发使用等领域，更偏向于自然学科的研究特点，诸如贾芝锡的《矿产资源经济学》[1]、李金昌和仲伟志的《资源产业论》[2]、何贤杰的《矿产资源管理研究》[3]、何贤杰等的《矿产资源管理通论》[4]、李金昌的《资源核算论》[5]、秦德先等的《矿产资源经济学》[6]、张瑞恒等的《矿产资源经济论》[7]以及朱永嶙的《矿产资源经济概论》[8]。后期逐渐凸显出自然学科和经济学的融合，诸如马传栋的《资源经济学》[9]、张帆的《环境与自然资源经济学》[10]、马中的《环境与资源经济学概论》[11]、李金昌的《资源经济学新论》[12]、刘成武等的《自然资源概论》[13]、曲福田的《资源经济学》[14]、刘学敏等的《资源经济学》[15]。

总的来说，资源经济学是研究经济发展与资源开发、利用、保护、分配和管理之间关系的一门综合性学科。[16] 研究的根本目的是，实现自然资源的合理开发利用，以最佳的社会、经济、生态效益支撑社会经济的可持续发展。在经济学学科体系中，资源经济学属于应用经济学的一个分支。在资源科学学科体系中，资源经济学作为重要基础分支学科，其理论与方法为资源科学的其他分支学科提供了理论依据。[17]

---

[1] 贾芝锡：《矿产资源经济学》，地震出版社1992年版。
[2] 李金昌、仲伟志主编：《资源产业论》，中国环境科学出版社1990年版。
[3] 何贤杰主编：《矿产资源管理研究》，地震出版社1998年版。
[4] 何贤杰、余浩科、刘斌主编：《矿产资源管理通论》，中国大地出版社2002年版。
[5] 李金昌主编：《资源核算论》，海洋出版社1991年版。
[6] 秦德先、刘春学编著：《矿产资源经济学》，科学出版社2002年版。
[7] 张瑞恒等编著：《矿产资源经济论》，中国大地出版社2006年版。
[8] 朱永嶙编著：《矿产资源经济概论》，北京大学出版社2007年版。
[9] 马传栋：《资源经济学》，山东人民出版社1995年版。
[10] 张帆：《环境与自然资源经济学》，上海人民出版社1998年版。
[11] 马中：《环境与资源经济学概论》，高等教育出版社1999年版。
[12] 李金昌：《资源经济学新论》，重庆大学出版社1995年版。
[13] 刘成武、杨志荣：《自然资源概论》，科学出版社2002年版。
[14] 曲福田：《资源经济学》，中国农业出版社2001年版。
[15] 刘学敏、金建君、李咏涛：《资源经济学》，高等教育出版社2008年版。
[16] 孙鸿烈：《中国资源科学百科全书》，中国大百科全书出版社2000年版。
[17] 中国自然资源学会：《2006—2007资源科学学科发展报告》，中国科学技术出版社2007年版。

第二节　自然资源经济学学科体系在中国的发展

一　学科研究对象

自然资源经济学的研究对象可分为三类：第一类是自然资源，主要包括土地资源、水资源、矿产资源、生物资源等；第二类是人力资源，包括劳动力资源、管理与技术资源，其中人力资源体现在人的体力和智力两个方面；第三类是资本资源，包括非货币形式的有形资本资源、货币资本资源和信息资本资源。①自然资源经济学基于研究对象的主要领域，在学科的理论研究层面，可细分为土地资源经济学、水资源经济学、矿产资源经济学、生物资源经济学、海洋资源经济学等。由于各类自然资源的生长特征、使用方向及方式不同，会产生不同的经济问题。②

自然资源经济学是以自然资源及其管理为对象，研究自然资源合理利用与有效保护及持续发展的科学③，是一门相对年轻的学科。自然资源经济学正如它的名称所表明的那样，主要研究自然资源方面的政策问题，例如土地、森林、水资源、大气以及生态系统等方面的问题，以及人们在自然资源开发利用中发生的经济关系。④自然资源经济学力图分析自然资源在经济社会发展过程中的优化配置问题，提出相关政策建议。⑤研究范围包括自然资源分类、资源稀缺及其测度、资源市场、资源价格及其评估、资源配置与规划、资源产权、资源核算、资源贸易、

---

① ［美］汤姆·蒂坦伯格等：《环境与自然资源经济学》，王晓霞译，中国人民大学出版社2016年版。
② 史忠良、萧四如：《关于资源经济学的构想》，《学术月刊》1989年第11期。
③ 成金华、吴巧生：《资源经济学的优势与课程建设》，《资源与产业》2001年第7期。
④ 张文驹：《资源学的学科属性及定位问题讨论》，《自然资源学报》2004年第1期。
⑤ 杨云彦、程广帅：《人口、资源与环境经济学学科的新发展》，《求是学刊》2006年第1期。

资源产业化管理等。①②

二 主要研究方法

就研究方法而论，自然资源的合理利用问题是一个动态优化配置问题，不仅涉及自然资源在当代人生活期间的优化配置，而且涉及自然资源在代际的合理配置问题，因而自然资源经济学的研究方法必然以动态分析为主。自然资源经济学最初涉及的是可以进行商品性开发的自然资源，如矿产资源、林木资源等，而并不涉及无法进行商品性开发的环境。随着研究的进展，经济学家逐步认识到自然资源的开发对环境的影响，因而将这种影响的外部成本，计入相应的资源产品价格之中，一些经济学家甚至将环境看成可能耗竭的资源，因此，自然资源经济学的主要研究方法集中在产权问题和外部性两大领域。③

外部性这一理论应用于自然资源经济学中，主要研究外部不经济导致的对资源粗放过度的开发、资源配置效率低下及社会经济剩余无谓损失的情况。福利经济学第一定理，即假定个人和企业都是利己的价格制定者，竞争的均衡便是帕累托最优。大多数资源开采企业的短期行为一方面满足了企业自身利益的需要，另一方面也造成了资源在开采时期的巨大浪费，这与资源的长期有效利用目标是背离的，必然会带来整个社会的福利损失，资源配置是无效率的，利己的目标使市场机制失去效率。④

三 自然资源经济学学科与其他学科的关系

经济学的研究思路与方法为自然资源稀缺性的研究提供了一系列的有效工具，自然资源经济学的分析方法和环境经济学、生态经济学都存在着相关性。在分析学科之间的联系与区别时发现，资源经济学侧重研究自然界为人类社会提供服务时产生的经济问题和经济关系，环境经济学侧重研究自然界为人类社会提供舒适性服务和废弃物"沉淀"服务

---

① 谷树忠：《自然资源经济学》，《外国经济与管理》1988年第9期。
② 陈小莉：《资源·资源经济学·技术资源》，《社会科学动态》1998年第4期。
③ 章铮：《环境与自然资源经济学》，《环境保护》1997年第9期。
④ 李敏、刘立秋：《对自然资源生产外部性问题的研究与思考——从经济学角度分析资源税改革》，《内蒙古农业大学学报》（社会科学版）2007年第9期。

时产生的经济问题和经济关系,生态经济学侧重研究自然界为人类社会提供生命支持服务时产生的经济问题和经济关系。① 尽管学科之间存在着很多共同点,生态经济学的研究方法不局限于新古典经济学强调的福利水平最大化,而环境经济学由于主要研究预防和治理自然环境污染的经济活动,因此其理论基础建立在新古典经济学的标准范式上,鼓励采用经济激励来调整破坏性的活动。②

在实际研究中,这几个学科之间是紧密联系的,尤其是环境经济学与自然资源经济学的研究对象、理论观点和分析方法在很大程度上是重叠的,因而也有部分研究将二者结合起来分析。

四 学科发展的主要特点

我国资源经济学研究起步较晚,20 世纪 80 年代以前,对资源经济问题的研究一般仅局限于自然资源综合考察、区划和地理研究。真正较系统地研究资源经济学是在 20 世纪 80 年代以后,鉴于中国经济所处的过渡经济体制特征,长期以来,理论界的研究主要集中在自然资源的价格理论和自然资源的使用制度研究两大主题。③

我国资源经济学学科研究是在社会主义市场经济的多种经济成分共存、一些关键性战略资源由国家垄断经营条件下发展起来的,与西方资源经济学有着较大区别。首先,我国学者主要借鉴西方资源经济学、环境经济学等的理论和方法,结合国内实际进行资源经济学的研究,尚未形成有中国特色的资源经济学理论和方法,亟待建立我国的资源经济学学科体系。其次,资源经济学作为一门交叉学科,应重视开展跨学科交叉研究,不断从经济学、管理学、地理学、社会学、资源科学、部门资源学等学科中汲取新进展和新成果,拓展资源经济学理论、方法研究的新领域、新方向。④ 北京师范大学较早就推动了自然资源经济学的学科

---

① 唐咸正、王娟:《论资源经济学的研究对象》,《自然资源学报》2004 年第 3 期。
② [美] 汤姆·蒂坦伯格等:《环境与自然资源经济学》,王晓霞译,中国人民大学出版社 2016 年版。
③ 成金华、吴巧生:《中国自然资源经济学研究综述》,《中国地质大学学报》(社会科学版) 2004 年第 1 期。
④ 董锁成、石广义等:《我国资源经济与世界资源研究进展及展望》,《自然资源学报》2010 年第 9 期。

发展，专门设置了自然资源专业（教育部备案的自设专业），具体细分出"资源经济与管理"方向，近年来在教材建设、学生培养尤其是在自然资源专业本、硕、博招生等方面不断推进，已经培养了一批资源经济领域的研究生从事专业工作。

目前在我国高校学科培养体系下，更多设置的是"人口、资源与环境经济学"学科。按照学科分类，国务院学位委员会于 1997 年在调整研究生专业目录时，将人口、资源与环境经济学作为理论经济学下的二级学科，生硬地将人口经济学、资源经济学、环境经济学三个学科拼凑在一起。把实践性很强的应用学科置于理论经济学之下，限制了学科的发展，也与学科解决实践应用问题的初衷不符。北京师范大学史培军教授曾提出，资源学科体系应包括资源科学、资源技术学、资源管理学等二级学科，其中资源管理学又包括资源法学、资源政策学、资源经济学等三级学科，就学科分类而言，应当属于应用经济学下的二级学科。[①]

第三节　自然资源经济学的主要分支

一　能源：对可再生能源的研究

能源是人类赖以生存的自然资源，据国际能源署的统计，煤炭、石油和天然气是供给世界上大多数国家的主要能源品种。改革开放 40 年的实践表明，经济社会发展对能源的依赖并未减少，我国是富煤贫油少气的资源禀赋结构，对于能源需求的不断增长形成供给的压力，同时人均储量相对短缺，亦不利于排放等环境问题的解决。能源供给需求的现状要求必须走能源生产使用的可持续发展路径，由于煤炭、石油、天然气等一次能源的不可再生特征，人们主动寻找替代性的可再生能源，如水电、风电、太阳能、地热、核能等。但最近的一些研究认为，清洁能

---

① 史培军：《关于资源学科定位及其学科与人才培养体系的建设》，《自然资源学报》2003 年第 5 期。

源生产本身也存在问题,诸如页岩气开采过程中可能造成的水污染、天然气泄漏等。①

2005年,《中华人民共和国可再生能源法》获得通过,适用于风能、太阳能、水能、生物质能、地热能、海洋能等非化石能源的开发利用,旨在改善能源结构,保障能源安全,实现能源的可持续发展。该法的实施尤其是明确了政府、市场等不同的主体在开发利用可再生能源过程中,应遵循的法律制度和投资、税收、价格、财政支持,保障了市场主体发展可再生能源。② 根据国家能源局发布的数据,截至2016年年底,我国水电装机容量为332亿千瓦,比上年增长了6%左右;风电装机容量为1.49亿千瓦,增长了30%左右;核电装机容量3356千瓦,增长了26%;光伏发电装机增长了74%,折合2000万吨标准煤;生物质能装机容量为1200万千瓦,实际发电量650亿千瓦时。以上纳入电力供应系统中的各类可再生能源的贡献量共计折合5.41亿吨标准煤,占全国能源消费量的12.4%,与2011年相比,增加了5%。其中水电比重最大,约为8.2%,风电和核能分别占1.7%、1.5%,光伏太阳能发电占0.5%。可再生能源已经成为经济发展中重要的依托,水电发展平稳,风电和太阳能光伏发电发展迅速,非化石能源在一次能源中的比重逐渐提高,能源结构不断优化。③④

能源使用中核心的问题在于能效改善,我国能源效率低下主要表现为能源开采、转换、加工、使用全过程的粗放低效。有研究指出,我国老工业基地的能效水平低于全国平均水平,全国平均水平落后于发达国家的水平。在改善能源效率的诸多政策建议中,能够发挥能源潜力的最有效措施是调整能源结构,依靠创新技术进步提高能源强度,尤其是制造业能源强度,不断研究开发新工艺、新技术、新材料和新设备,挖掘

---

① [美]汤姆·蒂坦伯格等:《环境与自然资源经济学》,王晓霞译,中国人民大学出版社2016年版。
② 中国政府网:《中华人民共和国可再生能源法》,http://www.gov.cn/fwxx/bw/gjdljg-wyh/content_2263069.htm。
③ 金朗、曹飞韶:《我国可再生能源发展现状与趋势》,《生态经济》2017年第10期。
④ 参见国家统计局网 http://data.stats.gov.cn/staticreq.htm。

能源结构对提高能效的潜力。①②

二 水资源：河长制的创新管理机制

2015年，《2030年可持续发展议程》在联合国通过，其核心在于指导全球到2030年可持续发展的具体进程。水资源是人类不可缺少的资源，议程的目标六中对它进行了详细的说明。目标六是为所有人提供水和环境卫生并对其进行可持续管理，获得安全饮用水和环境卫生的途径以及淡水生态系统的健全管理，对于人类健康以及环境的可持续性和经济繁荣至关重要。联合国可持续发展进展报告的数据表明，截至2015年，全球超过20亿人生活在用水极度紧张的国家，北非和西亚用水紧张程度超过60%，这表明当前和未来世界很多地区都面临着水资源的短缺，主要是生活在农村地区的人们无法获得饮用水源和卫生设施，尽管水事部门的官方发展援助稳步上升，但相对于官方发展援助支出总额的比例一直相对稳定，自2005年以来约为5%。③

《中国落实2030年可持续发展议程国别方案》中提出了对标2030年议程的有效的水资源管理措施，旨在解决水资源的匮乏和安全问题。主要集中在实施农村饮水安全巩固提升工程，到2020年，中国农村集中供水率达到85%以上，自来水普及率达到80%以上；到2030年，确保人人普遍和公平获得安全和负担得起的饮用水，全国基本完成农村户厕无害化建设改造；落实《水污染防治行动计划》，大幅度提升重点流域水质优良比例、废水达标处理比例、近岸海域水质优良比例，加强重点水功能区和入河排污口监督监测，强化水功能区分级分类管理；全面推进节水型社会建设，落实最严格水资源管理制度，强化用水需求和用水过程管理，实施水资源消耗总量和强度双控行动；到2020年，全国农田灌溉用水有效利用系数提高到0.55以上，实现万元国内生产总值用水量和万元工业增加值用水量分别比2015年下降23%和20%；构建国家生态安全框架，保护和恢复与水有关的生态系统，地下水超采问题

---

① 徐国泉：《中国能源效率问题研究》，经济科学出版社2013年版。
② 潘家华：《中国的环境治理与生态建设》，中国社会科学出版社2015年版。
③ United Nations, *Progress towards the Sustainable Development Goals*, 2017.

较严重的地区开展治理行动；积极开展水和环境等相关领域的南南合作，帮助其他发展中国家加强资源节约、应对气候变化与绿色低碳发展的能力建设，并提供力所能及的支持与帮助；继续推行用水户全过程参与的工作机制，支持、加强和督促用水户和地方社区参与改进水和环境卫生的管理。①

2016 年，《关于全面推行河长制的意见》出台，探索建立省、市、县、乡四级河长体系，各省（自治区、直辖市）设立总河长，各省（自治区、直辖市）行政区域内主要河湖设立河长，各河湖所在市、县、乡均分级分段设立河长，县级及以上河长设置相应的河长制办公室。② 从管理机制的角度上看，河长制创新性地强化了落实属地责任，搭建了社会共治的平台，在起步较早的江苏省、浙江省都取得了较好的实施效果，是水资源利用保护管理上的重要进步。从新制度经济学的角度分析，河长制最大的优点是职责归属明确、权责清晰、合理的路径依赖基础上的制度创新。③④

三 土地资源：主体功能区划的积极作用

我国土地资源空间分布不均衡，开发历史现状差异较大，区域土地利用各有特点。从大的地域空间特征上看，我国东南地区水土资源丰富，土地生产力水平较高。《2016 年中国国土资源公报》的数据显示，截至 2015 年年末，全国共有农用地 64545.68 万公顷，其中耕地 13499.87 万公顷（20.25 亿亩），园地 1432.33 万公顷，林地 25299.20 万公顷，牧草地 21942.06 万公顷；建设用地 3859.33 万公顷，含城镇村及工矿用地 3142.98 万公顷。全国因建设占用、灾毁、生态退耕、农业结构调整等原因减少耕地面积 30.17 万公顷，通过土地整治、农业结

---

① 参见《中国落实 2030 年可持续发展议程国别方案》，2016 年。
② 水利部：《关于全面推行河长制的意见》，http://www.mwr.gov.cn/ztpd/2016ztbd/qmtxhzzhhghkxj/zyjs/201612/t20161212_774116.html。
③ 王书明、蔡萌萌：《基于新制度经济学视角的"河长制"评析》，《中国人口·资源与环境》2011 年第 9 期。
④ 朱玫：《论河长制的发展实践与推进》，《环境保护》2017 年第 21 期。

构调整等增加耕地面积 24.23 万公顷①②。

全国主体功能区规划，根据不同区域的资源环境承载能力、现有开发密度和发展潜力，统筹谋划未来人口分布、经济布局、国土利用和城镇化格局，将国土空间划分为优化开发、重点开发、限制开发和禁止开发四类，确定主体功能定位，明确开发方向，控制开发强度，规范开发秩序，完善开发政策，逐步形成人口、经济、资源环境相协调的空间开发格局。全国主体功能区规划旨在从源头上统筹经济、人口、资源与环境之间的协调发展，打破行政管理的区划，从资源功能性的角度进行区域整体发展，全国和省级层面均编制了主体功能区规划，以指导各层级的土地资源利用。③

功能区划是以地域功能理论为基础的，主体功能区划采用土地适应性评价作为基础，主体功能区划确定了区域发展的原则，应当作为地区空间开发规划的顶层设计，由不同区域的土地资源承载力特征，确定开发密度和未来的发展潜力。④ 从主体功能区划颁布实施的理论研究和实践规划工作开展情况来看，指导一个地区经济社会资源发展的多个规划并存，主体功能区规划的顶层指导还需要强化。⑤ 有研究认为，主体功能区在规范优化空间开发秩序上发挥了重要作用，当前面临的问题主要包括空间开发中的区域差异问题，尤其是经济增长较慢的地区，通常也是限制开发的地区，继而形成落后地区的发展困难问题。⑥ 主体功能区划最终的意义还在于对土地资源使用过程中的土地利用规划、城市总体规划等各类规划的制定实施发挥制约和协调的作用。⑦

---

① 参见《2016 中国国土资源公报》。
② 参见国家统计局网 http://data.stats.gov.cn/staticreq.htm。
③ 国家发展改革委：《国务院关于编制全国主体功能区规划的意见》，http://www.ndrc.gov.cn/fzggzz/fzgh/zcfg/200708/t20070801_151751.html。
④ 樊杰：《中国主体功能区划方案》，《地理学报》2015 年第 2 期。
⑤ 黄勇、周世锋、王琳：《用主体功能区规划统领各类空间性规划——推进"多规合一"可供选择的解决方案》，《全球化》2018 年第 4 期。
⑥ 魏后凯：《对推进形成主体功能区的冷思考》，《中国发展观察》2007 年第3 期。
⑦ 高国力：《如何认识我国主体功能区划及其内涵特征》，《中国发展观察》2007 年第 3 期。

四 气候变化：低碳经济的视角

工业革命以来，人为活动对化石燃料的使用不断增长，由于能源活动、工业生产过程、农业活动、土地利用变化和林业活动以及废弃物处理等主要领域的温室气体排放逐渐累积，全球尺度上以二氧化碳为代表的温室气体排放水平持续升高，温室效应增强，导致全球气候变暖。越来越多的科学研究表明，全球气候变化正在加速发展，气候变化的科学性是确定的。气候变化导致的极端气候事件频发，如冰川融化、两极海冰融化、海平面上升、雪线上升，台风、强降雨与洪水灾害、极端干旱等天气事件频发、大气污染天气占比逐渐增加，出现了越来越多的高温天气，陆地及海洋上层温度升高。MIT 的研究报告显示，自 20 世纪 70 年代以来，大西洋和太平洋上大规模暴风雨的持续时间和强度都增加了 50% 左右。截至 21 世纪末，飓风总数会减少，但第 4 类及第 5 类飓风的数目却增长近一倍。气候变化引发的恶劣天气事件，给全球和中国都造成了经济损失。[1][2][3]

气候变化经济学最初由英国著名经济学家斯特恩提出，从经济学视角来解读气候变化，实质上是将全球气候变化问题从市场行为和低碳经济成本收益的角度进行分析。斯特恩认为，全球气候变化是由严重的市场失灵造成的，即与碳排放相关的商品和服务价格没能正确反映其环境损失。市场本应通过价格影响消费，一旦市场价格没有发出正确的信号，没有反映出温室气体排放这一负外部性，不论是生产者还是消费者都得承担气候变化引发的各种问题。[4]

斯特恩报告中将低碳经济的发展方式归纳为减少对化石能源的依赖，以达到经济增长、能源消费以及人们的生活方式等的低碳化转变。

---

[1] Intergovernmental Panel on Climate Change (IPCC), *Summary for Policy Makers of Climate Change* 2007: *Mitigation*, Contribution of Working Group Ⅲ to the Fourth Assessment Report of the Intergovernmental Panel on Climate Change, London: Cambridge University Press, 2007.

[2] 秦大河、陈振林、罗勇等：《气候变化科学的最新认知》，《气候变化研究进展》2007 年第 2 期。

[3] 潘家华、孙翠华、邹骥等：《减缓气候变化的最新科学认知》，《气候变化研究进展》2007 年第 3 期。

[4] Stern, N., *Stern Review: The Economics of Climate Change*, University of Cambridge, 2006.

随后关于积极应对和减缓温室气体排放的研究逐渐多起来，代表性的就是低碳经济的提出和实践发展。从理论研究的层面上讲，低碳经济的主要目标是将温室气体的排放限制在一定的水平之下，以防止全球变暖的严重负面影响，并在此过程中寻求能源安全、新经济增长点和国家竞争力新来源，以低自然资源消耗、低排放、低污染，达到较高的碳生产率，实现较高的经济社会发展水平和较好的生活质量。核心内容是发展低碳能源技术，提高能源效率，改善能源结构，转变经济增长方式，建立低碳经济发展模式和低碳社会消费模式，长远实现温室气体的近零排放。① 给碳排放定价的办法减少温室气体的排放，增加排放成本，例如基于碳交易市场设定区域、行业的排放上限，针对企业产能差异设定排放的配额，用市场的手段促进行业减排。②

第四节 自然资源经济学的重要研究领域

一 资源价值评估与定价

（一）资源价值及其价值类型

自然资源具有经济价值主要源于人类对自然资源的使用，经济发展、人口的不断增长与有限的、稀缺的自然资源之间如何协调，催生了对自然资源进行经济价值估算的思想。自然资源不仅具备直接使用价值，在经济分析中也可进行货币化估值。用可量化的评估方法，一方面可以对资源价值进行评估，另一方面可以对使用中造成的资源损害进行评估。资源价值化是能够表明资源对于人类社会具有价值的一个有效办法，如果不对资源价值进行经济解释，那么资源受损的情况就更难以改善了。③④

---

① 庄贵阳：《低碳经济：气候变化背景下中国的发展之路》，气象出版社 2007 年版。
② 北京理工大学能源与环境政策研究中心：《"十三五"碳排放权交易对工业部门减排成本的影响》，http：www.ceep.net.cn，2016。
③ R. Costanza et al.，"The Value of the World's Ecosystem Services and Natural Capital"，*Nature*，Vol. 38，No. 7，1997，pp. 253 – 260.
④ ［美］汤姆·蒂坦伯格等：《环境与自然资源经济学》，王晓霞译，中国人民大学出版社 2016 年版。

自然资源价值评估的核心思想在于对自然资源与人的关系进行评估，尽管是以货币化的方式进行价值表征，但更重要的层面在于揭示资源利用或资源受损的程度与所受影响之间的量化强度。基于此基本思想，经济学家将自然资源的经济价值分为使用价值、选择价值和非使用价值。使用价值通常反映了资源直接满足人们生产生活的使用，是人们可以从资源中直接获得的效益；选择价值表征了人们保有未来使用某种价值的意愿，这种意愿实际上反映的是人们在未来的使用价值；非使用价值主要反映人们为了资源不受损害的支付意愿，当这些价值加总之后，就形成了总的自然资源经济价值。①②

（二）主要的资源价值评估方法

自然资源价值评估方法总的来说可以分为陈述偏好法和揭示偏好法两大类。其中，陈述偏好法使用较为广泛的主要有条件价值评估和选择试验，揭示偏好法包括旅行成本法、特征资产价值、特征工资、预防支出等评估方法。③ 具体而言，条件价值评估法应用相对比较广泛。该方法创造了一个虚拟的市场，假设在这个市场中用调查问卷方式获得消费者的支付意愿，在使用中又分为对情况改善的支付意愿（Willingness to Pay，WTP）和接受损失赔偿意愿（Willingness to Accept，WTA）。两种不同的估值方法，其实质揭示了消费者的使用偏好。条件价值评估法适用于单一属性变动的价值评估，选择试验则适用于多重属性的变化情况。

在实践中资源价值评估法应用较为广泛，从资源经济学的角度理解该评估方法，可以追溯到新古典经济学原理中消费者剩余对资源福利的量化研究。条件价值评估法基于随机效用原理，随机选择调查样本通过回答调查问卷的问题，模拟市场获得消费者的偏好，个体偏好扩大到这个假设的市场中，将个人的消费偏好转化为市场偏好，继而以货币化的方式进行了资源的价值评估。条件价值评估法符合福利经济学中衡量消

---

① 马中：《环境与资源经济学概论》，高等教育出版社1999年版。
② 张广海：《资源环境生态经济价值综论》，《中国人口·资源与环境》2002年第5期。
③ 王尔大、李莉、韦健华：《基于选择实验法的国家森林公园资源和管理属性经济价值评价》，《资源科学》2015年第1期。

费者福利的基本原则，但是其本身也存在着应用中的缺陷，即问卷调查是资源价值评估的基础，而实践中影响问卷数据的因素有很多，所以也存在着高估或低估的偏差。① 在实际工作中，该估值方法被广泛应用到海域（海岸带）资源价值评估、旅游相关资源价值评估、农地价格评估等领域。②③④⑤

二 外部性与循环经济

（一）外部性的主要表现

经济福利不仅受制于自身的活动，还受到外界其他主体活动的影响，即经济行为存在外部性。一般来说，外部性分为两种：一种是正的外部性，受影响的主体得到了正向的效益，又称外部经济；另一种是负的外部性，受影响的主体受到了损失，又称外部不经济。外部性理论揭示了市场活动中价格信号失灵、资源配置低效的根本原因。在资源经济学领域，通常研究较多的问题是外部不经济，从社会总剩余的角度上看，主要表现为资源未实现有效配置形成的无谓损失。⑥⑦⑧⑨

导致外部性的最主要的原因是产权结构。若资源的属性是公共的，开放可获取的，产权不明晰，任何人都可以获得，可以使用，则属于非排他性的资源，此时就容易出现负的外部性问题。若产权是排他的，人

---

① 于波、张峰、陆文彬：《对于环境资源价值评估方法——条件价值评估法的综述》，《环保论坛》2010 年第 1 期。

② 单胜道：《环境资源价值评价方法在农地价格评估中的应用》，《国土与自然资源研究》2002 年第 2 期。

③ 苏广实：《自然资源价值及其评估方法研究》，《学术论坛》2007 年第 4 期。

④ 肖建红、于庆东、张运磊等：《基于 CVM 的旅游相关资源价值评估总体范围扩展方法研究》，《自然资源学报》2013 年第 9 期。

⑤ 闻德美、姜旭朝、刘铁鹰：《海域资源价值评估方法综述》，《资源科学》2014 年第 4 期。

⑥ 魏宁宁、李丽、高连辉：《耕地资源利用的生态外部性价值核算及其补偿研究》，《科技导报》2018 年第 2 期。

⑦ 宋益、黄健柏、钟美瑞等：《外部性成本内部化视角下战略性矿产资源关税替代性政策研究——以稀土矿为例》，《资源科学》2018 年第 3 期。

⑧ 谢六英：《自然资源外部性激励和抑制的制度优化》，《江西农业大学学报》（社会科学版）2010 年第 2 期。

⑨ 徐军、王薇薇：《负外部性视野下的自然资源国家所有权》，《河海大学学报》（哲学社会科学版）2014 年第 1 期。

们就会有动机去保护稀缺的排他性资源,一旦这种排他性不存在,就容易促成不受限制地使用。当人们都去追求自身的经济剩余最大化时,就进一步加剧了资源稀缺的程度,导致资源的过度开发和浪费。因此,就稀缺资源来讲,非排他性是造成市场无效配置的重要原因,外部性是导致市场失灵的源头。经济学家认为,将公共物品的外部成本内部化是解决自然资源外部性问题的有效途径。①

(二) 循环经济——对资源外部性问题的解决方案

循环经济的提出区别于线形经济的既有发展模式,主要针对资源使用中的负外部性问题的解决。循环经济以物质闭环流动为特征,目标是在资源不退化甚至得到改善的情况下促进经济增长,探讨的是物质如何在整个经济活动中得到合理的利用,以资源的高效利用和循环利用为核心。② 自然科学领域关于热力学定律的理论基础提供了循环经济的科学性,说明发展循环经济可行。2009 年《循环经济促进法》实施,中央以及各地方财政资金支持建设了循环经济重点项目,作为当时调整经济结构、转变发展方式的重要抓手,循环经济的发展对于我国再生资源利用起到了积极的促进作用,循环经济的提出,是建设资源节约型、环境友好型社会和实现可持续发展的重要途径。③

循环经济的基本特征是坚持开发节约并重、节约优先,按照减量化、再利用、资源化的"3R"原则,目标在于节约各类资源,鼓励企业进行生产环节的资源废弃物循环,一方面提高资源利用率,另一方面减轻环境负担;按照自然生态系统内部物质循环规律和方式,用绿色经济运行模式来指导人类的经济活动,使整个生产、经济和消费过程不产生或少产生废物,在物质不断循环的基础上发展经济,使经济活动对自然环境的影响降低到最小。循环经济是经济增长、社会发展和资源环境实践的产物,分别从整个生产环节的输入端、生产过程和输出端入手,

---

① [美] 汤姆·蒂坦伯格等:《环境与自然资源经济学》,王晓霞译,中国人民大学出版社 2016 年版。
② 刘学敏:《循环经济机制与模式研究》,《经济纵横》2007 年第 1 期。
③ 国家发展改革委:《"十一五"资源综合利用指导意见》,http://hzs.ndrc.gov.cn/zhly/200701/t20070117_602323.html。

其中输入端强调的是减少进入生产和消费过程的物质量,从源头设计产品的再使用与资源化;过程性控制要求产品或包装以初始形式多次使用,实现产品形式的循环经济;输出端控制要求消费后的废弃物变成再生资源,实现垃圾形式的循环经济。①②③④ 循环经济工作的开展实践已经取得了一定的成果,主要集中在减少资源在生产、流通和消费过程中的消耗,基于生态工业园区推动产业链的减量化发展、农业领域建设循环园区、再生资源的回收利用等。⑤

三 资源诅咒与"荷兰病"

（一）资源诅咒的表现

资源诅咒通常指某个地区在一段时间内,某种资源富集且带动了区域的经济增长,经历了经济的高速增长后,又由于与该种资源相关的其他原因导致区域经济发展缓慢的现象,因资源兴起又因资源衰落。经济学家进行大量实证研究后发现,通常自然资源丰富的国家经济增长速度还不如资源匮乏的国家,充裕的自然资源对于这些国家而言并不是祝福,反而限制了经济增长。资源丰富的国家由于资源品的供给充足、国际贸易顺差等原因实现了短期的经济增长,后又陷入增长的停滞状态,经济学家将这种现象归因于经济增长过分依赖于某种资源而产生了挤出效应。⑥⑦⑧

资源诅咒对于经济增长产生的限制作用,尤其在资源丰裕国家和资源贫乏国家之间的对比更加明显,人均收入增速差别较大。就中国而

---

① 曹院平:《基于循环经济评价指标体系进展研究》,《再生资源与循环经济》2018 年第 5 期。
② 吕颖珊:《浅析循环经济下的环境管理》,《中国新技术新产品》2018 年第 11 期。
③ 唐静、林慧龙:《草地农业的循环经济特征分析》,《草业学报》2013 年第 1 期。
④ 郭庆方:《循环经济技术经济特征与价格运行机制研究》,《特区经济》2015 年第 1 期。
⑤ 中国科学院可持续发展战略研究组:《中国可持续发展战略报告——实现绿色的经济转型》,科学出版社 2011 年版。
⑥ Auty, R. M., *Resource Abundance and Economic Development*, Oxford: Oxford University Press, 2001.
⑦ Sachs, J. D., Warner, A. M., "The Curse of Natural Resources", *European Economic Review*, Vol. 45, 2001.
⑧ 胡阳琳:《基于"荷兰病"现象和资源诅咒论浅析中国当前部分经济现象》,《中国集体经济》2017 年第 4 期。

言，西部地区自然资源丰富，但经济增长水平却处于全国末位，有学者对西部地区的能源开发与经济增长之间的基本关系进行了实证研究，认为能源开发确实阻碍了经济增长，也说明，对于资源丰富的地区，不能只是高强度地开发。① 还有学者提出资源诅咒指数并区分了资源诅咒程度的差异，认为煤炭、石油、天然气和有色金属等资源输出省存在潜在的风险，资源输入省则不存在。②

（二）"荷兰病"的原理

著名的"荷兰病"现象便是如此，20世纪60年代，荷兰开采大量的天然气，造成短期内天然气供给大幅增加，出口增加，成为短期经济增长点。然而到70年代，由于荷兰发生较为严重的通货膨胀，加之天然气开采资源吸引了大量的劳动力转移，非资源生产部门的竞争力不断下降，最终促进荷兰经济增长的天然气行业也成了经济下滑的原因。这种现象不仅发生在荷兰，其他资源富集型的国家和地区也曾出现过。③

"荷兰病"的传导机制是资源诅咒的早期实践表现，资源产业繁荣吸引了资本和劳动力，国际投资进入，本币升值，本国的其他行业都受到打击。经济学家将"荷兰病"的原理理论抽象出来，从市场供给需求的角度对资源诅咒的问题进行解释，认为资源转移效用使国内制造业成本提高，收入效应使成本进一步提高，本币升值导致厂商的货币收入减少。在成本与收益的双重挤压下，厂商因利润降低被迫退出市场，最终导致本国除资源产业行业外的其他行业衰落。

四 资源型城市转型

（一）中国资源型城市概述

2013年，国务院印发了《全国资源型城市可持续发展规划（2013—2020年）》，规划中首次界定了全国262个资源型城市，并根据

---

① 邵帅、齐中英：《西部地区的能源开发与经济增长——基于"资源诅咒"假说的实证分析》，《经济研究》2008年第4期。
② 安锦、王建伟：《资源诅咒：测度修正与政策改进》，《中国人口·资源与环境》2015年第3期。
③ 冯宗宪、姜昕、赵驰：《资源诅咒传导机制之"荷兰病"——理论模型与实证研究》，《当代经济科学》2010年第4期。

资源保障能力和可持续发展能力差异,将资源型城市划分为成长型、成熟型、衰退型和再生型四种类型,明确了不同类型城市的发展方向和重点任务。其中,衰退型城市包含阜新、抚顺、大兴安岭地区等67个城市。① 目前,全国城市总量有600多个,资源型城市超过1/3,资源型城市由于自身的资源禀赋特征,通常与当地的行业发展类型密切相关,在促进国家工业化发展的进程中发挥了重要作用。

我国资源型城市的资源类型主要为煤炭、森工、有色冶金、石油、黑色冶金等,这类型城市因资源迅速发展,也因资源逐渐枯竭走向经济增长的衰退期。以东北地区资源型城市为例,东北地区工业化起步较早,资源储量丰富,资源开发历史较长,以老工业基地为特征的产业布局、国有企业市场经营方式,形成了城市密集、高度依赖资源的经济社会结构。面临资源枯竭和经济社会转型期的要求,逐渐出现了经济发展缓慢、居民生活水平下降、就业困难、人才外流等一系列问题。② 根据经济增长模型分析,地区的经济增长与资本、劳动力和创新因素直接相关,资源枯竭型城市从要素投入的角度来看,缺乏经济增长的动力。

(二)资源枯竭型城市转型的主要做法

针对资源枯竭型城市的发展问题,国家层面出台了一系列政策措施着手研究解决。"十五"期间就提出"积极稳妥地关闭资源枯竭的矿山,因地制宜地促进以资源开采为主的城市和大矿区发展接续产业和替代产业,研究探索矿山开发的新模式";"十一五"规划再次提出"促进资源枯竭型城市经济转型,在改革开放中实现振兴"的战略方针,"建立资源开发补偿机制和衰退产业援助机制"③;2007年,国务院出台《关于促进资源型城市可持续发展的若干意见》,重点在资源开采过程中,建立资源开发补偿机制,加强促进下岗失业人员实现再就业、保

---

① 人民网:《262个资源型城市首次界定,含阜新抚顺等衰退型67个》,http://politics.people.com.cn/n/2013/1203/c1001-23727583.html。
② 邱松:《东北地区资源枯竭型城市经济转型效果研究》,博士学位论文,吉林大学,2011年。
③ 中国政府网:《回顾"十五",展望"十一五"》,http://www.gov.cn/zwgk/index.htm。

障资源枯竭企业平稳退出的衰退产业援助机制①；2011 年，国务院根据首批资源枯竭型城市转型成效评估报告，同意将对首批资源枯竭型城市财政性转移支付从 2010 年延长至 2015 年；2016 年，国家发改委出台了《关于支持老工业城市和资源型城市产业转型升级的实施意见》，要求在具备条件的老工业城市建设一批产业转型升级示范区和示范园区，探索推进产业转型升级的有效途径，再造产业竞争新优势，旨在对接中国制造 2025，优化资源枯竭型城市的经济结构。②

资源枯竭型城市依资源而建，在整体的经济增长、产业布局上就是围绕发展工业行业进行规划的，工业生产带来的各种问题也随之出现，资源枯竭型城市的转型升级发展，是一个比较复杂的系统工程，还需要继续探索可持续发展的路径。

五 自然资源经济学发展 40 年取得的主要成就

我国的自然资源经济学发展走过了 40 年的历程，在理论研究和实践探索方面取得了一定的成果，推动了学科研究的发展，也积极促成了对于自然资源管理机制体制的创新。

从理论研究的层面上看，主要学术贡献在于对循环经济、生态文明建设的研究，包括资源开发利用与区域发展关系、资源承载力、资源安全、资源流动、资源循环利用与循环经济、资源型城市经济转型和世界资源经济方面。③

2018 年，中共中央印发《深化党和国家机构改革方案》，践行"绿水青山就是金山银山"的理念，统筹山水林田湖草系统治理，解决了自然资源多头管理的发展历史，自然资源部统一行使所有国土空间用途管制和生态保护修复职责，着力解决自然资源所有者不到位、空间规划重叠等问题。④ 受制于以往粗放型的资源生产使用方式，资源利用效率

---

① 中国政府网：《国务院关于促进资源型城市可持续发展的若干意见》，http://www.gov.cn/zwgk/2007-12/24/content_841978.htm。
② 国家发展改革委员会：《关于支持老工业城市和资源型城市产业转型升级的实施意见》，http://www.ndrc.gov.cn/gzdt/201610/t20161009_822002.html。
③ 董锁成、李泽红等：《资源经济学对生态文明建设的学术贡献与创新方向——纪念中国自然资源学会成立 30 周年》，《资源科学》2013 年第 9 期。
④ 参见中华人民共和国自然资源部《中共中央印发〈深化党和国家机构改革方案〉》。

低，尤其是一次能源耗竭的问题凸显，传统的资源管理机制也亟待改变。新的自然资源部成立后，变以往的多头管理为一头管理，强化了各类资源之间的统筹协调，更好地将地区的自然资源禀赋综合考虑，与当地经济增长、产业布局、生态环境保护等衔接起来，有利于自然资源的保护使用。

参考文献

［美］阿兰·兰德尔：《资源经济学：从经济角度对自然资源和环境政策的探讨》，施以正译，商务印书馆1989年版。

［美］汤姆·蒂坦伯格等：《环境与自然资源经济学》，王晓霞译，中国人民大学出版社2016年版。

［美］伊利、莫尔豪斯：《土地经济学原理》，滕维藻译，商务印书馆1982年版。

［英］罗杰·珀曼等：《自然资源与环境经济学》，侯元兆译，中国经济出版社2002年版。

安锦、王建伟：《资源诅咒：测度修正与政策改进》，《中国人口·资源与环境》2015年第3期。

北京理工大学能源与环境政策研究中心：《"十三五"碳排放权交易对工业部门减排成本的影响》，www.ceep.net.cn，2016。

曹院平：《基于循环经济评价指标体系进展研究》，《再生资源与循环经济》2018年第5期。

陈小莉：《资源·资源经济学·技术资源》，《社会科学动态》1998年第4期。

成金华、吴巧生：《中国自然资源经济学研究综述》，《中国地质大学学报》（社会科学版）2004年第1期。

成金华、吴巧生：《资源经济学的优势与课程建设》，《资源与产业》2001年第7期。

单胜道：《环境资源价值评价方法在农地价格评估中的应用》，《国土与自然资源研究》2002年第2期。

董锁成、李泽红等：《资源经济学对生态文明建设的学术贡献与创新方向——纪念中国自然资源学会成立 30 周年》,《资源科学》2013 年第 9 期。

董锁成、石广义等:《我国资源经济与世界资源研究进展及展望》,《自然资源学报》2010 年第 9 期。

樊杰:《中国主体功能区划方案》,《地理学报》2015 年第 2 期。

冯宗宪、姜昕、赵驰:《资源诅咒传导机制之"荷兰病"——理论模型与实证研究》,《当代经济科学》2010 年第 4 期。

高国力:《如何认识我国主体功能区划及其内涵特征》,《中国发展观察》2007 年第 3 期。

谷树忠:《资源经济学的学科性质、地位与思维》,《资源科学》1998 年第 1 期。

谷树忠:《自然资源经济学》,《外国经济与管理》1988 年第 9 期。

郭庆方:《循环经济技术经济特征与价格运行机制研究》,《特区经济》2015 年第 1 期。

国家发展改革委:《国务院关于编制全国主体功能区规划的意见》,http://www.ndrc.gov.cn/fzgggz/fzgh/zcfg/200708/t20070801_151751.html。

国家发展改革委员会:《"十一五"资源综合利用指导意见》,http://hzs.ndrc.gov.cn/zhly/200701/t20070117_602323.html。

国家发展改革委员会:《关于支持老工业城市和资源型城市产业转型升级的实施意见》,http://www.ndrc.gov.cn/gzdt/201610/t20161009_822002.html。

国家水利部:《关于全面推行河长制的意见》,http://www.mwr.gov.cn/ztpd/2016ztbd/qmtxhzzhhghkxj/zyjs/201612/t20161212_774116.html。

何贤杰、余浩科、刘斌主编:《矿产资源管理通论》,中国大地出版社 2002 年版。

何贤杰主编:《矿产资源管理研究》,地震出版社 1998 年版。

胡阳琳:《基于"荷兰病"现象和资源诅咒论浅析中国当前部分经济现象》,《中国集体经济》2017 年第 4 期。

黄亦妙、樊水廉编著:《资源经济学》,中国农业大学出版社 1988 年版。

黄勇、周世锋、王琳：《用主体功能区规划统领各类空间性规划——推进"多规合一"可供选择的解决方案》，《全球化》2018年第4期。

贾芝锡：《矿产资源经济学》，地震出版社1992年版。

金朗、曹飞韶：《我国可再生能源发展现状与趋势》，《生态经济》2017年第10期。

李金昌：《资源经济学新论》，重庆大学出版社1995年版。

李金昌、仲伟志主编：《资源产业论》中国环境科学出版社1990年版。

李金昌主编：《资源核算论》，海洋出版社1991年版。

李敏、刘立秋：《对自然资源生产外部性问题的研究与思考——从经济学角度分析资源税改革》，《内蒙古农业大学学报》（社会科学版）2007年第9期。

刘成武、杨志荣：《自然资源概论》，科学出版社2002年版。

刘学敏：《循环经济机制与模式研究》，《经济纵横》2007年第1期。

刘学敏、金建君、李咏涛：《资源经济学》，高等教育出版社2008年版。

楼惠新：《资源经济学的几个基本问题》，《中国农业资源与区划》，1994年第6期。

吕颖珊：《浅析循环经济下的环境管理》，《中国新技术新产品》2018年第11期。

马传栋：《资源经济学》，山东人民出版社1995年版。

马中：《环境与资源经济学概论》，高等教育出版社1999年版。

潘家华：《中国的环境治理与生态建设》，中国社会科学出版社2015年版。

潘家华、孙翠华、邹骥等：《减缓气候变化的最新科学认知》，《气候变化研究进展》2007年第3期。

秦大河、陈振林、罗勇等：《气候变化科学的最新认知》，《气候变化研究进展》2007年第2期。

秦德先、刘春学编著：《矿产资源经济学》，科学出版社2002年版。

邱松：《东北地区资源枯竭型城市经济转型效果研究》，博士学位论文，吉林大学，2011年。

曲福田：《资源经济学》，中国农业出版社2001年版。

人民网：《262个资源型城市首次界定，含阜新抚顺等衰退型67个》，http://politics.people.com.cn/n/2013/1203/c1001-23727583.html。

邵帅、齐中英：《西部地区的能源开发与经济增长——基于"资源诅咒"假说的实证分析》，《经济研究》2008年第4期。

史培军：《关于资源学科定位及其学科与人才培养体系的建设》，《自然资源学报》2003年第5期。

史忠良、萧四如：《关于资源经济学的构想》，《学术月刊》1989年第11期。

宋益、黄健柏、钟美瑞等：《外部性成本内部化视角下战略性矿产资源关税替代性政策研究——以稀土矿为例》，《资源科学》2018年第3期。

苏广实：《自然资源价值及其评估方法研究》，《学术论坛》2007年第4期。

孙鸿烈：《中国资源科学百科全书》，中国大百科全书出版社2000年版。

唐静、林慧龙：《草地农业的循环经济特征分析》，《草业学报》2013年第1期。

唐咸正、王娟：《论资源经济学的研究对象》，《自然资源学报》2004年第3期。

王尔大、李莉、韦健华：《基于选择实验法的国家森林公园资源和管理属性经济价值评价》，《资源科学》2015年第1期。

王书明、蔡萌萌：《基于新制度经济学视角的"河长制"评析》，《中国人口·资源与环境》2011年第9期。

魏后凯：《对推进形成主体功能区的冷思考》，《中国发展观察》2007年第3期。

魏宁宁、李丽、高连辉：《耕地资源利用的生态外部性价值核算及其补偿研究》，《科技导报》2018年第2期。

闻德美、姜旭朝、刘铁鹰：《海域资源价值评估方法综述》，《资源科学》2014年第4期。

肖建红、于庆东、张运磊等：《基于 CVM 的旅游相关资源价值评估总体范围扩展方法研究》，《自然资源学报》2013 年第 9 期。

谢六英：《自然资源外部性激励和抑制的制度优化》，《江西农业大学学报》（社会科学版）2010 年第 2 期。

徐国泉：《中国能源效率问题研究》，经济科学出版社 2013 年版。

徐军、王薇薇：《负外部性视野下的自然资源国家所有权》，《河海大学学报》（哲学社会科学版）2014 年第 1 期。

杨云彦：《人口、资源与环境经济学》，中国经济出版社 1999 年版。

杨云彦、程广帅：《人口、资源与环境经济学学科的新发展》，《求是学刊》2006 年第 1 期。

于波、张峰、陆文彬：《对于环境资源价值评估方法——条件价值评估法的综述》，《环保论坛》2010 年第 1 期。

于光远：《资源·资源经济学·资源战略》，《自然资源学报》1986 年第 1 期。

张帆：《环境与自然资源经济学》，上海人民出版社 1998 年版。

张广海：《资源环境生态经济价值综论》，《中国人口·资源与环境》2002 年第 5 期。

张瑞恒等编著：《矿产资源经济论》，中国大地出版社 2006 年版。

张文驹：《资源学的学科属性及定位问题讨论》，《自然资源学报》2004 年第 1 期。

章铮：《环境与自然资源经济学》，《环境保护》1997 年第 9 期。

中国科学院可持续发展战略研究组：《中国可持续发展战略报告——实现绿色的经济转型》，科学出版社 2011 年版。

中国政府网：《国务院关于促进资源型城市可持续发展的若干意见》，http：//www.gov.cn/zwgk/2007－12/24/content_841978.htm。

中国政府网：《回顾"十五"，展望"十一五"》，http：//www.gov.cn/zwgk/index.htm。

中国政府网：《中华人民共和国可再生能源法》，http：//www.gov.cn/fwxx/bw/gjdljgwyh/content_2263069.htm。

中国自然资源学会：《2006—2007 资源科学学科发展报告》，中国科学技术出版社 2007 年版。

朱玫:《论河长制的发展实践与推进》,《环境保护》2017 年第 21 期。

朱永嶙编著:《矿产资源经济概论》,北京大学出版社 2007 年版。

庄贵阳:《低碳经济:气候变化背景下中国的发展之路》,气象出版社 2007 年版。

Auty, R. M., *Resource Abundance and Economic Development*, Oxford: Oxford University Press, 2001.

Costanza, R. et al., "The Value of the World's Ecosystem Services and Natural Capital", *Nature*, Vol. 38, No. 7, 1997.

Intergovernmental Panel on Climate Change (IPCC), *Summary for Policy Makers of Climate Change* 2007: *Mitigation*, Contribution of Working Group Ⅲ to the Fourth Assessment Report of the Intergovernmental Panel on Climate Change, London: Cambridge University Press, 2007.

Sachs, J. D., Warner, A. M., "The Curse of Natural Resources", *European Economic Review*, Vol. 45, 2001.

Stern, N., *Stern Review*: *The Economics of Climate Change*, University of Cambridge, 2006.

United Nations, *Progress towards the Sustainable Development Goals*, 2017.

第十六章 经济增长方式转变与供给侧结构性改革

经济增长，一般通过两条途径来实现：一是增加要素投入；二是提高劳动生产率。如果经济增长依靠要素投入的增加，是外延的增长，也称为粗放的增长；如果经济增长依靠提高劳动生产率，是内涵的增长，也称为集约的增长。这两种途径都称为经济增长的方式。显然，由于资源的有限性，依靠增加投入的增长方式不如依靠提高效率的增长方式。"转变经济增长方式"是从依靠要素的增长转变为依靠劳动生产率的增长。

这两种不同的经济增长方式，在一个国家的经济增长中往往是同时存在的，但在不同的发展阶段，两者的组合有差别。一般而言，发展中国家在经济起步阶段，外延的增长占主导；而发达国家的增长则主要依靠内涵的增长。因此，经济增长方式转变，对于我国这样一个后发且经过多年高速增长、达到中上收入水平的国家而言，既是一个合乎历史的逻辑演变，更是契合现实需求的重大理论问题。

经济增长方式转变与我国经济发展的阶段有着密切关联。从改革开放一直到20世纪90年代初，我国一直处于短缺经济状况。在短缺经济时代，物资供应紧张，经济运行中的核心矛盾是生产供应不足，粗放型经济增长方式必然盛行。我国政府也认识到要追求提高效率的增长。中共十一届三中全会确立以经济建设为中心的基本路线，提出各项经济活动要讲求经济效益；党的十二大提出，把全部经济工作转到以提高经济效益为中心的轨道上来；党的十三大提出，经济发展要从粗放经营为主逐步转到以集约经营为主的渠道上。但在实际经济中，我国经济仍旧是重速度、轻效益，重投入、轻产出，重数量、轻质量，重外延扩张、轻技术进步。

经过改革开放十多年的发展，20世纪90年代初，在我国确立了社会主义市场体制的改革目标后，市场在资源配置中起到了基础性作用。市场经济使我国快速告别短缺经济，我国经济进入了买方市场，这时粗放型经济增长方式带来的经济发展质量不高、资源浪费、效率低下的现象日益突出。在这种情况下，我国在"九五"计划中提出要实现"经济增长方式的转变"。进入21世纪尤其是我国加入世界贸易组织后，经济获得迅速腾飞，但是，原有粗放型经济增长方式愈演愈烈，高耗能高污染情况日益严重，资源、环境承载能力已到了临界点，因此，党的十七大报告提出，要转变经济发展方式。2012年以后，随着我国步入中上收入国家，潜在经济增长速度下滑，我国经济进入新常态，经济增速将回归到中高速度水平。在经济新常态下，我国经济旧的增长模式带来的种种弊端，如环境污染、产能严重过剩、企业效率低下暴露无遗。在这种背景下，供给侧结构性改革应运而生。供给侧结构性改革通过提高供给质量，推进结构调整，提高全要素劳动生产率，也就是要求转变经济增长方式。

因此，转变经济增长方式、转变经济发展方式、供给侧结构性改革三种提法是一脉相承的。它们的根本任务是一致的，都是着眼于提高劳动生产率，着眼于经济的长期、可持续增长。

根据上述的讨论，我国发展过程中对经济增长方式转变的政策调整可以分为三个阶段，分别是"九五"计划提出的转变经济增长方式、党的十七大提出的转变经济发展方式和2015年提出的供给侧结构性改革。同样地，经济学界的理论探索也大致以这三个阶段展开。

第一节 我国经济增长方式转变的政策实施

一 "九五"计划中提出的转变经济增长方式

中共十四届五中全会提出，实现"九五"计划和2010年远景目标的关键是实现两个具有全局意义的根本性转变：一是经济体制从传统的计划经济体制向社会主义市场经济体制转变；二是经济增长方式从粗放型向集约型转变。这是我国首次在中央文件中提出经济增长方式的转变。

我国为什么会在改革开放十多年后提出这个命题呢？

在"九五"计划之前，党和政府的文件中也有涉及经济发展要依靠提高经济效益为中心的论述。例如，党的十二大报告提出，"把全部经济工作转到以提高经济效益为中心的轨道上来"，党的十三大报告提出，"使经济建设转到依靠科技进步和提高劳动者素质的轨道上来"，党的十四大报告提出，"努力提高科技进步在经济增长中所占的含量，促进整个经济由粗放经营向集约经营转变"。这些论述实质上与"转变经济增长方式"没有本质区别。但是，这些提法在报告中并没有展开，一直到"九五"计划中，党的文件才对这个议题作了详细论述。这是由于现实中粗放型经济增长方式已带来严重的经济问题。

粗放型经济增长方式的特征是高投入、低产出，高消耗、低效益。在微观层面，表现为国有企业普遍出现了经营困难。国有企业出现普遍性的经营困难，是改革开放以来没有过的。因为改革开放以来，由于我国长期处于短缺经济中，供需之间的主要矛盾在于供不应求。在供不应求的情况下，作为供给侧的国有企业，不会出现普遍性的经营困难。

随着1992年重启改革之后，市场配置资源的作用大大增强，我国经济的供应能力显著提高，全社会很快就摆脱了笼罩多年的短缺经济，社会中的各种票证制度也彻底取消，我国进入买方市场经济。根据商务部的统计，20世纪90年代末，消费品80%以上是供过于求的。此时，供需之间的主要矛盾是供过于求。在买方市场条件下，供给效率低下的问题日益突出，这反映了经济运行中的结构性矛盾。具体表现到微观企业，就是国有企业出现了普遍的经营困难。

1997年年底，国有和国有控股大中型工业企业为16874户，其中，亏损的有6599户，占39.1%。小型国有企业的经营更是困难重重，根据2000年的统计，全国国有小型工业企业超过5万户，职工人数约1400万人，盈亏相抵，至1999年已连续6年亏损，亏损额300亿元左右。同时，国有金融企业也面临着重大危机。四大国有银行的不良贷款率都严重超过公认的国际警戒线，陷入技术性破产状态。银行体系的危机是国有工业企业经营困难在金融体系的体现。

国有企业经营困难突出表现了粗放型经济增长。从产权角度看，国有企业的国有产权制度，名义上国家成为资源占有主体；但在实际运作中，容易出现所有者缺位。国有企业的经营目标不再体现所有者的意志，经常由经营层主导且存在严重的预算软约束，出现盲目扩张、低水平重复建设、生产规模最大化、成本最大化等各种问题；同时，国有企业改革滞后，企业改革成为整个经济体制改革的薄弱环节。国有企业的问题反映到现实经济中，最突出的是产能过剩和效率低下。

"九五"计划提出，要积极推进经济增长方式转变，把提高经济效益作为经济工作的中心。依靠经济体制改革，形成有利于节约资源、降低消耗、增加效益的企业经营机制，有利于自主创新的技术进步机制，有利于市场公平竞争和资源优化配置的经济运行机制。

"九五"计划提出，转变经济增长方式，主要依靠：一是充分发挥体制改革带来的活力和市场竞争机制的作用，促进优胜劣汰和资源优化配置；二是充分发挥现有基础的潜力，提高投入产出效益；三是依靠科技进步和提高劳动者素质，增大科技进步在经济增长中的含量；四是狠抓资源节约和综合利用，大幅度提高资源利用效率；五是按照社会化大生产与合理经济规模的要求，优化企业组织结构；六是加快流通领域改革，提高流通效率；七是运用计划手段和产业政策，促进经济增长方式转变。

国有企业的改革是转变经济增长方式的主要抓手。我国政府对国有企业实施了"抓大放小""鼓励兼并、规范破产、下岗分流、减员增效、实施再就业工程"的改革措施。国家必须重点抓好一批在国民经济中起骨干作用的大型企业和企业集团，以保证对国民经济的调控。对国有小型企业，可以区别不同情况，采取改组、联合、兼并、股份合作制、租赁制、承包经营和出售等多种形式，加快改革和改组的步伐。国家对供给侧进行了大刀阔斧的改革。据统计，截至2002年，全国累计分流2750万国有企业职工。同时，国家对银行系统也采取了发行特别国债增加资本金、剥离不良资产、上市筹资等举措，协助国有商业银行摆脱困境。

二 转变经济发展方式

加入世界贸易组织后,我国经济摆脱了东南亚金融风暴的不利影响,经济重新回到高速增长的轨道上。连续多年的高增长,资源"瓶颈"制约和环境压力不断加大,可持续发展问题日益突出。

从20世纪90年代末到21世纪最初几年,我国经济发展方式呈现出三个特征:第一,经济增长高度依赖投资和出口,消费对经济增长的拉动作用较弱。第二,经济增长高度依赖第二产业特别是工业的扩张,服务业发展相对滞后。第三,经济增长高度依赖低成本资源和生产要素的高强度投入,科技进步和创新对经济增长的贡献率偏低。这种经济发展方式难以为继,对投资和出口的高度依赖会引发流动性过剩和通货膨胀压力加大;对第二产业的高度依赖会带来产业发展失衡,对资源和生产要素的依赖会导致资源环境压力加大。

资源环境的约束表现在:我国人均耕地占有量为世界平均水平的40%左右,2004年为人均1.41亩,随着工业化和城市化的推进以及人口的增加,人均耕地还将减少。我国人均淡水资源占有量仅为世界平均水平的25%,且时空分布不均。目前,600多个城市中已有400多个缺水,110个严重缺水。我国人均占有的石油、天然气和煤炭资源储量分别为世界平均水平的11%、4.5%和79%;45种矿产资源人均占有量不到世界平均水平的一半;铁、铜、铝等主要矿产资源储量分别为世界平均水平的1/6、1/6和1/9。主要矿产资源的对外依存度已从1990年的5%上升到目前的50%以上。①

党的十七大报告指出:"实现未来经济发展目标,关键要在加快转变经济发展方式。""要大力推进经济结构战略性调整,更加注重提高自主创新能力,提高节能环保水平,提高经济整体素质和国际竞争力。"

加快转变经济发展方式。党的十七大报告指出,要实现三个转变:"要坚持走中国特色新型工业化道路,坚持扩大国内需求特别是消费需

---

① 张卓元:《深化改革,推进粗放型经济增长方式转变》,《经济研究》2005年第11期。

求的方针,促进经济增长由主要依靠投资、出口拉动向依靠消费、投资、出口协调拉动转变,由主要依靠第二产业带动向依靠第一、第二、第三产业协同带动转变,由主要依靠增加物质资源消耗向主要依靠科技进步、劳动者素质提高、管理创新转变。"

三 供给侧结构性改革

为了应对2008年的国际金融危机,我国出台了"四万亿"经济刺激政策,这项经济刺激政策的实施迅速地使我国经济摆脱了危机,但也留下了一系列后遗症。"四万亿"经济刺激政策,从经济增长方式上说,属于典型的粗放增长,依靠生产要素的大量投入(投资)来刺激经济在短期内迅速扩张。这些新增加的投资再加上历史上形成的大量投资,在供给端形成了巨大的现实产能和潜在产能。同时,随着我国潜在经济增长速度下滑,经济增速从高速转向中高速,总供给与总需求之间的矛盾日益突出。总供给超过总需求,供给质量不高,这些是粗放型增长方式的具体体现。

我国经济进入新常态后,一个重大的问题是部分行业的产能过剩。2013年10月,国务院印发的《关于化解产能严重过剩矛盾的指导意见》指出,我国钢铁、水泥、电解铝、平板玻璃、船舶等行业存在产能严重过剩矛盾。2012年年底,我国钢铁、水泥、电解铝、平板玻璃、船舶产能利用率分别仅为72%、73.7%、71.9%、73.1%和75%。产能过剩在我国工业领域广泛存在,这可以从表16-1中我国工业产能利用率变化情况看出。

总供给与总需求的矛盾还表现在工业品生产者出厂价格指数(PPI)的持续负增长上。2012—2016年,我国PPI连续五年同比出现下降,超过了20世纪90年代末通货紧缩时的情况。这显示了我国经济中结构性失衡、供给质量不高、要素配置扭曲。

2015年,中央经济工作会议提出,推行"三去一降一补"政策,即去产能、去库存、去杠杆、降成本、补短板,这些政策就是供给侧结构性改革的短期重点。

供给侧结构性改革具体针对五大生产要素,即劳动力、土地、资本、技术和制度,提出了一系列针对性措施,包括:调整完善人口政策,夯实供给基础;推进土地制度改革,释放供给活力;加快金融体制改革,解除金融抑制;实施创新驱动战略,开辟供给空间;深化简政放权改革,促进供给质量等。

经过几年的供给侧结构性改革,我国工业领域出现了一些积极的变化。从2017年起,我国工业品生产者出厂价格指数(PPI)扭转了持续负增长的情况,工业产能利用率有了明显提高(见表16-1),一些产能严重过剩工业的企业效益也出现了好转。

表16-1　　　　　我国工业产能利用率情况　　　　　单位:%

时间	工业产能利用率	时间	工业产能利用率
2013年第一季度	75.30	2016年第一季度	72.90
2013年第二季度	75.20	2016年第二季度	73.10
2013年第三季度	75.90	2016年第三季度	73.20
2013年第四季度	76.80	2016年第四季度	73.80
2014年第一季度	75.40	2017年第一季度	75.80
2014年第二季度	75.50	2017年第二季度	76.80
2014年第三季度	75.20	2017年第三季度	76.80
2014年第四季度	76.10	2017年第四季度	78.00
2015年第一季度	74.20	2018年第一季度	76.50
2015年第二季度	74.30	2018年第二季度	76.80
2015年第三季度	74.00		
2015年第四季度	74.60		

资料来源:Wind。

第二节　经济增长方式转变的研究脉络

一　20世纪90年代对经济增长方式的研究

(一)对历史经验总结

粗放型经济增长方式在其他国家并不鲜见,如苏联和东亚地区。陆南泉对苏联经济增长方式的转变进行了历史回顾。苏联长期实行以追求速度为目标，依靠不断大量投入新的人力、物力和财力，走粗放型发展道路，是一种消耗型经济。到20世纪70年代，苏共提出经济向以集约化为主的发展道路转变。苏联采取的主要措施包括：加速科技进步，调整投资政策，调整国民经济的部门结构和技术结构，提高劳动者的文化技术水平和加速智力开发，改革经济体制。这些措施并没有让苏联转向集约化道路。陆南泉认为，苏联经济发展集约化难以取得进展的根本原因是经济体制问题。具体表现为：企业缺乏采用新技术的内在动力；物资技术供应制度阻碍企业技术革新；新技术产品的生产者与使用者之间存在矛盾；物质奖励制度弊端多；产品供不应求，缺乏竞争；企业资金不足，阻碍设备更新；科技管理制度弊病丛生。

余永定分析了东亚地区政府在维持较高资源投入方面的主要政策措施，包括：一是鼓励储蓄，长期维持较高的储蓄率；二是鼓励投资，努力维持较高的投资率；三是重视人力资本积累，大力普及基础教育。与东亚地区相对应的，发达国家经济增长过程中的生产效率问题主要是通过市场机制来解决的，主要包括：一是激烈的竞争是促成生产效率提高的最重要推动力；二是大垄断企业组织在推动技术进步方面发挥着重要作用；三是企业家精神；四是政府干预。①

（二）对我国经济增长方式的分析

陆百甫归纳了粗放型增长方式的表现及其危害。他认为，旧的经济增长方式就是粗放型的增长方式，其主要特征可概括为"三高""三低"。"三高"是指高速度、高投入、高消耗；"三低"是指低质量、低产出、低效益。其表现为：从宏观上看，重实物量平衡，轻价值量平衡；从投资上看，重外延扩张，轻内涵深化；从生产上看，重数量速度，轻质量效益。显然，这种经济增长方式是一种浪费资源、缺乏实惠的非经济性的增长方式。陆百甫认为，旧的经济增长方式对经济的长期稳定发展不利，具有明显的危害性，其主要危害可归纳为以下四个方

---

① 陆南泉：《前苏联经济增长方式评述》，《经济学动态》1995年第11期；余永定：《国外经济增长方式的理论与实践》，《改革》1995年第6期。

面：一是经济总量控制不住，社会总供给与总需求难以平衡，通货膨胀不时抬头，物价上涨超过社会承受能力；二是"投资饥渴"不断膨胀，投入产出比下降，重复建设、盲目发展，重新项目开工、铺新摊子，忽视合理配置和现有项目的改造更新；三是有钱不愿向"弱质产业"投入，结构不能优化升级，造成农业严重滞后，基础产业和基础设施"瓶颈"制约，生产经营眼睛向"歪"，追求产值产量、外延投入、价格转嫁；四是忽视技术进步、质量品种、成本利润。我国经济沿着旧的经济增长方式走下去，只能是浪费资源、枯竭国力，国家和人民得不到多少实惠。而要真正提高我国经济实力、综合国力和人民生活水准，不摆脱旧的经济增长方式，是不可能提高人均水平的。①

关于粗放型经济增长方式产生的原因，张立群认为，有以下三个方面：一是与我国所处的经济发展阶段有关。我国处于工业化的中前期阶段，国际经验表明，这一阶段的经济增长一般有粗放型的特点。二是与经济体制的特点有关。高度集中的计划体制，以及以后的计划经济向社会主义市场经济转换中的转轨型经济体制，缺少严密有效的内在经济约束，不利于鼓励竞争，促进技术进步。三是我国的具体国情。我国人口多增长快的国情，决定了经济规模必然迅速扩大。②

粗放型经济增长方式与国有企业改革滞后有着密切联系。在传统体制下，国有企业偏向于数量增长，是粗放型经济增长方式的微观体现。高尚全认为，不充分发挥市场机制的调节作用，就不会有经济增长方式的根本转变，而不加快国有企业改革的进程，不确立国有企业作为市场竞争主体的地位，就不会有市场机制作用的充分发挥。国有企业，一方面占用着全社会大多数的资金和资源，另一方面又处于高投入、低产出效益低下的状态。从国有企业的现状看，由于其体制和机制严重不顺，除少数企业效益和活力还较好外，大多数国有企业缺乏活力、效益低下、债务负担过重，正常经营运作困难；国有企业由于其体制和机制不

---

① 陆百甫：《实现经济增长方式转变是我国经济发展的战略性选择》，《管理世界》1995年第6期。
② 张立群：《论我国经济增长方式的转换》，《管理世界》1995年第5期。

顺，缺少加强管理、降低成本、提高效益的动力，因而也无法真正消除导致通货膨胀的内在原因和严重威胁。周叔莲认为，转变经济增长方式的成果集中表现在提高经济效益上，最主要的是要深化经济改革，尤其是深化国有企业改革。我国产业结构难以优化的根本原因仍然是经济体制问题，由于多数国有企业还未成为真正的市场竞争主体，同时普遍缺少活力，市场机制难以充分发挥作用，宏观调控也往往达不到预期目标，资源因而难以在产业间合理分配。从企业层面看，企业普遍存在的大而全、小而全，盲目建设、重复建设现象，都是同传统体制必然产生的地区分割、部门分割有内在联系的。只有使企业成为真正的企业，充分发挥市场机制的作用，再加上正确的宏观调控，才有可能实现规模经济的要求。科技进步的主体是企业，国有企业只有真正成为有活力的商品生产者和经营者，才有可能成为技术进步的主体，做到向科技进步要效益。关于科学管理，现在企业管理存在滑坡现象，强调加强企业管理是十分必要的，但为什么企业管理普遍不被重视，这不仅是由于认识不够，领导不够，更为根本的是传统体制还在起作用。[1]

（三）如何进行经济增长方式转变

经济增长方式转变，依靠的是改革与开放。改革，就是改变原有经济体制和运行机制，改变粗放型经济增长方式存在的土壤，让市场机制在资源配置中起更大的作用；开放，就是进一步扩大我国的对外经济关系，利用开放提高全要素生产率，从而改变粗放型经济增长方式。从根本上说，经济增长方式转变关键在于转变增长方式的制度基础。

郭克莎认为，我国经济增长方式由速度型向效益型的转变之所以十分缓慢，其基本原因：一是市场机制未能发挥有效的调节功能；二是宏观经济政策没有起到应有的推动作用。因此作者提出，促进经济增长方式转变的基本条件是加快改革开放，包括加速建立现代企业制度，进一步完善市场体系和市场规则，提高对外开放水平等，以提高市场机制调节的功能；调整宏观经济政策，包括控制经济增长速度、调整投资重

---

[1] 高尚全：《加快国有企业改革，促进经济增长方式转变》，《经济学动态》1996 年第 10 期；周叔莲：《转变经济增长方式和深化国有企业改革》，《管理世界》1996 年第 1 期。

点、优化产业结构等。这是推动经济增长方式转变的重要保证。①

江小涓分析了吸引外资和经济增长方式转变之间的关系。她建立了一个零外资与经济增长方式转变的分析框架,包括:利用外资与资本形成质量的关系、与技术进步的关系、与人力资源开发的关系、与贸易结构和国际竞争力的关系、与产业结构和产业组织变化的关系、与体制转轨的关系等。利用外资在以上几个方面都可以起到积极促进作用。因此,她提出,以促进经济增长方式转变为目标,进一步提高利用外资水平,主要包括:制定适合开放环境的中长期产业和技术发展战略;为外商投资企业和国内企业创造平等的竞争环境;加强对外商投资方向的引导。②

马建堂指出,企业产品质量不高、竞争力不强、技术进步缓慢,原因在于没有确立优胜劣汰的机制;科研与生产的脱节,原因在于没有形成促使科研与生产、科研与市场紧密结合的制度安排;地方重复投资、重复建设、有着强烈的投资冲动,原因在于政府直接管理经济的体制未彻底改变,政企不分、争投资、争项目,政府的干部考核、评价和使用体制问题。因此,他提出,只有深化企业体制改革、投资体制改革、科技体制改革和政府管理体制改革,才能实现经济增长方式的转变。③

二 21世纪初转变经济发展方式

加入世界贸易组织后,我国经济迅速融入世界经济体系,在国际分工中,利用自身优势,经济获得空前发展。在经济快速增长的背后,资源"瓶颈"制约和环境压力不断加大,可持续发展问题被提上重要议程。21世纪初,我国提出转变经济发展方式。

(一) 为什么一直无法实现经济增长方式转变

吴敬琏认为,我国经济增长方式从"九五"计划以来一直无法改变是由于体制的原因。他归纳为四个方面:一是政府还保持着对一些重要资源的配置权力。虽然党的十四大确定了改革目标是建立社会主义市

---

① 郭克莎:《经济增长方式转变的条件和途径》,《中国社会科学》1995年第6期。
② 江小涓:《利用外资与经济增长方式的转变》,《管理世界》1999年第2期。
③ 马建堂:《转变经济增长方式的关键是建立新的体制基础》,《改革》1995年第6期。

场经济,明确了市场经济就是要让市场机制在资源配置中起基础性作用,但是,这在现实中没有到位。很多资源仍然是由非市场因素决定,最重要的是金融与土地领域。金融改革滞后,在很大程度上说金融资源主要是银行,因为银行改革没有到位,所以银行的信贷仍然在很大程度上是受当地的党政领导的影响;土地也是由各级政府决定配置。二是把GDP增长作为考核干部业绩的主要标准。三是税收制度,生产型增值税使政府收入直接与产值挂钩。四是行政干预定价,尽量压低各种生产要素的价格,如工资、土地、利率、汇率等。这四条决定了各级地方官员有一个自发的倾向,走回老的增长模式,就是用大量的投资、大量的资源来支持那些价格高、产值大、税收多的生产。①

也有一些经济学家认为,原有经济增长方式具有合理性。林毅夫、苏剑认为,一种经济的目标增长方式是使该经济的生产成本最小化的增长方式,这一增长方式是由该经济的要素禀赋结构决定的。我国的目标增长方式应当是能够充分利用劳动力优势的增长方式,而不是利用不具优势的资本密集增长方式,也不必然是以自主研发来促进生产率提高的增长方式。一种经济的实际经济增长方式取决于企业的行为,因为经济增长是由企业实现的,而企业是在一定的宏观经济环境中做决策的,这个宏观经济环境的最根本特征就是要素价格体系,因此,一种经济的实际经济增长方式最终取决于该经济的要素价格体系,有什么样的要素价格体系,就有什么样的经济增长方式。我国最近几十年来资本和土地密集型的增长就是我国长期采用低利率、低土地价格、低能源价格、低原材料价格的政策的必然结果。因此,要转换我国的经济增长方式,首先要改变我国的目标增长方式;其次是进行要素价格体系和其他方面的改革,使企业实际支付的要素价格体系符合我国的要素禀赋结构,从而使企业的最优化尽量接近整个经济的最优化。②

经济增长方式与人口结构有着密切关联。蔡昉、王美艳从人口角度考察人口结构与增长方式转变之间的关系。由于人口再生产类型在

---

① 吴敬琏:《增长模式与技术进步》,《科技潮》2005年第10期。
② 林毅夫、苏剑:《论我国经济增长方式的转换》,《管理世界》2007年第11期。

"高出生率、高死亡率、低增长率"阶段到"高出生率、低死亡率、高增长率"阶段再到"低出生率、低死亡率、低增长率"阶段转变的过程中,由于出生率和死亡率下降在时间上具有继起性和时间差,相应形成人口年龄结构变化的三个阶段。这三个阶段分别具有少年儿童抚养比高、劳动年龄人口比重高和老年抚养比高的特征。在整个改革开放期间,中国处在劳动年龄人口比重最高的时期,生产性较高的人口结构既提供了充足的劳动力供给,也创造了形成高储蓄率,从而支撑资本积累的条件。由于人口红利的存在,劳动力数量、质量和价格具有明显的优势,并得以形成和保持很高的储蓄水平和资本积累率,使这种主要依靠投入的增长方式足以支撑中国经济的高速增长。一旦随着人口结构、劳动力供求关系和劳动力成本的变化,必然导致劳动力从无限供给到短缺的刘易斯转折点,进而引起工资水平和劳动力成本的上升,传统增长方式赖以作用的条件就发生了变化,经济增长方式向主要依靠生产率提高的转变迫在眉睫。①

(二) 以改革转变经济增长方式

粗放型经济增长方式与政府行为有着密切关联。首先,中央政府对官员的考核在很长一段时期内有着"唯 GDP"标准,地方官员在 GDP 竞争的晋升机制下追求政绩,盲目投资上项目,尤其以"园区建设"作为抓手,投资和开发区建设能在短期内迅速刺激 GDP 增长,在微观方面,表现为低端产能过度进入。其次,地方保护主义盛行,通过扭曲要素市场价格,如金融支持、低地价甚至零地价、税收优惠及财政补贴等手段,造成市场竞争不充分,落后产能、落后企业淘而不汰。

张卓元提出,要深化改革,推进经济增长方式转变。深化经济体制改革,特别是财税体制改革和价格改革,使各种生产要素和产品的价格,如土地、水、能源、矿产品的价格能更好地反映资源的稀缺程度,同时推进利率的市场化及完善汇率形成机制。深化改革还包括转变政府职能,政府从经济活动的主角转为公共服务型政府;改革干部政绩考核和提拔任用体制;深化企业改革特别是国有企业改革;深化金融体制改

---

① 蔡昉、王美艳:《劳动力成本上涨与增长方式转变》,《中国发展观察》2007 年第 4 期。

革；等等。通过深化改革，用经济杠杆迫使生产企业和消费者节约使用资源，提高资源利用效率，从根本上减少环境污染，真正实现经济增长方式的转变。①

（三）开放经济与经济增长方式转变的关系

中国的外向经济关系，可以借助本土资源、劳动力优势，迅速融入全球分工体系。对外经济关系对经济增长方式的作用形成了两种不同的观点。

一种观点认为，发达国家外资的技术扩散和外溢有利于发展中国家的技术进步，有利于提高全要素生产率，促进经济发展方式的转变。余泳泽、武鹏提出了"技术势能"假说，认为外商投资企业对东道国技术进步的潜在推动能力，同时受到内外资企业间技术差距和外商投资企业进入程度的影响。外资企业较高的全要素生产率水平对内资企业产生了积极显著的技术溢出效应。白俊红、吕晓红认为，FDI质量对中国经济发展方式的转变具有显著的促进作用；从分地区的层面来看，沿海和内陆两个地区的FDI质量提升均有助于经济发展方式的转变，并且沿海地区FDI质量的作用强度显著大于内陆地区。②

另一种观点认为，开放经济并未实现经济增长方式的转变，反而有负面的作用。路风、余永定认为，我国保持多年高速增长的成就是以出口导向和外资依赖为鲜明特征的，因此，出现近20年同时保持了经常项目和资本项目的顺差；在繁荣下被掩盖的问题是，中国的技术和能力在总体上并没有在这个过程中获得足够的成长。这种国际收支"双顺差"悖论所反映的实质问题是，中国在经济发展过程中出现了能力缺口，与外资依赖互为因果，阻碍了产业升级，使粗放发展方式顽固地延续甚至恶化，也使中国经济越来越容易受到外部力量的左右。③

---

① 张卓元：《深化改革，推进粗放型经济增长方式转变》，《经济研究》2005年第11期。
② 余泳泽、武鹏：《FDI、技术势能与技术外溢——来自我国高技术产业的实证研究》，《金融研究》2010年第11期；白俊红、吕晓红：《FDI质量与中国经济发展方式转变》，《金融研究》2017年第5期。
③ 路风、余永定：《"双顺差"、能力缺口与自主创新——转变经济发展方式的宏观和微观视野》，《中国社会科学》2012年第6期。

(四) 具体增长路径如何实现

王国刚认为,城镇化是我国经济发展方式转变的重心。中国经济发展方式转变是从以工业经济为主要推动力转变为工业经济和城镇经济共同推动的过程。通过工业化解决了"吃、穿、用"之后,要有效地解决目前严重短缺的"住、行、学"等问题,加快发展城镇经济。解决"住、行、学"问题,既是城镇化的主要内容,也是在温饱型小康基础上实现全面小康的主要内容,还是保障中国经济长期可持续发展的主要动力。[1]

曾铮考察了历史上多个国家和地区的改革,这些改革跨越了"中等收入陷阱",实现了经济发展方式的转变。韩国、日本、新加坡和中国台湾与大陆文化相似、国情相近,其经济发展方式转变的经验对中国具有尤为重要的借鉴意义。通过对这些典型亚洲国家和地区经济发展方式转变经验的总结,他得出以下四点启示:一是转变经济发展方式,包含经济与社会自然和谐发展;二是经济发展方式转变要坚持市场导向与政府干预相结合;三是经济结构调整是转变经济发展方式的重点方向;四是自主创新是转变经济发展方式的重要支撑。[2]

中国经济增长与宏观稳定课题组认为,经济增长方式与一国生产力和社会发展水平密切相关。在工业化早期,都会经历一个或长或短的粗放型增长期。经济增长方式演变的总体趋势是从劳动、资本投入驱动型到管理、知识创新带来的生产效率提高型,即体现为"要素积累—集约管理—知识创新"的动力演化路径,集约化程度和创新程度越来越高。虽然一个经济体不能跨越自身发展阶段而随意选择某种经济增长方式,但是,可以通过努力(如技术进步、企业家创新、制度完善、政策调控)缩短从一种较粗放的增长方式向集约型增长方式转型的时间。改变我国经济增长方式,必须从供给政策和市场化条件改革两个方面入手,中国经济增长与宏观稳定课题组的建议包括:一是加强准入管理,

---

[1] 王国刚:《城镇化:中国经济发展方式转变的重心所在》,《经济研究》2010年第10期。
[2] 曾铮:《亚洲国家和地区经济发展方式转变研究——基于"中等收入陷阱"视角的分析》,《经济学家》2011年第6期。

对通过转嫁企业外部或代际成本进行低成本竞争的公司要加强准入性限制管理,如环保条件准入管理、劳动保护的准入管理等,从而避免技术演进过程中那种不顾后果的"恶意套利者"的进入和过度竞争。二是逐步校正扭曲的要素和资源价格,减低微观主体对扭曲价格的套利行为,使竞争有一个公平的基础。三是放松管制,向国内资金开放现代服务业部门。四是利用好资本市场进行要素资源的配置。五是在供给政策上通过减税和增加研发的投入,激励中国企业进行技术—产品升级,积累自主创新能力。[①]

蔡昉等认为,经济发展阶段变化所引起的增长方式转变的内在需要,以及人均收入水平提高所引起的对环境质量的更高要求,是节能减排政策能否实现与地方政府的发展动机及企业行为激励相容,从而真正得以贯彻的关键。他们通过拟合环境库兹涅茨曲线、预测排放水平从提高到下降的转折点,考察了中国经济内在的节能减排要求。研究结果显示,对于温室气体的减排来说,被动等待库兹涅茨转折点的到来,已无法应对日益增加的环境压力。在这种情况下,需要依靠中央政府的决心、地方政府和企业转变增长方式的动机,加大激励力度,以实现可持续经济增长。[②]

(五) 经济增长方式转变的衡量与评估

张友国基于投入产出结构分解方法实证分析了 1987—2007 年经济发展方式变化对中国 GDP 碳排放强度的影响。分析结果表明,经济发展方式变化使中国的 GDP 碳排放强度下降了 66.02%。其中,生产部门能源强度、需求直接能源消费率的持续下降和能源结构的变化分别使碳排放强度下降了 90.65%、13.04% 和 1.16%,但是,需求衡量的分配结构、三次产业结构、三次产业内结构、制造业内结构变化以及进口率和中间投入结构的变化却分别导致碳排放强度上升了 4.61%、2.50%、

[①] 中国经济增长与宏观稳定课题组:《干中学、低成本竞争和增长路径转变》,《经济研究》2006 年第 4 期。

[②] 蔡昉、都阳、王美艳:《经济发展方式转变与节能减排内在动力》,《经济研究》2008 年第 6 期。

1.02%、3.85%、2.89%和27.63%。①

王小鲁等考察了中国经济增长方式正在发生的转换，发现改革开放以来我国全要素生产率呈上升趋势，最近十年在3.6%左右。全要素生产率的来源在发生变化，外源性效率提高的因素在下降，技术进步和内源性效率改善的因素在上升。在要素投入方面，教育带来的人力资本质量提高正在替代劳动力数量简单扩张的作用。世界经济危机正在对中国经济增长造成不良影响，但并不是不可克服的。实证分析发现，行政管理成本的膨胀和消费率的持续下降是影响经济增长的两个内在因素。如果能够克服这些负面影响，中国经济在2008—2020年间仍然可能保持9%以上的增长率。②

三　供给侧结构性改革与经济增长方式转变

(一) 关于产能过剩问题的研究

粗放型经济增长方式的重要经济后果就是产能过剩。韩国高等认为，经济增长方式不合理是我国产能过剩形成的深层次原因。我国主要依靠投资来拉动的粗放型经济增长方式，使通过投入更多的生产要素产出更多产品成为经济增长的主要形式。同时，地方政府对微观经济主体的干预，导致企业投资行为的扭曲，从而导致了企业的过度产能投资。③

林毅夫等分析了产能过剩的具体机制。他们认为，产能过剩不仅由经济周期波动引起，更可能有投资层面的成因。发展中国家的企业很容易对下一个有前景的产业产生共识，投资上容易出现"潮涌现象"的过程。"潮涌现象"的微观理论基础——看似"盲目"的结果其实是对其他企业和总量信息了解不足所导致的理性结果。④

---

① 张友国：《经济发展方式变化对中国碳排放强度的影响》，《经济研究》2010年第4期。
② 王小鲁、樊纲、刘鹏：《中国经济增长方式转换和增长可持续性》，《经济研究》2009年第1期。
③ 韩国高、高铁梅、王立国、齐鹰飞、王晓姝：《中国制造业产能过剩的测度、波动及成因研究》，《经济研究》2011年第12期。
④ 林毅夫、巫和懋、邢亦青：《"潮涌现象"与产能过剩的形成机制》，《经济研究》2010年第10期。

钟春平、潘黎认为，产能过剩存在很多似是而非的争议，而中国存在产能过剩的顽疾，但越治理越严重。他们认为，中国的产能过剩问题，一是恰当的测度和较为可信的统计数据，现有的数据存在问题；二是产能过剩问题被过度强调了，存在扭曲的可能；三是在形成原因上，主要是宏观需求冲击、政府政策扭曲、国有企业的利益机制等因素的共同作用；四是要回归产能利用率的预警功能；五是当下化解产能过剩的政策难以有效实施，因为执行者并没有充足的激励，约束机制也不强；六是在化解产能过剩的方式上，更多地需要健全价格和利益机制，构建市场化发展模式和监督体系。①

（二）供给侧结构性改革的要点

刘伟、蔡志洲认为，当前供给侧的结构性改革，包括以下五个方面：一是要实现经济、社会和环境的可持续发展，尤其是要注重在保护环境的基础上实现经济增长；二是要通过推动混合所有制改革，增加国有和国有控股企业的市场竞争性效率；三是要实现区域间生产力布局的均衡；四是要不断地推动产业结构的升级，提高经济增长的效率；五是要推动分配和再分配领域的改革，在降低企业负担提高市场竞争力的同时，增加劳动者报酬扩大全社会有支付能力的需求。②

洪银兴认为，供给侧结构性改革目标有三个：一是解决有效供给；二是提高全要素生产率；三是释放企业活力。他对"三去一降一补"与供给侧结构性改革之间的关系进行了系统论述。降成本是寻求供给侧的经济发展动力，降成本包括过高的要素配置成本和过高的制度成本。补短板、去产能和去库存能提高供给体系质量和效率。去杠杆和降成本可以释放企业活力。他认为，供给侧的结构性改革要强调以下观点：一是拉动增长需要供给侧和需求侧共同发力，当前矛盾的主要方面在供给侧，但不能忽视需求侧的作用。二是改革是要解决长期问题，去产能、去库存和去杠杆等作为改革任务，供给侧结构性改革目标就是要在体制

---

① 钟春平、潘黎：《"产能过剩"的误区——产能利用率及产能过剩的进展、争议及现实判断》，《经济学动态》2014年第3期。

② 刘伟、蔡志洲：《经济增长新常态与供给侧结构性改革》，《求是学刊》2016年第1期。

机制上防止和克服产生新的无效低端产能和库存，建立增加有效供给的体制机制；通过去杠杆、降成本等途径，激发企业活力。三是供给侧和需求侧不是对立的，而是相互依存的。①

（三）供给侧结构性改革与经济增长方式转变

余永定认为，短期或长期经济增长问题可以分为两大类：结构改革和宏观需求管理。无法用宏观经济政策解决的增长问题称为结构问题，而解决结构问题进行的改革称为结构改革。供给侧结构性改革的五大任务（去库存、去产能、去杠杆、降成本和补短板），余永定认为，这些任务本身并非结构改革，而是要完成这些任务，必须进行结构改革。②

蔡昉认为，供给侧结构性改革指的是不同于经济周期分析框架及从需求侧寻找政策手段的思路，而是从妨碍生产要素供给和全要素生产率提高的体制性障碍入手，通过结构性改革，挖掘新的增长动能，提高潜在增长率，从而促进经济可持续增长。这包括三个方面：一是对体制性障碍进行供给侧结构性改革，包括对已经形成的过剩产能、高杠杆率和僵尸企业进行存量调整，同时加快形成新的体制机制，杜绝和防范在增量上造成循环往复。二是从降低交易费用和提高全要素生产率入手，深化行政审批、财税金融体制、户籍制度、国有企业、竞争政策等领域的改革，都可以消除生产要素供给"瓶颈"和阻碍全要素生产率提高的体制性障碍，有助于提高潜在增长率，因而具有显著的改革红利。三是完善社会政策托底民生的功能，把改革红利融入共享发展之中。③

吴敬琏认为，经济发展存在的问题的根源，在于供给侧的效率不高。他认为，要区分两个不同含义的"结构"。一个"结构"是供给侧的问题，指的是结构的扭曲、资源配置的扭曲，讲的"经济结构"；另一个"结构"是"结构性改革"，指的是"体制上的结构"。我国多次

---

① 洪银兴：《准确认识供给侧结构性改革的目标和任务》，《中国工业经济》2016年第6期。
② 余永定：《"供给侧结构性改革"正本清源》，《新理财》2016年第6期。
③ 蔡昉：《供给侧认识·新常态·结构性改革——对当前经济政策的辨析》，《探索与争鸣》2016年第5期。

提出调整经济结构、转变经济发展方式，但成效不大，这是由于存在体制性障碍。体制性障碍的核心内容就是政府仍然在资源配置中起决定性的作用。"三去一降一补"，靠行政命令难实现。他认为，结构性改革是改的体制结构，通过体制、结构的改革，把统一、开放、竞争有序的市场体系建立起来，发挥市场在资源配置中的决定性作用，通过市场建立起一个有效的激励机制来实现结构的优化。他认为，为了实现结构的优化，改变经济增速下行而效率又没有能够提高的被动状态，当前要迫切进行的改革包括：制定和执行市场准入的负面清单、金融改革、国有经济的改革、竞争政策的贯彻、自由贸易区的试验和建设法治国家六个方面。[1]

第三节　一些评论与展望

经济增长方式转变，从根本上是实现经济长期可持续增长。邓小平在改革开放之初就曾说过，科学技术是第一生产力，这也指出了经济长期可持续增长必须依靠科技进步。随着我国人口红利的逐渐消失，人们对环境保护的日益重视，我国的经济增长将越来越依靠劳动生产率的提高来实现。经济增长方式转变的实现，从根本上讲，是处理好资源配置问题，也就是实现市场在资源配置的决定性作用，并更好地发挥政府作用。

但是，必须看到，经济增长方式转变是一个长期的历史过程。从"九五"计划开始，我国提出转变经济增长方式已经 20 多年了；党的十九大提出，经济增长从高速增长转向高质量增长，高质量增长也是经济增长方式转变的内涵。在可预见的将来，我国仍将努力实现经济增长方式转变。从现实经济运行情况看，我国在转变经济增长方式上取得了一定的成果（见表 16-2），但与发达国家对比，仍将有很长的路要走。

---

[1] 吴敬琏：《什么是结构性改革？它为何如此重要？》，《清华管理评论》2016 年第 11 期。

表 16-2　　　　中国、日本、美国的单位 GDP 能耗情况

单位：美元/千克油当量

年份	中国	日本	美国
1990	1.99	8.57	4.83
1995	2.96	8.24	5.08
2000	4.12	8.29	5.71
2005	4.10	8.78	6.34
2015	5.70	11.05	7.80

注：以购买力平价法 2011 年不变价，表中中国的数据为 2014 年。

资料来源：世界银行。

参考文献

蔡昉、都阳、王美艳：《经济发展方式转变与节能减排内在动力》，《经济研究》2008 年第 6 期。

江小涓：《利用外资与经济增长方式的转变》，《管理世界》1999 年第 2 期。

吴敬琏：《什么是结构性改革？它为何如此重要？》，《清华管理评论》2016 年第 11 期。

张立群：《论我国经济增长方式的转换》，《管理世界》1995 年第 5 期。

张卓元：《深化改革，推进粗放型经济增长方式转变》，《经济研究》2005 年第 11 期。

中国经济增长与宏观稳定课题组：《干中学、低成本竞争和增长路径转变》，《经济研究》2006 年第 4 期。

周叔莲：《转变经济增长方式和深化国有企业改革》，《管理世界》1996 年第 1 期。

第十七章　对外开放理论发展与回顾

1978年中共十一届三中全会以来的40年时间，已形成了全方位开放的对外开放理论。这40年来，对外开放成为我国一项长期的基本国策，对外开放理论也进入了黄金时期，发挥了重大作用。

改革开放的总设计师邓小平阐明了开放的重要性，他说："对外开放具有重要意义，任何一个国家要发展，孤立起来，闭关自守是不可能的，不加强国际交往，不引进发达国家的先进经验、先进科学技术和资金，是不可能的。"[①]"中国要谋求发展，摆脱贫穷和落后，就必须开放。开放不仅是发展国际间的交往，而且要吸收国际的经验。"[②] 邓小平对外开放理论有两个显著特点，一是长期性，二是全方位。首先，他把对外开放政策与社会主义现代化"三步走"战略联系在一起。他说："对外经济开放，这不是短期的政策，是个长期的政策，最少五十年到七十年不会变。为什么呢？因为我们第一步是实现翻两番，需要二十年，还有第二步，需要三十到五十年，恐怕是要五十年，接近发达国家的水平。两步加起来，正好五十年至七十年。"[③] 他认为对外开放才能有助于实现翻两番的战略目标："我国年国民生产总值达到一万亿美元的时候，我们的产品怎么办？统统在国内销？什么都自己造？还不是要从外面买进来一批，自己的卖出去一批？所以说，没有对外开放政策这一着，翻两番困难，翻两番之后再前进更困难。"[④] 其次，邓小平主张全面地对外开放。他说："我们是三个方面的开放。一个是

[①]《邓小平文选》第三卷，人民出版社1993年版，第117页。
[②] 同上书，第266页。
[③] 同上书，第79页。
[④]《邓小平文选》第三卷，人民出版社1993年版，第90页。

对西方发达国家的开放,我们吸收外资、引进技术等等主要从那里来。一个是对苏联和东欧国家的开放,这也是一个方面。……还有一个是对第三世界发展中国家的开放……所以,对外开放是三个方面,不是一个方面。"① 邓小平多次阐述了对外开放不单是中国的选择,也是世界经济发展规律对所有国家的共同要求。全球化、市场化、信息化是世界经济发展的趋势,其深刻的基础在于国际分工的新发展。他还强调,开放是两个内容,一个对内开放,一个对外开放。邓小平思想是40年来对外开放理论的强大思想武器,是指导对外开放的基本纲领。

在邓小平理论指引下,我国理论界摆脱闭关自守的束缚,从理论上论证了发展对外经济关系的必要性和必然性,并在涉外经济各方面开展了富有成果的研究。谷牧指出:"实行对外开放是进行社会主义现代化建设的迫切需要""我们资金还不足,技术还落后,现代社会化大生产的经济管理还缺乏经验",因此必须"积极引进资金,引进技术,引进人才、知识、经验,博天下之长为我所用,来加快四化建设的步伐"。季崇威认为:"我国过去对国际间的经济技术交流缺乏紧迫感,同我们生产力水平低和商品经济不发达有关。"今后应该"坚持对外开放,面向世界,通过各种适当的形式加强对外经济技术交流,以促进我国现代化事业的发展"。罗元铮等认为,研究和学习外国在引进先进技术、利用外资、企业管理、国家干预和组织经济等方面的先进经验,可以提高按客观规律办事的自觉性,加速四化建设。理论界还从世界经济发展出现新动向角度论证对外开放的必然性。学者指出,新的科学技术革命,产业结构调整和转移,国际分工的大发展及其导致的经济生活国际化,都要求我们实行对外开放,努力发展对外经济技术交流合作。

中国经济进入新常态,习近平总书记在党的十九大报告中明确提出,要以"一带一路"建设为重点,坚持引进来和走出去并重,遵循共商、共建、共享原则,加强创新能力开放合作,形成陆海内外联动、

---

① 《邓小平文选》第三卷,人民出版社1993年版,第99页。

东西双向互济的开放新格局。"一带一路"以政策沟通、设施联通、贸易畅通、资金融通、民心相通为合作重点，致力于将欧亚大陆分散的资源、生产、服务和消费联系起来，推动各国更加合理地配置资源，融入全球产业链、价值链、物流链。

下面我们从外贸、外资、外汇等方面概述40年来对外开放理论的进展。

第一节 外贸理论

改革开放以来，外贸理论研究活跃起来，取得了较大进展。理论界比较集中讨论了以下几个问题：

一 关于对外贸易的作用

改革开放前，外贸的作用被简单化为互通有无，调剂余缺。说到底，就是从使用价值角度来看待外贸作用。20世纪80年代初，有学者提出了要重视外贸在价值交换方面的作用，要从国民经济盈利性角度看外贸，认为"调剂余缺，互通有无"思想不能作为对外贸易的主要功能作用。与此相关，要重新认识外贸的经济效益。袁文祺、王建民在《国际贸易》1982年第1期发表的《重新认识和评价对外贸易在我国国民经济发展中的作用和地位》、王林生在《国际贸易》1982年第2期发表的《试论社会主义对外贸易的地位和作用问题》、陈德照、谈世中在《国际贸易》1983年第5期发表的《实行对外开放是我国坚定不移的战略方针》以及季崇威在《国际贸易》1988年第3期上发表的《大力提高经济效益，扩大外贸新局面》等文，是这种观点有代表性的文章。

20世纪90年代后，这个问题的讨论更加深入。江小涓从工业经济发展与对外经济贸易结合角度，提出比较利益原理可以用来解释国际贸易格局的现状，但是，不能以获得比较利益作为落后国家对外贸易的长期目标，要看到发展中国家的"后发优势"，应致力于使外贸发挥促进国内工业增长、结构调整和技术进步的重要作用。① 从这样一个角度来认识外贸作用，实际上已超脱就外贸看外贸，而是从国民经济发展的整体考察外贸的作用了。因此，应当说，90 年代的认识比 80 年代有了深化。

进入 21 世纪，贸易作用的讨论已经不再局限在主要讨论对外贸易对中国经济增长速度的影响上，而上升到对经济增长质量和结构转换及升级上。吴仪指出，只有加快优化我国出口商品结构，经营主体结构，市场结构，增强外经贸发展后劲，实现外经贸与国民经济发展要求相适应的持续增长，才能使我国真正由贸易大国走向贸易强国，为国民经济的可持续发展做出更大贡献。② 龙永图在《世界贸易组织知识读本》中称对外贸易是经济增长的发动机及条件③，认为对外贸易有利于经济、产业结构的转换，有利于资本积累，有利于加速技术进步和扩散，有利于提高劳动力素质，维持国际收支平衡，保持人民币汇率稳定以及增强我国参与经济全球化的综合国力。此外，学者还从利用全球资源，提高参与国际分工层次的角度，论述了对外贸易对提高综合国力的作用。樊明太认为，对外贸易对于引进新产品及其内含的新技术和现代管理经验，对于提高经济增长和实现经济结构转变和升级，具有不可替代的主要作用。他在具体分析了经济增长对对外贸易的依存度及对外贸易对经济增长的贡献度的基础上，指出，对外贸易对中国经济发展的影响主要并不体现在对经济增长速度的影响上，而是体现在对经济增长质量和结构转换及升级上，体现在维持国际收支平衡，保持人民币汇率稳定上。④ 俞新天指出，中国应充分利用周边发展中国家资源丰富，劳力低廉的优势，逐步把劳动密集型和资源密集型的产业和产业环节转移出去，增加中国在国际贸易和国际投资中的效益。⑤ 钟昌标从通过对外贸

---

① 江小涓：《中国工业发展与对外经济贸易关系的研究》，经济管理出版社 1993 年版，第 16 页。

② 吴仪：《贯彻"三个代表"重要思想，全面推进外经贸工作》，《国际商报》2000 年 7 月 20 日。

③ 龙永图主编：《世界贸易组织知识读本》，中国对外经济贸易出版社 1999 年版，第 169—174 页。

④ 樊明太：《对外贸易对中国经济发展的影响及意义》，《财贸经济》2000 年第 8 期。

⑤ 俞新天：《中国对外开放理论的演进与前瞻》，《毛泽东邓小平理论研究》1999 年第 6 期。

易,提高企业的竞争力的角度论述了在经济全球化背景下,对外贸易对经济发展的重要作用。① 隆国强提出,当前中国外贸要满足中国发展的两个目标,一个目标是在全球价值链上升级,利用好两个市场、两种资源来推动中国的结构升级,另一个目标是营造一个良好的外部环境,保证国家和平发展与和平崛起。② 叶琪从供给侧结构性改革和外贸的关系角度提出,在适应和引领新常态的过程中,构建更加开放、更高层次的对外开放新格局不仅可以拓展我国经济成长的战略空间,而且可以赢得国际竞争的主动权;供给侧结构性改革为我国对外开放新格局的构建提供了新的思路,清晰地确立了我国在对外开放中的目标和地位;同时,供给侧结构性改革也要求我国在对外开放中要按照高标准和新要求,从对外优势、市场开拓、国际分工与合作、开放区域等方面进行角色转换;在全球治理格局变动中,我国应该在供给层面深化对市场结构、产业结构、企业结构、产品结构和要素结构等结构的调整优化,不断开拓我国对外开放的新局面、新空间。③ 陈曦等提出,中国外贸调整应本着构建互利共赢、多元平衡、安全高效的开放型经济体系,有利于国内经济健康持续发展,有利于培育新的动态比较优势的原则,选择营造有利的外部发展环境、与国内经济转型升级相协调和提升价值链作为战略重点进行全面调整优化。在政策上,应实施积极的进口战略,促进贸易平衡;加强创新能力建设,提升产品附加值,优化外贸商品结构;推动贸易伙伴多元化,优化外贸区位结构;促进产业结构升级,优化外贸方式结构。④

二 关于对外贸易的理论基础

主要有以下几种观点:

第一种观点是"比较成本论"和"国际分工论"可以作为我国对外贸易的一个指导原则。他们强调,不能认为比较成本是为帝国主义服

---

① 钟昌标:《我国利用外贸纽带促进技术进步的机制与持续利用的关键》,《经济问题探索》2001年第3期。
② 隆国强:《中国对外开放的新形势和新战略》,《中国发展观察》2015年第8期。
③ 叶琪:《论供给侧结构性改革下我国对外开放新格局的构建》,《现代经济探讨》2017年第3期。
④ 陈曦、卞靖:《我国外贸结构调整的战略重点和政策选择》,《宏观经济管理》2017年第11期。

务的理论，就不能作为我国对外贸易的一个理论。在这方面，特别要提出的是一篇有影响的文章，即袁文祺、戴伦彰、王林生在《中国社会科学》1980年第1期上发表的《国际分工与我国对外经济关系》。这篇文章破除了理论禁区，首先提出了国际分工的必然性，提出比较成本学说有"合理内核"，提出社会主义国家要正确看待国际分工。持这种观点的还有：季崇威《应用比较成本论指导我国对外贸易，在国际贸易中取得较好的经济效果》（《外贸教学与研究》1981年第3期），陈琦伟《比较利益论的科学内核》（《世界经济》1981年第3期）等。陈琦伟在《比较利益论的科学内核》中论证了劳动生产率不同的国家，通过对外贸易，利用国际分工，都能在不同程度上实现社会劳动的节约，从而给交换双方在经济上带来利益；朱国兴、王绍熊在《关于马克思对李嘉图"比较成本说"的评价问题》（《国际贸易》1982年第8期）中论证了通过国际交换可使贸易双方互利的问题；等等。

第二种观点是明确反对把比较成本学说和国际分工论作为我国对外贸易的理论之一，认为比较成本论是反劳动价值论的，是发达国家剥削发展中国家的理论工具；认为国际分工与我国建立一个完整的社会主义国民经济体系"总目标"是矛盾的；等等。比如高鸿业在《比较成本说不应构成我国外贸发展战略的理论基础》中指出，比较成本学说过去给落后国家带来灾难，今天仍然不利于落后国家，否则，中国将永远成为初级产品和劳动密集型产品的出口国（《经济研究参考资料》1982年第44期），薛荣久的《李嘉图比较成本说不能指导我国对外贸易》（《经济科学》1982年第2期）、杨湛林的《国际分工与社会主义国家对外经济关系》（《经济科学》1980年第4期）等，均代表了这种观点。薛荣久明确指出，比较成本说不能指导我国对外贸易，他认为，资本主义的国际贸易和国际分工不是以比较成本说为理论指导的，资本家始终非常敏感地注视着世界市场价格的变动。姚曾荫认为，完全按比较成本学说进行国际分工和国际贸易，只存在于教科书和某些经济学家的理论思维中，在现实世界早已不存在了。发达国家都不愿意为了所谓节约社会劳动而放弃保护贸易措施，大多数第三世界国家更不能按照比较成本理论行事（《关于我国对外贸易几个理论问题的探讨》，《人民日报》1987年7月13日)。

第三种观点是介于上述两种观点之间。大多数人认为，可以在一定条件下，将比较成本学说或国际分工理论作为一种可资借鉴的观点，但不一定作为外贸的理论基础。如汪尧田、叶松年《对资产阶级古典贸易理论——比较成本说的评价》(《国际贸易问题》1981年第1期)认为，利用"比较成本说"参加国际分工和国际贸易，绝不是放弃自力更生的方针，而是使一国的经济得到迅速发展，进一步巩固自力更生的基础。朱刚体在《"比较成本理论"与我国对外贸易》(《外贸教学与研究》1981年第2期)中强调如何成功利用比较成本说，且以日本利用"比较成本说"成功迅速地完成了经济结构改革的例子来说明这一问题。20世纪80年代以来，市场经济国家外贸理论的引进，大大充实了讨论的内容，强化了讨论的市场经济取向，起到促进改革开放的作用。比如，生产要素禀赋理论、产品周期理论、需求结构相同理论的引入，使外贸讨论理论性更强，角度更新，视野更广阔了。80年代中期以后，也有一些重要观点的争论，相对影响小一些。比如，有人提到，我国对外贸易的理论基础是马克思的国际价值理论；有人认为应是以马克思的国际价值理论作为基础，同时，吸收比较利益理论的合理内容；有人认为运用国际价值理论把古典比较成本学说改造成现代比较利益学说，作为我国外贸基础理论。但这一时期争论已不那么激烈了。

20世纪90年代后期，中国经济理论界再次展开了对于比较优势理论的理论探讨和争论。学术界从比较优势研究转向竞争优势的研究，转向国家竞争优势（整体竞争）和政府在形成一国产业和产品在国际市场上是竞争优势中的作用方面。洪银兴提出"比较利益陷阱"的概念，他认为单纯的由资源禀赋决定的比较优势在国际贸易中不一定具有竞争优势，单纯依据资源禀赋来确定自己的国际贸易结构，企图以劳动密集型产品作为出口导向，就会跌入"比较利益陷阱"。其实质是在告诫人们不要静止和僵化地看待比较利益理论，警醒那些单纯依据比较利益理论来制定本国的对外贸易发展的长期发展战略，势必会导致其国的资源配置和产业结构都跌入"比较利益陷阱"中去，长期下去将不利于发展中国家国民经济的健康发展和产业结构的调整与升级。① 王子先对改革开放以来中国对外贸易进出口商品的比较优势的变化运用实证研究的方法进行了分析和研究,提出一国资源禀赋的比较优势并不等于其国产业或产品在国际市场上的竞争优势,而比较优势是竞争优势的基础,但比较优势只有最终转化为竞争优势,才能形成真正的出口竞争力,同时还指出中国国内企业和产业将比较优势转化为竞争优势的能力较差,为适应知识经济和高新技术产业蓬勃发展的需要,中国外贸发展战略从比较优势导向转向以竞争优势为导向实为必然的选择。②

陈文玲指出,在新形势下如何重新认识国际贸易规律是非常重大而紧迫的问题,对国际贸易规律进行重新认识,至少应从国际贸易与世界制造中心转移、全球化大流通快速发展,贸易生产国各种可支付红利形成的综合优势,贸易生产国货币在世界货币体系中的地位和作用,贸易生产国创新能力、创造能力、可持续发展能力存在密切关系等五个方面入手。③

三 关于对外贸易的发展战略

外贸发展战略的探讨也是经贸学术界学者们讨论的一个热门话题,主要是围绕外贸发展战略的概念含义,制定战略的指导思想、理论依据、战略目标、战略重点、战略步骤和措施进行的。具体是针对我国外贸发展战略的几个主要模式即进口替代战略、出口导向战略、国际大循环战略、平衡发展战略、大经贸战略以及科技兴贸战略等。

从 20 世纪 80 年代初期开始,一些专家就认为,采取进口替代政策,可以较少受到国际的影响,利于安定,适合国情;可继续实行保护政策,促进民族工业的发展;在现有的生产水平下,推行出口导向有困难;实行以进口替代的战略,发展国内生产,逐步取代从国外进口工业品,特别是日用工业消费品;实行以进口替代为主的战略,通过引进一

---

① 洪银兴:《从比较优势到竞争优势》,《经济研究》1997 年第 6 期。
② 王子先:《以竞争优势为导向——我国比较优势与外贸长期发展的思考》,《国际贸易》2000 年第 1 期。
③ 陈文玲:《把争取国际经贸中的正当权益作为国家战略》,《中国流通经济》2011 年第 12 期。

大批工业项目，建立国民工业体系，积累了经验，为继续推行进口替代奠定基础。① 但另一些学者认为进口替代战略过于强调保护国内市场，无法有效利用两个市场、两种资源，必然限制外贸对国民经济发展的促进作用。因此，应加大出口导向战略的分量。滕维藻指出：初级产品出口奖励、进口替代和出口替代是发展中国家曾经或正在采取的较典型的发展战略，由内向型向外向型发展是生产社会化不断加深的客观要求，不可把它们的转化顺序、发展阶段绝对化和简单化。一个国家在经济发展的一个阶段，虽然往往侧重于某一贸易战略，但并不排斥实行其他形式的若干内容。② 80 年代中后期，随着对外贸易在经济发展，特别是在工业发展规划中地位的提高，对外贸易发展战略与经济发展战略研究结合起来了。从沿海到内地，建立和发展外向型经济成为潮流，出口导向型战略影响也在扩大。王建提出的国际大循环理论有很大影响。他认为，我国经济是发达的重工业与落后的农业并存，对内优先发展农业、轻工业，对外引进外资和发展制造业出口的战略，都不能带动我国经济长期较快地发展。要解决这一结构性矛盾，必须走国际大循环的道路，即通过发展劳动密集型产品出口，换取外汇，为重工业发展取得所需的资金和技术，再用重工业发展后积累的资金返回来支持农业，通过国际市场的转换机制，沟通农业和重工业的循环关系，达到消除我国"二元结构"偏差的目标。③ 国际大循环理论引起热烈的讨论，赞成者有，反对者也有。这一新的思路，受到当时中央领导同志的重视，对政策形成起到了积极作用。石水认为，国际大循环构想，顺应传统产业海外转移浪潮，通过发展劳动密集型产业，走"外向型"经济发展道路，为我国农村工业化提供了一把金钥匙，为我国重工业高级化的资金积累开辟了一条财路，使开放成为连接发展与改革的纽带。④

---

① 张培基：《关于我国对外贸易发展战略的探讨》，《国际贸易》1984 年第 1 期；刘昌黎：《进口替代是我国赶超世界工业大国的长期战略》，《经济研究》1987 年第 8 期；边振珊：《我国社会主义初级阶段的外贸发展战略》，《国际贸易论坛》1989 年专辑；姚曾荫：《对外贸易与发展战略》，《国际贸易》1983 年第 6 期。
② 滕维藻：《中国社会主义现代化与外贸形式》，《南开大学学报》1981 年第 1 期。
③ 王建：《关于"国际大循环"经济发展战略的构想》，《经济日报》1988 年 1 月 5 日。
④ 石水：《国际大循环与沿海发展战略》，《教学参考》1988 年第 2 期。

20世纪90年代初，有些学者提出了平衡发展战略，试图在进口替代和出口导向的综合发展中，寻求一条中性的不偏不倚的道路，所谓平衡发展战略是一种既不歧视出口，又不贬低进口，既不过度补贴出口产业，又不过度保护进口替代产业的政策体系和生产体系，是要建立一种不偏不倚的中性的开放经济。他们认为，此战略正适合我国国情，因为它融合了进口替代和出口导向两种战略要素，适合我国这样一个已经建立了比较完整的工业体系的大国经济。① 桂世镛、魏礼群提出，应当实行出口导向与进口替代相结合的战略。他们认为，基于中国是一个大国且已经建立了一定的工业基础这一国情，单纯地采取"进口替代战略"或"出口主导战略"都不可取，应二者结合。要把发展加工业的出口放在优先位置，着眼于多出口，多创汇，同时积极引进先进技术，改造和发展国内制造业、能源工业和原材料工业，以减少和替代这些部门的进口。② 这一观点，为多数人接受，对政策制定起了很大影响。

20世纪90年代中期，外贸管理部门提出一种"大经贸战略"，产生了很大的影响。这种战略的主要内容是，实行以进出口贸易为基础，商品、资金、技术、劳务合作与交流相互渗透、协调发展，使外经贸与生产、科技、金融等部门共同参与的外经贸发展战略。③ 王子先认为"大经贸战略"实施，有利于打破部门和地区界限，增进竞争，促进专业化协作，促进产业结构调整，推动我国的改革开放，尤其对外经贸领域的改革开放都具有十分积极的意义。④ 相当多的专家同意这种提法，但根据各自的理解，进行了不同解释。比如，有的认为这是把内外贸结合起来，贸易领域不再搞两个部门管理；有的理解是贸易与生产的结合，可以像日本那样，搞通产省，减少政府对生产和流通的直接干预，

---

① 任纪军：《中国贸易发展战略分析》，《财贸经济》1991年第2期；胡凤英、唐海燕：《我国经济发展状况与平衡发展外贸战略》，《国际贸易》1992年第3期。

② 桂世镛、魏礼群：《论我国社会主义经济发展战略》，中国计划出版社1988年版，第128页。

③ 可参考吴仪1994年5月11日在"九十年代中国外经贸战略国际研讨会"上的发言，载《中国对外经贸年鉴1995》，中国社会出版社1995年版。

④ 王子先：《关于我国实行"大经贸战略"的若干问题》，《国际贸易问题》1994年第10期。

等等。这种战略，一改过去就外贸谈外贸的传统思路，在实践中起了有益的作用，对发展民间的对外贸易和推进外贸体制改革，打破部门分割，促进部门联合，推进机构改革，均产生了实际的影响和作用。

20 世纪 90 年代后期，为了应对亚洲金融危机造成的困难，加速我国由外贸大国向外贸强国的转变，大力推动高新技术产品出口，加快我国适应知识经济时代到来的需求。我国提出了"科技兴贸"的战略。时任外经贸部副部长张祥指出，"科技兴贸"战略的实施对当前和今后中国对外贸易的发展具有十分重要的意义。"科技兴贸"战略是"科教兴国"战略在外经贸领域的具体体现，是我国适应国际竞争的必然需要和贸易大国走向贸易强国的必由之路。① 尤宏兵则具体地从入世后中国需要更深层次地参加国际竞争，实现中国出口商品结构调整，培育我国外贸出口新增长点，发展知识经济等方面论述了"科技兴贸"战略实施的必要性。② "科技兴贸"战略内涵更为丰富，更符合中国外贸发展的一项长期战略，也必将成为促进中国由贸易大国走向贸易强国的必由之路。这一时期，对外贸易中提出的以质取胜战略、品牌战略、"走出去"战略、互利共赢战略等，都产生了实际的影响，并得到广泛的认同。

对外贸易发展战略是与对外开放的总思路相关的。在 2001 年中国加入世贸组织后，全球化背景下的对外开放有了很多新特点，学者们也纷纷探讨如何应对新形势。李晓西教授在 2004 年提出对外开放的新思维，提出了 10 个转变：一是要使对外开放由政府主导向市场主导转变；二是要从发展中国家利益代表者向国际公法和规则的维护者转变；三是要从只关心国内经济稳定发展向关心国内外经济的综合平衡转变；四是要从追求国际收支顺差向追求国际收支平衡转变；五是要从世界工厂变成为世界市场；六是要由政府对外投资积极性转向企业对外投资的积极性；七是要从大规模的招商引资走向以平常心对待外商；八是要从强调

---

① 张祥：《用科技振兴贸易》，《中国高新技术产业导报》1999 年 6 月 1 日。
② 尤宏兵：《科技兴贸：中国由贸易大国走向贸易强国的必由之路》，《国际贸易》2001 年第 10 期。

知识产权上发展中国家的特殊性转向以维护知识产权国际规则；九是由强调内资企业的技术引进转向鼓励内外资企业技术创新；十是要把科学发展观推广到对外开放领域中，扩大宣传经济与社会发展协调、人与自然发展和谐的大思路和价值观。① 这些观点产生了实际影响，尤其是从追求国际收支顺差转向追求国际收支平衡的建议得到了决策部门的认可。在中央提出科学发展观的新形势下，学者们提出需要进一步研究的问题，比如中国社会科学院财政与贸易经济研究所所长裴长洪提出，要研究如何在科学发展观指导下进一步发展开放经济，如何理解转变外贸增长方式，如何统筹国内改革发展与对外开放的关系，如何加强自主创新、扩大自主知识品牌，如何处理扩大内需和开发国外市场的关系，如何通过建立贸易平衡机制解决贸易摩擦等。② 李计广等提出，中国应实施"中性的"贸易战略，战略目标是以国家利益为核心并追求多重目标，多重目标既包括经济目标也包括非经济目标，其中经济目标包括贸易平衡协调发展、经济可持续发展、公平与自由的贸易，非经济目标主要包括国家安全、社会协调发展、互利共赢的对外经济关系。③

国际金融危机导致世界贸易增速减缓，同时中国经济进入新常态，关于外贸战略的理论层出不穷。王子先基于全球价值链的分析提出，为应对国际金融危机，适应新的产业技术革命和世界经济大调整的要求，跨国公司对其全球价值链进行了局部调整，同时全球价值链也进入一轮快速重塑期，中国应推动以服务业为主导的新一轮开放，扩大服务业市场准入，推动服务贸易自由化、便利化，嵌入以服务业为主导的全球价值链。④ 隆国强提出，当前中国外贸战略的重点应是靠质量、技术、品

---

① 李晓西：《对外开放的新思维》，2004年5月23日在欧美同学会与北京师范大学经济学院合办的对外开放论坛上的演讲；《长安讲坛》，社会科学文献出版社2004年版；载于《中国流通经济》2005年第2期。
② 《裴长洪谈对外开放需要研究的新问题》，中国管理传播网，http://manage.org.cn，2006-01-09。
③ 李计广、张汉林、桑百川：《改革开放三十年中国对外贸易发展战略回顾与展望》，《世界经济研究》2008年第6期。
④ 王子先：《世界经济进入全球价值链时代中国对外开放面临新选择》，《全球化》2014年第5期。

牌、服务形成参与全球竞争的新优势，需要做以下五点，第一要增强参与全球治理和区域治理的能力，努力营造一个互利共赢的国际经贸环境；第二要增强中国技术和资本密集型产品的国际竞争力，提升出口结构；第三要增强中国服务业的出口竞争力；第四要发展一批中资跨国公司；第五要确保中国的资源能源安全。① 周天勇从发展经济学的角度分析了中华人民共和国成立以来的对外开放战略，中国从进口替代战略转向改革开放后的出口导向战略，2012 年后国内外经济形势和国际经济关系发生转折性变化，中国对外经济开放从过去要素、消费和购物购买力等的净流入变成净流出，制造品强劲出口变成负增长。中国对外开放战略需要转向产业升级与出口替代的后传统工业化时代发展模式，具体措施包括：第一，推进"中国制造 2025"战略的实施，推进智能制造，改造和提高装备水平；第二，鼓励硬技术开发，并应用于中国制造；第三，形成自己主导的贸易渠道，实现出口销售的替代；第四，推进入境旅游、教育、医疗健康服务贸易的购物等的出口替代。② 林毅夫提出，自贸区的政策以及"一带一路"倡议，都是我国在这个发展阶段，根据国内国际形势的变化与时俱进提出的新的改革开放战略，这个战略的落实，能够让中国有一个更完善的市场经济体系，也可以给中国一个更好的对外环境。③ 戴翔等提出，在当前全球价值链分工演进趋势放缓的条件下，伴随我国传统比较优势的丧失，我们需要着力构建新型比较优势，打造进一步深度融入全球价值链的产业基础和技术基础。与此同时，应该依托"一带一路"倡议构建起中国自己的全球价值链，以此不仅可以带动出口贸易的发展，而且还可以提升出口贸易发展的层次和水平，在实现"稳增长"中提升中国出口贸易发展的效益和档次，实现更高水平的开放型经济发展。④

---

① 隆国强：《中国对外开放的新形势和新战略》，《中国发展观察》2015 年第 8 期。
② 周天勇：《国内外经济形势变化与中国对外战略调整》，《当代世界与社会主义》2017 年第 2 期。
③ 林毅夫：《"一带一路"与自贸区：中国新的对外开放倡议与举措》，《北京大学学报》（哲学社会科学版）2017 年第 1 期。
④ 戴翔、徐柳：《中国外贸增速变化的行业差异性——基于全球价值链参与度视角》，《国际商务研究》2017 年第 6 期。

四 关于外贸体制改革的讨论

这是改革开放以来，外贸理论界讨论最多、最热烈的一个题目。其中主要有这样几方面：

关于外贸体制改革的方向。20 世纪 80 年代初，有专家提出，我国外贸体制改革的方向是：对外贸易部负责研究发展政策，掌管方针政策的贯彻执行，负责对全国对外贸易活动的监督和管理；各专业外贸公司经营一些重要进出口商品，并负责对地方经营的商品进行协调和管理；一些具备条件的重要企业和联合体将直接经营对外贸易，它们各自独立核算，自负盈亏。① 戈辉认为，"改进动力性能和平衡性能是对外贸易体制改革的根本目标"②。钟朋荣提出外贸体制改革要实行四大转变。③ 袁文祺认为，改革旧的外贸体制，使政企职能分开，变高度集中经营为分散经营，各外贸企业成为独立经营、自负盈亏的经济实体，才能实现社会主义对外贸易目的。④ 学者认为，政企分开是整个外贸体制改革的方向，也是解决外贸体制中管死与管活、国家和企业主要矛盾的关键。

90 年代改革开放进入全新时期后，外贸体制改革的方向是：统一政策，平等竞争，自负盈亏，工贸结合，推行代理制，建立适应国际通行规则的外贸运行机制。主要内容有：实行新的外汇管理体制，运用法律、经济手段，完善外贸宏观管理，转换外贸企业经营机制，逐步建立现代企业制度，强化进出口商会的协调服务机制等。有的学者提出，应立足于获取国际分工的利益和促进国内经济发展，核心是重构外贸的微观基础和制定宏观调控方法，造就一种具有自我调节能力，能及时灵活对动态比较利益做出正确反应的外贸运行机制。还有学者认为，我国外贸体制改革的重点是深化企业内部改革，企业改革的关键是尽快实现经营机制的根本转变，建立高效、灵敏、富于活力、完全自负盈亏的新的

---

① 张培基：《中国对外贸易发展及其前景》，载《世界经济与中国对外经济贸易》，中国对外经济贸易出版社 1991 年版。
② 戈辉：《对外贸易体制改革目标及其实现》，《国际贸易问题》1987 年第 2 期。
③ 钟朋荣：《外贸体制要实现四大转变》，《财贸经济》1988 年第 7 期。
④ 袁文祺：《中国对外贸易发展模式研究》，中国对外经济贸易出版社 1990 年版。

经营机制。① 邱杰等人探讨了外贸体制改革相对独立于整个国民经济体制改革的必要性与可能性，以系统论和控制论作为方法论基础，设计了新的外贸体制的"一揽子"转轨。②

关于外贸体制的阶段。周小川提出了对外贸逐步放开的五阶段：一是高度行政管理和数量控制阶段；二是开始利用经济杠杆的间接控制与直接控制相结合的阶段；三是汇率合理化阶段；四是经济性和价格性手段逐步全面取代不必要的行政性手段阶段；五是货币自由兑换阶段。③

对外贸改革中出现的现实问题的讨论，问题主要有：放开外贸与出现的不正当竞争和内部自相竞争，"对内抬价收购，对外削价竞销，肥水流到外人田"；放开经营以及汇率调整对国内通货膨胀的影响；外贸改革与其他改革的配套与衔接等，这些问题都成为理论界和政府部门关注的问题，展开过讨论。最终的结论，多数人认为还是应从市场取向角度，支持和完善各项重大的改革，力求降低改革成本，建成外贸新体制。

2013 年我国成为世界货物贸易进出口额第一大国，此后我国对外开放进入大国开放的新阶段。中共十八届三中全会提出构建开放型经济新体制，指出："适应经济全球化新形势，必须推动对内对外开放相互促进、引进来和走出去更好结合，促进国际国内要素有序自由流动、资源高效配置、市场深度融合，加快培育参与和引领国际经济合作竞争新优势，以开放促改革。"2015 年国务院颁布《构建开放型经济新体制若干意见》，指出我国改革开放正站在新的起点上，要建立市场配置资源新机制，促进国际国内要素有序自由流动、资源全球高效配置、国际国内市场深度融合；要按照国际化、法治化的要求，营造良好的法治环境，依法管理开放，建立与国际高标准投资和贸易规则相适应的经济运行管理新模式。章海源等提出，我国开放型经济新体制的构建，重要任

---

① 《关于适应社会主义市场经济体制深化外贸体制改革的各种思考与探索》，《国际贸易论坛》1993 年第 1 期。

② 邱杰、常慧立：《关于外贸体制改革采取"一揽子"转轨方式的思考》，《国际贸易问题》1996 年第 4 期。

③ 周小川：《论外贸体改的方向、阶段和问题》，《国际贸易》1988 年第 2 期。

务就是要促进企业培育竞争新优势、向价值链高端攀升、构建全球价值链，推进贸易和产业的协调发展。① 抓住构建开放型经济新体制建设的关键环节，进一步提高贸易便利化程度，放宽外商投资准入，改善外商投资环境，充分发挥自由贸易试验区开放试验和辐射带动的双重功能，加快自贸协定谈判进程以维持区域经济合作的势头，完善对外开放的管理体制和协调机制，为引领经济新常态和促进经济转型升级做出贡献。

40 年外贸理论的进展，是与邓小平同志对外开放思想分不开的。1978 年，邓小平同志提出了要突破经济管理体制权力过于集中，要有计划地大胆下放权力，发挥国家、地方、企业和劳动者个人四方面积极性，在经济计划、财政、外贸等方面给予更多自主权的改革思路。1979 年 4 月在中央工作会议上，邓小平听取了广东省的汇报后，提出要利用沿海优势，试办经济特区，并给予充分的外贸自主权；同年 6—7 月又批准广东、福建两省在对外贸易中实行特殊政策和灵活措施。此后，邓小平同志的理论一直推动着外贸改革的实践，也为外贸理论的研究指出了方向。

展望 21 世纪，我国外贸理论与实践都将有重大发展。外贸进出口中，国营部分将继续下降，但向提高国有经济控制力的方向转化，非公有制经济的出口将有大的发展。内外贸一体化的进程将加快。外贸理论将越来越与国际学术界靠近，有越来越多的关于全球化和内外经济相互关系的研究成果。

五 国际贸易摩擦问题的讨论

加入世界贸易组织以来，我国面临的国际贸易摩擦日益增多。据 WTO 统计，2008 年国际金融危机以来，各国发起的贸易救济调查中约 1/3 是针对中国出口产品的。我国成为当今世界滥用贸易救济措施最大的受害国，连续 23 年成为全球遭遇反倾销调查最多的国家，连续 11 年成为遭遇反补贴调查最多的国家。目前，其他国家对我国正在执行的贸易救济措施 600 多起，每年有 1000 多亿美元出口受限。

近年来由于各国经济不景气导致全球范围内贸易保护主义抬头。美

---

① 章海源、刘牧茜：《加快推进外贸与产业协调发展》，《国际贸易》2017 年第 12 期。

国总统特朗普提出"公平贸易观",他在 2018 年达沃斯世界经济论坛上明确提出,美国支持自由贸易,但自由贸易必须"公平"和"对等"。"公平"和"对等"指的是其他国家的关税水平和进口开放程度应向美国看齐,美国是基准,各国采取与美国相同的关税水平和开放程度,提供与美国相同的竞争环境。美国将自身的就业问题和贸易逆差归结为不公平贸易,并将实施公平贸易作为解决这一问题的突破口。该理论成为美国发动贸易战的理论基础。

关于国际贸易摩擦增多的原因,学者们看法不一。有学者认为,贸易保护主义根深蒂固是贸易摩擦激化的根本原因,当经济不景气时,这种保护倾向尤为严重。① 还有的认为是由于国际贸易规则不完善,《TRIPS 协议》关于知识产权保护的很多方面超出现行国际公约保护水平,是一些发达国家基于保护本国经济利益而如此设定,这种过分保护易出现权利滥用,导致隐性贸易摩擦。② 此外,还有学者认为,中国企业技术及产品规格与国际标准相差太远,中国企业对国际贸易法则的认识、理解程度不深及可预计风险估计不足也是遭遇贸易摩擦的原因。

陈文玲提出应当打破和防止新的贸易保护主义。贸易保护主义的实质是设置国际贸易壁垒,影响商流、物流、信息流、资本流的快速流通。当前贸易保护主义强调一个国家的国际收支平衡,实际上一国的贸易顺差或逆差与该国汇率关系并不大,这是全球化流通中要素流动与重组的结果,是市场交易行为的组合,依靠压制出口国迫使其货币升值来减少本国贸易逆差的做法是以传统的、狭隘的国际贸易理论为支撑,这种理论应该调整和更新③。

陈德铭等提出,有必要澄清和改进贸易救济规则,现行 WTO 贸易救济规则体系为保护进口国国内产业和维护出口国出口利益提供了相应规则保障的同时,也存在一些值得关注的问题,如贸易救济措施存在被滥用的空间。贸易救济规则的澄清和改进有其必要性,也出现了相关努

---

① 姜跃春:《对中外经贸摩擦问题的若干思考》,《国际问题研究》2005 年第 3 期。
② 蔡四青:《隐性国际贸易摩擦与预警机制建立的对策》,《经济问题探索》2006 年第 6 期。
③ 陈文玲:《把争取国际经贸中的正当权益作为国家战略》,《中国流通经济》2011 年第 12 期。

力和行动，WTO多哈回合的规则谈判就是其具体表现。①

李春顶提出，应根据实际情况改变贸易统计方法，采用增加值贸易统计。增加值贸易统计是以"贸易增加值"作为标准统计一国或地区的进出口贸易流量，统计的是贸易产品在该国获得的增加值。原因之一是现有的贸易统计是以进出口商品的总值作为统计标准，统计一国或地区的进出口产品的总价值，按照目前的产品总值贸易统计口径，中国是全球第一大贸易顺差国，被认定为全球贸易失衡的主要责任国，常被当作对华贸易摩擦和制裁的借口。贸易摩擦问题成为中国对外贸易的主要障碍和壁垒之一，带来的损失不可估量。②

第二节　外资理论

中共十一届三中全会确定了我国实行对外开放的政策，利用外资进入了一个新的阶段。截至2006年年底，全国已累计批准设立外商投资企业60万家，实际使用外资金额达7000亿美元。2006年度引进外商直接投资达700亿美元，列全球第3位。我国利用外国政府和国际金融机构的贷款、国际商业贷款等其他形式的外资累计达到3200多亿美元。③ 对外借款主要用于加强国民经济瓶颈项目，在能源、交通、煤炭、化工等方面完成了一批重要项目，如京秦电气化铁路、秦皇岛港扩建工程等。外商直接投资带来的先进技术和管理经验，填补了某些国内生产的空白，如电梯、彩色显像管、小轿车等，扩大了我国的出口和对外贸易，推动了市场竞争，对我国经济尤其是沿海经济发展，起了很大作用。

特别要指出的是，这一时期在外资理论方面，有了较大进展。有相当数量的论文、专著发表，在某些重大问题上，有比较深入的讨论。下

---

① 陈德铭等：《经济危机与规则重构》，商务印书馆2014年版。
② 李春顶：《全新视角辨识中国贸易的"真面目"——增加值贸易统计对中国的影响》，中国社会科学院世界经济与政治研究所IGI（国际问题研究）系列讨论稿，2014年3月20日。
③ 参见《中国统计年鉴2007》，文中数字按四舍五入取了整数。

面择要简述之：

一 引进外资的指导思想

较早期的观点，主要是强调了马列关于利用外资的论述。认为马克思、恩格斯早就指出："过去那种地方的和民族的自给自足和闭关自守状态，被各民族的各方面的互相往来和各方面的互相依赖所代替了。"[①]列宁提出："当我们国家在经济上还极其薄弱的时候，怎样才能加速经济的发展呢？那就是要利用资产阶级的资本。"[②] 由此证明，我们是可以利用外资的。邓小平在总结了中华人民共和国成立以来经济建设的历史经验和教训，指出利用外资在我国改革开放的社会主义现代化建设实践过程中是非常必要的。1977年他主持中央工作后，开始思考如何拓展筹资渠道来加快中国经济发展。1978年10月，他批示"合资企业也可以办"，并指出"吸收外国资金肯定可以作为我国社会主义建设重要补充"[③]。到了20世纪80年代后期，对引进外商投资主要是从对我国经济发展的利弊上分析必要性的，学者主要是从实际效果来表明对引进外资是同意还是怀疑。90年代，党的十四大报告指出："当前必须进一步扩大对外开放，更多更好地利用国外资金、资源、技术和管理经验"；党的十五大报告又一次要求"努力提高对外开放水平，积极合理有效地利用外资"；党的十六大报告提出"进一步吸引外商直接投资，提高利用外资的质量和水平"。党的十八大以来，以习近平同志为核心的党中央总揽全局，推进对外开放理论和实践创新，确立开放发展新理念，利用外资理论上升到新高度。党的十九大报告提出"实行高水平的贸易和投资自由化便利化政策，全面实行准入前国民待遇加负面清单管理制度，大幅度放宽市场准入，扩大服务业对外开放，保护外商投资合法权益。凡是在我国境内注册的企业，都要一视同仁、平等对待"。

二 利用外资的基本原则和战略

改革开放以来，这个问题就开始了讨论。一种看法是："我国利用

[①] 马克思、恩格斯：《共产党宣言》，《马克思恩格斯选集》第一卷，人民出版社1972年版，第255页。

[②] 列宁：《在俄共（布）莫斯科组织支部书记会议上的讲话》，《列宁全集》第四十卷，人民出版社1986年版，第42页。

[③] 《邓小平文选》第三卷，人民出版社1993年版，第90页。

外资的基本原则和方针,可以归纳为:独立自主、自力更生、平等互利。"① 这种观点强调了维护国家主权,独立自主制定利用外资的方针、政策和法规;强调了在自力更生基础上利用外资,不能过分依赖外资,要保护自己的工业;强调了在合资和合作中,中外双方的平等互利,要保护外商的合法权益。这种看法在 20 世纪 80 年代的相当长时间内是主导性的观点,起过有益的作用。但可以看到,这种观点慎重有余,不够积极,只是从弥补我国资金不足的角度看待引进外资。90 年代后,曾争论过如何调整引进外资战略,一种观点认为,现在到了从引进中小外资到引进跨国公司的新阶段,从扩大数量到了提高质量的新阶段。这样概括引资战略,主要是从发展的角度看问题。还有一种是从引进外资有利于促进改革和法制化角度提出来的,认为"我国 90 年代中后期引进外资的战略是:以加快我国经济发展的步伐为中心,以促进我国经济市场化、法制化和国际化进程为目标,继续积极有效地利用外资"。② 这种观点是对担心引进外资负面影响太大的一种分辩,强调了引进外资促进我国经济改革的作用。

我国 20 世纪 90 年代的利用外资战略,总起来说可以归结为"以市场换技术"的战略。这一战略的实施,对加速我国企业技术进步产生了一定的效果。随着我国改革开放不断深化、国内产业竞争力提升,尤其是中国加入 WTO 后,这一战略的局限性日益明显。

20 世纪 90 年代中期以后,较多讨论的问题是:引进外资的规模多大适宜?现在引进外资是不是太多了?一些学者认为,我国储蓄率高达 35% 以上,居全球之首,这些年外资流入过多,从 1992 年后,我国银行存款大大高于贷款,使国内资金过剩,已造成国内资金大量流向海外,导致外汇储备增长过快,因此,没必要大量引进外资了。③ 这种观点有代表性的学者有陈炳才等。另一些学者则认为,我国劳动力资源密集,需要与资本结合;中西部发展需要外资;大型跨国公司来华投资仅

---

① 林树众编:《利用外资与发展外向型经济》,中信出版社 1989 年版,第 5 页。
② 李晓西:《引进外资战略研究》,《生产力经济》1994 年第 4 期。
③ 陈炳才观点转引自姚淑海《外商投资问题讨论综述》,中国改革基金会课题资料,1997 年。

为开始，远没到限制的时候；我国建设资金不足将是长期的，外商投资不仅弥补了资金不足，还分担了投资风险。因此，还需要大力引进外商投资。① 李晓西认为：首先要承认，外商投资规模是市场调节的结果，你有吸引力，发展前景看好，有较好的投资环境，外商才会来。不可能事先计划好外商投资规模。现阶段我国经济对外资需求还是很大的，不仅中西部地区和基础产业（尤其是农业和电力），东部沿海仍然需要引进和利用外资。引进外资是一种机遇，要把握住，不要只看自己这一面。国内储蓄高要具体分析。城乡居民存款中，真正能用于投资的相当有限。外汇储备进行中长期投资也是不现实的，危险的。②

进入21世纪，一种新的观点③认为，中国对外开放进入新阶段："资金等要素从单向流入为主向双向流动并重的格局开始形成，企业全球配置资源的能力增强，国内经济与外部经济的互动关系更加复杂"，中国要"综合考虑作为投资东道国和投资母国之间的利益均衡，考虑商品流动和要素流动之间的利益均衡，考虑保护国内市场和推动别国开放市场之间的利益均衡，以更积极和主动的姿态参与多边谈判，借助多边规则，平衡各方权益"，"更均衡合理地融入全球经济"，"推动全球贸易和投资体制更加合理与开放，为我国中长期经济发展争取较好的外部环境"。随着我国经济持续中高速发展，国内储蓄显著增长，外汇储备量长期居全球第一，技术水平明显提高，自2015年开始中国成为资本净输出国，我国利用外资进入一个全新的发展阶段。2017年1月和8月，国务院先后发布并实施了《国务院关于扩大对外开放积极利用外资若干措施的通知》和《国务院关于促进外资增长若干措施的通知》，在这两份文件中，明确指出了今后要进一步扩大对外开放，营造法治化、国际化和便利化的营商环境，进一步减少外资准入限制，促进外资增长，提高利用外资质量。卢进勇提出，当今国际分工更多的是产品间、零部件间、服务环节间、生产环节间或生产工序间的分工，越来

---

① 李晓西：《引进外资战略研究》，《生产力经济》1994年第4期。
② 杨晓平：《"外资不是虎"——访李晓西博士》，《中华工商时报》1997年1月21日。
③ 江小涓：《中国对外开放进入新阶段：更均衡合理地融入全球经济》，《经济研究》2006年第3期。

多的国家和企业参与到全球价值链或产业链中，一个国家全球价值链和产业链参与度与参与层次的高低以及获得的国内增加值的多少，与其利用外资的规模和质量有密切关系。当前中国面临着提升全球价值链和产业链参与度与参与层次的任务，因此中国需要吸引更多的优质外商投资。① 桑百川等提出，中国需要两条腿走路，既要提升加工型外资吸引力，又要释放经济结构升级、消费市场扩大的市场机会，吸引内需型外资，构建"加工型＋内需型"双轮驱动的外资格局。②

三 引进外资的作用

经过30多年的发展，中国已经成为吸引外国直接投资最多的发展中国家之一。"总体上，外商直接投资对中国经济发展做出了积极的贡献。"③ 与此同时，随着中国吸引外资的规模不断扩大，引进外资中存在和带来的一些问题也引起了学界的广泛思考。

余永定认为，在过去的时间里，外资对推动中国就业发挥了积极作用。但是外资在创造就业的同时，也通过竞争破坏了原先由国有企业提供的就业。FDI对创造新增就业的贡献适中。④ 江小涓认为跨国公司的技术外溢效应是明显的，并且大大加快了国内产业结构的升级。⑤ 国务院发展研究中心对外经济研究部吕刚认为，"外资的技术溢出效应很不明显，未能对中国内生技术能力的培育起到促进作用"。⑥ 麻省理工学院的黄亚生教授认为，中国对FDI的依赖反映了国内民间投资不旺的病症，大量FDI的涌入可能导致对国内民营资本的压抑。⑦ 胡祖六认为，"没有实证证据表明FDI'挤出'了有效率的国内投资。FDI与民营投资相辅相成，在公有制为主的经济体制下一道渐渐壮大，成为今天推动

---

① 卢进勇等：《新形势下我国利用外资理论创新研究》，《国际贸易》2017年第11期。
② 桑百川、张彩云：《重构利用外资的"双驱"格局》，《中国经济报告》2018年第1期。
③ 世界银行：《中国利用外资的前景和战略》，中信出版社2007年版，第34页。
④ 余永定：《FDI对中国经济的影响》，《国际经济评论》2004年第2期。
⑤ 江小涓：《吸引外资对推进中国产业技术进步的影响》，《煤炭企业管理》2004年第5期。
⑥ 吕刚：《外资技术溢出效应不明显》，《新经济导刊》2006年第6期。
⑦ 黄亚生：《2006，印度年还是中国年？》，《华盛顿观察》2006年第6期。

中国经济增长的引擎"。① "FDI 对中国资本形成的好处显而易见，对促进就业增加也立下了汗马功劳。"② "FDI 给中国经济带来了技术转移，产生了外溢（Spill Over）效应。"③ "FDI 给中国经济最大的贡献是带进了全新的商业模式与管理模式，而不一定是高新技术。"④ 桑百川等认为，加工型外资作为中国加工型产业的推动力，不仅为中国带来了经济从弱到强、技术从无到有、国际竞争力从小到大的积极效应，更能够为中国当前和未来稳增长、调结构提供战略支点。⑤ 卢进勇等认为，优质生产要素主要分布在技术密集型、知识密集型、信息密集型、服务密集型、资本与技术密集结合型、资本与知识密集结合型等产业。客观来讲，即使是经济最发达的国家也不可能拥有经济发展所需要的一切资源或要素，也不可能不引进外资，也需要借助国外的力量加快本国生产力的发展。引进优质外资对我国发展创新型经济，优化升级产业结构，加快经济发展新旧动能的转换，推动供给侧结构性改革，深化改革开放，实现经济迈向中高端具有重要作用。⑥ 何曼青提出，外商直接投资是带动国际技术转移的主要渠道，外资技术效益主要表现在四个方面：技术引进、技术创新、投资高新技术产业、技术扩散/溢出。未来五年，我国宜牢牢抓住新技术引领的产业变革机遇，进一步优化创新环境，加大对高新技术企业、研发创新中心和高素质人才的引进和支持力度，借力助推国内产业结构深刻变革。与跨国公司建立联合研发机构，争取建立起长期、稳定的合作关系，是中外企业合作中最有效的方式，也是获取其知识溢出和技术扩散的有力措施，这也是中国企业成长壮大走向世界的捷径。⑦

四 引进外资与国家经济安全

20 世纪 90 年代以来，外商以并购国有企业的方式进行投资，而且

---

① 胡祖六：《关于中国引进外资的三大问题》，《国际经济评论》2004 年第 2 期。
② 同上。
③ 同上。
④ 同上。
⑤ 桑百川、张彩云：《重构利用外资的"双驱"格局》，《中国经济报告》2018 年第 1 期。
⑥ 卢进勇等：《新形势下我国利用外资理论创新研究》，《国际贸易》2017 年第 11 期。
⑦ 何曼青：《外资质量与效益数据分析下的利弊选择》，《社会科学辑刊》2017 年第 1 期。

并购重点转向效益较好的国有大中型骨干企业,有的则是在某一城市进行全行业的并购,如香港中策公司在福建泉州市和辽宁大连市的并购,这种做法在我国经济领域产生了很大影响;跨国公司进来后,其产品在中国市场上以其高质量和很强竞争力,对我国企业形成巨大压力。在此背景下,保护民族工业的呼声开始高涨,对引进外资与保护民族工业的关系的讨论也很热烈。一些工业主管部门的研究人员认为,现在引进外商投资,是引狼入室,与狼共舞,我国自己的工业快要支撑不住了,国有企业将败在跨国公司手下。应当限制外资,保护国有企业。主张扩大引进外资的学者则认为,首先要明确什么是民族工业。其次要从引进的投资中港台资本占70%的事实来讲民族工业,虽然统计时将港台视同外资,但不能否认港台资本也是民族的。还要看到,国内市场份额外资企业所占并不大,比如1995年这个问题争论最高潮时,外资企业工业产值在我国工业总产值中不到5%。但由于外资企业生产的商品多为市场需要,因此,感到市场上外商产品比比皆是。按这种情况发展下去,外资企业占市场份额还会扩大,但新的一代内资企业将会生长起来,合资和合作企业中中方力量也将最终成长起来。国内市场保护,最终是靠企业家,不是靠行政力量。更重要的是,如何来保护民族工业。一定要靠符合国际惯例的办法而不要靠行政办法来保护。要使民族工业成为社会主义市场经济中有机组成部分,而不是特殊的被保护者。要从开放角度和积极态度支持适当保护,而不是从关门的消极的角度搞民族工业的保护。①

"随着经济全球化程度的加深,国际投资的规模和影响力大大增强,'国家安全'的内涵在大幅向外扩展,已经由传统的国防军事领域向经济、社会领域延伸,由此产生了'经济安全''社会安全'的概念。"② 尤其20世纪90年代中期以后,外资企业对国内重要行业的龙头企业几次并购事件,如:美国凯雷收购徐工、收购洛轴,法国SEB

---

① 王林生、裴长洪等:《在扩大开放中如何有效地保护民族工业讨论》,《光明日报》1996年6月27日。

② 邢厚媛:《外资并购与国家安全》,《中国外资》2007年第9期。

并购苏泊尔等,以及国内企业在海外并购遇到政治性歧视,如:联想集团收购美国 IBM 的 PC 业务、海尔并购美泰和中海油收购优尼科等事件,诸如此类的事件不断发生,不断唤醒我们对外资并购影响国家安全的意识,从而引发了国内关于外资并购影响国家经济安全的广泛关注。一种观点认为,"随着中国加入 WTO,对外资限制降低且某些政府盲目地引进外资,在带来收益的同时,也使得国家经济在丧失某些主权,严重威胁着国家经济安全"①。"在鼓励大量引进外资的同时,也必须对某些重要行业的外资并购进行限制,例如装备制造业、金融业、能源业、矿产开采业,等等,国家只有牢牢抓住这些关键行业,并完善相关法律法规和体制,才能在任何情况下都能稳定和发展国家经济,减小外资对于中国经济命脉的影响。"② 另一种观点认为,"笼统地认为外资并购装备制造业骨干企业会威胁国家经济安全过于夸大其词"。③ "外资并购只是全球通用的吸收 FDI 的一种形式,并且是一种行之有效的市场手段。并购并不一定构成行业垄断,并购本身也不会危及行业安全和经济安全,关键是加强审查和监督。"④

自 2013 年上海自贸试验区建立以来,目前有 11 个自贸试验区推行"准入前国民待遇 + 负面清单"外资管理模式。2017 年版外资负面清单比 2015 年版进一步瘦身,共减少了 10 个条目、27 项措施。对外商投资实行负面清单管理模式后,外商投资的领域更加放宽,涉及国家安全领域的问题就更多。世界各国在引进外资的同时对外资并购安全审查非常重视,各国为此建立了一套独立的外资并购安全审查程序。黄勇等提出,我国目前已参与到国际资本市场中,签订了更多的投资协定,将来在外资引入方面势必走向更为繁荣的道路,如果能够确立一套完整的外资并购审查体系,就能为我国的全方位安全提供更好的保障,在实现投资开放、贸易自由化和维护国家政局、经济稳定之间提供一个有效的平

---

① 巫才林、李鑫:《反思外资并购行为——外资并购对中国经济的负面影响及底线分析》,《集团经济研究》2007 年第 24 期。
② 同上。
③ 桑百川:《外资并购的分歧与评价》,《国际贸易》2007 年第 7 期。
④ 彭立立:《看待外资并购防范两种倾向》,《中国外资》2007 年第 6 期。

衡机制。

　　利用外资是邓小平理论的重要组成部分。他说："搞社会主义，中心任务是发展社会生产力。一切有利于发展社会生产力的方法，包括利用外资和引进先进技术，我们都采用。"① 这是从生产力角度来评价引进外资，有很强的说服力。邓小平认为利用外资加速发展的积极效果要远远超过可能带来的负面作用。他说："一个三资企业办起来，工人可以拿到工资，国家可以得到税收，合资合作的企业收入还有一部分归社会主义所有。更重要的是，从这些企业中，我们可以学到一些好的管理经验和先进的技术，用于发展社会主义经济。"② 因此，外商虽然有利可图，但更多的利益在我们自己这边。

　　展望21世纪，我国引进外资总趋势将平缓下降，但会时高时低的保持一定的数量，高时仍可达400亿美元，中期的平均水平也不会低于100亿美元。这一是因为我国将坚持对外开放的基本国策，更加积极地走向世界，完善全方位、多层次、宽领域的对外开放格局，发展外向型经济。二是因为我国正在扩大引进外资的领域，进一步开放国内市场，比如，商业零售、外贸业和旅游业的开放正在试点或扩大，会计、法律等中介机构也在扩大引进外资的试点，银行和保险业引进外资企业一直在进行中。不排除在21世纪的某一阶段，由于我国经济的发展出现新高潮，尤其是中西部发展速度加快，引进外资出现一个时期的高潮。三是因为我国经济的持续增长，宏观环境不断改善，增强了外商投资的信心。四是一些鼓励外资的政策，比如，对高新技术项目和产业政策鼓励的外资项目，其进口自用设备，凡属国内不能生产的，将免征关税和进口环节增值税，等等，还将持续一个时期。因此，对外资鼓励效应仍将会持续相当一个阶段。在外资理论的研究上，后十年将会有系统的、突破性的理论成果问世。这是因为这些年引进外资的实践，和已有的研究成果，已为重大理论突破提供了基础；而进一步与国际交往和学术交流，将会促使中国的学者们在若干重大问题上取得突破。这些问题可能

---

① 《邓小平文选》第三卷，人民出版社1993年版，第130页。
② 同上书，第138—139页。

有：一是跨国公司作用的研究将会越来越重要，与现在已有研究成果不同之处，将是理论性更强，更系统化，更着眼于从全球范围进行分析。二是对如何管理好已来华投资的外资企业，并促使其按我国法律办事方面，将会成为研究重点。如何更多引进外资的问题将不成为热点，由此引发的争论也大大减少。三是引进外资与向海外投资的双向研究会加强。后者将越来越成为被人关注的问题。四是引进外资中，外商直接投资的研究将有所减少，而对引进证券形式的外资研究将增多，利用国债形式和借用国际组织或商业贷款的间接引进外资的研究也将增多。五是需要加强对外资国家安全审查的研究，以保障国家经济安全。

第三节 外汇理论

改革开放以来的40年，是我国外汇体制改革取得很大进展，外汇理论开始系统化的新阶段。改革开放前，我国外汇一直是国家统一集中管理，中国银行处理外汇业务。1979年3月设立国家外汇管理总局，直接由国务院领导，各省市则设立管理办事处。国家外汇管理总局的任务是制定外汇政策和法令，统一经营外汇，监督外币支付，保证外汇收支平衡，以及公布外汇汇率。1979年根据外贸出口换汇成本，制定了1美元等于2.53元人民币的目标汇价。1980年国务院颁布了《外汇暂行管理条例》。考虑到外贸出口的合理利润，为解决出口难和出口亏损问题，1981年1月始，全部进出口实行1美元等于2.80元人民币的贸易内部结算价。从这以后，理论界对汇率问题进行较大规模的讨论开始了。

加入世界贸易组织以后，尤其是2003年以后，由于美欧等国对人民币币值的质疑，围绕中国汇率水平高低和汇率制度的合理性的讨论非常热烈。

综观40年来的外汇理论的讨论，有三个显著的特点，一是问题比较集中；二是联系实际非常紧；三是讨论比较有深度。主要讨论的问题有这样几个：

一 人民币汇价制度应是单一汇价制还是双重汇价制？

这个问题是由 1981 年实行内部贸易结算价后引起的。在中国国际金融学会第一次学术讨论会（1983 年 6 月）会上，多数学者认为，1981 年后实行 1 美元兑 2.8 元人民币的贸易内部结算价格未达到预期效果，应予改革，应将双重汇价改革为单一汇价。学者们认为，单一汇率具有更简明的特点，便于管理；不能靠双重汇价来对个别商品价格进行补贴；我国作为国际货币基金组织成员国，实行双重汇率，在对外影响上也不利；单一汇率比双重汇率有利于维护人民币信誉和人民币汇率的稳定。① 吴念鲁认为，国际上一些国家搞双重汇价，但西方国家与东欧国家不同。中国现在实际上也是双重汇价，类似于东欧国家。因为，人民币不是自由兑换的，不是由市场供求决定的；人民币贸易内部结算价定位低，而非贸易汇价定值高，与西方国家相反；人民币贸易内部结算价主要是对外贸易出口贴补的手段。他认为，应当实行单一汇价，取消内部结算价，在单一牌价基础上，对进出口商品按大类进行贴补、加成、征税，以体现进出口贸易盈亏的真实情况，消除两种汇价引发的矛盾和混乱，以适用于我国对外各种性质的支付结算。② 很显然，理论界对实际部门政策操作，有不同看法，这促使实际部门思考，并在后来取消了双重汇率。

二 人民币汇价水平的确定

20 世纪 80 年代以来，理论界曾热烈地讨论过确定我国人民币汇价水平的理论依据。有人认为，汇价要以物价水平相对变化率来定，应以马克思的价格论作为基础，将购买力平价学说加以改造并吸收其合理部分后，作为我们中长期制定人民币汇价的依据。有人进一步认为，要把汇价水平建立在狭义的购买力平价理论上，即不用两国全面的价格水平比较来确定人民币汇价，而只用可贸易商品的国内外比价作为依据，即只用进出口物价平均换汇成本为依据。也有专家认为，应以马克思国际

---

① 中国国际金融学会秘书处：《关于人民币汇价问题讨论情况综述》，载中国国际金融学会编《人民币汇价讨论文集》，中国金融出版社 1984 年版，第 3 页。
② 吴念鲁：《人民币汇价的性质和改革方向》，载中国国际金融学会编《人民币汇价讨论文集》，中国金融出版社 1984 年版，第 116 页。

价格理论为制定人民币汇价的理论依据。汇价实质是一国货币的对外价值与他国货币对外价值的比率。国内价值实际上反映了社会平均的必要劳动时间，国际价值则反映了世界平均劳动单位。因此，在人民币理论汇价测定中，不是比较两国国内的消费物价水平，也不是比较进出口商品的各自国内售价，而应比较进出口商品用本币表示的国内售价与用可兑换货币表示的国际市场价格相互折算的比率。或者，按照价格围绕价值波动并在长期内与价格相符的原理，可以用出口换汇成本和进口商品销售比价来替代尚无法直接测定的国际价值，并考虑进出口商品各自在对外贸易总额中的比重来加权测定人民币汇价水平。具体测算人民币汇价水平，学者们提出了五种方式：一是以出口平均换汇成本为主；二是以进口和出口商品的国内外价格比率；三是进出口商品的国内外价格比率，并参照非贸易项目的净收入；四是以进出口商品的国际价格比率为主，并综合考虑非贸易项目和无偿转移项目及国际资本流动项目的影响；五是按照进出口贸易的平均比较利润相等的原则来确定。① 应当说，以后关于汇价确定的讨论，基本上是在此基础上进行的。

在2003年以后，就欧美国家对人民币升值施压，国内多数专家认为，要求人民币汇率升值，是美国等大国国内收支不平衡和世界经济结构调整深化的结果。中国对世界经济的影响越来越大，也引发了各国借汇率来保护既得利益而提出的各种要求。比较一致的看法是，一国汇率水平是其经济实力的集中体现，综合国力增强了，劳动生产率提高了，本国货币必然升值。人民币升值水平，有主张高点，有主张低点。这方面论述很多，易纲教授的观点很有代表性。他认为，人民币汇率变化是源于中国经济的实力增强，劳动生产率提高是基础，经济体制改革的推进又提供了制度性基础。②

三　我国汇率制度如何改革？

20世纪80年代就开始了对这一问题的讨论。陈彪如认为，一国的

---

① 参阅中国金融学会《关于人民币汇价理论与政策的讨论》，载中国人民银行外汇管理局编《关于中国外汇与外债问题的研究》，中国金融出版社1989年版，第20—22页。
② 易纲：《人民币汇率变化背后的原因和制度性因素》，载王梦奎主编《亚洲金融危机后的中国》，中国发展出版社2007年版，第53—69页。

外汇制度由汇率制度、外汇收支和外汇管理三部分组成。我国汇率的改革方向，应是有限弹性的汇率；汇率决定要与外汇收支的长期平衡为目标，外汇收支要逐步由行政命令式的强制性平衡改为市场调节式的供求平衡；在外汇管理方面，慎重地逐渐地开放外汇市场，有计划有步骤地放松管制，最后建立一个比较灵活松动的外汇体制。① 这个思路很有影响，被实践证明是正确的。季崇威认为，我国外汇体制改革主要包括五方面，一是改革外汇的计划管理，要把短期与长期、贸易与非贸易、外汇与财政、信贷、物资进行综合平衡。二是改革外汇留成制度，调动中央、地方和企业三方面的积极性，并应考虑在几个大的口岸和中心城市设立国家管理控制下的内部外汇调剂市场。三是建立适合我国国情的汇价制度，要既能反映国际国内价格变动趋势，又能体现我国的对外经济政策。四是逐步实行外汇批改贷，即把国家无偿批拨外汇制度逐渐改为贷款制度，同时，要实行用汇与创汇相结合，提高用汇的效益。五是革除外汇管理中的官僚主义和经营中的官商作风。② 显然，这个改革思路就更具体了。有学者认为，当前发展中国家汇率安排主要是把本国货币同某种由几个国家的货币按一定的权数组成的"货币篮子"挂钩。我国应选择一种最佳的进口权数货币"篮子"，将人民币的对外汇率同它钉住。他认为这一方面具有稳定性，同时又可以进行调整；另一方面进口权数可因各种货币不同方向变动而自相抵消，因此，具有一定的自调节功能。③ 有的学者不同意这种观点，认为"我国实行一篮子货币挂钩汇率，并不符合我国在经济上独立自主的原则和国家的经济利益，我们完全有条件实行独立自主的浮动汇率，把汇率建立在稳定的对内币值的基础上，才能正确地考核进口成本和出口成本，衡量贸易条件的变化。例如，港币贬值，就不能用港币反映我转港出口商品的实际收益，而若

---

① 陈彪如：《对我国外汇体制的探讨》，载中国国际金融学会编《外汇体制改革讨论文集》，中国金融出版社1986年版。

② 季崇威：《总结经验，在改革中加强管理；搞活经营，力争国际收支平衡》，载中国国际金融学会编《外汇体制改革讨论文集》，中国金融出版社1986年版。

③ 张志超：《论汇率的决定》，载中国国际金融学会编《人民币汇价讨论文集》，中国金融出版社1984年版，第167页。

人民币按一篮子挂钩就也会贬值，也不能反映我出口商品的实际收益了"①。

20世纪90年代初，学术界进一步讨论汇率放开的问题。厉以宁认为，放开汇率需要四个条件：一是商品生产者应当成为独立的利益主体，自主经营，自负盈亏，具有利益约束和自行成长的机制，只有这样，才能适应汇率放开以后的市场变化和价格变化。二是总供求关系基本平衡，涉外经济活动对外汇供求基本平稳，这时放开，不至于出现汇价大的波动。三是居民的资产选择形成了多元化的格局，不会因放开汇率而抢购外汇，引出风潮。四是国家财政力量充足，有能力维持经济和社会的稳定，能应付汇率放开后出现的各种动荡。② 这一时期，理论界对外汇体制改革基本上达成共识，具体方案则有不同。这种共识是：近期目标是人民币实行适度管理的单一市场弹性汇率制，长期目标是人民币国际化，实现可自由兑换。学者们认为，人民币走向自由兑换时间较长，管制需要逐步放宽，应先从特区、沿海及内地的各大城市着手，率先放松外汇管制，同时，进一步完善企业、外商投资的法律和投资环境，扩大企业的用汇自主权；建立稳固的外汇储备，设立中央银行的外汇平准基金；进一步推进价格改革。③ 综上可见，我国理论界在外汇理论方面的讨论是比较深入的，也是颇有成效的。

2005年7月，中国人民银行发布公告④称：我国开始实行以市场供求为基础、参考一篮子货币进行调节、有管理的浮动汇率制度。人民币汇率不再盯住单一美元，形成更富弹性的人民币汇率机制。中国人民银行将根据市场发育状况和经济金融形势，适时调整汇率浮动区间。同时，中国人民银行负责根据国内外经济金融形势，以市场供求为基础，参考一篮子货币汇率变动，对人民币汇率进行管理和调节，维护人民币

---

① 虞关涛：《我国汇率制度的改革问题》，载中国国际金融学会编《人民币汇价讨论文集》，中国金融出版社1984年版，第124页。

② 厉以宁、秦宛顺主编：《中国对外经济与国际收支研究》，国际文化出版公司1991年版，第163页。

③ 参阅尹艳林《汇率多轨合并与适度管理》，中国财政经济出版社1993年版。

④ 参见中国人民银行网站，http://www.pbc.gov.cn，2005-07-21。

汇率的正常浮动，保持人民币汇率在合理、均衡水平上的基本稳定，促进国际收支基本平衡，维护宏观经济和金融市场的稳定。2008 年国务院颁布《外汇管理条例》，明确人民币汇率制度实行"以市场供求为基础、有管理的浮动汇率制度"。2015 年 8 月 11 日，中国人民银行宣布实施人民币汇率形成机制改革，主要内容包括：（1）参考收盘价决定第二天的中间价；（2）日浮动区间 ±2%。这是人民币汇率形成机制迈向浮动汇率的重要一步。但由于对人民币汇率在短期内急剧贬值的可能性估计不足。新的汇率形成机制仅存在三天就告夭折。中国人民银行调整了人民币中间价形成机制，其目的在于增加人民币汇率双向浮动弹性，实现汇率市场化。2016 年 2 月，中国人民银行公开了"收盘汇率+一篮子货币汇率变化"定价规则具体内容：当日中间价 = 前日中间价 + ［（前日收盘价 – 前日中间价）+（24 小时货币篮子稳定的理论中间价 – 前日中间价）］/2。2016 年 10 月人民币被正式纳入 SDR 篮子货币，体现了人民币在世界货币范围的代表性和稳定性。人民币汇率制度改革，进入了以建立健全以市场供求为基础的、有管理的浮动汇率体制，保持人民币汇率在合理、均衡水平上的基本稳定为目标的新阶段。这是理论工作者也是实际部门工作者共同努力取得的重大成果。余永定提出，虽然"收盘价+篮子货币"的汇率形成机制较好地实现了引导人民币逐步贬值的政策，但却使市场长期无法出清，无法实现汇率的真正双向波动。其代价则是外汇储备的大量损耗，货币政策独立性受到影响，强化资本管制造成市场的扭曲。是否可以考虑暂时把汇款的自由浮动放一放，而引入人民币汇率宽幅波动的新汇率形成机制，在该机制下特别是波动幅度不够宽的情况下，货币政策的独立性依然会受到一定限制，外汇储备可能还会动用。[①] 有学者提出，人民币加入 SDR 后，作为 SDR 篮子货币中唯一尚未实现可自由兑换的货币，我国外汇仍需加强改革，以适应 2021 年 SDR 篮子货币的审查。人民币在改革过程中，我国既存在外汇市场化改革中法律规范性文件之间的冲突、法律规

---

① 余永定：《克服贬值恐惧症，加速中国汇率体制改革》，《中国社会科学院世界政治与经济研究所国际金融研究中心工作论文》No2016.072。

制真空、金融衍生品法律规制体系繁杂等问题,也存在外汇管理改革中外汇风险准备金制度不健全、存款准备金制度不完善及跨境资本流动监管体系不完备等问题。因此,我国应注重外汇管理改革与国际规则之间的协调,并健全外汇管理立法体系、完善外汇管理监管体系,以防范外汇管理改革中的金融风险。①

四 外汇储备

1993年年末,我国外汇储备仅为211.9亿美元。2001年我国加入WTO之后,经常项目和资本项目出现持续高额双顺差的局面,外汇储备规模快速增长,至2014年6月达3.99万亿美元峰值。随后,资本项目连续11个季度出现逆差,外汇储备规模开始缩水。2015年"8.11"汇改后,人民币持续贬值,资本外流加剧,至2017年1月末,外汇储备跌破3万亿美元。

围绕外汇储备主要有三个理论问题。第一,外汇储备的作用。2010年11月,周小川在财新峰会上提出"池子"理论,"短期的投机性资金要进来的话,希望把它放在一个池子里,而不让它泛滥到整个中国的实体经济中去。那么,等到它需要撤退的时候,把它从池子里放出去,让它走。这样的话,在很大程度上,在宏观上能够减少资本异常流动对中国经济的冲击"②。之后,他进一步指明外汇储备就是典型的"池子"。第二,外汇储备和汇率的关系问题。2016年年底,当中国外汇储备距破3万亿仅一步之遥时,市场上曾经掀起了保汇率还是保储备之争。一派观点认为,人民币汇率浮动是常态,对中国经济影响不大,浮动了也贬不到哪去,不值得一保,而外汇储备是辛辛苦苦攒下来的国民财富,应该倍加珍惜;另一派观点则认为,3万亿外汇储备还是太多了,外汇储备减少是好事,是"藏汇于民",有助于提高外汇资源使用

---

① 刘珈利、曾文革:《SDR篮子货币评估法律框架视域下我国外汇管理改革》,《云南师范大学学报》(哲学社会科学版)2017年第5期。

② 《周小川界定"池子"否定"超发"》,《上海证券报》2010年12月16日,http://business.sohu.com/20101216/n278324971.shtml[2017-12-11]。

效率，有助于稳定人民币汇率、减少外汇管制。① 管涛提出，我国外汇储备充裕，确实有助于抵御跨境资本流动冲击风险，为汇率改革和调整争取了时间；保储备不是保规模而是保信心，它与保汇率不是二选一的选择题，而是一个硬币的两面。② 张慧莲提出，在"保汇率"还是"保外储"的问题上，应选择"中间解"，并视具体市场情况相机抉择。选择"中间解"意味着应同时兼顾"保汇率"和"保外储"。因为单边的汇率贬值（或升值）会强化市场贬值（升值）预期，导致资本更大幅度地外流（流入）；而外汇储备单向持续减少（或增加）也会强化市场贬值（升值）预期。短期内，则须针对经济发展不同阶段的主要矛盾给予倾斜。其次，在资本流动规模越来越大、方向越来越难预测、存在全球金融周期的情况下，单纯的汇率浮动已无法保证外汇储备的稳定。③

第四节　关于区域开放理论

区域开放是从中共十一届三中全会以后才开始的。1979 年 7 月，党中央、国务院批准广东、福建两省在对外经济活动中实行特殊政策和灵活措施，标志着我国对外开放正式起步。不久，中央又采取了举办经济特区的重大步骤，开办了深圳、珠海、汕头、厦门四个经济特区。此后，又相继开放天津、上海、广州等 14 个沿海港口城市，在长江三角洲、珠江三角洲和闽东南地区、环渤海地区开辟经济开放区，批准海南建省并成为最大的经济特区。20 世纪 90 年代，相继开放了上海浦东新区，沿江、沿边的一些城市，扩大了内陆省会城市的对外开放，还在一些开放城市的适宜地区设立保税区。进入 21 世纪，我国加入世界贸易组织并逐步完善了区域发展总体战略，包括西部开发、东北振兴、中部

---

① 余永定、张斌、张明：《尽快引入人民币兑篮子货币宽幅波动区间》，《国际经济评论》2016 年第 1 期。
② 管涛：《反思对中国外汇储备问题的讨论》，《国际经济评论》2018 年第 1 期。
③ 张慧莲：《人民币汇率与资产价格、外汇储备的关系研究》，《经济纵横》2017 年第 6 期。

崛起、东部率先等"四大板块",我国已对外开放 1194 个县(市),已有海、陆、空一类口岸 240 多个。区域的全方位、多层次开放格局已形成。① 党的十八大以来,"一带一路"、京津冀协同发展和长江经济带三大战略互相衔接、互为支撑,把我国区域开放提高到新的水平。"一带一路"是当前和今后相当长时期我国对外开放的顶层设计和总规划,统筹陆海,既能提高沿海开放的质量和水平,又能给内陆沿边地区开放提供前所未有的机遇;京津冀协同发展将显著提升以首都为核心的区域发展与开放水平;长江经济带则为形成长江流域东、中、西部沿江省市全方位开放格局注入活力。② 对外开放正在由南到北,由沿海到内地逐步扩大和推进。在区域开放中,理论界的争论一直没有停止过。讨论的问题和不同观点主要有:

一 关于经济特区经济性质

从 20 世纪 80 年代初,兴办特区的同时,就开始了特区经济性质的论争。多数学者的看法是:经济特区是在社会主义国家管理下以国家资本主义为主要成分的多种经济成分并存的综合体。③ 比如,许涤新认为,我国的经济特区,基本上具有国家资本主义的性质;认为在特区要有国营经济作为支柱和一定的集体经济来同外资、外商发生接触,但只有吸引大量三资企业,特区才是成功的,合资、合作经济是国家资本主义的,外商投资企业是一种受到国家限制和管理的特殊的资本主义,带有一定国家资本主义的性质。④ 于光远对此有不同看法,认为不能把合作、合资和"三来一补"等经济形式完全看作国家资本主义,因为在它们中有社会主义的经济活动,有我国社会主义劳动者的劳动,有我国社会主义资金,有我国社会主义的组织力量,等等,而且还是主要的方面,它的性质不是国家资本主义的,而是社会主义的。⑤ 符大榜认为,特区内独资企业在经济上是独立的,并不与我国发生内在联系,其性质

---

① 时任外经贸部副部长刘山在在纪念中共十一届三中全会召开二十周年大会上的发言。
② 隆国强主编:《构建开放型经济新体制》,广东经济出版社 2017 年版,第 273 页。
③ 《特区经济理论问题论文集》,人民出版社 1984 年版,第 158 页。
④ 许涤新:《特区与国家资本主义》,《港澳经济》1982 年第 1 期。
⑤ 于光远:《论特区经济性质》,《经济研究》1993 年第 2 期。

应是私人资本主义经济，而且其比重会不断增大。① 戴园晨认为，要把经济性质与社会性质区分开。那种对于特区多种所有制结构的发展怀有疑虑的想法，是不必要的恐资症。② 显然，这个问题的提出，没有离开姓社姓资的范围，是特区发展初期遇到的意识形态困难的反映。

二 谁赚谁的钱？

特区发展与内地支持分不开，特区与内地开展了大量的贸易活动，并从价格差中获取了收益。有的学者指出：深圳在过去几年的急速扩大，基本上是不健康的经济增长，主要利用了中央给特区的特殊政策上的优惠，在市场调节力量的盲目牵引下，依靠赚内地的钱而来的。它的发展，在一定程度侵蚀了国家其他地区的发展、利益。总之，特区之特，在于特权。在这方面，胡鞍钢的观点有代表性。但大多数学者不同意这种看法。有的学者认为，特区发展是改革开放的重要组成部分，作为对外开放的窗口、试验场，意义非常重大。戴园晨指出：要正确看待特区赚内地钱和靠国家输血的问题。以深圳为例，从其开发初期三年建设资金来源看，近三分之一是外资，近三分之一是银行贷款，国家投资8%，中央各部、省属单位和财政拨款只占17%。可见，建设资金来源主体上是自筹的，不是国家财政给拨的。商品区域价差是正常的，赚这个利益是按市场规律运作的，且不仅会对特区有利，也是对内地经济发展的支持，是窗口作用的体现。③

三 关于区域开放战略

20 世纪 80 年代初，多数学者认为我国对外开放只能是"梯度推进"战略，形成经济特区—沿海开放城市经济技术开发区—沿海开放城市—沿海开放地区—内地的不同层次。在实践中，也正是这样推进。内地也有学者提出④，要实行反梯度战略，要先开放内地，引进外资到内地，缩小沿海与内地经济差距。具体提出三种办法，第一种办法是：取消或者减少对于经济发达地区的优惠政策，变地区优惠政策为产业优

---

① 符大桦：《谈谈对特区经济性质的认识》，《暨南大学学报》1981 年第 4 期。
② 参见戴园晨《从封闭型经济走向开放型经济》，鹭江出版社 1993 年版，第 55 页。
③ 戴园晨：《从封闭型经济走向开放型经济》，鹭江出版社 1993 年版，第 22 页。
④ 1994 年全国第一次中青年经济工作者浙江莫干山会议上内蒙古代表的发言。

惠政策。但这种要求脱离中国国情，是一厢情愿，很难达到目标，在实践中也没能实行。第二种办法是：增加国家对西部资金的投入，减少对东部资金的投入。但由于西部投资回报率低，舍了东部也保不了西部甚至整体更差，因此，也没有可行性。第三种办法是：改革西部资源价格和东部工业加工品价格的不合理状况，为西部经济发展创造有利环境。① 这种意见是正确的，价格改革对达此目标也起了一定作用，中央对发展中西部的政策中，也提出了这一条，但这毕竟是西部发展战略的一部分还不是西部开放战略，因此，并没有在开放战略中形成大的影响。到了90年代，我国对外开放形成了全方位开放的格局，这时，全国出现了很多增长极，甚至增长带。因此，支持这些增长极或增长带，成为理论界关注的课题。有学者提出要从梯度开放走向点面结合的全方位开放，马洪等学者提出开放沿边、沿江和沿海的三沿开放，在学术界达成共识，并有力地促进了我国全方位的开放。

四　西部大开发、振兴东北老工业基地与中部崛起

随着我国加入世界贸易组织进程的加快，对外开放进入了一个新的阶段，中部、西部和东北地区也将像东部沿海地区一样更加开放。

1999年，国家提出西部大开发战略。2006年12月8日，国务院常务会议审议并原则通过《西部大开发"十一五"规划》，《规划》要求"积极扩大对内对外开放"，"充分利用西部地区与周边14个国家和地区接壤的有利区位条件，进一步发挥劳动力资源、土地资源、特色矿产资源丰富的优势，更好地统筹西部开发与对内对外开放，以扩大开放促进西部地区实现又好又快发展，以西部大开发推进我国实施互利共赢的开放战略，增强西部地区参与国际国内市场竞争的能力"，要"促进东中西区域协调互动"，"正确引导外商投资方向"，"构筑参与国际区域经济合作的新平台"，"用好国际金融组织和外国政府贷款"，"转变外贸增长方式"。要"扩大西部对内对外开放，加强与毗邻国家的经济技术交流与合作，大力发展与周边国家的贸易和边境贸易"②。

---

① 戴园晨：《从封闭型经济走向开放型经济》，鹭江出版社1993年版，第27页。
② 国务院：《西部大开发"十一五"规划》，2006年12月。

2004年，温家宝总理提出"振兴东北老工业基地与西部大开发战略，是东西互动的两个轮子"。关于振兴东北老工业基地，有人认为："改革开放以来，东北地区对外开放程度明显提高。对外贸易发展较快，利用外资规模日益扩大，国际经济合作也取得了一定程度的进展，但不可否认的是，东北地区的对外开放程度在全国仍处于偏低的位置，特别是远远低于东部沿海发达地区。在这种现实状况下，扩大东北振兴过程中的对外开放必须要有新思路，并制定出符合实际情况的政策体系。即应该以形成多层次的对外开放格局、有竞争力的区域对外开放布局、提高对外出口能力和推动出口产品结构不断优化为基本思路，并制定和实施以加强区域内部的协调与合作，加快对东北地区对外开放具有重大影响的基础设施和口岸建设，推动边境贸易快速健康发展等政策措施"①。

2004年3月，温家宝总理在政府工作报告中，首次明确提出促进中部地区崛起；2004年12月，中央经济工作会议再次提到促进中部地区崛起；2005年3月，温家宝总理在政府工作报告中再次提出：抓紧研究制定促进中部地区崛起的规划和措施，充分发挥中部地区的区位优势和综合经济优势，加强现代农业特别是粮食主产区建设；加强综合交通运输体系和能源、重要原材料基地建设；加快发展有竞争力的制造业和高新技术产业；开拓中部地区大市场，发展大流通。②

随着促进中部地区崛起和西部大开发战略的加速推进，我国目前已初步形成东部发展、西部开发、中部崛起和东北振兴的四大区域经济合作发展的新格局。

五 "一带一路"倡议

习近平主席在2013年9月和10月分别提出了从陆上"走出去"的丝绸之路经济带和从海上"走出去"的21世纪海上丝绸之路倡议。2015年3月28日，国家发改委、外交部和商务部联合发布《推动共建

---

① 廉晓梅：《东北振兴过程中的对外开放：总体思路与对策》，《东北亚论坛》2007年第16卷第5期。
② 温家宝：《政府工作报告》，2005年。

丝绸之路经济带和 21 世纪海上丝绸之路的愿景与行动》，从顶层设计的高度以"一带一路"促进国家经济发展转型和扩大对外开放，将"以点带面、从线到片"逐步推动我国经济发展和对外开放的再平衡，形成跨区域合作的大格局。中央十八届三中全会通过的《中共中央关于全面深化改革若干重大问题的决定》关于"构建开放型经济新体制"中明确了"建设全方位开放新格局"的战略目标。"全方位"是对新时代我国对外开放战略特征的高度凝练与概括，以"一带一路"建设推进为侧重点的全面开放战略设计，从国内视角来看，区域协调发展战略是我国建设现代化经济体系的六大任务之一，"一带一路"建设的推进为相对欠发达的中西部地区成为对外开放战略前沿奠定了战略基础，是新时代我国对外开放战略的升级版，也为内陆区域经济发展创造了新的机遇期。

"一带一路"建设的推进，加大了西向开放力度，借助我国快速交通体系建设上的技术与资本优势，为内陆省份再次创造了新的发展机遇。根据《推动共建"丝绸之路经济带"和"21 世纪海上丝绸之路"的愿景与行动》，陆上构建中国经中亚、俄罗斯至欧洲，中国经中亚、西亚至波斯湾、地中海，中国至东南亚、南亚、印度洋的"丝绸之路经济带"；海上构建经中国沿海过南海到印度洋延伸至欧洲，经中国沿海过南海到南太平洋的海上丝绸之路，形成海陆统筹、东西互济、面向全球的开放新格局。①

六 区域开放与产业集聚

随着经济全球化的加速、产业链和产品链国际分工的深化，区域开放进程中的产业集聚以及如何促进经济发展，越发成为经济学研究的热点。

赵伟创造性地提出了区域经济"二重开放论"，认为区域经济开放属于国际化与区际化合二为一的进程，并在区域开放与经济增长绩效、全要素生产率变化、技术进步、要素积累、制度转型五个维度的区域开放研究框架基础之上，考察区域经济二重开放、区域制度转型和区域经济增长三个进程之间的联系。区域开放对区域制度转型和经济增长的影

---

① 高虎城：《深化经贸合作　共创新的辉煌》，《人民日报》2014 年 7 月 2 日。

响，可就开放—制度转型—区域经济增长之间的链条联系及涉及的内生变量，建立一个新的分析框架。区域经济开放、制度转型及区域经济增长绩效三个动态变量及其彼此的逻辑关系，本身就构成了一个较为连贯的系列命题系统，这个命题系统至少由五个子命题构成：第一个是区域经济开放与经济增长绩效的关系。第二个是区域经济开放进程与全要素生产率变化之间的关系。第三个是区域经济开放与区域技术进步。第四个是区域经济开放与区域要素积累，第五个是区域经济开放—制度转型—区域经济绩效之间的关系。①

王春晖等指出，区域开放引致相同产业集聚、不同产业（上下游产业）协同集聚，厂商在区域开放条件下选择集聚（协同集聚）布局的动因在于获取不同类型的集聚外部性利益，且这一集聚外部性利益的获取对于实现地区经济绩效提升具有重要影响。②

赵伟从相同产业厂商集聚和不同产业、上下游产业协同集聚的两个维度，综合考察区域开放条件下集聚的自我强化机制，指出在区域开放的过程中，伴随着区域交易费用的下降，产业集聚逐渐形成，并通过区域内需求扩张以及集聚规模的扩大，逐渐吸引其他产业、上下游产业的布局，近而出现协同集聚。而大量不同产业的协同集聚又将完善区域的市场结构、进一步降低区域内交易费用，并由此强化最初的集聚经济。集聚作为一种经济布局结构，政府职能部门不能单纯以行政性指令及政策规划予以创设，而是要通过完善市场规则、强化政府服务等来不断培育开放条件下区域良好的制度环境，吸引新厂商自发布局，从而实现集聚过程③。

---

① 赵伟：《区域开放之制度转型与经济增长效应：一个研究纲要》，《求索》2007年第3期。
② 王春晖、赵伟：《集聚外部性与地区产业升级：一个区域开放视角的理论模型》，《国际贸易问题》2014年第4期。
③ 赵伟：《区域开放与产业集聚：一个基于交易费用视角的模型》，《国际经贸问题》2017年第3期。

第五节　关于涉外经济法制建设

　　对外开放的实践证明，尊重国际惯例，按照国际通行规则办事，是对外开放的一个重要方面。涉外经济中，法规是不可缺少的，涉外法律是顺利推进对外开放事业的重要保障。40年来，有大量的涉外经济法规。涉外法规是与涉外经济活动相关的，因此，开放程度越高，涉外经济活动越多，这方面法规才更充实。涉外法律保障了改革开放有序开展，维护了国家安全和正当权益，有力促进了经济社会发展。中共十八届四中全会通过的《中共中央关于全面推进依法治国若干重大问题的决定》（以下简称《决定》）就新形势下加强涉外法律工作做出了重要部署，《决定》提出，"强化涉外法律服务，维护我国公民、法人在海外及外国公民、法人在我国的正当权益，依法维护海外侨胞权益"，"积极参与国际规则制定，推动依法处理涉外经济、社会事务，增强我国在国际法律事务中的话语权和影响力，运用法律手段维护我国主权、安全、发展利益"。这对新形势下做好涉外法律服务工作提出了新要求。

　　40年，我国涉外经济立法之快，成果之丰，前所未有。在改革开放前，我国仅颁布过《对外贸易管理暂行条例》《暂行海关法》《进出口贸易许可证制度实施办法》以及海关监管、外轮运输等少数法律法规。涉外法律的理论研究和争论也是很少的。现已初步形成一个由规范国内涉外经济和参加国际条约两大方面的法律体系。可以说，这40年是对外经济法规建设的黄金时期。主要涉及投资、税收、贸易、知识产权、合同仲裁等各方面的法律体系。这些法律，体现了平等互利原则，体现了尊重国际惯例的导向，旨在调整我国经济主体与国外经济主体的各类经济关系，比如，外资方面立法就会调整外商企业设立、变更、终止和经营管理过程中产生的经济关系。

　　国内法律涉及面很广，在外贸方面，有《对外贸易法》《海关法》《商检法》《涉外民事关系法律适用法》《出境入境管理法》《进出口商品检验法》《商标法》《专利法》《进口商品管理条例》《出口商品管理条例》《反倾销条例》《反补贴条例》《外汇管理条例》《技术进出口管理条例》《进出口货物原产地条例》等,涉及进出口贸易、涉外经济合同、海关、税收、商标管理、仲裁等各个领域。在外商直接投资方面主要包括:《中华人民共和国中外合资经营企业法》《中华人民共和国中外合作经营企业法》《中华人民共和国外资企业法》《中华人民共和国台湾同胞投资保护法》等关于外商投资企业的法律法规。外资立法维护了国家主权,保护着投资者合法权益。近年来修订了《外资企业法》《中外合资经营企业法》《中外合作经营企业法》和《台湾同胞投资保护法》四部法律,外商投资企业设立与变更由全面审批改为备案为主的管理方式,准入前国民待遇负面清单管理模式向全国推开。2017年相继出台了《关于进一步引导和规范境外投资方向的指导意见》《企业境外投资管理办法》等文件,简化了项目报批手续,提高了投资便利化水平和透明度,加强了投资行为的全过程监管。在我国政府缔结和参加的有关涉外经济条约主要有:《海牙公约》《保护知识产权巴黎公约》《联合国国际货物销售合同公约》和《建立世界知识产权组织公约》等;认可和采用了国际商会制定的《国际贸易术语解释通则》《信用证明统一惯例》和国际工程师联合会编写的《土木工程国际合同条件》等。这些法规对保护涉外经济正常运转,保证国家必要管理,保护经营者利益,解决经济纠纷,促进经济新秩序的建立等,起到了极大作用。

经济立法中讨论的问题很多,最关键的矛盾是,涉外法律尊重和参照国际法律并与国际社会接轨的要求,如何与国内经济改革转轨现实相结合。首先,完全按国际成熟的法律来制定涉外经济法,有助于和国外经济的联系与交涉,有助于获得国际社会的承认,有助于促进我国改革向市场经济基础上的法制方向努力。但是,我国经济的基础与国外有较大差别,是从传统计划经济转过来的,经济体制改革还正在深入,完全按严格的西方法律肯定是行不通的,还需要一定的变通。其次,经济生活的很多关系变化很快,按此时需要立法,法律难以稳定;不按此时需要立法,法律与现实有较大脱节,执法困难。无法,变革没有根据;立法,又常落后于变化。因此,经济生活的变化与法律的稳定性是存在较大矛盾的。此阶段的"暂行条例"形式的法规比较多见。最后，立法中的党、政、法三者关系本身还没有完全法制化。不少法规由主管部门来起草，使法规中带有部门利益的特点。虽然在多次征求意见和修改中，会降低部门利益的要求，但不可能真正消除部门利益，使法律的权威和公正性受到一定影响。这些问题，将会在有关法律的理论研究和讨论中，寻找到更有利的结合点，在实际中，选择更可行的操作。下一步，应以《对外贸易法》等有关法律为基础，加强研究有关国际经贸条约，从建立社会主义市场经济体制的要求出发，制定和完善对外经济贸易法律法规，增强国家涉外经济法律体系的统一性、规范性和透明度。展望未来，中国走向法治社会潮流不可阻挡，涉外经济法规将会有进一步的进展，以适应社会主义市场经济对外开放的需要，积极参与国际规则制定，提升国际事务话语权，做国际规则的维护者和建设者，增强运用法律手段维护国家利益的能力。

第六节 入世以来中国对外开放取得积极进展

2001 年中国加入世界贸易组织，成为第 143 个会员国，这是国际社会对中国自身发展成就的认可，也是中国市场化改革与对外开放的必然要求。入世以来，中国积极融入全球化，从自由贸易规则的学习者变成自由贸易规则改革的倡导者，推动建立公平合理的国际经贸秩序。主要表现在两个方面：一是履行入世承诺、遵守国际规则；二是促进自身发展、助推世界经济。

一 履行入世承诺、遵守国际规则

自加入 WTO 以来，中国始终是多边贸易体制的坚定支持者，始终是自由贸易原则的重视维护者，始终是多哈回合谈判的积极推动者。截至 2010 年[①]，中国加入 WTO 的承诺已全部履行完毕，建立起了符合规

---

① 胡笑红、王丽梅：《中国加入 WTO 承诺全部履行完毕》，《京华时报》2010 年 7 月 21 日。

则要求的经济贸易体制，成为全球最开放的市场之一。以降税为例，中国 2001 年年底加入 WTO，2002 年 1 月 1 日就开始全面下调关税，分 10 年逐步实施。其中，对绝大部分进口产品的降税承诺在 2005 年 1 月 1 日已经执行到位。到 2010 年 1 月 1 日，所有产品的降税承诺已经履行完毕。我国平均关税总水平从入世前的 15.3% 降到 2010 年的 9.8%。①美国贸易代表办公室（USTR）发布的 2015 年中国履行 WTO 承诺情况报告显示，入世以来，中国与主要贸易伙伴美国之间的贸易和投资额出现急剧扩张：2014 年，美国对中国出口的货物贸易总额达 1240 亿美元，比 2001 年增长了 545%；美国对中国的服务贸易出口额达 430 亿美元，比 2001 年增长了 733%。

二　促进自身发展、助推世界经济

对内改革与对外开放良性互动，促进了中国自身发展，也对世界经济做出了重要贡献。

从世界贸易组织官方提供的最新数据②，可对中国发展及其对世界经济的贡献进行横向比较：一是总体来看，2015 年，中国 GDP 为 18.87 万亿美元，人均 GDP 为 7503 美元，经常账户余额占 GDP 的 2.1%，人均贸易额为 1677 美元，贸易总额占 GDP 的比重为 22.3%，中国是世界上第一大商品贸易出口国，第二大商品贸易进口国，第二大服务贸易进口国，第三大服务贸易出口国。二是在商品贸易方面，2015 年，中国进出口总额 3.95 万亿美元。其中，出口额为 2.27 万亿美元，2010—2015 年年均增长 8%，占世界出口总额的 13.8%。进口额为 1.68 万亿美元，2010—2015 年年均增长 4%，占世界进口总额的 10.06%。贸易规模和发展速度的背后，更是产业结构的优化升级。我国初级产品（农产品、燃料以及矿产品）的出口仅占商品出口总额的 3.3%。三是在服务贸易方面，2015 年，中国进出口总额 0.76 万亿美元。其中，出口额为 0.29 万亿美元，占世界出口总额的 6%，交通、

---

① 李健：《入世 15 周年中国与世界共赢》转引自凤凰资讯，http://news.ifeng.com/a/20161211/50398431_0.shtml，最后访问时间：2017 年 3 月 10 日。

② 引自世界贸易组织官方网站，http://stat.wto.org/country profiles/CN_e.htm，最后访问时间：2017 年 3 月 16 日。

旅游分别占中国服务出口贸易总额的13.5%、40%。进口额为0.47万亿美元，2010—2015年年均增长21%，占世界进口总额的10.11%。

纵向来看，中国在融入全球化的过程中，对外经济贸易飞速发展。

入世以来，中国货物进出口贸易持续快速增长。2001年，中国货物进出口总额仅为0.5万亿美元，尽管2008—2009年国际金融危机期间因外需低迷，货物进出口贸易有所下降，2010年前后又延续了以往强劲增长的势头，2015年，货物进出口总额为3.95万亿美元，接近15年前货物进出口总额的8倍。

在国际投资领域，中国实行"引进来"与"走出去"相结合，外商投资和中国企业对外投资均大幅增长：2001年，中国实际利用外资496.7亿美元，2015年则增至1262.7亿美元，增加了766亿美元，增幅达154.2%。2007年，中国对世界投资净额为265亿美元，2015年则增至1456.7亿美元，仅仅8年的时间就实现了增加额1191.7亿美元，增幅近450%。值得关注的是，2015年年底，中国对外投资总额已经超过了外商投资总额，成为净对外投资国。

事实证明，入世之后，我国在充分依托、运用WTO国际贸易规则的同时，及时兑现承诺，仅用了12年时间就从世界第六大贸易国跃居全球首位。我国货物贸易自2013年成为全球第一大国以来，连续三年保持世界第一的位置。事实证明，坚持开放是正确的。我们尊重和运用国际规则实施改革开放，是取得辉煌成就的关键所在。

三 进一步深化改革、扩大开放

40年来，中国市场经济发展成效显著，表现在两个方面：一是中国越来越强调运用市场机制配置资源，强调市场的决定性作用，同时更好地发挥政府作用，破除体制和机制弊端。二是中国越来越以开放、包容的态度融入全球经济。加入世界贸易组织以来尤其是党的十八大以来，中国积极参与国际贸易、国际投资、全球治理等诸多领域，实现自身发展同时，也成为拉动世界经济增长的重要力量。

中国在扩大开放中一步步解决了各种障碍，而且正在努力在国际市场上发挥更有利的作用。截至2016年12月12日，中国加入世界贸易组织已满15年。《中华人民共和国加入世界贸易组织议定书》第15条明确指出,在中国加入世界贸易组织 15 年后,在反倾销调查中以市场经济地位为由,运用"替代国"做法应予撤销。根据中国商务部统计,截至 2017 年年底,全球已经有 80 多个经济体承认中国市场经济地位,包括俄罗斯、巴西、瑞士、澳大利亚和新西兰等国,而包括北欧各国、英国以及荷兰在内的国家也都支持中国获得市场经济地位。但是,美国、日本及部分欧洲国家坚持,世界贸易组织条款并不意味着中国"自动"获得市场经济地位,仍以"替代国"做法提高中国出口产品反倾销税率,以阻碍中国产品出口。[①] 对此,我们认为,中国已是发展中的市场经济国家[②],各国应严格履行 WTO 规则,尽快弃用"替代国"方法。个别国家试图使用"市场扭曲"或者其他借口代替"替代国"方法继续对华反倾销,中国利用 WTO 相关规定和国际机制进行申诉,据理力争。2017 年 3 月 21 日,中国已就欧盟对中国征收反倾销关税的"替代国"做法正式向 WTO 提出争端机构介入,就是很好的例证。

其实,应辩证地看中国是否是市场经济国家的理论争论。一方面,我们要看到,某些国家想借此来遏制中国的发展;另一方面,我们确实需要通过深化改革,进一步完善市场经济体制,但应从国情出发,在成长中完善,在完善中成长。

习近平总书记指出,"开放带来进步,封闭导致落后"。面对更为复杂的国际环境,面对贸易保护主义和逆全球化趋势,如何坚持对外开放不仅需要态度,更需要智慧。我们要在 2013 年巴厘《贸易便利化协定》和 2015 年在世界贸易组织贸易部长《内罗毕宣言》基础上,维护世界贸易组织多边体制和全球贸易投资自由化中的主渠道地位,推动多哈回合谈判取得进一步的成果,促进多边贸易体制均衡、共赢、包容发展的分享推动,形成公正、合理、透明的国际经贸规则体系。我们要坚定不移地扩大对外开放,在新的历史条件下坚持和发展中国特色社会主义!

---

① 商务部:《强烈不满欧美日不承认中国市场经济地位》,引自中国新闻网,http://news.china.com/domestic/945/20161209/30072168.html,最后访问时间:2017 年 3 月 17 日。
② 北京师范大学经济资源管理研究院,2003 年、2005 年、2008 年、2010 年的《中国市场经济报告》;李晓西、林永生:《从中国市场经济发展纪念改革开放 40 年》,《全球化》2017 年第 7 期。

第七节　简短的结论

40年来对外开放理论的发展史说明了什么？从中我们可以得到些什么启迪呢？

第一，一个国家，一个地区，如果要想使经济得到高速发展，就必须向世界开放。没有对外开放，也能发展，但只能是低水平的发展，慢速度的发展，将会不断拉大与发达国家的经济差距。没有对外开放的胆略和智慧，就不可能有大步的前进。对外开放，就是要进入世界市场进行贸易，利用国际资本市场借用资金和债金，改善投资环境引进外商投资和开办企业，本币与外币更自由地接轨，实行有管理的浮动汇率以与外部沟通，国内宏观调控把国际经济变动作为政策分析的重要因素，加强与主要发达国家的经济交往，等等。40年来，凡是促进开放的理论，今天看起来就显出了远见，显出了水平。凡是反对对外开放的理论，尽管有不少论据，今天看来，就显得苍白和保守。因此，我们经济理论工作者，要在支持和推动对外开放方面继续下功夫，要在提高对外开放质量上下功夫。

第二，我国对外开放理论的进展，是与计划经济体制向市场经济体制转变过程相一致的，与商品经济、市场经济理论的进展同步的。商品经济和市场经济，其本质是要求开放的，要求将国内市场与国外市场联系在一起。开放与改革，相辅相成，互相促进。开放促进着改革，改革推动着开放。传统计划经济向社会主义市场经济发展和演变，是对外开放理论不断深化的一条主线。理论工作者在商品经济、价值规律以至后来的市场经济的大争论，都直接与对外开放理论的发展紧密相关。反过来，对外开放理论的进展，也极大地推动了经济体制改革的进程。一些学者说，在某种意义上讲，开放成为改革的强大推动力。这个观点的确很有道理，符合我国40年走过的道路。这说明邓小平同志将改革和开放并列提出，具有重大意义。

第三，特别要指出，理论联系实际十分重要。对外开放理论，由于其复杂性和实践性，使理论界脱离现实的超前研究相当困难。大量有实际用处的理论，是先来自实际部门工作的初级形态理论，然后由理论界再归纳升华成某种体系。40年来理论的特点就是结合中国国情，从国际发展趋势与中国改革进程结合上入手。理论界面对的大多是新问题，理论界也是在干中学，这就是对外开放40年的现实。这就要求理论工作者更紧密联系实际，更深入调查现状，以提供更有价值的理论给社会。

第四，引进先进理论和知识很重要。我国对外开放理论是在邓小平理论指导下前进的，但很大程度上，也是在不断借鉴发达市场经济国家经验和理论的帮助下前进的。可以说，对外开放理论的深化，是与西方国际经济学影响扩大同步的。西方国际贸易、国际分工、国际投资的理论，为我们传统的经济理论注入了大量市场经济下国际经济交往的新鲜理论，大大开阔了人们眼界，加深了理论的深度。由于理论界先接触了西方市场经济国家的理论，因此，在运用于国内开放理论上，显出了一定的超前。如果没有这种学习，理论界就相当难有作为。这说明了我们在建立市场经济体制方面，要继续勇于和善于学习，学习世界上一切对我有用的理论和知识，多学点，学深点，才能在指导中国对外开放方面取得较大进展，才能在此基础上创造出中国特色的对外开放理论。

第五，理论界在对外开放各方面，总体上是清醒的、谨慎的。比如，在开放时序上，理论界持既推动又慎重的态度。对外开放是一个逐步开放的过程，不能不顾条件，一步到位搞与世界接轨，这样做无益有害。从40年开放情况看，我国是逐步在开放；从40年改革开放的过程看，对外开放也是逐步在扩大，程度逐步在提高。又比如，对外开放理论中，理论界提出的四个观点曾起过较大作用，一是20世纪80年代"机遇论"，强调和平与发展的国际环境是我国发展的难得机遇；二是90年代早期开始的"接轨论"，强调了按国际惯例办事，与国际经济一体化；三是90年代末期开始的"安全论"，强调在国际金融和经济一体化中要保护国家的经济安全。当前学界突出的是讲大国的"责权论"，这是崛起的中国融入世界所特别需要的。这些重要论述，都反映出理论界能从国情出发，及时提出比较客观的应对思路为对外开放的实践服务。当然，开放是方式，是达到某种目标的手段。理论界还要对目标有更深的理解，才能真正对手段研究深透。

第六，思想解放对理论研究有重大意义。40年的理论研究，为什么主要成果出在改革开放以来呢？就是因为这40年思想解放，实事求是，让学者讲话，不断突破各种理论禁区，把政策研究与研究宣传区分开来，才出现了理论研究的大好时期。开放初期，理论界支持改革开放是主流，在对外开放方面，理论界的争论主要不在要不要开放上，而是在如何开放上。但也存在一些担心，比如，对外开放会不会使贸易受国际市场波动冲击，引进外资会不会被发达国家经济控制，发达国家的消费方式和生活方式会不会冲击和影响我国人民的思想，但随着理论讨论的深入，这些担心逐步得到消除，有些认识问题逐步得到了解决。

第七，对外开放理论研究将要上一个新台阶。我国的对外开放由有限范围、领域、地域内的开放，转变为全方位、多层次、宽领域的开放；由以试点为特征的政策性开放，转变为在法律框架下的制度性开放；由单方面为主的自我开放市场，转变为我国与世界贸易组织成员方之间的双向开放市场；由被动地接受国际经贸规则的开放，转变为主动参与制定并引领国际经贸规则的开放；由只能依靠双边磋商机制协调经贸关系的开放，转变为可以多双边机制相互结合和相互促进的开放；从扩大对外开放到统筹国内与对外开放，从提高对外开放水平到构建开放型新体制。党的十八大以来，随着中国经济实力的增强，在国际上的话语权在提升，在新时代的条件下，我们的对外开放发生着和将要发生重大变化，我们的对外开放理论也将走向新的阶段。

（本章是分两个时段完成的。前三十年部分的写作由李晓西完成，得到教育部2008JYJW047课题支持，在此表示感谢。中国社会科学院研究生院2007级博士邹士年和徐朝阳，为撰写本章提供了丰富的资料和有价值的观点；商务部李文锋和汪连海二位博士校对了本章并提出宝贵的意见，在此一并表示感谢。后十年部分的写作由商务部苏旭霞博士完成。）

参考文献

北京师范大学经济与资源管理研究所：《2003年中国市场经济发展报告》，中国对外经济贸易出版社2003年版。

北京师范大学经济与资源管理研究院：《2010年中国市场经济发展报告》，北京师范大学出版社2010年版。

曹洪军：《外资并购与中国外资政策调整研究》，人民出版社2005年版。

曹均伟：《利用外资阶段论》，上海社会科学院出版社2006年版。

陈德铭等：《经济危机与规则重构》，商务印书馆2014年版。

陈琦伟：《国际竞争论》，学林出版社1986年版。

戴园晨：《从封闭型经济走向开放型经济》，鹭江出版社1993年版。

丁冰等：《我国利用外资和对外贸易问题研究》，中国经济出版社2006年版。

樊勇明：《中国的工业化与外国直接投资》，上海社会科学院出版社1992年版。

方生主编：《走向开放的中国经济》，经济日报出版社1991年版。

冯雷等：《经济全球化与中国贸易政策》，经济管理出版社2004年版。

管涛：《汇率的本质》，中信出版社2016年版。

国务院发展研究中心课题组：《新兴大国的竞争力升级战略》，中国发展出版社2016年版。

韩克信：《现代国际经济贸易问题》，中国对外经济贸易出版社1990年版。

黄晓东：《中国外汇储备增长问题研究》，西南财经大学出版社2008年版。

霍建国：《中国外贸与国家竞争优势》，中国对外经济贸易大学出版社2004年版。

江小涓：《中国的外资经济对增长、结构升级和竞争力的贡献》，中国人民大学出版社2002年版。

江小涓：《中国工业发展与对外经济贸易关系的研究》，经济管理出版社1993年版。

江小涓、杨圣明、冯雷主编：《中国对外经贸理论前沿Ⅲ》，社会科学文献出版社 2003 年版。

李岚清主编：《中国利用外资基础知识》，中国对外经济贸易出版社 1995 年版。

林树众编：《利用外资与发展外向型经济》，中信出版社 1989 年版。

刘兴华：《汇率制度选择》，经济管理出版社 2005 年版。

龙永图主编：《世界贸易组织知识读本》，中国对外经济贸易出版社 1999 年版。

隆国强等：《构建开放型经济新体制》，广东经济出版社 2017 年版。

卢进勇、杜奇华编著：《国际投资理论与实务》，中国时代经济出版社 2004 年版。

鲁桐主编：《中国企业跨国经营战略》，经济管理出版社 2003 年版。

吕进中：《中国外汇制度变迁》，中国金融出版社 2006 年版。

罗志松：《外资并购的东道国风险研究》，人民出版社 2007 年版。

裴长洪：《中国对外经贸理论前沿（4）》，社会科学文献出版社 2006 年版。

裴长洪等：《经济全球化与当代国际贸易》，社会科学文献出版社 2007 年版。

世界银行：《中国长期发展的问题和方案》，中国财政经济出版社 1985 年版。

世界银行：《中国利用外资的前景和战略》，中信出版社 2007 年版。

世界银行东亚与太平洋地区减贫与经济管理局：《中国利用外资的前景和战略》，中信出版社 2007 年版。

苏宁主编：《中国利用外商投资问题研究》，国际文化出版公司 1996 年版。

王建主编：《跨世纪发展中的利用外资战略》，中国经济出版社 1996 年版。

王珏主编：《中国社会主义政治经济学四十年》第三卷，中国经济出版社 1991 年版。

王珏主编：《中国社会主义政治经济学四十年》第四卷，中国经济出版社 1991 年版。

王洛林主编：《中国外商投资报告》，经济管理出版社 1997 年版。

王梦奎主编：《亚洲金融危机后的中国》，中国发展出版社 2007 年版。

王世春：《论公平贸易》，中国商务出版社 2006 年版。

王晓红：《利用外资与中国经济新跨越》，社会科学文献出版社 2006 年版。

王新奎：《国际贸易与国际投资中的利益分配》，三联书店上海分店 1989 年版。

王叙果：《汇率制度安排与国家金融安全》，经济科学出版社 2006 年版。

王允贵主编：《中国加入 WTO 后的外经贸发展战略》，中国计划出版社 2002 年版。

吴念鲁、陈全庚：《人民币汇率研究》，中国金融出版社 1989 年版。

武超主编：《外商对华直接投资调研报告》，中国财政经济出版社 1991 年版。

向松祚：《汇率危局》，北京大学出版社 2007 年版。

尹翔硕：《加入 WTO 后的中国对外贸易战略》，复旦大学出版社 2001 年版。

尹艳林：《汇率多轨合并与适度管理》，中国财政经济出版社 1993 年版。

余永定、郑秉文主编：《中国"入世"研究报告：进入 WTO 的中国产业》，社会科学文献出版社 2000 年版。

余智：《国际贸易基础理论与研究前沿》，格致出版社、上海人民出版社 2016 年版。

袁文祺：《中国对外贸易发展模式研究》，中国对外经济贸易出版社 1990 年版。

张二震、马青野、方勇等：《贸易投资一体化与中国的战略》，人民出版社 2004 年版。

张小济主编：《中国对外开放的前沿问题》，中国发展出版社 2003 年版。

张卓元主编:《改革开放经验的经济学思考》,经济管理出版社2000年版。

张卓元主编:《论争与发展:中国经济理论50年》,云南人民出版社1999年版。

中国国际贸易学会编辑出版委员会编:《形势与对策:中国外经贸发展与改革》,中国对外经济贸易出版社2003年版。

中国人民大学经济系编:《政治经济学(社会主义部分)》,中国人民大学出版社1960年版。

周宁:《人民币汇率机制》,上海社会科学院出版社2007年版。

朱威烈主编:《亚非国家的对外开放》,上海外语教育出版社1988年版。

第十八章　构建中国特色社会主义政治经济学

2012年党的十八大以来，习近平总书记提出了构建中国特色社会主义政治经济学的历史任务，并发表了一系列重要讲话，对如何构建中国特色社会主义政治经济学作了深刻的论述。因此，构建中国特色社会主义政治经济学，已成为近几年中国经济学界研究和讨论的一个热点，提出了许多很好的意见和设想，也提出了一些值得进一步深入研究的问题。本章拟对如何更好地构建中国特色社会主义政治经济学，介绍经济学界在研讨过程中的一些观点和主张。

第一节　中国特色社会主义政治经济学是中国特色社会主义理论体系的重要组成部分

习近平总书记2015年11月25日在中共中央政治局第二十八次集体学习时强调，立足我国国情和我国发展实践，发展当代中国马克思主义政治经济学。2016年7月8日，习近平总书记在主持召开经济形势专家座谈会时，又指出，坚持和发展中国特色社会主义政治经济学，要以马克思主义政治经济学为指导，总结和提炼我国改革开放和社会主义现代化建设的伟大实践经验，同时借鉴西方经济学的有益成分。中国特色社会主义政治经济学只能在实践中丰富和发展，又要经受实践的检验，进而指导实践。要加强研究与探索，加强对规律性认识的总结，不断完善中国特色社会主义政治经济学理论体系，推进充分体现中国特色、中国风格、中国气派的经济学科建设。2017年5月，中共中央印发《关于加快构建中国特色哲学社会科学的意见》，提出要加快构建中国特色哲学社会科学学科体系。巩固马克思主义理论一级学科基础地位，加强哲学社会科学各学科领域马克思主义相关学科建设，实施高校思想政治理论课建设体系创新计划，发展中国特色社会主义政治经济学，丰富发展马克思主义哲学、政治经济学、科学社会主义。这些都是改革开放以来党中央首次明确提出的构建中国特色社会主义政治经济学的宏伟任务。

中国经济学家一般认为，当代中国马克思主义政治经济学，就是中国特色社会主义政治经济学。自从1982年邓小平在党的十二大开幕词中提出建设有中国特色的社会主义以来，在党的领导下，中国特色社会主义事业蓬勃发展，蒸蒸日上，取得了让世人惊叹的业绩。随着改革开放的不断深化和经济社会的飞速发展，我们对中国特色社会主义包括中国特色社会主义政治经济学的认识也在不断深化和发展。特别是，中国的改革开放是从经济体制改革开始的，对外开放也是从办经济特区和利用外资开始的，并且一直以经济改革为重点，实践经验最多最丰富，所以，中国特色社会主义理论体系中，经济理论最突出，也最系统，中国特色社会主义经济理论是整个中国特色社会主义理论体系的"明珠"。

1984年10月，中共十二届三中全会作出了《中共中央关于经济体制改革的决定》，首次提出我国社会主义经济是公有制基础上的有计划商品经济，这是改革开放后第一次重大理论突破。不久，邓小平在中央顾问委员会第三次全体会议上说，"比如《关于经济体制改革的决定》，前天中央委员会通过这个决定的时候我讲了几句话，我说我的印象是写出了一个政治经济学的初稿，是马克思主义基本原理和中国社会主义实践相结合的政治经济学，我是这么个评价。"[①] 1997年，江泽民在党的十五大报告中提出邓小平理论形成了中国特色社会主义理论体系：总起来说，邓小平理论形成了新的建设有中国特色社会主义理论的科学体系。它第一次比较系统地初步回答了中国社会主义的发展道路、发展阶段、根本任务、发展动力、外部条件、政治保证、战略步骤、党的领导

---

① 参见《邓小平文选》第三卷，人民出版社1993年版，第83页。

和依靠力量以及祖国统一等一系列基本问题，指导我们党制定了社会主义初级阶段的基本路线。它是贯通哲学、政治经济学、科学社会主义等领域，涵盖经济、政治、科技、教育、文化、民族、军事、外交、统一战线、党的建设等方面比较完备的科学体系，又是需要从各方面进一步丰富发展的科学体系。2007年，胡锦涛在党的十七大报告中提出：改革开放以来我们取得一切成绩和进步的根本原因，归结起来就是：开辟了中国特色社会主义道路，形成了中国特色社会主义理论体系。高举中国特色社会主义伟大旗帜，最根本的就是要坚持这条道路和这个理论体系。报告对中国特色社会主义道路和中国特色社会主义理论体系作了权威的论述。2011年，胡锦涛在庆祝中国共产党成立90周年大会上的讲话加了一条中国特色社会主义制度，提出：经过90年的奋斗、创造、积累，党和人民必须倍加珍惜、长期坚持、不断发展的成就是：开辟了中国特色社会主义道路，形成了中国特色社会主义理论体系，确立了中国特色社会主义制度。从此形成了旗帜、道路、理论体系、制度四个方面统一的结构。

党的十八大以后，随着改革发展的深化和推进，中国特色社会主义无论在理论上还是在实践上都有新的重大进展，比如提出了"五位一体"、"四个全面"、三大战略、中国经济进入新常态、五大发展理念、供给侧结构性改革等一系列新理念、新思想、新战略，以及在中国特色社会主义旗帜、道路、制度、理论体系外，又加了中国特色社会主义文化，还积极参与和改善全球经济与金融治理，倡导构建人类命运共同体，在国际上发挥越来越大的影响。

2017年5月17日，习近平总书记在致中国社会科学院建院40周年的贺信中，又一次希望中国社会科学院的同志们和广大哲学社会科学工作者，构建中国特色哲学社会科学学科体系、学术体系、话语体系，增强我国哲学社会科学国际影响力作出新的更大的贡献！这其中就包括构建当代中国马克思主义政治经济学即中国特色社会主义政治经济学的任务。这是丰富和发展中国特色社会主义理论体系的重要部署，也是交给中国经济学家的重要任务，正在对当代中国马克思主义政治经济学研究产生巨大的推动作用。研究中国特色社会主义政治经济学，就要很好了解中国社会主义现代化建设的实际,了解中国改革开放的步伐,了解中国社会主义市场经济发展的历程,探寻它们的规律性,从理论上进行概括,助力中国社会主义现代化建设事业的顺利健康发展。

2015年以来,中国经济学家对如何构建中国特色社会主义政治经济学做了大量研究和讨论,在不少方面是有一定共识的,比如,中国特色社会主义政治经济学的对象是既要研究中国特色社会主义生产关系,又要研究如何发展中国特色社会主义生产力,研究发展是硬道理、科学发展观和五大发展理念的深刻内涵,研究经济增长和发展方式转变、实现高质量发展,研究供给侧结构性改革和建设现代化经济体系等问题。有学者指出,构建中国特色社会主义政治经济学理论体系要以《资本论》构建体系结构的方法论为指导。从马克思政治经济学的结构和马克思《资本论》的结构可以发现一个逻辑关系:研究目的决定研究对象,研究目的和研究对象决定研究内容,研究内容决定体系结构。当前中国特色社会主义政治经济学最主要的研究目的是完善发展社会主义经济制度,促进生产力的发展,满足人民需要,实现每个人的发展。由这个目的决定的研究对象是研究中国特色社会主义的生产方式及其与之相对应的生产关系、交换关系,研究对象决定的研究内容是如何完善发展社会主义。有此目的、对象,以实现每个人自由全面发展和实现人民幸福为主线,在《资本论》方法论的指导下,吸取人类其他经济学的文明成果,中国特色社会主义政治经济学理论体系和话语体系的构建一定会实现一个新的飞跃。① 与此同时,对中国特色社会主义政治经济学理论体系设计则有不同主张。有学者指出,中国特色社会主义政治经济学的理论创新包括两大方面:一是在生产关系方面,从社会主义初级阶段理论出发,创新经济制度理论;二是在生产力方面,从中等收入阶段的生产力水平出发,创新经济发展理论。有学者则认为,中国特色社会主义政治经济学的理论体系主要包括经济制度和发展阶段、经济运行、经济发展、世界经济和开放问题四个方面。还有学者认为基本理论和基本

---

① 参见赵敏、王金秋《着力构建中国特色社会主义政治经济学》之逄锦聚发言,《经济参考报》2017年4月12日第8版。

制度（包括基本经济制度、分配制度、社会主义市场经济体制等）、社会主义经济运行（包括政府和市场关系、产业结构与产业政策、财政与财税体制改革等）、新政治经济学（包括新发展理念的理论与实践、供给侧结构性改革与我国当前的经济政策选择等）三个方面进行分析论证。① 关于研究方法，有学者提出，中国特色社会主义政治经济学的研究方法至少包括三个层次：一是方法论层次或哲学层次，即马克思主义辩证唯物主义和历史唯物主义的基本方法；二是理论研究层次，如抽象的方法、历史与逻辑统一的方法、规范分析与实证分析相结合的方法等；三是现象描述或技术层次，如统计方法、数学方法等。②

第二节 成熟的中国特色社会主义政治经济学源于成熟的中国特色社会主义经济制度和基本实现现代化

到现在为止，我们还没有写出一本公认的中国特色社会主义政治经济学或社会主义市场经济学。一些经济学家认为，这主要不是中国经济学家不努力，重要原因，在于中国特色社会主义经济制度下生产力发展水平不够高，现代化尚未实现，经济体制也还不够成熟、定型。我们都知道，马克思撰写《资本论》，揭露资本主义生产方式发展和必然被社会主义代替的规律性，要到英国伦敦进行写作，重要原因，是因为英国是那时资本主义经济发展水平较高和经济制度比较成熟的国家。中国从1978年年底开始实行改革开放，到现在已40年，社会主义市场经济发展很快，不但迅速解决了人民群众的温饱问题，而且于20世纪末总体上达到小康水平，即将于2020年全面建成小康社会，并继续向现代化迈进，但是到2018年，我国仍未进入高收入国家行列，离基本实现现

---

① 参见杨新铭《中国特色社会主义政治经济学研究的新进展》，《人民日报》2018年11月19日。

② 同上。

代化还有一段距离。

与此同时，社会主义市场经济体制已经建立起来，正在完善过程中。1993年中共十四届三中全会提出的由五根支柱支撑的社会主义市场经济体制的基本框架已经搭建起来，但是还不够成熟，尚未定型。1992年，邓小平在"南方谈话"中就曾预言：恐怕再有三十年的时间，我们才会在各方面形成一整套更加成熟、更加定型的制度。在这个制度下的方针、政策，也将更加定型化。现在离邓小平说的三十年还有四年左右的时间。2013年，中共十八届三中全会也提出：到二〇二〇年，在重要领域和关键环节改革上取得决定性成果，完成本决定提出的改革任务，形成系统完备、科学规范、运行有效的制度体系，使各方面制度更加成熟更加定型。根据中共十八届三中全会的精神，在经济方面重要领域和关键环节需改革攻坚取得决定性成果的主要有：国有资产监管机构实现以管资本为主的职能转变，央企特别是集团公司母公司建立和健全现代企业制度，国有控股公司董事会履行《公司法》赋予的重大事项决策权，消除所有制歧视引导非公经济健康发展，在投资和市场准入方面实行负面清单制度，消除市场壁垒、反对垄断、形成公平竞争的市场环境，实行农民土地承包权和经营权分离和发展土地经营权流转市场，健全宏观调控体系防范系统性风险，逐步建立综合与分类相结合的个人所得税制，加快房地产税立法并依法推进改革，提高直接税比重，继续发展民营银行完善金融市场体系，实现汇率市场化和人民币资本项目可兑换，扩大中等收入者比重，降低基尼系数，完善社会保险关系转移接续政策，完善基本养老保险个人账户制度，继续扩大对外开放构建开放型经济新体制，等等。上述这些深水区改革任务都很艰巨，都是要付出极大的努力才能实现的。由于现代化尚未基本实现，中国特色社会主义经济制度和体制也还不够成熟和定型，因此到现在为止，我们还难以对中国特色社会主义经济发展和运行规律作出全面深入系统准确的概括和论述。

但是，经济学家们强调指出，我们不能只是等待无所作为。改革开放40年来，随着经济的快速增长和社会的全面进步，已经涌现和概括出一系列把马克思主义经济学原理同改革开放实践相结合的理论成果，比如社会主义市场经济理论，社会主义初级阶段理论，社会主义初级阶段基本经济制度理论，按劳分配为主体、多种分配方式并存的分配理论，从农村改革起步到全面深化改革的渐进式改革理论，农村土地集体所有权、农民土地承包权、农地经营权相分离的理论，促进社会公平正义、逐步实现全体人民共同富裕的理论，从发展是硬道理到科学发展观再到创新、协调、绿色、开放、共享的发展理念的理论，经济转型和转变经济增长与发展方式理论，中国经济进入新常态理论，推进供给侧结构性改革理论，推动新型工业化、信息化、城镇化、农业现代化相互协调的理论，进一步扩大对外开放包括用好国际国内两个市场、两种资源的理论，建设现代化经济体系理论，等等。我们要认真深入研究这一系列重要理论，阐明其科学内涵。要不断研究改革攻坚和全面建成小康社会实践的新鲜经验以及建设现代化经济体系的经验，并作出新的理论概括，在基本实现现代化和成熟的经济制度与体制下，形成成熟的经济理论体系。所以，从现在开始，我们就应积极行动起来，对中国特色社会主义政治经济学进行系统的深入的研究，不断作出新的成果。

在讨论如何加快构建中国特色社会主义政治经济学中，有的经济学家提出，中国特色社会主义政治经济学的学科定位是：在生产关系上属于社会主义初级阶段的政治经济学；在生产力发展水平上，我国按人均GDP告别了低收入阶段，进入了中等收入阶段。因此，中国特色社会主义政治经济学属于社会主义进入中等收入发展阶段的政治经济学。[①]有的专家认为这种提法值得讨论。认为，中国走上中国特色社会主义道路是从1978年改革开放开始的。1978年中国人均国民总收入只有190美元，处于低收入阶段。由于改革开放极大地解放了社会生产力，中国经济迅速起飞，按照世界银行标准，1999年中国开始进入中等（偏下）收入水平国家行列，当年人均GDP近800美元（按照世界银行标准，1999年中下收入国家人均GNP为756美元以上，我国当年人均GNP已达780美元）。2009年又进一步进入中等（偏上）收入国家行列。2017

---

① 参见洪银兴《推动中国特色社会主义政治经济学理论体系建构》，《中国社会科学报》2017年5月5日。

年中国人均GDP已近9000美元,但距离高收入国家行列还有一段距离(按照世界银行2014年标准,人均GDP需达到12616美元才算进入高收入国家行列)。既然中国是从1978年还处于低收入水平时开始走中国特色社会主义道路的,那么,中国特色社会主义政治经济学的阶段定位就应从1978年实行改革开放时开始,而不能限于中国1999年进入中等收入国家行列时开始。其次,中等收入水平只是一个过渡的阶段。我们今后首先要在2020年全面建成小康社会,在此基础上,一般估计,再经过顶多五六年的努力,就可以使我国进入高收入国家行列。这还不够,我国社会主义建设的目标是实现社会主义现代化,把我国建设成为富强民主文明和谐美丽的社会主义现代化强国。我们看到,从党的十四大到十九大,都提出和完善了两个百年目标,即在建党一百年时全面建成小康社会,在建国一百年时实现社会主义现代化。党的十九大报告指出:从党的十九大到党的二十大,是"两个一百年"奋斗目标的历史交汇期。我们既要全面建成小康社会、实现第一个百年奋斗目标,又要乘势而上开启全面建设社会主义现代化国家新征程,向第二个百年奋斗目标进军。综合分析国际国内形势和我国发展条件,从二〇二〇年到本世纪中叶可以分两个阶段来安排。第一个阶段,从二〇二〇年到二〇三五年,在全面建成小康社会的基础上,再奋斗十五年,基本实现社会主义现代化。第二阶段,从二〇三五年到本世纪中叶,在基本实现现代化的基础上,再奋斗十五年,把我国建成富强民主文明和谐美丽的社会主义现代化强国。党的十九大报告还提出了建设现代化经济体系的任务:我国经济已由高速增长阶段转向高质量发展阶段,正处在转变发展方式、优化经济结构、转换增长动力的攻关期,建设现代化经济体系是跨越关口的迫切要求和我国发展的战略目标。因此,中国特色社会主义政治经济学,就是要很好地研究和回答中国如何从低收入国家,通过实行改革开放走中国特色社会主义道路,连续跳过低收入陷阱和中等收入陷阱,迈向高收入国家行列,并进一步逐步实现现代化,建成富强民主文明和谐美丽的社会主义现代化强国,实现中华民族伟大复兴的,揭示其内在的规律性必然性,还可供广大发展中国家借鉴。因此,中国特色社会主义政治经济学的阶段定位应当是很长的,可以说是至少包括1978

年实行改革开放后到建成社会主义现代化强国,因此其内容是十分丰富的。①

根据以上所述,所谓成熟的经济,除了社会主义市场经济体制要成熟定型外,在生产力发展水平方面,看来至少要达到跳过中等收入陷阱,稳定进入高收入国家行列,并进而逐步实现社会主义现代化,也就是整个经济转型包括经济体制转型和经济发展方式转型获得成功。如果缺少经济转型的全面系统的成功经验,就难以很好地概括中国特色社会主义建设的规律性。中国实现经济转型,跳过中等收入陷阱,实现社会主义现代化,那时,中国经济实力将再上一个大台阶,中国参与全球治理的能力将大大增强。

当然,这并不是说我们现在在构建中国特色社会主义政治经济学方面就无所作为。改革开放至今40年,中国经济总量从2009年起已跃居世界第二,中国特色社会主义经济建设已经积累了丰富的成功的经验,并在此基础上概括了一系列重要的理论,正如习近平总书记在中共中央政治局第二十八次集体学习时指出的,"党的十一届三中全会以来,我们党把马克思主义政治经济学基本原理同改革开放新的实践结合起来,不断丰富和发展马克思主义政治经济学,形成了当代中国马克思主义政治经济学的许多重要理论成果,比如,关于社会主义本质的理论,关于社会主义初级阶段基本经济制度的理论,关于树立和落实创新、协调、绿色、开放、共享的发展理念的理论,关于发展社会主义市场经济、使市场在资源配置中起决定性作用和更好发挥政府作用的理论,关于我国经济发展进入新常态的理论,关于推动新型工业化、信息化、城镇化、农业现代化相互协调的理论,关于用好国际国内两个市场、两种资源的理论,关于促进社会公平正义、逐步实现全体人民共同富裕的理论,等等。这些理论成果,是适应当代中国国情和时代特点的政治经济学,不仅有力指导了我国经济发展实践,而且开拓了马克思主义政治经济学新

---

① 参见张卓元、胡家勇、万军《中国经济理论创新四十年》,中国人民大学出版社2018年版,第296—297页。

境界。"① 可见，我们目前正处于构建中国特色社会主义政治经济学四梁八柱的阶段，使命光荣，责任重大，我们一定要努力把这项工作做好。

第三节 寻找中国特色社会主义政治经济学的主线

中国特色社会主义政治经济学是一门新的学科、新的理论体系。这一新体系的主线或主要支柱是什么？是我们在研究和构建这一新体系时首先要解决和确定的重大问题。主线一般指贯穿理论体系始终的主要线索，它决定理论体系内有哪些重要范畴和标志理论体系独特性、层次较高的规定。马克思《资本论》的主线是资本剥削劳动以及剩余价值的分配。我国老一辈经济学家孙冶方在20世纪60年代初组织编写《社会主义经济论》时，曾提出要按照马克思《资本论》的写作方法即直接生产过程、流通过程和资本主义生产的总过程展开论述，并以"最小最大"即"用最小的劳动消耗取得最大的有用效果"作为全书的主线，主张充分发挥价值规律对生产和流通的调节作用。孙冶方当时的主张在传统的计划经济时期无疑是标新立异的有益探索。我们要构建中国特色社会主义政治经济学，如何确定其主线是需要经济学界集思广益，认真研讨的重大问题。

有的经济学家（如本章执笔人）认为，中国特色社会主义政治经济学的主要支柱是社会主义市场经济论，主线则是社会主义与市场经济的结合、公有制与市场经济的结合。改革开放以来，我国逐步引入市场机制，1984年确立社会主义商品经济论，1992年进一步把社会主义市场经济体制确立为经济体制改革的目标，明确了发展中国特色社会主义经济就是发展社会主义市场经济。伴随着市场化改革的不断推进，我国经济迅速起飞，1979—2017年的平均经济增长率达9.5%，创造了人类社会经济长时期快速增长的新奇迹。实践证明，根据我国国情发展社会

---

① 参见《人民日报》2015年11月25日。

主义市场经济是正确的、有效的。在这样的背景下，社会主义市场经济论就成为中国特色社会主义政治经济学的主要支柱。社会主义市场经济论的核心是社会主义与市场经济的结合，因此，社会主义与市场经济的结合，公有制与市场经济的结合，就理所当然地成为中国特色社会主义政治经济学的主线。

持这个看法的学者2008年12月7日就曾在《光明日报》发表长文，题目是《社会主义市场经济论：中国改革开放的主要理论支柱》，文中说，我国在社会主义条件下发展市场经济，是前无古人的伟大创举，也是一项全新的课题。在成功实践的基础上概括出来的社会主义市场经济论，是中国共产党人和马克思主义经济学家关于科学社会主义的重大理论创新，也是对经济科学的划时代贡献。中国特色社会主义经济建设，就是发展社会主义市场经济。社会主义市场经济论自然在中国特色社会主义政治经济学中处于最为重要的位置。

社会主义市场经济论的内涵是随着改革的深化而不断发展的。1992年，党的十四大确立社会主义市场经济体制改革目标时，就提出了"使市场在社会主义国家宏观调控下对资源配置起基础性作用"。2002年，党的十六大进一步提出，"在更大程度上发挥市场在资源配置中的基础性作用，健全统一、开放、竞争、有序的现代市场体系"。2012年，中共十八大更进一步提出，"更大程度更广范围发挥市场在资源配置中的基础性作用"。2013年，中共十八届三中全会决定则将市场的基础性作用提升为决定性作用，提出"使市场在资源配置中起决定性作用和更好发挥政府作用"。市场在资源配置中起决定性作用是二十多年来沿用的基础性作用提法的继承和发展，其主要指向有三点：第一，解决政府对资源配置干预过多的问题；第二，解决市场体系不健全、真正形成公平竞争的市场环境问题；第三，解决对非公经济的一些歧视性规定，包括消除隐性壁垒设置等问题。

社会主义市场经济论立论的难点在于公有制能否与市场经济相结合。西方经济学否认社会主义条件下能够发展市场经济。中国改革开放后的实践推翻了这一论断。改革开放后，由于我们找到了股份制、混合所有制等公有制的有效实现形式，使我们找到了公有制包括国有制与市场经济相结合的形式和途径。因为把国有企业改革为国有控股或参股的现代公司，实行自主经营、自负盈亏，就可以成为真正的市场主体，积极参与国内外市场竞争，努力在公平的市场竞争中发展壮大自己。改革开放后我国经济迅速崛起，国有经济和非公经济都有长足发展的实践，很好地破解了社会主义市场经济论立论的难题。

在社会主义市场经济条件下，公有制和市场经济的结合是有条件的、互相适应的。一方面，公有制要找到股份制等实现形式使之能够与市场经济相结合，而且既然是股份制，这个市场经济就不能是公有制经济一统天下的，而应当是有多种所有制包括个体、私营和外资经济并存和共同发展的。另一方面，市场经济的发展也需适应社会主义要逐步实现共同富裕的目标，而不能像资本主义市场经济那样造成贫富悬殊、两极分化。政府的各项政策，就是要力求把社会主义维护公平正义和市场经济促进资源配置效率提高的优势都充分发挥出来。当然这是一项难度极大的任务。比如，如何处理好政府与市场的关系，使市场在资源配置中起决定性作用，同时又要更好发挥政府作用，就是一个难度不小的课题。又如，1993年中共十四届三中全会就确定了国有企业改革的方向是建立现代企业制度。经过此后二十多年的改革，国有企业基本上实现了股份制公司制改革。同时，现代企业制度仍有待完善，不少中央企业集团公司层级直到2017年还要推进股份制公司制改革以建立现代企业制度；一些国有控股公司董事会还不能很好履行公司法规定的职责，国有企业和非公有制企业公平竞争的环境也有待健全，不少人对民营企业和企业家不把他们当作自家人看待，在市场准入、贷款等方面设置各种障碍和提高融资成本等。还有，怎样把社会主义市场经济的发展引导到实现共同富裕的目标上来，难度更大。对此，应巩固和完善公有制为主体、多种所有制经济共同发展的基本经济制度，健全按劳分配为主体、多种分配方式并存的分配制度，不断完善财税的再分配功能以促进发展成果人人共享，完善各项社会政策的托底功能包括精准扶贫全面脱贫等。

社会主义与市场经济的结合、公有制与市场经济的结合，是发展社会主义市场经济的核心，贯穿于社会主义市场经济活动的方方面面，社会主义市场经济体制就是在推进这种有机结合中不断完善和成熟的，也是在这一过程中推动社会经济不断发展的。因此，我们在构建中国特色社会主义政治经济学时，要把社会主义与市场经济的结合、公有制与市场经济的结合作为主线贯彻始终，形成逻辑严密、结构有序的理论体系。

有的经济学家发表文章，也认为中国特色社会主义政治经济学研究的主题和方向是社会主义基本经济制度与市场经济相结合、相统一。认为，坚持社会主义市场经济的改革方向，既是我国改革发展实践需要坚持的基本原则，也是中国特色社会主义政治经济学的主题。这一主题的核心在于，如何把我国公有制为主体、多种所有制经济共同发展的社会主义基本经济制度与市场经济统一起来。这里面至少涉及两方面的问题：一方面是社会主义基本经济制度，特别是作为主体的公有制经济如何与市场经济有机统一；另一方面是政府调节与市场调节如何有机结合，使市场在资源配置中发挥决定性作用，使政府在宏观调控和市场失灵等领域更好发挥作用。①

与此同时，在讨论中也提出了一些不同观点。有的学者认为，中国特色社会主义政治经济学的主线的核心内容是解放、发展和保护生产力。中国特色社会主义政治经济学理论体系的构建，就是要建立解放、发展和保护生产力的系统化经济学说。② 而有的经济学家则认为，这样的表达不能很好体现中国特色社会主义政治经济学特有的本质规定，特别是不能很好体现中国特色社会主义政治经济学同传统的社会主义政治经济学的区别，因为传统的社会主义经济体制，以公有制为基础，实行计划经济和按劳分配，在开头一段相当长的时间，由于其能发挥集中力量办大事等优越性，从而有力地促进了经济增长，所以传统的社会主义政治经济学也一直标榜社会主义是能很好解放和发展生产力的。还有，即使是奴隶社会、封建社会、资本主义社会，在它们处在上升时期，也是能解放和发展生产力的，所以不少西方主流经济学家，至今仍认为资本主义制度是有利于生产力发展的。中国特色社会主义政治经济学的最

---

① 刘伟：《在新实践中构建中国特色社会主义政治经济学》，《人民日报》2016年8月1日。
② 参见洪银兴《推动中国特色社会主义政治经济学理论体系建构》，《中国社会科学报》2017年5月5日。

突出特点，就是在以公有制为主体的社会主义制度下发展市场经济，并且能够努力把社会主义和市场经济两者的优势结合和发挥出来，从而做到不断解放和发展生产力包括保护生产力。中国特色社会主义经济与传统的社会主义经济的区别在于它是实行改革开放的，实行社会主义市场经济体制的，并以此不断解放和发展生产力的。正如党的十五大报告指出的，建设有中国特色社会主义的经济，就是在社会主义条件下发展市场经济，不断解放和发展生产力。所以，对中国特色社会主义经济来说，其最本质的区别其他制度和体制的特征，是在于其实行社会主义市场经济体制，发展社会主义市场经济。①

有的学者则认为，中国特色社会主义经济学的主线是发展。持这种意见的学者说：中国特色社会主义经济理论的新体系，主要包括：一是研究对象，即依据社会主义社会的本质和时代任务决定的研究对象是，既研究生产关系也要研究生产力，即通过不断深化改革不适应生产力的生产关系解放生产力，通过研究生产力的运行规律发展生产力。二是逻辑主线，依据社会主义初级阶段的基本矛盾确定的逻辑主线是发展。三是理论框架，即围绕发展这一逻辑主线，分别从发展理念、发展目标、发展目的、发展速度、发展转型、发展动力、发展道路、发展资源、发展环境和发展制度等方面阐释中国特色社会主义经济理论的概念、范畴、原理和运行机理。②

总之，如何找到令人信服的中国特色社会主义政治经济学的主线、主题、主要范畴等，看来是值得我们进一步认真研究和讨论的问题。

第四节　探索中国特色社会主义经济的基本规律

20世纪50年代，传统社会主义政治经济学风行的基本经济规律是

---

① 参见张卓元、胡家勇、万军《中国经济理论创新四十年》，中国人民大学出版社2018年版，第301—302页。

② 参见黄泰岩《在发展实践中推进经济理论创新》，《经济研究》2017年第1期。

斯大林在《苏联社会主义经济问题》一书中给出的,即社会主义基本经济规律的主要特点和要求,可以大致表述如下:用在高技术基础上使社会主义生产不断增长和不断完善的办法,来保证最大限度地满足整个社会经常增长的物质和文化的需要。这一统治了社会主义国家经济学界几十年的公式,最大的问题是没有调整和革新生产关系与经济体制的内容,在这一公式影响下,一些社会主义国家包括苏联在内,陶醉于社会主义制度的优越性而不思变革,没有及时调整和革新生产关系与经济体制,使之适应社会生产力的发展,从而既不可能有不断的技术进步和创新,所谓用在高技术基础上使社会主义生产不断增长不断完善也就必然落空,同时也就做不到最大限度地满足整个社会经常增长的物质和文化的需要,社会主义制度的优越性也难以发挥出来。从20世纪50年代后期开始,苏联和东欧各国经济增速逐渐放缓,经济效率提高很慢,技术进步很慢。1989年苏联解体和接着的东欧剧变,重要原因,正在于此。

那么,中国特色社会主义市场经济的基本规律是什么呢?这是一个全新的问题。有人认为,首先,既然社会主义市场经济也是一种市场经济,因此,支配市场经济的基本规律也就自然是社会主义市场经济的基本规律。一般认为,价值规律是市场经济的基本规律,因为恩格斯在《反杜林论》中说过,"价值规律正是商品生产的基本规律"。[①] 商品生产、商品经济、市场经济是同一类范畴,在社会化生产条件下,商品经济就是市场经济,因此,支配商品生产商品经济的基本规律即价值规律,也就是支配市场经济的基本规律,从而也是支配社会主义市场经济的基本规律。这就意味着,在社会主义市场经济条件下,价值规律是社会生产和流通的调节者,市场在资源配置中起决定性作用。关于价值规律,马克思在《资本论》中作了全面和深刻的论述,至今仍然是我们理解的准绳。所谓价值规律,是指商品的价值由凝结在商品的社会必要劳动时间决定,市场上商品的价格是由它的价值决定,围绕着价值上下波动的。技术水平和劳动者素质高的生产者,生产商品的个别劳动消耗就会低于社会必要劳动消耗,在市场竞争中处于优势地位,相反,则在

---

① 参见《马克思恩格斯选集》第三卷,人民出版社1972年版,第351页。

市场竞争中处于劣势甚至会被淘汰。价值规律作用的机理是，市场上某种商品供不应求，这种商品的价格就会上涨，这就会刺激生产者和经营者增加供给，同时抑制其需求，因此一段时间后，这种商品就会变成供过于求，价格下跌，促使生产者和经营者减少供给，同时刺激消费，然后又出现商品价格上涨，如此循环往复，维持供给与需求、生产与消费的协调。价值规律的作用是离不开市场机制、价格机制、供求机制、竞争机制的作用的。价值规律给所有的市场主体以最强的压力和最大的激励，鞭策他们趋利避害。在价值规律作用下，稀缺的资源自动地就被配置到最为有效率的环节，从而推动生产的发展和财富的增长。

需要指出，价值规律是社会主义经济的基本规律，早在20世纪五六十年代就由我国著名学者孙冶方非常接近地提出来了。他在1956年发表文章，题目叫《把计划和统计放在价值规律基础上》（载《经济研究》1956年第6期）。1964年，他在一次理论座谈会上明确说，千规律，万规律，价值规律第一条。[1] 改革开放后，1979年，邓力群也说，"有些同志认为，按照经济规律办事这个提法，应当具体化，主要是按照商品经济的规律办事，按照价值规律办事。管理体制，经济政策，计划工作，都应该按照商品经济的规律办事。……我同意这个意见。"[2] 无论说价值规律第一条，还是说主要按价值规律办事，同把价值规律看成是基本经济规律是非常接近的。

与此同时，我们也要看到，价值规律的作用对经济社会发展会带来一些负面影响。价值规律优胜劣汰机制会造成富者越富、穷者越穷的收入悬殊和两极分化，引发社会矛盾和冲突，影响社会稳定。马克思恩格斯在谈到资本主义制度下价值规律的作用时，曾借用古典资产阶级经济学家亚当·斯密的话说："这种关系就像古代的命运之神一样，逍遥于寰球之上，用看不见的手分配人间的幸福和灾难。"[3] 在价值规律的作用推动下，各个厂商都极力扩大生产，争取提高市场占有率，但市场上有购

---

[1] 参见《千规律，万规律，价值规律第一条》，载孙冶方《社会主义经济的若干理论问题》，人民出版社1979年版。
[2] 邓力群：《商品经济的规律和计划》，人民出版社1979年版，第25页。
[3] 《马克思恩格斯全集》第3卷，人民出版社1960年版，第40页。

买力的需求却赶不上供应的增长，从而引发周期性经济危机。价值规律的竞争机制会导致走向垄断，而垄断会抑制竞争、阻碍技术进步和削弱经济活力。价值规律还不能很好地解决经济活动中的外部性问题，特别是保护生态和环境的问题。所以，即使是发达的资本主义国家，也在不同程度上采取各种措施，实施某种财政政策、货币政策和社会政策等，试图缓解价值规律这只看不见的手对经济社会的负面影响，但至今无法从根本上解决上述种种问题包括令各国头疼不已的经济危机、金融危机。

基本经济规律还要体现社会生产的目的。资本主义之所以始终摆脱不了经济危机，是因为资本主义市场经济的生产目的是追逐最大限度的利润，资本对最大限度利润的追逐，使其不断扩张的生产能力，常常超越社会有购买能力的需求，广大劳动者因遭受资本的盘剥陷于贫困境地。与此不同，在社会主义市场经济条件下，生产发展的目的是造福人民，改革发展成果人民共享。胡锦涛在党的十七大报告提出了共享概念，指出：全心全意为人民服务是党的根本宗旨，党的一切奋斗和工作都是为了造福人民。要始终把实现好、维护好、发展好最广大人民的根本利益作为党和国家一切工作的出发点和落脚点，尊重人民主体地位，发挥人民首创精神，保障人民各项权益，走共同富裕的道路，促进人的全面发展，做到发展为了人民、发展依靠人民、发展成果由人民共享。习近平总书记进一步把共享列为五大发展理念之一。他在党的十九大报告上说：增进民生福祉是发展的根本目的。必须多谋民生之利、多解民生之忧，在发展中补齐民生短板、促进社会公平正义，在幼有所育、学有所教、劳有所得、病有所医、老有所养、住有所居、弱有所扶上不断取得新进展，深入开展脱贫攻坚，保证全体人民在共建共享发展中有更多获得感，不断促进人的全面发展、全体人民共同富裕。

以上说明，在社会主义市场经济条件下，不只是价值规律起支配作用，还有体现社会主义公平正义的发展成果共享规律起支配作用，这也是社会主义市场经济的基本规律。发展成果共享规律要求经济社会发展成果人人共享，逐步实现共同富裕。这就从根上杜绝了资本主义的生产过剩危机。发展成果共享，首先，在初次分配方面，实行按劳动和按其他要素进行分配，既注重效率也要注重公平。其次，实行财政转移支付、各种累进税制、扶贫、建立和健全社会保障体系、社会救助等进行再分配，再分配环节着重注意公平，逐步缩小财富与收入差距，力争基尼系数降低到 0.3 左右。再分配要更好地发挥政府的作用，用看得见的手解决看不见的手的失灵问题。在社会主义市场经济条件下，体现尊重发展成果共享规律的看得见的手不是主观杜撰，不是人们可以任意行动的，而是社会主义和公有制内生的客观必然性。因此，社会主义国家的政策特别是经济政策既要尊重价值规律的要求，也要遵循发展成果共享规律的要求。

把价值规律和发展成果共享规律作为社会主义市场经济的基本规律的主张，同前面有的学者关于中国特色社会主义政治经济学的主线是社会主义与市场经济的结合的主张是一致的、合乎逻辑的。社会主义相对应的是发展成果共享规律，而市场经济相对应的是价值规律，两者共同决定着社会主义市场经济的发展的方向和进程。

有的经济学家指出，在社会主义市场经济条件下，价值规律和发展成果共享规律并不是平行和独立的，而是相互渗透相互结合起作用的。它们没有主次之分，而是共同支配着社会主义市场经济的运行和发展。政府的各项政策，各个市场主体的行为，如果都能很好遵循基本经济规律，就能顺利推进社会主义市场经济发展和充分发挥自身优势。相反，如果人们的行动不符合客观规律的要求，就会受到惩罚，到处碰壁，甚至招致失败。当然，人们认识和适应客观经济规律包括基本经济规律也是一个不断探索的过程，有时也是一个试错的过程，不断积累的实践经验和深化对客观经济规律特别是基本经济规律的认识，会使人们逐渐得心应手地走向美好的彼岸。①

参考文献

《马克思恩格斯选集》第三卷，人民出版社 1972 年版。
《邓小平文选》第三卷，人民出版社 1993 年版。

---

① 参见张卓元、胡家勇、万军《中国经济理论创新四十年》，中国人民大学出版社 2018 年版，第 306 页。

《马克思恩格斯全集》第 3 卷，人民出版社 1960 年版。

胡锦涛：《高举中国特色社会主义伟大旗帜　为夺取全面建设小康社会新胜利而奋斗——在中国共产党第十七次全国代表大会上的报告》，2007 年 10 月 15 日。

胡锦涛：《在庆祝中国共产党成立 90 周年大会上的讲话》，《人民日报》2011 年 7 月 1 日。

江泽民：《高举邓小平理论伟大旗帜，把建设有中国特色社会主义事业全面推向二十一世纪》，1997 年 9 月 12 日。

刘伟：《在新实践中构建中国特色社会主义政治经济学》，《人民日报》2016 年 8 月 1 日。

习近平：《决胜全面建成小康社会　夺取新时代中国特色社会主义伟大胜利——在中国共产党第十九次全国代表大会上的报告》，人民出版社 2017 年版。

习近平：《立足我国国情和我国发展实践发展当代中国马克思主义政治经济学》，《人民日报》2015 年 11 月 25 日。

杨新铭：《中国特色社会主义政治经济学研究的新进展》，《人民日报》2018 年 11 月 19 日。

张卓元：《实现社会主义与市场经济有机结合——构建中国特色社会主义政治经济学的主线》，《人民日报》2016 年 11 月 21 日。

张卓元、胡家勇、万军：《中国经济理论创新四十年》，中国人民大学出版社 2018 年版。

张卓元等：《新中国经济学史纲（1949—2011）》，中国社会科学出版社 2011 年版。

后 记

本书《中国经济学40年》是在2008年中国社会科学出版社出版的《中国经济学30年》基础上增订而成，并在改革开放40周年之际出版，我们感到十分高兴。

本书的出版，得到中国社会科学出版社赵剑英社长和卢小生编审的倡议、支持与帮助，特致谢意！

本书由张卓元主编。各章执笔人为：

张平：总论。

张卓元：第一、第三、第四、第五、第六（与路遥）、第八、第十八章。

万军：第二章。

程锦锥：第七、第十六章。

高培勇：第九章。

张磊：第十章。

胡家勇：第十一、第十二章。

章琳：第十三章。

利广安：第十四章。

刘学敏、朱婧：第十五章。

李晓西、苏旭霞：第十七章。

感谢程锦锥博士做了大量繁杂的组织、联络等工作。

张卓元

2018年12月